国家"双一流"建设学科
辽宁大学应用经济学系列丛书

智库系列

总主编◎林木西

东北老工业基地全面振兴、全方位振兴

Comprehensive Revitalization and All-round Revitalization of
Northeast Old Industrial Base

林木西　和　军　等著

中国财经出版传媒集团

经济科学出版社
Economic Science Press

图书在版编目（CIP）数据

东北老工业基地全面振兴、全方位振兴/林木西等著.
—北京：经济科学出版社，2020.12
（辽宁大学应用经济学系列丛书·智库系列）
ISBN 978 - 7 - 5218 - 2274 - 8

Ⅰ.①东⋯　Ⅱ.①林⋯　Ⅲ.①老工业基地 - 经济
发展 - 研究 - 东北地区　Ⅳ.①F427.3

中国版本图书馆 CIP 数据核字（2020）第 266563 号

责任编辑：陈赫男
责任校对：李　建
责任印制：范　艳　张佳裕

东北老工业基地全面振兴、全方位振兴

林木西　和　军　等著
经济科学出版社出版、发行　新华书店经销
社址：北京市海淀区阜成路甲 28 号　邮编：100142
总编部电话：010 - 88191217　发行部电话：010 - 88191522
网址：www. esp. com. cn
电子邮箱：esp@ esp. com. cn
天猫网店：经济科学出版社旗舰店
网址：http://jjkxcbs. tmall. com
北京季蜂印刷有限公司印装
710×1000　16 开　43.75 印张　630000 字
2021 年 7 月第 1 版　2021 年 7 月第 1 次印刷
ISBN 978 - 7 - 5218 - 2274 - 8　定价：120.00 元
（图书出现印装问题，本社负责调换。电话：010 - 88191510）
（版权所有　侵权必究　打击盗版　举报热线：010 - 88191661
QQ：2242791300　营销中心电话：010 - 88191537
电子邮箱：dbts@ esp. com. cn）

总　序

　　本丛书为国家"双一流"建设学科"辽宁大学应用经济学"系列丛书，也是我主编的第三套系列丛书。前两套系列丛书出版后，总体看效果还可以：第一套是《国民经济学系列丛书》（2005年至今已出版13部），2011年被列入"十二五"国家重点出版物出版规划项目；第二套是《东北老工业基地全面振兴系列丛书》（共10部），在列入"十二五"国家重点出版物出版规划项目的同时，还被确定为2011年"十二五"规划400种精品项目（社科与人文科学155种），围绕这两套系列丛书取得了一系列成果，获得了一些奖项。

　　主编系列丛书从某种意义上说是"打造概念"。比如说第一套系列丛书也是全国第一套国民经济学系列丛书，主要为辽宁大学国民经济学国家重点学科"树立形象"；第二套则是在辽宁大学连续主持国家社会科学基金"八五"至"十一五"重大（点）项目，围绕东北（辽宁）老工业基地调整改造和全面振兴进行系统研究和滚动研究的基础上持续进行探索的结果，为促进我校区域经济学学科建设、服务地方经济社会发展做出贡献。在这一过程中，既出成果也带队伍、建平台、组团队，使得我校应用经济学学科建设不断跃上新台阶。

　　主编这套系列丛书旨在使辽宁大学应用经济学学科建设有一个更大的发展。辽宁大学应用经济学学科的历史说长不长、说短不短。早在1958年建校伊始，便设立了经济系、财政系、计统系等9个系，其中经济系由原东北财经学院的工业经济、农业经济、贸易经济三系合成，财税系和计统系即原东北财经学院的财信系、计统系。1959年院系调整，将经济系留在沈阳的辽宁大学，将财政系、计统系迁到大连组建辽宁财经学院（即现东北财经大学前身），将工业经济、农业经济、贸易经济三个专业的学生培养到毕业为止。由此形成了辽宁大学重点发展理论经济学（主要是政治经济学）、辽宁财经学院重点发展应用经济学的大体格局。实际上，后来辽宁大学也发展了应用经济学，东北财经大学也发展了理论经济学，发展得都不错。1978年，辽宁大学恢复招收工业经济本科生，1980年受人民银行总行委托、经教育部批准开始招收国际金融本科生，1984年辽宁大学在全国第一批成立了经济管理学院，增设计划统计、会计、保险、投资经济、国际贸易等本科专业。到20世纪90年代中期，辽宁大学已有西方经济学、世界经济、国民经济计划与管理、国际金融、工业经济5个二级学科博士点，当时在全国同类院校似不多见。1998年，建立国家重点教学基地"辽宁大学国家经济学基础人才培养基地"。2000年，获批建设第二批教育部人文社会科学重点研究基地"辽宁大学比较经济体制研究中心"（2010年经教育部社会科学司批准更名为"转型国家经济政治研究中心"）；同年，在理论经济学一级学科博士点评审中名列全国第一。2003年，在应用经济学一级学科博士点评审中并列全国第一。2010年，新增金融、应用统计、税务、国际商务、保险等全国首批应用经济学类专业学位硕士点；2011年，获全国第一批统计学一级学科博士点，从而实现经济学、统计学一级学科博士点"大满贯"。

在二级学科重点学科建设方面，1984年，外国经济思想史（即后来的西方经济学）和政治经济学被评为省级重点学科；1995年，西方经济学被评为省级重点学科，国民经济管理被确定为省级重点扶持学科；1997年，西方经济学、国际经济学、国民经济管理被评为省级重点学科和重点扶持学科；2002年、2007年国民经济学、世界经济连续两届被评为国家重点学科；2007年，金融学被评为国家重点学科。

在应用经济学一级学科重点学科建设方面，2017年9月被教育部、财政部、国家发展和改革委员会确定为国家"双一流"建设学科，成为东北地区唯一一个经济学科国家"双一流"建设学科。这是我校继

1997 年成为"211"工程重点建设高校 20 年之后学科建设的又一次重大跨越，也是辽宁大学经济学科三代人共同努力的结果。此前，2008 年被评为第一批一级学科省级重点学科，2009 年被确定为辽宁省"提升高等学校核心竞争力特色学科建设工程"高水平重点学科，2014 年被确定为辽宁省一流特色学科第一层次学科，2016 年被辽宁省人民政府确定为省一流学科。

在"211"工程建设方面，在"九五"立项的重点学科建设项目是"国民经济学与城市发展"和"世界经济与金融"，"十五"立项的重点学科建设项目是"辽宁城市经济"，"211"工程三期立项的重点学科建设项目是"东北老工业基地全面振兴"和"金融可持续协调发展理论与政策"，基本上是围绕国家重点学科和省级重点学科而展开的。

经过多年的积淀与发展，辽宁大学应用经济学、理论经济学、统计学"三箭齐发"，国民经济学、世界经济、金融学国家重点学科"率先突破"，由"万人计划"领军人才、长江学者特聘教授领衔，中青年学术骨干梯次跟进，形成了一大批高水平的学术成果，培养出一批又一批优秀人才，多次获得国家级教学和科研奖励，在服务东北老工业基地全面振兴等方面做出了积极贡献。

编写这套《辽宁大学应用经济学系列丛书》主要有三个目的：

一是促进应用经济学一流学科全面发展。以往辽宁大学应用经济学主要依托国民经济学和金融学国家重点学科和省级重点学科进行建设，取得了重要进展。这个"特色发展"的总体思路无疑是正确的。进入"十三五"时期，根据"双一流"建设需要，本学科确定了"区域经济学、产业经济学与东北振兴""世界经济、国际贸易学与东北亚合作""国民经济学与地方政府创新""金融学、财政学与区域发展""政治经济学与理论创新"五个学科方向。其目标是到 2020 年，努力将本学科建设成为立足于东北经济社会发展、为东北振兴和东北亚区域合作做出应有贡献的一流学科。因此，本套丛书旨在为实现这一目标提供更大的平台支持。

二是加快培养中青年骨干教师茁壮成长。目前，本学科已形成包括长江学者特聘教授、国家高层次人才特殊支持计划领军人才、全国先进工作者、"万人计划"教学名师、"万人计划"哲学社会科学领军人才、国务院学位委员会学科评议组成员、全国专业学位研究生教育指导委员会委员、文化名家暨"四个一批"人才、国家"百千万"人才工程入选者、国家级教学名师、全国模范教师、教育部新世纪优秀人才、教育部高等学校教学指导委员会主任委员和委员、国家社会科学基金重大项目首席专家等在内的学科团队。本丛书设学术、青年学者、教材、智库四个子系列，重点出版中青年教师的学术著作，带动他们尽快脱颖而出，力争早日担纲学科建设。

三是在新时代东北全面振兴、全方位振兴中做出更大贡献。面对新形势、新任务、新考验，我们力争提供更多具有原创性的科研成果、具有较大影响的教学改革成果、具有更高决策咨询价值的智库成果。丛书的部分成果为中国智库索引来源智库"辽宁大学东北振兴研究中心"和"辽宁省东北地区面向东北亚区域开放协同创新中心"及省级重点新型智库研究成果，部分成果为国家社会科学基金项目、国家自然科学基金项目、教育部人文社会科学研究项目和其他省部级重点科研项目阶段研究成果，部分成果为财政部"十三五"规划教材，这些为东北振兴提供了有力的理论支撑和智力支持。

这套系列丛书的出版，得到了辽宁大学党委书记周浩波、校长潘一山和中国财经出版传媒集团副总经理吕萍的大力支持。在丛书出版之际，谨向所有关心支持辽宁大学应用经济学建设与发展的各界朋友，向辛勤付出的学科团队成员表示衷心感谢！

林木西
2019 年 10 月

目 录

第一章

总　　论

第一节　新一轮东北振兴与维护国家重大战略

2019 年 9 月，习近平总书记在东北三省考察时强调指出，东北地区是我国重要的工业和农业基地，维护国家国防安全、粮食安全、生态安全、能源安全、产业安全的战略地位十分重要，关乎国家发展大局。[①] 同年 12 月，习近平总书记在《求是》杂志发表重要文章，在此基础上进一步指出，下一步，特别是"十四五"时期，要有新的战略性举措，推动东北地区实现全面振兴。[②]

东北地区是我国重要的农业基地、新中国工业的摇篮，是我国重要的工业基地。"一五"时期，全国 156 项工程有 56 项在东北，形成以装备制造、能源、原材料为主的战略产业和骨干企业，为我国形成门类齐全、独立完整的工业体系，为改革开放和社会主义现代化建设做出了重要贡献。

[①]　王刚：《统筹发展和安全服务国家重大战略》，中国社会科学网，http://sky.cssn.cn/skyskl/skyskl_jczx/202008/t20200825_5173638.shtml。

[②]　习近平：《推动形成优势互补高质量发展的区域经济布局》，载于《求是》2019 年第 24 期。

一、东北地区在维护国家"五大安全"方面的重要战略地位

第一，东北地区是维护国防安全的重要地区和军工生产的重要基地。东北地区包括辽宁、吉林、黑龙江三省和内蒙古东部的五个盟市，绵延数千公里的边境线和大陆海岸线，与俄罗斯、蒙古国和朝鲜接壤，与韩国、日本隔海相望，战略地位殊为重要。东北地区的军事工业历来发达，被称为中国军工企业的摇篮，新中国的第一架飞机、第一艘巨轮等都诞生在东北。"三线"建设后虽有一部分企业转入西部地区，但至今仍是战斗机、航母、核潜艇、大型驱逐舰等"杀手锏"的生产研发基地，在"上天、入地、下海"等方面具有不可替代的重要作用。

第二，东北地区是维护国家粮食安全的商品粮生产基地、绿色食品基地和农产品加工基地。东北地区以全国 1/9 的土地面积、占全国 1/13 的人口，为全国提供了 20% 的粮食产量、40% 的商品粮、45% 的粳稻和 38% 的大豆。2019 年，黑龙江省已实现粮食生产"十六连丰"，粮食总产连续 9 年位居全国之首，粮食播种面积、总产量、商品量、调出量、绿色食品面积、农业机械化率等均居全国第一。内蒙古的牛奶、羊肉、细羊毛、山羊绒产量也排名全国第一位。目前，东北已成为解决全国 14 亿人吃饭的"天下粮仓"。[①] 习近平总书记在视察三江平原时曾双手捧起一碗东北大米，意味深长地说道："中国粮食！中国饭碗！"[②]

第三，东北地区是我国北方生态安全的重要屏障。东北地区自然环境优越，生态环境秀美，这里有闻名遐迩的大草原、大森林、大湖泊、大界江、大冰雪、大湿地，有碧海、青山、温泉等丰富的旅游资源。通过近年来的生态保护和环境治理，松花江、辽河等重点流域水质明显好

---

① 林木西、刘理欧：《推动东北实现全面振兴的有效路径》，载于《经济日报》2020 年 5 月 5 日。

② 《习近平：以新气象新担当新作为推进东北振兴》，新华网，http：//www. xinhuanet. com/politics/leaders/2018 - 09/28/c_1123499376. htm。

转，长白山、大小兴安岭生态保护和经济转型稳步推进，天然林商业性采伐有序停止，林业实现了从"全国林业采伐基地"到"祖国北方生态屏障"的历史转变，并在加强草原生态保护、土地沙化荒漠地防治和水资源保护方面迈出了坚实的步伐。

第四，东北地区是维护能源安全的重要生产基地和重要能源通道。东北地区是我国重要的能源和战略资源基地。石油资源有大庆油田、辽河油田和吉林油田，其中大庆油田累计已为国家生产原油23.9亿吨，占全国陆上原油总产量比重的1/3。煤炭资源遍布东北三省和内蒙古大地。中石油、中石化在东北建立了一批大型炼厂。尤其值得指出的是，中俄东线天然气管道正式通气，使东北成为我国第三大油气通道，这是中俄能源合作的标志性项目，不仅首先惠及东北三省，而且将使河北、天津、山东、江苏和上海等9省份获益，辐射东北、环渤海和长三角等区域4亿多人口。

第五，东北地区是维护产业安全的先进装备制造业基地和重大技术装备基地。装备制造业是大国兴衰的重要标志，重大核心技术装备是各国竞争的焦点。当下，东北的发电设备、高精数控机床产量占全国的1/3，内燃机产量占全国的1/5，大型数控机组、大型风电机组、大型邮轮、高速动车组等在东北已实现国产化。辽宁的高精数控机床、新型船舶、新松机器人，吉林的轨道客车、商用卫星，黑龙江的燃气机组、工业机器人等居全国领先水平。

二、维护国家"五大安全"所面临的主要问题

第一，在军工生产方面，应注意解决军民融合度不高的问题。东北的军工企业大部分都是央企，具有垄断性的特征。以前由于缺乏推动军民融合的利益与动力，重视国防军事性而忽视市场经济性，造成军转民成果的产业化程度较低，军转民成果的市场开拓不够，军民融合产业集聚化发展滞后。核心产品区域内配套率低，央企与地方经济融合度不高。

第二，在粮食安全方面，主要应解决好集约发展、绿色发展和发展

现代化农业的问题。随着经济转型、城镇化与工业化进程加快，东北地区的耕地与建设用地之间争夺加剧，优质耕地数量持续减少，存在"占优补劣"现象。同时随着人民生活水平的提高，从吃得饱到吃得好再到吃得健康，对于东北粮食消费的总量和种类有了多样化的需求。而为了贯彻新发展理念，要求加快建设现代化大农业、大基地，并充分发挥土地在粮食增产中的作用。

第三，在生态安全方面，迫切要求加强生态和环境保护。长期以来的重生产轻保护，以牺牲生态环境为代价发展经济，使大量的资源过度消耗和开采，对东北地区的生态安全造成了不同程度的破坏。高强度大规模的开发造成东北平原西部地区土地荒漠化严重、黑土区质量退化、大城市空气颗粒物污染严重。长期的"重采轻育"和"重取轻予"使森林采育失调短期内难以解决，部分资源型城市转型和矿山环境问题突出。

第四，在能源安全方面，应进一步加强对能源生产和消费结构的调整。东北地区由于受气候条件和能源消费结构单一的影响，煤炭在能源消费中占比高，冬季集中使用煤的数量大，造成空气污染严重。在工业生产中由于用能粗放、技术水平不高，导致能源效率较低，加之能源体制改革相对缓慢，造成能源经济效益差。目前替代能源开发不足，新能源技术发展程度低，使能源结构多元化进程缓慢。

第五，在产业安全方面，重点应加强技术创新和产业结构调整。当前存在的主要问题：一是自主创新能力不强。主要表现在科研人才流失，研发投入不足，创新产出水平不高和科技成果转化率低；二是产业结构不合理。主要体现在新型工业化和信息化"两化融合"度不高，装备制造业和生产性服务业互动发展程度不够，造成中低端产能过剩、高端产能不足，在优质高端市场上缺乏足够的竞争力。

三、推动东北地区实现全面振兴的对策建议

"十四五"时期维护国家"五大安全"、推动东北全面振兴需要补

上观念、体制、开放和产业四块"短板"，扎实做好改革、创新、协调、发展、开放和民生六项重点工作，具体来说包括以下几点：

第一，维护国防安全推动全面振兴。一是促进央地融合，推动央地交叉持股，形成利益共同体，完善现代企业制度，提高央企效率。二是结合东北产业发展方向，规划央地合作项目，以带动就业和经济增长。三是以央企为主导，积极推进产业链配套发展，支持民营企业发展，加强民企配套生产军品能力。四是布局军民融合重大项目，坚持以国家利益为重，促进军工企业与区域经济融合发展。五是对接创新驱动发展战略，优化区域军民资源配置体制机制，提高军用技术成果转化率，拓宽军民融合发展空间。

第二，维护粮食安全推动全面振兴。一是实现粮食生产特色化、规模化和集约化发展。按市场化原则配置土地资源，在现有的土地上通过科学种田进一步增加粮食产量，提高粮食质量，提高产品综合加工转化率。二是实现绿色发展。大力发展绿色种植业、养殖业和食品加工业，增加绿色食品认证面积，建立绿色循环产业体系，更好地满足广大人民群众对绿色健康食品的需求。三是实现科学发展。高质量发展离不开农业现代化，要把发展农业科技放在更加重要的位置，大力发展农业机械化、智能化和现代化。

第三，维护生态安全推动全面振兴。一是深入贯彻"绿水青山就是金山银山，冰天雪地也是金山银山"的理念，充分利用东北地区独特的生态资源和区位优势，加快开发冰雪资源、森林资源、草原资源、湿地资源和温泉资源等，大力发展旅游产业。二是保护和涵养土地资源，坚持用养结合、精准施策，确保黑土地不减少、不退化。三是加强生态文明建设，加快统筹山水林田湖泊治理，使东北地区"天更蓝、山更绿、水更清、土更净"，打好污染防治攻坚战。四是加快资源型城市转型发展步伐，降低资源型城市的经济性、体制性、社会性和生态性的沉淀成本。

第四，维护能源安全推动全面振兴。一是调整优化能源生产结构和消费结构。改造提升传统能源产业，打造现代煤化工示范基地，推进煤、电、化、冶等产业上下游通过整合重组形成全产业链优势。二是打造现代能源经济示范区，实现煤电油气风光并举，构建智慧能源体系。三是提高能源综合利用率和精细加工度，拉长产业链，提升价值链，扩大供应链。四是充分利用中俄东线天然气管道正式通气的契机，全力保证东北油气通道畅通无阻，确保国家能源安全。

第五，维护产业安全推动全面振兴。一是装备制造业技术创新走"逆向式创新"的道路，即实行自主式创新、购并式创新、集团式创新等相结合，并与引进创新、消化吸收再创新有机结合。二是技术创新与制度创新相结合。主要是与实行组织创新、管理创新、模式创新、业态创新等相结合。三是擦亮"五大"字号，即改造升级"老字号"、深度开发"原字号"、培育壮大"新字号"、巩固提高"大字号"、做优做强"国字号"。四是实行装备制造业与生产性服务业互动发展。向"制造业服务化"的方向发展，实现由"传统制造商"向"工业服务商"的"华丽转身"。

第二节 东北地区在维护国家"五大安全"方面的战略地位及支撑措施

一、东北地区在维护"五大安全"中的可行性支撑——"有为政府＋战略机遇"

（一）东北地区"五大安全"的外部支撑条件：国际形势变化、战略窗口期来临

虽然外部国际形势出现风云突变，但东北地区的临近局势却日渐向好，依托东北地区深化"五大安全"的可能性日益提升，加强邻国经贸联系、选择出海对象成为当前和下一阶段的重要发展路径。

1. 东北亚局势变化背景下，东北地区转身向海机遇成熟

2018 年 6 月 15 日，国务院出台《关于积极有效利用外资推动经济高质量发展若干措施的通知》指出，要支持东北老工业基地完善海陆空联运的枢纽建设及相关线路建设，在运输结构的优化升级中，以降低物流成本吸引外资。鼓励开展沿边跨境的经济合作区、旅游区建设，以新经济热点撬动外资。辽宁作为东北老工业基地全面振兴核心区，拥有毗邻日本、朝鲜、韩国的地理优势，加快交通建设是党中央、国务院对辽宁的殷切期望。2016 年以来，随着辽宁省跨境电子商务综合试验区、辽宁省自贸区的相继成立，东北亚国际航运中心、营口港海铁联运和沈阳跨境铁路通道建设已初步完成。在此基础上，对现有辽宁交通网络进行扩建、完善、升级，是积极利用外资推动经济高质量发展的有效途径。

2. 朝鲜半岛局势缓和，为中朝提升贸易联动规模提供可能性

2018 年 4 月 27 日，朝韩领导人在板门店会谈并签署《板门店宣言》，宣布正式"弃核"，为实施以"朝鲜半岛新经济地图"为核心的朝韩发展计划提供了可能性。2018 年，朝鲜最高领导人金正恩三次访华，营造了造福两国人民、巩固中朝友谊的浓厚氛围。随着朝鲜"不可逆弃核"，"国际制裁"全面中止也将成为可能，朝鲜半岛和平发展终将是大势所趋。这将为我国在中朝边境进行交通基础设施建设并做到安全、稳定运营创造了良好条件，也将对占中朝贸易总额 70% 以上的辽宁丹东地区发展提供了实质性的安全保障。

3. 中日韩和解迎来战略窗口机遇期，对外联动形势渐好

2018 年 5 月 6 日，李克强总理出席第七次中日韩领导人会议并正式访问日本，这标志着中日、中韩之间"经热政冷"已出现了新的破局节点。截至 2017 年，中韩、中日货物进出口额分别达到 2399.7 亿美元、2972 亿美元，三国经济总量超过 15 万亿美元，占据东亚国内生产总值（GDP）的 90%。① 随着中国对日韩出口的机械设备及工业半成品

---

① 周永生：《合作共赢是中日韩的共同选择》，载于《光明日报》2018 年 5 月 11 日。

份额的明显增加，三方在产业内贸易与转口贸易上协作互补明显增强，未来在产能、减贫、人工智能、集成电路、电子商务等领域也存在很大合作空间。因此，辽宁作为中日韩联系的重要端口，开展交通基础设施建设的效益明显且可以预期，对中日韩自贸区建设也会提供明显助力。

4. "一带一路"倡议下的"中蒙欧俄"联动贸易发展方兴未艾

截至 2019 年 12 月 31 日，中俄贸易额已达 1100 亿美元，中国更是连续 8 年成为俄罗斯最大的贸易伙伴，俄罗斯远东口岸开发已经或正在成为可能。而远东新出海口将改变原有东北交通格局，对沿线的老旧铁路产生巨大冲击。2016 年，蒙古国开始通过加大矿产出口实现经济复苏，目前其矿产资源已占国家出口总额的 70%。未来，随着锦州—巴珠西线国际海铁联运通道的畅通，沿线交通运量将出现大规模增长。另据海关总署统计，2019 年上半年，中国对欧盟、中东欧 16 国进出口分别增长 5.2%、14.7%，辽宁作为中欧国际通道的重要枢纽，累计完成班列 1143 箱、集中箱货运量 9.2 万标准箱。加快交通基础设施建设，将通过运输能力的提质增效全面促进中蒙俄欧贸易额的持续攀升，加快辽宁走出去的步伐。

（二）辽宁"五大安全"的内部支撑条件：全面改善发展环境的有为政府

为深化落实"五大安全"的支撑基础，有效形成长期、稳定的"五大安全"保障环境，充分落实"五大安全"的生产要素配置，东北地区（辽宁）围绕打通全要素生产率，采取了以下方案。

（1）依托习近平总书记重要指示和党中央、国务院对东北的工作要求，形成了对内、外开放格局，形成了支撑"五大安全"的良好政策环境。党的十八大以来，习近平总书记多次到东北考察调研①，两次主持召开座谈会；全国两会期间，习近平总书记先后四次来到东北三省

---

① 李丹华、韩辰、吴晓迪：《打好组合拳！习近平擘画新时代东北全面振兴》，求是网，http：//www.qstheory.cn/zhuanqu/2019 - 12/24/c_1125381626.htm。

的代表团，夯基筑台、立柱架梁搭建起新时代东北振兴的新格局。2016年以来，《中共中央 国务院关于全面振兴东北地区等老工业基地的若干意见》《关于深入推进实施新一轮东北振兴战略加快推动东北地区经济企稳向好若干重要举措的意见》《推进东北地区等老工业基地振兴三年滚动实施方案（2016～2018年）》《东北振兴"十三五"规划》等文件陆续发布，东北地区实施有效补短板和培育新动能的137项、近1.6万亿元的重大项目已经基本落地，对辽宁省结构调整与产业升级有强大的牵引力。2017年3月，国务院办公厅印发的《东北地区与东部地区部分省市对口合作工作方案》明确提出：辽宁与江苏、沈阳与北京、大连与上海将结成对口合作关系，围绕土地跨省交易和发展"飞地经济"等问题，进一步推动老工业城市和资源型城市产业转型升级。不仅如此，2016年、2017年中央经济工作会议分别提出了东北老工业基地振兴、东北全面振兴，相继在振兴实体经济、营商环境创建、国有企业改革等领域给予了东北地区特别是辽宁地区先试先行的政策窗口，为实现并全面加快新旧动能转换奠定了良好的政策基础。

（2）辽宁省内外联动的基础设施为支撑"五大安全"的要素流动提供了坚实的基础。辽宁地区具备"产业接续、能源引入"的"交通基础"。"产业安全的维护"不能抛弃"新市场开拓"和"新原材料供给"的升级路径。当前，辽宁省拥有大连港、营口港两个吞吐量超亿吨深水港，大连、丹东、锦州3个航空港，52条国内航线和20余条国际航线，随着京沈高铁辽宁段和辽宁中部环线高速公路的全线通车，辽宁省城际高速公路、铁路网络化已基本形成。随着东北亚国际航运中心、营口港海铁联运和沈阳跨境铁路通道建设的初步完成，"辽满欧""辽海欧""辽蒙欧"中蒙俄经济走廊的加速构建，以及渤海湾跨海通道方案在国家发改委的正式立项，随着辽宁省开展的"大通道、大平台、大枢纽立体化"取得瞩目成就，"域内""域外"旧动能生产要素的自由流动和增速降费逐渐实现。

（3）辽宁省具备支撑"五大安全"的人才基础。首先，辽宁省拥有维护五大安全支撑的人才存量支撑，据统计，截至2019年4月，全省专业技术人才已达 331 万人，占全省人口的 7.4%，其中高级职称人才 49 万人，高技能人才 100.7 万人，在职技术工人总量 483 万人，占全省总人口的 11%。辽宁省拥有辽宁大学、大连理工大学、东北大学、大连海事大学等国家双一流高校，同时兼有 224 家院士工作站，54 个国家级和省级重点实验室。依托上述科研载体，全省拥有"两院"院士 53 人，国家"千人计划"专家 141 人、"万人计划"专家 78 人，国家杰出青年科学基金资助 110 人，"长江学者奖励计划"特聘教授 64 人，"百千万人才工程"国家级人选 76 人，创新人才推进计划国家级人选 78 人，中科院"百人计划"人才 103 人，其中，享受国务院政府特殊津贴专家 8148 人，位居全国前列。①

其次，近年来，辽宁省开始实行史上力度最大的人才新政。2018 年 3 月，辽宁省委印发《辽宁省人才服务全面振兴三年行动计划（2018～2020 年）》，同时启动实施重大人才工程"兴辽英才计划"，聚焦海内外人才引进、高层次人才培养、高水平创新创业团队培养引进以及青年英才储备高校毕业生"凤来雁归"计划。先后发布了对 20 名杰出人才、700 名领军人才、700 名青年拔尖人才、200 个高水平创新创业团队的支持。计划实施以来效果显著，截至 2019 年 3 月，全省新招收的高层次创新型青年人才（博士后）引入数量同比增长 168%，全省新增技术人才约 7.9 万人。高效率、高水平、高速度的人才引进为维护"五大安全"增添了人才的保障。

（4）辽宁省具备支撑"五大安全"的市场环境，能够"筑巢引凤"吸引维护五大安全的生产要素。首先，新时期辽宁营商环境的持续改善为吸引"五大安全"的各种市场力量培育提供可能。2016 年 12 月 7 日，辽宁省十二届人大常委会通过了《辽宁省优化营商环境条例》，2017 年，辽宁省政府经中央机构编制委员会办公室批准，在全国首创成立了营商环境建设监督局，三年以来，在解决政府效率不高、行政执

---

① 《辽宁举行"人才工作宣传月"活动新闻发布会》，国务院新闻办公室网，http：//www.scio.gov.cn/xwfbh/gssxwfbh/xwfbh/liaoning/Document/1558946/1558946.htm。

法随意性大、地方保护主义等难点问题上取得了长足的进步，市场经济环境持续好转。同时，辽宁省政法系统相继出台了《辽宁法院服务保障振兴发展、决胜全面建成小康社会三年工作计划》《辽宁省公安机关优化营商环境建设"二十条严禁"纪律规定》《辽宁省司法行政系统打造最优发展环境纪律规定》等有关条例，在产权保护、信用建设、企业家保护等方面"狠下功夫"，法治为市场经济保驾护航的作用再次突显。

其次，已改善的市场信心为"五大安全"的市场化力量引入提供了现实基础。2018年12月8日，辽宁省加快民营企业发展大会正式召开，相继出台了《关于加快民营经济发展的若干意见》《全省金融机构支持民营企业发展奖励办法》《辽宁省"个转企、小升规、规升巨"培育行动实施方案》等实施计划，为民营企业在筹资融资、市场准入歧视、减税降费、清理历史旧账等方面提出了针对性的解决方案，与营商环境建设联动有效提振了市场经济信心。2019年前5个月，全省招商引资实际到位资金1931.7亿元，同比增长10.7%，其中民营企业项目367个，项目数量超过股份制企业及国有企业之和，到资753.3亿元，招商引资工作呈现"山海关不住，再度受青睐"的良好局面，为未来新动能的引入增添了信心，增加了获益的现实可能性。

二、东北地区在维护"五大安全"中存在的挑战与冲击

（一）东北地区在对外开放中维护"五大安全"所面临的问题

首先，东北联合日韩推进本土产业安全的力度不足。东北地区主导产业结构目前仍以石化、黑（有）色金属冶炼和压延加工业为主，"大产品、小市场"的生产方式决定了维护产业安全，不仅对新技术、资金需求较大而且更需要临近国内市场和海外市场的检验和协助升级。但现有东北（辽宁）与日韩的经贸联系较少，且集中在传统领域。以东北三省中对日、对韩贸易最具优势的辽宁省为例，2018年辽宁省对日、

韩贸易总额分别为 160.53 亿美元、98 亿美元，与江苏省（599.1 亿美元、787.6 亿美元）、上海市（614.2 亿美元、743.5 亿美元）相比明显有所不足。不仅如此，辽宁省出口产品仍以机电产品、服装产品、水产品、光盘等日常生活用品为主，而进口商品包括机电产品、运输产品、化学工业及其相关工业产品。相较于江苏、上海、广东等地与日韩企业在智能制造、新能源和金融、物流产业等业务上的合作，辽宁省乃至东北三省充分发挥日韩对于加快东北地区产业升级、资源转型等新旧动能转化活动的作用仍有待提升，产业安全的维护效果更待长期检验。同时，日韩与我国交往受限于美国的"长臂管辖"，中日韩三国在关税协定、自由贸易区等联动施策上频遭掣肘。不仅如此，部分局部性事件如"钓鱼岛问题""萨德问题"等，也在短期内诱发了三国国内民众的超常关注，对广义上的国防安全也造成了一定冲击。

其次，东北与朝鲜通过经贸联系维护"能源安全、生态安全、国防安全"的力度有待提升。东北毗邻朝鲜，是中朝经贸联系的重要基石，理应有较大的发展空间，但在朝核问题周期性产生、国际制裁接连不断的背景下，中朝贸易额在 2014 年、2016 年分别由 63.89 亿美元、53.72 亿美元下降到 2018 年的 24.30 亿美元。特别是近年来朝鲜占出口 50% 以上的煤炭、铁矿石以及进口中占较大比例的石油产品在联合国制裁下遭到禁止，严重降低了朝鲜木材资源、煤炭资源入华规模，对东北能源安全、生态安全产生冲击。不仅如此，朝鲜政治局势波动与核武器威胁还客观上抑制了中朝边界上中方城市的外部投资，严重影响了国防安全和投资信心。以最临近朝鲜的吉林省为例，2019 年全省实际利用外资仅 5.34 亿美元，不足江浙沪地区县级城市利用外资水平。

再次，东北地区与蒙古国经贸联系有待扩大，对支撑东北地区维护"能源安全、国防安全"的力度急需提升。从蒙古国资源引入情况来看，2019 年 1~9 月，中国进口煤炭 25057 万吨，而蒙古国向我国出口煤炭为 3579.76 万吨，仅占进口额的 14%，拥有世界最大的露天焦煤矿——塔班陶勒盖煤矿的蒙古国煤炭产能以及对中输入仍有待提高，其现有的制约因素主要有：一是交通运力制约。蒙古国铁路、公路的运输能力极低。其中建成铁路仅拥有 20 世纪 50 年代建设的北京—乌兰巴托（途径二连浩特、扎门乌德）1520 毫米宽轨铁路，运速低、运量少且不能直接同我国境内 1435 毫米标轨铁路直接对接，需进行行车厢换装。在蒙古国主要矿产地距铁路分布较远的情况下，蒙古国出口到中国的煤炭、石油、铜矿、金矿依赖于公路运输。而蒙古国现有建成国家级公路约 11218 公里，但仅有 2395 公里为柏油路面，矿产输出能力较弱，支持东北地区能源安全力度不足。二是民众资源保护主义制约。由于蒙古国经济对国际大宗资源价格波动敏感，对外输出的矿产资源管控要求更高，如 2012 年 5 月 17 日，蒙古国大呼拉尔通过《关于外国投资战略领域协调法》，对外国（尤其是中国）对蒙投资矿产限制较高，叫停了中国铝业对蒙古国南戈壁公司的 10 亿美元收购计划。再如，蒙古国在 2013 年提出用于加快资源输出的塔本陶勒盖至宗巴彦铁路历经多次"批准—否决—批准"，中蒙经贸联系不可避免地受到蒙古国政治局势的影响，广义的国防安全需考虑中蒙关系因素。

最后，东北与俄罗斯远东地区经济联系有待深化，需加快助力维护"能源安全、产业安全、国防安全"。俄罗斯远东地区虽然经济不发达，但是资源丰富。这一地区有大小近百块油田，天然气预测储量约为 13.43 万亿立方米，资源挖掘潜力巨大。而中国东北作为毗邻俄罗斯的重要地区，却未能分享这一资源红利，对支撑本土能源安全力度有待提高。以 2016 年俄罗斯远东地区投资数据为例，排名前三位的依次是日本、韩国和中国，中方在俄远东地区的投资规模和投资影响力仍有待提升。其原因不外乎以下三点：一是远东地区基础设施落后。俄罗斯经济中心长期在欧洲地区，其远东地区的基础设施多兴建于 20 世纪，其铁路货运量平均只占全俄的 6%，公路除哈巴罗夫斯克、阿穆尔等邻近中国地区较好外，传统林区、矿区的公路基础设施毁损严重，交通运载力极低，降低了资源入华能力。二是中俄口岸对接难度较大。相较于中国近年来对绥芬河、黑河等 21 个边境口岸的投资改善，俄方限于资金紧张，在现代化程度、货物运量和过客能力等方面与中国口岸接洽难度较大，在双边交易以铁路为承载工具、以口岸为交接载体的情景下双边贸易额扩大有待提高。三是存在一定民族主义问题，双边均存在国防安全顾虑。由于中俄在一定历史时期疆域存在较大的重叠，中国东北相对远东地区发展较好，且俄罗斯远东地区人口仅 630 万人，因此对引入中国资本、人口存在较大的质疑声音，甚至共建基础设施、对外招商引资活动等对中资企业都存在一定歧视，而偏好日资、韩资企业，进而影响了中资企业在俄远东地区作用的发挥。

（二）辽宁在对内开放中维护"五大安全"所面临的问题

（1）在参与环渤海大湾区合作中协调分工难度大，协同维护好"五大安全"难度更大。"一强四弱"（北京强，津冀鲁辽弱）问题掣肘了五大安全维护。具体体现在：一是京津冀鲁辽产业生态分布迥异，北京地区以高新技术产业为核心，辽宁、山东、河北则面临产业同质、同构问题，同台竞争严重（四省能源、石化、钢铁、制造产业比重较大），围绕去产能配额、产品市场存在较大的竞争关系，很难协同维护"五大安全"。二是津冀鲁辽体制机制环境影响五大安全维护，如山东"官本位"思想浓厚，天津依托高强度工业化投资、计划经济思维浓厚，辽宁经济体制仍以国有企业为主，偏好大央企、大投资的路径依赖，影响在创新联动中维护五大安全。三是内部区域协调中存在边缘化下的共同竞争风险，如近年来的"一带一路"倡议主要仍集中在关内，对于辽宁、山东影响相对较弱，这是毗邻环境的必然结果，但同样也造成二者边缘化的结果，限制了整体联动维护五大安全的动机。

（2）在与江苏对口合作中提升全要素生产率、维护"五大安全"的战略性举措有待出台。目前在辽苏合作中，围绕人才引进、资金投入、产业对接、体制创新等方面存在诸多问题。首先，从政策条件来看，源于江苏更优越的人才优惠政策、就业环境和待遇条件，使辽苏大型人才招聘会更多地导致了辽宁的人才外流而不是人才引进。其次，从外部冲击角度看，在中美贸易战的背景下，以外向型经济为主的江苏省 2018 年以来经济发展受到制约，苏在辽投资相应出现规模性紧缩现象。再次，从产业协同的可行性来看，以大型装备制造业生产为主的辽宁省与以高新技术服务业生产为主的江苏省难以实现相关产业的有效对接，产业链条构建困难重重。最后，从市场环境来看，两地经济发展环境差异显著，辽宁急需进一步改善营商环境，为辽苏开展进一步对口合作提供基础。

（3）在发展海洋经济上辽宁经济并未充分发挥其固有优势，对"粮食安全、生态安全"维护有待深入。辽宁省海岸线 2920 公里，海域面积 6.8 万平方公里，近海水域面积 5 万平方公里，2018 年辽宁沿海经济带海洋经济总产值为 3137.2 亿元，占全国海洋经济产值的 3.8%，占全省 GDP 总量的 12.4%。但仍面临以下问题：一是渤海、黄海海域污染严重，海洋负担过重，其中辽宁填海造陆规模较大，自然岸线近年来不断萎缩，截至 2019 年，全域共 176 个岛屿因过度开发而被国家海洋部门挂牌督导，围绕海洋经济中的海洋钻井、深井石化、重型机械、船舶制造等项目使临港工业带压力加大，据统计全省仅有 24% 的海域达到一类水质标准，22% 海域为四类水质，严重破坏了生态安全。二是从渔业助力粮食安全来看，辽宁省民间捕捞始终处于自发探索阶段，缺乏统一规划和系统性管理，致使部分海域如辽宁大连因无序捕捞致使无鱼可捕，部分海域则因为海域养殖与育苗致使海体富营养化，严重影响了粮食安全、生态安全。

（4）在"后三期叠加时代"，产业安全、能源安全受到"去产能"冲击。当前，辽宁经济仍处于经济增速换挡期、结构调整阵痛期和前期经济刺激政策消化期的"后三期叠加"适应阶段，历史压力传导高居不下。2016 年以来，辽宁省以供给侧改革为主线，全面贯彻落实党中央、国务院的系列重大部署，"三去一降一补"成效突出。作为全国钢铁、煤炭和水泥产量大省，从 2016 年至今累计退出煤矿 228 处，化解煤炭过剩产能达 2731 万吨，提前完成"十三五"钢铁去产能 602 万吨任务，压缩水泥产能 1761 万吨，过剩产能企业减少超过 30%，化解省内 2/3 国有"僵尸企业"，员工转岗分流和安置人数超过 6.7 万人。在2014～2017 年，全省规模以上工业增速皆为负增长，以能源和重工业为主的第二产业不断萎缩，增速始终为负。虽然从 2018 年开始逐渐由负转正，但受此拖累，对全省经济仍有掣肘作用，进一步表现为 2016～

2018 年全省经济增长率分别为 −2.5%、4.2%、5.7%，下行压力虽稍有缓解，但仍远低于全国平均水平。随着"旧动能""过剩产能"的有效出清，辽宁省经济仍然面临着"笼已腾出，鸟没换来"的窘境，以长远、市场化的方式维护产业安全仍然在路上。

（5）支撑"五大安全"的核心要素条件——科技与人力资源逐渐流失。2018 年辽宁省全年科学研究与试验发展（R&D）经费支出 438.2 亿元，仅占全国 R&D 经费支出的 2.2%。全省重化工业长期占工业投资总额的 50% 以上，高新技术产业产值从 2009～2018 年仅增加了 213.6 亿元，产业投入强度多年来一直在 1.6%～1.7% 之间波动，全省研发投入占地区生产总值比重低于全国平均水平，使拥有多个国家级创新实验室、院士工作室和"双一流"高校的人才资源大省和拥有全国最大规模产业工人规模的人才大省没有充分释放应有的技术红利，高新科技价值转换缺少了有效的"旋转门"，人才价值被低估，继而引发了人口老龄化、人口流失严重和人才引进难问题的连续交织。据统计，自 2014 年辽宁省人口达到 4391 万人的人口巅峰值后，常住人口逐年下降至 2019 年的 4358.7 万人，人口净流失高达 23 万人，且数据显示，新材料技术、新能源技术与航空航天人才流失超过 60%，高水平技术人才流失严重。与此同时，全省 65 岁以上老龄化人口占总人口 23.96%，社会保障和就业支出 1457.7 亿元，同比增长 8.7%，公共财政压力不断加大，技术红利与人口红利呈现双向空档期，维护五大安全的难度逐渐增加。①

三、东北地区在维护"五大安全"中的国内外经验借鉴

（一）国际货币基金组织（IMF）强制开放、待保护产业众多背景下韩国维护"五大安全"的经验借鉴

在 1997 年亚洲金融危机爆发后，涌现出"汉江奇迹"连续 GDP 两

---

① 资料来源：2015～2019 年《辽宁统计年鉴》。

位数增长 20 年的韩国经济受到重创。面临外资撤离、内资负债率过高，国内出现系统性金融风险，韩国被迫向 IMF 等国际基金组织求助，而求助的条件则在于韩国逐渐放开被保护产业、拥抱外资、放开金融管制等，其本土的"能源安全、粮食安全、产业安全"均受到了较大的冲击，在转型期间，韩国政府加快对内改革，在对外开放中逐渐强化公司治理，依托金融、科技、文化成功建立了支撑"五大安全"的新三大支柱，其经验主要有以下几点。

（1）加快推进金融体制改革，有力增加支撑"五大安全"的金融资源建设。为应对 IMF 国际基金组织、欧美国家对韩要求的强制性开放，与本国金融企业过高的资产负债率，韩国开展了以去除债务、去除亏损、放开市场、放开海外、建立金融监督委员会为核心的"两去两放一立"金融体系改革，其目标在于加快金融资本脱困，使其有余力支援其他建设。具体措施包括：一是对不良金融机构进行清算。政府投入高达 155 万亿韩元的公共资金，用以弥补各大金融机构的不良贷款，避免出现信用内生性收缩的恶性循环。不良贷款率从 1997 年的 20% 下降到了 2001 年的 3%。二是对《韩国证券交易法》《韩国企业破产法》《韩国银行法》等进行深入的修改和完善，对经营亏损严重的金融机构和企业强制实施退出机制或进行破产重组整治，关闭了 11 家资本率低于警戒线的银行。截至 2001 年底，共计整顿了超 600 家金融机构，全国 20% 以上的金融机构进行了彻底的破产重组。三是政府在金融体系中开始"简政放权"，释放更大的自主权于市场，实施了一系列金融市场化的战略举措。对存在关联交易的企业之间的投资总额进行管控，避免出现内部关联交易现象，取消母子公司之间的债务担保。最重要的是限制了财阀集团产业资金对金融机构的过度渗透，保证金融机构的独立性，同时对财阀集团内部以及财阀与金融机构之间的"内部"交易进行惩治，真正实现银、政与银、企彼此的分离。四是放开国际金融市场，提升金融机构行业的国际竞争力和经营水平。韩国政府主张取缔外资股权的上限规定，积极争取外国投资者与韩国各大银行建立起合作关系，以韩国第一银行、外汇银行为代表的众多韩国金融机构相继引进外资。同时韩国政府还宣布实施外汇交易自由化，持续提高外汇、债券、保险市场的开放度。五是建立高标准的独立于第三方的金融监管体系，1998年成立韩国金融监管委员会，对银行、证券、保险以及其他金融机构进行统一监管。

（2）加强科技在经济社会发展中的重要作用，提升科技在应对"五大安全"中的支柱作用，尤其是发挥对产业安全、能源安全的引领先导作用。韩国政府引导企业转变资本密集型发展思路，走向知识密集型发展模式的必经之路。主张以"科技立国"取代"重工业化"战略，用科技创新推进新旧动能转化，从而支撑能源安全、产业安全。韩国的"科技立国"之路同样主张遵循市场化规则，减少政府直接干涉，政府更多地扮演着政策和资金支持和市场监管的角色，更多地鼓励企业成为自主创新的主体。韩国政府的科技创新政策支持倾向于战略新兴型中小微企业，打破以往大企业研发支出"一统天下"的局面。政府发布多种政策来支持高新技术行业提升研发竞争力，例如税收优惠、政府财政补贴、转移支付以及提供贷款担保等，甚至为科研人员免除服兵役的激励制度。金融危机后，韩国政府投资成立了国家科学技术理事会，主要工作是统筹协调全国所有的研发投入（R&D）计划资助情况，多年以来，韩国R&D支出占GDP比例持续提升，当前位于主要国家之首。据统计，1999~2004年，韩国政府每年始终保持2000亿韩元的财政投入兴建计算机和电子通信研究院，同时实施"21世纪精英工程"，为科技创新培养一线高水平人力资本。1998~2003年，韩国累计在科研经费的投入高达140万亿韩元，涉及新能源、新材料、半导体、信息技术、生物科技、航空航天等28个领域，其中移动通信、半导体和新能源汽车始终作为韩国的重点产业研发领域，并取得了众多的科技创新成果。例如三星电子、韩国电子通信研究院、SK电讯通力等韩企和研究院合作研发的移动宽带无线接入（WiBro）技术，它既能弥补无线局域网（WLAN）覆盖范围小、移动能力差的短板，又能补充蜂窝系统数据传输速度慢、前期接入成本高的弱势，充分实现质量与安全的双保障。当前，WiBro正在为组建"跨国漫游带"发挥国际力量。

（3）坚持"文化立国"战略，以积极主动方略在对外开放中扩大"广义国防安全"界限，提升文化输出能力。在"科技立国"战略基本走上正轨之后，韩国政府又提出了"文化立国"战略。韩国文化产业发展的雏形来自《文化产业发展五年计划》《12世纪文化产业设想》的相继颁布，在此之后，以游戏行业、影视行业、音乐舞蹈行业为代表的"韩流"文化事业开始"风生水起"，文化产业及其相关性产业的收入都取得了长足的发展，现代文化业与先进科技业两大红利并向进发，成为韩国海外开放战略的"狙击手"与"冲锋枪"，在海外的良好形象为其出海行动以及提升海外安全利益助益甚大。

韩国政府在文化产业发展过程中给予了极大的优惠政策、资金和平台投入。1998年，韩国电影剪阅制度被取消，开始实施国际化的分级审查制度，在此基础上，形式多样、题材丰富的电影电视节目开始出现，电视制作人创作热情得以自由发挥，明星真人秀节目、韩舞、韩剧以及韩国偶像练习生等"韩流"开始席卷全球。韩国文化事业的创新性发展离不开政府的资金支持，韩国文化部门的预算在国家总体预算增加低于5%的情形下，增加40%以上，主要用于增强对文化产业的基础设施建设和广播影视、动漫游戏等高技能人才培养的投入。与此同时，2004年，韩国软件振兴院组建了专门服务于游戏产业的网络全球测试平台，为国内中小游戏企业进驻海外市场提供了载体与平台。

从2000年开始，"韩流"作为韩国的文化输出载体开始进入全球几乎各个国家。中国作为韩国的近邻，更是受到了极大的文化冲击，越来越多的韩星开始走上中国的荧幕，模仿韩国综艺出现的诸如《奔跑吧！兄弟》《爸爸去哪儿》等越来越多的文化综艺节目开始在中国出现。据统计，到2004年，韩国文化产业成长为仅次于汽车制造业的第二大出口创汇产业，2015年文化产业出口额累计超过50亿美元，占据全国GDP比重的15%，同比之下，中国这一比例仅为4%左右。与此同时，韩国的文化关联性产业也取得了显著性成就，例如韩国影视剧中的泡菜、烤肉等餐饮行业，知名演员代言的三星手机、现代汽车等先进制造业产业。据数据统计，韩国50%以上的企业产品销售都来自"韩流"的影响。

（二）历史争议背景下日本主动出海巩固"五大安全"的经验借鉴

日本身处岛国，其国内市场、国内资源狭小，维护"五大安全"的战略空间较窄，因此随着20世纪50年代日本经济的复苏，日本逐渐布局走向海外，通过扩大石油、煤炭资源进口来源，进口海外除主产稻米外的食品，进口海外木材资源，扩大东亚影响力等方案提升了"五大安全"。日本在与东亚较多国家存在历史争议的情况下，改善国家形象，扩大了国际影响力。并且能在中美俄等国家对非洲、南美洲实行多方位援助中突出自己，形成独特优势。这些都为我们巩固"五大安全"提供了可以借鉴的相关经验。

（1）以抱团下海促进对外开放——合作共赢，扩大维护"五大安全"的受众面。日本的主动出海通常采取"抱团"的方式，是一种横向抱团和纵向抱团相结合的对外开放模式。纵向融合是指形成以长期合作为目标的产业链上下游企业的抱团。以日本的钢铁产业为例，日本大规模投资巴西淡水河谷、澳大利亚力拓以及必和必拓等能源资源丰富地区，开辟钢铁原材料等上游生产企业，同时，日本主动投资宝钢、新日铁等对钢铁进行加工的中游生产企业，日本自身还拥有最核心的汽车生产基地以及一系列高端装备制造的下游生产企业，更重要的其还具有广大的汽车国际需求市场和便捷的国际物流市场。无缝连接的"产、供、销"超长产业链的联合出海最大程度上降低了海外工厂整体运行风险，真正实现"堤内损失堤外补"，全方位维护能源安全与产业安全。

横向抱团是指产、商、融的三点融合的发展体系。日本拥有及时全面的贸易信息、深厚的产业生产基础以及完善成熟的金融体系，有利于全面塑造以产业生产技术和规模效应为前提、以金融投资为推力、以国际商业力量培育为重点的三位一体"雁行模式"。在此基础上逐渐打造属于日本的非洲贸易网、东南亚贸易网。通常情况下，日本倾向于选择股权投资的方式打开对方国家的产业市场，通过极低的股权比例进入目的国产业生产领域，并鼓励该国家掌握更多的股权，同时快速输入日本的产业技术、金融、人才、贸易等，主动为目的国打造"国产"产业。

日企实现抱团下海的核心协调机构是日本财团的综合商社。综合商社的核心工作就是为日本企业提供全方位、多领域、深层次的全球性贸易情报和咨询服务。日本七大综合商社已经在全球 187 个城市设立 4000多家分社。综合商社掌握了全球市场各产业链上下游企业的基本信息，因此通过对情报数据的统计以及国际市场的产品需求分析，综合商社可以为企业生产、融资以及银行投资提供合理的配比方式，是日企联动发展的组织协调中枢。相比之下，中国企业的国际化道路不仅未能形成纵向延伸的全产业链抱团式发展模式，反而出现诸多的同质化竞争现象，未能形成长期发展战略，个别企业出现急功近利的做法。

（2）以移植本土保障"走出去"——安家乐业，扩大"五大安全"的广义国土圈范围。日本"走出去"的路径是多重性的，除了产业国际化，更重要的还有文化风俗的本土化移植。中国企业落地海外市场一般实施半军事化"营地"管理模式，这种模式下企业派遣的员工均是孤身一人独处异国他乡，不能携带妻儿等家属同往，在部分特殊国家其人身自由和安全甚至受到限制和威胁，只能"隐姓埋名"组织化生存。基于此，中国企业海外派遣的员工通常是工作 3 年左右就会更新一批，归国后的员工可能会有更大的晋升空间，以此作为对其海外工作的鼓励。缺少长期稳定的祖国归属感是中国企业难以形成严谨、稳定的跨海企业组织生产结构的原因。

而日本的海外市场战略和人员安置都以长期可持续为发展目标，日本政府作为主导方，无偿在日企海外聚集地承建具有日本风格与特色的社区、医院、学校、商场、公园等公共基础配套设施。"走出去"的日企领导和员工虽身在异地但却能时刻感受祖国的温情，增强民族自豪感。同时还鼓励家属协同前往海外定居，并为其提供最全面、便捷的服务，保证可持续性的"安家乐业"。本土化海外移植的做法也让海外目的国深切地感受到日本开展合作共赢战略的诚意与决心，与此同时还弘扬了日本的传统"和"文化。

其中，泰国湾的滨海小城——是拉差最为典型，该地区周边拥有两大工业区，目前已经进驻多达 1000 多家日系企业，该地也就成了一座具有日本风情特色的小城，这里有日本政府组建的日系衣食住行一条龙服务配套设施。更多的日本人在这里种植日本特色农业、花卉，传承日式餐饮，在增强日本国民归属感的同时开辟了海外产业和粮食生产基地，保障了本国的粮食安全和产业安全。

（3）以点穴式方案提升日本海外形象，有力支撑"五大安全"的维护措施。

日本进驻海外新市场，谋求为当地国民提供符合其真正需求的产品。以汽车市场为例，太平洋诸岛国的二手车市场几乎 100% 来自日资企业，泰国汽车配件市场 90% 为日企服务。其中肯尼亚 95% 的汽车都来自日产品牌，中国汽车无"一席之地"。原因就在于日系车的企业深谙肯尼亚的国情与民情，肯尼亚人资金匮乏但却拥有强烈的自尊心，日本人为其提供二手车，针对买不起二手车的民众，日系企业选择免费赠送，日本汽车毛利平均为 8 个点，而汽车配件毛利至少 40%，一减一增，日系汽车企业仍旧处于营利状态。

四、东北地区在维护"五大安全"中的支撑性建议

（一）东北地区在对外开放、优势互补中维护"五大安全"的对策建议

在深化开放的大势所趋面前，对"五大安全"的维护，不应停留在东北地区发展的内部，要勇于搞活境内、境外两种资源，实现动态安全、持久安全。

第一，探索中蒙长期发展新支点、新起点。从蒙古国的政治格局和地缘特点来看，始终无法彻底摆脱中俄影响，而囿于蒙古国政局特点与中蒙关系现状，应采用中日韩俄联合开发方案，扩大多边经济联系。一是深化提升蒙古国输中的资源运力，提升能源安全。如根据矿产资源分布情况，可在中方援助资金、技术和施工团队的基础上，加快完成塔温

陶勒盖—嘎顺苏海图、霍特—毕其格图新铁路的中蒙两国跨境铁路通道建设。并充分开拓锦州—赤峰—珠恩嘎达布其—乔巴山、珲春—长春—阿尔山—赤塔等地互联互通方案，并提升东北内部运输能力。二是稳定中蒙边境贸易联系，助力国防安全。按照中蒙贸易结构，依托口岸为进出口贸易的主要基础（如扎门乌德—二连浩特口岸进出口量占蒙古国外贸货物运输总进口量的80%及总出口量的35%），对此应加强双边口岸基础设施的互联互通（如嘎顺苏海图与中国甘其毛都口岸、毕其格图与中国珠恩嘎达布其口岸），建立矿产品、农产品的绿色通关机制，实现双边交通基础设施的对接，加强边境武装力量，助力国防安全。三是加强蒙古国农副产品输中力度，降低东北耕地压力和环境压力，实现生态安全、粮食安全。在扩大蒙古国对中农副产品输入力度的同时，还可建立进出口产品的搭售、配售交易方案，将蒙古国对中的主要产品如奶制品、肉制品的吨数与出口矿产品数量锁定，不仅保证蒙古长期矿产输入，还可缓解东北地区因养殖业给土地带来的饲料种植压力与粮食储备压力。四是加强民间往来，进一步稳定国防安全、国土安全。可利用东北地区、内蒙古地区与蒙古国临近的优势，加大东北地区尤其是内蒙古地区各层级高校对蒙留学生的招生力度，鼓励赴蒙开设覆盖华文学校，支持蒙古国优秀毕业生参与中蒙合作企业以及我国内蒙古企业。同时，注重对蒙引入中方的民间医疗、社会组织、智库综合媒体等，不断提升中蒙民间交往力度和中国形象，为中蒙经贸利益深入开展奠定社会基础。

第二，加快中俄经贸联系向深层次、全方位推进。一是加强口岸联系和交通设施联动，加快资源输入，维护能源安全。提升中俄边界漠河—加林达、黑河—布拉戈维申斯克、同江—下列宁斯阔耶等22个双边口岸的运力，不断提升口岸专营化及口岸加工基地建设，并鼓励中铁、中建出海加强东北与俄罗斯远东资源丰富地区的交通干线的建设力度，如开发珲春—托维京斯克—共青城铁路线。二是充分联系俄罗斯经济开发区，加强产业协调助力产业安全。借鉴中白工业园的发展经验，加强中方企业在俄罗斯远东哈巴罗夫斯克、阿穆尔沿岸、坎加拉瑟等

18个经济超前发展区与俄方联合建设，在开发土地资源、林业资源、矿业资源的基础上，围绕工业冶金、交通物流、机械制造等领域不断探索联合、联系和延长产业链方案。三是积极推动中俄东北出海口建设，开拓北冰洋航线，助力国防安全、产业安全。加快中俄朝三国接壤的图们江三角洲基础设施建设工程，尤其是尽快建成扎鲁比诺港，尽快打通、开拓、提升吉林境内至扎鲁比诺港之间的交通运力，形成中俄朝三国边界经济协调发展的稳定局势，并为黑龙江、吉林开拓北部跨日本海航线，为黑吉两省降低产业衔接成本和运输物流成本，提升产业安全。

第三，深化东北和日韩的交通联系、产业联系，巩固产业安全。应以中日韩三国自贸区落户东北为目标，推动辽宁省旧产能、旧产业加快升级改造和动能接续，维护产业安全。一是应着力以辽沈为核心的立体交通网络建设，助力内部产业降成本。可借鉴郑州航空港经济综合实验区发展经验，以沈阳桃仙机场为发展中心，高标准建设沈阳南站，构建依托高速铁路网、高速公路网与高效航空港的国际干线物流网络与集散输运系统，靶向服务辽宁航空物流、高端制造与现代服务业，助力企业降成本、补短板。二是加强中日韩三国交通互联基础上的产业联系，助力本土产业接续。可增设沈阳、大连与神户、川崎、仁川等日韩工业与外贸重镇的直飞航线，构建辽宁与日韩主要工业城市四小时飞行圈，大连东北亚国际航运中心，依托辽宁自贸区大连片区等综合开发区、保税区，围绕日韩相对东北地区的优势产业如人工智能、大数据、物联网等，推进东北地区新旧动能转化。

第四，深化东北和日韩两国在农业和旅游资源领域的合作，助力粮食安全和生态安全。一是以"第一产业+第三产业"为依托，加强三国联系。日本、韩国的国土面积相对狭小，农业资源、旅游资源相对不足，而我国东北地区拥有"冰天雪地""千里农垦""万里草原"等优势，农业资源供给有独特的生产条件和明显的地域特色。加强三国文旅联系，可助力稳定东北地区农业生产，并保证农产品市场，同时提升"开发式"生态保护的经济效益。二是积极学习日本、韩国在工业基地建设（如老工业基地的改造）、城市建设（如海绵城市）、营商环境建设（如扶持中小微企业）等发展经验，为东北地区经济社会发展引入新的发展思路。对此，可加强东北地区政府代表团与日本、韩国地区的跨境互访和定期交流学习，不断学习政府管理、产业政策协调的新思维。同时，也鼓励日韩政府机构与知名民间团体、知名大学参与东北高校合作，为东北地区城市建设、产业发展提供可以借鉴的经验。

第五，加强民间交往、政治交往，巩固经济联系，提升国防安全。一是提升两国民间交往感情，从"政冷经热"转向"政热经热""民热政热经热"。借鉴历史经验和国际经验，对新闻媒体、微博及微信等社交平台做好舆论管控与引导，从而避免经济合作因突发事件而有所中断。二是联合日本、韩国在东北的领事馆、驻华商会，以及中日、中韩友好协会等社会团体和组织，对日韩开展文化出海活动，增强双边文化产品的影响力度，不断提升中国的国际形象，提升影响力并巩固友好关系。

（二）辽宁在对内开放、南北互动中维护"五大安全"的对策建议

一是强化沿海经济带区域与省际沿海城市的融合发展，深度融入环渤海大湾区，加快生产要素流通，助力"五大安全"建设。规划建设环渤海大湾区首要的就是增强辽宁省沿海 6 市与秦皇岛、唐山、天津、烟台、青岛等沿海城市的互助合作，具体举措涵盖以下几个方面：①借鉴国际上湾区建设的成功经验，积极探索湾区管理体制机制创新。借鉴美国旧金山港湾区发展经验，以环渤海区域合作市长联席会议为基础，设立环渤海大湾区建设领导小组，负责协调处理"两市三省"之间的重大问题。②夯实湾区统一发展金融基础。设立环渤海振兴开发基金，主要用于环渤海内部大型基础设施建设及综合开发，如环渤海技术服务体系与运输物流体系建设等。筹建环渤海振兴开发银行，以环渤海大湾区信用为基础筹集资金，承担港湾发展业务。③建立统一信息集成平台，筹建"环渤海之云"。借鉴"云上贵州"发展经验，由环渤海开发银行履行出资人职责，"两市三省"国企监事会履行监管职责，建立

"环渤海之云"大数据产业发展公司。公司将整合环渤海大湾区内的大数据公司及管理机构，推动大数据电子信息产业化，构建大数据产融生态体系。④做好湾区人才管理制度的顶层设计。鼓励三省两市公务人员异地交流任职；由环渤海大湾区领导小组牵头，筹建环渤海大湾区发展研究院对"两市三省"的对口协调部门、各相关机构负责人、业务骨干进行短期培训，采取切实有效、有吸引力的政策，吸纳国内外优秀青年人才进入环渤海大湾区发展。⑤实现交通基础设施互联互通。推动大连—烟台跨海"Φ"通道形成，届时两地交通距离缩短至 107 公里，时间缩短至 2 小时，形成环渤海区域闭环交通大动脉，实现对拥有 30 多个港口"C"型海岸的升级改造；建设规划湾区跨海大桥，如建设"唐山—烟台冀鲁跨海大桥""唐山—营口冀辽跨海大桥""营口—锦州跨海大桥""营口—葫芦岛跨海大桥"。⑥加强跨区域合作协同发展新动能。建议由省政府牵头定期组织"京津冀鲁辽"发展对话论坛，对接京津冀一体化及东北老工业基地全面振兴战略，共同制定环渤海大湾区发展规划五年发展方案，以明确五省市错位互补的发展格局，努力将辽宁定义为提供新动能"硬件建设"的中心省份和新动能产业链的"集成整装中心"，从而有效遏制重复新动能建设、重复生产所带来的产能过剩和"竞争内耗"。鼓励辽宁省十四个地级市与环渤海地区各市县根据产业结构的同质性、互补性等特征结为友好城市，共同协定产业转移、整合后的税收分配与其他收入占比情况，探索环渤海地区跨省的招商引资"飞地经济"发展模式。

二是加快推进辽宁与江浙沪地区的合作步伐，联动支撑"五大安全"发展短板。①深入推进"飞地经济"跨省合作模式。大力支持辽苏共建产业园区在辽落地，打破要素流动与发展思维的区域性障碍，实现资金、人才、技术、产业、管理"五位一体"全方位引进，助推辽苏两地区域协同发展。②借鉴大连对口合作城市上海市的浦东国家级新区关于体制机制改革的经验，以"一号响应、一网通办、一库共享"为抓手深化"简政放权"改革，全面提升标准化、敏捷化、便捷化现代服务体系水平。树立深层次、全方位、高水平的营商环境新标杆，助力招商引资全面推进。要赋予其省级行政审批权限，支持金普新区发展。③积极推进大连金普新区与上海浦东新区、青岛西海岸新区对口合作，争取在金普新区建立三地联合科技成果培养与转化基地。探索建立国际化人才培育、引进、激励制度，在日本筑波、美国硅谷等地设立人才培养与科技创新联络站。建设全方位金普人才港、科技港，全面深化科技创新质量变革、效率变革、动力变革，让高端装备制造业与战略新兴产业双量发力，用"两条腿"走好转型路。④利用好金普新区对外开放突出的地缘优势，主动对接东北亚经济高质量发展，积极拓展辽宁省同蒙古国、俄罗斯等"一带一路"沿线国家的交流合作。持续提升对外开放基础设施投资水平，为全领域、高层次贸易往来和要素流动提供前提。发挥保税区在东北亚经济合作中的核心作用，将大连金普新区建设成为东北亚开放合作的人才、科技、产业"三位一体"示范区。

三是高度重视大连自由贸易港，打造东北亚对外开放新高地，打造"五大安全"的核心龙头。辽宁沿海经济带是辽宁乃至东北陆海双向开放的门户，同时打造辽宁对外开放新前沿又赋予了其新的含义、内务、责任和使命。为此需要做到：①加快建设大连自由贸易港。党的十九大提出"赋予自由贸易试验区更大改革自主权，探索建设自由贸易港"。大连是辽宁沿海经济带的龙头和欧亚大陆桥的重要节点，探索建立大连自由贸易港，是辽宁省扩大对外开放的关键。对标中国香港、新加坡等世界一流自由贸易港的建设方案，扩充大连自由贸易港范围，建设港城一体化综合型自由贸易港。②加快港口整合，发展临港产业。构建沿海经济带全面对外开放新格局，还要发挥营口港、丹东港、盘锦港、锦州港、葫芦岛港五大沿海港口的作用。2019年初，整合了大连港和营口港的辽宁港口集团挂牌成立，目前已取得突破性成效，港口集团货物吞吐量和集装箱吞吐量分别占全省的60%和80%以上。当前，辽宁港口集团加快整合沿海经济带其他港口的步伐，搭建港口发展一体化平台。并在此基础上，统筹六市联动发展机制，推进"港口+城市+产业+创新"融合发展，发展临港产业集聚区，促进沿海经济带城市的协调联动发展。③加快完善"海上丝路"建设,将大连自由贸易港作为辽宁省推进"海上丝路"的核心与关键,进一步连接其同日韩朝及东南亚港口的航运通道。鼓励大连港、营口港向千叶、福冈、平泽、仁川等日韩主要海港拓展近海海运航线,倡议大连—威海—海州—首尔跨海大通道建设,搭设中朝韩跨海大桥或海底通道。

四是推进海洋经济协调发展,建设"海上辽宁"助力"生态安全、能源安全"。创新推进辽宁省海洋经济发展,建设海上辽宁需要构建多点联动、多产并行的高质量发展格局:①要全面推进"智慧海洋"建设。创新"大数据+海洋"发展模式,加快大数据、云计算等信息化、智能化手段与辽宁省海洋经济发展的深度融合,将新兴海洋经济作为发展"蓝色经济"的新动力。推进"信息公开透明、要素有效流动、数据充分共享、服务全面智能"的海洋经济资源共享平台建设,方便产业内企业开展有效竞争与合作经济。②全面深化"高端海洋"建设。一方面以"高端人才+高端产业+高端科技"集聚海洋高端创新资源,推进省内传统海洋装备制造企业向价值链顶端攀升,延长海洋装备制造产业链,引领船舶制造等大型海洋军工产业的高端化、前沿化转型。另一方面大力发展高科技海洋产业,将海洋生物医药、海洋新材料等新兴海洋产业视为未来海洋经济发展的关键点。引进国际最先进的海洋石油提炼技术,实现辽宁省丰富的海洋石油的精细化、环保化、高效化提取。③全面加强"绿色海洋"建设。实现生态保护区从"蓝色经济"向"绿色经济"的过渡,提升海洋资源的可持续发展能力需要全面实施现代海洋产业的质量变革。首先,引进国内外高科技人才成立"低碳海洋"技术转换站,助力辽宁省海洋经济转型升级,实现可持续发展。其次,开拓"绿色海洋"养殖空间,建设海洋牧场试验田,真正实现海水养殖规模化、低碳化、链条化。最后,发展海洋旅游业,加快海洋经济三产增加值有效提升。利用好大连市棒棰岛、老虎滩和金石滩的环境优势,将其打造成具有国际影响力的品牌旅游业示范基地。④全面展开"共享海洋"建设。一方面,加快沿海六市以及天津、青岛、烟台等省际沿海城市的统筹发展。以召开海洋经济高质量发展论坛会议为契机，学习借鉴各市海洋发展举措，以海洋经济资源共享平台为载体，共享海洋经济发展"云数据"。同时，加快省内六大沿海港口整合速度，构建辽宁港口群，为港口经济开展有效竞争与互助合作提供市场条件。另一方面，持续壮大外向型海洋产业，让国内外国家、地区共享"蓝色经济"成果。

五是充分挖掘国内市场资源，以智能化升级维护"产业安全、能源安全"。鉴于辽宁省财政支出缺口和人口流失现状，财政应该发挥逐步引导、引流功能，将辽宁省的能源行业、工业制造行业有序地引导至智能化改造阶段。①应分行业进行智能化技术改造，每年遴选 10 个细分行业（首批要选择发展优势明显、自主盈亏效果良好企业），鼓励龙头企业实现覆盖面达到 70% 以上的目标，总结积累可复制可推广的经验，向更多的企业、行业拓展。②不拘一格，对能够以"机器换人"，以"机器替代高危作业"的企业，无论产权性质、行业规模（主要针对能源型企业、资源型企业、制造业企业）都予以奖励，鼓励培育大兴技改之风。③应聚焦技改贴息，扩大驻辽金融机构专项技改贴息项目的审批力度，在政府贴息 4% ~5% 的基础上，推动全行业开展产业升级工程。④研究建立智能化技术改造评价标准体系和评价规范，试点开展评价工作，作为资源要素配置和政策扶持的导向依据，并尝试将智能化升级改造水平逐步纳入辽宁省高新技术开发区的考核指标，不断推进"产业安全、能源安全"。

（三）辽宁在聚焦短板、提高全要素生产率中巩固"五大安全"的对策建议

要深入推进东北地区对内、对外开放，既要保证辽宁省的比较优势、比较产业，又要深度融入国际发展布局，必须要扎实内功，做好本土产业接续和新旧动能转化，努力保证"五大安全"的生产要素条件，从而巩固自身比较优势，从长远、市场化、动态维护"五大安全"。

（1）深度结合辽宁实际情况，打造维护"五大安全"的科技创新高地。建设维护产业安全的必由之路——新旧动能转化的科技平台。借

鉴山东省新旧动能转换可视化督导服务平台的成功经验，由辽宁省新旧动能转换开发基金注资，各市区发改委派专门的企业监事会组建相互制约、互助交融的新旧动能转换透明化大数据平台，平台将整合省内新旧动能转换企业重大项目运行情况、相关政策等大数据。主要职责包括：实时交叉管理、监督辖区内市区新旧动能转换重大项目运行情况，以宣传优秀企业来激发企业内生动力，共享国内外实施招商引资以及"引人用人"新政信息，提供最前沿的数据帮扶与最及时的"政企沟通"，年末公开披露各省市、企业新旧动能转换成果及上市企业财务报表，满足政府、企业、投资者、个人的差异化需求，努力形成产业安全的科技性支柱。

（2）深度结合辽宁实际情况，打造维护"五大安全"的金融集成中心。应以新制造、新科技、新服务、新消费的"四新"为基础，下以五大安全为目标，增设建立"盛京之云"大数据产业发展公司和"盛京之金"投资公司。公司将整合辽宁省内的大数据公司及管理机构，推动大数据电子信息产业化，构建大数据产融生态体系，其主要职能包括：发起针对"五大安全"的各类基金、搭建投融资平台、聚焦组织策划本省范围内的重大招商、联系活动，尤其是关注省内先进装备制造业产业之间的互补协作，为建设"新基建"，形成"新动能"产业链，提供公开信息发布和资金募集支持。

（3）深度结合辽宁实际情况，补足"五大安全"的人才支持短板。首先，鼓励省内高校增设新兴产业、平台经济学科专业，同时发挥高校多学科互相交叉融合优势，培养大批高水平、高技能领军人才，加快推进一流大学与一流学科建设。注重发挥政府部门、企业、高校、科研院所四方协调联动作用，构建"五大安全"重大工程审核评估认定平台，最大程度筛选具有潜在经济价值的工程并进行公开发布。其次，打造校地对接平台，成立人才政策数据库和后备人才储备库，保证人才政策"有迹可循"，实现人才培育"一茬接着一茬干"。再次，通过遴选高校博士后及相关专家学者，与"五大安全"相关领域企业结对，打造人才"嵌入式"发展格局，实现科研成果能够通过实践性检验，并通过科研成果奖励、绩效工资、股权红利、人才安居等政策吸引、激励、留住人才，同时也推动辽宁省传统产业数量型工人红利向新型产业质量型人才、国际化人才方向转变；最后，设立海外引才引智机构，抓住目前欧美对华人、华裔移民的限制，用丰厚条件吸引他们迅速回国，采用"一人、一事、一议"的方案快速审批，有针对性地解决人才留辽问题，补足五大安全"外脑"的国际化支持。

（4）深度结合辽宁实际情况，依托军民融合战略联系，深度巩固国防安全。首先，由省委、省政府主要领导牵头，制定军民融合发展的实施路径和阶段性目标，保证军民融合事业"落地生根"。同时要加快中车集团、中船重工和中航沈飞在辽的军民融合试点，鼓励民营装备制造业企业纳入军工企业产业链外包、配套名录，加快核准军民产业链融合的适用标准，实现"全军工产业链"本土化生产目标，扩大军用先进技术溢出对新旧动能转换的支撑作用。同时，以省政府牵头与省内驻军的联系互访，主动为大连港、葫芦岛港的航空母舰、核潜艇停泊基地贡献民营企业、民营资本力量，充分利用军民融合战略盘活辽宁的"旧产能"，降低国防安全的支撑成本。其次，以军民融合为契机，推进大批在辽具备历史优势、历史积淀的产业上马。以航空工业为例，在现有以零部件、大部件、结构件研制生产的基础上，借助沈阳航高基地，依托"三院三所"加快向控制系统、航电系统等高附加值产品，干线、支线飞机整机开发研制迈进；通过争取工信部、中国国家航天局、中国航空工业集团有限公司、国家国防科技工业局等上级部门支持，加快在国家航天航空工业规划中就民用运输机、通用飞机等项目在辽的布局安排，努力争取 C919 等民用大飞机制造产业链在辽落地，集全省之力加快通用航空产业在辽规模化进程，提升国防安全的应急反应速度。

第三节　东北地区维护国家生态安全的战略地位及政策建议

2019 年 12 月 16 日出版的第 24 期《求是》杂志发表中共中央总书记、国家主席、中央军委主席习近平的重要文章《推动形成优势互补高质量发展的区域经济布局》。文章指出，东北地区的战略地位十分重要，要有新的战略性举措，推动东北地区实现全面振兴。要有效整合资源，主动调整经济结构，形成新的均衡发展的产业结构，加快国有企业改革，打造对外开放新前沿，加快转变政府职能，弘扬优秀企业家精神，加强对领导干部的正向激励，树立鲜明用人导向，推动东北全方位振兴。

习近平总书记提出"东北地区是我国重要的工农业基地，维护国家国防安全、粮食安全、生态安全、能源安全、产业安全的战略地位十分重要"。① 其中生态安全是国家安全体系的重要方面，也是加快生态文明体制改革、建设美丽中国的重要方面。生态安全指一个国家具有能持续满足经济社会发展需要和保障人民生态权益、经济社会发展不受或少受来自资源和生态环境的制约与威胁的稳定健康的生态系统，具有应对和解决生态矛盾和生态危机的能力。

一、东北地区在维护国家生态安全方面具有重要的战略地位

（一）东北森林带是国家生态屏障

生态屏障指区域内具有生态系统功能的关键地段，具有自我维持与自我调控能力，对系统外或内的生态环境与生物具有生态学意义的保护

---

① 《习近平：以新气象新担当新作为推进东北振兴》，新华网，http：//www. xinhua-net. com/2018 - 09/28/c_1123499376. htm。

作用与功能，是维护区域乃至国家生态安全与可持续发展的结构与功能体系（潘开文等，2004）。生态屏障是生态安全的重要保障，是生态文明建设中构建国家生态安全战略格局的重要组成部分，奠定了国家生态安全（樊杰，2015）。目前国家生态安全格局中以青藏高原生态屏障带、川滇—黄土高原生态屏障带、东北森林屏障带、北方防沙屏障带和南方丘陵山地屏障带构成国家主体功能区划中的国家生态屏障区。东北森林带作为我国"两屏三带"国家生态安全格局的重要组成部分，在中国生态安全方面发挥了重要作用。

东北森林带位于 118.80°~134.37°E、40.87°~53.56°N 之间，总面积约为 61.60 万平方千米，森林面积约 40 万平方千米，包括大兴安岭，小兴安岭和长白山三个林区（孙滨峰等，2018）。东北森林带属于典型正向服务保护型生态屏障。正向服务保护型生态屏障是保护正向服务供给区不受外界干扰，保证生态保护区的可持续发展，以此源源不断获取生态系统带来的生态服务，最大可能性地减少外界干扰甚至杜绝外界干扰（王晓峰，2016）。东北森林带作为生态屏障体现在重要的地理位置、资源供给、生态环境保护三方面。

（1）重要的地理位置。东北森林带沿长白山、小兴安岭、大兴安岭的生态屏障区是寒温带、中温带森林的主要区域，是东北地区生态系统的主体，对维护东北生态乃至全国生态系统发挥重要作用（周洁敏和寇文正，2009）。东北森林带拱卫的东北平原是我国重要的粮食产地和工业基地，对保障工农业发展具有重要作用。东北森林带还是黑龙江、松花江、辽河、图们江和鸭绿江的水流源头区，其生态系统功能对以上江河流经区域的生态保护影响尤为重要。此外，东北生态屏障区南接燕山、吕梁山、太行山生态安全屏障，与其产生协同作用，共同维护东北平原和华北平原。

（2）资源供给方面。从生态资源供给上，全国木材产量的 40% 集中于大小兴安岭和长白山地区，大小兴安岭木材种类丰富，包括兴安落叶松、樟子松、白桦、山杨、西伯利亚冷杉及黑桦、柞树、山榆、水曲柳、钻天柳、蒙古栎等，多达上百种，大兴安岭林木总蓄积 5.87 亿立方米，占全国总蓄积的7.8%。小兴安岭地区林木蓄积量约4.5亿立方米，红松蓄积量4300多万立方米，占全国红松总蓄积量的一半以上，素有"红松故乡"之美称。大小兴安岭有珍禽异兽330多种，水貂、水獭等名贵皮毛动物及鳇鱼、大马哈鱼等名贵水产品80多种，药用植物达300余种，包括全国重点普查药材80余种，如兴安杜鹃、五味子、灵芝、刺五加等。长白山也是中国资源宝库（吴刚等，2001），林木种类达80余种，最具代表性的有红松以及长白山特有的美人松，植物种类2277种，代表物种有人参、灵芝、五味子等，动物种类达1225种，更有国家一级保护动物东北虎等50种重点保护动物。长白山的木材、野菜、食用菌类、动物毛皮、动物肉和药材等都在全国自然生态资源中占据较高比例。

（3）生态环境保护方面。东北森林带具有丰富的生物多样性。表1-1列出维管束植物的区系组成，东北森林带有37种裸子植物、2178种被子植物、110种蕨类植物，在全国具有相当高的比例（王春晶，2014）。东北森林带具有较高的生态服务价值。据测算，2000~2015年固碳能力每年每平方千米364.6克碳，土壤保持每年每平方千米1430.0吨，产水每年160.9毫米（尹礼唱等，2019）。

表1-1   东北森林带维管束植物区系

植物	东北地区			占全国比例（%）		
	科	属	种	科	属	种
裸子植物	6	15	37	0.60	0.38	0.19
被子植物	116	625	2178	0.40	0.20	0.08
蕨类植物	20	43	110	0.32	0.19	0.04
合计	142	683	2325	0.39	0.20	0.08

（二）东北地区是全球气候变暖影响下的缓冲区与战略腹地

全球气候变暖是由温室效应累积导致全球气温度上升的现象。温室效应很大程度上是由于二氧化碳等温室气体排放的增加所致（Held et al.，2006；Xu et al.，2018）。全球气候变暖对世界产生较为深刻的影响。首先，全球气候变暖改变全球降水格局，总体上讲气候变暖增加全球平均降水量，但造成局部地区干旱。干旱进一步增加野火、农作物损失和饮用水短缺的风险。其次，气候变暖导致全球尤其是地球两极的冰川融化，进一步导致全球海平面上升。目前全球海平面正以每年3.2毫米的速度上升，并有加速上升趋势。气温上升正在影响野生动物及其栖息地。冰层消失导致南极洲艾德利企鹅栖息地减少，气温上升引起物种迁移。有研究指出，北半球的蝴蝶、狐狸及高山植物迁移到更北或海拔更高的地区。

全球气候变暖对中国的影响。中国地处欧亚大陆的温带东部，其中我国的华北及东北地区属于温带季风气候，而中国气候的变化主要是由于夏季和冬季季风的活动（Ding，1994）。由于多种因素在广泛的时空尺度上的影响，中国的气候变化以其复杂性而闻名（Hu，2003）。气候变暖导致中国大陆地区的水资源分布和干旱洪水等降水格局产生变化（苏珍等，2000；Huo–Po et al.，2013），并加剧极端气候发生频率和强度（Lang et al.，2013）。自20世纪60年代起，尤其是自20世纪80年代以来中国北方的变暖速度比中国南方更快（Sun et al.，2011）。

东北地区在气候变暖下的趋势。中国东北地区地形上呈半环状的三带式分布，外带是黑龙江、乌苏里江和鸭绿江等流域低地；中间部分集中分布山地和丘陵地，主要包括西侧的大兴安岭、北侧的小兴安岭和东侧的长白山等；内部则是广阔的东北平原，三者围成马蹄形（王让虎等，2016）。在这样的地形格局下，东北森林地带性顶级群落阔叶红松林的纵向生长对气候因子变化的响应敏感，尤其对生长季温度及水热复合因子的响应更为显著（刘敏，2017）。东北地区在全球变暖影响下整体格局呈现温度上升、降水波动减少趋势（倪春迪，2011）。在此影响下，东北植物种群将呈现向北和向上迁移，并呈现生产力增加趋势（周园等，2009；王培娟等，2015；谢喜麟，2018；李阔等，2018）。

综上所述，全球变暖影响下，物种北迁可能使东北地区具有更丰富的生物多样性，具备更高的生产力，成为中国应对全球气候变暖影响的缓冲区与战略腹地。

（三）东北地区森林与湿地是碳汇，是碳减排交易的主力军

《联合国气候变化框架公约》中，"碳汇"一词被定义为从大气中清除二氧化碳等温室气体的过程、活动或机制。与之相对的，"碳源"被定义为向大气中排放二氧化碳等温室气体的过程、活动或机制。"碳源和碳汇"是相对产生的词（邱建生等，2010）。在自然界中，北半球中高纬度地区的陆地生态系统是一个重要的碳汇，其中森林湿地等植被由于其可以快速大量地吸收汇聚和储存二氧化碳引发了极大的关注（方精云等，2001）。据估计，2010~2016 年，我国陆地生态系统年均吸收约 11.1 亿吨碳，其中东北地区每年平均吸收 0.5 亿吨碳（Wang et al.，2020）。

森林是陆地生态系统的主体，森林碳汇占据陆地碳汇总量的主导地位（徐新良等，2007）。近几十年来，陆地碳汇一直很大，虽然无法确定其具体的规模和位置（Pan et al.，2011）。森林在碳循环中起着至关重要的作用，这也表明对森林进行管理后碳储存量可以用来抵消排放量（Binkley，2002）。森林本身贮存着极大的植被碳库，同时还维持着巨大的土壤碳库。因此，森林碳汇是国际碳汇贸易和评价森林对减缓全球气候变暖的重要组成部分（吕景辉等，2008）。

湿地是地球表层系统中的重要碳汇，提供各种生态系统服务，其对于吸收大气中的温室气体，减缓全球气候变暖有重要作用（于洪贤等，2008；Chmura，2013）。湿地以其系统内特有的四个独特的共存循环调节着地球的气候，这个循环调节系统占据了全球碳库的12%~15%（Sabine et al.，2004；Erwin，2009）。湿地可以是净碳源或碳汇，取决于不同的环境和植被类型，一些研究表明，高寒湿地和小嵩草沼泽草甸是湿地生态系统的主要碳源，但湿地本身起到了碳汇的作用（Zhao et al.，2005；张法伟等，2008；Kang et al.，2014）。在全球气候变化的背景下，湿地对气候变化非常敏感（Cao et al.，2017）。然而，湿地地区的

文化开发总是会导致碳储存库的氧化。破坏性的湿地改变减少或去除了植被，也减少了大气中碳的固定，从而导致湿地碳释放量增加（De La Cruz，1986）。有学者对比了中国范围内典型的湿地生态系统碳汇功能，发现红树林湿地在碳汇效率和碳储量等方面都要高于沼泽和苔藓湿地。深入研究发现，气候、水文条件、植物类型和密度等因素是影响湿地碳源、碳汇差异的主要因素（吕铭志等，2013）。

东北地区森林与湿地是碳汇主力军。东北地区主要由长白山脉、大小兴安岭等山地、辽河流域等河流和东北平原组成，其中分布着森林和湿地生态系统。研究显示，中国森林植被碳汇最高处集中在海南省、横断山脉、吉林长白山脉以及大兴安岭的西侧（Liu et al.，2012）。与此同时，东北地区是我国最大的湿地集中分布区，有大面积的湿地分布在山地和平原区，且由于受到欧亚大陆温带季风气候的影响，湿地中贮存了巨大的碳库（邢伟，2017）。相关研究显示，位于东北地区的中国最大国有林区内蒙古林区森林碳汇在固碳减排以及缓解全球变暖现象等方面发挥了重要作用，且具有低成本、易操作、潜力大等独特优势（印中华等，2014）。另外，针对东北温带地区小兴安岭天然森林湿地碳汇情况的研究结果显示，温带小兴安岭天然湿地的碳汇作用与湿地类型及其生态环境中的物种分布显著相关，且对植被固碳与土壤碳排放两个碳循环过程均具有显著影响（李娜，2016）。

由于全球气候气温逐渐回暖，如何有效地降低温室气体排放量成了引起全球关注的话题，在哥本哈根会议之后提出的"碳减排交易"随之应运而生（景冬冬，2011）。碳减排交易是针对温室气体减排这一任务而由发达国家和发展中国家达成的合作机制。中国作为世界上国土面积最大的发展中国家，虽然目前尚未超出温室气体排放任务的指标且并未承担强制减排的义务，但由于国际上气候形势的日趋严峻导致减排压力日益增大，我们需要为国际上的碳减排交易制度进行预热（兰雪婷，2012）。中国的东北地区分布着陆地生态系统和湿地生态系统中的重要碳汇，也是碳循环、碳贮存等生化反应集中发生的场所。因此我们说，东北地区森林与湿地是碳汇，是碳减排交易的主力军。

（四）东北界河流域水资源的利用影响东北亚诸国国际关系

东北亚诸国由位于亚欧大陆的中国、位于朝鲜半岛的朝韩二国与隔海相望的日本共同组成（黎羌，2015）。东北亚诸国的主要界河有黑龙江、乌苏里江、图们江、鸭绿江（贝少军等，2009）。黑龙江从额尔古纳河上源的海拉尔河开始到黑龙江河口，全长 4370 千米，流经中国、蒙古、俄罗斯三国，在中国境内的流域面积约占全流域的 48%。乌苏里江全长 905 千米，流域面积 18.7 万平方千米。流经中国边境约 500 千米，流域面积 6.58 万平方千米。鸭绿江全长 816 千米，流域面积 6.45 万平方千米，在中国境内约占一半。图们江是流经中国、俄罗斯、朝鲜三国的国际河流，同样由长白山主峰发源，干流总长度 516 千米，流域面积 3.32 万平方千米，在我国境内流域面积有 2.29 万平方千米，约占 69%。[①]

水资源是人类社会的基本物质，同时也是不可替代的战略资源，它不仅支持了生物圈中人类和动植物的生长生活需要，也为人类的未来发展提供了保障。东北亚属于水资源充足但资源性缺水地区，而且分配不均，互相交错，中国处于核心地位。国际界河由于其独特的地缘关系及与国家间政治、经济和外交上的密切联系而备受重视，发生在东北界河流域的人类活动不仅会影响毗邻国家的经济利益，而且影响跨地区的生态安全（贾生元等，2001）。随着各国生产力水平的不断提高和世界经济一体化趋势的快速发展，界河流域的资源利用受到了国家资源开发人员的持续关注，界河流域也成了国际生态环境安全问题的焦点（史奕等，2006）。

界河流域存在水资源争端风险。水资源争端是存有利益关联的主体间基于持有立场不同，对水资源开发与分配以及管理与保护等具有不同观点，进而导致的关系紧张。水资源争端不仅是水资源本身的问题，而

---

① 《中国大百科全书》总编委会：《中国大百科全书（第二版）》，中国大百科全书出版社 2009 年版。

且是政治、经济、环境和科技等方面的综合体现。水资源争端出现大致有三种情况。第一，水资源污染现象引发河流共享国之间的水资源争端。第二，水资源不合理开发的问题。第三，水资源的不合理分配问题。

水资源争端容易引起以下风险。第一，水资源争端不利于相关国家的经济合作和发展。第二，国家间关系紧张乃至引发国家间的冲突和战争。在某种程度上，水争端减弱了河流共享国之间的政治互信，给国家间的政治联系带来了压力，给国家间的水合作带来了更多不确定性因素。第三，水资源争端现象不利于国内外社会环境的稳定发展。

东北亚地区一直是世界政治的热点地区。而近年来，在全球化不断加速和世界格局不断深化的时代大背景下，东北亚地区诸国的国际关系也发生了顺应这种潮流的变化（崔岩，2014）。目前东北亚诸国间的国际格局正处于相对稳定时期，国际间关系相对积极，这正预示着政治多元化的时期正在到来（沈海涛，2008）。其中，中国经济近年来在有目共睹中以超高速的进程发展，中日韩三国在联合国以至世界舞台中占据了绝对的话语权，以及中国和日本两国已经与美国在世界上最大的三个经济体中分庭抗礼（沈丁立，2009）。从东北亚诸国当前的国家力量变化、国际制度构建以及地区共识形成这三个方面总结，我们可以认为中国是连接东北亚地区国际互通的关键纽带（刘帅帅，2013）。随着东北亚诸国间政治往来以及经济合作的日益发展，我国东北界河流域水资源的开发保护与协调管理开始得到重视（李秀敏等，1999）。东北界河流域不仅起到了确定国家边界的作用，同时也维护了国家领土安全。

东北界河流域的水资源丰富，但水资源环境一直没有受到重视，不仅已经存在了水资源受到污染的现象，甚至已经开始发生水土流失，而这一结果同时损害了界河两岸两国人民的利益，甚至是途径流域所有国家的利益（王志坚等，2007）。因此，建设东北界河流域的水资源管理有助于增进东北亚地区诸国间战略互信与经济和政治上的和平共荣。重视和加强东北界河流域的保护已经成了维护国家利益、保障生态安全、促进和平发展的战略性任务。

（五）辽西北地处北方防风固沙屏障东缘，是荒漠化防治的前沿阵地

荒漠化是处于干旱、半干旱以及部分半湿润地区，由于不合理的人类活动或自然环境较大的变化与当地较为脆弱的生态系统相互作用，造成大片土壤生产力下降或丧失（卢秉楠，2009）。荒漠化易引起植被裸露，导致和加剧水土流失，水土流失也会削减土壤肥力，进一步导致土地退化和土地资源丧失。

中国干旱与半干旱区域广大，遭受风蚀荒漠化的土地面积占到国土总面积的19.08%（张燕婷，2014）。土壤风化造成扬尘、沙尘暴等恶劣天气，受风化地区土壤营养元素流失严重，土壤逐渐贫瘠，颗粒变粗变大，生产力下降，进一步加剧水土流失。此外，风力将沙尘带到其他地区，对当地生态产生较大负面影响。

中国北方是沙化最为严重的地区之一。沙化土地面积不断扩大，严重影响当地人们日常生活和经济发展，对内地生态安全产生巨大威胁。为维护全国的生态环境安全，我国提出了"三屏两带"生态安全战略。北方防沙带作为我国防治风沙的重要的生态安全屏障，在荒漠化防治过程中扮演者至关重要的作用。北方防沙带呈细长带状分布，横跨我国整个北部，由西向东分为三段：塔里木防沙屏障带、河西走廊防沙屏障带和内蒙古防沙屏障带。北方防沙带处于干旱和半干旱地区，自20世纪以来，土地开发强度过大导致草地退化，地质裸露，从而引起土地荒漠化（张照营，2017）。为了缩小土地荒漠化和减小沙尘天气影响，我国采取了一系列应对措施，如退耕还林还草、三北防护林工程和在北方防沙带建立重要功能区和保护区等。辽西北地区处于北方防沙屏障带边缘的东边，与内蒙古防沙屏障科尔沁沙地紧密相连，是荒漠化防治的前沿阵地。

辽西北地区位于科尔沁沙地南缘，行政区划上包括朝阳、阜新、铁岭三市。该地区的土地荒漠化程度较为严重，向东能够成为沙地入侵东北平原的阻碍，向南保护华北平原不受侵袭。辽西北地区对于我国两大

重要平原华北平原和东北平原的生态安全具有最直接的保障作用，是阻止科尔沁沙地入侵的最重要、最前沿的屏障（杨秀春等，2008）。

二、东北地区生态安全现状与问题

（一）东北森林资源现状与问题

东北地区森林资源在全国范围内占据重要地位。具体而言东北森林资源分布呈北多南少、东多西少的总体特征，即森林主要集中在北部与东部。从地形角度，森林在东北平原分布极少，集中分布在山地丘陵地区，包括大兴安岭、小兴安岭、张广才岭、完达山、老爷岭以及长白山区。森林资源种类丰富，分布呈现区域差异特征。大兴安岭北端的寒温带落叶针叶林区以兴安落叶松为主，长白山区是针阔叶混交林区，松嫩平原以草甸草原为主，辽东半岛南部和辽西山地是温带落叶阔叶林。

东北地区森林多样性在沿纬度和海拔呈显著的非线性趋势。沿纬度升高表现为单峰变化趋势，峰值偏向纬度较低一侧。群落多样性指数呈现抛物线变化，即在海拔 600~900 米的区域内多样性指数取得最大值。而在海拔 1500 米以上的区域群落多样性指数出现最低值，在此纬度带两侧乔木层多样性均有所下降。[1]

主要树种存在一定的潜在分布区，树种分布存在坡向差异。大致分为阳坡适宜分布树种：春榆、黑桦、槲树、黄檗、樟子松、蒙古栎。阴坡适宜分布树种：臭冷杉、鱼鳞云杉、紫花槭，无明显坡向分布树种：白桦、暴马丁香、大果榆、风桦、红松、胡桃楸、花曲柳、槐槐、黄花落叶松、糠椴、毛赤杨、色木槭、山杏、山杨、水曲柳，油松、紫椴。

东北森林资源保持较高的物种多样性与生产力，并且在固碳与碳减排等方面发挥重要作用。东北森林生态系统整体上是碳汇，即发挥贮存

---

[1] 薛嵩：《东北林区主要树种多样性分布及环境空间异质性研究》，延边大学 2017 年硕士学位论文。

碳的功能。固碳服务具有冷热区域之分。热点区主要分布在大兴安岭北部和长白山中北部，冷点区主要分布在大兴安岭东部、小兴安岭和长白山南部。此外，固碳服务存在部分异常值，高值异常区域主要分布在森林边缘的农林交错带，低值异常区域主要分布在人为干扰严重的城市蔓延区。据测算，东北森林带森林固碳总量可达每年 3641 万吨，单位面积固碳量为每年每平方米 89.57 克。[1]

东北森林资源利用存在的问题有以下几个方面。首先，对森林漫长的经营历史过程中，原始森林资源过量消耗，不仅导致了可采资源濒临枯竭，更重要的是加剧了人类生存环境的恶化，影响了社会经济发展和人类自身生存。其次，经济过快增长与人口迅速增加，导致人类对森林资源的过度砍伐，导致森林面积锐减以及质量降低，进而损害森林生态系统功能。最后，人们对森林生态价值和生态补偿的认识未达成共识，森林生态价值的核算和补偿标准的测算存在争议。未能落实到位的或者数额较低的经济补偿导致森林管护者无法从保护生态环境过程中获得足够的经济收益，降低了森林管护者的工作积极性。

（二）东北界河流域水资源现状与问题

水资源空间分布失衡和水生态环境恶化是目前中国水资源利用方面存在的两大主要问题（赵良仕等，2014）。就东北界河而言，在水土流失、环境污染、生态恶化、水资源缺乏等方面都存在着安全问题。其中，水土流失问题与水污染问题较为严重。

随着工业化进程的加快，城镇规模和人口随之扩大，城市工业废水和生活污水排放量相应增大，导致小城镇和农村生态环境退化，在鸭绿江干流两岸未经处理的工业废水和生活污水排入鸭绿江，导致水质污染加重，土地生产力的退化在东部湿润地带山地丘陵区已经出现。在黑龙江流域，黑土带黑土耕作层厚度大幅度减少，已由新中国成立之初的 1

---

[1] 孙滨峰、赵红、逯非、王效科：《东北森林带森林生态系统固碳服务空间特征及其影响因素》，载于《生态学报》2018 年第 38 期。

米减到平均不到 20 厘米，并且仍以每年 0.8 ~ 1 厘米的速度继续减少，土壤的流失是对人类生存和发展的直接威胁。

东北地区水污染问题近年来较为突出。有报道指出，鸭绿江部分河段有机物和酚、汞等污染物严重超标。因饮用污染物超标的水引起覆盖面较广的大骨节病，受害严重的区域有长白县、白山市、通化县。另有报道指出，自 20 世纪 50 年代以来的城市生产、生活等排污对水体污染日积月累。例如，20 世纪初，图们江除源头崇善河段外的其他江段水质均属于劣 V 类（王志坚、翟晓敏，2007）。

围绕水资源利用的国际争端初见端倪。有俄罗斯学者认为中国与俄罗斯在水资源利用方面存在着竞争关系，并视中国为引发未来冲突的潜在威胁。这种观点在涉及黑龙江流域的具体问题时尤为突出。多位俄罗斯学者认为对俄罗斯近黑龙江地区生态环境问题很大程度上是中国一侧的人口和经济压力下过度开发利用造成的，并有可能引发跨界冲突与国际纠纷（王宛和李兴，2018）。

（三）辽西北荒漠化现状与问题

根据第五次荒漠化和沙化监测结果显示，辽宁省现有沙化土地面积有 510696 公顷，占全省国土总面积的 3.45%，其中，流动沙地 679 公顷，半固定沙地 4930 公顷，固定沙地 352667 公顷，沙化耕地 151995 公顷，露沙地 425 公顷。沙化土地主要分布在沈阳市的康平县、法库县、新民市、辽中区、铁西区，大连市的瓦房店市，鞍山市的台安县，锦州市的义县、黑山县，阜新市的阜新蒙古族自治县、彰武县，铁岭市的昌图县，朝阳市的北票市、建平县，盘锦市的盘山县，葫芦岛市的兴城市、绥中县、连山区、龙港区、南票区 9 个市 20 个县（市、区）。此外，辽宁省具有明显沙化趋势的土地面积有 569956 公顷，占全省国土总面积的 3.85%。[1] 尽管政府采取措施治理荒漠化，如建设环科尔沁沙

---

[1] 辽宁省人民政府新闻发布会，http://www.ln.gov.cn/spzb/xwfbh1_114719/wuranfont/index.html。

地阻沙生态带，建设沙地复合生态屏障和林草畜一体化的生态经济系统，治理樟子松衰退林，沙地小型水土保持蓄水工程建设，荒漠化治理取得一定成效。但荒漠化土地仍呈现局部恶化的趋势。科尔沁沙地南缘仍是辽宁省春季沙尘暴天气和扬沙天气的主要沙尘源，直接威胁全省的生态安全。

辽西北荒漠化的成因包括：第一，人口相对偏多，经济结构单一，生产力较低。在这种情况下，土地资源几乎是唯一的生产资料，较难走出"治理—开垦—恶化"的怪圈。第二，将固定、半固定沙丘重新开垦为耕地。这一行为易加速水土流失，引起沙丘活化，使前几十年积累的固沙成果在短期内消失。第三，载畜量增加，造成草场超载。经济发展驱动下，载畜量严重超过草场负荷，原生植被衰退，草地多样性被破坏，草场严重退化。第四，水资源利用不高。人口增加与灌溉需要，导致水资源需求大增，但水资源利用率不高，导致地下水超采，目前地下水位平均下降 3～6 米。第五，防护林体系建设不完善。农田林网建设规模仍需扩大，绝大部分的天然草场缺乏牧场防护林的庇护，灌木固沙林由于放牧、开垦等已经丧失防护功能，使沙丘裸露，水土流失。当前防护林工程在建国初期建成，由于在造林方式、树种选择方面存在弊端，问题日益显露，存在防护林功能降低等问题。第六，治沙与管理模式陈旧。目前的治沙模式还属于"霰弹枪法"，治沙任务分解到各级各地政府，没能把整块沙地的治理工作作为一个整体来协调考虑和推进。在治理方式上也是"重造轻管"，管护工作缺乏制度、机制、法规和资金的有力支持，极易造成治理成果反复。第七，治沙工作精细化程度不够。现有机构及人员无法承担进一步、精细化的治沙工作也是治沙体制中的一个短板。近年来，各级政府对防沙治沙基础设施投入欠账较多，林业站、森林派出所和林业种苗站、林业有害生物防治站、国有林场等基础设施建设还有待进一步改善，基层林业工作经费、人员编制及管理体制还不完全适应现代林业建设的需要，专业技术人员的业务能力和装备水平也难以适应林业发展新形势、新任务的要求。

三、国内外经验借鉴

（一）完善森林生态服务价值核算机制

20 世纪 90 年代初，联合国投票通过《联合国气候变化框架公约》和《生物多样性公约》，以控制温室气体对生态环境的破坏，并维持温室气体排放保持在安全浓度之内。其中提到温室气体排放多的发达国家向发展中国家支付补偿资金的问题。

补偿资金的测算首先需要了解生态系统的价值。围绕如何测算生态系统价值的问题，学者们大都同意生态系统服务是生态系统产生的能够为人类所享受的资源与条件这一观点。随后学者们针对生态系统服务价值评价开展了一系列研究。科斯坦萨等（Costanza et al.）在《自然》（Nature）发文，在梳理前人对生态服务价值测算的基础上对全球 17 个生态系统类型进行生态服务价值的量化评估，表明全球生态系统提供的服务价值高达万亿美元量级。[①]

20 世纪以来，森林生态服务价值测算问题在世界范围内广受关注。2001 年，联合国牵头启动千年生态系统评估国际合作项目，其中森林生态系统占有相当比重。森林生态服务价值如何测算的问题在美国、日本等较发达国家的重视程度不断提高。相比之下，中国生态系统服务价值的测算开展稍晚。较早的研究有薛达元等学者在 1999 年对中国长白山森林生态系统生物多样性价值的测算。其中较为重要的一点是计算了娱乐游憩的价值。在该研究中应用的方法包括条件价值法、费用支出法等。随后开展的中国生物多样性国情研究中，认为森林生物多样性价值可分为直接、间接与潜在使用价值三类。在生态系统服务价值的研究者中，欧阳志云教授的观点较有代表性，他认为森林生态系统服务价值可

---

① Costanza et al. The value of the world's ecosystem services and natural capital [J]. Nature, 1997, 387: 253-260.

分为制造有机物质、营养物质存储与循环、大气碳氧平衡、涵养水源、净化环境、保持水土价值等项目，每一项均可单独测算。另有学者孟祥江与侯元兆综合各种分类方法，提出森林生态系统服务的价值大致包括涵养水源与保持水土、固碳释氧、景观游憩及生物多样性维护。尽管在具体核算项目、计算方法等方面存在一定差异，但森林生态系统具有极高的生态服务价值被广泛接受。

国内生态补偿模式尚未充分建立，可借鉴国外经验。国外生态补偿模式存在以下形式：①公共支付模式。由政府通过转移支付、直接投资或各种补贴和优惠的税收等政策手段进行森林生态补偿改善森林生态服务。接受补偿者通常是生产、经营森林，提供生态服务的个人或企业。这种补偿模式在世界范围内使用较为广泛。②建立补偿基金。这种模式在欧洲较为常见。欧洲农业基金通过全国范围或区域性的农村发展计划补偿私有林主或林业协会。补偿基金主要来自国家的一般税收或专项税收。③补贴及税收优惠。经营者营林规模达到国家相关政策规定，则对其进行补贴和税收优惠。补贴及税收优惠的模式在美国与日本较为突出。美国建立较为完善的营林补贴政策与方案，日本则实施无条件补贴森林经营者的政策。④市场支付模式。市场机制下的森林生态服务供给方与受益方之间根据市场规则进行交易或补偿。这种支付模式赖以存在的基础是森林生态服务价值的使用者与供给者进行磋商，达成交易或补偿协议。这种协议的类型较为广泛，可以是私有业主的自主协议、商业规划，也可以是生态旅游、生态产品的认证体系、信托基金与捐赠基金。当前，市场反应较为强烈的碳汇及碳交易属于这种模式。

（二）界河流域水资源管理

界河流域水资源管理一方面与自然环境有关，如河流的上游与下游位置。但更大程度上取决于流域内管理机构设置、安全机制有效性等。因此，在增进互信的基础上，通过国际间共同调查、谈判磋商和协商规划，各方寻求共识，尝试找出能够得到各国认可的标准、解决争端途径，让流域各国共享开发的成果，是实现界河流域水资源管理的目标与方向。

界河流域水资源的管理与利用在世界范围内是极为重要的问题。为协调水资源的管理与利用，各国与国际组织考虑设置了多种机制。

第一，信息收集与交换机制。信息是流域国开展合作、共同管理和共享水资源的第一步，也是实现更高程度合作的必要前提。收集或交换的信息主要是确定某一特定水资源利用活动是否将对另一国造成重大损害，是否与公平合理的利用原则相一致，或者是否促进国际水资源的最佳利用和有效保护。流域国之间既有定期交换数据和信息的义务，也有交换影响国际水域水体或水环境的项目、规划、工程或活动的相关技术信息的义务。具体的信息交换机制可根据具体情况而定。中国与印度双方通过谅解备忘录的形式，宣布中方向印方提供雅鲁藏布江汛期水文信息，具体包括水位、流河流量、降水量，这些信息的提供时间限定在丰水期的 6 ~ 10 月。而在澜沧江、湄公河流域，情况则有所不同。水利部与湄公河委员会签订汛期信息共享协议，双方交换水位、降水量信息。

第二，制定水资源条约。此类条约是水资源类区域公共产品的主要类型，其中内含了公平与合理利用、无害利用、地区合作等基本原则。此类条约的使用可追溯到公元前 4500 年，拉什加、乌姆马两个城邦国家为平息水战争而签订水合作条约。迄今全世界有文献记载的水利条约和协议约为 3000 个，其中大约 2/3 集中在欧洲和北美洲。

水资源条约有多边和双边之分，其中多边条约较少，绝大多数条约为双边条约。条约涉及问题主要包括水量分配、水力发电，此外有洪水、污染控制、通航等。从订立水资源条约的地域来看，主要集中在西欧、北美等发达国家。它们订立条约很大程度上是为了解决跨国界河流的污染和水质保护问题，较少涉及水量分配，例如关于莱茵河流域的《莱茵河行动纲领》与《莱茵河可持续发展 2020 规划》。在亚洲、非洲等不发达地区的跨国界河流流域，所订立的条约多为处理水量分配问题。在恒河流域，印度、孟加拉国签订《关于分享在法拉卡的恒河水条约》，对恒河水分配总量达成一致；在印度河流域，印度、巴基斯坦签署《印度河河水条约》，约定双方获得的印度河流域水量比例。从水资源条约制定与执行情况看，大多数国家在解决跨国界河流的利用和水量分配等问题时倾向于双边性框架。

第三,设立流域组织机构。此类公共产品是同一流域内的国家依据流域水条约等正式协议所设立的专门性的流域管理常设机构,其参加成员是相关国家政府指定的专业技术人员代表。一般而言,流域组织可监督缔约国的条约执行情况,调查河流水体及影响水量、水质和生态环境的水利工程设施,收集水文、资源、气象等方面的数据,同时建立信息共享系统,为流域国之间的数据信息交换提供机制化平台,在流域国发生争议之时,常设机构还可以承担起调节和协商的职能。

设立流域组织机构的做法始于1804年的莱茵河委员会,迄今210多年。目前,国际流域组织机构已遍布世界各地。按流域内国家合作程度高低划分可将流域组织机构分为四类。①覆盖全流域的综合机构。这类国际流域组织机构的案例多出自美国,如美国、墨西哥为利用科罗拉多河、提华纳河、格兰德河建立国际边界河水委员会,具备水资源数量分配、水质和生态环境保护等职能。②全流域职能单一的机构。如保护易北河国际委员会覆盖德国、捷克、斯洛伐克三个流域国,但其职能只限于保护水质。③覆盖流域的某部分,但职能综合化的机构。湄公河委员会只包括湄公河流域的部分国家,但其工作范围涉及数据搜集、水利开发与防洪、污染防治与环境保护、自由航行、渔业发展等内容。④覆盖流域某部分但职能单一的机构。

综上所述,无论是信息收集与交换机制、制定水资源条约,还是设立流域组织结构,均应考虑多方利益,制定多方共赢的水资源利用与管理方案。

(三) 荒漠化综合防治与植被恢复

同各种治沙方式相比,植物治沙以其比较经济实用、作用持久并具有改良沙地理化性质、促进土壤形成,改善沙区环境质量等多种生态效益、社会效益和经济效益的特点,成为荒漠化防治工作中最有效的措施。植物固沙的生态功能在于形成最佳的植物群落与环境的生物地球物理和生物化学循环过程,这种生态过程既可以增加沙漠化土地植被盖度，又可防沙治沙、改善区域生态环境质量（孙保平，2000）。因此可以说，植物固沙技术是以生物措施为主要手段的沙地综合治理技术，是当前科尔沁沙地荒漠化防治工作中的重要组成部分。

植物治沙工作所涉及的具体内容，主要包括建立人工植被或恢复天然植被以固定流沙；营造大型防沙阻沙林带以阻截外侧流沙对交通沿线、城镇居民点及其他经济设施的侵袭；营造防护林网，以控制耕地风蚀和牧场退化；保护封育天然植被以防止固定半固定沙丘和沙质草原的沙漠化危害等，所有这些植物固沙技术都属于生物措施。利用植物治理流动和半固定沙地，恢复和建立植被，其作用原理主要有两点：一是植物群丛可对风形成阻力，削弱近地面层的风力，使风不能直接冲击沙质地表，沙粒不易产生移动；二是植物成活生长后，植物群丛的根系紧密固结沙粒，植物与沙形成联结体。植被改变了沙地下垫面状况，增加了地表粗糙度，使近地面风力减弱，风速廓线抬高，植被在风与地面间起一定的隔离作用，所以才使流沙逐渐趋于稳定。流沙上植物生长以后，不仅使沙表面得到固定，而且还会拦截风沙流中的沙粒，产生沉降或堆积，因而植物具有固沙作用持久的特点。同时植被形成后，不仅可改善所在地区的生态环境，也扩大了牧区草牧场资源。由此可以看出，利用植物治沙，近可除害，远可兴利，体现了治理与利用相结合的宗旨。

根据草场类型和退化程度实行不同的改良措施。从管理技术措施方面来讲，草地改良措施通常主要有围栏封育、松土、灌溉、施肥、补播、刈割、鼠害的防治、毒草的防治。对退化的草场进行围栏封育，使天然牧场自然恢复更新，具有非常好的效果。经过围封，草地生产力提高，牧草质量优化，草群结构趋于合理。研究发现科尔沁草场存在不同程度的过度放牧情况。牲畜长年累月的践踏和无休止的啃食造成土壤理化性状恶化，使 0～10 厘米土壤硬度变大，容重增加，孔隙度减少，通透性降低。植物群丛开始变得稀疏、矮小。适口性好、营养价值高的优良牧草长势减弱；而适口性差、牲畜不喜欢和不食的有毒有害植物和一年生杂草如碱蓬大量增加。经过多年围封，自然植被恢复很快。封育三年后，植被覆盖度由封育前的 30% 增加到 45%～70%；草本植物平均高度较封育前增加 18~25 厘米，牧草产量为封育前的 1.7~2.2 倍，且牧草种类增加，尤其是禾本科和豆科中适口性好的牧草增加，一年生杂类草则减少。

四、实践对策

（一）建立森林生态服务价值的补偿机制

为保护东北森林资源，使其在维护国家安全方面持续、稳定发挥作用，本书提出以下建议：

第一，建立市场经济条件下多渠道的生态补偿机制。建立以政府投入为主、全社会支持生态环境建设的投资融资体制。建立健全生态补偿投融资体制，既要坚持政府主导，又要积极引导社会各方参与，努力形成多元化的资金格局。

第二，建立多层次的补偿标准。根据不同地区、不同生态状况、不同利用状况，不同受益程度等，建立有针对性的补偿标准，最大限度地实现公平，调动各地区推进森林生态建设的积极性。

第三，加大公共财政对林业发展的支持，如设立营造林奖励基金、扩大森林面积、提高森林质量、加强森林生态基础设施建设、推行森林保险制度、实行税收优惠等。

第四，加强生态文明建设与生态补偿的宣传教育。将生态补偿"谁受益谁补偿"的原则深入人心，增强人们对生态系统服务价值的认知，提高居民对生态补偿的支付意愿，有助于横向生态补偿政策的顺利施行，尤其是生态补偿力度的增强，更有利于促进生态功能区经济更好的发展。

第五，要合理利用森林资源发展旅游产业。强化大、小兴安岭和长白山地区天然林保护，科学推进三北防护林的更新改造，保持森林资源增长量大于采伐量，建设我国用材林资源战略储备基地。重点发展大兴安岭、小兴安岭、长白山、辽宁东部森林旅游，呼伦贝尔、锡林郭勒、科尔沁草原观光民俗旅游，三江平原、松嫩平原、辽河下游平原和大兴安岭等湿地生态旅游，打造森林旅游精品。

第六，建立生态服务价值评估体系，建立统一、系统、科学的评估方法。统一、系统、科学的评估方法是生态服务价值评估体系实现方法具备系统性、一致性、科学性、可靠性，并具备借鉴、推广价值的基础。首先，聘请国内高等院校及科研机构专家，成立东北地区生态服务价值评估专家小组。专家小组可为建立统一生态服务价值评估方法提供有力的智力保障。其次，广泛借鉴当前生态环境服务价值研究领域的研究成果，尤其是与东北地区生态系统较接近的研究成果。采用市场价值法、替代工程法、费用分析法、机会成本法和影子价格法等评估方法综合评估生态服务价值，并将结果进行比较，选择较为一致合理的方法。最后，进一步细化生态系统类型，将生态系统类型分化至相对均质化的生态服务功能评估单元，针对不同地区生态系统的多样性，建立一套系统科学的生态服务价值评估计算指南。

第七，建立生态服务价值评估体系，采集用于生态服务价值的标准化数据。采集用于生态服务价值的标准化数据是进行生态服务价值测算的基础。首先，借鉴国家生态环境部、科技部、教育部、林业与草原局等部委资助项目的成果，尽快完成基础数据的收集。在基础数据不足的情况下，可考虑安排相应的人力物力，在东北地区开展补充式的生态资源调查，以掌握全面、客观、相对准确的数据。其次，优化布局一批高质量固定监测样地，合理布局监测样地的空间分布，保证数据监测的连续性和可获性。高质量固定监测样地是开展生态服务价值估计和验证工作的重要条件。再次，构建生态系统评价数据库。该数据库不仅包括直接用于生态服务价值评估的数据，而且包括国土调查数据库、土地利用和土地覆被数据库、社会经济与区域发展数据库、遥感数据库。这些数据库对于生态服务价值的估算与实际转化关系密切。最后，数据的标准化处理与应用兼顾数据的代表性与全面性，数据流量与存量变化。

第八，建立生态服务价值评估体系，建立权威性和操作性强的科学理论体系。建立权威性和操作性强的科学理论体系是生态服务价值评估具备权威性、公信力的重要保证。首先，深化生态服务价值评估理论研究，参考国际权威机构公认的评估准则，结合我国实际情况，建立公认的基础理论。其次，充分借鉴国内外研究理论成果。目前国内外对生态服务价值评估已经在多领域、多角度开展研究，在东北地区开展的生态服务价值与这些研究有共性问题，需要借鉴。最后，试点生态系统服务价值评估的实践经验，对草地、农田、湿地、水体和荒漠等不同生态系统类型的服务价值评估体系的实践经验进行理论总结，提升理论层次。

第九，建立生态服务价值评估体系，加强宣传教育与政策配合。首先，增强人们对生态系统服务价值的认知。大众认知程度的提高，有助于提高生态系统服务价值评估结果的转化率以及大众参与程度。其次，注重政府决策者、环境生态学者、规划者和大众之间的信息沟通。最后，强化政策的实施、执行力度。明确职责部门与配合部门，并建立沟通、衔接机制。可考虑借助召开专题会议的形式，充分听取建议和意见，改进和完善评估体系。

（二）东北界河流域水资源的综合利用

为合理利用东北界河流域水资源，使其在维护国家安全方面持续、稳定发挥作用，本书提出以下建议：

第一，建立起综合的多目标水资源管理和开发机制以推动地区的可持续发展。继续加深既有的合作协调结构，综合考量和调配流域各国的需求。巩固和完善上游国家资金、技术、人员优势与下游国家资源、能源需求的交换机制，实现长效的双赢、多赢局面，为实现地区安全奠定基础。

第二，合理开发利用水资源。首先，加快完善水系综合治理体制机制。结合各区县主体功能定位，细化用水总量控制红线、用水效率控制红线、水功能区限制容纳污染红线以及管理制度建设指标，实施差别化考核，着力严控净水的使用量，提高用水效率，改善水生态环境。其次，要加快利用市场机制筹措资金的步伐，鼓励社会各界积极参与城镇供水、节水灌溉、中小型水电、污水处理等项目的投资建设和经营管理，加速培育、发展节水产业。要加大对城市供水管网改造、工业节水技术改造和安装节水计量设施的支持力度。最后，倡导创建节水型城市。开展节约用水工作不仅可以减少无效需求，减轻供水压力，更可以减少污水排放，减轻环境压力。

第三，加快水污染防治基础设施建设并完善制度保障。尽快建立健全政府引导、企业为主和社会参与的投入机制，运用市场化的手段，为水污染防治基础设施建设提供资金保障，并建立通报制度，定期向社会大众通报水污染防治工作进度，接受群众监督。

第四，要严格实施水污染物排放总量控制制度，确保新建项目污染物排放不突破总量控制指标，确保做到"增产不增污"，努力实现"增产减污"。要制定淘汰落后产能时间表，严格按时间节点完成皮毛、造纸、化工等行业落后产能的淘汰任务，从源头上减少污染物排放。对各类污染源的排查不留任何死角，将治理任务、时间和标准都列入工作台账，按期检查销号，使城区水环境明显改善，为水系建设的顺利实施打下坚实基础。

第五，转变农业生产方式，提高农业面源污染防治能力。首先，降低化肥使用强度以减少滥用化肥给地下水质带来的污染。其次，开展农作物病虫害统防统治，积极推广新型植保机械、物理防控技术和诱杀害虫技术。最后，减少养殖粪便污染，加强农村沼气建设。加大资金投入和政策扶持力度，推广沼气工程和沼渣沼液综合利用技术，实现畜禽粪便及生产垃圾资源化利用和环境治理双重目标。

第六，加强水污染防治宣传教育。树立抓水污染防治就是优化发展环境、就是打造宜居城市、就是提升区域竞争力的思想认识，切实负起责任，搞好水污染防治工作。要加强对企业经营者的宣传教育，增强他们的节水意识、减污意识和环保守法意识，将珍惜水资源、保护水环境贯穿到生产经营的各个环节。要加强对广大市民的宣传教育，推广使用环保举报热线电话。

（三）开展生态环境整治与综合利用

为促进辽西北地区生态环境建设，做好荒漠化防治工作，本书提出以下建议：

第一，改革现有治沙体制、创新管理机制。建议把治理后通过验收或达到国家造林标准的沙地，一次性转变成国有治沙林场、开展永续经营管理。为国有治沙生态林场提供编制与资金保证，通过赎买和转制，将治沙由大包干、合作社、治沙大户等，变成规模经营、专业打理的可持续经营示范林场，并发展成为自然保护的一条有效途径，既确保了资金投入的数量和多元，又解决了"治沙大户"成为"贫困大户"的后顾之忧，同时也从根本上解决了生态治理土地的后续管理和永续利用问题。

第二，在摸清水资源状况的基础上进行科学施策。以"水"定植，使沙区水资源得到平衡利用、科学涵养，要转移或限制高耗水产业发展，科学规划水田开发，加快推进沙区及周边节水农业发展，尽快扭转地下水位持续下降的趋势。

第三，优化沙区植被结构。根据当地实际和治沙需要科学选育合适节水树种，适地适树，适树适境。同时，进一步加强对干部、群众和企业的知识普及和培训，普及节水概念，提高决策的科学性，提升治沙的效率和质量。

第四，总结推广多种治沙模式，吸引民间资本进入，鼓励公益治沙。应在综合治理过程中充分考虑市场因素，做到生态效益、经济效益和社会效益紧密结合。建议国家出台优惠的防沙治沙政策，提高治沙造林的比较效益，特别要加大对治沙产业的扶持，以充分调动方方面面参与防沙治沙的积极性。

第五，建立多元投资机制，引入民间资本，坚持谁治理、谁开发、谁受益的原则，推广荒沙拍卖、租赁、转让、股份合作等治理方式，确认沙地土地治理权，建立长效投资机制，最大限度地发挥民间资金优势，以有效解决农户参与少、管护治理难等问题。

　　第六，争取国家沙地生态公园支持。建设国家沙漠公园对改善沙区生态、促进防沙治沙具有重要的推动作用。一是进一步提高人们对防沙治沙的认识。通过沙漠公园开展植被恢复建设，可有效地将防沙治沙与宣传、教育相结合，把普通的固沙压沙、防沙治沙提升到建设生态文化、实现生态文明的战略高度，提高人们对防沙治沙工作的认识。二是巩固和提高建设成果。通过公园式的管理方式，可以对现有沙区植被进行有效的管理和保护，巩固和提高防沙治沙成果，还可以解决过去由于缺少管护资金导致重视植被建设，管护环节薄弱等重造轻管的顽疾。三是促进防沙治沙科技进步。建设沙漠公园，可以把防沙治沙、生态保护、新技术应用、成果展示、宣传教育和合理利用集于一体，促进区域防沙治沙的技术进步，这是一种不同于过去防沙治沙的新模式，是新时期开展防沙治沙的新的实践。四是实现多渠道投入。通过沙漠公园建设可以充分吸纳社会资本的参与，使国家资金和社会资金相结合，实现多元化投入，企业化管理，充分调动各方面参与防沙治沙的积极性。

第四节　辽宁全面振兴、全方位振兴的目标取向

　　辽宁全面振兴、全方位振兴目标取向需要以"创新、协调、绿色、开放和共享"五大发展理念为根本出发点，要有明确的指导思想、基本原则，同时需要充分结合发达地区和辽宁的发展实际，确定出"高起点、接地气、快步走、敢超越"的具有辽宁特色的老工业基地全面振兴、全方位振兴的系统化的目标取向。本书按以下思路研究辽宁全面振兴、全方位振兴的目标取向：一是辽宁全面振兴、全方位振兴目标取向的指导思想；二是辽宁全面振兴、全方位振兴目标取向的基本原则；三是辽宁全面振兴、全方位振兴目标取向的依据；四是辽宁全面振兴、全方位振兴的指标体系及评价；五是辽宁全面振兴、全方位振兴的目标取向，包括总体目标取向，各阶段目标取向，全面振兴、全方位振兴具体指标取向，创新链、产业链与人才链三个专项目标取向，分类指标取向。

一、辽宁全面振兴、全方位振兴目标取向的指导思想

习近平总书记关于东北振兴与辽宁振兴的系列讲话主要内容及其核心思想是辽宁全面振兴、全方位振兴目标取向指导思想的基本遵循。辽宁全面振兴、全方位振兴目标取向总的指导思想是：构建体制机制，强化人民中心，突出创新引领，打造高端产业，提升开放水平，实现全面振兴、全方位振兴。

一是要走"创新、协调、绿色、开放、共享"五大发展理念引领的特色化振兴之路。辽宁老工业基地振兴是全面的、全方位的振兴，要坚持"四个一致"，即要与国家经济发展战略保持主体一致，与世界经济发展趋势保持高度一致，与中国经济发展的特定阶段保持一致，与辽宁经济发展的特色保持一致。在此基础上，从创新、协调、绿色、开放和共享五个方面实现全方位的特色化振兴。习近平总书记讲话中所提到的诸多内容均强调五大发展理念的引领作用，并且强调要切实走出辽宁特色的振兴之路。

二是要走不断满足人民的美好生活需求和创新需求的人民中心化振兴之路。习近平总书记的讲话中强调辽宁的振兴要满足人民对城乡融合发展的需求、对青山绿水的需求、对技术创新和制度创新的需求、对扩大开放的需求等。这表明人民既有美好生活的需求，也有创新的需要，人民的创新需求得到满足的过程就是人民美好生活水平不断提升的过程。因此辽宁的全面振兴、全方位振兴必须以人民为中心，以满足人民的美好生活需求为起点，激发人民的创新动力，满足人民的创新需求。以人民为中心会让辽宁振兴走上一条人民共享发展成果、共同推进持续发展的良性振兴之路。

三是要走制度建设推动体制机制创新示范化振兴之路。辽宁的全面振兴、全方位振兴离不开制度的持续创新，制度持续创新会为人才链、产业链、创新链的形成提供重要的支撑与保障。全面打造辽宁振兴的优质营商环境，构建出体系化、动态化、人性化的支撑辽宁振兴的体制机

制系统。敢于打破旧有体制机制的束缚，勇于创新体制机制，制定体制机制创新的标准与规范，形成良好的体制机制创新生态。

四是要走科技创新驱动产业与企业发展的高端化振兴之路。经济高质量发展的核心是技术创新，利用辽宁扎实的工业基础，全面实施技术创新驱动战略，推动产业向高端化、智能化发展是辽宁振兴必由之路。此外，利用技术创新使辽宁企业占据行业高地，引领行业发展也是必由之路。与此同时，辽宁振兴唯有抢抓科技创新的战略机遇，才能在全球经济结构调整、产业结构升级中实现弯道超车。

五是要走以自由贸易区建设为龙头的国际化振兴之路。持续扩大对外开放、不断提高对外开放的水平、创新对外开放的方式是我国建设现代化经济体系的重要组成部分，也是辽宁振兴中提升对外开放水平的基本指向。自由贸易区的建设是我国提升对外开放水平的新高地，辽宁拥有建设自由贸易区的区位优势与体量优势。辽宁自由贸易区是辽宁振兴"引进来"与"走出去"的"桥头堡"，是将辽宁打造成东北亚经济中心的基石，因此需要用高标准、高速度建设具有国际领先水平的自由贸易区。

二、辽宁全面振兴、全方位振兴目标取向的基本原则

在辽宁全面振兴、全方位振兴目标取向指导思想基础上，辽宁全面振兴、全方位振兴目标取向需要遵循全面振兴、全方位振兴与重点突破相结合，市场主导与政府调控相结合，高端引领与特色发展相结合，环境打造与深度开放相结合，引智优先与成果共享相结合，技术创新与制度创新相结合六大原则。

（一）全面振兴、全方位振兴与重点突破相结合的原则

中国经济发展已经进入需要满足人民美好生活需要的新的历史时期，也正面临着全球经济结构调整与经济发展方式转变的新的历史机遇，因此辽宁振兴的目标取向需要与人民需求、发展需求相契合，既要实现各个领域的全面振兴、全方位振兴，又要在重点领域领先世界。这

就要求在确定振兴目标取向时既要保障经济的快速发展、人民生活水平的不断提高，同时还要培育带动经济发展的核心动力，形成辽宁的持续稳定的增长动力。辽宁振兴需要遵循五大发展理念，明确各个领域的基础目标指向与引领目标指向，实现辽宁在新的战略机遇期持续快速的发展。

（二）市场主导与政府调控相结合的原则

市场对资源的配置起决定性作用与政府对市场进行纠错与加速是经济运行的基本规律。中国改革开放以来的经济发展过程正是遵循了这一基本规律，才保持了长期的增长与高速的发展。世界经济发展形势瞬息万变，经济的全球化使市场的不确定性进一步增强，因此更加需要加深对市场主导、政府调控的认识，从而更好地做出符合发展现状的决策。对于辽宁振兴而言，必须认清辽宁经济发展的基本事实、中国经济发展的核心战略与世界经济发展的基本趋势，然后确定符合市场规律与政府调控原则的振兴目标指向。

（三）高端引领与特色发展相结合的原则

经济发展中需求在不断地发生着变化，需求结构在不断地进行调整，因此供给就要与需求的变化相一致，从而更好地满足需求。辽宁的振兴既需要满足经济发展中的一般性需求，还要满足高端的需求。在确定目标指向时，辽宁要紧紧围绕着一般性需求中刚性旺盛的需求，结合自身的发展基础，确定"专门化"与"精致化"相结合的发展目标取向，突出特色化供给；与此同时，更重要的是瞄准新型需求，提前布局，在战略性新兴产业、空白产业等领域抢占先机，占领制高点，加大自主研发力度，确立引领行业发展的目标指向。

（四）环境打造与深度开放相结合的原则

环境对于发展至关重要，我国新时代深化改革的重大战略就是不断打造"宜生存、宜生活、宜投资、宜发展"的中国环境，在强调练好"内功"的同时，加大"引鸾"的力度。因此，辽宁的振兴需要潜心耕耘"宜居之沃土",倾力培育"引鸾之秀林",内外兼修,打造升级版深度开放的营商环境。优质的振兴环境是基本条件,而创新的开放方式是促进全面振兴、全方位振兴的重要动力。辽宁全面振兴、全方位振兴需要在这两者上精耕细作,尊重市场规律,找准切入点,以点带面,横向连动,纵向突破。以自由贸易区的建设为主要依托,激励环境建设与深度开放的全面创新。

(五)引智优先与成果共享相结合的原则

人口是经济发展的重要基石,人才是创新发展的根本动力,中国经济是在人口红利与人才红利的支撑下实现快速发展的。因此,辽宁的全面振兴、全方位振兴需要建立结构合理的智慧链,这要求辽宁的全面振兴、全方位振兴需要同时解决改革开放成果共享与推动经济发展引智优先两个问题,这两者不是相悖的,而是相辅相成的,前者是基础,后者是创新的内驱力。辽宁振兴要全面优化提升人民幸福指数的体制机制,实施宜居辽宁工程;创新体制机制,加快持续引进高端人才,实施人才链建设工程。

(六)技术创新与制度创新相结合的原则

技术创新是经济发展的核心动力,制度创新是技术创新与实施的前提与保障,两者不可偏废。中国的改革开放就是一个制度创新与技术创新相伴而行的过程,继续深化改革也必然离不开技术创新与制度创新的同步前行。因此,辽宁的全面振兴、全方位振兴更需要确立与实施系统的技术与制度创新战略,建设完整的技术创新链与制度创新链。用制度创新打造领先的营商环境,用技术创新引领高端产业,两者互相促进,形成辽宁振兴的良性发展生态,逐渐形成虹吸效应与发散效应。

三、辽宁全面振兴、全方位振兴目标取向的主要依据

辽宁的全面振兴、全方位振兴目标取向需要以全国、北上广深以及

辽宁经济发展的战略设计、政策选择作为主要依据,从中析出辽宁老工业基地全面振兴、全方位振兴的目标取向的可遵照、学习与借鉴之处。

(一) 辽宁全面振兴、全方位振兴目标取向的战略依据

党的十八大和十九大报告是我国经济社会发展的总体战略支撑,是各地区制定经济社会发展目标的战略依据。党的十九大报告既是十八大报告的传承与延续,更是对前期目标的调整与修订。从两份报告的内容、提案及相关解读中可以发现:中国经济与社会未来发展的目标是围绕着"创新、协调、绿色、开放、共享"五大发展理念制定的,从五个方面提出中国深化改革,全面融入世界经济发展格局的发展战略。

在创新发展方面,党的十八大报告以及"十三五"规划提出必须把创新摆在国家发展全局的核心位置,不断推进理论创新、制度创新、科技创新、文化创新等各方面创新,让创新贯穿党和国家一切工作,让创新在全社会蔚然成风。而在十九大报告中,则提出加快建设创新型国家。要瞄准世界科技前沿,强化基础研究。发展科技必须具有全球视野、把握时代脉搏;加强国家创新体系建设,必须拥有一批世界一流科研机构、研究型大学、创新型企业,能够持续涌现一批重大原创性科学成果;深化科技体制改革,企业应该成为技术创新决策、研发投入、科研组织、成果转化的主体;培养造就一大批具有国际水平的战略科技人才、科技领军人才、青年科技人才和高水平创新团队,针对这四个方面对之前提出的创新发展提出了具体发展措施,即构建相应的人才培养与科技研发机制,并将科技成果迅速转化为生产力的现代科技经济产业体系。

在协调发展方面,党的十九大报告延续了十八大报告所提出的"3+4"的区域发展总体格局,即以"一带一路"建设、京津冀协同发展、长江经济带发展三大战略为引领,不断创新区域发展政策,深化各类区域合作,而十九大报告中提到的"三大战略"本质上都是为了加强区域合作、优化发展格局,形成区域良性互动。十九大报告着重强调了区域发展的目标以及协调发展的战略构想。提出进一步构建完善的区

域合作机制与互惠互利机制。通过健全体制机制，协调解决跨区域发展中的制度性难题，降低制度成本，提高发展效率，形成更加紧密的区域关系。并借助"一带一路"建设机遇，加快对外开放步伐，提高开放发展水平。

在绿色发展方面，党的十八大报告以及十九大报告中均提到了经济的可持续发展以及国土资源的有效配置。如加快建设资源节约型、环境友好型社会，形成人与自然和谐发展的现代化建设新格局，推进美丽中国建设，为全球生态安全做出新贡献，以及形成一系列相应的环境保护与监督规范。但分析中国当前的实际情况则不难看出，高污染、高排放的经营方式以及食品安全问题依旧阻碍绿色经济的稳定发展。而解决这一问题的重要突破口，则是构建现代农业体系，提升食品安全问题并改善乡村生态环境。因此，党的十九大报告提出了实施乡村振兴战略的构想，按照产业兴旺、生态宜居、乡风文明、治理有效、生活富裕的总要求，建立健全城乡融合发展体制机制和政策体系，加快推进农业农村现代化，从根本上解决由城乡收入差距、城乡经济结构缺乏统筹协调、生产力、农业组织能力低下等原因带来的环境污染和自然资源浪费等环境问题。

在开放发展方面，集合两大报告的工作重点，在开放方面，国家未来发展的规律可以概括为两个方面：一方面是扎实推进"一带一路"建设。"一带一路"建设是我国扩大对外开放的重大战略举措，也是今后一段时期对外开放的工作重点。另一方面则是通过改善外商投资环境，创新对外投资合作方式，促进贸易和投资自由化、便利化，实现从贸易大国向贸易强国的转变。

在共享发展方面，提出必须坚持发展为了人民、发展依靠人民、发展成果由人民共享。以"人人参与、人人尽力、人人享有"的方式，实现信息、医疗、养老、社会保障、教育、社会资源、统筹分配等方面的资源与信息共享。而在党的十九大报告中，从两个方面进一步重申了共享发展理念的重要性。一方面是进一步重申了深化供给侧结构性改革的重要性。通过推动互联网、大数据、人工智能和实体经济深度融合，在中高端消费、创新引领、绿色低碳、共享经济、现代供应链、人力资本服务等领域培育新增长点、形成新动能。另一方面则是深化教育改革，加快教育现代化，办好人民满意的教育，推动城乡义务教育一体化发展，加强社会保障体系建设，实施健康中国战略。

此外，从 2009 年到 2018 年的中央经济工作会议报告中可以看出，政府的主要关注点在于以下六个方面：一是产业机构升级，培育新的经济增长点，推动经济高质量发展；二是加快转变农业发展方式，大力发展农村，振兴乡村；三是优化经济发展空间格局，促进区域协调发展；四是不断扩大改革开放，推动形成全面开放新格局；五是完善社会保障体系，解决重大民生问题；六是保护生态环境，其中 2017 年关于环保的关注度最高。这些重点与党的十八大和十九大的发展战略保持了高度一致，是具体化的年度工作重点。

综上所述，辽宁全面振兴、全方位振兴需要以党的十八大和十九大报告相关内容作为制定振兴目标的战略依据，要与国家战略保持一致，把握中国乃至世界经济发展的大趋势，从而顺利地融入新时代的经济社会快速发展的轨道，并力争立于全面深化改革的潮头。

（二）辽宁全面振兴、全方位振兴目标取向的规划依据

我国及辽宁省的"十二五"规划和"十三五"规划的基本内容为辽宁全面振兴、全方位振兴提供了基本思路，是辽宁全面振兴、全方位振兴目标取向的规划依据。

从全国"十二五"规划与"十三五"规划的内容来看，一是创新已经逐渐成为国家未来发展的核心，形成了将创新放在首要地位的发展趋势，从注重科技创新转变成实施创新驱动发展、推进万众创新并且建立起激励创新的体制机制。二是协调成为国家的重点工作内容，主要集中在推动新型的城镇化、推动区域协调发展。对于区域的发展不仅仅是停留在西部开发、振兴东北老工业基地、中部崛起和对革命老区、民族地区、边疆地区和贫困地区的扶持，在此基础上进一步提出了推动京津冀协同发展和推进长江经济带发展。三是绿色发展从过去单纯的生态保

护、环境治理、资源节约管理和应对全球气候变化，到现在注重发展绿色环保产业。四是开放发展从提高对外开放水平转向完善对外开放布局，从统筹"引进来"与"走出去"到推进"一带一路"建设，同时强调要健全对外开放新体制。五是共享发展中的推进军民融合式发展一直是倡导的主题。不断加强基础公共服务体系的建设，让全体人民共享发展成果一直是国家奋斗的首要目标。随着老龄化问题的出现，我国的人口政策从实行计划生育转向了全面实施二孩政策。同时，推进健康中国建设，深化医疗卫生体制改革，理顺药价，实行医疗、医保、医药联动，建立覆盖城乡的基本医疗卫生制度和现代医院管理制度成为未来工作的重点内容。

从辽宁"十二五"规划和"十三五"规划来看，一是创新发展上从"十二五"期间的以农业创新和制造业创新为主转向"十三五"期间的全面创新，包括产业链创新、基地创新、全省创新等系列创新工程，强化原创性与引领性。二是协调发展从"十二五"期间强调城乡统筹发展到"十三五"期间的"五带一基地"布局，以及加强教育协调、收入分配协调等领域。三是绿色发展从"十二五"期间强调的农村环境保护持续到"十三五"期间，此外还强调水资源的保护、生态治理、海洋治理、大气治理等全方位的治理。四是开放发展方面主要体现在"十三五"规划中，包括建设成为我国向北开放的重要门户、联结亚欧海陆大通道的重要节点、参与东北亚合作的重要区域、加快自由贸易区建设、分层次开放创新等系列内容。五是共享方面在"十二五"期间主要是加快农村发展，"十三五"期间重在强调精准扶贫、加强医疗保障制度、调整人口结构等领域。

全国及辽宁省"十二五"规划和"十三五"规划显示：辽宁经济社会发展与全国发展规划保持了较好的同步性，辽宁发展规划的系统性进一步增强，基本路径更加清晰。辽宁全面振兴、全方位振兴的基本取向的趋势已经形成，其战略重点也逐渐凸显，因此其目标取向依然要进一步优化规划内容，使之更切合指导思想、基本原则和辽宁实际。

（三）辽宁全面振兴、全方位振兴目标取向的"北上广深"依据

"北上广深"四区域总体来看，发展战略体系及其特色的形成是一个渐进的过程，通过不断的建设形成最终目标。从发展政策性文件的数量上看，上海、广州、北京、深圳在不同发展方向上的规划更加细致，五大发展理念的很多方面都做了细分的规划，给出了更具操作性的政策。"北上广深"均在保持发展核心趋势的前提下，特色化其自身的发展目标。

创新发展方面的主要特征：一是优化创新环境，主要对科技创新做出制度上的支持，激励创新的政策法规更加健全，知识产权保护更加严格，形成崇尚创新创业、勇于创新创业、激励创新创业的价值导向和文化氛围。二是制度化创新投入，从政府角度增加研发支出，如规定了某一阶段 R&D 占 GDP 的比重，研发经费占总支出的比重等指标。三是加大对科技创新企业的培育。建设一批创新型领军企业，形成以高新技术企业为重点，科技型龙头企业、科技型中小微企业协同发展新格局。四是加快培育和引进创新型人才。聚集一批站在国际前沿、具有国际视野的战略科学家、科技领军人才、企业家、创新创业团队和企业研发总部。

协调发展方面的主要特征：一是区域协调要在深化区域合作机制、优化区域互助机制，遏制区域分化、规范区域开发秩序、推动区域一体化发展中发挥积极作用。区域协调发展新机制在显著缩小区域发展差距和实现基本公共服务均等化、基础设施通达程度比较均衡、人民基本生活保障水平大体相当中发挥重要作用，为建设现代化经济体系和满足人民日益增长的美好生活需要提供重要支撑。二是城乡一体化目标，城乡融合发展体制机制初步建立，农村人口不断城镇化，城乡融合发展体制机制更加完善、成熟定型。

绿色发展方面的主要特征："北上广深"都对环境污染尤其是空气质量问题做出了目标规划。一是切实改善大气环境，加强流域水污染防治，加大土壤污染防治力度，防范危险废弃物环境风险。二是以优化资

源利用方式和提高资源利用效率为核心，大力发展循环经济，推行企业循环式生产、产业循环式组合、园区循环式改造，促进生产、流通、消费过程的减量化、再利用、资源化，构建低投入高产出、低消耗少排放、能循环可持续的经济发展模式，努力建成循环发展示范城市。

开放发展方面的主要特征：一是既要开创对外开放新局面，努力形成深度融合的互利合作格局，又要完善对外开放战略布局，推进双向开放，支持沿海地区全面参与全球经济合作和竞争。二是既要形成对外开放新体制，完善法治化、国际化、便利化的营商环境，又要健全服务贸易促进体系，全面实行准入前国民待遇加负面清单管理制度。三是既要推进"一带一路"建设，打造陆海内外联动、东西双向开放的全面开放新格局，又要促进国际经济秩序朝着平等公正、合作共赢的方向发展，加快实施自由贸易区战略。

共享发展方面的主要特征：一是坚持共享发展，必须坚持发展为了人民、发展依靠人民、发展成果由人民共享，做出更有效的制度安排，使全体人民在共建共享发展中有更多获得感，增强发展动力，增进人民团结，朝着共同富裕方向稳步前进。二是加快完善规范、便捷、高效的公共服务体系和运行保障机制。人力资源和社会保障法治体系更加健全，信息网络融合发展，服务流程标准规范，服务设施更加完备，服务机构加快整合，网点布局科学便捷，服务水平加快提升。

四、辽宁全面振兴、全方位振兴目标取向的指标及评价

为了更好地对辽宁全面振兴、全方位振兴目标取向做出制定，本书根据最新规划、政策制定了"一核四五"总框架，从五大发展理念角度选取了辽宁全面振兴、全方位振兴的相关指标，对辽宁振兴中各个方面做了全面分析，从而发现辽宁全面振兴、全方位振兴目标设定中存在的问题，为辽宁全面振兴、全方位振兴目标取向的设定提供了具体的细化的支撑。

（一）辽宁全面振兴、全方位振兴"一核四五"总框架

党的十八届五中全会提出"创新、协调、绿色、开放、共享"五大发展理念，五大发展理念内涵丰富，涉及经济、社会、科技、生态、民生等多方面内容。本书首先建立了辽宁全面振兴、全方位振兴的"一核四五"总框架，如表1-2所示。

表1-2　　辽宁全面振兴、全方位振兴"一核四五"总框架

"一核四五"总框架	五大发展理念指标体系
一核心：东北经济支撑带核心区 五平台：沈阳经济区、辽宁沿海经济带、沈抚改革创新示范区、突破辽西北、县域经济网 五引领：先进装备制造业、重大技术装备、国家新型原材料、现代农业生产、重要技术创新与研发 五支撑：从严治党、作风建设、国际化营商环境、体制机制创新、持续改善民生 五关键：深化国家企业改革、深度融入"一带一路"建设、攻坚精准扶贫、重大风险化解、环境保护及污染防治	从"创新、协调、绿色、开放、共享"五大发展理念角度选择辽宁全面振兴、全方位振兴指标

"一核心"指的是辽宁作为东北经济支撑带的核心区要在东北经济振兴中发挥更重要的作用；"五平台"分别为沈阳经济区、辽宁沿海经济带、沈抚改革创新示范区、突破辽西北、县域经济网；"五引领"是指先进装备制造业、重大技术装备、国家新型原材料、现代农业生产、重要技术创新与研发五个领域引领辽宁经济实现更高质量的发展；"五支撑"是指将从严治党、作风建设、国际化营商环境、体制机制创新、持续改善民生作为辽宁经济高质量发展重要的支撑软环境；"五关键"包括辽宁需要在深化国家企业改革、深度融入"一带一路"建设、攻坚精准扶贫、重大风险化解、污染防治五个关键领域做出更大努力。

其次，根据"一核四五"总框架从"创新、协调、绿色、开放、共享"五大发展理念筛选指标，构建了辽宁全面振兴、全方位振兴的指

标体系。在指标体系设计上紧密结合"十三五"规划纲要、东北振兴
"十三五"规划、历年政府工作报告、历年中央经济工作会议、历年辽
宁政府工作报告、全面建成小康社会统计监测报表制度等内容。2008～
2017 年数据来自 2009～2018 年《中国统计年鉴》《辽宁统计年鉴》《中
国科技统计年鉴》、国家统计局网站、辽宁省政府网站、国家发改委网
站、辽宁省历年统计公报、辽宁省历年政府工作报告及国新办举行的
"全面振兴、全方位振兴的辽宁实践"发布会。所选取的指标力求系
统、全面、具有高度代表性,与"十三五"规划调控指标相衔接,充
分考虑了前瞻性和可操作性,以充分代表五大发展理念的内涵。为保证
数据的合理性和可操作性,部分指标采取人均、每万元、每千人、城乡
之比、增速等比例数值。对于涉及价格的指标增长率,按照基于基期的
不变价格进行计算,以保证增长率的科学性。

(二)"一核心"构筑辽宁协调发展基础

党中央为东北地区定位的"一带五基地"是推动东北经济高质量
发展的重要抓手,而辽宁则是东北重要经济支撑带的核心区,应当在东
北经济发展上担当更多责任、做出更多贡献。本部分主要分析辽宁作为
"一核心"的整体发展状况。表 1-3 体现了辽宁作为东北经济支撑带
核心区,各项发展的指标在东北三省中所处的地位。

表 1-3　　　　东北经济支撑带核心区指标(2018 年)

序号	指标	五大发展理念	辽宁	吉林	黑龙江
1	地区生产总值(万亿元)	协调	2.53	1.51	1.64
2	GDP 增速(%)	协调	5.7	4.5	4.7
3	人均国内生产总值(万元)	协调、共享	5.80	5.56	4.33
4	常住人口(万人)	协调、共享	4359	2704	3773
5	常住人口城镇化率(%)	协调、共享	67.50	56.65	59.40
6	城镇居民人均可支配收入(元)	协调、共享	37341.93	30171.94	29191.33
	增长率(%)		6.71	6.54	6.36

续表

序号	指标	五大发展理念	辽宁	吉林	黑龙江
7	农村居民人均可支配收入（元）	协调、共享	14656.33	13748.17	13803.65
	增长率（%）		6.62	6.16	8.99
8	城乡居民人均可支配收入之比	协调、共享	2.55:1	2.19:1	2.11:1
9	第一产业增加值（亿元）	协调	2033.30	1160.75	3000.96
	增长率（%）		6.89	5.97	1.20
10	第二产业增加值（亿元）	协调	10025.10	6410.85	4030.94
	增长率（%）		8.97	-8.40	-0.73
11	第三产业增加值（亿元）	协调	13256.95	7503.02	9329.72
	增长率（%）		7.72	9.52	5.10
12	第一产业占GDP比重（%）	协调	8.03	7.70	18.34
13	工业化水平（%）	协调	39.60	42.53	24.64
14	服务业增加值占GDP比重（%）	协调	52.37	49.77	57.02
15	粮食产量（万吨）	协调	2192.45	3632.74	7506.8
	增长率（%）		-5.93	-12.55	1.30
16	一般公共预算收入（亿元）	共享	2392.77	1240.84	1282.52
	增长率（%）		9.33	2.47	3.15
17	一般公共预算支出（亿元）	共享	5323.65	3789.59	4675.75
	增长率（%）		9.10	1.71	0.75

资料来源：国家统计局网站，http://www.stats.gov.cn/。

表1-3指标中有15个指标反映了五大发展理念中的协调发展，8个指标反映了共享发展。如城乡居民人均可支配收入之比反映了城乡协调发展、三产比重反映了产业结构协调发展、人均国内生产总值反映了区域协调发展，粮食产量、常住人口城镇化率、工业化水平等指标则能反映中国特色新型工业化、信息化、城镇化、农业现代化四化同步发展。协调发展是经济高质量发展和持续健康发展的内在要求，是补齐短板、实现全面建成小康社会的重点所在。

2018 年辽宁省地区生产总值 2.53 万亿元，增速 5.7%，高于吉林和黑龙江，表现出东北经济支撑带"核心区"的带动作用。2019 年一季度辽宁增速为 6.1%，是连续 17 个季度以来首次重返 6% 以上，意味着辽宁经济走出了最困难的时期，开始跟上全国发展的步伐，进入了平稳健康发展的轨道。2018 年辽宁人均国内生产总值 5.8 万元，年末常住人口 4359 万人，城乡居民人均可支配收入分别增长 6.71% 和 6.62%，城乡居民人均可支配收入之比为 2.55∶1，一般公共预算收入增长 9.33%，一般公共预算支出增长 9.10%，人民生活水平发生着从"解决温饱"到"总体小康"，再到即将实现"全面小康"的历史性跨越。辽宁常住人口城镇化率为 67.5%，远超过其他两省，已经完成 2020 年末全国常住人口城镇化率 60% 的目标。辽宁省的这些指标比吉林和黑龙江的表现要好，说明辽宁省的整体发展状况在东北三省中基础较好，今后在此基础上辽宁进行全面振兴、全方位振兴具有较扎实的基础条件。

辽宁与其他两省有差别的指标表现在三产增加值以及三产占比上，黑龙江一直是我国的农业大省，辽宁第一产业增加值低于黑龙江是常态，但辽宁第一产业增加值增长率要高于其他两省。可以看出辽宁基数虽不如黑龙江，但增长动力和速度仍然强劲，黑龙江基数已经达到饱和状态，上升空间较小。整体而言，东北三省中辽宁省经济规模最大、人口最多、多项关键数据指标表现最好，经济社会发展水平最高。

（三）"五平台"助力辽宁全方位振兴

"五平台"是依托辽宁省委省政府提出的"五大区域发展战略"所构建的五大平台，分别是沈阳经济区、辽宁沿海经济带、辽西北、沈抚改革创新示范区、县域经济网。沈阳经济区以沈阳为中心，辐射抚顺、本溪、辽阳、鞍山；辽宁沿海经济带包括葫芦岛、锦州、盘锦、营口、大连、丹东六市；辽西北为铁岭、阜新、朝阳三市；沈抚改革创新示范区是沈阳和抚顺中间占地 171 平方公里的区域；县域经济网包括了辽宁省 41 个主要县市。不同区域具有不同特点，需施以不同对策加快各个区域发展。"五平台"视角下构建的指标主要阐释了五大发展理念中的协调发展，如表1-4所示。

表1-4　　　　　　　　五大区域协调发展指标　　　　　单位：%

地区	年份—季度	GDP增速	规模以上工业增加值增速
辽宁省	2018	5.7	9.8
沈阳经济区	2018	5	8.2
	2019-1	5.4	7.1
沿海经济带	2018	6	14
	2019-1	6.8	10.1
沈抚	2019-1	16.9	25.5
辽西北	2018	3.9	5.9
	2019-1	6.3	9
县域经济	2018	4.3	19.7*
	2019-1	5.6	18.7*

注：带*的为一般公共预算收入增速。
资料来源：国新办举行"全面振兴、全方位振兴的辽宁实践"发布会。

从GDP增速可以看出，在五大区域中，沈抚新区增速劲头最猛，2019年一季度增速达到了16.9%，沿海经济带增速超过了全省增速，其余地区2018年增速低于全省增速。五大区域基本与辽宁省增速保持同步平稳增长。

1. 沈阳经济区一体化发展步伐加快

2018年沈阳全面改革创新试验区27项任务全部完成，"三城联创"取得重大进展。东北创新中心、东北区域金融中心、东北人才中心和东北亚物流中心"四个中心"建设取得阶段性进展。2019年一季度，沈阳经济区地区一般公共预算收入321.6亿元，同比增长8.7%；规模以上工业增加值同比增长7.1%；固定资产投资同比增长10.3%。① 沈阳

① 《国新办举行"全面振兴、全方位振兴的辽宁实践"发布会》，国务院新闻办公室网，http://www.scio.gov.cn/xwfbh/xwbfbh/wqfbh/39595/40776/index.htm。

示范引领和辐射带动作用进一步增强。围绕东北亚物流中心建设，沈阳经济区将构建辐射东北、通达全国、面向东北亚的现代物流基地。加快沈阳内陆港建设，建成高效的海关"单一窗口"，推进通关一体化，实现公、铁、海、空联运。

2. 沿海经济带港口资源充分整合

辽宁对沿海经济带未来发展的定位是着力建设东北亚航运中心和重点发展临港产业、海洋经济。围绕沿海经济带建设，辽宁将积极参与"一带一路"建设，加快辽满欧、辽蒙欧、辽海欧 3 条综合交通运输大通道建设。海洋经济临港产业集群发展成效明显。积极吸引外商投资，加强"苏辽""沪连"对口合作，共建一批不同类型的合作园区。

3. 沈抚改革创新示范区增速迅猛

2018 年以来，沈抚新区共签约项目 202 个，协议投资总额 1212 亿元，其中 50 亿元以上项目达到 5 个。到 2020 年，沈抚新区的经济要保持中高速增长，同城化综合交通体系基本形成，园区基础设施进一步完善，特色产业集群初具规模。

4. 辽西北承接京津冀产业转移

2018 年，辽西北三市 GDP 增长 3.9%，规模以上工业增加值增长 5.9%。2019 年一季度 GDP 增长 6.3%，规模以上工业增加值增长 9%。在三次产业发展上，现代农业稳步发展，2018 年辽西北地区 7 个农产品加工集聚区全年实现主营业务收入 147.44 亿元，占全省总量 18.9%。①

5. 县域经济发展态势良好

2018 年全省县域 GDP 增长 4.3%，一般公共预算收入增长 19.7%。2019 年一季度县域 GDP 增长 5.6%，一般公共预算收入增长 18.7%，全省有 19 个县地区生产总值增幅高于全省平均水平，县域一般公共财政预算收入高于全省 10.7 个百分点。②"一县一业""一镇一业""一村一品"产业布局正在形成。县域经济过去是辽宁的短板，影响整个区域

---

①② 《国新办举行"全面振兴、全方位振兴的辽宁实践"发布会》，国务院新闻办公室网，http://www.scio.gov.cn/xwfbh/xwbfbh/wqfbh/39595/40776/index.htm。

的发展，现在这个短板正在补齐，县乡发展潜力和活力也正在逐步释放，五大区域发展的协调性、互动性进一步增强。

作为东北地区经济体量最大的省份，辽宁既有沿海六市构成的一条向海开放的经济带，同时又有以沈阳为中心的中部城市群，既有沈阳与抚顺之间承载城市化新探索重任的同城化新区，还有地处西北部的经济欠发达地区，更有广布各地的发展短板——县域。总结来看，五大区域扬长补短、统筹发力，正引领辽宁经济开始朝着更高质量、更有效率、更加公平、更可持续的方向发展。

（四）"五引领"增强辽宁创新发展竞争力

影响辽宁全面振兴、全方位振兴的一个重要因素就是创新。创新是高质量发展的动力之源，只有提高创新能力，才能使辽宁在国际和国内竞争的舞台上占据一席之地。在"五大发展理念"中，辽宁对创新发展的需求远远胜于其他四个，2018 年辽宁在创新发展发面做出了重要努力。在优化创新环境方面，辽宁全年科学研究与试验发展（R&D）经费支出 438.2 亿元，新增高新技术企业超过 1000 家，规模以上高新技术产品增加值增长 32.7%，高技术产业增加值增长 19%。全年第二产业投资增长 12.1%，其中高技术制造业投资增长 8.2%。在加快推进创新成果转化方面，科技进步对经济增长贡献率达到 55.5%，科技成果转化落地 3700 多项，科技成果省内转化率达到 53.8%，攻克关键核心技术 55 项，有 22 项成果获得国家科技奖。全年获国家科技奖 17 项（人），其中自然科学奖 1 项、技术发明奖 2 项、科技进步奖 13 项，国际科技合作奖 1 人。全年专利申请 65686 件，其中发明专利申请 25476 件，每万人有效发明专利 8.58 件。专利授权 35149 件，其中发明专利授权 7176 件。全年技术市场成交各类技术合同 1.8 万项，技术合同成交额 499.9 亿元，技术合同成交额增长 20%。在引进创新人才方面，辽宁创新基础和实力雄厚，有 115 所高校，科技活动机构近 1700 个，两院院士 54 人，产业技术工人 460 万。2018 年共引进高层次人才 2516 名，实施人才服务全面振兴三年行动计划和"兴辽英才计划"，为人才开医疗、教育、住房便利之门，既要"留人"更要"留心"，为人才提供干事创业舞台。[①]

同时，影响和制约辽宁振兴发展的一个重要因素就是结构性矛盾突出，偏资源型、传统型、重化工型的产业结构和产品结构难以适应市场变化。为解决结构性问题，"五引领"为辽宁经济实现更高质量的发展提供了一条捷径。"五引领"框架下五大发展理念相关指标及数据如表1-5所示。

表1-5　　　　　　　　"五引领"框架下五大发展理念相关指标

五引领	相关指标	五大发展理念	2018 年
先进装备制造业	规模以上工业增加值增长率（%）	创新	9.8
	规模以上装备制造业增加值增长率（%）	创新	9.4
	计算机、通信和其他电子设备制造业增加值增长率（%）	创新	30
	专用设备制造业增加值增长率（%）	创新	11.6
	汽车制造业增加值增长率（%）	创新	10.2
	通用设备制造业增加值增长率（%）	创新	3.3
重大技术装备	第二产业投资增长率（%）	创新	12.1
	高技术制造业投资增长率（%）	创新	8.2
	高新技术企业主营业务收入增长率（%）	创新	13.8
	规模以上高新技术产品增加值增长率（%）	创新	32.7
	工业机器人、新能源汽车、集成电路等高新技术产品增长率（%）	创新	58.1
现代农业生产	减种玉米面积（万亩）	协调	77.6
	高标准农田（万亩）	协调	189
	国家级现代农业示范区（个）	协调	14
	农产品加工集聚区主营业务收入增长（%）	协调	9.7

---

① 《国新办举行"全面振兴、全方位振兴的辽宁实践"发布会》，国务院新闻办公室网，http：//www. scio. gov. cn/xwfbh/xwbfbh/wqfbh/39595/40776/index. htm。

续表

五引领	相关指标	五大发展理念	2018 年
现代农业 生产	颁发土地承包经营权证（万份）	协调	370
	农户流转土地（万亩）	协调	1818
重要技术 创新与研发	科技进步对经济增长贡献率（%）	创新	55.5
	科学研究与试验发展经费支出（亿元）	创新	438.2
	攻克关键核心技术（项）	创新	55
	年末从事科学研究与试验发展人员（万人）	创新	14.7
	专利申请数（件）	创新	65686
	每万人有效发明专利（件）	创新	8.58
	专利申请授权数（件）	创新	35149
	发明专利授权数（件）	创新	7176
	技术市场成交各类技术合同（万项）	创新	1.8
	技术合同成交额（亿元）	创新	499.9
	技术合同成交额增长（%）	创新	20

资料来源：国新办举行"全面振兴、全方位振兴的辽宁实践"发布会。

1. 先进装备制造业

辽宁省先进装备制造业紧紧围绕智能化、高端化、成套化的发展方向，重点实施八项子工程，即航空装备工程、海工装备及高技术船舶工程、节能汽车与新能源汽车工程、重大成套装备工程、高档数控机床工程、机器人及智能装备工程、先进轨道交通装备工程和集成电路装备工程。2018 年全省规模以上工业增加值增长 9.8%，增速居于全国第 3 位。规模以上装备制造业增加值比上年增长 9.4%，占规模以上工业增加值的比重为 27.4%。其中，计算机、通信和其他电子设备制造业增加值增长 30.0%，专用设备制造业增加值增长 11.6%，汽车制造业增加值增长 10.2%，通用设备制造业增加值增长 3.3%。

2. 重大技术装备

2018 年 7 月 20 日，辽宁省重大技术装备战略基地建设工程中心正式挂牌成立。2018年高新技术企业主营业务收入增长13.8%，高技术产业增加值增长32.70%，工业机器人、新能源汽车、集成电路等高新技术产品增长58.1%。

3. 国家新型原材料

新型原材料产业重点发展先进装备制造业急需的金属新材料，高性能合成树脂、功能性膜材料、纳米材料等化工新材料，陶瓷材料、特种玻璃材料、核用材料等无机非金属材料，提升装备智能化和绿色发展水平，持续降低能源消耗，进一步增强行业盈利能力。

4. 现代农业生产

在农业结构调整方面，2018年辽宁调减玉米种植面积77.6万亩，建设高标准农田189万亩，新增高效节水灌溉面积50万亩，建设国家级现代农业示范区14个，新增2个国家农业科技园区，创建国家级畜牧业绿色发展示范县6个。农产品加工集聚区主营业务收入增长9.7%，农业现代化稳步推进。在深化农业农村改革方面，颁发土地承包经营权证370万份，农户流转土地1818万亩。全面提升农业基础设施装备、现代农业示范区、农产品加工集聚区建设水平，着力加强农业科技创新、农业绿色发展、农业品牌建设、农村人才培养。

5. 重要技术创新与研发

2019年前5个月，全省规模以上高技术制造业增加值同比增长30.5%，高于规模以上工业增速23.8个百分点。高新产品增势较好，服务器、新能源汽车、工业机器人产量同比分别增长98.4%、96.9%和17.5%，高新技术产品出口增长40.1%。这是工业方面通过调结构取得的成效。新技术、新产业、新业态、新模式正处于成长阶段，虽然增长较快，但总量比较小、拉动力比较弱，企业规模偏小、缺少行业领军企业，新旧动能转换总体上仍是青黄不接，创新引领发展动力不强。高新区产业集聚度还不高，"高"和"新"的特征还不够突出，全省有8个国家高新区、7个省级高新区，总体数量在全国排名靠前，但除沈阳、大连高新区外，其他国家高新区的发展质量在全国排位比较靠后。

总结来看，辽宁省在关键技术、重大产品等领域实现了一系列突破，但在核心共性技术、提供整体解决方案能力方面还有较大差距，制约了核心竞争力的提升。整机所需关键基础零部件、核心功能部件大多需从国外、省外采购，产业链配套能力亟待加强和完善。虽然重点骨干企业基本实现了数字化、网络化和智能化，但行业整体智能化水平不高，这是制约结构调整和提质增效的重要因素。辽宁省应瞄准智能化、高端化、成套化的方向，鼓励企业加强关键技术、共性技术研发，不断增强提供整体解决方案的能力，提高对重大工程的总承包能力；大力实施工业强基工程，在关键基础材料、核心基础零部件、先进基础工艺等领域实现重大突破，补齐产业基础不足的短板；加快推进智能制造和智能服务的示范应用，不断提升产业智能化水平。

（五）"五支撑"培育辽宁全面振兴软环境

辽宁全面振兴、全方位振兴不光是构建经济、社会发展等"硬环境"，还需要构建基础扎实的"软环境"，用"软环境"为全面振兴、全方位振兴提供坚实的后盾。本书提取了从严治党、作风建设、国际化营商环境、体制机制创新、持续改善民生五大"软环境"要素作为提高辽宁经济发展质量和效率的支撑因素。"五支撑"框架下五大发展理念相关指标及数据如表 1-6 所示。

表 1-6　　　　　"五支撑"框架下五大发展理念相关指标

五支撑	指标	五大发展理念	2018 年
国际化营商环境	减免税费（亿元）	创新	1390
	社保费率（%）	创新	16
体制机制创新	省政府令数量（个）	创新	8
	市场化指数	创新	6.84（预测）
持续改善民生	财政支出用于民生的比例（%）	共享	74
	城乡居民消费水平之比	协调、共享	2.24*
	城乡恩格尔系数比	协调、共享	1.03*

五支撑	指标	五大发展理念	2018 年
持续改善民生	城镇登记失业率（％）	共享	3.8*
	人口自然增长率（‰）	协调、共享	−0.44*
	自来水普及率（％）	共享	97.7*
	燃气普及率（％）	共享	95.07*
	医疗卫生支出（亿元）	共享	336.63*
	教育支出（亿元）	共享	648.06*
	学前教育普惠率（％）	共享	72
	每万人拥有病床位（张）	共享	75
	城镇职工基本养老保险参保人员（万人）	共享	1994.0
	城乡居民社会养老保险人数（万人）	共享	1040.8
	城镇基本医疗保险人数（万人）	共享	2258.6
	职工基本医疗保险人数（万人）	共享	1568.15
	新型农村合作医疗农民（万人）	共享	1710.5
	参加失业保险人数（万人）	共享	679.6

注：带 * 的为2017年数据。省政府令数量来源于辽宁省人民政府网站，http://www.ln.gov.cn/zfxx/zfwj/szfl/，2017年数据根据王小鲁和樊纲2008~2016《中国分省份市场化指数报告》推算得出。

1. 从严治党

党的十九大以来，辽宁省深入贯彻落实党中央全面从严治党战略部署，深入开展党的群众路线教育实践活动、"三严三实"专题教育、"两学一做"学习教育、"不忘初心、牢记使命"主题教育，认真抓好"学习习近平总书记系列重要讲话、讲诚信、懂规矩、守纪律、鼓士气、促振兴"等活动，基层党风廉政建设取得了重要进展和积极成效。2018年10月以来，新配备75名县区党政主要负责同志，推动干部跨地区、跨部门交流任职。近年来，先后选派了一大批年轻干部接受锻炼，其中到基层锻炼有200余名，援藏援疆的有100余名，到乡村任职的有12000名。实施"人才服务全面振兴三年行动计划""兴辽英才计划"，统筹推进人才培养、引进、使用、助力辽宁振兴。

2. 作风建设

2018 年以来，以深化作风建设为契机，辽宁省政府系统开展了重实干、强执行、抓落实专项行动，围绕重要指标、重点任务、重大项目，建立"五个一"工作机制，一项一项抓落实、一件一件干到底。辽宁省制定出台《关于激励干部新时代新担当新作为的实施意见》，对领导干部实行差异化分类考核。180 项重点任务完成 166 项，取得了明显成效，推动了经济社会发展，促进了干部作风转变。721 件人大代表议案建议、429 件政协提案全部按时办结。制定省政府规章、提请省人大常委会审议地方性法规草案 19 件，办理行政复议案件 281 件，法治建设群众满意度进一步提升。

3. 国际化营商环境

一是辽宁构建了一整套优化营商环境的制度框架。2016 年，颁布实施了《辽宁省优化营商环境条例》，这是全国省级层面第一部营商环境法规。2017 年，成立了全国第一个省级营商环境建设监督局，做到有法可依、有机构办事，这为推进营商环境持续优化奠定了基础。二是实施了一系列深化"放管服"改革的重要举措。2018 年省直部门行政职权精简 18%，376 项证照实现即办即取，一般性经营企业开办时间压缩到 3.5 个工作日以内。组建省政务服务中心、省（中）直 37 个单位 471 项审批事项进入中心进行集中办理，建设覆盖全省的"互联网＋政务服务"体系。大力推进审批服务。三是出台了一系列利企惠企的务实举措。2018 年企业减免税费 1390 亿元，2019 年小规模纳税人"六税两费"均按最高上限减征，社保费率全省统一由 20%降到 16%。出台了 23 条政策举措，对大力支持民营企业发展的银行、证券、保险等金融机构给予不同程度的资金奖励。出台了 8 条含金量很高的政策措施，从放宽外资市场准入、保障项目建设用地等方面给予大力支持。在全省上下的不懈努力下，辽宁营商环境持续向好，社会各界对辽宁的发展信心不断增强。

4. 体制机制创新

一是产权制度创新，国有经济这棵"大树"，要以混合所有制改革为核心，降低国有经济比重，提高非公有制经济比重，鼓励民营企业发展装备制造业，为民营经济的进入提供优惠政策，保护产权，改善创新创业环境，为中小企业营造透明、公平、开放的经营环境，消除不利于民营经济发展的体制机制障碍。二是政府创新，东北地区的"强政府"曾经在东北振兴中发挥了十分重要的作用，但在新一轮东北振兴战略则应更多运用改革手段，强调发挥地方主体责任，完善制度环境。加强服务型、学习型政府建设，减少政府对市场的不合理管制，简政放权，按照政企、政事、政资、政府与中介组织分开的原则，切实转变管理职能，使市场能够真正在资源配置中发挥决定性作用。三是市场制度创新，面对市场机制不能很好发挥的问题，应该在东北地区建立统一开放、公平竞争的市场机制，完善公平开放透明的市场规则，健全市场监督机制，规范市场秩序，促进产业转型升级。

5. 持续改善民生

2018 年全省财政支出用于民生的比重达到 74%，退休人员养老金提高 5%，城乡居民低保标准分别提高 6.3% 和 8.5%。新开工建设棚改房 6.3 万套，完成农村改厕 15.6 万座。基本养老金实现了 14 连涨，连续多年每年都能实现新增就业 40 万人以上，学前教育普惠率达到 72%。高中阶段毛入学率达到 99%。"15 分钟医疗圈"覆盖八成以上居民，每万人拥有病床位 75 张，高于全国平均水平。贫困人口由 2014 年底的 126 万减到 2018 年底的 13.02 万，贫困发生率由 5.4% 下降到 0.6%，2019 年贫困人口将全部脱贫。①

（六）"五关键"注入辽宁全面振兴新活力

"五关键"指的是辽宁需要在深化国家企业改革、深度融入"一带一路"建设、攻坚精准扶贫、重大风险化解、污染防治五个关键领

<hr>

① 《国新办举行"全面振兴、全方位振兴的辽宁实践"发布会图文实录》，国务院新闻办公室网，http://www.scio.gov.cn/xwfbh/xwbfbh/wqfbh/39595/40776/wz40778/Document/1657738/1657738.htm。

域做出更大努力。"五关键"框架下五大发展理念相关指标及数据如表 1 - 7 所示。

表 1 - 7　　　　"五关键"框架下五大发展理念相关指标

五关键	指标	五大发展理念	2018 年
深化国家企业改革	国有及国有控股企业总产值占比（%）	创新、协调	48.74 *
	私营企业总产值占比（%）	创新、协调	18.17 *
	外商投资企业总产值占比（%）	创新、协调	22.23 *
	国有控股企业增加值增长率（%）	创新、协调	8.9
	私营企业增加值增长率（%）	创新、协调	10.2
	集体企业增加值增长率（%）	创新、协调	5
	股份制企业增加值增长率（%）	创新、协调	9.7
	外商及港澳台商投资企业增加值增长率（%）	创新、协调	10.8
	乡镇一般公共预算收入增长率（%）	创新	24.4
	新登记市场主体（万户）	创新	66
	民间投资增长率（%）	创新	7.7
深度融入"一带一路"建设	进出口总额（亿元）	开放	7545.9
	增长率（%）	开放	11.8
	出口总额（亿元）	开放	3214.9
	增长率（%）	开放	5.7
	进口总额（亿元）	开放	4331
	增长率（%）	开放	16.8
	对外贸易依存度（%）	开放	28.68 *
	实际利用外商直接投资额（亿美元）	开放	49
	外商直接投资合同项目（个）	开放	512 *
	外商直接投资合同金额（亿美元）	开放	265.36 *
	实际外商直接投资额（亿美元）	开放	53.35 *
	每百万人国际旅游外汇收入（万美元）	开放	40.7 *

续表

五关键	指标	五大发展理念	2018 年
攻坚精准扶贫	产业扶贫项目（个）	共享	2377
	贫困发生率（%）	共享	0.6
	脱贫人数（万人）	共享	15.43
	贫困人数（万人）	共享	13.02
环境保护及污染防治	森林覆盖率（%）	绿色	38.2*
	人均公园绿地面积（平方米）	绿色	11.87*
	城市污水日处理能力（万立方米）	绿色	880.9*
	人均用水量（立方米/人）	绿色	435.91*
	城市用水普及率（%）	绿色	97.72*
	废气中主要污染物排放（千克/人）	绿色	35.53*
	工业污染治理完成投资（万元）	绿色	130471*
	空气质量达到二级以上天数占全年比重（%）	绿色	81
	PM2.5 平均浓度（微克/立方米）	绿色	38
	增长率（%）	绿色	-13.6*
	工业固体废物综合利用率（%）	绿色	39.06*
	农村改厕（万座）	绿色、共享	15.6

注：带 * 的为 2017 年数据。

资料来源：2019 年、2018 年《辽宁统计年鉴》；《国新办举行"全面振兴、全方位振兴的辽宁实践"发布会图文实录》，国务院新闻办公室网，http://www.scio.gov.cn/xwfbh/xwbfbh/wqfbh/39595/40776/wz40778/Document/1657738/1657738.htm。

1. 深化国家企业改革

一是深化国资国企改革。国有企业经营机制不活、竞争力不强、历史遗留问题多，是制约辽宁国有企业发展的突出问题。近年来，辽宁省制定实施了三年攻坚计划，国资国企改革取得积极进展。2018年，全省地方重点国有企业的营业收入、利润分别同比增长 10.7%、40.4%，国企改革效果比较明显。省属企业资产负债率下降 3 个百分点，"三项费用"压减 3.4%，上缴国有资本收益 25 亿元。处置国有

"僵尸企业" 180 户。①

二是党政群机构改革和事业单位改革积极推进。对全省 14003 户中介服务机构进行了全面清理，确认涉及行政审批中介机构 3911 户。全省共有 25421 家登记的社会组织，列入清理规范的 10244 家，完成整改 5129 家，注销、撤销登记 5115 家。全省 27514 个公益性事业单位优化整合为 2366 个，1174 个经营性事业单位全部转企。②

三是积极推进县乡财政管理体制改革。2018 年出台了《关于完善县乡财政管理体制的意见》，通过扩大乡镇财政自主权、实施县乡"分灶吃饭"、3 年内新增财力全部留给乡镇等一系列举措，有效激发了乡镇发展经济的动力和活力。全省 841 个乡镇和 75 个涉农街道全部重新设立金库，2017 年全省乡镇一般公共预算收入同比增长 24.4%。

四是大力支持民营经济发展壮大。2018 年出台了 23 条含金量高的政策举措，有力推动了民营经济发展。2018 年新登记市场主体 66 万户，增长 5.1%，民间投资比上年增长 7.7%，一大批市场主体实现"个转企、小升规、规升巨"，其中"个转企" 11850 户、"小升规" 669 户。2019 年第一季度，民营经济发展活力进一步增强，规模以上私营企业增加值增长 16.4%，民间投资增长 17.3%，民营企业进出口总额增长 11.7%，几个数据都保持了两位数的增长，这充分说明辽宁的民营经济活力正在逐步释放。但是民营经济仍是辽宁经济发展的短板之一，2018 年辽宁省民营经济增加值仅为广东和江苏的 1/5，不到浙江的 1/3，甚至还不到河北的 1/2。全国民营企业 500 强，辽宁只有 6 家，而浙江有 120 家、江苏有 82 家、广东有 60 家、山东有 57 家。

2. 深度融入"一带一路"建设

一是对外贸易稳步发展。2018 年全年进出口总额 7545.9 亿元，比上年增长 11.8%。其中，出口总额 3214.9 亿元，增长 5.7%；进口总

①② 《国新办举行"全面振兴、全方位振兴的辽宁实践"发布会图文实录》，国务院新闻办公室网站，http://www.scio.gov.cn/xwfbh/xwbfbh/wqfbh/39595/40776/wz40778/Document/1657738/1657738.htm。

额 4331.0 亿元，增长 16.8%。分贸易方式看，全年一般贸易进出口总额 4317.0 亿元，比上年增长 17.3%；加工贸易进出口总额 1783.1 亿元，下降 1.0%。全年实际利用外资 49.0 亿美元。其中，第一产业实际利用外资 0.1 亿美元，第二产业实际利用外资 33.9 亿美元，第三产业实际利用外资 15.0 亿美元。二是大力开展"双招双引"。招商引资签约重大项目 259 个，资金总额 8588 亿元。实施"兴辽英才计划"，引进高层次人才 2516 名。对外直接投资稳定增长。加强与京沪苏对口合作，推进东北区域合作，加大对口帮扶支援力度。三是辽宁自贸试验区取得阶段性成效。辽宁自贸试验区自 2017 年 4 月挂牌以来，新增注册企业 3.5 万家，注册资本 5300 亿元；123 项改革试点任务已经落地 113 项，45 项制度创新经验在全省推广，4 项经验在全国推广，取得了明显的阶段性成效，成为辽宁对外开放的一大引擎。

开放是兴省之要，辽宁要深度融入共建"一带一路"，加快推进辽宁"一带一路"综合试验区、中国—中东欧"17 + 1"经贸合作示范区、东北亚经贸合作先行区建设。建好用好重大开放平台，深入推进大连东北亚国际航运中心和辽宁自贸试验区建设。深化与招商局集团的战略合作，深入推进港口资源整合。狠抓"双招双引"，引进一批大项目、好项目。主动对接国家区域发展战略，承接高端产业转移，以全面开放引领全面振兴。

3. 攻坚精准扶贫

辽宁较早启动了选派干部到乡村工作，每个村的党支部都派了一名干部，截止到 2019 年 1 月，共选派 1.2 万名干部到乡村工作，助力脱贫攻坚和乡村振兴，实施产业扶贫项目 2377 个，完成 D 级危房改造 2.1 万户，实现 15.43 万人脱贫、519 个贫困村销号、6 个省级贫困县摘帽，脱贫攻坚取得重大成果。[①] 截止到 2021 年 2 月，辽宁省脱贫攻坚战

[①] 唐一军：《2019 年省政府工作报告——2019 年 1 月 16 日在辽宁省第十三届人民代表大会第二次会议上》，辽宁省政府网，http：//www. ln. gov. cn/zwgkx/zfgzbg/szfgzbg/201901/t20190126_3432883. html。

取得决定性胜利，15 个省级贫困县、1791 个贫困村全部脱贫摘帽，84 万农村建档立卡贫困人口全部脱贫，人均年纯收入达到 9648 元，稳定实现"两不愁三保障"和饮水安全。①

4. 重大风险化解

辽宁省 2018 年严格落实了化解政府债务三年行动工作方案，政府债务风险总体可控。实施了市场化、法治化债转股，企业资产负债率有所下降。加强了基金收支管理，优化了财政预算安排，确保养老金按时足额发放。规范金融市场秩序，牢牢守住不发生系统性风险底线。

5. 污染防治

2018 年全年规模以上工业综合能源消费量 1.3 亿吨标准煤，比上年增长 6.5%。六大高耗能行业综合能源消费量增长 6.8%。全年城市生活垃圾无害化处理率 97.9%。2018 年末城市供水普及率 97.3%，城市燃气普及率 94.1%。年末城市人均拥有道路面积 13.5 平方米，人均公园绿地面积 11.7 平方米，建成区绿地率 36.0%。主要污染物排放总量继续减少，$PM_{2.5}$ 平均浓度为 38 微克/立方米，下降 13.6%；全省大气优良天数达到 296 天、比上年增加了 19 天，优良天数占全年天数的 81%。河长制全面建立，辽河流域综合治理全面实施、渤海综合治理扎实推进，水环境质量不断提升、农村人居环境整治成效显著，完成农村改厕 15.6 万座。完成人工造林、封山育林和森林抚育 322 万亩。坚决打好污染防治攻坚战，树立和践行"绿水青山就是金山银山、冰天雪地也是金山银山"的理念，坚持生态优先、绿色发展，重点开展好辽河流域的综合治理，加快建设美丽辽宁。

综上选取了辽宁在"一核四五"框架下与五大发展理念相关的全面振兴、全方位振兴的指标，每一部分指标都充分说明了辽宁在近些年振兴发展中取得的成绩以及不足，为 2020～2050 年全面振兴、全方位

---

① 刘宁：《2021 年省政府工作报告——2021 年 1 月 28 日在辽宁省第十三届人民代表大会第五次会议上》，辽宁省政府网，http://www.ln.gov.cn/zwgkx/zfgzbg/szfgzbg/202102/t20210202_4079035.html。

振兴的目标取向指引了努力的方向。

五、辽宁全面振兴、全方位振兴目标取向（2020～2050 年）

辽宁全面振兴、全方位振兴目标取向是根据指导思想、基本原则、主要依据、指标评价来确定的，包括总目标、分阶段目标、指标目标和专项目标。分阶段目标主要分成三个阶段，第一阶段是 2020～2025 年（5 年），第二阶段是 2026～2035 年（10 年），第三阶段是 2036～2050 年（15 年）。各类目标取向均从"创新、协调、绿色、开放、共享"五个方面来确定。指标目标和专项目标取向分成三个阶段来确定。

（一）辽宁全面振兴、全方位振兴指标目标取向（2020～2050 年）

1. 目标取向设计

考虑到指标数据收集的难易程度、发布时间以及是否是时间序列等情况，本部分选取了"一核四五"框架下的部分指标进行目标取向分析。辽宁全面振兴、全方位振兴目标取向指标体系包括"创新、协调、绿色、开放、共享"五个方面的 52 个具体指标，时间为 2008～2017 年。具体如表 1-8 所示。

表 1-8　辽宁全面振兴、全方位振兴指标体系及 2020～2050 年目标取向

	序号	指标	方向	权重（%）	一核四五	十年均值 2008～2017 年	目标取向 2020～2025 年	目标取向 2026～2035 年	目标取向 2036～2050 年
创新	1	省政府令数量（个）	正	10.1134	五支撑	10	12	15.6	23.4
	2	市场化指数	正	0.0327	五支撑	6.53	7.18	8.62	11.21
	3	国有及国有控股企业总产值（亿元）	正	0.4892	五关键	11108.82	16663.23	24994.84	37492.26

序号	指标	方向	权重（%）	一核四五	十年均值 2008~2017年	目标取向 2020~2025年	2026~2035年	2036~2050年
4	私营企业总产值（亿元）	正	9.1939	五支撑	13895.02	20842.53	31263.80	46895.70
5	外商投资企业总产值（亿元）	正	0.9586	五支撑	5497.11	8245.66	12368.50	18552.74
6	研究与试验发展经费投入强度（%）	正	0.2897	五引领	1.57	3.14	4.71	7.07
7	技术市场成交额（亿元）	正	5.9266	五引领	221.33	442.66	663.99	995.99
8	专利申请授权数（件）	正	2.1899	五引领	19831	39662	59493	89240
9	地方财政科学技术支出（亿元）	正	2.6977	五引领	81.17	162.34	243.51	365.27
10	科技活动人员（万人）	正	0.2661	五引领	25.15	50.30	75.45	113.18
11	大中型工业企业开发新产品经费支出（万元）	正	1.4237	五引领	224.50	449.00	673.50	1010.25
12	高技术产业新产品销售收入（万元）	正	2.2051	五引领	339.14	678.28	1017.42	1526.13
13	规模以上工业企业新产品销售收入（万元）	正	1.8851	五引领	3103.00	6206.00	9309.00	13963.50
14	国家级高新区企业总收入（万元）	正	2.6144	五引领	5959.27	11918.54	17877.81	26816.72

创新

续表

	序号	指标	方向	权重（%）	一核四五	十年均值	目标取向		
						2008~2017年	2020~2025年	2026~2035年	2036~2050年
协调	15	地区生产总值（亿元）	正	1.6188	一核心	22446.62	44893.24	67339.86	101009.79
	16	工业化水平（%）	正	0.4305	一核心	49.67	52.15	54.76	57.50
	17	服务业增加值比重（%）	正	0.5558	一核心	42.33	44.45	46.67	49.00
	18	常住人口城镇化率（%）	正	0.0597	五支撑	64.79	68.03	71.43	75.00
	19	城乡居民人均可支配收入之比	负	0.0195	一核心	2.54	2.03	1.83	1.65
	20	机耕面积（万公顷）	正	0.1470	五引领	367.40	734.80	1102.20	1653.30
	21	耕地灌溉面积（万公顷）	正	0.0776	五引领	154.10	308.20	462.30	693.45
	22	粮食总产量（万吨）	正	0.4430	五引领	2063.46	2476.15	3714.23	5571.34
	23	人均粮食产量（公斤/人）	正	0.3485	五引领	451.23	541.48	812.21	1218.32
	24	重工业企业总产值占比（%）	负	0.0222	五引领	81.09	72.98	65.68	59.11
绿色	25	森林覆盖率（%）	正	0.0559	五关键	37.68	45.22	54.26	65.11
	26	人均公园绿地面积（平方米）	正	0.1661	五关键	10.82	12.98	15.58	18.70
	27	城市污水日处理能力（万立方米）	正	1.9531	五关键	653.32	783.98	940.78	1128.94

	序号	指标	方向	权重(%)	一核四五	十年均值 2008~2017年	目标取向 2020~2025年	目标取向 2026~2035年	目标取向 2036~2050年
绿色	28	人均用水量（立方米/人）	负	0.0061	五关键	447.41	536.89	644.27	773.12
	29	城市用水普及率（%）	正	0.0017	五关键	98.14	98.50	98.70	99.00
	30	废气中主要污染物排放（千克/人）	负	1.1979	五关键	59.63	47.70	38.16	30.53
	31	工业污染治理完成投资（万元）	正	4.4787	五关键	195476	390952	781904	1172856
	32	空气质量达到二级以上天数占全年比重（%）	正	0.7177	五关键	79.19	83.15	87.31	91.67
	33	可吸入颗粒物（毫克/立方米）	负	2.9904	五关键	81.29	65.03	52.03	41.62
	34	工业固体废物综合利用量（万吨）	正	0.4954	五关键	41.46	62.19	124.38	186.57
开放	35	实际利用外商直接投资额（亿美元）	正	11.5614	五支撑	169.26	338.52	677.04	1015.56
	36	外商直接投资合同项目（个）	正	7.7260	五关键	868	1302	1952	2928
	37	外商直接投资合同金额（万美元）	正	4.1312	五关键	201.55	302.33	453.49	680.23
	38	每百万人国际旅游外汇收入（万美元）	正	2.7502	五关键	50.18	75.27	112.91	169.36
	39	进出口总额（亿美元）	正	0.9789	五关键	926.24	1389.36	2084.04	3126.06

续表

	序号	指标	方向	权重（%）	一核四五	十年均值 2008～2017 年	目标取向 2020～2025 年	目标取向 2026～2035 年	目标取向 2036～2050 年
开放	40	出口总额（亿美元）	正	1.0538	五关键	489.69	734.54	1101.80	1652.70
	41	进口总额（亿美元）	正	1.2212	五关键	436.56	654.84	982.26	1473.39
	42	对外贸易依存度（%）	正	0.6164	五关键	27.48	30.23	33.25	36.58
共享	43	人均国内生产总值（元）	正	1.5487	一核心	5.13	7.695	15.39	30.78
	44	城乡居民消费水平之比	负	0.5004	五支撑	2.58	2.064	1.6512	0.8256
	45	城乡恩格尔系数比	正	0.0747	五支撑	0.98	0.99	0.99	0.99
	46	城镇登记失业率（%）	负	0.0771	五支撑	3.65	1.83	0.91	0.18
	47	人口自然增长率（‰）	正	4.2820	五支撑	-0.71	1.42	2.84	4.26
	48	公共厕所（座）	正	0.5754	五支撑	5942	8912	13369	20053
	49	医疗卫生支出（亿元）	正	3.8595	五支撑	220.98	331.47	497.21	745.81
	50	教育支出（亿元）	正	2.1382	五支撑	549.76	824.64	1236.96	1855.44
	51	城镇基本医疗保险参保人员（万人）	正	0.5127	五支撑	2160.15	3240.23	4860.34	7290.51
	52	城镇职工基本养老保险参保人员（万人）	正	0.3206	五支撑	1655.53	2483.30	3724.94	5587.41

资料来源：历年《辽宁统计年鉴》《辽宁科技统计年鉴》《中国统计年鉴》以及辽宁省政府网站。

表1-8中的指标可以分为三类，采取不同的标准来确定其目标取向。第一类是振兴核心动力指标，主要是与创新发展有关的指标，包括研究与试验发展经费投入强度、技术市场成交额、专利申请授权数、高技术产业新产品销售收入、规模以上工业企业新产品销售收入、国家级高新区企业总收入等，辽宁这些指标基础水平较低，却是振兴的动力来源，需要下大力气快速发展，因此2020~2025年的平均增长速度目标取向是在2008~2017年辽宁平均值基础上实现100%增长，2026~2035年和2036~2050年在前一阶段基础上实现平均50%增长。第二类是相较于最高水平基数较大的指标，一般为低水平与高水平相差低于两倍，主要包括城乡居民人均可支配收入之比、第三产业增加值占GDP比重、粮食综合生产能力、工业化水平、森林蓄积量、耕地面积、人均用水量、废水中主要污染物排放、工业污染治理完成投资9个指标，它们的目标取向为各阶段平均增长较前一阶段提高或降低20%。第三类是相较于最高水平基数较小的指标，一般为低水平与高水平相差高于两倍，主要包括规模以上工业企业新产品销售收入、人均教育支出、第三产业增加值、森林覆盖率、废气中主要污染物排放、对外贸易依存度、实际利用外商直接投资额、城镇登记失业率、人均GDP等10个指标，它们的目标取向均为各阶段较前一阶段平均增长提高或降低50%。

需要进一步说明的是：各指标相差越大，其目标取向可在原50%变化率基础上进一步向更高调整，主要包括规模以上工业企业新产品销售收入、森林覆盖率、废气中主要污染物排放、对外贸易依存度、实际利用外商直接投资额等。各指标水平相差越小，其目标取向可在原20%变化率基础上进一步向更低调整，主要包括城乡居民人均可支配收入之比、粮食综合生产能力、工业化水平、耕地面积、人均用水量。

其中最为重要的是，辽宁全面振兴、全方位振兴需要在以下领域实现超常规快速发展：创新发展方面的专利数、技术市场成交合同金额、规模以上工业企业新产品销售收入，协调发展方面的第三产业增加值及GDP占比，绿色发展方面的废气、废水污染物排放、工业污染治理投入，开放发展中的对外贸易数量与结构，共享发展中的人均GDP。这些领域需要有更高的目标取向。

2. 辽宁全面振兴目标取向指标体系测度

熵值法是一种客观赋权法，可以避免了人为因素带来的偏差。信息量越小，不确定性就越大，熵也越大；信息量越大，不确定性就越小，熵也就越小。对于某一项指标，X_{ij} 之间的差距越大，则该指标在综合评价中所起的作用越大；如果某项指标的指标值全部相等，则该指标在综合评价中不起作用。设辽宁省 52 个指标十年数据的矩阵 A 如下：

$$A = \begin{pmatrix} X_{1,2008} & \cdots & X_{1,2017} \\ \vdots & \ddots & \vdots \\ X_{21,2008} & \cdots & X_{21,2017} \end{pmatrix}$$

其中，$X_{1,2008}$ 为第一个指标 2008 年数据。由于熵值法计算采用的是各个方案某一指标占同一指标值总和的比值，因此不存在量纲的影响，不需要进行标准化处理，若数据中有负数，就需要对数据进行非负化处理。本书中需要进行非负化处理的指标仅有人口自然增长率。对于越大越好的指标，用下面公式进行处理：

$$X'_{ij} = \frac{X_{ij} - \min(X_{1j}, X_{2j}, \cdots, X_{nj})}{\max(X_{1j}, X_{2j}, \cdots, X_{nj}) - \min(X_{1j}, X_{2j}, \cdots, X_{nj})} + 1$$

为了方便起见，仍记非负化处理后的数据为 X_{ij}。

首先，计算第 j 项指标的熵值：

$$e_j = -\frac{1}{\ln m} \times \sum_{i=1}^{n} P_{ij} \log(P_{ij}), \text{ 其中 } P_{ij} = \frac{X_{ij}}{\sum_{i=1}^{n} X_{ij}} (j = 1, 2, \cdots, m)$$

其次，计算第 j 项指标的差异系数 $g_j = 1 - e_j$。

最后，权数为：

$$W_j = \frac{g_j}{\sum_{j=1}^{m} g_j}, j = 1, 2, \cdots, m$$

以辽宁数据为基础用熵值法求得的权重如表 1-9 所示。将 52 个指标按照权重由大到小重新排列，如表 1-9、表 1-10 和表 1-11 所示，权重大于 3% 的指标共有 9 个，权重在 1% ~3% 之间的指标有 15 个，权重小于 1% 的指标共有 28 个。

表 1-9   权重大于 3% 的 9 个指标排序

序号	辽宁全面振兴、全方位振兴指标	权重（%）	五大发展理念	一核四五	方向
35	实际利用外商直接投资额	11.5614	开放	五支撑	正
1	省政府令数量	10.1134	创新	五支撑	正
4	私营企业总产值	9.1939	创新	五支撑	正
36	外商直接投资合同项目	7.7260	开放	五关键	正
7	技术市场成交额	5.9266	创新	五引领	正
31	工业污染治理完成投资	4.4787	绿色	五关键	正
47	人口自然增长率	4.2820	共享	五支撑	正
37	外商直接投资合同金额	4.1312	开放	五关键	正
49	医疗卫生支出	3.8595	共享	五支撑	正
	权重加总	61.2727			

注：本部分指标为表 1-8 中权重大于 3% 的指标。

表 1-10   权重在 1%~3% 之间的 15 个指标排序

序号	辽宁全面振兴、全方位振兴指标	权重（%）	五大发展理念	一核四五	方向
33	可吸入颗粒物	2.9904	绿色	五关键	负
38	每百万人国际旅游外汇收入	2.7502	开放	五关键	正
9	地方财政科学技术支出	2.6977	创新	五引领	正
14	国家级高新区企业总收入	2.6144	创新	五引领	正
12	高技术产业新产品销售收入	2.2051	创新	五引领	正
8	专利申请授权数	2.1899	创新	五引领	正
50	教育支出	2.1382	共享	五支撑	正
27	城市污水日处理能力	1.9531	绿色	五关键	正
13	规模以上工业企业新产品销售收入	1.8851	创新	五引领	正
15	地区生产总值	1.6188	协调	一核心	正

续表

序号	辽宁全面振兴、全方位振兴指标	权重（%）	五大发展理念	一核四五	方向
43	人均国内生产总值	1.5487	共享	一核心	正
11	大中型工业企业开发新产品经费支出	1.4237	创新	五引领	正
41	进口总额	1.2212	开放	五关键	正
30	废气中主要污染物排放	1.1979	绿色	五关键	负
40	出口总额	1.0538	开放	五关键	正
	权重加总	29.4883			

注：本部分指标为表1-8中权重在1%~3%之间的指标。

表1-11 　　　　　　　　权重小于1%的28个指标排序

序号	辽宁全面振兴、全方位振兴指标	权重（%）	五大发展理念	一核四五	方向
39	进出口总额	0.9789	开放	五关键	正
5	外商投资企业总产值	0.9586	创新	五支撑	正
32	空气质量达到二级以上天数占全年比重	0.7177	绿色	五关键	正
42	对外贸易依存度	0.6164	开放	五关键	正
48	公共厕所	0.5754	共享	五支撑	正
17	服务业增加值比重	0.5558	协调	一核心	正
51	城镇基本医疗保险参保人员	0.5127	共享	五支撑	正
44	城乡居民消费水平之比	0.5004	共享	五支撑	负
34	工业固体废物综合利用量	0.4954	绿色	五关键	正
3	国有及国有控股企业总产值	0.4892	创新	五关键	正
22	粮食总产量	0.4430	协调	五引领	正
16	工业化水平	0.4305	协调	一核心	正
23	人均粮食产量	0.3485	协调	五引领	正
52	城镇职工基本养老保险参保人员	0.3206	共享	五支撑	正
6	研究与试验发展经费投入强度	0.2897	创新	五引领	正
10	科技活动人员	0.2661	创新	五引领	正
26	人均公园绿地面积	0.1661	绿色	五关键	正

续表

序号	辽宁全面振兴、全方位振兴指标	权重（%）	五大发展理念	一核四五	方向
20	机耕面积	0.1470	协调	五引领	正
21	耕地灌溉面积	0.0776	协调	五引领	正
46	城镇登记失业率	0.0771	共享	五支撑	负
45	城乡恩格尔系数比	0.0747	共享	五支撑	正
18	常住人口城镇化率	0.0597	协调	五支撑	正
25	森林覆盖率	0.0559	绿色	五关键	正
2	市场化指数	0.0327	创新	五支撑	正
24	重工业企业总产值占比	0.0222	协调	五引领	负
19	城乡居民人均可支配收入之比	0.0195	协调	一核心	负
28	人均用水量	0.0061	绿色	五关键	负
29	城市用水普及率	0.0017	绿色	五关键	正
	权重加总	9.2390			

注：本部分指标为表 1－8 中权重小于 1% 的指标。

　　首先来看权重大于 3% 的 9 个指标。如果一项指标之间的差距越大，则赋予的权重越大，则该指标在综合评价中所起的作用越大；如果某项指标的指标值全部相等，则该指标在综合评价中不起作用。9 个指标的权重加总达到了 61.27%，超过了 50%，可以证明这几个指标是今后辽宁全面振兴、全方位振兴的重点努力方向。其中有 6 个指标是关于创新和开放的，说明创新和开放是辽宁全面振兴、全方位振兴最重要的突破口，只有在创新和开放发展上下大功夫，才能够快速振兴辽宁。省政府令数量代表了政府创新，省政府令数量在近十年波动较大，数量最多的一年为 2011 年，数量最少的一年为 2008 年、2012 年和 2015 年。[1]说明创新的根源是制度创新，只有加强政府创新、制度创新和市场创

---

[1]　辽宁省人民政府网站发布的"省政府令"，http：//www.ln.gov.cn/zwgkx/zfwj/szfl/。

新，才能够引领其他方面进行创新。

其次，权重在 1% ~ 3% 之间的 15 个指标权重加总为 29.49%，像地方财政科学技术支出、国家级高新区企业总收入、高技术产业新产品销售收入、专利申请授权数等创新指标仍然比较重要，在这一部分指标中，绿色凸显了其重要地位。可吸入颗粒物权重为 2.9904%，重要性远比空气质量达到二级以上天数占全年比重（0.7177%）大，因此在提高空气质量方面是首要关注的因素。共享发展也逐渐凸显其作用，其中最重要的是教育支出，权重为 2.1382%，说明要想实现高质量的发展，需要从源头增加投入，确保教育支出到位，实现教育强国，通过教育鼓励创新。

最后来看权重小于 1% 的指标，28 个指标的权重加总仅为 9.2390%，这些指标大多数是围绕协调、绿色和共享展开的，之所以这些指标权重小，是因为在 2008 ~ 2017 年中，这些指标的波动较小，并未具有较大的信息量。且很多指标的上升空间和下降的空间，上升的速度和下降的速度有限，并未能在短时期内（2008 ~ 2017 年）产生较大幅度的波动。

（二）辽宁全面振兴、全方位振兴总体目标取向（2020 ~ 2050 年）

辽宁全面振兴、全方位振兴 2020 ~ 2050 年的总体目标取向是：建设创新发展引领区、协调发展优质区、绿色发展先行区、开放发展核心区、共享发展示范区，实现辽宁高质量全面振兴、全方位振兴。

1. 建设创新发展引领区

在创新发展上进入引领发展的行列是辽宁全面振兴、全方位振兴的核心目标，也是辽宁全面持续发展的主要动力来源，因此辽宁全面振兴、全方位振兴要从制度创新和技术创新两个方面进行全方位的提升，瞄准世界标准，把握机遇，打造出世界级的创新引领区。创新引领区的打造要依照市场主导、政府引导的基本原则进行，充分利用辽宁的基础优势，重点推进与突破，制度与技术双轮驱动，逐步实现全方位的创新引领。

2. 建设协调发展优质区

辽宁在协调发展方面具有较好区位与产业优势，工业化率、粮食产量等指标处于全国的前列，具有较好的协调发展的基础。但辽宁协调发展的整体水平偏低，各指标发展不均衡，因此辽宁全面振兴、全方位振兴协调发展需要经历优化与创新的过程。其目标取向是充分利用辽宁协调发展的基础，打造成全国的优质协调发展区域。

3. 建设绿色发展先行区

辽宁在森林覆盖率、耕地面积等绿色发展的基础指标上具有较大优势，在污染物排放、人均用水量、工业污染治理投资等指标上具有较大的提升空间，因此在绿色发展基本理念与基本趋势的约束下，辽宁要充分利用经济结构与产业结构转型的机遇，创新绿色发展的体制机制，打造绿色发展的新型产业，率先完成绿色发展模式与标准的制定，完成绿色发展先行区的建设目标。

4. 建设开放发展核心区

辽宁全面振兴、全方位振兴离不开深度改革开放，这客观上要求辽宁对外开放需要创新体制机制，加快开放步伐。在国家新一轮对外开放战略背景下，辽宁要以自由贸易区为载体，以"一带一路"为主线，开展多层次全方位的对外开放核心区建设。开放发展核心区既要建成中国经济发展新的增长极，也要建成东北亚区域经济中心，建成国际化的高端产业、人力资本、金融资本的集聚中心。

5. 建设共享发展示范区

经济发展的根本目标是不断满足人民群众对美好生活的需求，让人民群众更好地享受到改革开放所带来的红利。当前，中国经济发展进入了新时代，要求不同发展水平的不同区域均要将共享改革成果作为重要发展指标。因此辽宁在全面振兴、全方位振兴老工业基地的过程中，在保持经济持续发展的同时，要同步建成共享发展示范区。辽宁的全面振兴、全方位振兴需要确保在全面振兴、全方位振兴的各个阶段都能最大化地实现发展成果的共享，将辽宁建设成为全国共享发展的示范区。

（三）辽宁全面振兴、全方位振兴阶段目标取向（2020 ~
2050 年）

辽宁全面振兴、全方位振兴三个阶段（2020 ~ 2025 年、2026 ~
2035 年和2036 ~ 2050 年）的目标取向从"创新、协调、绿色、开放、
共享"五个方面来分别确定。具体如表 1 - 12 所示。

表 1 - 12　　　　辽宁全面振兴、全方位振兴分阶段目标取向

分类	全面振兴、全方位振兴发展阶段（2020 ~ 2050 年）		
	2020 ~ 2025 年	2026 ~ 2035 年	2036 ~ 2050 年
创新发展	全面完成创新发展中长期规划，制度创新与技术创新体制体系构建完成，重点产业创新发展达到国际领先水平	辽宁全面振兴、全方位振兴进入全面创新发展阶段，逐渐形成持续创新优质环境，多个领域实现创新引领	创新发展体制机制成熟且具有辐射性，全域创新格局形成，全面建成国际化创新引领区
协调发展	全面完成协调发展中长期规划，协调发展的体制机制构建完成，城乡协调与产业协调实现重点领域与重点区域的突破性发展	辽宁全面振兴、全方位振兴进入全面协调发展阶段，城乡协调、区域协调发展体制机制运行顺畅，深度协调发展不断创新	协调发展进入良性发展阶段，产出系统化、高端化的协调发展成果，全面建成国家级协调发展优质区
绿色发展	全面完成绿色发展中长期规划，绿色发展体制机制建设完成，绿色发展短板实现重大突破	辽宁全面振兴、全方位振兴进入全面绿色发展阶段，不断创新绿色发展模式，推动制定绿色发展国家标准	辽宁进入"绿色"反哺"发展"阶段，资源与环境良性循环，优先全面建成世界级绿色发展先行区
开放发展	全面完成开放发展中长期规划，构建开放发展体制机制框架，自由贸易区建设规模不断扩大，水平不断提高，东北亚经济中心建设取得初步成果	辽宁全面振兴、全方位振兴开放发展全面推进，形成系统化、特色化的开放发展格局，东北亚经济中心集聚效应突出，开始产生辐射效应	创新驱动成为辽宁开放发展的核心动力，产业、资本和人力资源等方面的开放发展链形成，全面打造东北亚经济中心，形成东北亚经济核心区
共享发展	全面完成共享发展中长期规划，完成共享发展体制机制建设，补齐民生短板，重点领域重点问题全面突破，基础设施、基本公共服务水平明显提升	创新共享发展模式，集中推进"融入式"共享发展模式，打造以人民为中心的共享平台，全面启动"建设宜居辽宁"	形成共享发展的辽宁模式，具备完善的创新共享发展的体系，形成以人民美好生活需求为导向的共享发展新机制，建设成全国共享发展示范区

（四）辽宁全面振兴、全方位振兴专项目标取向（2020 ~ 2050 年）

辽宁全面振兴、全方位振兴需要创新驱动、人才保障与产业支撑，这三个方面是辽宁全面振兴、全方位振兴的重中之重，因此需要单独设置目标取向，以保证辽宁的持续发展与高质量发展。专项目标取向分别从 2020 ~ 2025 年、2026 ~ 2035 年和 2036 ~ 2050 年三个阶段来设定，强调各阶段目标之间的延续性，如表 1 – 13 所示。

表 1 – 13　　　　辽宁全面振兴、全方位振兴专项目标取向

振兴专项类别	全面振兴、全方位振兴发展阶段（2020 ~ 2050 年）		
	2020 ~ 2025 年	2026 ~ 2035 年	2036 ~ 2050 年
创新链	全面完成创新链发展的制度框架构建与体制机制建设，出台中长期创新链建设规划，在多个领域多个创新链上实现重点节点突破	全面推进实施创新链发展中长期规划，建成多条完整的创新链，且在多个重点节点上引领相关领域发展趋势，在创新链效应溢出上实现突破	建成众多完整创新链，形成辽宁创新链集群，产生集聚效应，全面引领创新链发展国际趋势
产业链	全面完成产业链发展的制度框架构建与体制机制建设，出台中长期产业链建设规划，在多个领域多个产业链上实现重点节点突破	全面推进实施产业链发展中长期规划，建成多条具有引领与辐射效应的产业链，在产业链上游实现多点突破，初步形成产业原始创新生态	建成众多完整产业链，实现产业间高度融合发展，产业链聚变效应突出，引领相关产业发展国际趋势
人才链	全面完成人才链发展的制度框架构建与体制机制建设，出台中长期人才链建设规划，在多个领域多个人才链上实现重点节点突破	全面推进实施人才链发展中长期规划，打造出人才高峰、人才高地，形成人才集聚效应，完成培养、引进、提升、溢出的全人才链建设	全面完成各类人才链建设，各类人才链形成有机融合，完成人才链建设标准制定，不断创新人才链建设新模式，引领国际化人才链建设新趋势

综上所述，辽宁全面振兴、全方位振兴目标取向是在五大发展理念

的指引下，结合自身优势，紧密结合国家发展战略，紧跟世界经济发展新趋势制定的，其战略取向是全面振兴、全方位振兴与引领发展，最终目标是引领发展。

第五节 辽宁在东北老工业基地全面振兴中的地位和作用

一、辽宁经济社会发展现状分析

本节使用 2013～2017 年反映经济发展、科技创新、对外开放水平、资源与环境、民生与共享发展方面的主要指标数据，分析、比较辽宁上述各方面在东北三省的发展现状，为探讨辽宁在东北老工业基地全面振兴中的地位和作用提供基础支持。

（一）经济发展水平

从经济总量看，2013～2017 年东北三省中辽宁的 GDP 总量远超吉林与黑龙江。2013～2015 年辽宁 GDP 不断平稳上升；在 2016 后，GDP 总量呈现明显的下滑趋势，但是在 2017 年又出现了逐渐回升的现象。2017 年辽宁的 GDP 总量为 2.39 万亿元，约为其他两省的 1.5 倍（见图 1-1）。2018 年，辽宁 GDP 为 2.53 万亿元，比上年增长 5.7%，增速位居东北三省首位。第一产业增加值增长 3.1%，第二产业增加值增长 7.4%，第三产业增加值增长 4.8%；固定资产投资增长 3.7%；社会消费品零售总额增长 6.7%；规模以上工业增加值增长 9.8%，工业增速位居全国前列，成为拉动经济增长的主要动力。辽宁经济企稳筑底，稳中有进，进中向好，已经走出了最困难时期，开始步入平稳健康发展轨道。①

---

① 唐一军：《2019 年辽宁省政府工作报告》，中国经济网，http://district.ce.cn/newarea/roll/201901/22/t20190122_31327204.shtml。

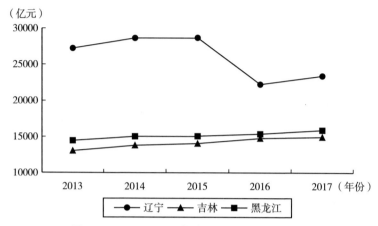

图 1 - 1　2013～2017 年东北三省地区生产总值

资料来源: 相关年份《黑龙江统计年鉴》《吉林统计年鉴》《辽宁统计年鉴》,下同。

人均 GDP 方面,2013～2015 年辽宁的人均 GDP 总量不断上升,且超过其他两省,但是在 2016 年后也经历了较大幅度的下滑,2017 年后有所回升。2017 年辽宁的人均 GDP 总量为 53580. 32 元,与吉林的 55003. 79 元接近,远高于黑龙江(见图 1 - 2)。

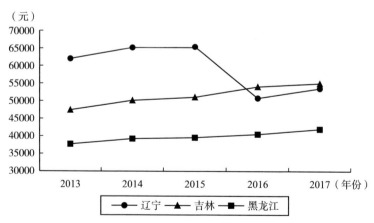

图 1 - 2　2013～2017 年东北三省人均地区生产总值

产业结构方面,第一产业增加值占 GDP 比重如图 1-3 所示,总体看,黑龙江第一产业占比远高于其他两省,呈不断上升态势;而吉林呈下降趋势,辽宁大致不变,2017 年为 8.13%。第二产业增加值占 GDP 的比重如图 1-4 所示,2013~2017 年东北三省第二产业占比总体呈下降趋势。其中吉林的第二产业增加值占比最高,辽宁次之,黑龙江最低。

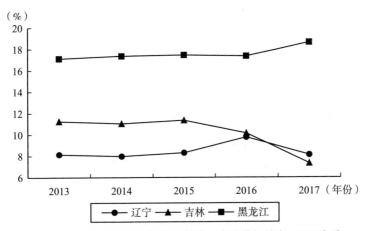

图 1-3 2013~2017 年东北三省第一产业增加值占 GDP 比重

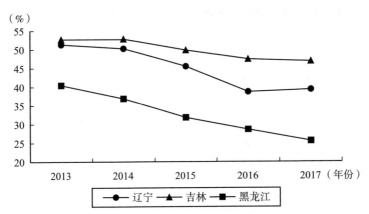

图 1-4 2013~2017 年东北三省的第二产业增加值占 GDP 比重

第三产业增加值占 GDP 的比重如图 1－5 所示，2013～2017 年东北三省三产占比总体呈逐年增加态势。其中，黑龙江第三产业增加值占比最高，其次是辽宁、吉林。2017 年辽宁的第三产业增加值占比为52.57％，比 2016 年上升了约 1 个百分点。就工业增加值占 GDP 的比重而言，2013～2017 年东北三省中吉林居于首位，其次是辽宁、黑龙江。2013～2016 年辽宁的工业增加值占比大幅度下降，2017 年有所回升，为 31.19％，具体情况如图 1－6 所示。总体看，黑龙江第二产业比重太低、吉林第三产业发展不足，辽宁产业结构最为合理。

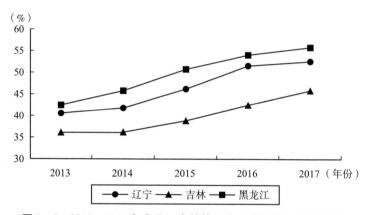

图 1－5　2013～2017 年东北三省的第三产业增加值占 GDP 比重

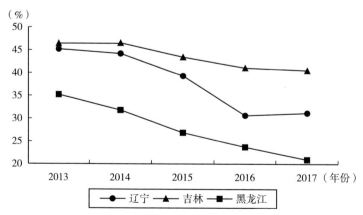

图 1－6　2013～2017 年东北三省的工业增加值占 GDP 比重

　　就居民消费水平而言，2013～2017 年，辽宁的居民消费水平在东北三省中是最高的，并且高于全国平均水平。2017 年辽宁的居民消费水平为 24866 元，比上一年增加了 5%（见图 1 - 7）。

　　全员劳动生产率方面，2013～2017 年辽宁除了在 2016 年的全员劳动生产率低于吉林以外，其余年份皆高于其他两省，且超过了全国平均水平。2017 年辽宁的全员生产率为 104792.75 元/人，比上一年增长了约 8%（见图 1 - 8）。

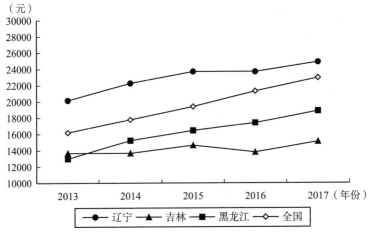

图 1 - 7　2013～2017 年东北三省、全国的居民消费水平

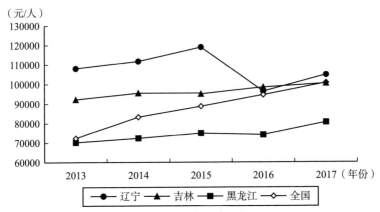

图 1 - 8　2013～2017 年东北三省、全国全员劳动生产率

城镇化率方面，2013～2017年辽宁的城镇化率维持在一个较为平稳的水平，也超过其他两省和全国平均水平。2017年，辽宁的城镇化率为67.49%，比上年微有上升（见图1-9）。

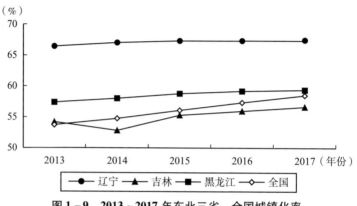

图1-9　2013～2017年东北三省、全国城镇化率

（二）科技创新能力

近年来，辽宁科技创新快速发展。2017年辽宁高新技术企业突破3700家，科技型中小企业超过4500家，国家重点实验室达到17家，国家级工程技术研究中心达到12家，科技活动机构总数超过1700个；全省高校、科研院所科研成果省内转化率达到了51.2%，中科院驻辽本地科研成果转化率较2016年提高了10个百分点，技术合同成交额突破400亿元，全国排名第10位。① 辽宁正致力于抢占科技制高点、培育产业新动能，科技创新对于经济发展的支撑作用愈加明显，为老工业基地转型振兴提供了有力的科技支撑。

规模以上工业企业R&D经费支出占GDP的比重方面，2013～2017年，辽宁的规模以上工业企业R&D经费支出占GDP比重皆高于其他两省。2013～2015年，辽宁的规模以上工业企业R&D经费支出占GDP比

---

① 《改革开放40年辽宁科技创新成就发布会》，辽宁科学技术厅网站，http：//kjt.ln.gov.cn/tztg/xwfb/201902/t20190201_3436272.html。

重不断下降, 而在 2015～2017 年不断回升。2017 年辽宁规模以上工业企业 R&D 经费支出占 GDP 比重为 1.17% (见图 1-10)。

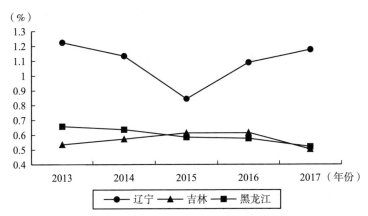

图 1-10 2013～2017 年东北三省规模以上工业企业 R&D 经费支出占 GDP 比重

规模以上工业企业的 R&D 人员全时当量方面, 2013～2017 年辽宁的每万人规模以上工业企业 R&D 人员全时当量位于三省首位。2014～2015 年辽宁的每万人规模以上工业企业 R&D 人员全时当量有较大幅度的下降, 2015～2017 年则平稳上升, 2017 年达到 11.32 人年/万人 (见图 1-11)。

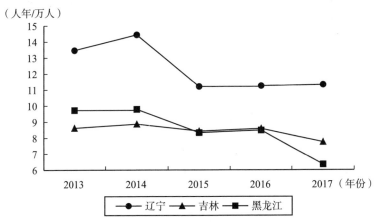

图 1-11 2013～2017 年东北三省万人规模以上工业企业 R&D 人员全时当量

规模以上工业企业 R&D 项目数方面，2013~2017 年辽宁的规模以上工业企业 R&D 项目数位于第一位，2014~2015 年辽宁规模以上工业企业 R&D 项目数有所下降，2015~2017 年又较大幅度提升，2017 年达到 8533 项，比上一年增加了 33.35%，超过其他两省份的总和（见图 1-12）。

对于人均有效专利数而言，2013~2017 年辽宁的万人规模以上工业企业有效专利数不断快速上升，其水平远超过了其他两省，分别为后两者的 3 倍左右。2017 年辽宁的万人规模以上工业企业有效专利数拥有量为 4.36 件/万人，比上年增长了 34.39%（见图 1-13）。

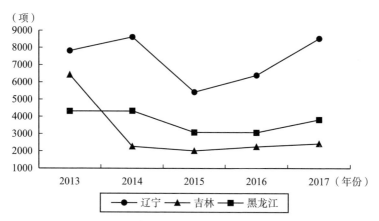

图 1-12　2013~2017 年东北三省规模以上工业企业 R&D 项目数

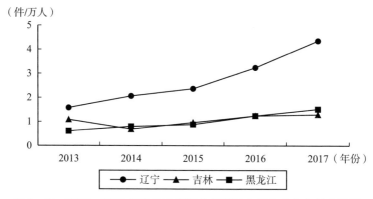

图 1-13　2013~2017 年东北三省万人规模以上工业企业有效专利数

　　规模以上工业企业新产品销售收入占工业主营业务收入比重方面，辽宁的规模以上工业企业新产品销售收入占工业主营业务收入比重逐年上升，且超过其他两省。2017 年辽宁的规模以上工业企业新产品销售收入占工业主营业务收入比重为 15.74%，比 2013 年增长了约 7 个百分点（见图 1－14）。

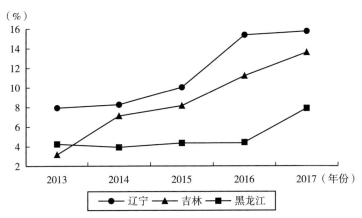

图 1－14　2013～2017 年东北三省规模以上工业企业
新产品销售收入占工业主营业务收入比重

　　技术市场成交额方面，2013～2017 年东北三省中辽宁的技术市场成交额额逐年上升，且超过了其他省份。2017 年辽宁的技术市场成交额为 409 亿元，比上一年上涨了 26.54%，大致分别为其他两省份的两倍多（见图 1－15）。

　　技术合同签订数方面，2013～2017 年辽宁的技术合同签订数位于三省第一，并且 2014～2017 年技术合同签订数不断上升，到 2017 年辽宁的技术合同签订数为 15000 项，比上一年增长了 12.14%，约为吉林的 2 倍，黑龙江的 5 倍（见图 1－16）。

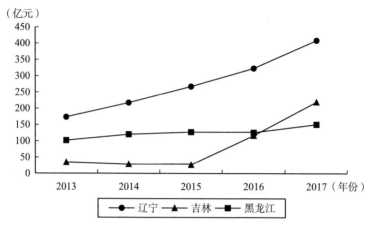

图 1-15   2013~2017 年东北三省技术市场成交额

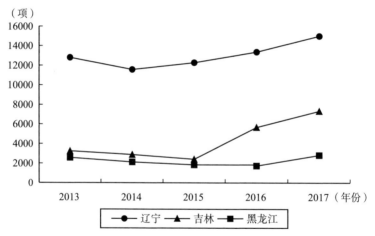

图 1-16   2013~2017 年东北三省技术合同签订数

（三）对外开放

就东北三省对外开放情况而言，辽宁优于吉林、黑龙江两省，辽宁基本形成了以沈阳、大连为开放龙头，内外联动、陆海互济的全面开放新格局，对外合作层次逐步提升，对外开放辐射带动效应初见成效。截至 2017 年末辽宁对外贸易国家（地区）为 214 个，全省对外贸易不断

增长，再创历史新高，2017年进出口总额为6731.85亿元，比上年增长
17.82%，分别为同期吉林、黑龙江的5.37倍、5.26倍；其中出口总额
为3038.88亿元，比上年增长6.84%，分别是同期吉林、黑龙江的
10.14倍、8.53倍；进口总额为3693.65亿元，比上年增长28.70%，
高出同期全国平均增幅9.8个百分点，位列全国第9位、沿海省份第2
位。2017年辽宁对"一带一路"国家进出口总额较大且增速极快，其
贸易额为429.0亿美元，在全国排名第7位，较2016年增长29.6%，
占东北地区对"一带一路"国家进出口总额的69.5%。①

　　货物进出口总额占GDP比重方面，2013～2017年辽宁占比远高于
其他两省，2013～2015年三省占比均处于下降趋势，2015年之后辽宁
转降为升发展势头良好，吉林、黑龙江两省大致稳定或仍稍下滑。2017
年辽宁货物进出口总额占GDP比重为27.48%，比同期吉林、黑龙江占
比高出将近20个百分点，但与同期全国平均水平33.88%相比，低6.4
个百分点（见图1–17）。

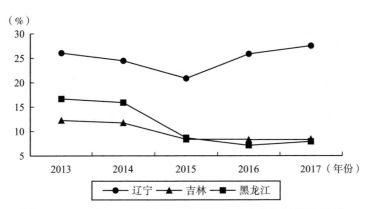

（%）

图1–17　2013～2017年东北三省货物进出口总额占GDP比重

　　从2013～2017年东北三省外商直接投资合同项目数、外商投资企

---

①　国家信息中心：《"一带一路"大数据报告（2018）》，国家信息中心网，http：//
www. sic. gov. cn/News/553/9536. htm。

业数、外商投资企业投资总额来看，辽宁远高于其他两省，不难看出在外商投资方面辽宁优势明显，对外开放的成果正持续显现，对外贸易势能不断增强。

外商直接投资合同项目数方面，2013～2016 年辽宁呈下降趋势，2016 年外商直接投资合同项目 424 个，同期吉林为 72 个，不到辽宁的20%，同期黑龙江为 114 个，不到辽宁的 30%；经过三年的连续跌落，辽宁该指标在 2016 年触底反弹，截至 2017 年底，辽宁外商直接投资合同项目数为 512 个，比去年增加 20.75%，黑龙江却有小幅下降，吉林数据尚未公布（见图 1–18）。

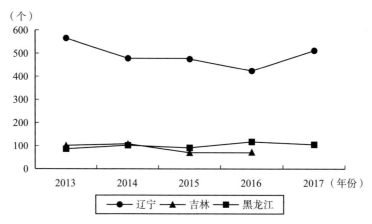

图 1–18　2013～2017 年东北三省外商直接投资合同项目数

外商投资企业数方面，2013～2017 年整体来看，三省外商投资企业数波动幅度不大，辽宁基本处于 17000 户左右，吉林、黑龙江两省大致处于 4500 户左右，仅为辽宁的 26%（见图 1–19）。

外商投资企业投资总额方面，2013～2017 年三省外商投资企业投资总额均呈上升趋势，辽宁增幅最大，特别是 2016 年之后上升势头更为迅猛。2017 年辽宁外商投资企业投资总额为 3158.5 亿美元，比去年增长48.1%，分别是同期吉林、黑龙江的 8.12 倍、9.38 倍（见图 1–20）。

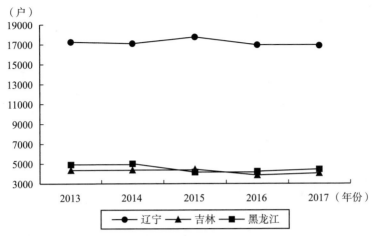

图 1 – 19 2013～2017 年东北三省外商投资企业数

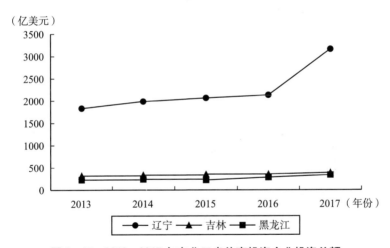

图 1 – 20 2013～2017 年东北三省外商投资企业投资总额

外商直接投资合同金额方面，2013～2017 年吉林、黑龙江两省缓步趋高，但整体水平低于辽宁；辽宁波动较为剧烈，2013～2015 年处于下降状态，年均降幅为 73.95 亿美元，2015～2017 年处于上升状态，年均增幅为 98.48 亿美元。与 2016 年相比，2017 年辽宁、黑龙江两省各省均有一定幅度的增长，其中辽宁增速高达 187.81%，黑龙江仅为

26.42%（见图 1 - 21）。

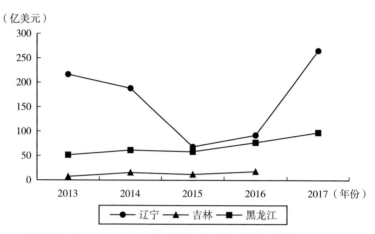

图 1 - 21　2013 ~ 2017 年东北三省外商直接投资合同金额

实际外商直接投资额方面，2013 ~ 2017 年吉林、黑龙江两省处于缓步平稳上升状态，但增幅较小；辽宁基本处于下滑趋势，2015年更是出现了断崖式跌落，年降幅达 222.3 亿美元，2017 年开始回升，较 2016 年相比增加 23.35 亿美元，辽宁整体状况有待进一步改善。从辽宁实际外商直接投资额中第一、第二、第三产业占比来看，2016 年三次产业之比为 0.07：34.33：65.57，2017 年三次产业之比为 0.56：57.87：41.57，根据三次产业外商直接投资情况分析，2017 年辽宁第二产业引进外商投资比重呈大幅上升趋势，第三产业引进外资比重降低但额度保持稳步增长态势（见图 1 - 22）。

（四）资源与环境

近年来，辽宁把绿色发展理念融入经济社会发展各方面，坚持不以牺牲生态环境为代价换取一时一地的经济增长，避免重蹈资源枯竭、环境恶化的覆辙。积极推行绿色制造，严控高耗能、高排放、高污染产业发展，产业结构进一步优化调整，资源节约和环境治理方面取得了一定成效。

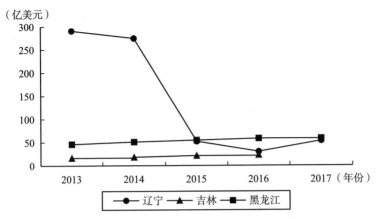

图 1 – 22 2013～2017 年东北三省实际外商直接投资额

从建成区绿化覆盖率来看，2013～2017 年，全国平均水平呈逐年小幅增长趋势，稳中有升，但涨幅较小，年均增长率为 0.3%；辽宁除2016 年数值异常外，大致围绕全国平均水平上下波动，整体水平优于吉林、黑龙江两省；吉林、黑龙江两省低于全国平均水平，发展形势比较严峻。整体来看辽宁生态得到了有效修复，生态环境得以改善，建成区绿化覆盖率稳中有增，绿化品质得到一定程度提升（见图 1 – 23）。

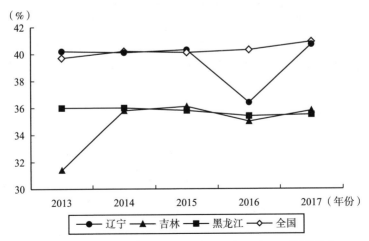

图 1 – 23 2013～2017 年东北三省、全国建成区绿化覆盖率

开展废水、废气综合治理，对节约资源、改善环境，实现资源的优化配置具有重要意义。从治理废水、废气项目完成投资占全国比重来看，三省趋势不稳定，但辽宁占比整体高于吉林、黑龙江两省。2013～2014年辽宁占比表现突出，特别是2014年占比为3.88%，分别较同期吉林、黑龙江高出2.16、2.04个百分点；2015年辽宁、黑龙江两省占比相当，高出吉林1.12个百分点；2017年，吉林转降为升势头良好，辽宁、黑龙江两省下降趋势明显，急需扭转势头稳步改善（见图1-24）。

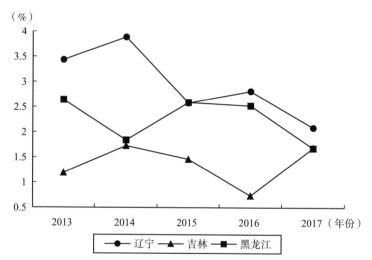

图1-24　2013～2017年东北三省治理废水、废气项目完成投资占全国比重

城市的运转会产生大量的污水，为避免造成水污染，加剧水资源短缺，促进城市可持续发展，进行有效的污水处理是科学之举。近年来，辽宁整体污水处理能力有所提升。从2013～2017年城市污水日处理能力来看，辽宁处理能力高于吉林、黑龙江两省，在800万立方米上下波动，且波动范围较小。2017年辽宁城市污水日处理能力为823.2万立方米，大致是同期吉林、黑龙江的2倍（见图1-25）。

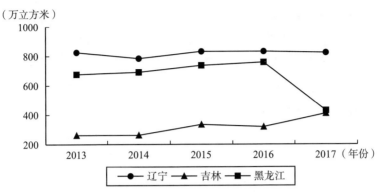

图1-25 2013~2017年东北三省城市污水日处理能力

万元GDP用水量方面，2013~2017年，辽宁万元GDP用水量处于45立方米/万元到65立方米/万元之间；吉林处于85立方米/万元到100立方米/万元之间；黑龙江处于200立方米/万元到250立方米/万元之间；辽宁远好于吉林、黑龙江两省状况。这主要得益于辽宁经济发展和科技进步，社会节水意识提升，节水技术不断推广，设备装备耗水下降，以及水价的杠杆调节作用显现。但近年来辽宁万元GDP用水量有小幅上涨趋势，水资源利用效率有待进一步提高（见图1-26）。

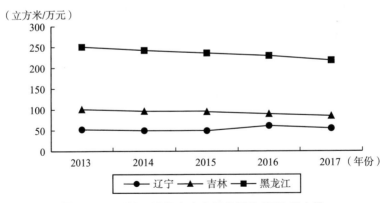

图1-26 2013~2017年东北三省万元GDP用水量

从工业污染治理完成投资来看，2013~2014年辽宁较为突出，明显高于吉林、黑龙江两省，2014年辽宁工业污染治理完成投资38.22

亿元，分别较同期吉林、黑龙江高出 21.85 亿元、20.46 亿元；但之后年份三省差距逐步缩小，辽宁优势地位不再明显；2017 年辽宁工业污染治理完成投资 13.05 亿元，仅较同期吉林、黑龙江分别高出 3.98 亿元、3.93 亿元（见图 1 - 27）。2015 年辽宁工业污染治理完成投资开始呈下降趋势，这可能与去产能、去库存任务实施以来，煤炭、水泥、钢铁等高耗能、高污染行业，产能过剩得到有效化解有关。供给侧结构性改革成效凸显，工业企业盈利能力增强，企业自身环保意识提高，为企业新建或改造环保设施提供稳定的经济基础。在落后产能加速淘汰、工业污染排放减少、产业结构逐渐转型升级的状况下，工业污染治理完成投资相应下降。但工业在辽宁经济结构中占据举足轻重的地位，由于工业环保设施缺乏、技术落后、排放标准不严、配套监管缺失等原因，工业污染仍是重大的污染源，工业环保任重道远。

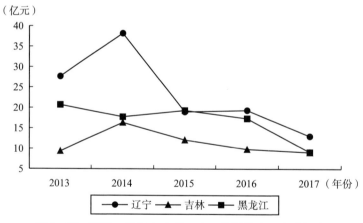

图 1 - 27 2013 ~ 2017 年东北三省工业污染治理完成投资

（五）民生与共享发展

辽宁民生与共享发展总体稳定、稳中向好。2018 年全年常住居民人均可支配收入 29701 元，比上年增长 6.7%；其中，城镇常住居民人均可支配收入 37342 元，增长 6.7%；农村常住居民人均可支配收入 14656 元，增长 6.6%。此外，就业、教育、医疗、养老等公共服务领域供给能力和水平都有了进一步提升。

就居民人均可支配收入而言，2013～2017 年东北三省的城镇居民人均可支配收入几乎逐年同幅度上升，辽宁的城镇居民人均可支配收入为三省最高，2017 年辽宁的城镇居民人均可支配收入为 34993.39 元，比上一年增长了 6.44%（见图 1 - 28）；2013～2017 年东北三省的乡村居民人均可支配收入也在逐年上涨，其中辽宁依然处于最高水平，2017 年达到 13746.80 元，比 2016 年增加了 6.72%（见图 1 - 29）。

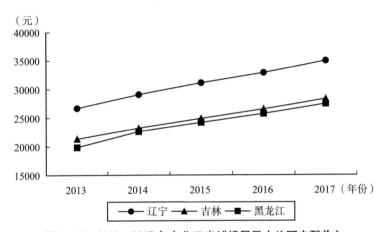

图 1 - 28　2013～2017 年东北三省城镇居民人均可支配收入

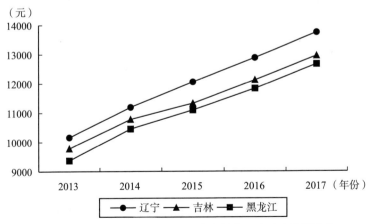

图 1 - 29　2013～2017 年东北三省乡村居民人均可支配收入

城镇居民失业率方面，除黑龙江的城镇居民失业率高于全国平均水平外，其他两省皆低于全国平均水平，2015 年之后辽宁的失业率有所提升，2017 年稳定于 3.8%，高于吉林的 3.5%，但低于黑龙江及全国平均水平（见图 1 - 30）。

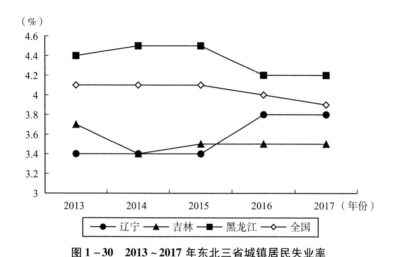

图 1 - 30　2013 ~ 2017 年东北三省城镇居民失业率

城镇职工基本养老保险参保人数占全体城镇职工的比重，如图 1 - 31 所示，辽宁的城镇职工基本养老保险参保人数占职工人数的比重超过其他两省，在 2013 ~ 2017 年参保比重持续上升，2017 年为 85.34%。

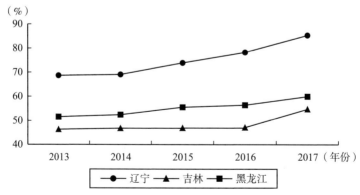

图 1 - 31　2013 ~ 2017 年东北三省城镇职工基本养老保险参保人数占全体职工人数比重

比较东北三省参加失业保险人数占职工人数比重，如图 1 - 32 所示，2013 ~ 2017 年辽宁参加失业保险人数占职工人数的比重高于其他两省，到 2017 年，全省参加失业保险人数占职工人数比重为 29.76%。

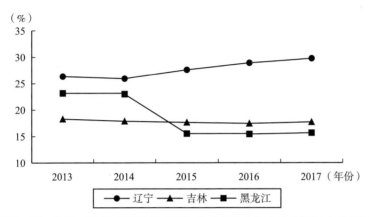

图 1 - 32 　2013 ~ 2017 年东北三省参加失业保险人数占全体职工人数比重

对比东北三省城镇职工基本医疗保险年末参保人数占职工人数比重，如图 1 - 33 所示，辽宁的城镇职工医疗保险参保人数的比重高于其他两省。2017 年全省的城镇职工基本医疗保险年末参保比重为 68.98%。

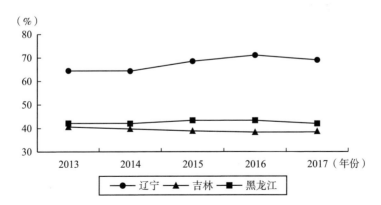

图 1 - 33 　2013 ~ 2017 年东北三省城镇职工基本医疗

保险年末参保人数占全体职工人数比重

每千人卫生技术人员数方面，2013～2017年辽宁指标值皆高于其他两省和全国平均水平，其他两省尽管在某些年份上低于全国水平，但是总体上都呈逐年上升态势。辽宁于2017年达到了每千人卫生技术人员数6.66人（见图1-34）。

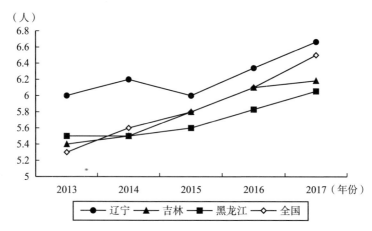

图1-34　2013～2017年东北三省、全国每千人卫生技术人员数

二、辽宁在东北老工业基地全面振兴中的地位与作用

（一）东北经济社会发展的领头羊

总体看，辽宁经济总量、人均GDP、居民消费水平、全员劳动生产率、城镇化率等主要经济指标位居东北三省首位，产业结构最为合理化，是东北经济发展当之无愧的领头羊。2018年辽宁GDP为25315.4亿元，比上年增长5.7%；其中，第一、第二、第三产业增加值分别增长3.1%、7.4%、4.8%；人均GDP总值58008元，比上年增长5.9%。

1. 辽宁政治地位突出，区位及陆海交通优势明显

目前辽宁领事馆数量为8家（吉林0家，黑龙江1家但仍处于待开馆状态），位居全国第6名。辽宁是我国重要的老工业基地，工业门类

较为齐全，是新中国工业崛起的摇篮，有"共和国长子""东方鲁尔"之美誉，是最早实行对外开放政策的沿海省份之一，也是中国近代开埠最早的省份之一。辽宁区位条件十分优越，从国内区位来看，辽宁作为东北地区的南大门，是连接关内外的咽喉之地，是东北与关内其他地区进行政治、经济、文化交流的枢纽省份；从国际区位来看，辽宁位于中国东北地区南部，南临黄海、渤海，东与朝鲜一江之隔，与日本、韩国隔海相望，有着沿海沿边优势，是东北地区面向东北亚唯一的陆海双重门户。辽宁交通运输网络十分完善，2017 年辽宁高速公路总里程达到4212 公里，在全省范围实现了"县县通高速"；全省铁路网运营里程5950 公里，其中高速铁路 1526 公里；民航通航里程 3143.1 万公里，生产用码头泊位 421 个，港口货物吞吐量 11.3 亿吨。① 2018 年辽宁省高速公路收费站全部实现移动扫码支付；铁路新开通里程 732 公里，其中高铁开通里程 513 公里，辽宁省高铁运营总里程位居全国第一；② 2019年中国港口吞吐量排行榜中，前 20 名辽宁省有两家，分别是大连港（第 10 名）、营口港（第 18 名）。③ 辽宁省各种交通运输方式均实现了快速发展，现代化综合交通运输体系进一步完善。

2. 辽宁经济稳步发展，社会发展良好

辽宁经济正处在转变发展方式、优化经济结构、转换增长动力、实现全方位振兴的关键时期。经济活动和经济结构呈现出复杂性和多变性，市场主体大量增加，新经济蓬勃发展，新动能不断释放。2018 年，全省市场主体总量达 343.8 万户，注册资本（金）达 11.2 万亿元，同比分别增长 8.2% 和 18.5%。截至 2018 年底，全省实有企业 907160户，同比增长 12%；实有个体工商户 2465045 户，同比增长 6.9%；全

---

① 《"改革开放 40 年辉煌成就"主题系列新闻发布会（一）》，东北新闻网，http：//liaoning. nen. com. cn/system/2018/11/20/020715949. shtml。

② 《辽宁高铁运营总里程突破 2000 公里全国第一》，人民网，http：//ln. people. com. cn/n2/2019/0116/c378327 – 32537284. html。

③ 《2019 年中国港口吞吐量排行榜出炉》，中国港口网，http：//www. chinaports. com/portlspnews/3497。

省实有农民专业合作社 66223 户，同比增长 5.8%。2018 年全省新登记各类市场主体突破 66 万户，同比增长 5.1%，创历史新高。在新登记企业中，科学研究和技术服务业，信息传输、软件和信息技术服务业增长较多，分别排名第三位和第五位，这进一步说明辽宁省市场主体结构在优化、质量在提升。① 2018 年辽宁技术合同成交额增长 20%，每万人有效发明专利 8.58 件，科技成果转化落地 3700 多项，新增高新技术企业超过 1000 家，高技术产业增加值增长 19%，② 可以看出，辽宁高新技术产业已成为全省经济发展的重要支撑。辽宁利用信息技术、智能技术提升装备制造业、资源、能源等产业的技术水平、附加值及竞争力，激发经济主体创新驱动内生动力，培育发展新动能，已初步形成多元发展的产业格局。以装备制造业转型升级为例，辽宁不仅在装备制造业上具备比较优势，更面临全球制造业转型升级的重大机遇，2018 年装备制造业增加值增长 10% 左右，进一步推动了辽宁工业经济高质量发展。

经济稳步发展的同时，社会建设也取得显著成就。辽宁城镇化进程不断加快，截至 2017 年底，全省常住人口城镇化率达到 67.5%，居全国第 6 位；城镇居民人均住房建筑面积约 29.3 平方米。全省有 8 个地区已被列入国家新型城镇化试点，13 个镇获批国家级特色小镇。美丽宜居乡村建设成果显著加快，全省已建成宜居示范乡镇 128 个，宜居示范村 1786 个，宜居达标村 6336 个，创建绿色村庄 696 个，有 9 个行政村列入全国改善农村人居环境示范村，村容镇貌明显改观。③ 平安辽宁建设再创佳绩，2017 年全省违法犯罪总量、刑事案件立案数、行政治安案件受理数三项指标，同比分别下降 6.6%、6.7% 和 6.5%；涉枪涉

---

① 《激发双创活力辽宁新登记市场主体数量再创新高》，新华网，http：//cx. xinhuanet. com/2019 – 02/02/c_137794306. htm。

② 唐一军：《2019 年辽宁省政府工作报告》，中国经济网，http：//district. ce. cn/newarea/roll/201901/22/t20190122_31327204. shtml。

③ 《"改革开放 40 年辉煌成就"主题系列新闻发布会（一）》，东北新闻网，http：//liaoning. nen. com. cn/system/2018/11/20/020715949. shtml。

爆案件连续五年、绑架案件连续三年实现破案率 100%；八类刑事案件、多发性侵财案件分别下降 33.54% 和 17.42%；人民群众安全感满意度连续多年保持在 90% 以上并逐年提升，2017 年已达到 94.01%，连续 13 年进入"全国综治工作先进省"行列。① 辽宁省全面落实中央关于扫黑除恶专项斗争的决策部署，截至 2019 年 5 月 6 日，全省共铲除黑社会性质犯罪组织 36 个、恶势力犯罪集团 83 个，共审结涉黑涉恶案件 353 件，为加快推进辽宁全面振兴、全方位振兴创造了安全稳定的社会环境。②

(二) 东北创新驱动主引擎

由前面分析可知，辽宁规模以上工业企业 R&D 经费支出占 GDP 的比重、规模以上工业企业的 R&D 人员全时当量、规模以上工业企业 R&D 项目数、人均有效专利数、规模以上工业企业新产品销售收入占工业主营业务收入比重、技术市场成交额、技术合同签订数等主要技术方面指标都位居东北三省首位，且大多数指标值远高于其他两省，是东北创新驱动的主引擎。辽宁科技创新与东北老工业基地全面振兴息息相关，辽宁是推动东北老工业基地全面振兴重要的装备制造业基地、科技创新集聚区、新型工业化示范区。辽宁科技创新已取得令人瞩目的发展成就，进入了快速发展的新时代，为东北老工业基地全面振兴提供强劲动力，是推动东北老工业基地全面振兴的创新驱动主引擎。

1. 辽宁是推动东北老工业基地全面振兴的装备制造业基地

辽宁是重要的老工业基地和东北振兴的主战场，是国家从"一五"时期就开始重点扶持建设的装备制造业科研生产基地，也是重要的军事装备科研生产基地。2003 年中央实施东北振兴战略特别是新一轮东北振兴战略以来，辽宁装备制造业有了长足发展，装备制造业成为重要的

---

① 《平安辽宁建设情况介绍新闻发布会》，东北新闻网，http://liaoning. nen. com. cn/system/2018/06/13/020540754. shtml。

② 《关于全省纵深推进扫黑除恶专项斗争工作进展有关情况新闻发布会》，东北新闻网，http://liaoning. nen. com. cn/system/2019/05/06/020841510. shtml。

支柱产业,在东北地区乃至全国工业中具有举足轻重的地位。[①] 2013 年辽宁省委政府决定在装备制造领域实施重大科技专项计划以来,共组织实施重大项目 48 个,投入专项资金 6 亿元,引导企业研发投入 37 亿元。累计攻克关键技术 174 项,开发出重大装备及配套产品 80 个,申请专利 408 项,新增生产线 39 条,制定标准 146 项,组建研发团队 53 个,引进培养科技创新人才 1200 余人。建立和完善人才引进、培养与激励机制,建立装备制造业人才库,为产业发展提供智力支持和人才保障。辽宁开发的系列机器人、高档数控机床、智能成套装备、钻井平台、轨道交通设备等一批代表国内最高水平的装备产品已迅速占领市场,为辽宁制造、辽宁创造增光添彩。[②] 辽宁作为先进装备制造业基地,发挥好服务、支撑、保障作用的同时,更应发挥驱动老工业基地全面振兴的引擎作用。

2. 辽宁是推动东北老工业基地全面振兴的科技创新集聚区

2016 年辽宁高新技术企业数为 1834 家,2017 年新增 743 家,2018 年又新增 1161 家,全省高新技术企业已突破 3700 家,同比增长 40% 多。综合来看,高新技术企业已经成为辽宁创新活动最活跃、创新实力最突出的一个主体,对于提升全省科技创新能力、构建科技创新集聚区、引领推动东北地区乃至全国科技创新发挥着重要支撑作用。

辽宁已建成一批区域创新高地,全省有 15 家省级及以上高新区(沈阳、大连、鞍山、本溪、锦州、营口、阜新、辽阳 8 个国家级高新区,抚顺、丹东、铁岭、朝阳、盘锦、葫芦岛、绥中 7 个省级高新区),国家级高新区数量居于全国前列。沈阳高新区、大连高新区于 2016 年获批建设国家自主创新示范区,沈阳智能制造、大连软件、鞍山激光、本溪生物医药等科技特色产业集群快速崛起,走出了一条具有辽宁特色的高新技术产业发展道路,初步构建了"两核驱动、一带支撑、多点辐射"的高新技术产业发展格局。2016 年,辽宁高新区申请发明专利数

---

① 魏际刚:《新时期辽宁装备制造业升级的思路》,中国经济时报网,http://jjsb.cet. com.cn/show_497384.html。

② 《改革开放 40 年辽宁科技创新成就发布会》,辽宁科学技术厅网,http://kjt.ln. gov.cn/tztg/xwfb/201902/t20190201_3436272.html。

占辽宁总量的近 30%，区内集聚的高新技术企业数量超过省内总数的 1/3，形成了一批品牌效应明显、具备一定规模的特色产业集群。[①] 农业科技方面，全省布局建设了 25 个农业科技园区，加大了科技支农的辐射作用，推动了县域创新驱动发展，为实现农业现代化、实施乡村振兴战略、建设美丽乡村提供了有力的科技支撑。此外，辽宁加强与"一带一路"沿线国家开展国际科技创新合作，与沿线多国签订了 20 多个国际科技合作协议、联合共建研发平台，引进了 8 万余名外国专家和一批高端人才团队，全省国家级国际科技合作基地总数达到 29 家。

3. 辽宁是推动东北老工业基地全面振兴的新型工业化示范区

辽宁工业经济努力转变发展方式，坚持走新型工业化道路。近年来随着振兴东北老工业基地战略的实施，辽宁大力实施区域创新高地引领行动，加快新型工业化建设，共拥有国家新型工业化产业示范基地 19 个，占东北三省总数的 50%（吉林 9 个，黑龙江 10 个）。2017 年高技术产业和新兴产业实现了快速发展，全省规模以上高技术制造业增加值增速为 26.7%，达最近 5 年来最高峰，高出规模以上工业增加值增速 22.3 个百分点。[②] 2017 年新材料产业总产值超 600 亿元，在先进钢铁材料、高温合金等领域达到国内先进水平。催化剂总产能已位列全国第一位，PBT 工程塑料等先进基础材料已实现规模化生产。

辽宁坚持产业化与信息化相结合，以信息化拉动产业化，进而加快实现新型工业化。信息等高新技术快速发展，服务于传统产业，带动、改造传统产业，加快了新型工业化进程。辽宁信息产业在全国具有较强影响力，拥有集成电路相关企业 80 多家，集成电路装备与北京、上海形成三足鼎立之势。[③]

---

① 《辽宁高新区靠集聚新产业提升区域创新力》，中华人民共和国科学技术部网，http://www.most.gov.cn/dfkj/ln/zxdt/201702/t20170221_131094.htm。

② 《辽宁发展改革委系统推进新兴产业新业态发展》，丹东市发展和改革委员会网，http://fgw.dandong.gov.cn/html/116/20184/7b0d3370975bd3e08398fe86c9730b42.html。

③ 《改革开放 40 年辽宁工业经济建设成果喜人》，澎湃新闻网，https://www.thepaper.cn/newsDetail_forward_2652836。

辽宁工业自主创新能力持续提升，通过不断加大对企业自主创新的支持力度，深化产学研合作，以企业为主体的创新体系不断加强。目前全省共有 40 户国家级、788 户省级企业技术中心，企业加快技术研发和改造升级步伐不断加快。辽宁企业研制的五轴精密数控机床，国产化率超过 80%，产品实现替代进口；工业机器人性能已达到国际同类产品水平，洁净机器人打破国外垄断。一系列原创性重大技术成果推进了辽宁新型工业化进程，努力续写"共和国装备部"的辉煌，为"中国制造"品牌奋斗，维护了新型工业化示范区的地位，以创新驱动主引擎为东北全面振兴提供不竭动力源泉。

（三）东北地区对外开放前沿高地

由前面分析可知，辽宁货物进出口总额占 GDP 比重、外商直接投资合同项目数、外商投资企业数、外商投资企业投资总额、实际外商直接投资额等主要对外开放方面指标都位居东北三省首位，且大多数指标值远高于其他两省，为构建东北地区对外开放高地创造了良好条件。辽宁在东北三省当中具备独特的区位优势，作为东北地区唯一的既沿海又沿边的省份，是中国对接东北亚、沟通欧亚大陆桥的前沿地带，是东北地区对外开放的门户。近年来，辽宁响应国家号召，打造东北地区对外开放的新高地，主动融入"一带一路"建设，取得丰硕成果。首先体现在对外合作的范围不断扩大，辽宁"国际朋友圈"持续扩大，与 27 个国家结成 85 对友好省州市，8 个国家在辽设有领事馆，与 114 个国家和地区有经贸往来。其次体现在对外开放条件便利，依托港口与海铁联运优势，"辽满欧"中欧班列运能居国内前列，开通"辽海欧"北极东北航道，沈阳、大连机场运能不断增加。再次体现在对外合作政策不断优化，全面放开一般制造业，扩大电信、新能源汽车等多领域开放，出台 40 条开放政策、8 条"双招双引"黄金政策。最后体现在对外合作教育建设成效显著，辽宁许多高校推进国际教育合作，2.3 万留学生数量居全国前列。省内大批社科机构、高等院校相继建立"一带一路"

学术研究机构，推进辽宁"一带一路"理论研究与实践创新。①

1. 辽宁沿海经济带成为东北对外开放的主战场

党中央在很早就对辽宁沿海经济带建设予以高度重视。2009 年国务院常务会议讨论并原则通过了《辽宁沿海经济带发展规划》，指出大连、丹东、锦州、营口、盘锦、葫芦岛等沿海城市在内的辽宁沿海经济带，地处环渤海地区重要位置和东北亚经济圈关键地带，资源禀赋优良，工业实力较强，交通体系发达，加快推动辽宁沿海经济带发展，对于振兴东北老工业基地，完善我国沿海经济布局，促进区域协调发展和扩大对外开放，具有重要战略意义。习近平总书记在辽宁考察时指出，辽宁沿海经济带要发挥区位优势和先发优势，进一步建成产业结构优化的先导区、经济社会发展的先行区。李克强总理也强调，辽宁沿海经济带要充分发挥对外开放的龙头带动作用，主动融入国家"一带一路"倡议，以开放促振兴促发展。②

早在 2005 年辽宁委、省政府就提出打造辽宁沿海经济带的战略构想。《辽宁沿海经济带发展规划》于 2009 年 7 月 1 日获得国务院批准，辽宁沿海作为整体开发区域被纳入国家战略。2010 年 7 月，《辽宁沿海经济带发展促进条例》的施行为辽宁沿海经济带的开发开放提供了相应的法律支撑。2017 年 11 月，《辽宁沿海经济带三年攻坚计划（2018 ~ 2010 年）》正式印发。该计划提出在三年内，辽宁全面推进港产城融合发展，大力发展海洋经济和临港产业，打造沿海经济带升级版，使之成为引领东北振兴的重要增长极。该计划中还提出，要在沿海经济带建设中强化大连龙头作用，构建大连都市区。2018 年 8 月，辽宁沿海经济带六城市书记市长联席会议在沈阳召开。会议上大连、丹东、锦州、营口、盘锦、葫芦岛六市市长共同签署了《辽宁沿海经济带六城市协同发

① 《中共辽宁省委 辽宁省人民政府关于印发〈辽宁"一带一路"综合试验区建设总体方案〉的通知》，铁岭市发展和改革委员会网，http://www.tieling.gov.cn/eportal/ui? pageId = 95088&articleKey = 552037&columnId = 95210。

② 《一图读懂五大区域发展战略三年攻坚计划》，沈阳建筑大学网，http://jixie.sjzu.edu.cn/info/1093/2021.htm。

展行动计划（2018～2020年)》及《辽宁沿海经济带六城市协同发展框架协议》，主要内容围绕协同建设沿海经济带，整合并发挥六市综合实力与优势展开。

辽宁沿海经济带开发开放是党中央赋予辽宁的一项重要任务，作为国家级发展平台，东北地区对外开放的重要平台，经过多年努力，沿海经济带开发开放取得了丰硕的成绩。在提升环渤海地区国际竞争力的同时发挥了东北地区出海通道和对外开放门户的作用，成为我国东北振兴国家区域发展战略的新引擎，提升了东北地区对外开放水平。辽宁为支持沿海经济带发展，2018年省财政已拨付资金1.4亿元，对辽宁沿海经济带12个战略性新兴产业项目给予支持，拉动固定资产投资93.9亿元。省财政厅会同省发展改革委制发了《辽宁沿海经济带建设补助资金管理办法》，进一步完善财政政策，通过投资补助、贷款贴息等方式，推动辽宁沿海经济带新旧动能转换、转型升级，提高公共服务水平。①

2. 辽宁主动融入"一带一路"建设，成为东北亚区域合作枢纽

首先，辽宁充分把握"一带一路"发展机遇，加强同"一带一路"沿边国家的经贸联系，出台利好政策鼓励和指导省内企业"走出去"，在谋求共同发展，互利合作的同时，也指引企业走向转型升级道路。2017年6月，中国辽宁投资与贸易对接会在沈阳举行，对接会为国外企业"走进辽宁"提供了机会，也为省内企业"走出去"架起桥梁。2017年大连也通过夏季达沃斯论坛开展经贸合作，论坛签约了25个项目，这25个投资项目涉及新能源、新材料、石化、汽车零部件、信息技术、健康医疗、金融、旅游、商贸等多个领域，为大连转型发展、产业升级再添新动力。2018年，辽宁自贸试验区新增注册企业1.32万家、注册资本2203亿元，45项改革创新经验在全省复制推广，14个产业集群晋升为国家级外贸转型升级基地。其中辽宁自贸试验区沈阳片区积极开展东北亚开放合作，拓展中俄经贸合作平台，助推带动沈阳乃至

---

① 《辽宁：今年已拨付1.4亿元支持沿海经济带12个项目发展》，中国政府网，http://www.gov.cn/xinwen/2018-12/25/content_5351895.htm。

全省内陆地区深度开放。沈阳片区已与 22 个国家和地区的 23 家商协会签订战略合作协议，东软医疗等本土企业积极"走出去"，在境外投资或开展业务合作，加快实现产业发展国际化。

辽宁主动融入"一带一路"建设，为进一步提高对外开放层次，拓展对外开放领域，完善了一系列顶层制度规划，2018 年 7 月，辽宁省委、省政府正式发布《关于加快构建开放新格局以全面开放引领全面振兴的意见》提出，辽宁全面开放要以辽宁沿海经济带开发开放为支撑，以大连东北亚国际航运中心和沈阳东北亚创新中心建设为龙头，以建设高水平自由贸易试验区和探索建设自由贸易港为引擎，以建设沈抚创新发展示范区为突破口，统筹推进"一带五基地"建设、深入实施"五大区域发展战略"，以海洋经济带动内陆经济发展，以内陆经济推动海洋经济发展，构建内外联动、陆海互济的全面开放新格局，将辽宁打造成为面向东北亚开放的大门户。2018 年 8 月，辽宁省委、省政府印发《辽宁"一带一路"综合试验区建设总体方案》，为服务"一带一路"建设向纵深发展主动发挥辽宁力量，也是国内首个在省级层面全域建设"一带一路"的路径拓展和实践创新，对于辽宁深化改革、扩大开放、推动高质量发展、促进全面振兴具有重大意义。①

（四）东北地区绿色发展的先行区、示范区

由前面分析可知，辽宁建成区绿化覆盖率、治理废水、废气项目完成投资、工业污染治理完成投资额等主要绿色发展方面指标都位居东北三省首位，万元 GDP 用水量最低，发挥了东北地区绿色发展的先行区、示范区作用。近年来，辽宁委、省政府不断推动生态文明建设，不断完善制度体系为绿色发展保驾护航。2017 年 4 月，辽宁委、省政府印发了《辽宁生态文明体制改革实施方案（2017～2020 年）》，这是辽宁加

---

① 《中共辽宁省委　辽宁省人民政府关于印发〈辽宁"一带一路"综合试验区建设总体方案〉的通知》，铁岭市发展和改革委员会网，http：//www.tieling.gov.cn/tldrc/gggs/552037/index.html。

快推进生态文明体制改革的顶层设计，是落实党中央、国务院关于生态文明体制改革总体方案的具体体现，更是全省生态文明体制改革的时间表、路线图和任务书。2018 年 10 月，辽宁政府印发《辽宁省打赢蓝天保卫战三年行动方案（2018～2020 年)》，旨在贯彻落实《国务院关于印发打赢蓝天保卫战三年行动计划的通知》文件精神，着力解决辽宁大气污染防治重点难点问题，坚决打赢蓝天保卫战，为全面建成小康社会和美丽辽宁提供生态保护支撑。通过不断努力，目前绿色、低碳发展理念深入人心，并取得了一系列显著的成绩。

1. 生态环境治理多领域收获良好成绩，"环保辽宁"建设不断提速

从大气环境质量来看，2017 年，辽宁可吸入颗粒物（PM_{10}）平均浓度为 77 微克/立方米，比 2013 年下降 10%，细颗粒物（$PM_{2.5}$）平均浓度为 44 微克/立方米，比 2015 年下降 20%，优良天数比例为 75.8%。人民群众在空气质量改善中的获得感、幸福感明显增强。从水资源质量来看，2017 年除 1 项地表水劣 V 类水体控制比例没有达到国家指标外，其他 4 项均达到国家考核标准。辽宁土壤环境风险基本可控，有力地保障了粮食和农产品质量安全。[①] 同时，生态文明建设示范效应逐渐增强，辽河（凌河）流域、大伙房水源保护区、大连市、本溪县被确定为国家生态文明先行示范区，盘锦被评为"2017 美丽山水城市"。并且，环境治理"互联网＋"模式探索取得新进展，2019 年 4 月，东北地区首个生活垃圾分类服务平台在大连正式上线。该平台依托支付宝线上体系，居民对要处理的垃圾拍照并确认预约上门时间段后即完成操作，这提高了垃圾分类的便利性，让垃圾分类可落地、可持续、成习惯。

2. 辽宁部分资源型城市产业转型建设取得突破性进展

辽宁抚顺市 2009 年被确定为全国第二批资源枯竭城市。2017 年抚

---

① 赵静、刘佳、胡海林：《绿色发展深入人心 生态环境持续改善——改革开放四十年辽宁生态文明建设综述》，东北新闻网，http://liaoning.nen.com.cn/system/2018/12/05/020731256.shtml。

顺被列入全国首批资源型城市转型升级示范区。近年来，抚顺市实施"一极五业"经济产业转型振兴战略，探索符合抚顺实际的资源枯竭型城市转型振兴之路。多点支撑的产业结构成为促进抚顺市转型发展的重要力量。近年来，抚顺市推进石油化工和精细化工协调发展，重点发展碳纤维原丝、碳纤维、碳纤维复合材料、碳纤维下游产品等领域项目，不断延长石化产业发展链条，逐渐形成了由煤炭单一产业结构调整为煤炭与非煤协调发展，非煤占主导的产业发展新格局，实现了从昔日煤都到新型石化城的华丽转变。[①]

辽宁盘锦市缘油而建、因油而兴，是一个典型的资源型城市。盘锦的发展长期依托乃至依赖辽河油田。2007 年，盘锦被列为全国资源型城市转型试点市，盘锦转型发展的速度明显加快。在产业转型方面，盘锦坚持产业复合发展模式。目前，石油化工、石油装备制造、船舶修造及海洋工程、沥青与防水材料、塑料新材料、农产品加工 6 大产业集群在盘锦已初具规模，发展较为迅速。同时，辽宁沿海经济带开发开放上升为国家战略，也为盘锦的资源型城市转型提供了重要机遇，向海洋发展成为盘锦市转型发展的空间战略。

辽宁本溪市曾经是一座煤铁之城，因资源而生，因资源而兴。但是过去严重的资源依赖导致有"本钢感冒，本溪就打喷嚏"的说法。但是本溪富藏中草药资源，也有一定的产业基础和研发基础，而且这一产业很少受到经济下行的影响。2008 年，本溪市意识到转型的必要性，结合自身优势，大力发展生物制药产业。本溪市采取的发展战略是一二三产业齐头并进，即中药材种植、加工、商贸流通一起上，产学研同发展，形成一个涵盖药品、健康保健品、医疗器械在内的大医药产业格局。目前，中国药都的创新平台形成链式研发体系，形成了面向全市、服务全省，辐射东北乃至全国的专业化平台。

---

① 《"资源型城市转型发展"系列报道之四十三：辽宁抚顺市资源枯竭城市转型发展情况》，国家发展和改革委员会网，https://www.ndrc.gov.cn/fggz/dqzx/zyxdqzxfz/201712/t20171229_1084904.html。

（五）东北共享发展带动区

由前面分析可知，辽宁居民人均可支配收入、城镇职工基本养老保险参保率、失业保险参保率、城镇职工基本医疗保险参保率、每千人卫生技术人员数等主要民生与共享发展方面指标都位居东北三省首位，只有城镇居民失业率略高于吉林省，但低于全国平均水平，总体上发挥了东北共享发展带动区的作用。共享发展是东北老工业基地全面振兴的必由之路，习近平总书记在深入推进东北振兴座谈会上明确提出，要更加关注补齐民生领域短板，让人民群众共享东北振兴成果。辽宁始终把民生福祉作为一切工作的出发点和落脚点，协调发展各项社会事业。近年来辽宁围绕广大人民群众较为关心的教育、医疗、社会救助、基础设施等民生领域问题，提出并落实了一系列相应政策措施，推进城乡基本公共服务标准统一、制度并轨，逐步从形式上的普惠向实质上的公平转变，[①] 稳步提升乡村公共服务水平，从根本上缩小城乡差距，实现了更高质量的共享发展。2017 年辽宁城镇化率达到 67.49%，分别高出同期全国、吉林、黑龙江 8.97 个、10.84 个、8.09 个百分点。共享发展是促进城乡一体化发展的加速器，是衡量民生发展质量的标杆，也是解决"三农"问题的关键所在，辽宁在实现东北地区共享发展的进程中要发挥应有的带动作用。

1. 辽宁教育事业稳步发展

辽宁以促进公平、提高质量为重点，推进学前教育普及普惠发展、义务教育优质均衡发展、高中教育优质特色发展、高等教育内涵集约发展，着力解决人民最关心最直接最现实的教育问题，提高教育均等化水平。辽宁重点支持普惠性幼儿园可持续发展，2018 年，实施学前教育专项行动计划，新建、改扩建幼儿园 263 所，新增公办学位 2.5 万个；通过政府补贴等方式，支持 3666 所民办幼儿园提供普惠性服务；开展

---

① 《辽宁优先发展农业农村从细处入手力争摘掉贫困帽》，中国新闻网，https://www.chinanews.com/gn/2019/03－26/8790960.shtml。

乡镇公办中心幼儿园全覆盖专项行动，建设幼儿园40所，实现辽宁乡镇公办中心幼儿园全覆盖。2018年普惠性学位占比达72%，较2017年增长4个百分点。此外，辽宁着力改善乡村学校办学条件、提高教学质量，实施了农村中学入城工程和农村义务教育学生营养餐改善计划，努力补齐农村教育短板。建立了家庭经济困难学生从学前教育到高等教育各个阶段的全程助学政策体系。辽宁按照共享发展的根本要求，加快推进教育现代化，建设教育强省，持续全面提升人才和科技供给的质量和水平。[①]

2. 医疗卫生服务水平持续提升

辽宁不断强化医疗卫生服务能力，科学整合医疗卫生资源配置，深化医药卫生体制改革，医疗卫生保障能力持续增强。2017年，全省拥有各类卫生机构3.6万个，301家城市公立医院启动综合改革，省市县三级全部取消药品加成，公立医院药占比从40%下降到32%。[②] 辽宁城乡基本医疗卫生保障覆盖面进一步增加，截至2017年底，参加城镇基本医疗保险人数2277.5万人，参加新型农村合作医疗农民1794.7万人，基本覆盖了全省城乡居民，城镇居民医保政府补助标准达到每人每年490元，职工医保和居民医保住院医疗费用报销比例分别达到75%和70%以上。

3. 社会保障、社会救助体系不断完善

积极健全完善社会保障体系、社会救助体系，保障好城乡生活困难人员基本生活，是实现共享发展的基本要求。辽宁已全面建设可持续、多层次社会保障体系和社会救助体系。2017年全省保障城乡低保对象126.9万人，供养特困人员14万人，实施医疗救助200万人次，临时救助26万户次，取暖救助88万户，基本实现动态管理下的"应保尽保、应救尽救"。2012年以来城乡低保标准实现6连升，2018年全省城乡低

① 《辽宁优先发展教育事业》，中央电视台网，http://news.cctv.com/2019/01/24/VIDEPSnEVNTJ8ryBAdbLxcp1190124.shtml。
② 《辽宁大力发展各项社会事业每年用于民生的财政支出占70%以上》，新华网，http://www.huaxia.com/lnsy/jrln/xwsc/2018/11/5958490.html。

保平均标准分别达到 592 元/月、4659 元/年，农村特困人员集中和分散供养标准分别达到每人每年 7514 元和 6314 元。辽宁的社会保障水平不断提升，2001 年辽宁率先启动了城镇社会保障体系的建设和完善工作，截至 2017 年底，全省参加城镇职工基本养老保险的人数达 1729.3 万人，参加城乡居民社会养老保险的人数达 1036.2 万人。①

4. 辽宁基础设施更加均等化

基础设施均等化为城乡一体化发展提供了更好的保障，为城乡共享发展成果提供有力支撑。辽宁不断加大公共基础设施领域的投资力度，2017 年基础设施投资 1543.4 亿元，比上年增长 14.5%，占固定资产投资的比重为 23.9%。辽宁不断完善轨道交通、集中供热、环境卫生等城市基础设施。促进农村物流、邮政快递和电子商务融合发展；通过引导交通运输、邮政、商贸、供销等物流资源的整合，促进农产品"进城"和农资、消费品"下乡"双向流通。此外，大力推进宽带辽宁工程，基本实现移动网络信号城内无缝覆盖、乡镇及行政村全覆盖；开展"四好农村路"建设，村内道路网以及农村客运基础设施建设取得了新的进展。②

5. "三农"形势发展良好

"三农"良好发展对确保共享发展具有特殊意义。辽宁对标全面建成小康社会"三农"工作必须完成的硬任务，以实施乡村振兴战略为总抓手，深化农业供给侧结构性改革，扎实推进农村人居环境整治，稳住"三农"基本盘，发挥"三农"压舱石作用。"三农"水平的不断提高是判断老工业基地振兴的重要标准，2018 年辽宁"三农"工作成果显著，脱贫攻坚取得扎实成效，全年实现 15.43 万人脱贫、519 个贫困村销号、6 个省级贫困县摘帽，超额完成年度扶贫目标任务。③ 辽宁破

---

① 《辽宁大力发展各项社会事业每年用于民生的财政支出占 70% 以上》，新华网，http://www.huaxia.com/lnsy/jrln/xwsc/2018/11/5958490.html。

② 《辽宁推进城乡交通运输一体化实施意见印发 省邮政业发展获支持》，人民交通网，http://www.rmjtxw.com/news/sy/44998.html。

③ 《聚焦发展硬任务稳住"三农"基本盘》，中华人民共和国农业农村部网，http://www.moa.gov.cn/xw/qg/201903/t20190328_6177390.htm。

解"三农"问题改"输血"为"造血"，紧抓农民合作社建设工作，通过探索合作社经营新模式、规范合作社管理新方法等举措，进一步增强其致富带富能力。截至 2018 年底，辽宁省参加农民合作社的核心社员接近 120 万户，同时带动了 100 万户其他农户共同发展。此外，为助力小农户与大市场对接，2019 年省农业农村厅分别与省邮政集团、省中化集团、省中粮集团联合下发文件，鼓励合作社与这些企业集团进行业务合作，实现共同发展、互利共赢。[1]

三、辽宁带动东北全面振兴的战略重点

（一）全面建设体制机制创新示范区

1. 下大力气优化营商环境

近年来，辽宁把优化营商环境作为发展经济的先手棋，颁布并落实了一系列相关的政策文件（见附表1），目前已成为行政许可事项全国最少的省份之一，是东北地区优化营商环境的排头兵。2015 年，辽宁政务服务中心成立，将分散在省政府各部门的 400 多项审批服务事项集中到一起，统一运行管理；2016 年出台了《辽宁优化营商环境条例》，这是东北地区出台的首个营商环境地方性法规，辽宁营商环境建设进入"有法可依"时代；2017 年，成立了全国首家省级营商环境建设监督局；2018 年，取消调整省级行政职权 521 项，完成 261 项事项审批流程再造和标准化建设工作，376 项证照实现即办即给，484 个事项达到"最多跑一次"，企业开办时间压缩至 3.5 个工作日之内，省级政务服务事项"网上办"比例达到 97.5%。[2] 但是辽宁营商环境建设取得可观成

---

① 《辽宁近 6.8 万合作社带动 220 万农户增收》，新华网，http：//m. xinhuanet. com/In/2019 –05/29/c_1124554522. htm。

② 《辽宁提高放权"含金量"解决企业"办事难"》，中国政府网，http：//www. gov. cn/xinwen/2019 –02/19/content_5366722. htm。

绩的同时，仍存在强政府弱市场、"官本位"意识浓重、缺少公平竞争机制、诚信体系不完善、民营企业融资难等不足之处。《2019年中国城市营商环境指数评价报告》显示，全国经济总量前100城市营商环境指数排名中，辽宁大连市营商环境指数为71.22，位居全国第19位，沈阳市营商环境指数为66.87，位居全国第23位，位居前三位的上海市、北京市、深圳市营商环境指数分别为86.73、84.63、84.48，[①] 可以看出辽宁营商环境与处于全国领先地位的城市仍有较大差距。进一步优化营商环境，辽宁应重点推进以下几方面工作。

第一，继续深化"放管服"改革，进一步增强政府服务意识和能力。进一步精简审批事项，规范审批程序，继续深入推进投资项目并联审批，实现项目网上申报、限时审批、协同服务、信息公开，不断提高审批效率和服务质量。同时，创新监管方式，加强事中事后监管、综合监管及信用监管。

第二，持续开展专项整治，解决民营企业"办事难"问题。重点整治"玻璃门、弹簧门、旋转门""吃拿卡要"等企业反映强烈的问题，破解企业进入市场的壁垒，维护市场公平和秩序。[②]

第三，集中精力打造诚信政府，助力民营企业又好又快发展。将政府失信行为纳入政府诚信评价体系，加快解决政府拖欠、优惠政策不兑现等问题，坚决整治"新官不理旧账"行为，打造诚信政府。

第四，创造良好的金融环境，促进民营企业快速发展。拓宽民营企业融资渠道，引导金融机构加大对小微企业信贷投放力度，支持民营企业通过上市、发债等方式融资，为民营企业协调解决融资问题。搭建银政企对接交流平台、金融服务信用信息共享平台，逐步解决银企信息不对称问题，为民营企业融资提供更好环境。[③]

---

① 中国战略文化促进会、中国经济传媒协会、万博新经济研究院和第一财经研究院：《2019年中国城市营商环境指数评价报告》，新浪财经，http://finance.sina.com.cn/hy/hyjz/2019-05-14/doc-ihvhiqax 8558284.shtml。

②③ 《"优化营商环境建设促进民营企业发展"的有关情况新闻发布会（一）》，东北新闻网，http://liaoning.nen.com.cn/system/2019/02/19/020794951.shtml。

2. 全面深化国企改革

国企改革牵动影响着东北老工业基地振兴全局，改革历来不易，辽宁先行先试，推进国企混合所有制改革，为深化东北国企改革提供示范及经验。近年来，辽宁国企改革步伐坚实、整合盘活国有资产，内生动力持续迸发，国企改革成就斐然。2018 年辽宁地方重点国有企业实现营业收入 4243 亿元，同比增长 10.7%，利润总额同比增长 40.4%，均高于全国平均水平；省属企业平均资产负债率下降 3 个百分点；① 省属企业混改比例达到 51%，沈阳、大连混改比例分别达到 54.8% 和57%。② 企业办社会职能分离移交有序推进，2018 年，全省国有企业职工家属区"三供一业"及办社区、办医疗、办消防等分离移交工作全面完成。③

但是由于历史包袱重、问题多、情况复杂，辽宁国企改革仍面临着企业资产负债率较高、社会负担较重、创新驱动不足、新旧动能转换不快等问题，与高质量发展要求尚有差距。近年来辽宁颁布了一系列政策文件（见附表 2），开展国有企业综合改革试点和混合所有制改革试点，推动了若干重大企业联合重组。为进一步推进国企全面深化改革，释放国企活力和动力，辽宁应迎难而上，继续从以下几个方面做出努力。

第一，建立现代企业制度。建立现代企业制度是国有企业改革的方向，是国有企业的必然选择，也是建立现代化经济体系的必然要求。过去，国有企业因机制不活、市场适应能力差影响企业的发展。原有企业制度已不适应新时期经济发展规律，面对愈发复杂的经济新常态，国有企业要想在激烈的市场竞争中游刃有余，必须从制度层面进行变革。要健全人事、干部、薪酬三项制度，吸引战略投资者实施混合所有制，聘

---

① 《"优化营商环境建设促进民营企业发展"的有关情况新闻发布会（一）》，东北新闻网，http：//liaoning. nen. com. cn/system/2019/02/19/020794951. shtml。

② 《用实干作答——辽宁贯彻落实习近平总书记参加十二届全国人大五次会议辽宁代表团审议时重要讲话精神述评》，东北新闻网，http：//liaoning. nen. com. cn/system/2019/03/01/020802768. shtml。

③ 《辽宁厂办大集体改革 61.78 亿元财政补助资金已到位》，北国网，http：//liaoning. lnd. com. cn/system/2019/04/23/030036424. shtml。

请外部董事完善法人治理结构，建立起灵活高效的市场化经营机制；要进一步优化公司治理结构，切实加强对于各类出资人特别是民间资本合法权益的保障；国有资产监管机构要从管企业向管资产、管资本转变，使监管的针对性、有效性、系统性进一步增强，推动国企真正拥有经营自主权和决策权，[①] 焕发出企业的生机活力。

第二，促进股权结构多元化，深化推进混合所有制改革，增强国有企业的市场竞争能力。股权结构多元化，是完成混合所有制改革的标准之一。可以通过出资入股、增资扩股、股权置换、项目合作、资产证券化、债转股等多种方式，[②] 给不同需求的投资者提供更多参与国企改革的途径，促进投资主体的多元化，实现股权结构多元化，推动辽宁国有企业结构更优、质量更高、效益更好。

第三，加快解决历史遗留问题。国企厂办大集体改革、企业办社会职能分离、离退休人员社会化管理和企业职工安置等历史遗留问题，已经成为发展中的"拦路虎"和改革中难啃的"硬骨头"。要进一步分离移交职工家属区"三供一业"（供水、供电、供热、物业），对企业职工家属区"三供一业"的设备设施进行必要的维修，达到城市基础设施的基本水平，由专业化企业或机构实施社会化管理；对国有企业办医疗、教育、市政、消防、社区管理等机构实行分类处理，进行专业化管理；逐步推进离退休人员社会化管理，加快养老金实行社会化发放、人员移交城市街道和社区实行社会化管理的进程。为国有企业松绑，促进国有企业轻装上阵、公平参与竞争，集中资源做强主业。

第四，加快国有企业科技创新。东北老工业基地全面振兴工作已经进入爬坡过坎，滚石上山的关键时期。国有企业既要成为辽宁振兴的龙头，又要做自主创新的排头兵，为全面振兴东北老工业基地保驾护航。要围绕国有企业转型升级和结构调整需求，进一步加大国有企业研发资

---

① 吴琦：《东北国企改革：蓝图已经绘就困难也须正视》，国资数据中心，http：//www.guoqi.org/listing/newsshow.php？id=579。

② 《辽宁拿出优质资产吸引各类资本参与国企混改》，东北新闻网，http：//liaoning.nen.com.cn/system/2019/04/02/020822810.shtml。

金投入力度，为提高国有企业自主创新能力提供有力保障；要改革和完善国有企业经营者的考核评价制度，加大自主创新激励的力度，从而激发国有企业经营者的科技创新动力；通过建立科技创新联盟、搭建企业科技创新研发平台等方式，打破技术隔阂和壁垒，整合国内外创新资源，促进国有企业与民营企业之间协同创新，让国企真正成为创新驱动的先行军、成为全面振兴东北老工业基地的突击队。

（二）深入实施创新驱动战略

1. 加强辽宁科创中心建设

辽宁的科技创新工作取得了显著成绩，为辽宁建设重要技术创新与研发基地提供了有力支撑，是东北地区科创中心建设的先行者。2017年，辽宁 R&D 经费支出占 GDP 比重为 1.84%，创历史新高，科技进步对经济增长的贡献率达到 54.5%。[①] 2018 年，全省高新技术企业突破3700 家，科技型中小企业超过 4500 家，高新技术企业吸纳社会就业人数 37.7 万人。[②] 辽宁科技研发实力较强，但实现高质量发展，仍需用科技的"长板"补齐经济的"短板"，把推动产业创新作为科技工作的抓手，把科技创新优势更大程度地转化为经济发展优势，依靠科技创新把辽宁经济做实做强做优。为进一步破解前瞻科技领域的突破还不多、产学研一体化融合不够深入、科技成果转化效率不高等问题，辽宁应从以下几个方面持续发力。

第一，在体制机制方面，应健全科技创新市场导向机制。在研发方向、资源配置和经费使用、项目评审以及成果评价和应用等各个环节让市场"说话"，进一步推动科技创新与经济社会发展深度融合。

第二，经济结构方面，科技创新是引领发展的第一动力，是建设现代化经济体系的战略支撑。辽宁应综合运用各种高新技术，推动科技创

---

① 《"老工业"新作为辽宁科技创新步入快车道》，科技日报网，http：//digitalpaper. stdaily. com/http_www. kjrb. com/kjrb/html/2018－12/20/content_410882. htm？div＝－1。

② 《辽宁改革开放 40 年十方面科技创新成就展示》，东北新闻网，http：//liaoning. nen. com. cn/system/2018/12/11/020737880. shtml。

新与产业发展有机衔接，优先培育和壮大智能制造、新材料、新一代信息技术、生物医药、新能源等高新技术产业，推动产业向价值链中高端跃进，提升经济的整体质量，凸显科技创新能力对现代化经济体系建设的支撑能力。

第三，科技成果转化方面，应提高和量化科研人员科技成果转化奖励标准、保障相关人员的经济收益；鼓励创办各类技术交易中介服务机构和鼓励技术经纪人依法开展业务活动，提升科技成果转化效率；构建全省技术转移信息服务工作网络，打造省、市、县三级技术转移信息服务"一张网"，促进技术转移便利化，推动科技成果转化工作迈上新台阶。

第四，科创平台开放共享方面，辽宁在促进科技开放与共享方面滞后于国内科技大省。可以通过制定科技创新基地优化整合方案等方法，对不同类型创新平台进行功能定位，对现有科创平台进行分类梳理，提升科创平台的服务效益，加大与其他地区的联通互动，缩小辽宁与发达省份的差距。此外，科技成果从投入研发，到顺利转化，再到创造经济效益，离不开政策引导与鼓励。近年来，辽宁委、省政府先后出台近30 余个政策文件（见附表3），基本涵盖了科技创新相关的方方面面。发挥辽宁科技创新优势，应进一步将这些相关政策落到实处，发挥好政策的引导作用。

2. 大力引育科技人才

创新驱动的实质是人才驱动，人才是创新的根基，是支撑辽宁振兴发展的第一资源，是带动东北老工业基地经济发展的主力军。2018 年，辽宁全年新增专业技术人才9.8 万人，推荐国务院政府特殊津贴人选114 人。建设国家级高技能人才培训基地5 家、国家级技能大师工作室4 家、省级技能大师工作站17 家，新增高技能人才4 万人，新增全国技术能手12 人，新增中华技能大奖获得者6 名，占全国总数的1/5,[①] 为发挥辽宁科教人才优势奠定了坚实基础。

---

① 《辽宁人社厅实施八大行动计划推动百项任务完成》，东北新闻网，http： //
ms. nen. com. cn/system/2019/04/25/020836259. shtml。

但是受体制机制、经济发展、气候环境等因素的制约，辽宁存在科技人才外流、创新积极性不高、市场意识薄弱等不足之处，严重束缚了创新活力。为进一步发挥科教人才优势，带动老工业基地发展，辽宁应从以下几个方面做出努力。

第一，营造良好的科技人才发展环境，更好地吸引人才、留住人才。密切关注科技人才的工作生活待遇，及时反映科技人才诉求，强化人才激励保障，做好人才住房、医疗、子女教育、社会保障等相关工作。坚持不求所有、但求所用的原则，培养引进一批科技领军人才和创新创业团队，搭建综合联动平台，推动全省科技专家库、科研成果库和产业科技需求实现有效对接和共享。

第二，高校是培养科技人才的主力军和孵化器，针对辽宁高校存在大而不强、全而不精等短板，应持续加大高端人才培养和引进力度，大力培养、引进学科领军人才、高层次科技创新人才及青年高端人才，以一流的人才队伍支撑"双一流"建设，进而实现"双一流"建设与全面振兴的紧密对接。

第三，鼓励和推动科技人才队伍的培育，需要科技政策的有效供给，政策不仅是配套服务，更是引领。近年来，辽宁把人才资源开发放在科技创新的优先位置，先后出台了一系列涉及人才的政策性文件（见附表4），持续改革创新，为人才"双创"保驾护航，在支持科研人员创新创业、促进人才队伍建设、释放人才创新活力等方面做出了具体而全面的规定。辽宁应进一步强化政策落实，着力破解政策落实不到位问题。

（三）深入推进对外开放

近年来，辽宁将对外开放置于更高的战略定位上，不断完善相关制度体系（见附表5）。目前，辽宁沿海经济带开发开放、沈阳经济区建设取得重要进展，辽西北地区发展条件明显改善，基本形成了以沈阳、大连为开放龙头，沿海与内陆优势互补，良性互动的开放格局。同时，辽宁全面放开对外开放领域，从经济领域扩展到科技、文化、教育、医疗等多个领域，服务业特别是商贸、旅游、金融、物流等领域。截至

2017 年底，辽宁设有 109 家外资研发中心、229 家外资金融机构、4.6 万家外商投资企业。世界 500 强企业有 200 多个项目在辽宁投资生产。[①] 在新时期，辽宁要进一步扩大对外开放，形成全面开放新格局，可以从以下几个方面展开。

第一，明确发展定位，加快建立开放型经济新体制，建设开放型产业体系。当前，辽宁面临全面开放的新机遇，应进一步解放思想，树立向海发展的理念，以全面开放引领全面振兴。首先，要全面提高对外开放水平，发展开放型经济，提高辽宁的外贸依存度，建立开放型经济新体制，将辽宁打造成为东北地区对外开放的大门户，努力使对外开放水平处在全国领先位置。

同时，建设开放型产业体系，积极培育新动能，加快推动产业结构转型升级，改变重化工业占主导地位的产业结构单一的问题，在促进传统产业转型升级的同时，做大做强战略性新兴产业和服务业，加大"新字号"产业培育力度，发展机器人、航空装备、新能源汽车等战略性新兴产业，以缓解工业结构受经济周期波动的影响。并且加强与国际产业合作，引进国外先进制造业发展技术、设备、经验等，加快企业"走出去"步伐，凭借"一带一路"周边部分国家劳动力成本较低、原材料丰富、出口限制少的优势，推动具有竞争优势的产能输出，使得辽宁成为东北地区开放型产业发展的示范区。

第二，更加积极深度融入"一带一路"建设，建成对外开放新高地。建设辽宁对外开放新平台，全面开放提供有力载体。2020 年，基本建成以"一带一路"综合试验区和"中国—中东欧 16＋1"经贸合作示范区为引领、以 2 个创新示范新区为先导、以 3 个国际性展会和 8 个海关特殊监管区域为支撑、以 100 个省级以上重点产业园区为载体的"2＋2＋3＋8＋100"的对外开放平台体系。[②] 同时加快创建大连自由贸

① 《"一带一路"倡议下辽宁对外开放格局研究》，中新网，http：//www. ln. chinanews. com/news/2018/1130/192696. html。

② 《加快构建开放新格局以全面开放引领全面振兴意见》，东北新闻网，http：//liaoning. nen. com. cn/system/2018/06/02/020531202. shtml。

易港，高水平建设辽宁自由贸易试验区，并在全省复制推广经验。提高交通运输便利度，建成对外开放大枢纽。加快建设大连东北亚国际航运中心，建成服务辽宁、辐射东北、影响东北亚地区的国际性航运枢纽。畅通对外开放大通道，推动"辽满欧""辽蒙欧""辽海欧"交通运输国际大通道建设，提升中欧班列影响力，构建面向东北亚开放的国际物流体系。大力推进"辽蒙新"通道建设，打造辽宁融入丝绸之路经济带新通道。进一步畅通辽宁与"一带一路"沿线国家的经贸联系，积极参与中蒙俄、中巴、中国—中亚—西亚等"一带一路"经济走廊建设。以中蒙俄经济走廊建设为契机，推进中蒙俄东线铁路走廊项目建设，形成辽宁港口与蒙古国东线铁路以及西伯利亚大铁路便捷连接的新的国际大通道。

第三，整合对外开放资源，发挥五大区域的辐射作用。以推进辽宁沿海经济带全面开放为重点，深化东北亚地区经济合作，提升辽宁乃至东北地区对外开放水平。加快建设服务辽宁、辐射东北、影响东北亚的"港口经济圈"。整合沿海六市港口资源，实施跨部门、跨区域口岸通关合作，建立集各类口岸信息资源于一体的电子网络数据交换平台，成立辽宁港口集团，全面推进"港口、产业、城市"融合发展。还要把沈阳经济区打造成为新型工业化示范区和具有较强国际竞争力的城市群。以高水平开放激发沈抚新区创新活力，高质量建设中日韩产业园，建成东北亚对外经济合作示范区，打造辽宁振兴发展新的增长极，形成对辽宁乃至东北强有力的辐射力和带动力。同时，补齐县域经济和辽西北地区开放短板。

第四，逐步完善各项优惠政策措施，为对外开放保驾护航。进一步放宽外资市场准入限制，加大财政资金对优质外资项目的支持力度。支持境外投资者在辽宁设立研发中心。有序引导和规范对外投资，建立健全"走出去"企业的风险评估和防控机制，加强对"走出去"企业的监管和服务。推动外国人才引进计划和青年英才储备计划。实施海内外高层次人才、外国专家和高水平创新创业团队引进计划，按照引进人才和团队的不同层次，分别给予相应资金和政策支持。

（四）进一步推动绿色发展

习近平总书记曾强调，良好生态环境是东北发展的宝贵资源，是振兴东北的一个优势。[①] 近年来，辽宁围绕落实国家气、水、土污染防治计划，坚决打好污染治理攻坚战，辽宁地区环境质量得到大幅度提升。为改善大气环境质量，2013 年以来，全省拆除燃煤小锅炉近两万台，淘汰黄标车及老旧车辆 104.6 万辆；为改善水环境质量，辽宁打响重污染河流治理攻坚战，努力消灭劣五类水体；为改善土壤环境质量，辽宁组织开展农用地土壤污染状况详查工作，建立污染地块清单和联动监管工作机制。此外，辽宁目前已完成村庄环境治理 4400 多个，村容村貌明显改观；118 个村完成"厕所革命"，2.8 万户农民受益；全省农村集中供水率由 2004 年的 34.9% 提高到 2017 年的 77.8%，自来水普及率由 32.1% 提高到 72.1%，农村供水状况不断改善。[②]

近年来，辽宁先后出台相关文件指导绿色发展工作（见附表 6），未来促进辽宁绿色发展，可以从以下几个方面入手。

第一，坚决打好生态环境污染防治攻坚战，提高人民群众的生活质量和水平。构建绿色产业体系，加快资源型城市转型步伐，推进蓝天、碧水、青山、净土和农村环保工程深入开展，加大生态系统保护力度，全面提升环境保护能力，补齐生态环境方面的短板，实现国家大气、水、土壤污染防治行动计划和《"十三五"生态环境保护规划》确定的目标。建立"政府主导、市场运作、企业参与"的多元环境治理体系，积极探索和推动政府和社会资本合作（PPP）和第三方社会力量参与环境治理模式。同时，政府应当建立生态环境保护的制度保障体系，加大财政资金投入力度，在重点治理方面要加强投入，坚持资金投入与攻坚任务相匹配。加强对污染治理、生态环境保护的技术支持，以优惠政策

---

① 《习近平在东北三省考察并主持召开深入推进东北振兴座谈会》，中国政府网，http://www.gov.cn/xinwen/2018 - 09/28/content_5326563.htm。
② 《改革开放 40 年辽宁生态文明建设取得新进展新成果》，新华网，http://m.xinhuanet.com/ln/2018 - 12/04/c_1123806578.htm。

推动生态环境保护科技创新。建立治理考核与政府人员管理使用、评先择优、污染防治相关奖补资金分配挂钩的机制。

第二，将生态优势转化为绿色发展动力，发展具有辽宁特色的高质量旅游产业，大力发展引领东北亚地区的海洋经济、冰雪经济。在"新常态"下发展旅游产业，对稳定经济增长、调整产业结构、提高民生水平、建设生态文明、发展繁荣文化、扩大对外开放具有重要的战略意义。2018年，辽宁接待国内外旅游者56499.1万人次，比上年增长11.7%。全年旅游总收入5369.8亿元，比上年增长13.3%。① 辽宁在发展旅游业方面具有独特的优势，发展前景广阔。建设世界知名生态休闲旅游目的地，将辽宁打造成为旅游强省是当前辽宁旅游业发展的重要目标。要将旅游资源优势转化为旅游产业优势，优化旅游产业布局，促进旅游产业融合发展，推动旅游产业与生态发展、现代农业融合。丰富旅游新业态，延长产业链条，促进资源优化整合，提高旅游产品及服务质量，打造精品旅游体系。同时，鼓励行业协会和中介组织发展，发挥它们在产业协调、社会管理、市场服务和行业自律中的作用。

沿海经济带为辽宁发展海洋经济提供了广阔的空间，可加快沿海经济带城市高端装备制造业的发展，同时深入风能等清洁新能源应用技术研究，促进能源结构转型升级。加大海产品资源的精深加工力度，延长水产品加工产业链。打造地区特色水产品品牌，建立水产品质量安全可追溯体系。沿海城市也应整合沿海旅游资源，发展沿海旅游业，借助地区优势，开发海洋休闲度假区。

辽宁平均积雪期为4个月，封冻期为4至5个月，结冰期为6个月，全省各地均具有冰雪资源，东部冰雪资源最为丰富。根据常年数据统计来看，辽宁冬季灾害性天气偏少，自然降雪、人工造雪气象条件兼备，对室外冰雪运动极为有利。② 深度挖掘冰雪资源，对冰雪旅游产业

---

① 《2018年辽宁旅游业经济数据统计：旅游人数达5.6亿收入增长13.3%》，中商情报网，http://www.askci.com/news/chanye/20190312/0959561143028.shtml。

② 《辽宁冰雪气候特征及开发规划建议出炉》，人民网，http://ln.people.com.cn/n2/2018/1217/c378317-32915848.html。

发展进行系统规划具有重要意义。习近平总书记曾提出"冰天雪地也是金山银山"的理念,总书记强调,要充分利用东北地区的独特资源和优势,推进寒地冰雪经济发展。辽宁可以建设冰雪旅游特色小镇,积极举办冰雪运动季、登山季、国际冰雪节等活动,推进"冷气候"变成"热经济"。辽宁应当在发展冰雪经济方面发挥引领作用,协调其他两省共同发展冰雪经济,避免冰雪旅游产品同质化竞争和项目重复建设,共同打造中国冰雪经济新高地。

第三,促进绿色农业发展,提高农业可持续发展能力。打好黑土地保卫战,遏制黑土地退化趋势,加强土壤污染治理工作。保持化肥农药零增长,采取精准施肥、调整化肥结构,提高化肥质量等方式实现减量增效。推进资源环境保护和生态修复工作,加强农业耕地保护力度,推进耕地轮作试点,定期监测试点耕地质量。继续实施退牧还草工程,加强退化草原改良和人工草地建设。完善草原生态保护补助奖励政策,保护草原生态环境,实施湿地保护修复工程。推进农业废弃物资源化利用,加大农作物秸秆综合利用政策支持力度,完善秸秆利用补贴机制,推进农业废弃物资源化利用试点。推进农业节水工程。积极推广高效节水灌溉行动,积极推广喷灌、滴灌等节水灌溉技术,加大水肥一体化等农艺节水推广力度,集中建成一批高效节水灌溉工程。提升农产品质量安全监管能力。在农产品生产、贮运、销售环节开展专项整治行动。着重处理农药残留、兽药残留、"瘦肉精"等重点问题。保障人民的食品安全健康。

(五)推进民生建设,让群众共享振兴发展成果

保障和改善民生方面,2019 年,辽宁计划将对 13.56 万贫困人口、147 个贫困村、5 个省级贫困县进行脱贫攻坚扫尾。到 2020 年,贫困地区农民人均可支配收入比 2010 年翻一番以上,增长幅度高于全省平均水平;稳定实现国家现行标准下贫困人口不愁吃、不愁穿,义务教育、基本医疗和住房安全有保障。近年来,辽宁积极推动民生保障工作,出台一系列文件(见附表 7),为使民众共享发展成果,应当继续健全完

善管理规范的大民生格局。

第一，进一步完善全省养老体系，促进老龄事业、养老产业发展。2018 年辽宁全年出生人口 27.9 万人，出生率 6.39‰；死亡人口 32.3 万人，死亡率 7.39‰；人口自然增长率 -1.00‰。60 周岁及以上人口 1044.6 万人，占 23.96%。60 岁以上人口相比 2014 年末增长了 22.74%，可见，辽宁的人口老龄化程度在不断加深，老龄事业发展机遇与挑战并存。"十二五"期间，辽宁养老事业发展取得了重大的进展，养老保障水平大幅提高。43 万城乡低于当地最低生活保障标准的老年人被优先纳入了保障范围，做到了应保尽保。①

目前，应当继续完善覆盖城乡的老年社会保障制度，增加城乡居民基本养老保险参保覆盖率，在养老体系的规划方面，要从主要发展机构养老向促进发展居家和社区养老转变，满足老年人在家养老的实际需求，逐步建立以居家为基础、社区为依托、机构为补充、医养相结合的多层次养老服务体系。同时广泛吸引社会资本投资，通过健康产业投资基金支持医养结合发展。建立养老服务信息平台，养老服务智能化系统和老年人信息数据库。要依托院校和养老机构建立养老服务培训基地，培育养老护理人员，对养老机构和医疗卫生机构中的医务人员给予同等对待，鼓励医护人员到医养结合机构执业。

第二，切实提高特殊群体人民生活水平。首先，要完善最低生活保障制度，不断提高对需要救助群体的救助水平。提高城乡居民最低生活保障标准、需要救助人员救助供养和孤儿基本生活养育标准、60 年代精简退职职工生活补助标准。其次，推进农村交通建设发展，加快农村公路建设，解决"最后一公里"问题。同时，鼓励欠发达地区发展符合当地情况的特色产业，通过专业化、规模化、市场化和品牌化建设，培育壮大具有本地区特色的主导产业。最后，解决农村群众的"看病难"问题。提升远程医疗与智慧医疗水平，推进农村人口大病专项救治

---

① 《辽宁出台"十三五"老龄事业发展和养老体系建设规划》，东北新闻网，http://liaoning.nen.com.cn/system/2017/10/18/020140825.shtml。

工作，深化城乡医院对口支援。

第三，大力发展健康产业，打造"健康辽宁"。完善全民健身公共设施建设，为群众提供多元化，多功能的运动场地和设施。发展健身休闲运动产业，创新健康休闲运动项目推广普及方式。推动发展医药产业，着力发展医药产业集聚区，重点发展沈阳、大连、本溪、丹东、铁岭五大医药产业集群。培育一批具有核心竞争力的专业高端医疗器械企业，发展高性能诊疗设备，培育高端自主品牌。鼓励社会力量举办非营利性医疗机构，推进非营利性民营医院与公立医院在市场准入、社会保险定点、重点专科建设、职称评定、学术地位、等级评审、技术准入等方面同等待遇。推动非公立医疗机构向高水平、规模化方向发展。

（六）加快推进区域协调发展

习近平总书记在深入推进东北振兴座谈会上明确提出，"科学统筹精准施策，构建协调发展新格局。"① 辽宁省已经形成了以沈阳、大连为地域性中心城市，南北互动的发展格局。但区域协调发展，既要重视培育若干带动区域协同发展的增长极，又要注重与别的区域合作共享，进而实现全面协调可持续发展。辽宁省应继续加强区域合作，突破传统体制机制上的障碍，打破区域封锁，在区域发展中补齐短板、凸显优势。把区域协调发展作为工作重点，从以下几个方面着手，加快构建多极发力、多点支撑的区域协调发展新格局。

第一，就省内来说，要持续加强"五大区域"发展、"一带五基地"建设有效衔接，形成协同互动、融合发展的新格局；要加大突破力度，确保辽西北与全省同步全面建成小康社会，推动农业结构调整、工业转型升级，因地制宜发展特色产业，加快形成"一县一业""一园一区一镇一品"的发展格局。

第二，就国内其他地区来说，要完善跨省合作机制。通过建立科

---

① 《习近平在东北三省考察并主持召开深入推进东北振兴座谈会》，中国政府网，http://www.gov.cn/xinwen/2018-09/28/content_5326563.htm。

技、信息、资源共享平台等方式深化与辽宁、吉林两省的区域协作，实现共建共赢；加强与东部地区对口合作，辽宁、江苏作为对口合作省份，两地可出台政策引导深度合作，而不单单以帮扶、援助的观念，进行资金、项目上的支援；① 深度融入京津冀协同发展、长江经济带发展战略，促进经济要素有序自由流动，对接适合辽宁省发展的转移产业，构建协同发展现代化产业体系；加快与粤港澳大湾区对接，进一步实现基础设施互联互通、提升市场一体化水平，促进区域合作发展，打造国际科技创新中心。

第三，就国际方面来说，要积极连接国外空间布局。拓展东北亚区域开放合作，积极参与"一带一路"建设，探索共建"东北亚经济走廊"，拓宽发展空间、增强发展后劲，建立符合高质量发展根本要求的跨国合作机制，为实现区域协调发展、带动东北老工业基地全面振兴做出努力。

附表：

附表 1　　　　2013～2019 年辽宁省营商环境相关的部分文件

序号	文件名称	发布日期
1	辽宁省人民政府关于工商登记制度改革的若干意见（试行）	2013 - 12 - 21
2	辽宁省人民政府关于印发辽宁省网上审批平台建设工作方案的通知	2014 - 11 - 25
3	辽宁省人民政府办公厅关于进一步优化全省建设工程项目审批流程的指导意见	2015 - 3 - 20
4	辽宁省人民政府办公厅关于规范涉企行政执法进一步优化经济发展环境的通知	2015 - 4 - 2
5	辽宁省人民政府办公厅关于清理规范省政府部门行政审批中介服务的实施意见	2015 - 7 - 7

① 《专家把脉东北国企改革：以混改、增效、合作、减负激发潜能》，新华网，http://www.xinhuanet.com//2017 - 04/09/c_1120776122.htm。

序号	文件名称	发布日期
6	辽宁省人民政府关于印发 2015 年推进简政放权放管结合转变政府职能工作方案的通知	2015 – 7 – 13
7	辽宁省人民政府关于规范行政审批行为改进行政审批有关工作的实施意见	2015 – 8 – 21
8	辽宁省人民政府关于落实国务院第一批取消中央指定地方实施行政审批事项决定的通知	2016 – 1 – 8
9	辽宁省人民政府办公厅关于建设全省小微企业名录促进小微企业加快发展的意见	2016 – 1 – 14
10	辽宁省人民政府办公厅关于印发辽宁省简化优化公共服务流程方便基层群众办事创业工作方案的通知	2016 – 1 – 24
11	中共辽宁省委办公厅辽宁省人民政府办公厅印发《关于全面推进政务公开工作的实施方案》的通知	2016 – 5 – 18
12	中共辽宁省委办公厅　辽宁省人民政府办公厅印发《关于推进简政放权放管结合优化服务改革营造良好发展环境的意见》的通知	2016 – 8 – 30
13	辽宁省人民政府办公厅关于实施"五证合一、一照一码"登记制度改革的意见	2016 – 9 – 3
14	辽宁省人民政府办公厅关于印发辽宁省政府部门涉企信息统一归集公示工作实施方案的通知	2016 – 9 – 14
15	辽宁省人民政府关于在市场体系建设中建立公平竞争审查制度的实施意见	2016 – 10 – 9
16	辽宁省人民政府办公厅关于印发辽宁省民营工业培育行动实施方案（2016~2018 年）的通知	2016 – 11 – 11
17	辽宁省人民政府办公厅关于印发营造良好市场环境推进全省交通物流融合发展实施方案的通知	2016 – 11 – 18
18	辽宁省人民政府关于印发辽宁省建立完善守信联合激励和失信联合惩戒制度加快推进社会诚信建设实施方案的通知	2016 – 12 – 9

序号	文件名称	发布日期
19	辽宁省人民政府办公厅关于进一步做好省政府取消下放行政职权事项落实承接工作的实施意见	2016 - 12 - 13
20	辽宁省人民政府关于印发辽宁省政务信息资源共享管理暂行办法的通知	2016 - 12 - 21
21	辽宁省人民政府办公厅关于贯彻落实《辽宁省优化营商环境条例》的实施意见	2017 - 2 - 23
22	辽宁省人民政府关于印发辽宁省加强政务诚信建设实施方案的通知	2017 - 4 - 12
23	辽宁省人民政府办公厅关于印发辽宁省政务信息系统整合共享实施方案的通知	2017 - 8 - 24
24	辽宁省人民政府关于调整工业产品生产许可证管理目录和试行简化审批程序的通知	2017 - 10 - 11
25	辽宁省人民政府办公厅关于在中国（辽宁）自由贸易试验区和沈抚新区先行先试深化简政放权放管结合优化服务改革的指导意见	2017 - 10 - 12
26	辽宁省人民政府办公厅关于进一步激发社会领域投资活力的实施意见	2017 - 10 - 12
27	辽宁省人民政府关于印发《中国（辽宁）自由贸易试验区"证照分离"改革试点方案》的通知	2018 - 1 - 7
28	辽宁省规范行政审批中介服务办法	2018 - 1 - 23
29	中共辽宁省委办公厅　辽宁省人民政府办公厅印发《关于加快推进失信被执行人信用监督、警示和惩戒机制建设的实施意见》的通知	2018 - 3 - 3
30	辽宁省人民政府办公厅关于进一步优化全省投资审批服务的指导意见	2018 - 3 - 20
31	辽宁省人民政府办公厅关于加快推进个体工商户转型升级为企业工作的意见	2018 - 4 - 25
32	辽宁省人民政府关于印发辽宁省"十三五"市场监管规划的通知	2018 - 7 - 3
33	辽宁省人民政府关于落实国务院取消一批行政许可等事项加强事中事后监管的通知	2018 - 10 - 12
34	辽宁省人民政府办公厅关于进一步压缩企业开办时间的实施意见	2018 - 10 - 12
35	辽宁省人民政府关于印发《辽宁省全面推开"证照分离"改革实施方案》的通知	2018 - 11 - 14

序号	文件名称	发布日期
36	辽宁省人民政府办公厅关于进一步激发民间有效投资活力促进经济持续健康发展的实施意见	2018 – 12 – 27
37	辽宁省人民政府办公厅关于深入推进政务公开加强制度和平台建设的意见	2019 – 1 – 3
38	辽宁省人民政府关于调整工业产品生产许可证目录和简化审批程序的通知	2019 – 3 – 8
39	辽宁省人民政府关于印发辽宁省加快推进全省一体化在线政务服务平台建设实施方案的通知	2019 – 3 – 8
40	辽宁省人民政府关于进一步推进"证照分离"改革加强事中事后监管的实施意见	2019 – 3 – 13

附表 2   2013～2019 年辽宁省国企改革相关的部分文件

序号	文件名称	发布日期
1	中共辽宁省委　辽宁省人民政府关于进一步深化全省国资国企改革的意见	2014 – 11 – 6
2	辽宁省人民政府办公厅关于进一步加强省属国有企业投资管理的意见	2015 – 10 – 19
3	辽宁省人民政府关于印发国有企业参与设立产业（创业）投资基金若干政策措施的通知	2016 – 4 – 17
4	辽宁省人民政府办公厅关于印发辽宁省国有企业公司制改制工作实施方案的通知	2017 – 10 – 20
5	辽宁省人民政府办公厅关于印发辽宁省推进国有企业健全公司治理机制实施方案的通知	2018 – 1 – 18
6	中共辽宁省委办公厅辽宁省人民政府办公厅关于印发《加快推进全省国资国企改革专项工作方案》的通知	2018 – 9 – 24
7	辽宁省人民政府办公厅关于加快推进全省国有企业混合所有制改革的实施意见	2018 – 10 – 18

序号	文件名称	发布日期
8	中共辽宁省委辽宁省人民政府关于完善地方国有金融资本管理的实施意见	2018 – 11 – 26
9	辽宁省人民政府关于改革国有企业工资决定机制的实施意见	2018 – 12 – 13
10	辽宁省人民政府关于印发辽宁省推进国有资本投资、运营公司改革试点实施方案的通知	2019 – 1 – 21

附表3　　　　**2013～2019年辽宁省科技创新相关的部分文件**

序号	文件名称	发布日期
1	辽宁省人民政府办公厅转发省政府金融办关于加快发展科技金融推进科技创新实施意见的通知	2013 – 7 – 15
2	辽宁省人民政府印发关于贯彻落实《计量发展规划（2013～2020年)》实施意见的通知	2014 – 7 – 10
3	辽宁省人民政府办公厅关于印发辽宁省推进机器人产业发展实施意见的通知	2015 – 1 – 14
4	辽宁省人民政府办公厅转发省工商局关于鼓励大众创业支持小微企业加快发展若干意见的通知	2015 – 6 – 19
5	辽宁省人民政府关于印发辽宁省科技创新驱动发展实施方案的通知	2015 – 8 – 3
6	辽宁省人民政府关于大力推进中小微企业创业基地建设的指导意见	2015 – 9 – 29
7	辽宁省人民政府办公厅关于印发辽宁省运用大数据加强对市场主体服务和监管实施方案的通知	2015 – 10 – 19
8	辽宁省人民政府办公厅关于印发《落实国务院加快科技服务业发展若干意见任务分工实施方案》的通知	2015 – 10 – 27
9	辽宁省人民政府印发关于推进大众创业万众创新若干政策措施的通知	2015 – 11 – 27
10	辽宁省人民政府关于印发辽宁省积极推进"互联网＋"行动实施方案的通知	2015 – 12 – 30
11	辽宁省人民政府关于加快构建大众创业万众创新支撑平台的实施意见	2016 – 1 – 24

序号	文件名称	发布日期
12	辽宁省人民政府关于进一步做好促进科技成果转化和技术转移工作的通知	2016 - 4 - 29
13	辽宁省人民政府办公厅关于促进高等院校创新创业工作的实施意见	2016 - 5 - 25
14	辽宁省人民政府办公厅关于加强校企协同创新联盟建设的实施意见	2016 - 5 - 25
15	辽宁省人民政府关于新形势下加快知识产权强省建设的实施意见	2016 - 7 - 10
16	辽宁省人民政府关于印发辽宁省促进创业投资持续健康发展若干政策措施的通知	2016 - 12 - 7
17	辽宁省人民政府办公厅关于印发辽宁省加快发展新能源汽车实施方案的通知	2016 - 12 - 9
18	辽宁省人民政府办公厅关于深入推行科技特派员制度促进农村创新创业的实施意见	2016 - 12 - 9
19	辽宁省人民政府关于印发辽宁省加快高新技术产业开发区转型升级政策措施的通知	2017 - 2 - 23
20	辽宁省人民政府关于印发辽宁省沈大国家自主创新示范区"三年行动计划"（2017～2019 年）实施方案的通知	2017 - 2 - 28
21	中共辽宁省委　辽宁省人民政府关于贯彻《国家创新驱动发展战略纲要》建设科技强省的实施意见	2017 - 3 - 1
22	中共辽宁省委办公厅　辽宁省人民政府办公厅关于印发《辽宁省科技强省工程（2017～2020 年）实施方案》的通知	2017 - 3 - 1
23	辽宁省人民政府办公厅关于印发辽宁省高新技术产业开发区创新驱动发展绩效评价暂行办法的通知	2017 - 6 - 14
24	辽宁省人民政府办公厅关于创新管理优化服务培育壮大经济发展新动能加快新旧动能接续转换的实施意见	2017 - 9 - 22
25	辽宁省人民政府关于印发辽宁省新一代人工智能发展规划的通知	2018 - 1 - 8
26	辽宁省人民政府关于印发辽宁省强化实施创新驱动发展战略进一步推进大众创业万众创新深入发展的政策措施的通知	2018 - 4 - 10

序号	文件名称	发布日期
27	辽宁省人民政府办公厅关于印发辽宁省实施科技成果转移转化三年行动计划（2018~2020 年）的通知	2018 – 6 – 13
28	辽宁省人民政府关于全面加强基础科学研究的实施意见	2018 – 6 – 28
29	中共辽宁省委办公厅辽宁省人民政府办公厅印发《关于进一步加强科研诚信建设的实施意见》的通知	2018 – 9 – 26
30	辽宁省人民政府办公厅关于深化产教融合的实施意见	2018 – 8 – 3
31	辽宁省人民政府办公厅关于印发辽宁省专利奖励办法的通知	2019 – 3 – 13

附表 4 **2013~2019 年辽宁省人才相关的部分文件**

序号	文件名称	发布日期
1	辽宁省人民政府办公厅转发省人力资源社会保障厅省财政厅省国资委关于加强企业技能人才队伍建设实施意见的通知	2013 – 7 – 6
2	辽宁省人民政府关于进一步推进户籍制度改革的意见	2015 – 7 – 10
3	辽宁省人民政府办公厅关于印发辽宁省全民科学素质行动计划纲要实施方案（2016~2020 年）的通知	2016 – 7 – 29
4	中共辽宁省委 辽宁省人民政府贯彻《中共中央、国务院关于实施全面两孩政策改革完善计划生育服务管理的决定》的实施意见	2016 – 12 – 26
5	辽宁省人民政府办公厅关于印发辽宁省加强校企联盟建设实施方案（试行）的通知	2017 – 1 – 10
6	辽宁省人民政府办公厅关于改革省属高校财政拨款制度促进人才科技供需协调发展的意见	2017 – 1 – 19
7	辽宁省人民政府办公厅关于印发辽宁省推动非户籍人口在城市落户实施方案的通知	2017 – 6 – 14
8	中共辽宁省委办公厅 辽宁省人民政府办公厅印发《关于分类推进人才评价机制改革的实施意见》的通知	2018 – 5 – 10

序号	文件名称	发布日期
9	中共辽宁省委办公厅辽宁省人民政府办公厅印发《关于推进人才集聚的若干政策》的通知	2018－6－15
10	辽宁省人民政府关于印发辽宁省人口发展规划（2016～2030年）的通知	2018－7－3
11	中共辽宁省委办公厅辽宁省人民政府办公厅印发《关于进一步提高技术工人待遇的实施意见》的通知	2018－9－25

附表5　　　　2013～2019年辽宁省对外开放相关的部分文件

序号	文件名称	发布日期
1	辽宁省人民政府办公厅关于进一步规范和提升全省招商引资工作的意见	2014－2－14
2	辽宁省人民政府办公厅关于支持外贸稳定增长的实施意见	2014－6－19
3	辽宁省人民政府办公厅关于贯彻落实"一带一路"战略推动企业"走出去"的指导意见	2015－1－21
4	辽宁省人民政府关于印发辽宁省开放驱动战略实施方案的通知	2015－9－12
5	辽宁省人民政府办公厅关于印发辽宁省发展跨境电子商务工作方案的通知	2015－11－11
6	辽宁省人民政府关于加快培育外贸竞争新优势的实施意见	2015－12－30
7	辽宁省人民政府办公厅关于加快海关特殊监管区域整合优化的实施意见	2015－12－30
8	辽宁省人民政府办公厅关于实行中央企业带动辽宁产品出口相关支持政策的通知	2015－12－31
9	辽宁省人民政府关于印发中国（大连）跨境电子商务综合试验区实施方案的通知	2016－4－9
10	辽宁省人民政府关于进一步扩大对外开放积极利用外资的实施意见	2017－5－25
11	辽宁省人民政府关于赋予中国（辽宁）自由贸易试验区各片区管委会第一批省级行政职权的决定	2018－3－6
12	中共辽宁省委　辽宁省人民政府关于加快构建开放新格局以全面开放引领全面振兴的意见	2018－5－2

续表

序号	文件名称	发布日期
13	中共辽宁省委　辽宁省人民政府关于印发《辽宁"一带一路"综合试验区建设总体方案》的通知	2018 – 8 – 25
14	辽宁省人民政府关于印发中国（沈阳）跨境电子商务综合试验区实施方案的通知	2019 – 1 – 8
15	辽宁省人民政府办公厅关于扩大进口促进对外贸易平衡发展的实施意见	2019 – 1 – 8

附表6　　　　2013～2019 年辽宁省绿色发展相关的部分文件

序号	文件名称	发布日期
1	辽宁省人民政府关于促进海洋渔业持续健康发展的实施意见	2013 – 7 – 21
2	辽宁省人民政府办公厅印发关于加快沈阳经济区旅游一体化发展意见的通知	2013 – 8 – 8
4	辽宁省人民政府办公厅关于印发辽宁省沿海港口布局规划（2010～2030年）的通知	2014 – 2 – 14
5	辽宁省人民政府关于促进旅游产业改革发展的实施意见	2014 – 12 – 19
6	辽宁省人民政府办公厅关于印发辽宁省渔业产业发展指导意见的通知	2016 – 9 – 21
7	中共辽宁省委　辽宁省人民政府关于印发《辽宁省生态文明体制改革实施方案（2017～2020 年）》的通知	2017 – 4 – 14
8	中共辽宁省委　辽宁省人民政府关于印发《辽宁省加快推进生态文明建设实施方案》的通知	2017 – 4 – 21
9	辽宁省人民政府关于印发辽宁省污染防治与生态建设和保护攻坚行动计划（2017～2020 年）的通知	2017 – 4 – 27
12	中共辽宁省委办公厅　辽宁省人民政府办公厅关于印发《辽宁省污染防治攻坚战三年专项行动方案（2018～2020 年)》的通知	2018 – 5 – 16
13	辽宁省人民政府关于印发辽宁省打赢蓝天保卫战三年行动方案（2018～2020 年）的通知	2018 – 10 – 23

附表7　　　　2013～2019 年辽宁省共享发展相关的部分文件

序号	文件名称	发布日期
1	辽宁省人民政府关于加快发展养老服务业的实施意见	2014 - 1 - 30
2	辽宁省人民政府办公厅关于印发加快养老服务业发展若干政策的通知	2014 - 10 - 2
3	辽宁省人民政府办公厅关于提高城乡居民最低生活保障和农村五保对象供养标准的通知	2016 - 4 - 26
4	辽宁省人民政府办公厅关于推进医疗卫生与养老服务结合发展的实施意见	2016 - 5 - 8
5	辽宁省人民政府办公厅关于印发辽宁省促进医药产业健康发展实施方案的通知	2016 - 7 - 29
6	辽宁省人民政府关于印发辽宁省产业精准脱贫规划（2016～2020）的通知	2016 - 8 - 27
7	中共辽宁省委办公厅　辽宁省人民政府办公厅印发《关于持续推进深化医药卫生体制改革的实施意见》的通知	2017 - 3 - 1
8	辽宁省人民政府办公厅关于提高城乡居民最低生活保障和农村特困人员救助供养标准的通知	2017 - 4 - 21
9	辽宁省人民政府关于印发辽宁省"十三五"期间深化医药卫生体制改革实施方案的通知	2017 - 7 - 6
10	辽宁省人民政府办公厅印发关于支持 15 个重点贫困县提升基本公共服务水平行动计划的通知	2017 - 7 - 19
11	辽宁省人民政府办公厅关于印发辽宁省提高养老院服务质量四年滚动计划（2017～2020 年）的通知	2017 - 9 - 1
12	辽宁省人民政府关于印发"十三五"辽宁省老龄事业发展和养老体系建设规划的通知	2017 - 9 - 5
13	辽宁省人民政府办公厅关于支持社会力量提供多层次多样化医疗服务的实施意见	2017 - 9 - 22
14	辽宁省人民政府关于印发辽宁省"十三五"推进基本公共服务均等化规划的通知	2018 - 1 - 8

序号	文件名称	发布日期
15	辽宁省人民政府办公厅关于印发辽宁省老年教育发展规划（2017～2020年）的通知	2018-1-8
16	辽宁省人民政府办公厅关于制定和实施辽宁省老年人照顾服务项目的实施意见	2018-2-9
17	辽宁省人民政府办公厅关于提高城乡居民最低生活保障和特困人员救助供养标准的通知	2018-5-7
18	中共辽宁省委办公厅　辽宁省人民政府办公厅关于印发《辽宁省打好精准脱贫攻坚战三年专项行动方案（2018～2020年)》的通知	2018-5-18
19	辽宁省人民政府办公厅关于提高城乡居民最低生活保障、特困人员救助供养孤儿基本生活养育和60年代精简退职职工生活补助标准的通知	2019-5-8

第二章

企业改革创新发展

第一节 加快国有企业改革创新：辽宁案例

就研究的理论意义而言，国有企业是辽宁省国民经济的重要力量，地位重要、作用关键、不可替代。加快推进国资国企改革，不仅是企业自身发展的需要，更是全省经济实现高质量快速发展的需要。新中国成立初期，由于我国实施重工业优先发展战略，资源要素禀赋结构难以适应这种要求，从而导致与该战略相配套的体制只能是高度集中的用计划手段来配置资本的体制，这就是计划经济体制。由于资本被纳入计划配置的框架，要想使资本发挥作用，就必须保证资本所需要的劳动力、原材料等也纳入计划经济体制的框架，并把劳动力、原材料等资源同样配置到重工业生产领域。由于辽宁不仅有一些工业生产基础，而且拥有煤、石油等能源矿产，铁、锰等金属矿产，以及很多非金属矿产资源，适于发展重工业，因此计划经济体制也就成为辽宁重要的配置资源手段。辽宁成为国家重工业优先发展战略的重要基地，市场机制难以与重工业发展战略相匹配。此时，完成重工业的任务在逻辑上只能落在国有企业身上。因为私营企业追求利润最大化，必然要求对资源投入有更多的选择权和决策权，而这种来源于私营企业追求目标的内在要求，同国家计划要求的集中统一安排和资源配置的目标是矛盾的，从而形成国有企业为主导的组织形式。

辽宁国有企业改革面临着特殊性——计划经济色彩浓厚、国有经济比重大和市场机制少，在这种情况下，国有经济难以发挥主导作用。为了注入产业活力、激发产业活力，国有经济应在增量调整方面和存量调整方面发力。此外，辽宁还处于工业化前期或中期，还面临走新型工业化道路，因此不能再走传统的工业化道路——破坏自然环境、过度使用资源等，必须用新机制、新发展理念来走新型工业化道路。

因此，从市场不完全角度出发，重新反思现有的制度或政策处方的有效性，鲜明提出处理"两只手"的重要性，并依据辽宁国有企业改革的现实条件，需要将大力发展市场制度、积极发展混合所有制，以及技术创新和制度创新等作为国有企业改革与创新的根本出路，摆脱历史路径和锁定效应的束缚、轻装上阵，以及大力发展战略性新兴产业等，走新型工业化道路。只有清楚了辽宁国有企业改革的初始条件对焕发活力发展的约束，我们才能提出加快深化国有企业改革的措施和路径选择。

就研究的现实意义而言，深入贯彻落实习近平总书记在辽宁考察和在深入推进东北振兴座谈会上的重要讲话精神，全面客观地分析制约辽宁国有企业改革发展存在的问题，认真研究探索深化辽宁国有企业改革的突破口，积极支持全省国有企业做强做优做大，不仅事关国有企业高质量发展，而且事关辽宁老工业基地改革振兴的大局。因此，要从战略高度认识新时代深化国有企业改革的中心地位，并要把国企改革作为辽宁振兴的中心地位，认真落实习近平总书记在深入推进东北振兴座谈会上的讲话精神，不断深化国企改革，切实发挥在辽宁振兴中的主力军作用。

一、改革开放 40 多年辽宁国有企业改革的历程

辽宁是共和国的老工业基地，是新中国工业的重要摇篮和工业化的重要发源地。第一架飞机、第一台机床、第一艘巨轮、第一炉钢水……

新中国工业史上1000多个"第一"都在辽宁诞生。辽宁被称作"共和国长子",这些辉煌的标志和美誉背后都映衬着国有企业的努力和付出。在辽宁经济社会改革发展的各个阶段,国有企业始终是重要支柱,做出了突出贡献,发挥了无可替代的巨大作用。改革开放40多年来,辽宁国有企业始终满怀"长子情怀",一直与辽宁经济社会的全面发展相互辉映,不断深入推进改革发展。从总体来看,大致可划分为以下四个阶段。

(一)第一阶段(1979～1992年):扩大企业经营自主权

这一阶段是从改革开放到党的十四届三中全会。这一阶段以扩大企业自主权、增强企业活力为目标,各级政府部门原则上不再直接经营管理企业,省级有关部门先后下放100多项权力;实行了多种形式的经济责任制,全省有1400多户国营企业试行了厂长(经理)负责制。一些地区在股份制、租赁、出售、破产等改革形式上进行了大胆尝试,大中型企业推行和完善多种形式的承包经营责任制,小型企业实行"包、租、股、破、卖"并举,大面积推进租赁经营,企业内部推行以改革领导体制、分配、用工、干部制度和组织管理结构为主要内容的配套改革。当时的沈阳市防爆器械厂成为全国企业破产第一例,沈阳市汽车工业公司在全国首开个人租赁国营小企业的先河。到1990年,全省全民所有制工业企业承包面达85%,其中大中型工业企业承包面达96.4%。这一阶段始终围绕国家所有权不变的条件下进行改革。

(二)第二阶段(1993～2002年):建立健全现代企业制度

这一阶段是从党的十四届三中全会到党的十六大。这一阶段,以贯彻1988年颁布的《中华人民共和国全民所有制工业企业法》和1992年发布实施的《全民所有制工业企业转换经营机制条例》为重点,进一步落实企业经营自主权,逐步在企业制度创新上进行探索。通过采取建立现代企业制度、"抓大放小"、困难企业退出、"三年改革脱困攻坚"

等一系列改革措施，全省 400 多户国有大中型企业中有 60% 以上进行了公司制改造，200 多户企业进行了现代企业制度试点，国有中小企业改制面达到 90% 以上。同时，对 700 多户国有企业实施了破产，对近百户企业实施了兼并，实现了大规模债转股，改善了国有企业的资本结构。这一阶段的改革比较艰苦，很多国企职工面临转岗和重新适应市场的新挑战，为了探索和加强社会保障工作，国务院 2001 年开始在辽宁开展完善城镇社会保障体系试点，实现了 175.5 万人国有企业下岗职工基本生活保障向失业保险并轨。在这个阶段，主要考察国家所有权转变成股权，积极建立现代企业制度，寻求委托代理框架下的治理结构。

（三）第三阶段（2003～2012 年）：建立完善国有资产监管体系

这一阶段是党的十六大到党的十八大。这一阶段，逐步成立了省、市两级的国有资产监管机构，按照"管人、管事、管资产"相统一的原则，国有资产监管体制得到建立和完善。通过采取一系列加强国资监管的措施，如对企业经营业绩实行年度考核和任期考核相结合、引入经济增加值考核指标、改进企业收入分配调控方式、推行工资总额预算管理、开展国有资本经营预算工作、基本形成全省统一的产权交易市场等。这些工作的落实，使国有企业、国有资产监管机构、政府宏观管理部门的权责边界进一步厘清，国有企业市场主体地位进一步明确。经过这一阶段，省政府确定的重点大型企业公司制股份制改革、国有中小企业产权制度改革、政策性关闭破产基本完成，同时实现了由政策性破产向依法破产的转变，国有中小企业大面积依法退出，国有资本逐步向钢铁冶金、装备制造、能源资源等行业，重大基础设施领域和优势企业集中。从 2007 年到 2012 年，全省地方一级国企数量减少了 34%，但资产规模增长了 88%，年营业收入增长了 36%，年利润总额从 -16 亿元增至 202 亿元。本钢、华晨、成大、机床、沈鼓、北方重工、瓦轴等一批骨干企业发展成为行业排头兵。在这个阶段，主要是成立国资委，真正形成国有企业的出资人（investor），从而统领国有企业改革与发展思路，为顶层设计奠定了基础。

（四）第四阶段（2013年至今）：全面深化国有企业改革

这一阶段是党的十八大至今全面深化改革的新时期。党的十八以来，国有企业改革的主体框架已经形成，由"管企业为主"转为"管资本为主"已经成为深化国企改革的重要突破口。2015年9月，中共中央、国务院正式颁布了《关于深化国有企业改革的指导意见》，国资委等部门相继制定出台了深化薪酬制度改革、规范履职待遇、完善国有资产监督、发展混合所有制经济、国企分类改革等专项改革意见或方案，共同构建起了深化国企改革的顶层设计。全省各级政府部门认真落实省委省政府的统一部署，以供给侧结构性改革为主线，以做强做优做大国有企业为目标，不断完善国有资产管理体制，改革国有资本授权经营机制，加快国有经济布局优化、结构调整、战略性重组，积极培育具有全球竞争力的世界一流企业，促进国有资产保值增值，助推全省经济实现高质量发展。在这个阶段，主要提出分类改革，商业类与公益类国有企业划分，对于完善市场经济体制具有重要意义。

从总体上看，辽宁国有企业改革是不断适应市场经济发展的需要、不断调整自身内部治理和外部环境的过程，力求在国内外市场竞争中寻求发展机会，真正成为市场经济主体，与民营企业形成"竞争中性"与"所有制中性"，甚至在国际市场上也是如此。

二、辽宁国有企业改革取得的主要成效[①]

40多年的改革历程，积极适应把握经济发展趋势，认真落实党的十八大以来中央关于深化国有企业改革的决策部署，国有企业改革取得了积极进展。

---

① 辽宁省财政厅资产管理处：《积极支持国资国企改革全面推动全省经济高质量发展》，2019年6月。

（一）国有企业改革时间表路线图更加清晰

认真落实中共中央国务院印发的《关于深化国有企业改革的指导意见》的有关要求，坚持统筹谋划、整体设计，省级层面形成了以省委、省政府发布的《关于进一步深化全省国资国企改革的意见》《关于贯彻落实习近平总书记参加十二届全国人大五次会议辽宁代表团审议时重要讲话精神 推进国有企业改革发展实施意见》为统领，以分类监管、防止国有资产流失、薪酬制度改革等 30 个专项文件为配套的"1＋N"政策体系；省委、省政府办公厅印发了《加快推进全省国资国企改革专项工作方案》及三年攻坚计划，进一步明确了改革举措和目标任务。目前，全省各部门共出台支撑国资国企改革重要政策、专项文件和推动性工作方案等 200 多个，为推进国资国企改革提供了有力政策依据和操作指引。

（二）经营性国有资产实现了集中统一监管

2016 年以来，全面开展政企脱钩、事企分开、事转企改革工作，省政府主要领导亲自挂帅，建立工作协调和上下联动机制，制定印发了《省直经营性国有资产集中统一监管实施方案》，形成了有关事转企、脱钩移交的"政策包"和"工具箱"。目前，全省 600 多家企事业单位已完成脱钩移交，纳入了国资监管体系，实现经营性资产集中化、规范化监管；整合盘活国有资产 8500 亿元，撤销事业人员编制 1.6 万个，有效推进了政企分开，促进政府职能转变。

（三）企业战略性重组不断加快

结合脱钩改制和统一监管工作，按照行业相关、主业相同、优势互补的原则，加减法并用，着力推动整合重组，一批具有较强优势的企业集团孕育而生。省级层面组建了交投、水资源、环保、地矿、粮食、工程咨询、城乡建设等 12 个省属企业集团，化解政府债务 1185 亿元，推动重大民生工程建设向政府引导、市场化运作、企业经营方式转变；各市结合统一监管和事转企，围绕整合公共服务、文化等产业，累计组建

113 户新企业集团，不断优化资源配置。同时，完成新旧国有企业集团之间的同类资源整合划转，实现了优势互补，特别是对省属煤炭等 9 户能源类企业进行整合，组建完成省能源产业控股集团，打造出省级能源产业投资平台。

（四）国有资本与各类资本进一步融合发展

全省国有企业坚持市场化手段，以增量为主，通过混合所有制改革、项目合资合作等方式，引入各类资本 1600 多亿元，进一步放大了国有资本功能，促进了体制机制转换。交投集团、环保集团、能源集团所属 3 户企业已完成国家混改试点工作，员工持股试点工作正在稳妥有序实施。华晨、机床等 4 户国有企业纳入国务院国企改革"双百行动"，按照"一企一策"原则制定了完善综合改革的实施方案。东北制药、大连冰山等企业通过混改建立健全市场化经营机制，经营效益大幅提升。港口资源与招商局已完成重组，本钢集团混改正在有序推进。目前，全省国有企业公司制改革基本完成，省属企业混改比例达到 51%，沈阳、大连混改比例分别达到 54.8% 和 57%。

（五）市场化公司治理机制逐步建立健全

完成全省 125 户非公司制企业的公司制改革，省属企业及市属重点企业全部设立董事会组织机构，落实了董事会年度工作报告和董事会及董事履职评价等制度，建立了省属企业外部董事人才库，明确了委派工作流程；确定华晨集团等 4 户省属企业开展董事会市场化选聘经理层人员，推行市场化用工机制和中层管理人员竞争上岗。实行工资总额预算管理，建立体现岗位价值和业绩导向的员工薪酬体系。目前，省属企业职工公开招聘和劳动合同签订率实现 100%，生产型企业管理人员基本控制在员工总数 8% 以下，管理人员绩效薪酬比例平均达到 60%。

（六）国资监管职能进一步转变

省属华晨集团和交投集团改组组建国有资本投资公司试点工作深入

推进，正在打造功能完备、资质齐全的省级国有资本运营平台；各市已改组组建 15 家国有资本投资运营公司，积极探索运行模式和管理体制；启动实施分类监管，对不同功能企业，突出不同考核重点，合理确定差异化考核标准，实施科学分类考核；推进简政放权、转变职能，动态调整国资委权力和责任清单，取消、下放、授权部分监管事项，清单以外和非重要子企业事项由企业依法决策，增强企业自主性。

（七）化解企业历史遗留问题取得进展

全面完成"三供一业"分离移交，争取中央专项补助资金 72.2 亿元，驻辽央企 486 个项目、省属企业 74 个项目全面移交；全面启动厂办大集体改革，争取中央专项补助资金 61.8 亿元，制定印发了 1 + 8 个配套政策，大连市、盘锦市、营口市已按照省政府"重强抓"工作任务时点要求完成了改革工作任务，全省地方厂办大集体改革工作 2019 年底基本完成；积极推进处置国有"僵尸企业"，纳入全省三年（2017 ~ 2019 年）改革攻坚任务计划的 318 户国有"僵尸企业"已完成处置工作 296 户，完成工作进度 93%。

三、辽宁国有企业的现状[①]

据省国资部门统计资料，截至 2018 年底，全省国有企业户数（不含金融企业）共计 4346 户（一级企业 1502 户），资产总额 27349 亿元，国有资产总额 10748.6 亿元，净资产 12073.7 亿元，营业总收入 4774.5 亿元、利润总额 204.8 亿元、上缴税费 515.9 亿元。全省国有企业资产总量、营业收入、利润总额分别排在全国第 21 位、第 22 位、第 21 位。2014 ~ 2018 年，全省国有企业户数增加了 755 户，资产总额增加了 7158.8 亿元，年均增长 7.1%；国有资产总额增加了 4851.6 亿元，年

---

① 辽宁省财政厅资产管理处：《积极支持国资国企改革全面推动全省经济高质量发展》，2019 年 6 月。

均增长 16.5%；净资产增加了 4732.2 亿元，年均增长 13.2%。

（一）省属企业资产总量比重低，经营质量相对较好

按企业监管层级划分，省属一级企业 309 户，资产总额 9258.7 亿元，占全部企业的 33.9%；实现营业总收入 3171.1 亿元，占全部企业的 66.4%；实现利润总额 176 亿元，占全部企业的 85.9%；上缴税费 420.5 亿元，占全部企业的 81.5%。各市所属一级企业 1193 户，资产总额 18090.2 亿元，占全部企业的 66.1%；实现营业总收入 1603.4 亿元，占全部企业的 33.6%；实现利润总额 28.8 亿元，占全部企业的 14.1%；上缴税费 95.4 亿元，占全部企业的 18.5%。

（二）超大型企业数量较少，地区分布不均衡

按企业资产规模划分，大型企业资产总额 16664.9 亿元，占比 60.9%；营业收入 4333.9 亿元，占比 90.8%，利润总额 204 亿元，占比 99.6%。中型企业资产总额 3514.8 亿元，占比 12.9%；营业收入 258.1 亿元，占比 5.4%，利润总额 0.5 亿元，占比 0.2%。小型企业资产总额 4919.3 亿元，占比 18%；营业收入 159 亿元，占比 3.3%，利润总额 13.3 亿元，占比 6.5%。微型企业资产总额 2249.9 亿元，占比 8.2%；营业收入 23.6 亿元，占比 0.5%，利润总额 -13 亿元，占比 -6.3%。

1502 户一级企业中，资产总额超过 100 亿元的企业有 61 户。其中省属企业 12 户，各市企业 49 户，其中资产规模超千亿元的企业 3 户，均为省属企业；资产规模超 500 亿元的企业 8 户，其中省属企业 4 户，各市企业 4 户。本溪、阜新、辽阳、铁岭没有资产规模超百亿元的企业。资产总额超 500 亿元企业分别是：省交投（2607.8 亿元）、华晨集团（1717.5 亿元）、本钢集团（1556.3 亿元）、鞍山城投集团（860 亿元）、沈阳地铁集团（649 亿元）、省水资源集团（627.8 亿元）、大连建投集团（592.6 亿元）、大连长兴岛建投集团（559 亿元）。

（三）企业收入规模普遍较小，超亿元企业仅占 1/10

按企业经营规模划分，1502 户一级企业中，营业总收入超亿元企业共 164 户，占全部企业户数的 10.9%。其中超 10 亿元企业 54 户；超 50 亿元的企业 12 户；超 100 亿元的企业 8 户；超 500 亿元企业 2 户；超 1000 亿元企业 1 户。省属企业实现经营收入 3171.1 亿元，占全部企业的 66.4%，其中华晨汽车集团实现营业收入 1519.7 亿元，占全部省属企业的 47.9%，占全部企业的 31.8%。超亿元企业 43 户，其中超 10 亿元企业 22 户，超 50 亿元的企业 6 户，超 100 亿元的企业 5 户，超 500 亿元企业 2 户，超 1000 亿元企业 1 户。各市所属企业实现经营收入 1603 亿元，占全部企业的 33.6%；超亿元企业 121 户。其中超 10 亿元企业 32 户，超 50 亿元的企业 6 户，超 100 亿元的企业 3 户。

（四）半数以上企业亏损，少数企业是盈利主体

按企业盈亏状况划分，1502 户一级企业中，盈利企业 653 户（省属企业 154 户、各市企业 499 户），盈利额 305.2 亿元；亏损企业 849 户（省属企业 155 户、各市企业 694 户），亏损额 100.4 亿元，亏损面 56.5%。

在盈利企业中，利润总额超亿元的企业有 37 户，总额超过 10 亿元的企业有 3 户。华晨集团一户企业实现利润 140.7 亿元，占全部盈利企业利润总额的 46.1%，占全部企业利润总额的 68.7%。华晨（140.7 亿元）、凌钢（21.6 亿元）、大连普兰店建投（12.9 亿元），3 户企业利润总额合计 175.2 亿元，占全部企业的 85.5%，占全部盈利企业的 57.4%。在亏损企业中，亏损额超亿元的企业有 17 户，亏损总额 55.8 亿元，占全部亏损企业的 55.6%；省属企业亏损额排在首位的企业是沈煤集团，亏损额 -3.5 亿元；市属企业亏损额排在首位的企业是沈阳机床集团，亏损额 -21.8 亿元。

（五）五大行业资产占比九成，传统工业产业是盈利主体

按企业行业分布划分，1502 户一级企业中，全省国有企业资产主要分布在五个行业：社会服务业（11765.8 亿元）、工业（6651.9 亿元）、建筑业（2063.5 亿元）、房地产业（2657.3 亿元）、交通运输业（1314.3 亿元），资产合计 24452.8 亿元，占全部企业的 89.4%。营业收入超百亿元行业包括：工业（3204.8 亿元）、社会服务业（689.7 亿元）、建筑业（251.1 亿元）、房地产业（111 亿元）、农林牧渔业（106.3 亿元），合计 4362.9 亿元，占全部企业的 91.4%。实现利润方面：工业（152.5 亿元）、社会服务业（40.5 亿元）、农林牧渔业（4.6 亿元），利润合计 197.6 亿元，占全部企业的 96.5%。工业企业中，机械（126 亿元）、冶金（24.8 亿元）、煤炭（11.5 亿元）三个行业实现利润 162.3 亿元，占全部工业的 106.4%。

四、辽宁国有企业改革存在的主要问题[①]

由于辽宁受长期积累的历史遗留问题和体制机制、产业结构、技术人才等因素影响，全省国有企业改革步伐和发展质量仍落后于部分发达省份，诸多制约企业改革发展的关键问题亟待解决，从而路径依赖和锁定效应十分明显，往往造成承诺升级现象，无法逆转现有的国有企业的现状。

（一）国有资本产业布局不合理，资本运营质量低

1. 传统产业比重"过高"

从工业行业结构看，产业主要分布在煤炭、冶金、机械等传统领域，企业资产总额高达 5321.4 亿元，占全部工业行业的 80%，企业产

---

① 辽宁省财政厅资产管理处：《积极支持国资国企改革全面推动全省经济高质量发展》，2019 年 6 月。

品多数处于价值链低端；代表新兴产业的电子工业、医药工业企业资产总额仅 3.31 亿元，占全部工业行业资产总额的 0.05%，产业结构不合理问题较为突出。与其他省份相比，江苏省省属企业新增投资 95% 集中在基础设施、能源资源、现代服务、高新技术产业和战略新兴产业；浙江省实现了省属企业从房地产行业、煤炭行业的全面退出，国有资本在电力、交通运输及商贸流通等基础性领域以及优势行业的聚焦度达到 85% 以上。

2. 企业"主业优势"不突出

辽宁省国资委统计数据显示，全省 4346 户各层级企业几乎涵盖了所有行业门类，省国资委监管的 31 户企业集团绝大多数企业经营业务超过 3 类以上。例如：辽宁时代万恒控股集团下辖 34 户企业，经营业务涉及投资管理、锂离子电池制造、服装批发、镍氢电池制造、物业管理、木材加工、林业产品批发、运动机织服装制造、贸易代理、信息技术咨询服务、货物运输代理、旅馆服务 12 个行业；辽宁展览贸易集团下辖 10 户企业，经营业务涉及市场管理服务、酒店投资管理、供暖、广告、百货零售、教育培训 6 个行业。企业产业布局过宽、领域过散、战线过长，没有凸显出辽宁省传统优势产业的布局优势；企业内部业务板块雷同，区域资源配置不合理，对企业运转经营、创新、质量品牌等影响较大。

3. 部分行业国有资本产出"低效"

辽宁省国资委统计数据显示，2018 年，全省建筑业国有企业资产总额 2063.5 亿元，实现营业收入 251.1 亿元，实现利润仅为 0.34 亿元；房地产业资产总额 2657.3 亿元，实现营业收入 111 亿元，实现利润为 -2.43 亿元。工业企业中，建材工业资产总额 42.5 亿元，实现营业收入 6.34 亿元，实现利润为 0.12 亿元；电力工业资产总额 18.2 亿元，实现营业收入 7.32 亿元，实现利润为 -0.26 亿元；化学工业资产总额 14.1 亿元，实现营业收入 2.44 亿元，实现利润为 -0.72 亿元；纺织工业资产总额 18.14 亿元，实现营业收入 0.14 亿元，实现利润为 -0.48 亿元。

（二）企业发展的内生动力不足，历史遗留问题负担沉重

1. 企业创新驱动投入少

统计数据显示，2018年，全省国有企业科技支出总额47亿元，用于研究开发费用40.86亿元，占企业营业总收入比重仅为0.86%。省国资委监管企业中，仅有17户企业设有科研机构或内部研发部门，从事研发的人员2790人，仅占企业职工总数的0.98%；31户监管企业研发支出36亿元，占企业营业总收入比重的1.2%。

2. 企业盈利水平差

从省国资委监管的31户集团公司情况看，截至2018年末，资产总额8902.8亿元，净资产3584.5亿元，营业总收入3034.3亿元，利润总额175.7亿元，净利润119亿元。其中，华晨汽车集团的营业总收入1520亿元、利润总额141亿元，净利润97.5亿元，分别占省国资委监管企业的50.1%、80.3%、81.9%。如扣除华晨汽车集团因素，省国资委监管的其他30户企业资产总额7185.3亿元、净资产3066.2亿元、营业总收入1514.3亿元、利润总额34.7亿元、净利润21.5亿，净资产利润率仅为0.7%。比一年定期存款基准利率低0.8个百分点。

3. 企业化解历史遗留问题负担重

2005年以来，按照国家的统一部署，辽宁省国有企业先后经历了"分离企业办社会职能""分离辅业""分离'三供一业'"处置"僵尸企业""厂办大集体改革"等，各级政府财政部门虽然筹措安排了一定的财力支持，但受多方因素影响，投入力度有限。按照国家的统一部署，2019～2020年底，全省国有企业将启动实施近100万名"离退休人员社会化移交"改革工作，从国家印发的指导意见看，国家的支持政策有限，相关国有企业仍将是巨额改革成本的承担主体。

（三）现代企业制度建设仍不到位，激励机制急需"落地"

1. 企业法人治理结构急需进一步完善

目前省属和市属重点国有企业虽全部建立了董事会组织机构，但有

的董事会、监事会或监事、经理层的"三重一大"决策制度执行不到位，有的省属企业未经董事会批准，擅自购买几亿元的保本理财产品；部分企业董事会、监事、经理层配备不齐问题突出，在一定程度上影响董事会、监事会的正常运转和作用发挥；部分国有企业的董事会并不拥有相应的实质权力，管人、管事、管资产的权力未得到有效落实；董事会与经理层责任边界模糊，监事会或监事的职能弱化在国有企业依然存在。企业经营管理者的市场化选聘制度、职业经理人契约化管理制度、差异化薪酬分配制度执行不到位，外部董事、外部监事制度急需"落地"。

2. 国有资本监管模式有待进一步转变

从省级层面看，虽然启动了国有资本投资、运营公司试点工作，但对照试点实施方案要求，在构建与国有资本投资公司相匹配的组织架构、内控体系、管控模式和经营机制等方面工作进展缓慢，国有资本运营公司尚未正式组建。各市虽成立了国有投资运营公司，但多数由城投类平台公司改组而来，存在着"简单地翻牌""穿新鞋走老路""新瓶装旧酒"问题。同时，国资监管机构在国有资本管模式方面急需进一步转变，"放"的精准性有待提高，"管"的手段有待改进，"服"的水平有待提升。

3. "三项制度"改革推进不到位

从劳动用工制度看，企业虽能够依据发展需要自主引进人才，"进"的渠道较为通畅；但受政府就业要求和社会稳定压力，国有企业解聘员工、精减人员往往面临更多的限制，"出"的通道较为受限。以合同管理为核心、以岗位管理为基础的市场化用工制度改革不彻底。从人事管理制度看，部分企业管理层级压缩不到位，内部机构优化不彻底，管理人员去行政级别、干部能上能下的机制尚需进一步建立健全。从薪酬分配制度看，股权激励、增量奖股、超额利润提成以及与行业市场水平接轨、与企业经济效益挂钩的差异化薪酬分配制度急需进一步完善，向高科技研发、高技能、艰苦岗位以及优秀管理者倾斜的企业工资决定机制尚待进一步落实，各类高端人才流失比较严重，企业引人难、留人难问题较为突出。

（四）混合所有制改革进展缓慢，互补效应未能充分发挥

1. 集团层面混改需进一步深化

在推进"混改"实践中，国有企业负责人思想观念不够解放、股权混合比例难以把握，害怕承担国资流失风险，担心失去原来享有的权利和优势；民企则担心没有话语权、权益受到侵犯。个别国有企业"上热下冷"，基层权属企业积极性不高，普遍存在"有了文件等措施、有了细则等经验"的想法。已实施"混改"企业中，省属企业的混改全部在二三级子公司层面开展，集团公司层面的混改尚未真正突破；各市推进的"混改"也普遍是"混下不混上""重混轻改"或"混而不改"，"混改"的互补效应未能充分发挥。目前，全省国企混改率仅为 45%，与上海 71%，山东 55%，江苏 64.2% 相比，混改的"进度""幅度"均存在明显差距。

2. "混改"顶层设计需进一步加强

从省属企业情况看，部分企业在增资扩股方案中对股权结构的设计相对保守，增资后国有持股比例依然较高，社会资本持股总量较低，对引进战略投资者条件设置不清晰，对单一股东持股设置上限，影响了意向投资方的积极性。同时，国有资产评估不规范，定价机制不完善，多数省属企业在混改评估过程中没有引入第三方专业机构，未对不良资产、债权以及历史负担作剥离处理，导致混改资产评估价格过高，影响了投资者及员工积极性。

3. 企业家的"创新精神"需进一步提升

部分企业负责人企业家精神缺失，在一定程度上国企自身特殊性所内生的"市场使命"与"行政使命"集于一身，相当一部分国企"铁饭碗""铁工资"的惰性心理与惯性思维依然存在，勇于改革创新的意识不强，在具体推进改革的过程中观望情绪浓厚，迈出的步伐不够大、不够快。

（五）外部推动环境需进一步优化，容错机制急需建立健全

1. 支持国资国企改革的舆论氛围尚需进一步优化

前一时期，各类媒体上诸多非理性评价东北地区经济社会发展的负面言论不断涌现，对辽宁国资国企改革形成了巨大的舆论阻力。尽管政府相关部门积极采取应对措施，但方式和手段过于行政化，对国有企业主力军地位"主动式"宣传缺失，政府智库作用发挥有限，研究成果不到位。

2. 推动国资国企改革的容错机制需建立完善

对照山东等省份，辽宁省在支持和鼓励企业改革创新考核免责制度建设方面存在差距。相关部门着力于完善健全支持国资国企改革的激励机制，而忽视了为企业负责人改革创新、干事创业的容错纠错机制建设，尤其在合理界定容错情形和条件、细化免责范围、规范容错负责认定程序方面缺乏系统研究。在国有企业内部乃至全社会，尚没有形成"宁因改革有失误，不因失误不改革"的鲜明导向。

3. 支持企业改革的金融环境有待进一步优化

近年来，部分金融机构出于盈利考核、业务风险等方面考虑，对辽宁省企业普遍采取"一刀切"的方式，大量压缩信贷规模，限制企业发行债券，企业不得不通过高息融资替代低息贷款，严重影响了正常生产经营；部分金融机构落实国家鼓励金融机构开展"债转股"政策时，未将国家定向降准2%资金成本政策红利释放给企业，对置换后的股权要求企业支付固定的股息分红和优先退出机制，固定的股息分红高达7%～10%，远远高于企业原有的债务利率，增加了企业的负担。

4. 支持国有企业转型升级力度需进一步加强

从省本级产业发展基金支出情况看，截至2018年底，省本级产业发展基金规模100亿元，已形成实际支出36亿元。其中，用于"直投"的项目资金22亿元，用于参与组建各类基金的资金14亿元。"直投"的22亿元资金涉及企业项目164个，其中国有企业项目4个，投入资金规模1亿元，占比仅4.5%；参与已组建的各类基金规模78亿元，投

资的项目企业中没有国有企业。

那么为什么会出现路径依赖或者锁定效应?

由于资产市场不完全,沉淀成本始终存在。如果发生了沉淀成本,由于坚持完全理性和完全竞争产品市场的存在,无须考虑沉淀成本。然而,在偏离新古典静态一般均衡条件下,在有限理性和非理性普遍存在的情况下,沉淀成本往往影响当前或未来决策。同时,由于不完全竞争产品市场的存在,我们可以看到沉淀成本效应,从而可以清楚地解释路径依赖。国有企业的发展不仅要对场地资产和物质资产进行持续投资,还需要对人力资本进行长期投资,从而构成沉淀成本的重要来源。不仅物质资本和人力资本如此,组织资本和社会资本也是如此,从而使国有企业改革受制于沉淀成本的影响,无法轻易地忽略掉它们。

五、加快辽宁国有企业改革的创新政策

国有企业是辽宁省国民经济的重要力量,地位重要、作用关键、不可替代。加快推进国资国企改革步伐,不仅是企业自身发展的需要,更是全省经济实现高质量快速发展的需要。全面深入地贯彻落实好党中央国务院关于国资国企改革发展的一系列重要决策部署,要求我们要进一步提高政治站位,对标找差,找准制约辽宁省国资国企改革发展的短板和突破口,凝练新时代辽宁国有企业改革的新思路、新举措,做强做优做大国有企业,实现有质量、有效益、可持续发展,不断增强国有经济活力、控制力、影响力、抗风险能力。

(一)健全治理"主框架",进一步完善现代企业制度

突出国有企业作为市场经济主体地位,以建立健全产权清晰、权责明确、政企分开、管理科学的现代企业制度为方向,进一步构建科学高效的企业组织构架和治理结构,遵循市场经济规律和企业发展规律,使国有企业真正成为依法自主经营、自负盈亏、自担风险、自我约束、自我发展的市场主体,加快建立中国特色现代国有企业制度和市场化经营机制。

1. 健全完善外部董事制度

按照《国务院办公厅关于进一步完善国有企业法人治理结构的指导意见》的有关要求，出台完善辽宁省的具体实施意见。进一步完善体制机制，依法规范权责，健全各司其职、各负其责、协调运转、有效制衡的国有企业法人治理结构。在平稳过渡的前提下，逐步提高外部董事在董事会成员中的比例。完善选聘条件和程序，拓宽外部董事来源，可比照山东省做法，从财政、审计、发展改革、经济和信息化、国资等省经济管理部门退休三年以上、从事相关经济工作五年以上的领导干部中选聘适合人员担任外部董事。

2. 加快建立职业经理人制度

摘掉高管"官帽子"，按照"市场化选聘、契约化管理、差异化薪酬、市场化退出"原则，加快推行经理层任期制和契约化管理，按照市场化原则，稳步改进企业经理层人员管理方式，明确责任、权利、义务，严格任期管理和目标考核，保持合理的稳定性和必要的流动性。

3. 健全激励约束机制

完善薪酬奖惩与业绩考核紧密挂钩的激励约束机制，以"业绩升、薪酬升，业绩降、薪酬降"为准则，实现业绩考核和薪酬的协同联动，促进薪酬与业绩、风险、责任相一致，进一步发挥考核分配对企业发展的导向作用。建立健全经营目标考核评价体系，科学设置经营业绩考核指标及权重，注重分类考核。建立与选任方式相匹配、与企业功能性质相适应、与经营业绩相挂钩的差异化薪酬分配制度。推动符合条件的企业实施上市公司股权激励计划和核心人才激励措施，推动国有科技型企业落实股权和分红激励措施。推进重要骨干企业集团通过其控股上市公司吸收合并、定向增发、资产置换等方式，不断将主业优质资产向上市公司集中，实现主业资产整体上市。

（二）抓住混改"突破口"，积极稳妥地实施混合所有制改革

混合所有制改革是转换经营机制的突破口和主要途径。积极发展国

有资本、集体资本、非公有资本交叉持股、相互融合的混合所有制经济，是党中央、国务院在全面推进经济社会各领域改革、坚持两个"毫不动摇"基本原则（毫不动摇巩固和发展公有制经济，毫不动摇鼓励、支持、引导非公有制经济发展）以及深刻总结国有企业改革发展经验基础上做出的重大决策，是当前深化国有企业改革的重要任务。

1. 多渠道推进混改

除国家政策明确必须保持国有独资外，其余企业实现股权多元化。因地施策、因业施策、因企施策，宜独则独、宜控则控、宜参则参。混改不能为混而混、为改而改，实施混合所有制的国有企业要做到"一个导向三个结合"，即以促进各类所有制经济相互融合、共同发展为导向，将发展混合所有制经济与优化国资布局结构、实施开放性市场化联合重组相结合；与推动国资有序流动、盘活用好国有资产相结合；与完善公司治理结构、建立健全现代企业制度相结合。

2. 有序推进混改

省属企业要按照《加快推进省属企业混合所有制改革实施方案》有关要求、各市要按照本地区的混改实施方案有序推进混合所有制改革工作，突破区域和所有制限制，在宽领域、多层次、大范围推进一批混合所有制企业，放大国有资本功能，实现投资主体多元化，不断增强国有企业发展活力和竞争力，实现国有资产保值增值。混改不搞全覆盖，不设时间表，不能用"一把尺"、搞"一刀切"，成熟一个推进一个。

3. 规范操作流程

各级国资部门要加强对混合所有制工作的指导，进一步明确混合所有制改制各环节的责任主体、基本流程和主要风险，把好"科学决策关、审计评估关、市场交易关"。把好科学决策关，要明晰集团公司、二级及以下企业的不同决策主体和决策程序；把好审计评估关，要规范财务审计、企业价值评估，出具法律意见书；把好市场交易关，通过证券市场和产权市场确定价格，寻找战略合作伙伴。

（三）推动国有资本布局优化和结构调整，实现国有企业高质量发展

加快推进国有资本布局战略性调整，是做强做优做大辽宁省国有资本的重要途径。辽宁省国资部门要会同有关部门深入研究国有资本布局结构，充分利用中央工业转型升级专项资金、省产业（创业）引导基金等，集中加大对规模大、技术水平高、资源利用率高的优势企业支持力度，推动国有资本做强做优做大。

1. 注重优质资源向优势国有资本聚集

要坚持捏沙成团、握指成拳，通过兼并重组、收购等方式，不断优化国有资本布局，引导国有资本向优势企业集中，提高产业规范化、规模化、集约化发展水平，形成一批有规模、有实力、有效益具有竞争力的国有企业。

2. 引导同质化国有资本战略重组

切实走出"单打独斗"观念误区，采取市场化手段，多渠道、多形式、多途径推动相同相近产业重组。按照"成熟一户、推进一户"的原则，稳步推进企业横向联合、纵向整合和专业化重组，在突破关键技术、掌握核心资源、打造知名品牌、拓宽市场渠道、提升产品品质、提高产业集中度等方面发挥协同效应。

3. 坚决推动劣势国有资本退出

国有资本战略布局要坚持有进有退，对不符合能耗、环保、质量、安全等标准要求和长期闲置亏损、低效无效的资产和企业，坚决实施清理、关停并转或剥离重组，不断提高国有资本集中度，严控新增投资进入产能过剩行业、高风险业务和低端低效产业。

（四）聚焦主业发展，提升企业核心竞争力

各级国资监管部门要对监管企业发展情况、产业布局进行一次全面的梳理，引导企业聚焦主营业务发展，避免产业布局过宽过散、资源配置不合理等问题，坚持新发展理念，立足自身优势，进一步突出精干主

业，明确战略定位和发展方向，强化资源集聚，优化产业布局，增强核心竞争力和长期可持续发展能力。

1. 明确监管企业主业

主业要符合国家和辽宁省产业政策和发展方向，单个主业的资产总额、营业收入、利润总额等原则上不低于企业总额的25%。关联度高、协同性强的业务可适当归类。逐步剥离、有序退出不具备发展优势的非主业资产和业务。

2. 对监管企业主业予以确认

企业要说明主业发展现状及前景、主要指标及所占比重，竞争力分析等情况，国资监管部门在与企业充分沟通、达成共识的基础上进行确认并公布，经确认的主业，作为国资监管部门对监管企业发展战略规划，重大投融资活动实施有效监管的重要依据。

3. 加强监管企业主业的管理

国资监管部门定期对监管企业主业的资产、经营、收入、产出等情况进行深入的研究分析，形成常态化的主业发展情况监测机制。推动技术、人才、资本等要素向主业集中，优先向主业配置资源，加大主业投资发展力度，严控非主业投资活动，不断增强主业的资源配置效率、盈利能力和市场竞争力。

（五）激发创新精神，支持打造国有企业技术创新核心优势

企业是"推动中国制造向中国创造转变、中国速度向中国质量转变、中国产品向中国品牌转变"的核心力量。坚持以企业为技术创新主体，进一步加快建立以企业为主体、市场为导向、产学研深度融合的技术创新体系，推进全要素整合，促进全产业链创新，打造国有企业竞争新优势。

1. 提高企业自主创新能力

认真贯彻落实省科学技术厅、省财政厅、省统计局《辽宁省企业R&D经费投入后补助实施细则》，充分发挥财政资金引导和拉动作用，结合企业年度研究与试验发展（R&D）经费支出增长情况给予财政补

助，激励企业加大研发经费（R&D 经费）投入，企业 R&D 经费投入后补助资金用于支持和激励企业增加 R&D 经费投入，财政各补助资金用于开展后续研发活动、科研平台建设、高层次人才引进等方面，推动企业成为技术创新决策、研发投入、科研组织和成果转化的主体。

2. 大力实施创新驱动发展战略

省财政科技资金支持企业开展关键核心技术攻关，将关键核心技术创新作为突破口，集成优势资源、科研精锐力量开展攻关，全力攻克国有企业发展中"卡脖子"的关键技术问题；支持布局建设一批多学科交叉融合创新平台，产业技术创新共性平台和省级重点实验室、工程研究中心、企业技术中心，完善产业创新发展支撑体系等，广泛凝聚各方面的创新资源，以科技创新引领产业振兴，着力将全省科技创新优势转化为产业发展优势，加快抢占科技制高点、培育产业新动能、增强发展驱动力，依靠创新做实做强做优实体经济，走出一条科技支撑产业结构调整的新路径。

（六）化解历史遗留问题，切实减轻企业负担

历史遗留问题多，企业负担沉重是制约辽宁省国企发展的重要瓶颈，是辽宁省经济发展的"老大难"问题，也是辽宁全面振兴发展必须要爬过的一座山、迈过的一道坎。近年来在中央的大力支持下，加上辽宁自身的不懈努力，一些历史遗留问题正在得到有效解决，但目前，辽宁处于矛盾凸显期，攻坚克难的任务仍然十分沉重，要坚持问题导向，重点突破。

1. 妥善解决厂办大集体问题

推进厂办大集体改革有利于减轻国有企业历史包袱，提高国有企业市场竞争力，是深化国有企业改革的一场攻坚战。财政部门要会同国资、人社等部门精心组织、规范操作，稳妥推进全省厂办大集体改革工作，统筹用好厂办大集体改革中央、省财政补助资金，确保省政府"2019 年基本完成全省地方厂办大集体改革"目标任务，坚决啃下这块"硬骨头"。

2. 出清"僵尸企业"

认真贯彻落实《全省处置国有"僵尸企业"实施意见》，积极配合省国资委充分运用市场机制、经济手段、法治办法，因企制宜，分类实施，盘活存量资产，减少无效低端供给，筹措资金用于相关企业职工安置费用支出，确保实现省政府处置"僵尸企业"三年工作目标。

3. 坚决落实减税降费政策

实施更大规模减税降费是党中央、国务院做出的重大决策部署，辽宁省要坚决将今年国家出台的增值税改革、小微企业普惠性减税、个人所得税附加扣除、降低社保费率，清理规范行政事业性收费和政府性基金等一系列减税降费政策措施不折不扣落到实处，加强监督检查，严肃查处政策不落实、增加企业负担等问题，坚决打通"中梗阻""最后一公里"，对搞变通打折扣或变换花样乱收费抵消减税效果的要发现一起查处一起，绝不姑息。要切实减轻企业负担，让企业有实实在在的"获得感"。

（七）构建监管新模式，进一步完善国资管理体制机制

以管资本为主，创新对国有控股混合所有制企业的监管方式和手段，不干预企业自主经营。通过"一企一策"制定公司章程、规范董事会运作、严格选派和管理股东代表和董事、监事，将国有出资人意志有效体现到公司治理结构中。要进一步向以管资本为主转变和落实监管职能，围绕资本布局、运作、约束、回报等健全监管制度，探索监管新机制、新方法。要进一步加大"放"的力度，把该放的坚决放下去，通过"放"释放企业活力；要进一步强化"管"的准度，把该管的坚决管起来，通过"管"来维护国家资产安全。

1. 抓紧组建国有资本运营公司

国有资本运营公司侧重资本或股权的市场化运作，进一步深化国有资本投资运营公司改建工作，研究制定国有资本投资运营公司运行模式指引，推动国有资本投资运营公司规范运行。将国有资本投资、运营公司作为推动国有资本合理流动和优化配置的重要平台，组织、指导和监督国有资本运作平台开展资本运营，通过股权运作、价值管理、有序进

退等方式，促进国有资本合理流动，实现保值增值。

2. 加强国有资产监督

国资监管机构既要"放到位"，又要"管到位"。坚持出资人管理和监督的有机统一，严格落实向人大常委会报告国有资产管理情况工作制度。健全国有企业规划投资、改制重组、产权管理、财务评价、业绩考核、选人用人、薪酬分配等制度，加强对制度执行情况的监督检查，完善企业集团化财务管控体系，引导企业更加关注国有资本安全与回报，优化财务预算事前引导、财务快报事中监测、财务决算事后反映的闭环管理体系，提升财务管理的决策支持、价值创造和风险防控功能。进一步加强和改进外派监事会监督，充分发挥监事会在法人治理结构中的监督制衡功能。建立外派监事会可追溯、可量化、可考核、可问责的履职记录制度，切实强化责任意识，健全责任倒查机制，提升监督效能。

此外，在"一带一路"政策下，加强辽宁与周边国家和地区基础设施互联互通，充分利用"两个资源、两个市场"的有利条件，提高资源保障能力，加快打造跨境产业园区和跨境产业链，形成各具特色的产业集群，建成多元化的现代产业基地。以优惠政策吸引其他地区的企业家前来投资，并对这类投资者给予财政、税收、金融各方面的优惠等，降低企业进入的沉淀成本，为发展接续产业创造条件。

六、结论与展望

从经济学理论上，只要符合完全竞争市场条件，那么国有企业改革根据市场价格信号机制，就可以实现资源优化配置，改革也就不存在任何经济问题。然而，在辽宁国有企业改革过程中，由于不符合完全竞争市场条件，尤其是信息不完全、市场不完全、资源不完全流动等，使国有企业改革异常困难，因此在制定政策时需要考虑市场不完全与国有企业改革创新之间的关系，目的是减少交易成本、信息不完全程度和沉淀成本等，对于新时代辽宁国有企业改革创新具有重要的意义。

（1）对于沉淀成本与退出（重新进入）问题，应大力完善产品市场和生产要素市场，降低市场交易成本，尊重契约和保护产权，包括信息、技术、数据等无形资产市场，打破地区或行政垄断，促进生产要素在产业间或区域间、国内以及国际间流动，尤其是二手市场，打破制约劳动力自由流动的行政性市场性障碍，目的是提供更多的再利用生产机会减少生产要素沉淀成本，以此来保障生产要素高效流动，建立健全市场化体制机制，激发"活力"始终是深化国企改革的出发点和落脚点，也是解决路径依赖和锁定效应的关键所在。

（2）对于市场不完全与垄断问题，应坚持市场公平准则，切实落实中央关于发展非公有制经济的相关政策，逐步打破不合理的市场壁垒与国有企业垄断，适度放开以前由国有资本控制的项目领域，允许并吸引非公有制企业进入更多的市场领域。进一步调整国有经济布局，让国有资本更多地投向辽宁关系国家安全和国民经济命脉的重要行业和关键领域，为非公有制经济（民营经济）进入市场创造良好的外部环境，在竞争中性和所有权中性条件下创造公平竞争，实现优胜劣汰机制，使国有企业真正处于市场经济主体地位。

（3）对于信息不完全问题，很容易产生逆向选择和道德风险行为，应以组建混合所有制企业作为改革目标，在委托代理框架下继续深化国有企业产权制度改革，明晰产权，解决好双重委托代理问题，扩大激励范围。"混"是形式，"改"是目的。通过公有制经济与非公经济融合发展，取长补短、相互促进，提高国有资本配置效率，不断夯实基本经济制度，增强企业内在约束和激励机制。各级国资委等监管机构要进一步完善职能，履行好出资者责任，防范国有资产流失。在分类改革的基础上，优化国有企业公司治理结构，根据国家股权的比例和结构，构建多元化的股东有效制衡的公司治理模式。

（4）对于政府职能来说，要处理好市场与政府的关系。党的十八届三中全会通过的《中共中央关于全面深化改革若干重大问题的决定》提出，"发挥市场对资源配置的决定性作用"，而市场能够充分发挥作用的重要条件是价格和竞争，政府应该在市场机制的基础上，因势利导，稳步推进。需要指出，政府应该在以下方面有所作为：①推动政府进入"正确的"经济领域。②在"正确的"经济领域形成比较优势。③基础设施建设。④设立市场标准。⑤激励企业家精神。⑥拉动需求。⑦认识到法律制度在强化经济结构方面的重要性。⑧充当最后资本家和最后企业家的角色。必要时要承担一部分沉淀成本，例如承担基础设施建设、教育培训投资等，从而促进生产要素充分流动。

总之，通过市场配置资源，促进国企成为市场主体，用若干市场手段解决国企存在的问题，培育整个中国的市场经济、市场氛围，完善中国社会主义市场经济体系的结构，构建现代市场体系。党的十九大报告强调，要完善各类国有资产管理体制，改革国有资本授权经营体制，加快国有经济布局优化、结构调整、战略性重组，促进国有资产保值增值，推动国有资本做强做优做大，有效防止国有资产流失。深化国有企业改革，发展混合所有制经济，培育具有全球竞争力的世界一流企业，都将成为辽宁未来国有企业改革的基本方向。

第二节　以金融档案大数据开发推动 中小微企业融资纾困

2020年1月7日，国务院金融稳定发展委员会召开第十四次会议指出："中小企业是建设现代化经济体系、推动经济实现高质量发展的重要基础，在支撑就业、稳定增长、改善民生等方面发挥着重要作用"。①一是李克强总理曾表示："小微企业不仅是吸纳就业的'主力军'，更是激励创新、带动投资、促进消费的重要'生力军'。"② 二是央行行长易纲此前介绍，我国有2000多万的小微企业法人，此外还有6000多万的个体工商户，这些小微企业占了市场主体的90%以上，贡献了全国

① 《国务院金融稳定发展委员会召开第十四次会议》，中国政府网，http://www.gov.cn/guowuyuan/2020-01/07/content_5467295.htm。

② 《李克强为何把支持小微企业发展摆到这么重要的位置?》，中国政府网，http://www.gov.cn/xinwen/2017-09/29/content_5228599.htm。

80%的就业、70%左右的专利发明权、60%以上的 GDP 和 50%以上的税收。[①] 三是中小微企业在国家和地方经济发展中所处的地位和发挥的作用由此可见一斑。然而，融资难、融资贵、融资慢的问题，一直以来是制约中小微企业生存和成长的难题。故而，研究如何开发利用金融档案大数据帮助辽宁省中小微企业融资纾困，对于促进辽宁省和东北地区振兴，有着强烈的现实意义。

一、金融档案研究现状、意义和方法

（一）国内外研究现状

1. 国内研究现状

课题组通过中国知网，以"金融档案"为主题词，共检索到相关文献 98 篇。国内学界对金融档案的研究起步较早但数量不多，这为本课题留下了广阔的研究空间。

从年度分布上看，伴随历次金融改革实践的开展，对金融档案的研究也会有所增长。可见，在当前我国金融供给侧结构性改革的背景下，开展金融档案的开发利用研究既符合国家政策导向，又是金融行业实践所需，更符合学术史的发展规律。

从研究内容上看，目前相关研究关注的主题可分为以下几类。

（1）金融档案的含义及内容。含义及内容是研究金融档案的基础问题，很多学者发文探讨了对这一问题的看法。曹秋月在文章中指出："金融档案是金融企业在工作中形成的具有保存查考价值的文字、图表、声像等不同形式的历史记录。"[②] 周三俊认为"金融档案是针对有价值的经营活动资料进行总结，并形成各种真实的历史交易记录集中的存贮保

---

① 《国务院常务会议十提小微企业融资难融资贵问题，总理这次在成都答应了三点》，中国政府网，http：//www. gov. cn/xinwen/2019 – 12/24/content_5463666. htm。
② 曹秋月：《浅谈金融档案标准化管理》，载于《时代金融》2017 年第 14 期。

管，并且档案存贮的方式采用多种形式，一般包括文件及图表等载体"①。

（2）金融档案的开发利用。合理有效开发金融档案，挖掘其潜在的信息价值，不仅可以深化金融档案的理论研究，同样可以为商业银行业务开展提供强有力的资源支持。庄晨辉认为"建立和完善相应的金融专门档案，合理地开发利用这些材料，来防范、化解和规避金融犯罪、金融风险，成为金融档案工作面临的亟待解决的重要课题"②。张敬容在文章中阐述了新时期金融档案信息资源的开发利用现状，分析了其中取得的成绩及存在的不足，并针对存在的问题提出相应的对策③。

（3）金融档案的技术应用研究。随着金融科技的不断普及与深入，对金融档案管理技术应用的研究也开始增多。如：蓝庆洪针对数字金融档案建设问题提出了自己的观点和相应的解决措施。④ 刘开瑛、郑家恒等在《基于〈金融档案分类表〉的自动分类算法研究》一文中介绍了类别词库和分类规则词库建造法以及自动分类的三维加权算法等。⑤

（4）金融档案管理中的问题与对策。此类文章观点相似，重复性研究较多。概括起来，学界认为目前金融档案管理存在的主要问题包括：档案管理人员专业素质不够、档案信息资源开发强度较低且利用程度低、没有统一的档案管理制度。对应的解决办法为：加强档案团队建设、更加注重金融档案信息资源开发利用、加快推进建立统一管理制度。

2. 国外研究现状

课题组通过中国高等教育文献保障系统外文期刊网（CALIS Current Contents of Western Journals，CCC）和综合学科参考类全文数据库（Academic Search Premier，ASP），以"financial record"为检索词进行主题检索，截至 2019 年 9 月 1 日，共检索到相关文献 45 篇。研究主题主要

---

① 周三俊：《大数据时代的金融档案管理及其应用》，南昌大学 2016 年硕士学位论文。

② 庄晨晖、陈东宝：《试论金融档案的管理与利用》，载于《云南档案》2007 年第 9 期。

③ 张敬蓉：《浅谈新时期金融档案信息资源的开发利用》，载于《赤峰学院学报》（自然科学版）2012 年第 12 期。

④ 蓝庆洪：《探索数字金融档案建设》，载于《中小企业管理与科技》2012 年第 6 期。

⑤ 刘开瑛、郑家恒、刘静：《基于〈金融档案分类表〉的自动分类算法研究》，载于《情报学报》1997 年第 5 期。

集中于以下几方面。

（1）金融档案的记录凭据功能。在英美等国家，财务记录被视为是重要的凭据。例如迈克尔和约瑟夫（Michael and Joseph）在《经济调查》上撰文分析了美国的金融档案，得出美国经济经历深度衰退、快速复苏和金融危机的规律。① 希克斯和哈珀（Hicks and Harper）撰文探讨了维护金融档案完整性和准确性的重要性。②

（2）金融档案的风险防范功能。利用金融档案防范各类风险，一直是金融档案开发利用的关注焦点。如卡那冈萨巴帕希和巴拉奇（Ka-nagas – abapathi and Balaji）在《云计算环境下与第三方应用程序集成共享财务记录的安全性》一文中，探讨了如何启动云功能将计算和存储等资源按需交付给客户，并提出了基于属性加密（ABE）的金融档案云共享模型。③

（3）金融档案与其他行业的结合应用。国外对于金融档案的定义比较宽泛，企业和个人的财务信息等，也属于金融档案的范畴。这些信息与具体的行业相结合而产生的应用，也是金融档案利用的典型场景。如，巴伦和沃勒（Barron and Waller）撰文提出了利用诊所的财务记录辅助诊断治疗。④ 纽克曼和班康（Newkham and Bawcom）通过综合临床及财务记录系统的交叉比对，验证了患者财务记录与医疗诊断的相关性。⑤

由以上研究现状可知，目前国内外对金融档案的研究并未给予足够的重视。从内容上看，现有成果多是从档案管理的角度出发，研究管理

---

① Bordo Michael, Haubrich Joseph. Deep Recessions, Fast Recoveries and Financial Crises: Evidence Fromthe AMERICAN Record [J]. Economic Inquiry, 2017, 55 (1): 527 – 541.

② Kenneth E. Hicks, Jennifer Harper. Importance of Accurate and Complete Financial Records [J]. Journal of the American Optometric Association, 2007, 78 (4): 199 – 200.

③ Kanagas-abapathi K, Balaji S. Secure sharing of financial records with third party application integration in cloud computing [C]// International Conference on Current Trends in Engineering & Technology. IEEE, 2013.

④ Barron E G, Waller R R. Financial record – keeping simulation in the dental auxiliary utilization clinic [J]. Journal of Dental Education, 1975, 39 (9): 613 – 616.

⑤ Newkham J, Bawcom L. Computerizing an integrated clinical and financial record system in a CMHC: a pilot project. [J]. Administration in Social Work, 1982, 5 (3 – 4): 97 – 106.

工作的优化，比较零散，不成体系。研究者方面，也并未形成核心作者或研究群体，亟待展开项目式攻关研究。

（二）研究意义

1. 理论意义

（1）丰富金融档案研究的理论体系。我国金融档案管理理论研究水平整体较低。本书基于金融供给侧改革目标的需要、银行业务信息化的环境和金融档案自身数字化的现实，探寻新时期金融档案的新含义、新内容，提出金融档案管理的新理念、新方法。

（2）深化金融档案开发利用的方法与策略。在传统的管理模式下，重藏轻用的思想使得金融档案的利用方式单一、内容简单，制约了其价值实现。本课题创新性地提出通过金融档案的开发利用突破商业银行在实现金融供给侧改革目标中的瓶颈问题，在开发利用方式、手段、内容方面均有所深化。

2. 实际应用价值

（1）助力中小微企业融资纾困。本书的研究成果能够有效解决商业银行和中小微企业之间的信息不对称问题，帮助企业积累自身信用、凸显优质资产，解决其融资难、融资贵、融资慢的问题。

（2）防范辽宁省商业银行信贷风险，实现金融资源高效配置。通过金融档案的开发利用，实现商业银行与其客户之间的信息对称，能够帮助银行提前识别信贷风险，防范不良信贷业务甚至诈骗的形成。同时也能帮助商业银行主动寻找优质客户或优质资产，扩大金融普惠触达面积，实现闲置资金的高效利用。

（三）研究方法与创新点

1. 研究方法

（1）调查研究。由于本书的研究具有很强的实践性，因此课题组计划对商业银行、中小微企业展开调研，通过访谈、观察、问卷等方式获取一手真实数据，并在此基础上展开分析。

（2）理论分析。基于事实展开理论推导和分析，构建商业银行金融档案开发利用的模式和策略。

（3）积木式创新。积木式创新法是由北京大学薛兆丰教授和海银资本投资家王煜全先生共同提出的。他们认为，现代的创新很难由单一的实验室或学者独立完成，而需要在创新的每个环节跨界汇集一批相关领域的精英，各自承担一部分工作任务，汇总起来，才能实现一次完整的突破创新。本章节属于金融学和档案学的跨学科研究。故依照此法，课题组吸纳了来自商业银行的金融从业者和来自档案部门的一线工作者，通过长板拼接取得一加一大于二的效果，保证课题的高质量完成。

2. 创新点

（1）构建金融档案开发利用新模式。金融档案开发利用新模式的构建，是本章节研究的核心内容，关乎研究目标的实现。需要综合考量资源建设、开发利用的场景功能及与银行业务的高度融合、整个模式运行的高效性和有效性等问题，也是本章节研究的难点之一。

（2）探寻模式落地应用的策略。模式构建如果只停留在理论层面，则仅是"空中楼阁"，无法在实践中真正发挥作用。所以，为新模式寻求落地应用的角度和策略也尤为重要。这一问题需要结合商业银行的现实环境，考虑模式应用的外部条件、技术环境、支撑条件等，也具有相当大的难度。

（四）研究框架

首先，分析辽宁省中小微企业融资难题的成因，得出企业与银行间的信息不对称和信用不对称是待解决的重点问题。其次，提出开发利用金融档案大数据可以帮助商业银行与中小微企业解决矛盾，破除困局。具体来讲，一是从更新金融档案含义入手，拓宽其范围，使其适应新时期的利用需要。二是构建商业银行金融档案开发利用模式，详述资源组成、功能模块及模式运行方式。三是提出包括"扩大金融档案收集范围""打造金融档案区块链平台""强化应用正交信息进行交叉验证""普及智能化业务应用"和"打造中小微企业信用云平台"在内的开发利用策略。三管齐下，以金融档案大数据的充分开发利用，连通银行与中小微企业，让金融资源更高效地服务实体经济和人民生活，从而破解辽宁省中小微企业融资难题。具体如图 2 - 1 所示。

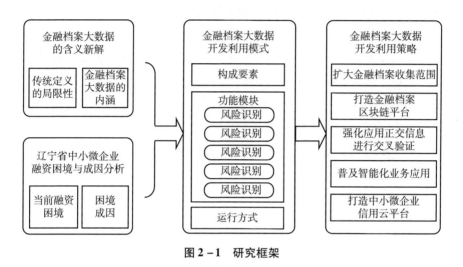

图 2 - 1 研究框架

二、金融档案大数据含义解析

（一）传统金融档案定义的不适用性分析

笔者认为，传统的金融档案定义局限了可供开发利用的信息资源的类型和数量，从而制约了档案利用效果和在助力中小微企业融资过程中本应发挥的作用。

1. 传统代表性定义

关于金融档案的含义，自 1988 年我国首篇以金融档案为研究对象的论文问世以来，很多学者都做出了各自的表述。其中比较有代表性的是："金融档案是指金融机构、个人和社会组织在金融活动中形成的，具有保存价值的文字、图像、声音及其他各种形式的原始记录"[1]，以

---

① 庄晨辉、陈东宝：《试论金融档案的管理与利用》，载于《云南档案》2007 年第 9 期。

及"金融档案是指金融企业在工作中形成的具有保存查考价值的文字、图表、声像等不同形式的历史记录"①。然而,笔者认为,在新时期金融供给侧结构性改革的背景下,此类定义所界定的档案信息范围,已经难以满足各类金融机构在业务开展中的利用需求。

2. 形成者方面的局限

在形成者方面,传统定义大都只关注金融机构形成的档案材料,而忽视了与金融机构相交互的个人和企业所形成的信息。实际上,以银行为代表的金融机构出于自身业务需要,所形成的档案多仅限于凭证、账簿和报表,留存的内容也主要是服务于金融机构自身(如业务统计需要、规避法律风险等),而对企业等金融机构的客户信息和需求关注不足。

3. 形成过程方面的局限

在形成过程方面,传统定义仅关注了在金融活动、业务办理中形成的档案材料,而忽视了相关主体在其他社会活动中形成的可以作为金融机构开展业务参考凭证的信息。企业与金融机构互动过程中形成的档案信息,大多仅能反映企业在财务状况这一单一维度的状态。而对一家企业做出价值评估则需要综合其发展潜力、业务模式、供应链关系、战略选择和经营状况等维度的信息。这些信息目前被排除在了金融档案之外。

可见,传统的金融档案定义,内涵过于狭窄,维度过于单一,难以成为当前企业在融资过程中的信息助力和有效佐证。对于金融机构来说,也难以帮助它们正确判断客户价值、挖掘优质客户。因此,有必要在原有基础上,结合目前我国金融行业的发展特点,针对金融机构和企业的现实需求,对金融档案的含义做出新的阐释。

(二) 金融档案大数据的含义

1. 金融档案含义新解

基于前面的分析,为扩大数据来源,提升开发利用效果,为辽宁省

---

① 曹秋月:《浅谈金融档案标准化管理》,载于《时代金融》2017 年第 14 期。

中小微企业融资纾困提供支撑，金融档案应是指金融机构、个人、企业或其他社会组织，在各类社会实践活动中直接形成的，可在金融机构的业务活动中发挥凭证和参考作用的各种类型和载体的原始记录。

具体来讲，可供开发利用的金融档案信息资源应该包括：政府监管信息（如企业基本资质、质量检查信息、行政许可/认定、行政奖罚信息、商标/专利/著作权信息、人民法院判决等）、银行贷款信息（如人民银行信贷评价信息、商业银行信贷评价信息、小额贷款公司及民间借贷评价信息等）、行业评价信息（如行业协会（社团组织）评价信息、水、电、气、通信等公共事业单位评价信息等）、企业运营信息（如企业财务信息、企业管理体系评估信息等）、市场反馈信息（如消费者、交易对方、合作伙伴、员工等不同身份的实名评价信息）和个人信用信息（如身份识别信息、贷款信息、信用卡信息、支付公共事业费用信息以及法院民事判决、欠税等公共信息）。

2. 金融档案大数据

目前学界对"金融档案大数据"的属概念"档案大数据"含义的研究还较为粗浅。较有代表性的是高茂科先生提出的"档案大数据是在档案方面涉及的资料量规模巨大到无法通过目前主流软件工具，在合理时间内达到撷取、管理、处理、并整理成为帮助企业经营决策更积极目的的信息"[1]和鲁德武先生提出的档案大数据是"一定空间与时间范围内所有档案数据的集合"[2]。

综合上述两种观点，结合金融档案自身的特点，笔者认为，对"金融档案大数据"的理解可以有广义和狭义之分：广义上是大数据中的金融档案数据，即大数据中具有金融档案属性的全部数据；狭义的理解则是指金融档案中的大数据，即一定时空范围内所有（不论其来源、保管期限、载体、结构等的差异）的金融档案数据的集合，如同一企业或个人在不同社会实践中生成的数据集合或有关某项企业经营活动的全部档

---

① 高茂科：《对档案大数据关键环节的认识》，载于《中国档案》2013 年第 10 期。
② 鲁德武：《试述档案大数据的定义、特征及核心内容》，载于《档案》2014 年第 4 期。

案信息的集合。

可以看出金融档案大数据的含义与新来源观"将某种职能、目的、活动、形成过程视为来源"① 的思想具有一致性。也符合大数据时代将某主题相关信息资源最大化整合的要求。对这一含义的理解，有助于打破原有条块分割式的金融档案管理体系，也为面向辽宁省中小微企业融资纾困的金融档案开发利用奠定了理论基础。

三、辽宁省中小微企业融资困境与成因分析

本书研究期间，新型冠状病毒肺炎疫情肆虐给实地调研带来了难以克服的不便。因此，本章的研究在研究方法上采用文献调研法，尽可能选取最新的研究数据，同时以小微企业代表辽宁省中小微企业的状况展开分析，鉴于辽宁省小微企业数量在全省企业总量占比中超过九成这一事实，项目组认为，此种研究方法不会对本书的研究结论带来偏差。

（一）辽宁省中小微企业的构成与特点

1. 企业构成情况

辽宁省市场监管局根据全省市场监管部门登记注册数据、辽宁小微企业名录系统数据和 2019 年企业年度报告数据编制了《全省小微企业数据分析报告（2019）》（以下简称《报告》）②。《报告》显示，截至 2019 年底，全省小微企业总量达 779447 户，占全省企业总量的 91.32%。其中，私营企业的户数和投资额分别占小微企业总量的 93.46% 和 88.11%，构成了小微企业的绝大多数。

在产业分布方面，有 82.98% 的企业从事第三产业。其中，从事科学研究和技术服务业以及软件和信息服务业的企业分别占小微企业总量

---

① 祭鸿雁：《"新来源观"：实质与意义探析》，载于《档案学通讯》2003 年第 1 期。

② 《辽宁省发布〈小微企业数据分析报告（2019）〉》，东北新闻网，http://liaoning.nen.com.cn/system/2019/10/23/020939101.shtml。

的 10. 47% 、3. 13% ，占第三产业小微企业数量的 12. 62% 、3. 77% 。

辽宁省小微企业中有营业收入的企业数量占企业总量的比值为48. 21% ，其中，第一产业、第二产业、第三产业比率分别为 44. 51% 、56. 75% 、46. 67% 。

辽宁省 2019 年度报告盈利的小微企业仅 191138 户，占已年报小微企业数量的 26. 8% 。

《报告》还指出，成立时间在 7 年以上的小微企业占总量的33. 74% ，成立时间 3~7 年的占小微企业总量的 28. 26% 。

2. 企业呈现的特点

根据以上数据分析得出，目前辽宁省的中小微企业呈现出以下特点。

（1）数量多，占比大。由前面数据可知，从数量上看，中小微企业构成了辽宁省企业的主体，这与辽宁省近年来积极落实鼓励创新创业的政策导向密不可分。同时也说明中小微企业已经具备了促进和保障省内就业与经济增长的规模和潜力。可见，对中小微企业提供必要的支持和保障，助力其高速发展和壮大，无疑将会从整体上带动辽宁省的经济发展。

（2）向第三产业集中。如前所述，82. 98% 的小微企业选择从事第三产业，这是辽宁省产业结构调整成果的具体体现。客观上，第一、第二产业相对需要比较大的资本投入，天然地不适合中小微或初创企业进入。第三产业的企业对资金的需求往往呈现数额小、频率高和持续时间长的特点。这也决定了辽宁省中小微企业的融资需求将体现出高频、散发和急迫的特点。高频，是由于第三产业的中小微企业经营中，需要不断周转资金，以完成一次次的业务流程。散发，则是由庞大的基数决定的。可以设想，约 80 万户企业中，每天必然会有企业产生融资需求。急迫，是因为第三产业中小微企业在经营中遇到的机会往往稍纵即逝，一旦商业机会出现，它们需要快速融到资金开展业务。

（3）活力度较为一般。统计数据中可以看到，有营业收入的企业在企业总数中占比不到一半。这说明辽宁省中小微企业的活力还有很大的提高空间。如果能够降低融资门槛，使企业及时获得资金支持，无疑能够帮助企业及时开展业务提高活力。

（4）盈利能力差。《报告》显示，仅有 26.80% 的企业实现了盈利。这充分说明了目前辽宁省中小微企业的盈利能力还是比较差的。盈利是企业的经营目标和生存基础，提高中小微企业的盈利能力才能激发其为辽宁经济增长释放更大的能力。提高盈利能力涉及的因素很多，提供资金支持应是其中的重要一项。有研究指出，据统计，超过 50% 的小规模企业年均毛利率不足两成。由于当前我国物价不断上涨，促使工人生活成本上升，工资要求也不断提高，因而增加了企业的用工成本。调研了解到①，原材料、用工成本的上升极大地压缩了企业的利润空间，甚至直接危及一些小微企业的生存。更重要的是，规模越小的企业，毛利率水平越低，企业也就面临着愈加突出的资金困难。因而更应该获得政府和金融部门的广泛关注和扶持。

（5）大多处于成长瓶颈期。超过 60% 的中小微企业成立时间不足 7 年，一般认为，创立后 3~7 年的企业处于成长瓶颈期。能否顺利度过这一时期，是一个企业能否由小到大再到强的关键。所以可以说目前辽宁省大多数的中小微企业都处在需要特别支持和呵护的阶段，也从侧面反映了辽宁省未来的经济增长潜力。

（二）辽宁省中小微企业的融资结构

1. 资本市场融资

资本市场的发展一直以来就不是为小微企业量身定做的。在沪深资本市场上市的企业大都是大中型国有企业，辽宁省的企业也是如此。首先，上市门槛的设置不利于小微企业上市融资，上市资质有诸如利润、规模、科技创新能力等要求，这些条件使小微企业很难与大中型国有企业竞争。其次，由于交易费用的存在，企业上市需要大量资金、人力物力作为后盾，这都是小微企业无法承担的。最后，由于抵押效应的存在，

---

① 薛欣迪、王秀山：《辽宁省小微企业经营与融资现状调查研究》，载于《现代商业》2014 年第 27 期。

投资者更愿意购买那些大中型企业的股票，对小微企业股票并不青睐。

小微企业依靠资本市场融资的企业很少。调查中发现，被调查小微企业中2%的企业已经上市，6%正在逐步准备上市，绝大部分企业没有上市的打算。

2. 民间、政府融资

民间融资方式来源有职工集资和高利息民间借贷。然而职工集资规模有限，高利息民间借贷的交易费用很高，特别是资金使用成本。而且，有些不法分子靠高息吸储，加剧了金融风险。但是民间融资也有其优点，比如没有繁杂的手续，资金很快就能筹集到，但是毕竟资金数量小，缺乏确定性。从地方政府来看，政府不愿意给小微企业融资，因为一旦资金回收发生问题，可能具有政治风险，这样商业银行就对小微企业融资设置了很多障碍。

调研数据显示，近40%的企业主选择向亲友借款的融资方式。

3. 金融机构融资状况

银行贷款条件一般要求质押，而小微企业缺乏质押物；而且，担保公司也不愿意为小微企业贷款进行担保。小微企业贷款额少，使得银行由于交易费用大、违约风险的存在以及难于监管等问题，而不愿意贷款给小微企业。[①]

有调研数据显示，辽宁省小微企业的融资渠道主要是银行贷款、向亲友借款和向员工集资等方式，其中银行贷款是主要融资渠道，有60%的企业主选择了这种融资方式。[②] 不过值得注意的是，尽管很多企业选择银行融资，但大部分小微企业主认为银行融资非常困难。

（三）辽宁省中小微企业融资中面临的困境

调查发现，90%以上的企业存在资金问题，最主要的表现为资金不

---

① 苟于泉、付倩倩：《辽宁财政政策支持优化小微企业融资环境问题研究》，载于《现代商业》2017年第34期。
② 薛欣迪、王秀山：《辽宁省小微企业经营与融资现状调查研究》，载于《现代商业》2014年第27期。

足，占样本企业的51%。其次为资金成本太高，占样本企业的33%。①

对企业资金需求满足程度的调查显示，占样本14%的企业表示资金需求满足度不足20%，39%的企业表示资金需求满足度为20%～50%，34%的企业资金需求满足度为50%～80%。此外，资金成本太高、固定资产和技术开发投资不足也是较为突出的问题。

近年来中央及辽宁省政府对小微企业的政策扶持及金融机构创新产品的发展，虽然使得小微企业贷款难的情况得到一定程度的缓解，但小微企业贷款难仍是制约其发展的主要问题。调查显示，有半数以上的被调查小微企业认为银行贷款存在难度，其中22%的小微企业表示获得银行贷款比较困难，11%的小微企业认为几乎不可能获得银行贷款。

项目组在辽宁省中小企业名录网站调研时发现，虽然网站提供了诸多协助和便利中小微企业申请银行贷款的渠道和内容，但其中仍有不尽如人意之处。如图2-2所示，当项目组模拟一家企业想要寻求一笔100万元以下，期限为1～3年的贷款时，即使提供资产抵押，并且选择最高挡位的利率水平，也没有一家银行能够提供。

在贷款难度方面，如图2-3所示，可以看到，企业在申请某项贷款时仅申报材料就需要提交10大类40余种证照和材料，非常烦琐。当然银行为了规避风险需要尽可能全面地衡量评价一家企业，这无可厚非。但客观上也确实给企业申请银行贷款造成了很大的障碍。

调研还显示，企业认为获取银行贷款的主要影响因素有缺少抵押、缺乏必要的人际关系和特殊关系人、手续烦琐、企业盈利能力差、融资成本高等。

通过前面的阐述可知，目前辽宁省中小微企业获取融资的渠道仍然以申请银行贷款为主。但获取银行贷款对中小微企业来讲却比较困难。这就是辽宁省中小微企业当前所面临的融资困境。

---

① 朱荣、程学燕：《辽宁省小微企业融资现状调查与分析》，载于《东北财经大学学报》2012年第6期。

图 2 - 2　模拟小微企业申请贷款

💬 提交材料

1. 营业执照、组织机构代码证、国地税务登记证(正副本)三证合一仅提供营业执照正副本。2. 开户许可证、机构信用代码证、贷款卡(若有)、特殊行业许可证(若有)、历次公司章程及验资报告。3. 法定代表人、实际控制人、股东及其配偶和财务负责人的身份证件、结婚证、户口本。4. 近3年财务报告,最近3个月的财务报表(资产负债表、利润表、现金流量表),对于7月份以后申请的需额外提交本年上半年的财务报表。5. 近2年各季度的增值税与所得税纳税申报表。6. 近1年的主要银行账户对账单(公司账户、个人账户)。7. 拟抵押房产房产证复印件、拟抵押土地土地证复印件;经营场所产权证复印件或租赁协议。(对于第三方抵押的需提交抵押人夫妻双方的身份证件、户口本、结婚证)。8. 应收账款明细、应付账款明细、存货明细、其他应收账款明细、其他应付款明细、预收款明细、预付款明细、固定资产明细等科目明细。9. 进货合同复印件、销售合同复印件、进货发票复印件、销售发票复印件(越多越好)。10. 近一年的水电费发票、近三个月的工资表。以上材料均需加盖企业公章,企业证照(营业执照、组织机构代码证、税务证、生产经营或特种经营许可证等)盖章需要加盖在企业名称上。

图 2 - 3　小微企业申请贷款需提交的材料

(四)辽宁省中小微企业融资中困境成因分析

多数小微企业主反映,缺少银行可接受的抵、质押资产,企业的信用评级无法达到银行标准是导致企业融资难的主要原因。[①]

而站在企业和银行之外的第三方角度进行理论分析，本书认为，造成辽宁省中小微企业目前的融资困境的主要原因有以下几点。

1. 企业与银行间的信用不对称

最初，经济主体的信用来源于与其具有经济关系的经济主体给予它的评价。在财务会计体系出现之前，要对一个经济主体进行信用考察，只能通过考察与其发生过经济关系的经济主体，调查被考察对象在其他经济主体处获得的评价以总结得出结果。在财务会计体系出现之后，经济主体的信用水平就可以通过应收应付账款即其偿付债务的情况来反映，是为商业信用。而在互联网技术发展之后，由于经济主体的大部分经济行为均与互联网相关联，因此，大多数经济活动在互联网平台都留下了痕迹。此外，不断发展的大数据技术使海量的行为数据处理成为可能，为全面化的数据采集与处理提供了技术前提。因此，互联网信用的来源具有多样性，不再仅局限于主观评价或简单的应收应付账款数据，经济主体的每一个经济行为乃至与之相关的非经济行为（如个人主体违反交通法规等）都能够成为互联网信用的来源。互联网信用反映经济主体真实信用水平的准确性较其他方法更高，因此在当前才有了代替其他传统信用评价方法的价值。以阿里巴巴企业对企业（B2B）平台的互联网信用体系为例，其数据包含企业基本信息、法定代表人个人信息、企业商业关系、企业金融行为以及企业贸易行为等五个维度。除阿里巴巴B2B平台自身之外，还与海关、法院、金融机构、税务部门、工商部门以及海外征信机构等建立合作关系，从数个来源获取互联网信用体系所需的数据。

现实情况是，在央行拥有信用记录的个人当中，仅有18.2%属于非城市人口。[②] 从结果看，我国中小微企业里仅有19.6%能够拿到银行

① 薛欣迪、王秀山：《辽宁省小微企业经营与融资现状调查研究》，载于《现代商业》2014年第27期。
② 刘丹：《我国个人信用体系建设中的信息问题研究》，华东师范大学2009年硕士学位论文。

贷款。[1] 在商业银行看来，这些信用评级不高或不明确的个人和企业，属于风险较高的信贷客户，在不能提供足额有效的担保增信措施条件下，难以满足内部业务准入条件或审查审批要求，难以提供贷款。所以，在现有条件下，如硬性追求实现金融普惠性的目标而放宽对贷款审核的要求，则无疑会增加银行的经营风险，甚至给银行带来遭受恶意欺诈的隐患。

中小微企业本身也存在问题，突出表现为四个方面：一是企业管理不科学，企业一般规模小，有的甚至 2 ~ 3 人，没有系统的组织管理规章和程序，同时缺乏管理人才；二是企业财务信息以及其他信息的公开化程度和真实性程度较低，财务状况缺乏透明度；三是企业盈利能力差、经营风险高，不能满足金融机构提供资金时所考虑的安全性、稳健性和盈利性等原则；四是企业资信较差、还贷意识薄弱，部分小微企业逃废债现象时有发生，导致银行不愿放贷。

2. 企业与银行间的信息不对称

信息不对称理论是指在市场经济运行过程中，参与市场活动的各市场经济主体的信息掌握程度存在差异。掌握信息更丰富的市场主体在商业活动中具有优势地位，能够通过向信息欠丰富的市场主体传递可靠信息而获益。

该理论指出了信息这一要素对市场经济和商业活动的重要影响，同时指出了非完全竞争市场的缺陷。在市场参与者都是理性经济人的假设下，信息不对称会导致市场无法正常运行，表现为逆向选择和道德风险的出现，信息劣势方的利益在商业活动中总是会受损。因此，商业活动的进行就会带来一部分无谓损失，导致社会整体的利益下降。

在信贷市场，信息不对称表现为投资者和贷款者的信息丰富程度差异。融资方对自身的履约能力、经营状况和还款能力的信息掌握程度远较投资方丰富，存在明显的信息不对称问题。贷款利息的一部分就是对

---

[1]　中国人民银行调查统计司：《2019 年金融机构信贷收支统计》，中国人民银行网，http://www.pbc.gov.cn/diaochatongjisi/116219/116319/3750274/3750286/index.html。

这种信息不对称的一种补偿，履约能力越差的贷款者需要支付更高的利息成本才能在市场中匹配到合适的投资者。

对于中小微企业，银行又缺少必要的信息去判断其未来成长性和还款能力。可见，当前的困局源自中小微企业与银行间的信息不对称。其主要体现为：中小微企业管理不科学、信息缺乏真实性且透明度不高，获取中小微企业信息难度大、成本高；缺乏由市场提供的第三方信息，贷款人缺乏有关客户信用状况和信用记录的信息加深了他们所认为的中小微企业贷款风险高的感觉。

从银行角度看，一方面，银行通过储蓄、理财等负债业务获得大量的资金资源，这些资金一方面需要支付成本和收益，更需要通过投放和投资获得增值、实现利润目标。我国传统商业银行偏好将这些资金投向大型央企、国企。但近年来，这些大企业部分杠杆率过高，或者议价能力较强、银行同业竞争激烈，投放难以获得较高收益，部分由于多年债务累积，财务风险也已不低，而且，由于国企倾向于集中在垄断性行业和过剩产能，未来成长性相对也较为有限；而对于中小微企业，尤其是小微企业、个人经营业主，商业银行又缺少必要的、可靠的途径获取信息判断其还款能力和未来成长性。于是银行面临优质投放、投资标的难寻的困境。另一方面，我国有大量的中小微企业，尤其是科技型、创新性小微企业急需资金投入研发或是产业化，但由于企业资产较轻，难以提供银行认可的资产、土地进行抵押增信，因此也面临着融资难、融资贵、融资慢的困境。实际上，优质科创型小微企业的成长，不但能提升辽宁省科技水平，解决辽宁省产业发展中"卡脖子"的窘迫问题，也能为银行投资者带来丰厚的回报。

综上所述，对于企业客户，尤其是中小微企业客户而言，其整体信用评级往往不高，但可能拥有某项关键技术或某个优质资产，具备为融资提供抵押增信的价值。如果银行能够快速、准确地掌握其内部真实的资产内容和经营信息，则既能发掘出优质的投资标的，又能切实为实体经济服务，开发利用金融档案能够解决这一问题。

四、金融档案大数据开发利用模式的构建

(一) 要素构成

1. 商业银行

商业银行作为开发和利用金融档案的主体，在整个开发利用过程中起着主导作用。一方面，其货币资金枢纽的地位，决定了它能够在与央行、企业或个人的业务往来中直接生成大量金融档案。这为其在模式中承担的金融档案收集、整理和存储任务提供了天然的优势。另一方面，多年来商业银行的信息化建设也为当前金融档案信息的开发提供了良好的技术保障。

2. 金融档案信息资源

本书对金融档案的重新定义，使其内涵从形成者和形成过程两方面得以扩大。具体来讲，可供开发利用的金融档案信息资源包括：政府监管信息（如企业基本资质、质量检查信息、行政许可/认定、行政奖罚信息、商标/专利/著作权信息，人民法院判决等工商、税务、司法信息）、银行业务信息（如人民银行信贷评价信息、商业银行信贷评价信息、本行所掌握的账务交易结算流水等）、行业评价信息（如行业协会/社团组织评价信息，水、电、气、通信等公共事业单位评价信息等）、企业运营信息（如企业财务信息、企业管理体系评估信息，水表、电表、社保缴纳等运营信息）、第三方信息（如消费者、交易对方、合作伙伴、员工、竞争对手等不同身份的实名评价信息，市场信息提供商提供的信用评价、用户特征信息等）和个人信用信息（如身份识别信息、贷款信息、信用卡信息、支付公共事业费用信息等）。

3. 其他相关主体

由以上论述可知，仅靠银行在其业务中形成和积累难以实现对类型多样、来源广泛的金融档案信息资源的全覆盖。因此，还需要从政府监管机构、支付机构、征信公司、数据公司以及愿意贡献自己信息的企业

和个人等相关主体处获取相应的信息，以补全金融档案信息资源。同时，这些相关主体不仅是数据的形成者和贡献者，它们也可以通过收费或换取银行的相关服务成为金融档案的利用者和受益者。

（二）功能模块

项目组建立了风险识别、信用评级、优质标的发现、金融产品设计和利用效果反馈五个功能模块，通过金融档案的开发来实现和支持以上模块功能。

1. 风险识别

本模块用于收集、识别并标注风险信息，控制商业银行业务风险。银行通过外部信息接口，收集前述各种来源的金融档案信息，将对行业、区域、客户形成影响的各类风险信息加以收集并入库归档，将风险系数等级较高的信息强调标注，或通过大数据比对分析发现行业、区域、企业或个人信息中的潜藏风险（如企业经营风险、疑似伪造信息等），作为后续模块运行的备注参考事项，起到风险预警的作用。"风险识别"功能是整个开发利用模式的基础。只有在正确识别出高风险信息的基础上，商业银行才能主动选择适当的方法进行防范和开展业务。

2. 信用评级

本模块旨在根据收集的金融档案信息，就企业、个人在一定周期内的金融业务信用进行等级评定。评价指标包括信息登记情况、贷款还款情况、其他违反法律法规的罚款情况等。信用级别分为如 A、B、C、D 或 AAA、AA……等若干等级，评分在 90 分以上的，为 A 级，得分在 70 分以上不满 90 分的，为 B 级，C 级的评价指标是 40 分以上不满 70 分，考评分在 40 分以下或直接判级确定的，为 D 级。存在系统标注强调事项的，一项扣减 10 分；连续扣减 30 分的，即存在三项及以上标注强调事项，直接评定为 D 级，且在下一年度不得评定为 A 级。信用级别进行定期评价，商业银行按照守信激励、失信惩戒的原则，对不同信用级别的对象实施分类服务和管理。信用评级的根本目的在于揭示受评对象违约风险的大小，评价客户按照合同约定如期履行债务或其他义务的能力和意愿。

3. 优质标的发现

本模块侧重于为商业银行寻找传统方法下难以发现的潜在投资标的。有些整体信用评级不高或不明确的小微企业，很可能拥有其自身尚未意识到价值的优质资产（如能带来小额但稳定现金流的业务收入、大型设备、发明专利、商标特许权等）。在有完备的金融档案信息的条件下，商业银行可以通过本模块对企业资产信息、业务信息等进行交叉验证和挖掘，主动发现小微企业的此类资产，并在以此类资产为抵押的条件下，向其提供贷款，帮助小微企业完成孵化过程。如此，既解决了小微企业融资难的问题，也帮助银行找到了新的业务增长点。

依赖于大数据搜索和统计分析技术，从低价值密度的数据集合中识别出有效的、潜在有用的优质标的资产信息，能根据客户的实际需求提供服务，免去信用不足或不明确带来的麻烦，从而实现银行金融资产的高效配置。标的资产可以包括个人或企业自有的有形动产、不动产以及《中华人民共和国担保法》第七十五条列举的可以质押的权利（如汇票、支票、依法可以转让的股票、商标专用权、专利权）等。上述资产均是银行发放贷款前需要审核的对象。

4. 金融产品设计

本模块是商业银行践行金融供给侧改革的直接体现，也是金融档案开发与金融业务的结合点，负责根据前述模块发掘到的信息为客户量身打造合适的金融产品，进行具有针对性的营销活动。先将客户根据个体差异分类，再由银行结合自身业务开展需求，综合运用互联网技术，以金融创新理论为引领，开发多样化的金融产品。例如：为资金流动性大、还款能力强的企业提供小额短期贷款服务，帮助中小微企业展开供应链金融、ABS 等。解决融资难、融资贵、融资慢的问题，服务实体经济。

金融产品设计利用数据统计分析系统可以进行数据二次加工处理，支持业务平台使用与客户息息相关的数据，根据个体差异情况"量身定做"金融产品，从而让商业银行更有针对性地提供服务。设计金融产品，最关键的是要把握资金需求，可以是流动资金需求、固定资产投资的需求、特定的支付需求、偿还债务的需求等。而这些需求就可以从金融档案信息和客户的申请中得知，便可大致确定需要资金的时间、期限和金额。下一步是判断客户的偿债能力。这些通过分析个人的工资流水情况、资产占有状况、企业运营情况和盈利能力分析以及抵质押物或连带责任担保人情况，便可知晓。

5. 利用效果反馈

通过对档案利用的效果的统计和研究，分析档案利用效果，可以深入了解利用者对档案资源利用需求的共性和差异性。从而创新档案的服务方式，拓宽利用渠道，为利用者提供更精确的利用体验，做到预见性服务和超前服务。银行可以根据实时的信息更新状况，分析判断上一阶段提供的金融服务的利用效果，从而有针对性地开发档案信息，改进提供金融服务手段。

本模块主要负责金融档案利用效果的收集与分析，主要为直接利用者——商业银行服务，通过业务开展所取得的效益和带来的增量，检验前述4个模块的运行效果。一方面，如果发现存在问题，及时采用调整业务流程、迭代算法等方式弥补模式运行的缺失或疏漏。另一方面，也主动搜集企业或个人等其他相关主体接受基于金融档案开发而获得的服务的效果，也即间接利用者的利用效果。通过他们的反馈，发现模式运行中可能存在的问题，及时加以完善。

对金融档案的利用情况进行统计分析，揭示以银行、企业和个人为中心的档案利用效果，掌握金融档案信息资源开发产生效益的量化数据。配合趋势分析，更可进行预判，预测某类金融档案信息的未来开发利用变化趋势，为金融档案信息资源的开发利用提供依据和帮助。

（三）运行方式

通过金融档案信息资源的支持，可以实现各个模块的功能，以及各模块之间、模块与用户之间作为一个整体系统的高效互动，如图2-4所示。

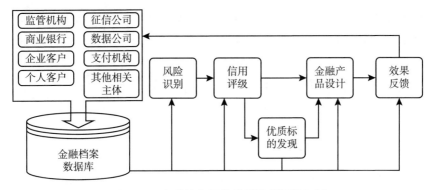

图 2-4　金融档案开发利用模式运行机制

　　各相关主体将自己掌握的金融档案信息汇总存入金融档案数据库。入库信息首先由风险识别模块对库内信息进行筛查，通过数据挖掘系统快速查找出属于风险等级高的信息并加以强调标注。在此过程中，对于个人客户群体，系统会重点关注贷款及信用卡还款情况，是否存在欠缴水电煤等公共事业收费、是否有欠税等。对于企业客户，则会重点关注企业的贷款还款情况、行政处罚信息、欠缴费记录和实名负面评价信息等。其次，信息进入信用评级模块，通过人工智能算法对企业或个人的多维度信息进行交叉验证，给出综合评级。再次，对于信用评级高的客户，其信息直接进入产品设计模块，为其匹配适当的金融产品与服务；对于信用评级不够好的客户，其信息进入标的发现模块，由深度挖掘算法从低价值密度的数据集合中识别出其可能含有的优质资产或未来的发展空间，再将其信息转入产品设计模块，根据挖掘出的具体内容，针对其具体需求（流动资金需求、固定资产投资的需求、特定的支付需求、偿还债务的需求等）为其设计个性化产品或服务。最后，由利用效果反馈模块通过回访等方式对商业银行金融档案的利用情况进行统计分析，揭示以银行、企业和个人为中心的档案利用效果，掌握金融档案信息资源开发产生效益的量化数据。结合趋势分析，对金融档案信息未来开发利用情况进行预判。

　　需要说明的是，本节仅以信息流为线索，说明了模式的运行机制。

具体实践中，模式的有效运行还需要大数据、人工智能、区块链等技术应用的支撑。这一部分将在下一章详述。

五、金融档案大数据的开发利用策略

（一）扩大金融档案收集范围

如本书开篇所言，传统的金融档案定义局限了可供开发利用的信息资源类型和数量。在形成者方面，传统定义大都只关注金融机构形成的档案材料，而忽视了与金融机构相交互的个人和企业所形成的信息。在形成过程方面，传统定义仅关注了在金融活动、业务办理中形成的档案材料，而忽视了相关主体在其他社会活动中形成的可以作为金融机构开展业务参考凭证的信息。

1. 信息来源

依照本书对金融档案的重新定义，企业的税务信息，社保缴纳信息，水、电、煤、油缴费信息，应收、应付账款，供货商及主要客户信息、资产详情等，以及个人的网购信息、消费记录、公积金、社保、医保信息等，均应纳入银行金融档案收集范围。商业银行只有在了解此类信息的基础上，才能对中小微企业或小镇青年的经营情况、核心资产、收入情况、还款能力等形成全面、准确的判断，进而决定是否提供及提供何种金融产品。从而扩大金融普惠性，实现资源的高效配置，提高征信有效供给。

2. 形成过程

在形成过程方面，为了避免传统定义的局限，更大限度地将能称之为金融档案的材料涵盖进来，要扩展相关主体的关注度。不仅要关注商业银行在金融活动、业务办理过程中形成的档案材料，更要从金融档案的形成主体入手，企业、征信机构、支付机构以及各种金融应用程序（App）等大数据平台，均可作为金融档案材料的形成者、提供者。

但是，在扩大收集范围的同时，也应给予不同信息来源数据的可靠性不同的权重，如来自政府部门的信息可给予完全信任，对于来自非主流媒体的信息，初步予以参考提示，不同渠道信息可交叉验证，同时也可对对应信息来源的可靠性进行修正，详见后面章节。

（二）打造金融档案区块链平台

1. 区块链与金融档案大数据开发的契合性

要扩大金融档案的收集范围，就需要一个渠道或是平台来连通商业银行与其现有的或潜在的客户。笔者认为，由商业银行联盟主导的金融档案区块链，是银行与其现有及潜在客户实现信息互通的首选平台。首先，区块链采用分布式存储结构，任何企业或个人都可以作为节点参与其中，实时将自己在各项活动中产生的金融档案信息存入链内。又由于它允许多方参与且数据实时同步的特点，使区块链尤其适合解决银行与其客户之间的信息不对称问题。其次，区块链内的信息是由万千节点共同维护的，因此信息一经写入将无法被篡改（除非同时篡改全网51%以上的节点，这在当前技术条件下是无法实现的），以此保证了链上信息的真实和准确。再次，区块链支持对链内信息进行加密处理，且加密级别极高，如此可有效保证银行和客户的隐私不被窃取和滥用。最后，区块链独有的链式结构决定了每一笔信息记录都可向前无限回溯。这种逆向检视的能力也使区块链成为参与主体累计自身信用的绝佳载体。因此，企业便可以通过持续向链内提交信息或直接在链上开展业务活动的方式积累起自己的信用。

2. 金融档案区块链平台的数据归集

金融档案平台构建的核心是各类数据的归集，而区块链技术正为这一行为储备了良好的技术基础。将商业银行面对的客户群体、商业银行以及征信机构、支付机构、税务系统等社会监管部门接入区块链，在此基础上进行持续的数据接入和归集。对于商业银行及其客户，在金融活动、业务办理过程中直接向区块链内提交数据，定期上传、及时反馈；对于征信机构、支付机构以及社会监管部门，通过其计算机系统进行数据抽取，把数据沉淀下来。所有数据都汇集到区块链上之后，每个参与节点都能获得一份完整的数据记录。

(三) 强化应用正交信息进行交叉验证

1. 交叉验证的必要性

现阶段，当个人或企业想要从银行获得贷款，采取的方式一般是抵押贷款或信用贷款。抵押贷款需要向银行提供相当价值的资产作为保障，一般获得贷款数额小于抵押物价值；信用贷款则需凭借贷款人留存在银行或征信机构的信用信息，银行对其评估，给予一定数额的贷款。然而，笔者认为这两种方法虽然便于操作，但评价方式略单一，不能全面地评估客户的还款能力。因而，本书提出应用正交信息进行交叉验证，多维度、全方位的评估客户。如评估企业客户时，不仅要分析其经营信息，还要从金融档案中挖掘出其投资信息、员工待遇、社会评价、行业声誉以及在整个产业链当中的位置和地位等多个维度的信息加以综合考量。如此，不仅客户能获得比以往多相当数量的贷款，银行也能从中获得放款收益，互利互惠，相得益彰。

2. 交叉验证的实施方法

根据信息论原理，仅通过单一维度的信息对分析对象作出判断往往不够准确，出现疏漏的概率较大。[1] 而通过两个以及更多维度的彼此正交的信息对分析对象进行交叉验证，则能够大幅提高分析结论的准确度。事实上，银行遭受的骗贷事件，大多是由于仅审核了企业担保资产这一个维度的信息而没有进行交叉验证所致。[2] 基于此，本书提出在金融档案的开发利用过程中，应重点强化基于正交信息的交叉验证。如评估企业客户时，不仅要分析其经营信息，还要从金融档案中挖掘出其投资信息、员工待遇、社会评价、行业声誉以及在整个产业链当中的位置和地位等多个维度的信息加以综合考量。同理，在银行寻找优质投资标

---

① 杨柳、王钰：《泛化误差的各种交叉验证估计方法综述》，载于《计算机应用研究》2015 年第 5 期。

② 宋婷：《新形势下商业银行贷款风险影响因素分析及防范对策》，山东财经大学 2016 年硕士学位论文。

的过程中，也不能仅依据经营信息等某一个维度的评价就放弃一个客户，而是应该通过交叉验证，定位客户的优质资产，进而供给个性化产品或服务。如某些创新型、技术性企业，虽然拥有较少的固定资产，但它们的核心优势往往是无形资产或自有的品牌优势，或是广泛的客户群体、良好的社会评价，这些评价指标往往在申请贷款时被银行方面忽略。

（四）普及智能化业务应用

1. 智能化业务的技术支撑

在商业银行智能化转型进程中，新兴技术成了银行创新发展的原动力，如认知商务计算机技术，作为一种全新的金融服务计算模式，能够帮助决策者在复杂的信息数据中分析总结出内在规律；物联网技术，平安银行利用物联网感知设备和智能监控系统，对本行的质押物进行实时监管，从而降低质押贷款的风险；智能机器人技术，以其智能化、仿人化的优势，打造智能客户机器人和虚拟助手，创新了商业银行发展模式。

2. 智能化业务的应用方式

作为金融服务的首选，多年的经营使得商业银行积累了大量的客户群体。银行掌握庞大的实名客户信息和档案数据。本书金融档案开发利用模式的构建，就是要银行利用金融科技，合理运用客户档案信息，强化自身风险管理。银行可以将更多的资源倾斜到风险识别和信用评级上来，将风险控制在源头，建立健全更加系统、更加完善的风险管理信息系统。可以运用大数据、云计算技术，将客户信息分类、分流，从源头降低风险。对金融档案做好前端控制风险，能够有效降低客户及银行的经营运营风险。

在人工智能应用日益普及的今天，通过对金融档案信息的大数据挖掘，银行的贷款审批、核准、放款等业务完全可由计算机自动完成，在贷后管理中，也可及时将档案系统获得的行业、区域、客户风险信息提供客户经理作为提示参考。在互联网、云计算的支持下，金融档案信息存储也告别了过去由人工手动处理的时代，现代化的机器设备操作更加精准，大大降低了人为不可避免的误差。如此，可大量减少人工参与，提高生产效率，也可有效缩短融资链条、降低融资成本，从而缓解融资慢、融资贵的问题。

（五）打造中小微企业信用云平台

依托金融档案大数据，由政府主导打造辽宁省中小微企业信用云平台。重点实现银商数据交换、筛选可扶持对象、构建企业培育库和失信企业风险警示等功能。具体来讲，随着金融档案大数据的不断积累，政府可以通过建立企业信用云平台来实现促进银企数据交换和市场动态监控。一方面帮助银行了解企业信息，快速发现优质投资标的，另一方面也帮助政府精准筛选可扶持对象，列入中小微企业重点培育库。更进一步地，可以利用平台中存储的金融档案大数据，实现对培育库中的企业精细分层。对初创型、成长型和领军型中小微企业给予不同的政策支持。最后，为了打造诚信经营的市场环境，对失信企业，可以及时向银行等金融机构发出警示或提示，以降低金融机构被欺诈和国有资产流失的风险。

六、结论与展望

（一）研究结论

本书的研究取得了以下基本研究结论。

（1）传统的金融档案定义局限了可供开发利用的信息资源的类型和数量，从而制约了档案利用效果和在助力中小微企业融资过程中本应发挥的作用。本书认为，金融档案应是指：金融机构、个人、企业或其他社会组织，在各类社会实践活动中直接形成的，可在金融机构的业务活动中发挥凭证和参考作用的各种类型和载体的原始记录。

（2）辽宁省中小微企业目前呈现出数量多，占比大、向第三产业集中、活力度较为一般、盈利能力差和大多处于成长瓶颈期的特点。中小微企业的融资渠道以向银行贷款为主，但大部分企业主对向银行融资感到困难。这是由银行和企业间的信用和信息不对称所导致的。

（3）开发利用金融档案大数据能够解决这一问题，帮助辽宁省中小微企业融资纾困。金融档案大数据的开发利用模式由商业银行、金融档案信息资源和其他相关主体为参与者，应包含风险识别、信用评级、优质标的发现、金融产品设计和利用效果反馈 5 个功能模块。

（4）通过扩大金融档案收集范围、打造金融档案区块链平台、强化应用正交信息进行交叉验证、普及智能化业务应用和打造中小微企业信用云平台 5 项措施，能够有效推动金融档案大数据开发利用模式的落地施行，进而加速助力辽宁省中小微企业融资纾困。

（二）未来研究展望

本书属于应急项目，研究周期短，叠加研究开展时间内由于我国新型冠状病毒疫情的影响，导致课题在实地调研方面存有不足，不得已只能以前期积累和文献调研为基础展开研究，殊为遗憾。未来本主题的研究应关注于以下几点。

（1）通过实地调研，获取一手数据，对辽宁省中小微企业的构成和融资需求做出更精确的统计分析。

（2）打造金融档案区块链平台的实证研究。2019 年 1 月 10 日，中国国家互联网信息办公室发布《区块链信息服务管理规定》，旨在促进区块链信息服务健康发展。2019 年 10 月，习近平在中央政治局第十八次集体学习时强调，要把区块链作为核心技术自主创新重要突破口，加快推动区块链技术和产业创新发展。世界主要信息技术强国已经对区块链技术给予了高度重视，并力图推进其在实践领域的落地。[①] 金融档案的开发利用，能够为区块链技术提供落地应用的土壤，区块链技术也能

---

① 《习近平在中央政治局第十八次集体学习时强调把区块链作为核心技术自主创新重要突破口加快推动区块链技术和产业创新发展》，新华网，http：//www.xinhuanet.com/politics/2019－10/25/c_1125153665.htm。

够满足金融档案大数据开发利用的技术需求。

（3）打造辽宁省中小微企业信用云平台的实证研究。信用云平台的建立能够利用金融档案大数据，起到加强银企互联、强化政府监管和扶持能力等作用。平台的技术路线、架构选择、功能模块和应用效果等方面的内容还有待进一步深入研究。

第三章

产业创新与发展

第一节　发展新业态、新模式，培育康养产业高地

一、康养产业发展相关理论及发展意义

（一）康养产业发展相关理论

健康是人的基本权力，也是第一财富。世界卫生组织认为健康不仅包括身体上无疾病，同时也表现为身体、心理和社会适应能力处于完美状态。然而，随着工业文明的发展，人类社会虽然得到空前繁荣、物质极为丰富，但却是以损害生态环境为代价，造成了财富与健康的失衡。在此背景下，康养概念应运而生。康养指一个人在整个生命周期都能注重生存质量，以达到自我保重、自我保健且有意义的健康生活状态。从生命科学角度而言，康养需要兼顾三个维度，分别为生命长度、精神丰富度及生命宽度。自古以来，我国传统养生思想就已经表达了康养概念的基本核心，即人是自然的产物之一，养生应当遵循自然，要因时、因地进行养生。例如，《素问·宝命全形论》写道"人以天地之气生，四

时之法成"等。同样，康养理念也包含可持续发展理念，都是关注经济增长和生态均衡发展问题。在此语境下，康养内涵应当是人们追求更美好的生活并对自然环境提出更高要求。即，想要发展康养产业，其前提是保护该地域环境，为康养产业发展提供必要物质基础。此外，康养内涵还与希腊学者萨迪亚斯（C. A. Doxiadis）所提出的"人居环境"理论相似。人居环境理论研究主体为人类集聚区域环境发展问题，是系统区域研究和城市发展研究理论。该理论重点研究人类居住生存问题，同时夹杂生存发展问题，即人类如何更好地居住。人居环境理论限定了人居环境的五种基本要素，即人类、社会、自然、建筑和支撑网络。其中，前两者为基本系统，后两者为人为成果。

（二）康养产业发展意义

"康养"是养生、养老及健康的统称。康养产业是一种新兴综合性产业，其产业链较长，涉猎领域广泛，不仅包括养生和医疗康复等保健性产业，还包含金融和旅游等服务性产业。发展康养产业，打造区域康养产业集群不仅有利于加强区域市场竞争，降低不同产业之间的交易费用，同时还能提升区域规模经济效益，实现地区性产业共赢。当前，我国正处在培育和壮大康养产业的历史性发展机遇。首先，我国老龄人口持续上涨，社会养老服务供给难以为继。而我国养老产业发展的滞后及社会养老服务水平的落后，使得康养产业获得了广阔市场前景与发展潜能。其次，自党的十八大以来，以习近平同志为核心的党中央系统谋划，从党和国家事业全局发展出发，制定并推出了一系列关于健康中国发展的决策部署，切实从民生入手，推动医药卫生改革。《国务院关于加快发展养老服务业的若干意见》和《关于促进健康服务业发展的若干意见》等指导性文件更是成为我国康养产业发展的顶层设计，不仅为康养产业发展注入了新动能，同时也为康养产业发展提供了政策便利。最后，我国经济高速发展与社会医疗技术水平的提升，为康养产业发展提供了稳定的经济基础和技术支撑。人民在解决温饱等基本问题后，更加注重高质量生活，对健康、旅游及养生等健康生活方式需求日益增长，同样为我国康养产业发展提供了机遇和信心。

二、辽宁康养产业发展现状与问题

2015 年 9 月，为了推动辽宁省养老及社区服务信息惠民工程切实落实，辽宁省政府制定了包括亲和源养老产业园在内的部分区域作为首批试点单位建设工作。目前，辽宁康养产业正处于发展萌芽阶段，产业发展模式不成熟，难以实现产业集聚，其发展重点在森林旅游康养及特色康养小镇。

（一）辽宁省森林旅游康养产业发展现状及问题

1. 辽宁省森林旅游康养资源概况

辽宁地处中纬度地区、欧亚大陆东岸，温带大陆性季风气候。日照时间久，境内雨热同季，四季分明。辽宁省内森林旅游资源丰富，省内林业用地面积达到 634.4 万公顷，森林覆盖率为 40.9%，森林储量 3.06 亿立方米。辽宁省共有 75 处自然保护区，共计 117.3 万公顷。其中，森林公园共计 71 处，省级森林公园 42 处，国家级森林公园 29 处。此外，国家湿地公园 14 处，省级湿地公园 19 处，均是森林旅游康养产业建设的理想场地。

辽宁省历史悠久，人杰地灵，自然风光秀美，山海景观壮丽，旅游资源较为丰富。辽宁省作为全国著名的重工业基地，同时也是中国文物大省之一，人文历史及自然景观资源丰富。这里不仅有距今 30 万年的营口金牛山遗址，还有以雄奇险峻著名的九门口长城。名山、秀水、奇石及异洞遍布辽东半岛和辽西走廊。辽宁省旅游发展是按照以沈阳为轴心，遍及大连、丹东及葫芦岛的三条黄金旅游热线，其中包含七个系列，如旅游名城系列、风景名胜系列、森林生态度假系列、主题公园系列、奇特景观系列、专项旅游产品系列、名泉旅游度假系列及大型旅游节庆系列。辽宁省具有三大旅游区，分别是以沈阳、大连、鞍山为代表的辽中南旅游区，以丹东和凤城为代表的辽东旅游区及以锦州和葫芦岛为代表的辽西旅游区。根据辽宁省人民政府发布的统计数据显示，截止到 2018 年 12 月底，辽宁省共接待国内外游客 56499.1 万人次，较上年增长 11.7%。其中，接待国内游客人数 56211.4 万人次。增长 11.7%；接待入境过夜游客人数 287.7 万人次，增长 3.2%。在接待入境过夜游客中，外国人 229.8 万人次，增长 5.9%；港澳台同胞 57.9 万人次，减少 6.3%。辽宁省旅游产业全年营收 5369.8 亿元，较上年增长 13.3%。

在医疗条件资源方面，目前辽宁省已经构建成国家三级医疗保健机构、二级医院、疾病预防控制机构、妇幼保健机构、卫生计生监督机构、医学科学研究机构为一体的综合医疗体系。根据《辽宁统计年鉴2018》数据显示，截止到 2017 年 12 月底，辽宁省共有医疗机构数量 35768 个，实有床位数量 298368 张，医疗相关从事人员 379849 人。虽然医疗机构数量较 2016 年有所减少，但是实有床位数量及医疗相关从事人员均有所增加，其增长率分别为 4.91% 和 3.86%。

2. 辽宁省森林旅游康养产业发展问题

虽然辽宁省森林旅游康养产业资源存储较为发达，但发展较为缓慢，主要体现为资源供需不匹配问题。首先，大范围发展森林旅游康养产业存在用地难问题。辽宁省在 2005 年率先进行了集体林权制度改革，其改革内容是分山到户，对农林用地的使用权和所有权进行了确立。因此，如何合法地将林业用地征收并加以改造利用是一项长期复杂且艰巨的难题。其次，森林旅游康养产业建设的差异化和创新性不足，各地森林旅游项目内容并无差异具有较大雷同性，无法满足个性化的大众需求。而想要创建各具特色的森林旅游康养模式，则需要对各地森林环境指标进行进一步测量和分析，才能加以确定，所需要的人力和财力支出较大。再次，森林旅游康养产业的人才缺口较大，对人才的质量要求较高。由于森林旅游康养产业是一项融合了生态学、医学、康复学以及养生学等众多学科的多元化新型产业，因此复合型专业化人才是其高质量发展的重要保障。然而，目前我国仅有北京和云南两地建立了专业森林旅游康养人才培训中心，因此在短时间内无法满足全国的人才需求量，辽宁省的森林旅游康养人才缺口急需解决。最后，森林旅游康养产业虽然具有美好的发展前景，但是固定投入成本太大，在初期服务量不足的情况下，开发商具有较大财务压力，很难超过盈亏临界点，极易出现资金链断裂问题。根据相关研究测算，对于一个大型森林旅游康养基地而言，在完全获得市场认可情况下，每年收入预计可达 5.5 亿～6.5 亿元，除去成本花费 3.5 亿元，可盈利 2 亿～3 亿元。对于一个中小型康养基地而言，在完全获得市场认可情况下，每年最大收入可达 2.5 亿元，除去成本 1.8 亿元，大致可盈利 7000 万元。然而，如何平稳度过前期，充分获得市场认可则给开发商及各地政府提出了难题。同时，辽宁省受到资源分配以及经济财政能力限制，大部分只能开发中小型森林旅游康养基地，因此风险与收益效益比更低，存在较大开发经营风险。

3. 辽宁省森林旅游康养产业的投资策略建议

限制辽宁省森林旅游康养产业发展的因素主要是投资风险大。因此需要以减轻投资压力为核心，可按照科学总体设计和分步有效实施的两步骤策略，以快速建立盈利点为目标，来解决森林旅游康养产业的前期发展问题，以防止进入大规模投资陷阱，给地方财政和开发商投资人带来较大的财务风险。具体而言，在总体建设思路方面，采取先粗后细策略，一切以可经营快速实现盈利为目标。例如，在建设相关宾馆时，可根据自身资金充足量，选择不同类型宾馆，可以是豪华型，也可以普通型或者原始型，给消费者更加原始的自然意识，从而达到节约成本的目的。在盈利之后，可以考虑在建设更加高级的宾馆，以吸引更多高端消费者。在具体经营业务方面，要以化解固定成本为核心，鉴于初期消费者较少，因此可摒弃非必要服务，以增值性服务为主，最好可满足消费者个性化及多样化服务需求，从而锁定一批具有高黏性的贵宾（VIP）客户，构造稳定客户群体，尽量压缩前期。在基础设施投资方面，要遵循边经营、边投入的螺旋型投资策略，时刻保证现金流充足，维持资金运转，保证开发商的生存能力和发展能力。

（二）辽宁省特色康养小镇发展现状及问题

1. 辽宁省特色康养小镇项目

特色康养小镇既不是行政区域单元上的一个镇，也不是产业园区的一个区，而是遵循创新、协调、绿色、开放及共享发展为核心理念，通过与当地特色相融合而创建的具有产业特色、人文底蕴及生态禀赋和一定社区功能的一体化平台。自2016年10月，住建部公布第一批中国特色小镇名单以来，辽宁省陆续已经有28个项目入选，包括许多特色康养小镇项目，其内容涵盖了健康、养生、养老、休闲及旅游等领域。例如，新民市兴隆堡镇的康养休旅小镇、庄河市石城乡的生蚝小镇、瓦房店市复州城镇的历史文化小镇、本溪满族自治县东营坊乡的枫叶小镇、凤城市刘家河镇的生态宜居小镇及大连瓦房店市龙门温泉康养小镇等。本书以大连瓦房店龙门温泉康养小镇项目为分析主体。

大连瓦房店龙门温泉康养小镇位于大连瓦房店市许屯镇核心区域，是我国有名的"苹果之乡"，全镇具有12个行政村，总面积146.91平方公里，人口总数为3.6万人。该地区旅游资源丰富，例如温泉、森林公园以及现代化农业等，均可作为特色康养小镇的周边基础设施条件。当前，龙门温泉康养小镇不仅是辽宁省"特色温泉小镇"，同时也是国家AAA级旅游景区，集合旅游、休闲、养老、文化及购物于一体的特色小镇。龙门温泉康养小镇在地理位置、温泉资源、自然环境及民俗文化等方面具有较大优势。具体而言：第一，龙门温泉康养小镇地理位置优越，所在区域铁路纵横交错，交通便利，分别距离大连130公里，沈阳245公里，鲅鱼圈高铁35公里。第二，龙门温泉康养小镇具有瓦房店市内唯一的渗泉地热资源，同时也是国内品质较高的地表渗泉资源。经过专业水文地质工程勘查测定，该地区温泉水面积达到0.75平方千米，温度为63℃~71℃，属于高温度热矿泉。同时，该泉水富含许多微量元素，对于老年人养生，年轻人抗疲劳恢复体力等方面具有独特功效。第三，自然环境宜人，龙门温泉康养小镇属于长白山山系，平均海拔70米，四季分明，平均气温8℃~10℃，夏无酷暑冬无严寒，年降雨量580~800毫米，十分适合开发旅游产业。第四，该地区文化历史悠久，不仅有青石阁、贞节牌坊及关老爷庙遗址等人文景观，也有洪屯西山汉墓群及山城基础遗迹等省市级文物保护景点，具有丰富的历史人文底蕴。

目前，大连瓦房店龙门温泉康养小镇发展迅速，为辽宁省乡村经济发展提速做出了重要贡献。相关资料显示，大连瓦房店温泉康养小镇共有 12 家企业经营，总投资高达 20 亿元，共有床位 1500 张，可在春节及国庆黄金周时间段内接纳 4 万人次游客。统计数据显示，2018 年龙门温泉康养小镇旅游收入 3.8 亿元，年缴纳税收 555.4 万元。同时，为了进行多元化发展，许屯镇还融合了当地农村特色，开办了 24 家星级农家乐。其中，3 星级农家乐 5 家，2 星级农家乐 2 家，1 星级农家乐 17 家。除了在经济效益方面大连瓦房店龙门温泉小镇做出了卓越贡献以外，同时还带动农民回乡就业，加速周边基础设施建设。例如，特色温泉康养小镇建成后，直接在当地形成了约 5 万人的人口集聚效应，创造了近 1 万个新就业岗位，为当地经济发展注入持久性动力。此外，特色康养小镇的建成，促使周边基础设施建设不断完善，尤其是河道治理、道路修整、通信设施及给排水等基础设施的修建和改造，切实提升了当地人民生活水平。

2. 辽宁省特色康养小镇发展问题

虽然，辽宁省发展特色康养小镇资源禀赋充足。但是，许多特色康养小镇由于地处偏僻、人才匮乏、资金不足及公众参与度不高等问题的存在，致使辽宁省许多特色康养小镇的交通发展、公共卫生以及相关基础设施配套方面仍存在许多问题。第一，交通存在安全隐患。例如，大连瓦房店龙门温泉小镇处于郊区地带，大部分消费者和旅游者都采取自驾出行或者租用大车统一运送。因此该地区长期存在车辆较多且速度较快问题。此外，许多特色康养小镇地处偏僻，存在出租车或者网约车稀少以及客车路线单一等问题，甚至许多特色康养小镇途经之路存在道路狭窄，缺少道路指引牌、标识牌以及停车难等问题。第二，与特色康养小镇的基础设施建设不匹配，尤其是医疗资源的匮乏。同样是由于特色康养小镇地处偏僻的原因，许多特色康养小镇的医疗团队都是当地社区医院或者乡镇卫生所，不仅医疗质量无法保障，从业专职医护人员数量也无法保证。第三，以龙门温泉小镇为代表的特色康养小镇存在产业单一发展问题，缺乏"特色"及吸引力。例如，龙门温泉小镇只经营温泉旅游一种产业模式，未能充分利用周边环境优势，包括许屯镇的"苹果之乡"优势，产业联动发展不足。同时，特色康养小镇及各地政府宣传力度不足，宣传渠道单一，内容传统缺乏吸引力，难以打造本地温泉品牌。第四，特色康养小镇资本投入加大，传统融资模式不足致使特色康养小镇后期发展建设不足。以许屯镇的特色小镇计划为例。该项目预计6年完成，在2018年初期投入20亿元，以完成前期规划建设；2019年投入35亿元，以取得土地使用权并完成相关基础设施建设；2020年投资20亿元，全面推广生态养生模式、温泉养老模式、度假养心模式、运动康复模式等多种康养模式；2021年预计投入17亿元，用于人才招聘和相关技术配套设施引进；2022年预计投入20亿元，用于整合项目并完善相关基础设施建设；2023年计划投入41.5亿元并对所有项目完工。由此可见，一个完整的特色康养小镇建设不仅耗时，更加耗费资金，因此创新融资模式，吸取更多资金才是特色康养小镇建设与发展的关键因素。第五，特色康养小镇周边环境存在污染问题，可持续发展存在挑战。除了前期建设的资金投入存在较大挑战以外，中后期的运营同样对开发商和投资人提出了挑战。尤其以自然为核心的康养小镇，如何保护周边环境问题，例如节约温泉资源，净化周边水源、妥善处理建筑垃圾和生活垃圾有待解决。第六，特色康养小镇对土地占用和使用规模较大，存在土地法律风险问题。例如，以特色康养小镇的土地获得环节为例。由于特色康养小镇使用的土地性质复杂，既可能包含国有建设用地，也可能包含集体土地。而涉及国有建设用地的，有的还需要通过划拨方式或者通过招拍挂方式获得，存在交叉利益问题。因此，在特色康养小镇的实践操作过程中，由于使用土地指标限制且土地权属的复杂性，无形中增加了特色康养小镇的土地获取难度并深刻影响特色康养小镇的落地开发进程。

3. 辽宁省特色康养小镇融资及土地获取建议

由于特色康养小镇项目投资规模较大，动辄几十亿元甚至上百亿元。因此，对于一般开发商或者投资人而言，显然不能依靠自己的资金力量来完成特色康养小镇的建设。而现实中也是因为资金约束，导致许多特色康养小镇项目搁浅。所以，创新融资模式加强社会资本融入，才是解决辽宁省特色康养小镇融资问题的关键。对此，本书建议通过银行信贷、康养小镇基金、信托以及资产证券化等方式解决辽宁省特色康养小镇融资难问题，具体原因包括：第一，目前银行信贷是我国最重要的融资渠道，其深厚的资本可为特色康养小镇项目提供重要支撑和保障。同时，随着我国老龄化不断加深以及居民经济生活水平的提升，高质量养老需求日益旺盛。而对于银行等金融机构而言，特色康养小镇无疑是符合国家发展政策与方向的优质投资项目。但需要注意的是，特色康养小镇在实践过程中，前期资金投入量较大，而利润率不高。对此需要金融机构创新特色康养小镇信贷产品，为康养小镇项目提供优惠利率。第二，根据国家政策引导，合理使用基金并运用规模化和专业化的经营方式降低特色康养小镇融资成本，突破融资约束瓶颈。自 2015 年以来，政府相继出台若干政策支持和鼓励通过基金引导基础设施和公用事业建设。例如，2015 年 4 月国务院发布的《基础设施和公用事业特许经营管理办法》，允许特许经营项目进行预期收益质押贷款并鼓励成立产业基金等形式为项目发展提供资金，以及支持项目开发商成立私募基金，以拓宽市场融资渠道。同年 5 月，国务院办公厅转发了财政部、发改委、人民银行《关于在公共服务领域推广政府和社会资本合作模式指导意见》的通知，其中特别指出中央财政要出资设立政府和社会资本合作融资基金，作为项目参与方提升项目融资的可获得性。同时，鼓励地方政府要承担有限损失，与具有投资管理经验的金融机构共同设立基金，通过引入结构化设计，吸引更多社会资本参与。对此，辽宁省可以通过三种途径实现特色康养小镇基金融资，一是由省政府出资成立项目基金，并逐步吸引银行、基金和信托等金融机构参与，成立母基金。此后，项目申报通过后，母基金做优先级，地方财政做劣后级承担主要风险。二是由地方金融机构联合本地国有企业成立合伙基金。其中，金融机构为 LP 优先级，地方国企做 LP 次级。三是由具有建设运营的实业公司发起产业投资基金，在和政府达成协议后，再联合银行等金融机构成立有限合伙基金以对接康养小镇项目。第三，信托在特色康养小镇项目融资具有特殊优势。表现为：可以延续信政合作业务、控制长期优质资产和长期稳定现金流、推动信托融资平台转型、挖掘项目潜在能力以及降低募资成本。第四，对于资产证券化融资方式而言，社会资本重点需要考虑退出问题。例如，股权回购或者转让，具体可以转让给政府、社会资本或其他投资人。

在特色康养小镇用地方面，由于土地性质复杂且在实践中还要面对拆迁补偿及人口安置问题，因此困难重重。从已有经验来看，有的学者建议从制度上重新设计以解决用地复杂性问题。例如，存量土地可提升效率，增量土地与城乡建设用地增减挂钩。同时，结合农村集体建设用地改革，让集体建设用地以入股、流转等方式参与特色康养小镇建设。考虑到辽宁省特色康养小镇主要位于农村地区，因此本书主要为农村集体用地问题提供解决思路。具体而言：第一，采用合作模式开展农村土地确权。由于农村土地确权复杂且实际关系到农民利益，因此需要采取谨慎措施确保农村土地确权，杜绝为特色康养小镇未来经营埋下隐患。对此建议通过商讨形式，加强各方主体紧密配合。由特色康养小镇所使用土地的村委会组织成立土地确权小组对商讨内容进行主导与协调，项目建设主体负责土地确权的具体实施，如宅基地使用权或者耕地承保经营权等，以确保使用权更加明晰。第二，遵从国家指导意见，通过土地集中流转方式，解决农村集体用地确权问题。可根据国家相关法律，按照依法、资源、有偿等原则进行土地流转，相关价格由开发商和农户自行约定，按照市场价格计算。如果有改变土地性质转变成建设用地的，要按照相关土地政策执行，核减相应土地流转数量。待土地整治过后，要按照土地流转费用标准给付给相关农民。第三，当地农户可集体组建土地合作社，所有农户可以通过土地入股成为合作社股东，并由农户选举出代表为合作社股东代表，负责合作社的经营管理。政府、合作社、开发商三者共同分配土地流转，所产生的收益，可按照入股比例分配。土地合作社的优势在于，解决农村集体土地使用问题，并为当地农户带来了可持续收入，不仅可以增加农户参与的积极性，还可以实现政府、合作社和开发商三者共同营收，实现三赢。

三、国外康养产业模式及对辽宁康养模式创新的启示

（一）国外典型康养模式及对辽宁省康养产业发展的启示

由于世界各国的政治、文化、经济和历史条件各不相同，因此各国康养模式发展存在较大差异。国外具有代表性的康养模式为美国康养模式、日本康养模式及德国康养模式，其模式特征和优势如表 3－1 所示。在不同康养模式的影响下，各国康养产业发展现状各不相同，具体而言：第一，美国康养产业发展现状。早在 1963 年美国就开始建设大健康产业，并且目前已经成为第五大产业，占据美国国民生产总值8.8%，是近年来美国增长最快的产业之一。美国大健康产业结构分为五方面，分别为医疗商品、医院的医疗服务、家庭和社区保健服务、健康风险管理和长期护理服务。其中，家庭和社区保健服务比重最高，占据整个大健康产业 50% 的产值。根据世界银行统计数据显示，2015 年美国大健康产业规模为 29857 亿美元，其中医药产业规模 4.30 亿美元、保健品产业 2866 亿美元。人均健康支出规模 9200 美元，处于世界领先水平。由于美国老龄化问题严重且康养产业发展较早。因此，美国针对亚健康人群创新了包含新科技的康养模式。① 例如，"BEE 能量芯片 + 穿戴"模式，试图将高科技融入人们日常生活健康中。经过多年发展，美国康养产业已经趋于完善，不同身体状况、不同独立生活程度及不同年龄段的老年人都能享受到各自康养服务。第二，日本康养产业发展现状。由于日本是世界上老龄化最为严重的国家，社会对多层次养老服务需求十分强烈，于是产业化、市场化的康养模式应运而生。目前，日本康养产业呈现出多元化和专业化发展趋势。在日本，康养产业是一项营利性事业，主要包括老年人住宅产品、老年人金融产品、家务服务、福利器械用品、文化生活服务和其他相关产业六方面。日本的住宅康养产

---

① 《中国人口黄昏与养老黎明》，凤凰网，https：//ishare.ifeng.com/c/s/7lqCScdeSWj。

品种类丰富，包括但不限于老年公寓、集体公寓、24 小时看护旅馆等。日本森林康养模式发展较快，最早于 20 世纪末产生。随着 2003 年森林协会成立疗养学会之后，并逐渐成为一种品牌，衍生出多种森林疗养基地并创新出三种产业模式，应用在全国 48 个区域。根据相关数据显示，日本每年去森林康养基地的人数达到 8 亿人次。第三，德国康养产业发展现状。德国是世界上提出康养产业概念最早的国家之一，其中森林康养就是从森林浴一词中演化而来。森林浴结合了德国的气候疗法、地形疗法和自然健康疗法特征优势。德国在康养产业发展具有较强经验，尤其是在成熟的医疗体系保障下，被欧洲其他国家称之为"欧洲养老院"，是整个欧洲康养产业的带头人和学习榜样。然而，随着近年来德国人口负增长问题愈发严重，再加上外部经济环境的影响，使德国康养产业发展停滞不前甚至有倒退发展迹象，探索新的康养产业模式是目前德国康养产业发展的主要目标。

表 3 - 1　　　　　　　　　　美国、日本和德国康养模式

代表国家	康养模式	具体概况	优势特色
美国	凤凰城特拉西斯康养社区模式	持续照护型康养模式。提供全天候健康援助并提供团套医疗服务。社区配备各种豪华休闲娱乐设备，并为老年人提供一切生活帮助。住宅类型分为三类：通用，119.80 平方米；经典，69.3 平方米；尊贵，126.5 平方米；豪华，88.4～91.6 平方米	1. 针对独立生活、协助生活和特殊护理三类，提供多样式居住方式；2. 注重老年人心理满足，让其具有尊严地享受养老服务；3. 加强社会团体之间活动，降低经营成本；4. 社区选址地理位置优越，服务完备
日本	"菲兰索莱尔（PHILANSO-LEIL）笹丘"住宅型康养院模式	护理对象包括需要辅助护理老人和不需要任何协助老人。其理念为"医、迎、食、环"。"医"体现每间房间都有急救呼叫按钮；"迎"体现与家属的密切沟通；"食"体现聘请具有营养膳食管理人才；"环"体现舒适环境	将住宅、医疗、养老、教育、休闲相结合的康养机构。盈利方式特殊，分别为：终身合同，费用一次性付清；签订一年合同，费用一次性付清；按月付费；对外部需求者提供额外照护和入户生活协助服务

代表国家	康养模式	具体概况	优势特色
德国	奥古斯丁（Augustinum）高级老人护理公寓模式	针对拥有中等收入且身体健全老人，提供全天候和全方位护理服务及精神文娱服务。此外，转为智障老人开设服务专区。该公寓具备个性化服务条件，老年人可根据自身需求和偏好，选择自己携带家具，物业管理经验充足	1. 配备专业康复治疗项目，以思维训练为主，结合绘画和手工等基础课程，干预老年人记忆衰退和智力退化；2. 室内设计与设施高档化，公寓租金 2128 欧元起；3. 网络化管理模式；4. 服务专业化和智能化

虽然，美国、日本及德国的经济发展水平与社会发展形式与中国存在差异，但是发达国家的康养产业模式仍然会对辽宁省康养产业发展起到一定启示作用。例如，美国社区康养模式注重专业化和个性化特征，通过多层次和全方位服务方式满足老年人养老需求服务。美国社区康养模式是"品质康养"发展模式的典型代表，可以通过消费者及市场，按照护理等级服务满足各类消费人群需求。同时，重视与文化融合，尊重老年人精神需求和照顾，使其回归社会属性。日本康养院模式以产业融合为特征，通过金融企业及健康医疗产业的融合共同打造现代化康养模式。日本康养院模式的核心是打造与家庭相似的康养环境，具有家庭照护及社会责任的双重优势，并且该模式可以与社会养老保险事业相结合，可在一定程度上减轻家庭经济负担。德国公寓式康养模式注重服务，以打造品牌为核心。同时，结合德国现代化智能工业产品优势，实现德国康养产业智慧化发展，可为老年人提供更具有保障的医疗服务。

（二）辽宁省康养产业模式创新分析

康养产业作为一种具有区域性特征的服务性产业，其发展基础是各地康养资源优势。辽宁省除了具有适合发展康养产业的自然资源以外，中医药资源尤为丰富。因此，发展辽宁省中医药康养模式不失为一种丰富辽宁省康养产业模式的措施。中医药康养模式构成应当是以中医康养为主题的旅游养生项目，是集保健、养生、医疗、旅游及文化为一体的特色产业模式。通过"三生"（生活、生产、生态）与"三产"（农业、健康产业、服务业）的结合，实现文化旅游、特色产业及中医药健康体验等复合型功能叠加，进而实现高质量康养产业发展。

1. 辽宁省中医药康养模式发展可行性分析

首先，辽宁省中医药产业市场环境分析。具体而言：第一，在政治和法律环境方面。2012 年 6 月，《中医药事业发展"十二五"规划》正式印发，同时提出了一系列发展目标。包括：力争 100% 地市建有地市级中医院，70% 县中医院达到二级甲等水平，95% 以上社区卫生服务中心和 90% 乡镇卫生院设立中药科等。此后，国家政府不断出台利好中医药产业发展政策，为全国各省份发展中医药产业提供了政策便利。对此，辽宁省政府印发了《促进中医药发展实施方案（2016～2020）》，并计划到 2020 年时，建立较为完善的辽宁省中医药服务体系。具体内容包括：在综合医院设置中医药科室，原则上 1 个市办中医类医院、每个县（市）设置一个县办中医类医院；创建 1 个国家级中医专科专病诊疗中心和 2 个以上的省级中医专科专病诊疗中心。加强综合医院中医药和中西医药结合医院建设，综合医院要设置一定比例的中医病床；开发具有中药成分的养生保健产品，有计划地将有意愿成为中医养生保健机构的养生会馆、温泉、饭店、按摩店等服务机构，培育成中医养生保健机构；鼓励新建以中医药健康养老为主的护理院和疗养院，探索各种形式的中医医疗资源进入养老机构、社区和居民家庭的合作模式；规划建设中医药博物馆、中医养生体验区，创新中医药产业，积极发展入境中医健康旅游，承接中医药服务外包。此外，为积极推动供给侧结构性改革，推动医药产业发展，辽宁省还出台了《辽宁省促进医药产业健康发展实施方案》等一系列文件，强化顶层设计，创新辽宁中医药发展。在中医药人才培养方面，辽宁省卫生计生委启动实施了中医药传承与创新的"杏林工程"，并计划未来 5 年内，通过完善机制体制、优化政策环境和强化保障措施等举措，以提升辽宁省中医药临床服务能力和科技创新能力为核心。第二，在经济和社会文化环境方面。辽宁省作为重要中药材资源大省，一共拥有中药材 1600 余种。其中种植面积大、产量高的大宗中药材有 40 余种，具有良好的中医药产业发展基础。同时，在省政府以及各市政府的努力普及工作指导下，自 2014 年以来已经启动了全省 23 个县（市、区）的重要资源普查和宣传活动，并预计未来再对 40 个县（市、区）进行普及和宣传推广。因此，辽宁省对中医药产业具有良好认知。根据有关部门的相关调研显示，省内有 88% 的人看过中医或者吃中药，并且对中药的性质以及作用具有一定了解。同时，在受访人群中有 21% 的人认为中医药对慢性病治疗效果好，21% 的人认为中医是整体性治疗，相比于西医具有治本作用，15% 的人认为中医可以解决一些西医无法解决的疑难杂症。由此可知，省内人民对中医认可性整体较高，具有较大的发展潜力和开发潜能。第三，在技术方法方面。辽宁省内拥有辽宁中医药大学及辽宁中医职业技能培训学校等几所高校，具有较为雄厚的中医学习能力和技术方法。其中，辽宁中医药大学是我国中药新药临床试验关键技术和平台研究建设单位，国家药物临床试验机构以及国家中医临床研究基地，并且是受教育部委托的中国政府奖学金来华留学生接收高校。同时，辽宁中医药大学拥有 4 个国家级特色专业建设点、6 个省级示范特色专业、1 个国家级教学团队和 7 个省级教学团队，师资力量雄厚，具有较强中医药技术研发能力。因此，辽宁省具备中医药康养模式发展的技术支撑。

其次，辽宁省中医药产业发展较快。根据辽宁省统计年鉴数据显示，自 2012 年国家中医药管理局印发《中医药事业发展"十二五"规划》后，辽宁省中医药产业取得了长足进步。统计数据显示，2017 年辽宁省中医医院数量为 155 家，较 2016 年中医医院 139 家，数量增长 16 家，增长率为 41%；实有床位数 27044 张，较 2016 年实有床位数 24740 张，数量增长 2304 张，增长率为 9.31%；执业医师数量 8029 名，较 2016 年执业医师数量 7410 名，数量增长 619 名，增长率为 8.35%；执业助理医师 597 名，较 2016 年执业助理医师 553 名，数量增长 44 名，增长率为 7.96%；药师数量 1853 名，较 2016 年药师数量 1684 名，数量增长 169 名，增长率为 10.04%；技师数量 1190 名，较 2016 年技师数量 1088 名，数量增长 102 名，增长率为 9.38%。此外，中西医结合医院数量也有一定上涨，截止到 2017 年底辽宁省中西医结合医院数量为 11 家、实有床位 2395 张、执业医师 646 名、执业助理医师 55 名、药师 121 名和技师 131 名，较 2016 年分别增长了 1 家机构、710 张床位、66 名执业医师、16 名执业助理医师、20 名药师和 26 名技师。①

2. 辽宁省中医药康养模式发展阻碍

第一，中医宣传力度仍有不足，中医教育日益衰退。首先，相关医学生的古汉语训练缺乏，许多中医古籍无法阅读。其次，技能培养方面，中医所包含的望、闻、问、切等训练不足，缺乏中医看病思维，因此有许多学生转学西医或者中西医结合。最后，在学校的课程安排方面未做到科学合理化。部分大专医学院的课程设置中医理论和西医理论，而对于刚入学的学生而言，该种授课方式会导致学生思维混乱，产生理论冲突。第二，中医博大精深，在民间有许多师徒传承技术。虽然有些民间中医疗效好、收费低，但是由于不是正规院校出身，往往得不到认可。同时，现行的中医执业考试需要考西医知识，许多民间医生没有相关基础，因而无法通过考试，所以限制了中医执业人数。但是老百姓对市场中的中医需求仍然旺盛，因此市场中有许多非正规中医师混入其中，导致中医市场十分混乱。第三，中医院存在西医化发展倾向。目前，老百姓治病以快速解决病症为主要目的，很少有人可以通过长时间的调理解决自身疾病问题。因此，病人的第一选择往往是西医治疗。而中医医院为了生存，也会设置相关西医科室以及购买西药和医疗设备。因此，中医医院存在西医化发展。同时，越来越多的中医医院使用西医标准对中医进行评判，致使越来越多的病人对中医产生偏见。第四，在思想意识方面否定中医，未能真正意识到中医作用。崇洋媚外思维使得中医一直处于被质疑、被验证和被改造状态。就连德国慕尼黑大学东亚系波克特（Manfred Porkert）教授也指出"中医药在中国至今都未受到文化上的虔诚对待，没有确立起科学传统地位而进行认识的研究与合理

---

① 何莽：《中国康养产业发展报告（2018）》，科学文献出版社 2018 年版。

的科学探讨"。① 第五，部分医疗卫生规章制度在管理上不适应中医发展。虽然，近年来辽宁省政府大力推广中医药产业发展。但是，国家部分中医药规章制度较为僵化，体现在中医药教育科研、价格、评审等环节的死板。因此，长期以来相关政策并没有真正对中医发展做出适当倾斜，而是更多地偏向于西医发展。第六，中医治疗方式与现代社会发展及老百姓生活节奏不符。随着经济的高速发展，人们生活节奏越来越快，充分体现了"时间就是金钱"。而中医治疗过程较为缓慢，因此难以满足当代社会人的需求。例如，中药的煎煮程序复杂，药剂量大且不易携带。传统针灸或者推拿效果缓慢，需要长时间坚持治疗才能体现效果等。第七，传统中医具有传承精神难以适应市场经济潮流，同时中医收费相对偏低，因此医务人员更愿意从事西医。中医发展历史悠久，具有许多神秘性和私密性。许多技术与手段都是采取师徒或者亲子方式传承，再加上当前的知识产权保护无法覆盖到中医领域，因此许多具有特色效果和疗效的中医技术以及配方难以普及。而在经济收入方面，根据国家收费标准，中医诊疗项目大多是处于亏损状态。因此，许多中医医院或者中医从业人员更愿意向西医方向发展以及转型，致使中医发展一直缓慢。

3. 推动辽宁省中医药康养模式发展策略建议

第一，增强辽宁省政府对中医药产业发展的关注度。中医药作为辽宁省的优势资源，是辽宁省创新康养产业，发展中医药康养模式的基础与关键。尤其是中医药作为几千年来中国劳动人民的经验和智慧结晶，其发展内涵及影响作用不可估量。因此，辽宁省创新中医药康养模式前景光明，是推动辽宁省经济发展打造优势产业集的重要措施。但是，近年来西医占据医药市场主导位置趋势愈演愈烈，中医发展明显受阻，暂时发展情况并不乐观。对此，建议辽宁省政府先确立中医药发展在辽宁省未来经济发展中的地位，将其列入未来发展规划。同时，建议社会媒

---

① 2020年德国慕尼黑大学波克特教授在中国科技信息所主办的"中医药发展战略研讨会"上所做的专题演讲：《为什么当代人类不能缺少中医》。

体发挥正向宣传引导作用，让辽宁省人民充分客观认识中医药的根本优势和基本特征，要公正和客观地看待中医进而实现传承传统文化。此外，推动中医药发展的协同政策必不可少，通过制定相关法律程序规范，才可实现辽宁省中医药长久、高质量发展。第二，加强中医药理论教育，培育更多中医药人才。由于中医和西医是两种不同医学的学术体系，因此在中医药的教育及人才培养，不可照搬西医方式，需要根据中医药特征制定具有针对性的教育培养体系。同时，中国文化具有开放的胸襟，既可以发展自身理论也可以积极吸收现代科学的医学观点，因此适当采用中西医结合教育方式，可以拓宽学生视野。但是值得注意的是，中西医结合不是简单的技术叠加融合，而是要以中医思想为基础，适当加入西医技术，以实现中医体系及理论完善的目标。在具体人才培养方面，建议多增加实践课程，客观学习西医优势，从思想和文化上甚至是市场经济角度全面对学生进行熏陶，以培养高质量复合型人才。而对于中医医院而言，要客观地对中医医师进行考核与评估。由于中医和西医是两种不同的医学理论，因此不能采用西医评价方法与标准对中医进行考评，需要从中医特征角度制定差异化的考核制度与体系，切实体现中医医学特征。此外，由于中医是辨证施治遣方用药，药师按方嘱配药，二者需要高度协调。因此，需要制定严格的中医执业标准，培养高素质中医执业人员。对此，需要医要通药，药要通医，只有医药相通的人才能算是高质量中医人才。第三，增强社会宣传力度，开展省级中医药文化知识普及和竞赛，营造全社会尊重和学习中医药知识氛围，切实关心辽宁省中医药产业发展。例如，将中医药相关理论知识及介绍纳入中小学文化课本，从小培养中医药文化思想和氛围。省政府经常在社会中举办中医药基础理论、方剂学和传统炮制技术等知识竞赛活动，激发社会学习了解中医药学兴趣。第四，改善中医发展弊端，积极吸取西医特长，不断完善中医理论和治疗方法。传统中医由于诊断单一，大多凭借感官经验，因此主观臆断成分较多。考虑到当前医患关系紧张，因此需要弥补中医治疗缺陷，尤其是医学诊断环节。建议在中医诊断过程中加入现代医学监测技术与手段，坚持中西医药并用方法，走中西医结合发展之路。只有这样不断丰富和完善中医药理论，才能保证中医在临床应用中不会被边缘化，进而达到发展辽宁省中医药文化的目标。

四、打造辽宁康养产业高地的对策

习近平总书记在 2019 年第 24 期《求是》杂志上发表《推动形成优势互补高质量发展的区域经济布局》一文中指出：东北全方位振兴要"善于扬长补短，发展新技术、新业态、新模式，培育健康养老、旅游休闲、文化娱乐等新增长点。"① 康养产业涉及养老、医疗、教育、旅游、文体、保险、制造等多个行业，产业链条长、带动作用大。大力打造辽宁康养产业高地，是充分利用、发挥辽宁资源优势，积极布局康养战略性新型产业、培育经济新增长点的重要举措，也是有效整合资源、主动调整产业结构、推动经济转型升级的战略选择。

总体来看，辽宁省康养产业优势与问题为：一是资源优势，具有2100 多公里的海岸线，沿海康养适宜城市众多，此外辽东山区生态资源、温泉资源，桓仁及盘锦大米、河蟹、林蛙等特色农林产品资源等，都形成康养产业发展的独特优势。二是区位优势，地处东北亚核心区域，尤其对于东北三省及蒙西地区居民，由于习俗相近、交通便利，同时康养资源远优于这些地区，成为其康养优选之地；并且对于京津冀地区，乃至俄、蒙等国居民，也具有较大吸引力。三是气候优势，总体上夏季相对凉爽、冬季采暖又避免了南方大部的冷冬现象，尤其是夏季对于南方人员避暑、康养，应是优选之地。四是价格优势，目前东北到三亚等城市"候鸟式"康养，已经因这些城市房价、物价较高等因素影响，而出现"逃离"三亚转移北海等地，或返回东北的现象，显然，目前辽宁在这方面具有较大优势。针对老龄化与康养产业发展新形势，辽宁省也积极完善相关政策，出台了《关于加快养老服务业发展若干政

---

① 习近平：《推动形成优势互补高质量发展的区域经济布局》，载于《求是》2019 年第24 期。

策》《关于推进医药卫生与养老服务结合发展的实施意见》等支持政策，文旅康养产业发展势头良好。但同时也应看到，与其他省市相比，辽宁省康养产业发展相对滞后。2019 年 12 月，由中国健康养老产业联盟、标准排名城市研究院连续五年发布的中国康养城市排行榜 50 强对外公布，深圳、海口、三亚、贵阳、雅安、珠海等城市居前，辽宁仅大连一个城市入围，名列第 30 位，这与辽宁拥有的优势康养资源是极不匹配的。

（一）着力打造辽宁康养大省品牌

首先，打造滨海旅居康养品牌。围绕"海滨、海岛、沙滩""大连、丹东、营口、葫芦岛""人参、大米、河蟹、林蛙""凉爽、森林""豪爽、幽默"等词汇，确定"滨海康养、豪爽辽宁欢迎您""五点一线、凉爽康养""夏季旅居，辽宁滨海第一站"等品牌宣传口号，首推辽宁滨海旅居康养优势品牌，逐渐向省内扩散做大做强。其次，培育康养企业、康养地域品牌，由相关职能部门牵头组织确定一批滨海康养、温泉康养、康养特色小镇示范区及示范企业，逐渐形成康养产业集群与品牌。再次，加强与长三角、珠三角等地及日美欧等地知名康养企业合作，引进国内外高端康养产业先进理念、前沿技术和管理经验，在引进与合作中培育本地康养机构品牌。最后，加强品牌推介，通过传统媒体与互联网自媒体等新型媒体、旅行社康养旅游产品设计、召开辽宁康养产品交流会、招商会等途径，突出宣传与推介辽宁康养资源、气候及价格等优势，提升辽宁康养知名度。

（二）进一步制定完善相关规划与政策

首先，加紧制订辽宁康养产业发展行动计划（3～5 年），在充分调研及广泛征求意见基础上，确定辽宁康养产业发展重点市县区，分阶段规划养生城、康养小镇、生态康养基地、康养社区，作为重点推进项目建设。其次，加大康养领军企业培育与扶持力度，在医疗卫生、康旅健身等领域，分阶段确定一批康养骨干企业，并通过打造康养产业平台等途径，创造条件发挥龙头企业作用，推动康养企业互利合作、集群发展。再次，充分研究并用足用好国家相关政策利好，特别是中国政企投资基金（PPP）对健康养老等产业、国家开发银行对战略性新兴产业及创新型中小企业、亚洲开发银行对我国乡村振兴战略的支持，鼓励和帮助有条件的企业获得相关资金支持，加快发展。最后，进一步完善相关支持政策，特别是在土地供应、资金补助、税费减免等方面，结合国家最新政策，完善配套实施机制，进一步细化落实。例如深圳出台了《深圳市人民代表大会常务委员会关于构建高水平养老服务体系的决定》，以满足老年人多层次、多样化的养老服务需求；山西出台了《支持康养产业发展行动计划（2019～2021)》，谋划形成从大同到晋城的康养产业带，打响"康养山西、夏养山西"品牌，举办"夏养山西·太行旅游养身体验季"，省旅发委对"引客入晋"旅行社给予奖励，值得借鉴。

（三）争创国家康养产业试验区

目前，国家已在攀枝花和秦皇岛开展康养产业试点，湖北、山西等省积极开展国家康养产业试验区创建工作。为此，首先可将前述辽宁康养产业发展重点市县区作为省级康养产业试验区，对标国内康养产业先进地区，取长补短，不断完善建设条件。其次，重点建设沈阳、大连、本溪、丹东、锦州和西丰六大医药产业集群，加强盛京医院、辽宁中医附属医院等不同等级、类型医院对相应康养产业试验区建设的参与、合作，提升医养结合专业性及康养产业总体发展水平。最后，借鉴先进康养理念，结合辽宁优势资源实际，创新"北向候鸟"等康养产业发展模式，依据价格等优势扩大市场占有率。

（四）积极布局智慧康养产业发展

首先，加快互联网＋康养产业发展，培育服务新业态。推动智慧健康与养老产业发展，加强物联网、云计算、大数据、人工智能、区块链等新一代技术和智能产品在康养产业的深度应用，鼓励引进、支持研发与制造适合康养服务的智能化产品、健康管理设备、康养应用软件，提高康养照护效率与产业发展智能化水平。其次，大力推进医养结合模式。降低进入医保的制度门槛，实现"双向转诊"；解决医师多点执业问题，有效配置医疗资源；多部门共同参与，实现科学监管；完善失能半失能老人健康档案，纳入社保管理体系。最后，促进多产业融合发展，培育康养产业集群，促进国内外前沿的健康、医药、科研、技术与康养服务深入融合，大力推动康养产业与先进制造业、文化旅游业、金融保险业、职业教育产业等融合发展。

（五）以市场化方式提升康养产业竞争力

首先，放宽准入、鼓励竞争。康养产业做大做强必须大量引进民资外资，而公共养老机构主要做好"三无"老人等公益性、基础性兜底养老服务。应进一步深化康养领域的放管服改革，加大对外开放范围和层次，尽量简化办事流程、搭建康养产业信息交流与合作平台，节约制度性交易成本，建设康养产业发展的一流营商环境。其次，广开融资渠道，支持社会资本通过基金、债券和资产证券化等方式筹集资金，大力推广政府与社会资本合作（PPP）模式发展康养产业，支持各类所有制养老机构规模化、连锁化发展。支持通过政府购买方式，促进社会高质量康养机构承接公共卫生、基本医疗和基本养老服务。再次，盘活存量社会资源发展康养产业，重点将原属于机关企事业单位的培训中心、招待所、疗养院，以及存量或闲置厂房、商业设施、烂尾楼盘等社会资源改造、租赁给康养机构，降低成本提高效益。最后，进一步完善康养产业设立、服务标准，加强事中事后监管，重点对企业服务质量、生态环保、诚信经营进行监管，对于不达标企业，应限期整改，直至退出。

（六）创新省级康养产业管理体制

由于康养产业是一种发展经济新业态，其涵盖产业及业态内容各不相同，会涉及不同行政部门管理。因此，传统政府管理体制可能无法适应康养产业发展基本要求。所以，为了更好地推动辽宁省康养产业发展，打造辽宁康养产业高地，需要强化省市级政府部门的管理能力、宏观规划、政策指引管理等方面职能作用，通过高效整合康养资源，统筹规划，建设上下级多部门协作制度。首先，做好顶层设计，针对康养产业发展特征，制定差异化发展策略。在发展初期，全面做好康养市场调查，实时跟踪社会康养服务需求，把握市场动态与发展潜力增长点，并结合自身康养资源开发具有较大市场需求的特色康养产业。其次，各市政府要充分调研本市自然资源、历史传统及人文风情特色，以此为基础深入挖掘优势康养产业项目，结合优质服务建设具有差异化和特色化的康养项目体系。最后，建立省级康养领导小组，统一负责各市康养产业的组织规划和领导活动，通过沟通协调等措施打破行政壁垒，统筹辽宁省康养产业发展。此外，还要积极利用好社会媒体宣传作用，通过网络、电视、海报及广告牌等方式积极宣传康养产业，或者利用微信群、QQ 等移动设备进行推广。

（七）对现有辽宁省康养产业支持体制创新

辽宁康养产业发展时间尚短，还未形成完整产业链，上下游企业存在协同不协调、不紧密等问题，产业带动效应还不明显，资源配置有待加强。因此，针对辽宁省康养产业发展主要问题，省政府应当创新产业政策，根据已有的康养产业模式进行合理与针对化的产业扶持，才能真正实现辽宁省康养产业发展并带动周边产业集聚与经济发展。以辽宁省目前较为成熟的森林旅游康养模式为例。首先，省级领导部分统筹规划，各市相关部门联动合作，完善相关标准。一个完整的森林旅游康养模式不仅仅只需要林业部门的发展支持，同样需要交通、工商、教育以及环保等职能部门的配合。例如，森林旅游康养基地的康养师需要卫生部门的合作配合，森林旅游康养基地周边交通规划需要交通部门合作配合等。同时，康养产业作为一种新兴产业模式，想要成为辽宁省产业标准实现可持续发展，建立行业标准和设立准入门槛必不可少，一方面避免过多参与者进入致使并不完善的新产业受到恶性竞争的影响，另一方面防止个别康养基地滥竽充数影响整个产业发展环境。其次，合理规划，健康发展。在互联网时代下，新兴产业因为缺乏规划而导致项目失败的案例数不胜数，如共享单车等。因此，辽宁省康养产业发展从一开始就应当明确定位并制订科学与合理的可行性发展计划。具体可以借鉴国外已有的成熟模式，在有利的城市选择有条件的森林公园或者自然保护区进行试点开放，走可持续发展的康养产业发展道路。最后，加强人才培养，实现高质量产业模式发展。康养产业属于复合型服务产业，相关从业人员需要具备许多专业知识才能为客户提供优质服务。对此，相关部门可以建立森林康养师资格考试制度以及培训机制，定期或者不定期地对相关从业人员进行技能培训与考察，时刻保证康养师的知识技能储备与应用能力。此外，辽宁省所处的地理位置以及海边城市可以利用其自身地理优势，积极开发创新沿海康养模式，不断丰富辽宁省康养产业。例如，将海边旅游产业和康养产业融合，利用"一带一路"建设积极开拓海外市场，提供针对国外游客的涉外导游服务，发展具有自身优势特征的辽宁省沿海康养旅游产业模式。

（八）创新财税体制及投融资机制

康养产业的发展与体系建设推进离不开资金支持，尤其离不开政府的政策引导和资金投入。与其他省市康养产业发展相比，辽宁省康养产业属于刚刚起步阶段，无论是康养产业体系模式构建，还是康养产业链整合都存在许多缺陷与问题。因此，省政府和各市政府应当重视康养产业前期资源投入，优化资源配置，调整产业结构，对技术、资源、项目推进以及政策等方面进行整合，全力将康养产业打造成辽宁省特色产业。具体可以通过出台财政补贴政策，对发展前景以及模式创新较为新颖的项目进行资金扶持，但同时也要接受政府对项目的动态考察，对于不符合发展要求的项目要求资金部分或者全部返还，切实发挥资金作用。同时，还可以通过财政和金融互动形式，鼓励社会资本参与康养产业发展。利用政策引导金融机构为康养产业项目制定和发放专项贷款，全力支持社会企业广泛参与辽宁省康养产业建设。当然，康养产业链条较长，产业覆盖内容广泛，基础设施建设投资大，所以完全依靠政府力量是难以实现康养产业发展，需要遵循"政府搭台，企业唱戏"的发展策略。因此，创新康养产业投融资机制同样重要，尤其是政府和社会资本合作模式，即 PPP 模式。在康养产业项目中积极引入 PPP 模式，发挥杠杆作用撬动社会资本，并围绕项目策划、开发、转化等环节探索新等管理机制。具体而言：第一，创建辽宁省康养项目管理储备库，安排专职专家对大型和重大康养项目的投资渠道、运作方式及投资机会进行分析与评估并定期发布康养项目指导性投资预测，协助相关投资人进行项目前期论证工作。第二，制定康养项目入库标准，从源头上把控优质康养项目，以便更好地吸引投资人。具体入库标准包括：紧随政策步伐，项目模式可适当超前；统筹兼顾，因地适宜突出各市资源优势特征；经济效益优先，环境保护为主，走可持续发展道路。第三，构建入库项目的评价指标和检验标准。根据项目发展的不同阶段和项目的不同类型，制定差异化评价模型和指标，对在建康养项目进行实时监管，切实保证投资人利益。此外，对于各市政府而言，应当注重康养产业和社会福利发展相结合。例如，多将政府购买使用在康养产业发展，选择扶贫、养老、教育及环保等领域项目，在发展新产业推动当地经济发展的同时，提升社会整体福利水平，共建和谐社会。

（九）创建康养人才培养机制

康养产业属于服务产业，因此人才的质量决定康养产业发展质量，需要大力培养各类康养服务人才。同时，康养产业模式众多并且仍在不断创新发展。对此，康养人才可以从以下几方面重点培养：第一，社会工作人才。从整个康养产业发展链条来看，社会工作者最能发挥其自身优势，尤其是在康养心理健康服务及指导性康养服务等方面。而目前，辽宁省最需要解决的是培养和吸引专门从事康养产业的专业社工人才。第二，护理人才。康养产业虽然可以包含旅游、娱乐及文化等内容，但是其实质还是解决老年人晚年养老质量问题。因此，专业护理人才是提升康养产业服务质量的关键性人才。当前，辽宁省护理人才遇到发展瓶颈，尤其是专业护理人才更是后继乏人。对此，相关职业培训学校应当统筹规划，针对社会发展需求开展针对性人才培养计划，例如老年人护理技能培训等。第三，老年人力资源。康养产业虽然是为了照顾老年人晚年生活而逐渐兴起的新经济发展模式，但是其内涵是人本关怀，让老年人享受到家的温暖。而对于那些可以生活自理的老年人而言，他们更需要同龄人的陪伴。对此，开发老年人人力资源，建立老年人志愿者服务机制，促进老年人之间互助，不失为一种可行性人才解决机制，以弥补康养产业人才匮乏问题。第四，对于康养产业部分机械化服务环节，建议多使用人工智能机器人负责，以调整当前辽宁省康养人力资源不足问题。同时，也可借此机遇，发展智能化康养模式，为康养模式创新提供新的发展路径。

第二节 "夜经济"影响力评价和发展对策：辽宁的调查

夜经济是发生在当日 18：00 到次日 6：00，以本地居民和外地游客为消费者主体，以第三产业如休闲、旅游观光、购物、健身、文化、餐饮等为主要形式的现代城市消费经济。夜经济在推动消费、创造就业、提升福祉、激活产业、塑造城市内涵方面具有重要作用。在东北地区实现全面振兴的进程中，加快推动城市夜经济发展，是辽宁提高服务业水平和比重，推进经济结构调整，加快经济发展方式转变的重要推手。

本书通过实地调查和对现有文献成果的整理，对夜经济的传统载体与现代业态，国内外夜经济发展经验，辽宁城市夜经济的发展现状，辽宁城市夜经济影响力排名和所处阶段，辽宁城市夜经济发展的潜在优势与条件以及推进辽宁城市夜经济发展的对策建议做了全面的研究。

本书对深入了解辽宁城市夜经济发展现状，学习国际国内先进地区发展经验，总结并破解制约辽宁省城市夜经济发展的障碍、加快推动辽宁省城市夜经济发展，具有重要参考价值。

一、相关概念阐释

（一）夜经济

夜经济是发生在当日 18：00 到次日 6：00 以本地居民和外地游客为消费者主体，以第三产业如休闲、旅游观光、购物、健身、文化、餐饮等为主要形式的现代城市消费经济。作为都市休闲经济的重要组成部分，夜经济是推动城市复兴、拉动经济增长的新引擎，也是丰富居民生活、展现城市文化底蕴的新平台。20 世纪 70 年代，英国率先采用这一新概念和经济业态。到了 2017 年夜经济占全英国 GDP 的 6%，已成为英国的第五大产业，为伦敦提供了 1/8 的工作岗位。

发展"夜经济"，从灯光秀、逛夜市、吃美食起步，直到对城市管理与运营提出全方位的考验。对于不同城市而言，如何突出自身的文化特色值得思考。譬如"老三样、新三样、再三样"夜经济产品概念为城市勾勒出产品演化发展的轨迹。"老三样"是夜市、演出、景区，是夜间高频消费场所，城市夜景观光和景区夜游依然是游客的主旋律。"新三样"是节事、场馆、街区。夜间节事又可以分为文化新载体、城市新名片，文化场馆是城市新的风景线，街区是高频消费区、新晋网红地。"再三样"是书店、古镇、乡村。书店更多承载的是一个城市夜间休闲功能，而古镇和乡村更是未来夜游的新去处，像"周庄夜游"就已发展得如火如荼。夜经济体现了一个城市的生活品质与文化创新，是顺应品质化、体验化消费升级趋势的商业选择，是城市抢占全球消费市场制高点的重要风口，夜经济成了促进我国各地经济发展的热门话题。

（二）夜间旅游

夜间旅游是夜经济的重要组成部分，主要包括夜景观光、街区夜游、景区夜游、夜市美食、夜间演艺、夜间节事、夜间文化场所休闲活动等内容。夜间旅游的提出，扩大并细分了夜经济消费群体，为夜经济形态和细分化产品的创新，提供了更多的研发视角和专门市场思维。

2019 年 8 月，国务院办公厅印发了《关于进一步激发文化和旅游消费潜力的意见》，顺应文化和旅游消费提质转型升级新趋势，深化文化和旅游领域供给侧结构性改革，从供需两端发力，不断激发文化和旅游消费潜力。该意见提出，大力发展夜间文旅经济，鼓励旅游景区开展夜间游览服务，丰富夜间文化演出市场，优化文化和旅游场所的夜间餐饮、购物、演艺等服务，建设国家级夜间文旅消费集聚区，持续扩大夜间文旅消费规模。

城市夜间旅游的时间特征主要以旅游主体的主观感受为基础，不以特定的时间来划分，原因之一是季节不同，人们对同一时间的感知不同；原因之二是纬度差异，不同纬度的城市在同一个时间的昼夜变化也不相同。城市夜间旅游的空间特征表现为室内和户外的差异。俄罗斯、新加坡的夜间旅游多以室内消费为主，气候温和的沿海城市多以"逛街"等户外形式为主。从内容上看，旅游者在一个城市进行的夜间旅游活动以休闲娱乐为主。选择饮食、购物、观看表演等舒适、放松的休闲活动比较多。城市本地居民在夜间旅游中也扮演着重要角色。城市居民的日常闲暇活动主要发生在夜间，广泛地参与城市夜间休闲娱乐活动，被认为是城市夜间旅游主体中极为重要的组成部分。在统计上，国际流行做法是将本地居民在 10 公里以内的夜游活动纳入夜间休闲活动，10公里以外的纳入夜间旅游范畴。

（三）夜经济的传统载体与现代业态

从需求角度看，各地夜经济业态涵盖了夜宴、夜憩、夜赏、夜娱和夜游。从供给角度看，具体业态包括：餐饮、零售等白天和夜晚并存的业态；酒吧、KTV、电影院等以夜间为主的传统业态；深夜书店、艺术场馆、夜间剧场、深夜食堂等新兴业态；外卖夜宵、电商购物、在线娱乐、在线游戏、全时便利服务等最具潜力的业态；文化街区、网红地标、灯节庙会、滨河滨海等夜间旅游业态。

同时，夜经济又充满了创意元素，新型业态不断涌现。以北京的餐饮为例，餐饮消费占当地夜经济消费的七成。在餐饮业态创新方面，商家塑造就餐场景、营造就餐气氛的努力早已经超越了单纯追求食物种类与口味。文化餐厅、风味食廊、特色小吃、深夜食堂、外卖简餐、怀旧烧烤、冰雪火锅、游船夜宴等餐饮供给，无不将美食与文化内涵和时尚要素紧密融合，不断推陈出新。

二、国内外夜经济发展经验

截至 2019 年 10 月，国际上明确发布夜经济政策的城市已经超过了40 余个，国际大中城市夜经济先后进入活跃发展期。我国银联商务数据显示，在 2019 年 1～9 月，国内夜间总体消费金额、笔数分别达到全日消费量的 26.81% 和 23.80%，其中游客占比近三成，夜经济成为全国各地发展经济的新突破口。大数据显示重庆观音桥、重庆解放碑、沈阳中街、唐山百货大楼、石家庄北国商城是全国单日流量最大的 5 个商圈。重庆、北京、长沙、青岛、深圳、广州、济南、成都、西安、石家庄是 2019 年最具夜经济影响力的十强城市。粤港澳、浙东南、京津冀、东京圈、东南亚等地夜经济各具特色。

（一）粤港澳夜经济发展经验：交通畅达

粤港澳地区交通畅达，消费者进得来、散得开、出得去，交通上的时间成本降到最低，消费者延长逗留时间没有顾虑。粤港澳大湾区成为区域发展的"最强音"，也是全国经济发展的领跑者。早在 2016 年，深圳就开始开设 24 小时书店"星光阅读栈"，成功带动了后来话剧、音乐剧等更多文化内涵丰富的夜晚休闲娱乐活动方式。

2018 年的粤港澳大湾区的经济总量超过 10 万亿元，其中夜间经济贡献突出，比如最常见的夜间电影市场，大湾区的夜场电影播放量全国领先。随着夜间经济的迅猛发展，随之而来的则是交通问题，大湾区便捷的交通系统让其夜经济发展如虎添翼，地铁公交末班车运营时间达到凌晨，可见为了保障夜间经济，公共交通必须是最强力的支援。以大湾区城市地铁交通为例，香港地铁的部分线路的末班车一直运营到凌晨 1 点。深圳、广州、佛山的平均末班车时间接近 24 点。节假日的时候，地铁运营时间还会延长。

夜经济在中国南方的发展有着天时地利人和的优良条件，在粤港澳大湾区，一年四季的气候都支持户外休闲娱乐，当地居民与游客的夜生活环境给夜经济带来巨大的潜力。对于发展辽宁省夜经济，尽管气候不如大湾区适宜，但可以从中学习其多样化的夜间休闲娱乐方式，将文化与夜生活结合起来。特别是依托便利的交通为消费者提供便利，让夜经济消费的"第二空间"保持区域竞争力，实现助力区域经济发展的目的。

（二）浙东南夜经济发展经验：时尚文化

浙东南地区将闽越文化和现代时尚文化紧密结合，消费场景和气氛极具地方特色，市场辐射力和吸引力强。浙东南地区在夜经济发展中，从经济社会高质量发展的全局高度予以统筹规划和推进，加大夜经济的政策供给和规划建设。当地政府始终将培育发展夜经济纳入经济社会发展的总体工作予以部署，从推动城乡一体化发展、完善城市功能配套、打造国际化宜居环境、加快发展现代服务业、加速高质量发展动能生成的角度，做出重大举措，目标是积极发展综合性夜间旅游业态，完善功能布局，多方位促进休闲消费，塑造 24 小时生活圈。逐步形成涵盖"夜游、夜憩、夜宴、夜赏、夜娱"于一体，多元特色鲜明的都市夜景与休闲业态。

在文化融合方面，浙东南地区准确地把握了文旅融合的内涵，融入文化元素，凸显城市特色。创新是该区域城市高质量发展的核心动能，创新创业表现在业态、模式、技术等方面。餐饮仍是当地主要夜间消费的重头戏，除了就餐，看电影、运动健身、夜间观光等也是发展夜经济很好的方式，以文化引领创新夜经济的发展内容是该区域的典型经验。譬如，温州始终秉持"敢为天下先"的创新创业精神，准确地把握文旅融合的内涵，于 2020 年投入运营了"塘河夜画"文旅项目。塘河是一条有历史深度的河流，"一部东瓯史，半部在塘河"，承载了温州人的历史记忆。塘河文化既包括宗祠、河居、榕亭、古桥、水运、农耕等物质文化资源，也包括学术思想、宗教文化、民俗民风、民间工艺、诗词戏曲等非物质文化。塘河夜游依托塘河独特的江南水乡气质，通过实景演出和沉浸式体验，再现南戏、鼓词、瓯窑等瓯越传统文化魅力，为休闲旅游注入深刻的文化内涵，带动旅游品质提升和城市消费升级。塘河夜游项目是理解温州、体验传承瓯越文化，最终实现旅游开发和文化传承的有机统一，成为中国城市夜经济发展的标杆。

在业态创新方面，浙江首创"滨水光影综合体"，推动夜经济发展从延时、增量加快进入高质量阶段。作为瓯江两岸同城化发展、中心城区首位度提升的关键性项目，瓯江夜游对瓯江两岸上下游 10 公里实施综合开发，建设成为包含光影游船、光影码头、光影礼堂等丰富业态的夜间新文化综合体。综合体投入运营后，2019 年十一黄金周接待游客与旅游收入同比增长约 15% 和 24%，夜游轮船项目一票难求。市民和游客可以在美食街的大排档里品味传统美食，在塘河、瓯江的游船上领略瓯越壮美山水和传奇历史，在 24 小时不打烊的"城市书房"品读研学，一幅生机勃勃的夜经济图景正在浙东南大地上铺陈展开。

在驱动模式方面，通过资源置换投资，吸引社会资本积极承担夜经济的投资建设和运营。在这种模式下，政府主动投入空间资源和必要的配套基础设施，为企业做好出清工作，成为夜经济的掌灯人。企业负责各种运营消费型业态的投资建设及运营，成为夜经济空间的运营主体。这种模式有效降低了政府财政支出，并促使企业开发更多符合消费需求、具有市场竞争力的夜经济产品，实现政府、企业和消费者三方多赢。

在现代信息技术采用方面，浙东南水上夜游全部实现联调联控智慧运营，在采用大数据、云技术、人工智能方面，创造三项吉尼斯世界纪录，加快实现了当今最先进的科技创新成果在夜经济发展中的转化。技术赋能为当地夜经济高质量发展、业态创新提供了持续动力，突破了低水平的业态模仿和服务设施重复建设的瓶颈。

（三）京津冀夜经济发展经验：餐饮领跑

京津冀地区的夜经济是以餐饮领跑，餐饮消费在夜经济消费的比重最大，简单之处并不平凡。餐饮不是夜经济的全部，但却是京津冀地区夜经济的"先锋领跑"领域。时尚文化餐厅和快餐小吃是当地夜生活开始的标志。而对吃的场景的塑造，从文化要素和时尚角度的二次气氛营造，已经跨越了单纯追求餐饮产品数量和口味的阶段。

北京"夜经济"的破局经验是创造场景、制造共鸣、烘托文化。自2018年5月北京出台了《支持"深夜食堂"特色餐饮发展项目申报指南》后，特色餐饮街区和特色商圈纷纷为"深夜食堂"营造新场景、为消费者创造新共鸣，为城市夜景烘托新文化。随着一系列"深夜食堂"陆续登场，市场火爆的同时，一些配套制约因素也不断显现。例如，商场夜间场地租金的营业成本攀高，交通延时不足导致客人及早撤离等。

为破解这些制约因素，2019年7月，北京市商务局印发了《北京市关于进一步繁荣夜经济促进消费增长的措施》。对商场等商业设施，水电、空调以及照明系统等都是一体的，一旦打开全部都要营业，从而导致深夜食堂的消费需求跟不上商场夜间的营业成本。对商场延时增加店铺租金的商户综合研究后提出补贴办法。对公交、地铁等交通服务也紧跟世界的步伐，区分线路进行缩短发车间隔、延时或24小时运营，为夜间消费的人们提供更便利的交通配套。对符合条件的24小时便利店予以资金支持。推动中心城区4A级以上景区根据实际条件延长开放1～2小时、继续扶持24小时实体书店、对全市3000座以下的演出场所的营业性演出给予一定比例的低票价补贴等。

在食堂引领基础上，北京已经计划在前门和大栅栏、三里屯、国贸、五棵松打造首批4个夜经济地标。在蓝色港湾、世贸天阶、簋街等多个区域，打造首批夜经济商圈。在上地、五道口、方庄、回龙观、天通苑等区域，培育首批"夜京城"生活圈。同时推出10条深夜食堂特色餐饮街区，培育16区特色精品夜市。

天津的夜经济发展同样重视餐饮造势，但很好地避免了京津同质发展的误区，做出了自身独特亮点的夜经济示范区。在古文化街、食品街、水上公园、海河廊道迅速推出津门特产和夜市小吃，突显了地方美食特色和运营模式。

2019年，石家庄夜经济影响力进入全国城市前10位。《石家庄市2019年推进夜经济再提升工作方案》颁布后，该市夜经济领域出现三个典型变化。第一，商业企业和文化单位纷纷推出延时产品和服务。大型商业企业陆续延长了营业时间；图书馆、群艺馆等场所延长夜间营业时间并推出配套参观内容；剧场、影院、曲艺社面向大众开设更多夜场演出。第二，开通夏季夜间旅游专线，并不断推出美食节、音乐节、灯光秀夜场活动，大大丰富了夜间游玩项目的多样性。第三，政府积极参与文化打卡地的创建。现有12个特色商业街区，其中6个打造成为城市品牌形象街区，包括中山路繁华商业大道、民族路现代智慧体验步行街两个城市商业形象街区，绿地中山里民国风情商业街、勒泰庄里街特色餐饮文化街、万达现代时尚步行街、旺泉文化商业街4个特色商业街区。政府通过亮化与绿化工程改造、引进智慧式体验式消费、组织夜间演艺和节事，强力打造网红打卡地形象。

（四）东京圈夜经济发展经验：彻夜不眠

东京圈实现了真正的彻夜不眠，商家的营业时间延长到凌晨5点，水电、住宿、交通、治安、环卫等支持系统也实现了24小时配套。2009年日剧《深夜食堂》带动了实体深夜食堂的热潮。日本的深夜食堂与北京有显著差别。北京的深夜食堂的特点在于空间选择。源于中国北方气候偏冷的特点，北京大多数餐厅选择开在商场内部，属于场馆经济。东京深夜食堂的特点在其时间选择。东京圈大多数餐饮可以持续到凌晨5点，真正实现了24小时的餐饮便利。甚至像"原宿可爱怪兽咖啡屋"的体验式日系动漫主题餐馆的主营时间就是整个夜间。全天候的东京圈餐饮业被称为继汽车制造业之后第二大主力产业。据社团法人日本饮食服务业协会调查研究中心数据显示，2018年日本餐饮业市场规模达33.9万亿日元，夜间餐饮消费占到60%以上。价廉物美的深夜食堂、随处可见的 24 小时便利店、灯火通明的新宿商业街区、便利的交通，使东京夜间消费十分便捷。

东京地区的新型"夜经济"消费场所不断强化着 24 小时的不眠之夜的大东京特色。除餐饮之外，东京圈 24 小时的夜间文化娱乐活动也丰富多彩。剧场、电影院、音乐厅是文艺范儿们逗留最多的地方，日本传统剧目与欧美流行剧目交相辉映。在夏季，动物园、海洋馆、游乐园等还会专门开放夜场游览，并有专职讲解员，吸引亲子市场消费者参加夜间活动。

在供给扶持方面，2017 年日本执政的自民党成立"推动夜经济发展议员联盟"，并提出一份发展夜经济政策建议中包括：延长文娱设施营业时间，并在这些设施开设咖啡馆、吧台等；增加烟花、夜间游览船等日式夜间娱乐项目；增加夜间表演、活用霓虹灯光秀；延长地铁公交运营时间，周末实施公共交通系统 24 小时运营，解禁共享私家车等。

在刺激需求方面，新宿区政府组织策划了晚间露天观影会，在公园搭建临时夜间免费小吃街。涩谷区和新宿区政府联手推出了一种覆盖两区 50 家餐厅酒吧的夜间消费优惠券，鼓励游客夜间消费。聘请了"夜间旅游宣传大使"专门负责免费赠送夜间游玩分类导览地图。

（五）东南亚夜经济发展经验：旅游先锋

东南亚夜经济消费主力是旅游者。东南亚各国首都凭借国际化旅游都市地位吸引了全球游客，逛夜市作为当地人夜生活的传统，引领了旅游者对当地民俗的体验消费。譬如泰国的曼谷，是东南亚吸纳旅游者最成功的城市，该市夜经济发达的原因有三个。第一，因为东南亚炎热的气候使得人们更愿意晚上出门，放松白天工作的压力或者消费享受。第二，也是更为主要的原因，是曼谷国际化旅游都市的地位带来了众多的全球游客，形成了白天酒店度假享受空调，夜晚游玩的传统，商家能够充分利用游客带来的机遇。第三，地方政府积极鼓励各式各样极具特色的夜间消费场所，完善夜间经济的种类，扩大夜间经济的规模。不断丰富的夜生活则为提升居民幸福感和继续吸引更多游客提供源泉，形成了良性循环。

东南亚居民喜欢夜幕降临、气温降低之后逛夜市。夜市是曼谷夜间消费的主要场所。曼谷有大大小小近百个夜市，且大部分都会开到零点。其中河滨夜市、拉差达火车夜市、辉煌夜市等人气最高。当地人夜生活的传统拉动了旅游者对当地民俗的体验型消费，旅游者很自然地加入了逛夜市的大军。

2018年曼谷的2360万国际游客中，约2000万人是过夜游客，这一数字领跑全球。漫漫长夜，来自全球各地的游客自然不会待在酒店中，逛夜市、逛商场、看表演、泡酒吧。在游客心目中，夜幕降临后的曼谷，才是最有魅力的真实的曼谷。在大量有关曼谷的旅游照片中，曼谷是以夜色被展示的著名旅游目的地。

当地政府大力鼓励旅游业，对夜间游客的安全提供保障，对夜间秀场、泰式按摩等场所加强管理。同时，政府鼓励新兴业态创新，商场、剧院、夜场、楼顶露天晚餐、湄南河乘船夜游都是政府扶持下的新项目。

（六）各地发展夜经济的成功做法和启示

1. 激发市场主体发展夜经济的积极性

根据国内外夜经济发展的特点和趋势，突出市场化导向，调动市场主体参与夜经济发展的积极性。大量运用光影技术、视觉技术等新技术来提升夜间旅游产品的体验度，同时将传统文化挖掘和现代艺术创作更多地融入夜间旅游发展，注重夜间旅游产品的丰富化、产业的集群化和空间的集聚化发展。

2. 加强基础设施完善与建设

鼓励各类夜间经营主体增设24小时门店；试点在夜间特定时段将部分街道调整为分时制步行街；增设夜间分时停车位，优化夜间停车收费标准，鼓励企事业单位、商务楼宇的自用停车场在夜间向社会公众开放；增设夜间公交路线和夜间机场旅游巴士，提升夜间公交按时刻运行占比。同时对重点景观提升照明，着力打造地标建筑、公共广场、骨干路网立交等光彩景观，展现城市夜景公园形象。第 5 代移动通信技术（5G）网络建设也加快开展，逐步实现重点区域 5G 网络覆盖。利用大数据等技术，通过互联网平台推荐针对本地居民、外地游客的好去处。强化夜间停车、夜间公共交通、夜间节会活动的信息引导等。

3. 调整鼓励与监管政策

不断推出监管政策，实施商业活动宽容监管。从以前的空间拓展转向为时间延展；推进建立"夜间市长"和"夜间区长"制度；支持有条件的街道开展夜间特定时段"外摆位"试点，依法放宽企业夜间促销活动审批，在夜市现制现售、垃圾处理等方面创新管理制度；对每年评选的 100 个夜经济示范点位实行退出机制，进行动态管理。

4. 文旅商体融合发展

文旅融合，将优秀的传统文化融入都市人喜爱的有文化、有品位、有韵味的夜生活。发展夜间旅游促进文化和旅游的融合发展，推进旅游供给侧改革。利用旅游经济范围广、业态多的特点，除了各类夜间演艺活动、休闲经济、美食经济外，大力实施"旅游＋"发展战略，将夜间旅游与文化、体育、商业等融合，推出绿道夜跑、夜间创意集市等旅游产品，丰富消费供给，增加游客停留时间，提升旅游的经济效益，让传统游变为都市游，让夜间消费业态融合变成了吸引游客的旅游产品。

5. 传统商圈与特色商圈共同发展

传统商圈与特色商圈共同发展的模式有两种：一种是传统商圈转化为现代商圈；另一种是传统商圈孕育了空间邻近的现代商圈。传统商圈具有较高的集聚力，是聚敛流量、拉动消费的重要力量。但是传统商圈存在一些限制，比如交通不便，停车位不足，仓库距离较远，商铺营业面积难以可扩展等问题。随着多地出台鼓励传统商圈转型升级、发展夜经济的政策，传统商圈不断进行升级改造，转化为现代商圈。另有一些传统商圈通过空中走廊、轨道输送、功能置换等方式分流消费者，孕育了新商圈。

6. 新媒体宣传功不可没

从抖音短视频、微博自媒体以及主流媒体传播中大多以夜间的夜景灯光大场面为主要亮点吸引游客眼球。抖音可以在 5 小时内，让推广视频的阅览者达到百万数量级的推广。夜晚休闲娱乐项目和产品的推广主要是依靠网络，消费形式主要是线上完成支付，线下实现体验。现代信息技术的应用水平与夜经济发展水平的相关性非常高。

三、辽宁城市夜经济的市民与游客调查

2012 年辽宁省人民政府办公厅下发的《关于促进夜经济发展的指导意见》，鼓励从餐饮、零售、夜游、文体娱乐等方面入手，打造具有城市文化特色的夜经济，促进消费的增长，进而提升城市活力和综合实力。近些年辽宁城市夜经济从无到有，日渐发展壮大。产品形态从夜市、KTV、洗浴中心、酒吧到夜间食堂、艺术剧场、艺术馆、书店，不断丰富。夜间所营造的轻松休闲的氛围和丰富的消费业态使夜间消费成为市民释放消费需求的新选择，人们对休闲体验类产品的需求更加迫切。整个夜经济体系开始面临质量升级和结构优化问题。对居民和游客的夜间消费进行调查的结果，比较全面地反映了辽宁城市夜经济发展的现状。

（一）餐饮与购物消费优势显著

餐饮、购物仍是辽宁城市夜间消费的主要形式，大数据显示餐饮消费占夜经济消费的七成。辽宁城市冬季夜晚的餐饮消费有明显优势，富有东北特色的老铜火锅、泥炉烧烤、东北炖菜等，往往在冬日城市夜经济消费中有突出表现。腾讯大辽网和浪潮大数据联合发布的《2018 年沈阳市外卖市场大数据分析报告》披露，辽宁城市居民和游客钟情于特色小吃、串类等具有东北特色的食物，而"撸串"是消费者的首选。在热门纪录片《人生一串》中，不难看到这样的画面——幽深寒冷的夜晚，推门走进营业至午夜的烤串店，里面仍是一派热闹景象，人们推杯换盏、侃侃而谈。或许这也代表了东北典型的文化，人们更习惯在烟火气中沟通交流、增进彼此的情感。除此之外，汇聚百余种特色小吃的

夜市，也是受城市居民喜爱的另外一种餐饮文化。譬如沈阳"兴顺观光夜市""彩塔夜市"已经成为外地人来沈阳游玩必去体验、消费的地方。

除餐饮外，购物是夜经济排名第二的消费支出。每逢"双十一"、"双十二"、圣诞节、元旦、春节、元宵节、清明节等各种节日，辽宁城市的各大商场适时推出各种促销活动方案，延长营业时间，提升促销效果。为夜经济增加了节庆气氛，与吸引了巨大的流量。譬如中兴商业大厦，仅2019年的"双十一"，该商场仅化妆品柜台单日销售额就突破3000万元，且75%是夜间消费。

（二）室内健身与休闲活动并举

由于北方冬季较为漫长，在入冬后的几个月时间内，城市居民与游客的室外活动急剧减少，各种室内项目成为冬季夜间消费首选。各大运动场所晚间7~9点是夜间运动健身高峰期。健身房、运动场馆则以年轻人居多，多选择游泳、室内篮球、羽毛球等项目。大多数的健身房营业至晚上10点，还有部分健身房将营业时间延至凌晨。与此同时，静下心到书店看书的年轻人也是越来越多。尤其是一些开在大商场内的精品书屋更受年轻人欢迎。吃过晚饭后，在书店喝杯咖啡，看本好书，成为很多都市上班族夜晚最好的休闲方式。一些书店还定期举办讲座、生活会指导制作面包、咖啡和微景观、文化沙龙和读书会等主题丰富的文化活动吸引更多居民与游客。

（三）洗浴等娱乐项目深受欢迎

温泉洗浴中心在辽宁城市夜经济中独具特色。与酒吧、KTV消费者群体不同的是，温泉洗浴能够容纳更多数量、更广泛年龄跨度的消费者。冬季寒冷漫长，夜晚户外休闲娱乐活动纷纷转入室内的市场消费习惯，也成就了温泉洗浴中心成为极具辽宁地方特色的夜经济消费场所。沈阳、大连、辽阳、丹东、营口等地的温泉洗浴已经具有相当高的市场知名度和品牌效应。温泉洗浴涵盖洗浴住宿、餐饮、SPA按摩、儿童娱乐、美发美甲、足道等，人均消费在100~500元之间。由于洗浴不受天气条件的制约，相反越是冬季洗浴市场就越是火爆。同时，温泉洗浴中心的一站式综合服务，也满足了消费者多元化的需求。

（四）新媒体宣传推广日渐扩大

抖音、快手既是夜经济宣传的新媒体形式，也是网红经济的策源地。移动终端的 App 和微信公众号、小程序成为宣传城市夜经济最有效的途径。得益于现代信息技术的全面赋能，网络直播对夜间消费场所的推广力度，是传统媒体无法相比的。沈阳浑南区莫子山公园成为网红夜间休闲打卡地，便得益于网络媒体的推介。2019 年腾讯上线的一个纪录片《宵夜江湖》首集开讲就是沈阳的宵夜江湖，打造出一批异常火爆的时尚文化餐厅。

（五）夜间消费生活习惯化转变

夜间消费正在成为都市年轻人的生活习惯，也形成了不可忽视的市场。商户和城市管理者应对不断扩大的夜间消费市场需求，做出了各自的反应。流量充足的商圈和步行街上的商户纷纷延长了营业时间，并在夜晚将生意做到了门外。譬如 24 小时商品连锁便利店罗森已经在大连、沈阳等城市加快了增设营业网点的速度。而基层行政主管部门则在商户符合交通、消防、卫生、环卫等相关规定下，只要夜间经营不扰民、不影响交通，就给予商户和消费者最大便利。

（六）社会公共服务提出新要求

夜经济发展对社会服务和公共设施优化方面提出新要求。沿街门市亮化牌匾的审批流程和方案，需要不断规范化、景观化。部分公交会有适当延时，夜晚适时调流、增开夜间专线、调整公交或地铁车次间隔等策略。比如夏季地铁及途经主要夜经济街区且客流较大的公交线路延时。增加夜间限时停放车位，鼓励出租车和网约车平台加强夜间车辆调配。

四、辽宁城市夜经济影响力评价

(一) 辽宁城市夜经济影响力的排名

围绕城市夜经济影响力的排名,中国旅游研究院、腾讯、百度地图、阿里巴巴、京东均先后推出自己的研究成果,具有参考价值。各研究机构和企业科研团队在样本的选取、数据采集来源和方法、评价指标维度、函数算法等方面的差异,使得结果呈现上也各有侧重。

中国旅游研究院以城市热度 (舆情热度和夜间流量)、消费规模 (访客消费总量和商户总量)、游客评价 (吸引力、保障度、满意度、推荐度) 为指标,以银联商务、中国电信、美团、驴妈妈、统计局为数据采集来源,对夜经济活跃的城市进行排序,前20位的城市分别冠以夜经济10强城市、夜经济10佳城市,沈阳入选全国夜经济10佳城市。研究院排名如下:重庆、上海、深圳、北京、西安、广州、成都、哈尔滨、武汉、长沙、苏州、杭州、青岛、厦门、佛山、济南、昆明、天津、福州、沈阳。

腾讯公司选取国内50个城市,运用腾讯云、腾讯全平台、国家统计局、大众点评提供的数据,以商圈单日流量、夜经济传播热度、第三产业增幅、电影院 KTV 酒吧夜店等场所规模为指标,对样本城市夜经济影响力进行排序。沈阳进入全国前15,大连进入前45。前20城市排名如下:重庆、北京、长沙、青岛、深圳、广州、济南、成都、西安、石家庄、上海、武汉、南宁、南京、沈阳、徐州、郑州、无锡、唐山、佛山。以100分为满分的量化打分情况显示,排名前10的城市平均70分,沈阳所在第二梯队平均40分,大连所在梯队平均25分。不同梯队之间的影响力差异很大,夜经济贡献度高的城市比夜经济相对滞后的城市的综合平均得分高很多。

采用单一指标观测城市夜经济的影响力排名,最具解释力的指标是商圈流量。2019年,腾讯大数据显示,根据这一单一指标,沈阳进入前 8 名。尽管沈阳目前夜经济的整体实力跻身全国第二梯队，但属于全国范围内商圈流量巨大的城市之一，夜经济影响力和贡献度，具备进入第一梯队的潜力。腾讯大数据微观指标显示，全国前 5 名单日最大流量的商圈分别是重庆观音桥、重庆解放碑、沈阳中街、唐山百货大楼、石家庄北国商城。传统意义上经济发达的北京、广州、深圳等城市并无突出表现。

（二）辽宁城市夜经济所处阶段判断

从夜经济的业态丰富化、优质化水平角度，可以把夜经济发展的演化进程分为三个阶段，简要概括为延时、增量、提质三个阶段。业态演化上的三个阶段特征包括：第一阶段，延长营业时间。将餐饮、购物、看电影白天的消费活动时间延伸到夜晚，让购物和就餐更加从容不迫，增加时间选择上的自由度。风味小吃和特色美食成为拉动城市夜经济的主力军。第二阶段，逐步丰富夜经济业态。KTV、酒吧、桌游、影院是传统夜经济的主要业态，如今呈现规模化、标准化趋势。新生业态的水吧、咖啡吧、甜品吧、书吧、茶吧结合大商场的表演、演艺、明星活动等时尚潮流感强的文化娱乐活动占领年轻市场。同时，博物馆、美术馆、音乐厅、影视厅、体育馆、竞技馆、健身馆成为文艺、健康、绿色等主题的夜间休闲群体青睐的去处。第三阶段，各地依据历史街区、河流、湖滨、海滨打造夜经济集聚区，招商引资进行集约化经营。辽宁各城市夜经济发展不平衡，沈阳、大连有条件进入优质发展的第三阶段。一些中小城市目前要解决延时和增量的问题，尚处于第一、第二阶段。

五、辽宁城市夜经济发展现存问题

（一）夜经济资源挖掘尚不充分

特色餐饮资源吸引力挖掘比较充分。其中，中餐是最受欢迎的餐饮形式；西餐和深夜食堂得到 90 后、00 后的青睐；很多人的夜间消费是从一顿火锅开始的，KTV + 火锅、酒吧 + 火锅的创新形式，满足了消费者一边吃火锅、一边娱乐的需求。

文化资源体验与休闲类资源利用的不充分。文化体验式消费也成为一线城市及南方城市夜间旅游的新增长点。深圳、上海、广州夜场电影均超过 1000 场；北京、上海、天津、成都、杭州等城市的夜间观演最为活跃；南京开出中国第一家 24 小时营业的美术馆；利用互联网技术，上海将"无人书店"模式引入夜间经营，打造 24 小时不打烊书店。而夜间文化体验式消费之所以能在这些城市小成气候，主要是因为城市的文化基础设施相对发达，在剧场、音乐厅、美术馆、书店等文化消费业态上资源的集中度与多样性更高；加之受城市相对开放的环境和氛围的影响，人们也更愿意追求精神文化层面的满足感。这类资源在辽宁城市夜经济中的利用空间还很大。

（二）项目产品丰富度亟待扩充

目前，辽宁城市夜经济的项目和产品供给有待丰富。夜间旅游的发展是餐饮、文化演出、休闲娱乐等多业态共同发展的过程。现阶段的项目和产品供给上还比较单一，主要集中在餐饮领域，没有形成特色。影视、娱乐、旅游、保健、体育等领域的夜间经济形态需要培育。例如有特色的夜场博物馆、图书城、书店、小剧场、标志性的都市夜景打卡地、差异化的商圈和街区等。增加更多的夜游项目的培育，不仅可以更好地满足本地市民，也能促使更多外地游客过夜。有特色的项目和产品开发缓慢原因多样：对本地特色资源深入挖掘和利用不够；跟风模仿缺乏内涵，达不到吸引和刺激旅游消费目的；旅游企业未达到规模经济，集团化发展相对缓慢；文旅未进行深度融合、旅游文化挖掘力和制造力短板等。

（三）城市功能设施配套需升级

随着夜间旅游、夜间消费的兴起，必然会带来电力、地铁、公交、公共卫生、市政管理、安全保卫、应急救援等城市基础设施和公共服务的压力，需要城市管理部门加大投入，提升公共治理水平。譬如噪声污染可能会影响周围居民的休息；夜间售卖的食品安全卫生是否有保障；商圈、景点的车位是否充足、往返交通是否方便都需要在发展过程中给予重视和解决。充分研究城市夜经济的特点，合理延长公共交通运营时间，有针对性地解决环保、占道、扰民、治安等城市治理问题。

六、辽宁城市夜经济发展优势与潜力培育

（一）地理环境条件

夜经济发展现阶段主要依托城市居民的消费。辽宁城市群建设基础好，各城市的特色鲜明，城市化水平稳步发展，为夜经济发展提供了坚实的基础。沈阳、鞍山等都位于中部，人口密集，旅游业基础好。大连、营口等城市借助沿海自然资源优势，形成滨海城市特色。抚顺、本溪满族风情浓厚、自然风光、饮食特色鲜明。朝阳、阜新、铁岭生态环境独具特色。同时，各城市之间交通便利，四通八达为出行提供了便利。

夜经济发展与城市气候密切相关，北方夏季短，春秋气温低，冬季漫长，客观上限制了当地居民夜间消费。辽宁城市的夜经济要形成区域特色，首先就是重视场馆经济，把户外的活动转移到商场、博物馆、剧场、科学宫、海洋馆。户外活动要与冰雪、温泉相结合。

（二）文化环境基础

辽宁各城市积淀传承了独特的地域文化为发展城市夜经济，提供文化消费创意，提供了软实力。区域特色的城市夜经济形态，离不开本地居民和外来消费者的文化认同。辽宁城市发展进程中积累的民俗文化、工业文化，辽金文化、清朝文化、雷锋文化、红山文化和抗联文化均颇具区域特色，为夜经济发展奠定了良好的基础。

随着社会经济文化的快速发展，人们对精神生活的需求也越来

高，对夜经济中的文化产品消费比重将不断提升。首先，动漫游戏产业的迅速发展，2006 年 5 月大连高新区国家级动漫游产业基地被国家广电总局授予"国家动画产业基地"称号。其次，辽宁的京剧团、杂技团、舞蹈团与夜间休闲和游玩结合，推出茶楼相声小品评书等传统艺术、文化商圈和文艺广场街区等具有民族和辽宁地方特色的文化产品。再次，通过文化周、文化节、电视节、电影节、会议展览、文化演出等活动丰富夜经济项目和产品创新。最后，现代工业发展为辽宁城市增加工业文化新元素，滑雪设备、低空飞行、房车制造等产业集群在辽宁异军突起，华晨宝马、沈阳机床等 19 个工业企业成为国家级旅游景区，为夜间消费提供了观光工厂。

（三）经济环境潜力

2018 年以来，辽宁经济已经走出了最困难时期，呈现稳中有进、进中向好发展态势。与此同时，辽宁城乡居民收入持续增长，就业局势保持稳定，事业单位改革取得突破，脱贫攻坚稳扎稳打步步为营，各项民生事业发展不断进步，城乡居民获得感不断提升。2019 年，辽宁通过加大改革力度，加快培育壮大发展新动能，全面扩大高水平对外开放，在稳定就业、积极应对人口老龄化、巩固脱贫成果、优化基层治理、深化教育医药卫生体制改革等方面均有不同进展，为全省经济平稳运行提供了保障。夜经济与市民的生活水平和收入水平息息相关。数据显示，2018 年辽宁在国内旅游出行大省排名第 5，同年沈阳市民人均存款额排名全国第 8。较强的潜在支付能力为夜经济持续发展提供可能。

（四）人口环境支撑

人口发展始终是影响经济社会发展的基础性因素，辽宁在推进老工业基地全面振兴的过程中，坚持把促进人口与经济社会、资源环境协调可持续发展，为振兴创造良好的人口环境作为重点工作。人口统计特征调查显示，昼伏夜出成为当下年轻人的生活习惯。年轻人的社交、休闲行为中，无论约会、聚餐的内容是看电影、吃饭还是泡吧，黄金时间无疑是晚上。在夜经济的核心消费者中，男性进行消费的原因偏向于谈生意等工作事由，而女性消费者更多是出于放松解压、发泄情绪等个人原因。"70 后""80 后""90 后""千禧一代"各细分市场消费特征的差异明显，夜间消费指向性不同。而老龄化则催生了新的细分市场需求，对夜经济产业的经营者而言，这既是机遇也是挑战。与过去单场单店各自为战相比，越来越多的企业开始尝试品牌化发展、IP 化经营。未来的实体娱乐行业、夜经济的商业法宝将是创造独特的内容，从而高效地吸引具备相似特征的受众，开启真正的体验经济时代。体验消费、真人游戏、多元多样的体育运动以及展览演出将成为未来夜经济的消费热点。除了备受瞩目的老龄化之外，人口问题的另一重点是就业，国内外经验已经表明，夜经济的发展与解决就业能够相互促进。

（五）政策环境优势

辽宁高度重视发展"夜经济"工作，将其作为增强全省社会、经济和文化发展的内生动力，努力打造成辽宁新的消费热点。辽宁将突出特色、协同发展作为辽宁夜经济的发展方向，以沈阳、大连、鞍山等大城市为核心，以营口、丹东、锦州等沿海城市为支点，充分体现各个城市特色，培育夜经济集聚区、品牌街和主打项目，打造夜经济特色名片。2012 年 11 月辽宁省颁布《关于促进夜经济发展的指导意见》后，沈阳市、大连市等地市政府相继印发《关于加快发展夜经济的实施意见》。以沈阳为例，即提出将按照"三核、两带、九片区"的夜经济空间构想，培育打造和升级改造沈阳市夜经济街区。2019 年，辽宁省委、省政府出台了《关于加快民营经济发展的若干意见》《全省金融机构支持民营企业发展奖励办法》《辽宁省"个转企、小升规、规升巨"培育行动实施方案》等文件，瞄准民营经济发展面临的实际困难，引导小微企业走"专精特新"发展之路，为小微企业积极参与夜经济释放了新动能。

七、推进辽宁城市夜经济发展的对策建议

（一）实现城市夜间造景盛况

灯光造景是塑造城市夜经济环境气氛最普遍的方式。虽然现在很少有景区还认为夜间游玩就是单纯的灯光造景，但灯光仍是良好夜间旅游氛围不可或缺的基本要素，夜间景观的打造中灯彩的使用是夜间旅游的基础手段。成都市夜间的霓虹灯与西安市的大唐不夜城就是成功的案例，绚烂夺目的光彩为成都与西安城市换上了新的容颜，车水马龙的大街让外来游客感受到了这座城市的忙碌与繁华。据统计，在 2018 年国庆假期第一天，"辉煌新时代"深圳中心区灯光秀吸引游客 21.8 万人次。到 10 月 6 日晚，观赏区人流已累计达到 112 万人次，成为当之无愧的网红景点；2019 年西安升级打造的"大唐不夜城"在除夕当晚吸引约 35 万游客，大年初二游客到访量更是高达 45 万人次。

无论是夜游、夜购、夜宴、夜娱还是夜赏，都离不开灯光，打造不夜之城，首先要有不夜之地。开展"夜游"活动：延长名胜景区营业时间，推出夜场旅游项目，丰富夜间旅游内容。通过开展景区灯光秀、夜宿、特色表演、优惠票价等活动，吸引游客夜间旅游消费。开展"夜购"活动：策划推出"夜市购物节"，鼓励购物中心、大型百货商场延长营业时间，引导 24 小时便利店建设，联动夜间经济聚集区，培育多元化夜间消费模式。在法定节假日，举办晚间系列促销活动，加大夜间消费打折力度，吸引和方便居民夜间购物。开展"夜宴"活动：举办各类主题夜市及美食节、啤酒节、餐饮嘉年华等活动，开展品牌餐饮评选，鼓励开设茶社、夜宵店等夜间餐饮消费场所，做大餐饮市场夜间消费规模。开展"夜娱"活动：充分利用城市文化载体资源，开展市民喜闻乐见的文化活动，丰富夜间文化生活，促进夜经济繁荣。开展"夜赏"活动：结合城市风貌、历史、人文特色，策划组织戏曲、小品、电影、音乐、读书等主题突出的品牌文化活动，进一步加强夜赏的趣味性。

（二）打造繁华特色商街夜市

旅游景区内的商街夜市不同于以本地居民消费为主的城市商业街，景区的商街夜市如果要形成一定的吸引力必须具有文化元素作为支撑，能够充分体现当地特色。夜市的普及让游客能够满足舌尖上的需求，抓住游客的胃，进而抓住游客的心。塑造沈阳市夜间经济特色，助力沈阳市品牌营销在品牌竞争的时代，沈阳市夜间旅游发展要重视培育自己的特色品牌；充分挖掘本地独特的人文、深厚的文化内涵，依托地方文化打造夜间旅游的地方特色。在消费主体培育方面，希望资本渠道更加多元化，能够充分地发挥其市场作用，并扩大市场主体、丰富夜间休闲与旅游产品品类。

（三）增加演艺节事活动内容

演艺项目是夜间旅游项目中发展较为突出的形式，旅游景区内的演艺活动，大到投资上亿的大型表演，小到乡间小剧场演出，投资差别巨大，形式种类多样，包括山水实景剧、露天广场乐舞，室内剧场的演出、乡村小舞台的民间曲目等。开发优质夜游项目，形成"夜间景观＋餐饮娱乐＋休闲观光"的新型城市经营模式。融入沈阳市生活和文化体验场景，加入沉浸式表演和休闲娱乐的互动，做好夜游、夜宴、夜娱、夜购、夜赏、夜读等系列产品开发。打造"食、住、行、游、购、娱、体、展、演"等在内的多元夜间旅游消费市场。

（四）强化政策制度文件支持

学习各地政策亮点，结合本地特色推出新举措。2014 年以后，各地对夜间经济发展的推动进入高潮。2014 年 8 月，《宁波市人民政府关于发展月光经济的指导意见》《重庆市人民政府关于发展夜市经济的意见》等文件发布；2017 年 11 月，《南京市政府办公厅关于加快推进夜间经济发展的实施意见》；2018 年 4 月，西安市人民政府办公厅印发《关于推进夜游西安的实施方案》；2018 年 5 月，北京市发布《支持

"深夜食堂"特色餐饮发展项目申报指南》；2018 年 11 月，天津市人民政府办公厅印发了《关于加快推进夜间经济发展的实施意见》。2018 年 12 月 19 日召开的中央经济工作会议提出"促进形成国内强大市场"之后，提振夜间经济、繁荣夜间消费，成为许多城市的共同选择。2019 年济南市政府工作报告中提出，要建设一座具有独特韵味的"不夜城"；2019 年 1 月 20 日，北京市政府工作报告中提到，将出台繁荣夜间经济促消费政策，鼓励重点街区及商场、超市、便利店适当延长营业时间。

政府主管部门需要在夜间治安、交通、消防、卫生等方面做好协调和保障。建议政府及主管部门出台专项政策扶持夜间旅游，在完善夜间旅游管理机制上下功夫。夜间旅游发展要与治理相结合。要发展，更要健康、有序的发展，遵循城市管理的法规规章。对于违规占道、噪声扰民、灯光污染、食品安全等问题，要依法依规认真处理，要采取疏堵结合、以疏为主的思路加以解决。与此同时，设立夜间经济长官。上海推出首位"夜间区长"和首批"夜生活首席执行官"，成员除了当地官员，还吸收了当地重点企业负责人和业内权威人士。目前该措施正在试验阶段，上海也有意将此措施推广全市。

（五）完善城市公共服务设施

巩固夜间经济基础，城市旅游的发展离不开夜间旅游的有力支撑，而夜间旅游的健康发展则依赖于优良的环境和良好的服务。沈阳市公共基础服务设施的完善建议参考成都市的发展经验，即鼓励各类夜间经营主体增设 24 小时门店；增设夜间分时停车位；增设夜间公交路线和夜间机场旅游巴士。开展沈阳市重点景观照明提升项目，着力打造地标建筑、公共广场、骨干路网立交等光彩景观，展现"满韵清风、盛京皇城、工业基地"的公园城市夜景形象。加快网络建设，逐步实现重点区域 5G 网络覆盖等。

（六）重视夜游与文化相融合

通过地域文化塑造辽宁夜经济地方性品牌形象，让辽宁"夜城市"

的名片更有魅力。挖掘自身的文化基因，以东北文化、工业文化、民族文化的元素符号，导入国际化因素，植入新技术手段，赋予城市夜经济以灵魂。着力避免夜经济发展模式趋同，首先在老街区、老字号中突围，寻求文化扎根。然后在新平台、新思维中放开手脚，在守住自身特色的同时，还要充分依托城市文化底蕴打造出属于辽宁夜经济的文化品牌。

（七）合理规划谋求持续发展

完善辽宁城市夜经济的时空设计，因势利导，尽早布局，拓宽持续发展空间。从空间上看，中心城区每个区重点规划一个商圈（重点街区与商贸聚集区），从延长晚间营业时间着手，拓展夜间消费新空间，开发夜间消费新品种，逐渐形成"夜经济示范区"，形成不同的载体，如餐饮集聚型夜间旅游集聚区、文体消费型夜间旅游集聚区等。要因地制宜，防止同质化，形成一批常态化、亲民化、特色化"夜辽宁"品牌载体，创建极具城市个性的夜经济模式。通过场馆经济和冰雪经济，实现辽宁夜经济全年无休、没有淡季只有旺季的目标。

（八）借鉴成功经验稳步提升

学习和借鉴国内先进的夜间旅游目的地发展经验。第一阶段，以延长营业时间为主要特点。许多特色美食和风味小吃在城市划定的夜间餐饮区内集聚，形成如北京的簋街、成都的锦里、宽窄巷子等独立的24小时餐饮区。第二阶段，逐步丰富夜间经济业态。广州、深圳、成都等城市的夜游博物馆，上海的"动物园奇妙夜"，北京海洋馆的夜宿等，均取得了良好的社会和经济效益。第三阶段，随着消费需求和层次不断升级，专项产品逐渐走向成熟，开始集约化经营。可依托历史街区、河流、湖滨、海滨打造夜间经济聚集区。西安2019年春节花费30亿元打造"西安年，最中国"活动，集聚商家，开启夜经济文旅融合盛宴。

（九）激发居民游客夜游愿望

以文化体验为切入点，激发居民和游客的夜间旅游欲望，打造多维度的文化体验式消费势在必行。辽宁城市居民在文化方面的消费比例较低，夜游需求尚待激发。譬如沈阳每天夜间电影上映场次不足 500 场，排名在新一线城市中靠后。而盛京大剧院、辽宁大剧院、盛京红磨坊，以及 Live House、歌德书店等小众文化休闲去处，均能提供高品质的文化产品和服务。过去考虑到市场需求不旺盛的因素，商家会减少戏剧、音乐会等文化演出的场次，这也导致了城市文化演出市场冷清，甚至陷入下行循环怪圈。未来，夜经济形态的丰富，消费气氛和新型产品的感召，文化消费体验的需求将进一步增强。

附录　居民与游客"夜经济"调查结果分析

为了对辽宁城市夜间旅游市场发展的情况有一个更为全面、真实的了解，课题组设计了一份调查问卷，获取被访谈者的信息资料，为发展城市夜经济提供数据参考。

（一）调查问卷的设计

调查问卷一共分为两个部分：第一部分为基本情况，主要包括被调查者是否本地居民，性别、年龄、文化程度等人口现状特征；第二部分为沈阳市夜经济情况调查，包括本地居民完成部分、外地游客完成部分和被调查者完成。问卷内容主要包括被调查者在进行夜间消费行为的特征，对夜经济供给的评价和对不同夜间旅游活动的市场反馈及对相关配套设施的诉求。

（二）调查过程及结果

本次调查时间为 2019 年 10 月、2020 年 1 月，共 2 次完成。调查地点选在中街商业圈、太原街商业圈及奥体中心商业圈等地。选取的地点游客量比较大，具有一定的代表性，能够客观反映沈阳市夜间旅游的市场特征。

根据研究需要，对调查样本进行适当控制，选取的调查对象为本地居民及外地游客。本地夜生活的活跃程度直接影响外地游客参与夜间旅游活动的积极性，而外地游客积极参与夜间旅游又促进本地居民对夜生活丰富度的更大需求。本次调查问卷共发放回收 200 份，本地居民 96 人，占 48%；外地游客 104 人，占 52%。

(三) 调查结果分析

根据问卷回收结果，本次调查的统计分析，采用 Excel 对数据进行统计、分析和处理。

1. 人口统计学特征

在 200 个被调查者中，男性 83 人，占 41.5%，女性 117 人，占58.5%。女性人数略高于男性，基本符合沈阳市旅游市场特征。从年龄结构来看，16～22 岁占 44%，23～45 岁占 47.5%，45～66 岁占8.5%。年龄分布的数据显示，沈阳市夜间旅游市场主要以 16～45 岁的中青年为主，两者共达到 91.5%。从职业分布来看，企业管理人员占比最高为 34%，其次为学生占 27%，再次为公务员/事业单位为 16%。从文化程度来看，初中及以下占 1%，高中/中专占 13%，本科/大专占63.5%，硕士及以上占 22.5%。

2. 出游目的

根据外地游客的 104 份调查问卷数据分析，来沈阳的出游目的占比最高的为观光游览，达到 46.15%；其次为休闲度假，占比 35.58，二者达到 80% 以上。

3. 本地居民夜间消费不满意方面

在对本地居民进行的夜间消费不满意方面调查来看，本地居民共调查 96 人，研究结果如图 3-1 所示。

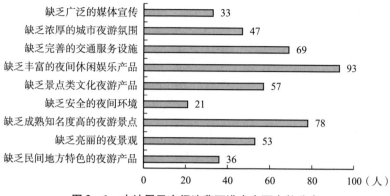

图 3 – 1　本地居民夜间消费不满意方面人数分布

可见，本地居民夜间消费不满意方面主要集中在缺乏丰富的夜间休闲娱乐产品、缺乏成熟知名度高的夜游景点、缺乏完善的交通服务设施、缺乏景点类文化夜游产品这四个方面。

4. 本地居民出游方式结果分析

本地居民的出游方式选择方面，主要以"与朋友一起"为主，占37.5%；其次为"与家人一起"，占30.2%；再次为"与同事一起"，占21.5%；最后为"独自一人"，仅占11.5%（见图 3 – 2）。

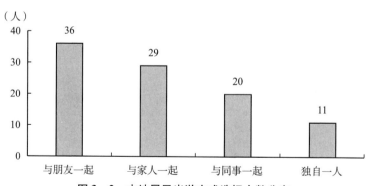

图 3 – 2　本地居民出游方式选择人数分布

5. 外地游客停留天数结果分析

从图 3 - 3 中可以看出，外地游客在沈阳停留天数占比最大为"3～4夜"，达到 54 人，占比 51.9%，超过一半的外地游客会在沈阳停留 3～4 天，这在一定程度上说明，目前沈阳市文化旅游发展较好。其次为"1～2 夜"，达到 37 人，占比为 35.6%，短途旅游的旅游者占比依然很大。"5～6 夜"及"6 夜以上"的外地游客较少，说明优质度假旅游产品供给不足。

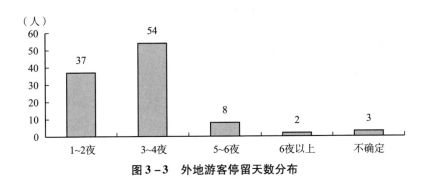

图 3 - 3 外地游客停留天数分布

6. 外地游客的夜间旅游意愿

针对外地游客是否愿意在沈阳市进行夜间旅游消费的调查，结果如图 3 - 4 所示：愿意（"非常愿意" + "愿意"）进行夜间旅游的外地游客达到 88 人，占 84.6%，产品具有一定的吸引力。

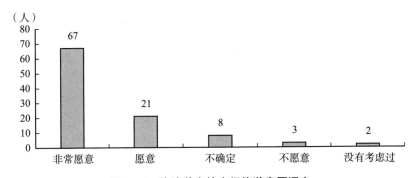

图 3 - 4 外地游客的夜间旅游意愿调查

7. 被调查者夜间旅游/消费所花时间

从图 3-5 中可以看出，夜间消费活动大多数被调查者的活动时间为"2~3 小时"，达到 103 人，占 51.5%；其次为"1~2 小时"，人数达到 48 人，占 24%；人数最少的为活动时间在"1 小时以内"，为 5人，占 2%。消费时间普遍较低。

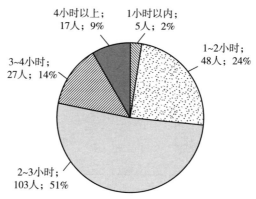

图 3-5   被调查者夜间消费活动时间分布

8. 被调查者夜间旅游类型调查

从图 3-6 中可以看出，夜间消费主要集中在"餐饮"方面，占比达到 50.5%；其次为"娱乐"，占比 32.5%；再次为"购物"，占比10.5%；"健身"占比为 4.5%；"景点游览"的人数最少，仅占 1.5%。这说明目前沈阳市的夜间旅游产品主要集中在餐饮和娱乐方面。

9. 被调查者夜间消费支出

从图 3-7 中可以看出，被调查者的夜间消费支出占比最高的为"201~300 元"，达到 46.5%；其次为"301~500 元"，占比 26%；"501 元及以上"的占比 14.5%；"51~100 元"的占比 11%；"50 元及以下"的占比 2%。从消费支出分布来看，大多数本地居民和外地游客的消费支出普遍较低，集中在 300 元左右，这与夜间消费类型为"餐饮"有关。

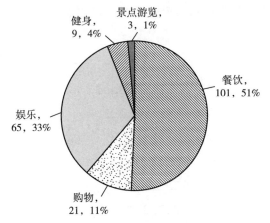

图 3 - 6 夜间消费类型分布

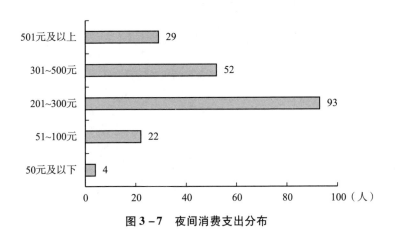

图 3 - 7 夜间消费支出分布

10. 被调查者夜间旅游消费偏好

从图 3 - 8 中可以看出，最具有吸引力的产品为"民间艺术表演"，其次为主题乐园游览和购物餐饮、夜游综合性公园等方面。

11. 被调查者对沈阳市夜间旅游评价

从图 3 - 1 中可以看出，"缺乏丰富的夜间休闲娱乐产品"占比最高，达到 46.5%；其次为"缺乏成熟知名度高的夜游景点"，占比39%；被调查者中认为"缺乏完善的交通服务设施""缺乏景点类文化夜游产品""缺乏浓厚的城市夜游氛围"和"缺乏亮丽的夜景观"的也不在少数。

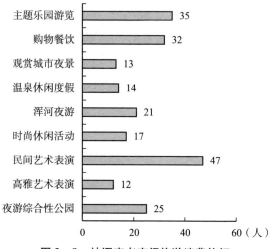

图 3 - 8 被调查者夜间旅游消费偏好

第四章

区域经济与城市经济发展

第一节 辽宁资源型城市转型困境与突破路径

资源型城市转型是我国现阶段全面深化改革的重点领域，辽宁作为全国重要的装备制造业基地和原材料基地，形成了一批以资源开采为主，以矿产品为主要原料进行加工的城市。根据国务院《全国资源型城市可持续发展规划（2013～2020 年)》，辽宁资源型城市①包括阜新、抚顺、本溪、鞍山、盘锦和葫芦岛六市。其中，本溪被界定为成熟型城市；阜新、抚顺为衰退型城市；鞍山、盘锦、葫芦岛为再生型城市，占全国衰退型和再生型城市的 12.5%，转型压力较大。在资源型城市转型过程中，辽宁已积累了丰富的经验。例如，阜新是全国首个资源枯竭型城市转型试点市。但在东北老工业基地整体经济发展趋缓的背景下，辽宁资源型城市转型面临困境。

一、新发展理念在辽宁资源型城市转型中的指导作用

新时期辽宁资源型城市转型是在东北全面振兴、全方位振兴背景下

---

① 资源型城市均选择以地级行政区为研究对象。

推进的，是实现经济高质量发展的客观需要。是由过去的低投入、高产出的粗放型发展模式转变为高质量、高效益的内涵式发展模式，在此过程中新发展理念在转型中发挥着重要的引领作用。从辽宁各个资源型城市的经济社会发展基础和发展阶段来看，多数城市出现资源型产业衰退，并且新的主导产业尚未形成，部分经济发展较好的地区也面临草原沙化、水土流失和资源耗竭等挑战。因此，其面临的经济增长、共享发展与生态保护的问题较为突出，表现为资源使用、资源分配和发展重点上的矛盾。需要处理好经济增长与环境保护、公平与效率之间的关系，其关系如图4-1所示。

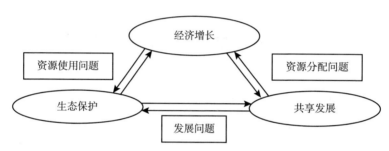

图4-1 经济增长、生态保护和共享发展关系示意

在欠发达地区发展中，新发展理念的各要素具有内在联系，欠发达地区的发展过程既是经济结构优化协调的过程，也是发展模式创新和观念开放的过程。

（1）从新发展理念出发，坚持创新发展原则，欠发达地区后发优势需要通过创新发展来实现，同时创新发展也是解决欠发达地区主要问题的有效途径。这里的创新不仅是生产方式和科技的创新，而且是政策和体制机制的创新。

（2）坚持绿色发展原则，辽宁资源型城市在资源开采和生产过程中产生大量的污染，在发展中需要统筹解决经济发展和环境问题，区域公共品的有效供给是解决区域水资源利用、防治区域环境污染等公共问题的重要手段。从自身内部发展来看，重视生态与经济互动发展模式，把生态建设与当地自然条件和经济发展结合起来，促使生态与经济互动发展，以较低的资源代价换取较高的经济效益。

（3）坚持协调发展和开放发展的原则，充分利用该地区处于"一带一路"和东北亚开放合作通道的区位优势，扩展区域发展空间和产业发展空间。推动城市化和农业现代化，有效缩小城乡发展差距。

（4）坚持共享发展原则，资源型城市在转型发展过程中往往会产生大量下岗职工和出现结构性失业问题，部分下岗职工由于技能单一、年龄偏高，在劳动力市场处于弱势地位而陷入低保陷阱，甚至成为贫困群体。其中阜新等资源型城市是经济发展相对薄弱的区域，承载脱贫攻坚任务。需要根据该区域低收入群体及贫困群体的生存状态，实施治理干预政策，增强对低收入群体及贫困群体的扶持。从长期来看，需要通过教育和公共服务的均等化来促进低收入群体和贫困群体后代的发展，建立解决贫困问题的长期机制。

二、辽宁资源型城市的发展现状

资源型城市作为一种特殊的城市类型，在发展过程中有着自身独特的发展规律，在发展中呈现阶段性的特点。资源型城市的诸多共性特征使其可以作为一个城市类型进行整体研究。资源型城市在发展中过程中为国家的建设贡献了很多力量，但同时它也积累了许多矛盾和问题。主要是资源开采规模大幅下降，主要大中型国有矿山企业服务年限已达到设计年限的晚期或末期，经济发展活力不足，就业再就业压力较大，生态环境问题突出等。资源型城市最主要的特征就是资源濒临枯竭，并且这种逐渐枯竭的趋势在短期内无法逆转。辽宁省的资源型城市主要有鞍山、抚顺、本溪、阜新、盘锦和葫芦岛。煤炭型资源的城市为阜新、抚顺；石油型资源的城市为盘锦；冶金型资源的城市为本溪、葫芦岛；钢铁型资源城市为鞍山。随着资源的不断开采，尤其是不可再生资源的开发，资源总量势必逐年减少。城市的主体资源储量逐年减少，而开采成本不断上升，最终濒临枯竭。随着城市赖以兴起和生存的资源消失殆尽，城市的发展也进入调整和转型期。按照《全国资源型城市可持续发展规划（2013~2020）》对资源型城市发展阶段的划分，本溪处于成熟期，阜新、抚顺处于衰退期，鞍山、盘锦、葫芦岛处于再生期。

（一）经济增长概况

从2010~2017年的统计数据看，辽宁省资源型城市经历了几年较为平稳的经济发展，但是2016年，辽宁省GDP出现了负增长，位列全国第14位，GDP总量在全国的排名不断靠后。相应的，辽宁省资源型城市的GDP也出现了逐渐下降，2016年，阜新的GDP总值为407.82亿元，鞍山的GDP总值为2461.97亿元，总的来看，GDP总值的大小分别为：鞍山、盘锦、抚顺、本溪、葫芦岛、阜新。作为老工业基地，传统产业正在快速衰退，生产能力需要压缩，投资下滑较为严重。2013年我国经济进入新常态的大环境下，出现"新东北现象"，不仅表现为内需不足，投资缺乏，导致辽宁省资源型城市经济出现悬崖式下跌，还有长期存在的结构和体制问题，导致GDP出现了负增长（见图4-2）。

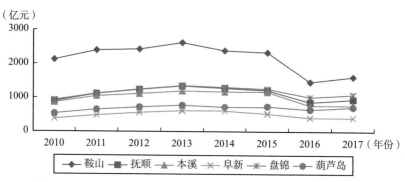

图4-2　2010~2017年辽宁省资源型城市地区生产总值变化曲线

资料来源：2011~2018年《辽宁统计年鉴》。

从2010~2017年辽宁省资源型城市地区生产总值GDP增长率表来看，各城市的生产总值增长率大幅度下降，甚至出现了负增长，各地区经济发展逐步变缓甚至倒退。鞍山、抚顺、本溪、阜新、盘锦的生产总值增长率逐年下降，2016 年呈现大幅度下降，2017 年有所回升（见表 4 - 1）。葫芦岛市的生产总值增长率 2010 ~ 2015 年大幅度下降，但是从 2015 年开始有所回升，另外，从各地区生产总值的增长率表可知，2016 ~ 2017 年生产总值增长率依次为鞍山、盘锦、抚顺、本溪、阜新。

表 4 - 1　　　　2010 ~ 2017 年辽宁省资源型城市地区生产总值增长率　　　单位：%

年份	辽宁省	鞍山	抚顺	本溪	阜新	盘锦
2010	14	16	17	16	18	16
2011	12	11	14	14	14	14
2012	10	9	11	10	11	11
2013	9	8	8	7	10	9
2014	6	6	6	6	4	6
2015	3	3	2	4	- 6	4
2016	- 3	- 10	- 7	- 9	- 12	- 4
2017	4	7	4	2	- 1	5

资料来源：2011 ~ 2018 年《中国城市统计年鉴》；2011 ~ 2018 年《辽宁统计年鉴》。

（二）产业结构特征

2010 ~ 2017 年，辽宁省资源型城市增长乏力，其中第一产业增长缓慢，第三产业增长势头良好，第二产业与整体经济的增长曲线相似，目前仍为全市经济发展的主要驱动力。从产业结构上看，辽宁省资源型城市长期依赖资源型产业的发展，并且以资源的初加工为城市的主要生产部门，导致第二产业发展较快，第一、第三产业发展滞后，资源型产业与其他产业之间产业链条短，各个产业之间的关联度较低。辽宁省资源型城市经济发展长期依赖国有大型企业，稳增长主要依赖于旧有经济结构，企业无效低效资产靠财政补贴来维持，耗费国家大量资金，国有资本配置和运行效率大大降低，在一定程度上阻碍地方经济结构调整进程。具体来说，重工业化仍然是辽宁省资源型城市的重心，但近 7 年以来，重工业产业和规模以上工业增加值呈现下降趋势，产能过剩，总产值呈现下降趋势。

另外，辽宁省资源型城市的三次产业就业构成也呈现出不协调的状态，表4-2显示了2017年辽宁省资源型城市的三次产业就业构成的比重，从表4-2中可以看出，辽宁省的第二产业就业人数较全国平均水平普遍偏高，而第三产业从业人数较全国平均水平普遍偏低，从GDP比重和从业人数的比重都可以看出，资源型城市的三次产业比例比较不合理。由于许多资源型城市的主导产业都是围绕资源型产业展开，这些产业均属于劳动密集型产业，产品多为初级和低附加值的产品，其他优势产业长期得不到发展。另外，资源型产业的许多企业在发展过程中选择粗放的经营形式，对产品加工深度和利用程度不够，大量经济利益流向城外，被下游企业占有，这些因素都造成了资源型城市的产业结构不合理，经济发展缺乏动力。

表4-2　　　　2017年辽宁省资源型城市三次产业就业构成　　　单位：%

地区	第一产业就业构成	第二产业就业构成	第三产业就业构成
鞍山	0.37	48.88	50.75
抚顺	1.70	50.58	47.72
本溪	0.36	50.19	49.45
阜新	1.93	33.93	64.14
盘锦	38.48	37.30	24.22
葫芦岛	1.01	39.61	59.38
全国	27.00	28.10	44.90

资料来源：《中国城市统计年鉴2018》《中国统计年鉴2018》。

（三）人民生活水平

作为新中国成立以后长期实行的工业优先战略的重要内容，煤炭、石油、木材等资源产品的价格被长期压低，这在客观上带来了对资源型城市的不公平，严重限制了资源型城市自身的财政收入积累，导致资源型城市长期以来财政困难、经济发展水平不高，也在客观上导致了资源型城市目前的经营困境。由图 4-3 的财政收入折线图可以看出，鞍山、抚顺、本溪、阜新、盘锦、葫芦岛的财政收入在 2010~2012 年逐年递增，但是 2012~2015 年财政收入却一直下降，直到 2015 年后才开始有所回升。总体来看，财政收入由高至低排序依次为鞍山、盘锦、抚顺、葫芦岛、本溪、阜新。其中，鞍山发展较好。资源型城市应立足自身，加快推进产业结构调整，通过产业结构优化增加财政收入，我国在资源税方面征税范围偏窄，而且我国资源税税率与国际资源税税率平均水平相比明显偏低，这些都限制了资源型城市的财政收入，弱化了资源税的调控作用，在增值税方面，由于资源类企业的进项税额几乎为零，对资源类企业和制造业类企业实施完全相同的增值税政策，必将增加资源类企业的增值税纳税负担。资源型城市得到的增值税分配比例过低，限制了资源型城市的地方财政收入。

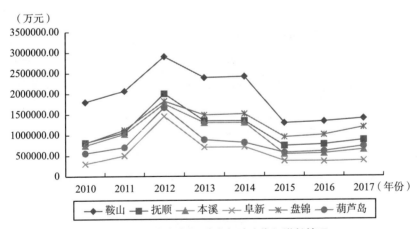

（万元）

图 4-3 辽宁省资源型城市财政收入增长情况

资料来源：2011~2018 年《辽宁统计年鉴》。

从各个资源型城市的居民收入变化看，虽然资源枯竭型城市由于特殊的城市类型和发展特征，导致了失业、贫困、环境污染等一系列问题，但由于近年来国家的大力扶持，以及各个城市自我积极努力，城市和农村居民的生活水平总体上都是逐步提高的，城乡居民的收入也在不断增加，但增长速度相对于其他地区来说比较缓慢。仅以资源型城市城镇常住居民可支配收入和农村常住居民可支配收入为例，2017 年盘锦的城镇常住居民可支配收入为辽宁省的 1.04 倍，农村常住居民人均可支配收入为辽宁省的 1.16 倍，各资源型城市农村常住居民人均可支配收入小于城镇常住居民人均可支配收入。居民人均可支配收入从高到低排序依次为盘锦、鞍山、本溪、抚顺、葫芦岛和阜新（见表 4-3、表 4-4）。

表 4-3　2010~2017 年辽宁省资源型城市城镇常住居民人均可支配收入

单位：元

年份	辽宁省	鞍山	抚顺	本溪	阜新	盘锦	葫芦岛
2010	17713	18423	15303	16775	12711	21035	17371
2011	20467	21297	18069	19752	14994	24266	20159
2012	23223	24194	20545	22466	17123	27533	22941
2013	25578	26662	22702	24960	19058	30148	25304
2014	29082	27846	25035	25972	21195	30857	23010
2015	31126	29943	26818	27720	22662	32465	24768
2016	32876	31443	28467	29137	23980	34322	26338
2017	34993	33320	30346	31001	25707	36484	27969

资料来源：2011~2018 年《辽宁统计年鉴》。

表 4-4　2010~2017 年辽宁省资源型城市农村常住居民人均可支配收入

单位：元

年份	辽宁省	鞍山	抚顺	本溪	阜新	盘锦	葫芦岛
2010	6908	9250	7203	7845	6372	9750	6597
2011	8297	11146	8780	9524	7615	11437	7901
2012	9384	12617	10062	10800	8772	12935	8983
2013	10523	14207	11310	12204	9939	14462	9927

续表

年份	辽宁省	鞍山	抚顺	本溪	阜新	盘锦	葫芦岛
2014	11191	12093	10971	11726	10566	12723	9556
2015	12057	13117	11766	12667	11109	13763	10233
2016	12881	14161	12545	13574	11812	14845	10986
2017	13747	15075	13379	14540	12548	15938	11727

资料来源：2011～2018 年《辽宁统计年鉴》。

三、辽宁资源型城市转型面临的主要困境

辽宁资源型城市转型面临的主要困境具体表现为以下几个方面。

(一) 资源枯竭、资源产业萎缩

辽宁资源型城市的资源枯竭主要体现煤炭和有色金属的蕴藏量大幅下降。煤炭储量由 2009 年的 43.8 亿吨降低至 2016 年的 26.73 亿吨。铁矿储量由 2009 年的 70.2 亿吨降低至 2016 年的 50.96 亿吨。随着资源开采难度增大，开采成本逐年增加，辽宁全省 7 个矿区除铁法矿区外均是衰退矿区。资源产业萎缩，煤炭生产能力已由 2009 年的 0.66 亿吨降低至 2017 年的 0.36 亿吨。[①]

(二) 转型发展内生动力不强

辽宁资源型城市经济增长乏力，2017 年抚顺经济增速为 2.1%，本溪为 1.2%，阜新为 0.4%，鞍山为 3.9%，均低于全省 4.2% 的平均水平和全国 6.9% 的平均水平。资源型城市经济增长内生动力不足，从投资率来看，2017 年鞍山固定资产投资率为 22.9%，抚顺为 20.2%，本溪为 27.1%，阜新为 26.9%，均低于全省 27.5% 的平均水平。从消费率来看，2017 年鞍山城镇居民消费率为 35.2%，抚顺为 36.3%，本溪

---

① 《辽宁统计年鉴 2010》《辽宁统计年鉴 2017》。

为 39.8%，葫芦岛为 29.1%①，消费支出对经济的拉动作用尚需提高。

（三）产业结构单一，接续替代产业发展滞后

辽宁资源型城市产业结构单一主要表现为以资源采掘业及相关原材料初加工工业作为主导产业，并与配套产业构成产业链，成为资源型城市的产业支柱。从 GDP 构成来看，2017 年抚顺第二产业占比为 53.3%，本溪为 44.1%，盘锦为 48.5%，葫芦岛为 40.4%，鞍山为 39.8%，均高于全省 39.3% 的平均水平。以从业人员比重看，2017 年盘锦采矿业从业人员占第二产业从业人员比重为 60.6%，阜新为 38.7%，抚顺为 25.2%，本溪为 10.5%②，鞍山和葫芦岛的钢铁和石油等资源加工工业也是这些城市的主导产业，接续替代产业尚未成为资源型城市的主导产业。

（四）就业和社会保障问题突出

辽宁资源型城市特别是资源枯竭型城市面临更大的就业压力，2017 年葫芦岛城镇登记失业率为 4.8%，阜新为 4.4%，本溪为 3.8%，远高于或接近于全省 3.8% 和全国 3.9% 的平均水平。同时辽宁资源型城市具有更高的抚养系数，意味着养老金支出负担更为沉重。2017 年抚顺社会保障和就业服务支出占地方财政一般公共预算支出的比重为 37.5%，鞍山为 32.3%，本溪为 28.6%，阜新为 27.4%，均高于或接近于全省 27.4% 的平均水平。③

（五）产业整体经济效益欠佳

2017 年本溪工业成本费用利润率仅为 2.0%，葫芦岛为 2.1%，盘锦为 −2.9%，低于全省 4.6% 的平均水平；抚顺为 4.9%，鞍山为 6.4%，而同年上海、广州、杭州的工业成本费用利润率分别为 9.4%、

---

①②③ 《辽宁统计年鉴 2018》。

8.2%和7.8%①，该指标在一定程度上反映了整体工业的经济效益。

（六）信息化程度相对较低

以有电子商务交易活动的企业比重来反映企业信息化水平，2017年辽宁为4.7%，与之相比，北京为19%，上海为10.8%，浙江为12.7%，广东为9.7%。以网络零售额占消费品零售额比重反映产品信息化水平，2017年辽宁为4.0%，与此相比，北京为44.5%，上海为49.2%，浙江为35.0%，广东为35.6%。②

（七）资源型城市人口红利逐渐消失

以总抚养比表示人口红利因素，2017年鞍山总人口抚养比为37.3%，抚顺为36.3%，本溪为35.4%，阜新为35.1%，盘锦为35.3%，葫芦岛为37.5%，与此相比，2009年鞍山总人口抚养比为30.9%，抚顺为28.3%，本溪为27.2%，阜新为31.5%，盘锦为29.2%，葫芦岛为33.7%。随着辽宁资源型城市劳动人口的外流和减少，人口红利将加速减弱，2017年抚顺的人口自然增长率为 −13.7‰，本溪为 −11.5‰，阜新为 −12.1‰，葫芦岛为 −12‰，均高于全省 −7.8‰的平均水平。③

（八）资源开采造成的环境问题不断积累

其中阜新等煤炭资源型城市面临的环境问题主要包括煤炭资源开采引起的土地塌陷问题、煤矸石、粉煤灰等固体废弃物占地问题、重金属污染问题，同时由于煤炭资源开采破坏土壤结构，还面临水土流失和土地沙漠化等问题。盘锦等石油资源型城市面临的环境问题主要包括由于油田开采导致的土地盐碱化问题和土壤污染问题。葫芦岛等有色金属资源型城市面临的主要环境问题为矿山固体废弃物污染、重金属和氰化物

---

① 《辽宁统计年鉴2018》《中国统计年鉴2018》

② 《中国统计年鉴2018》。

③ 《辽宁统计年鉴2010》《辽宁统计年鉴2017》。

污染等。本溪等黑色金属资源型城市面临的主要环境问题为污染物排放和水土流失问题。上述环境问题不断积累，日趋恶化。

根据上述情况，为促进辽宁资源型城市转型，形成区域统筹协调发展的总体格局，建议辽宁资源型城市实施以下战略和措施，以实现资源型城市的可持续发展。

四、辽宁资源型城市转型的接续产业发展模式与路径

（一）辽宁资源型城市转型接续产业发展模式

1. 产业延伸模式

该模式在传统资源产业发展的基础上，推动与资源产业链条相关的制造业的发展，将资源的单一优势变为经济发展的综合优势。产业延伸模式的优点是充分利用资源型城市的资源优势，发展与其在技术选择、管理方式、生产方式接近的产业，从而大大减少资源型城市产业转型的难度。在转型产业转型初期，上下游产业生产规模相对较小，尚难以实现专业化生产，从而增加产品的生产成本，随着上下游产业的不断发展和竞争能力的提高，基础设施和配套服务不断完善，为下游企业的实现规模化生产，降低成本创造了有利条件，从而促进了集聚经济的形成，由此下游企业和相关企业实现专业化生产，在市场竞争中形成优势地位，实现了资源型城市由资源型产业向下游产业的延伸。

2. 产业更新模式

随着资源的不断开采，资源的采掘和利用成本逐渐提高，资源型产业进入衰退期，或是主要资源接近枯竭的资源型城市，会依据城市功能定位、产业特色和市场需求变化，确定新型产业更新替代传统的资源型产业。辽宁资源型城市的产业替代模式可以通过两种方式来实现，即通过扶持新主导产业和植入新型产业。具体来说，一是根据新型产业的需要，调整相关产业政策和区域政策，推动新型产业的发展和成熟，使其成为区域经济发展的主导产业。二是根据辽宁资源型城市现有产业的发

展情况，选择市场竞争力较强，具有产业带动作用和发展前景的产业，通过财政政策和产业政策加速其成长，并最终成为区域的主导产业。

3. 产业复合模式

对于辽宁资源型城市中的再生型城市，在传统资源型产业尚未进入衰退，具有市场竞争力的同时，已培育发展新型产业，可以采用产业混合模式。再生型城市发展初期表现为产业延伸模式。在接续产业发展和城市功能完善的同时，城市由单纯的资源型城市转化为多产业多功能的综合型城市。处于成熟期的辽宁资源型城市也可以采取产业复合模式发展接续产业。地区主导产业由资源开采为主向加工制造业为主转化。因此产业复合模式发展过程，也是城市功能不断完善的过程。

（二）辽宁资源型城市转型接续产业发展路径

辽宁资源型城市转型存在创新惰性、产业同构化、技术锁定和路径锁定等共性问题。国内外经验表明，资源型城市转型发展与欠发达地区的发展相比，除解决制约经济增长的共性问题外，还需要解决历史遗留问题和体制机制障碍。例如，由于成本上升，传统优势减弱，与国内上海、广州、杭州等城市相比，行业总体经济效益普遍欠佳。同时，由于R&D投入不足和信息化发展滞后，企业自主创新能力亟待提高，整体的信息化绩效不高。而以互联网、基因工程和三维（3D）打印技术为主要技术成就的新一轮产业革命带给产品生产者和企业竞争者的革新性的变化。数字化平台使研究开发、市场研究、销售和分配环节迅速融合，并以最快速度实现产品和服务质量、价格和利润分配的完善。由此导致工业生产正从以大批量、少品种的技术向小批量、多品种的制造方式转变，从强调传统产业分工向产业链全球布局转变，从传统、常规技术向广泛使用以数控、低耗和洁净生产为重点的先进制造技术转变。在此背景下，辽宁资源型城市由于缺少转型动力和不易降低转型成本，难以实现跨越发展。

1. 政府通过政策和规划促进接续产业发展

政府的产业政策、区域政策和经济社会发展规划是资源型城市转型的关键因素。政府应根据城市和产业所处的不同阶段采取不同政策。在资源型城市转型初期,政策应促进各地区产业集群的形成和骨干企业的发展,政府应以优惠的财税政策引进关键企业和利用财政营造良好外部环境。政府应根据自己的财政收支情况和经济社会发展条件,制定有利于产业集群形成的政策和制度,在资源型城市转型中期,政策应加速新兴产业发展和传统产业转型。对产业群的发展不断引导,确保企业沿着良性的轨道向前发展。在资源型城市转型后期,政策应创造良好外部环境,促进企业形成自我升级能力。这是因为产业结构的调整优化和主导产业的升级主要依靠产业基地内企业的自组织和自增强能力来进行,但是受条件制约,中小企业大多还缺乏自我升级的能力,需要政府部门的政策配合扶持。

2. 通过构建区域创新体系推动资源型城市转型升级和接续产业发展

区域创新体系能够更有效地组织和动员研发创新机构和个人的力量,形成更有竞争力的动态知识创新体系,有利于培育激励知识生产和技术创新的发展环境,成为辽宁资源型城市转型的重要途径。区域创新体系的框架适用于不同的创新活动,并与区域、网络和创新体系的管理权力结构密切联系,其核心是提升区域技术创新能力和建立新的产学研合作关系,具体来看:一是通过集聚战略,使区域层面上的企业以及组织间的复杂合作关系与合作模式得到提升。创新主体通过开展网络化的工作,建立联盟或合作关系,形成区域垂直一体化的供应链模式,并通过创新政策和知识创新子系统建立联系。通过促进产业、大学和公共研究机构之间创新网络的建立和发展来推动产业集聚的形成,同时支持新的商业模式和新产业的孕育和发展。其最终的目标是促进形成新的商业企业,并与区域的优势因素相互结合。二是在学校、产业和政府之间建立三螺旋结构,在区域产业集聚区,建立产业孵化器,大学建立地区协同研究中心,以支持区域产业和大学在科技上的合作。强化大学与企业之间在区域层面上的联系,并由大学的科研成果孕育高科技的风险投资企业,大学凭借研究成果在企业中占有合理的股份,加速推动高科技创业公司的产生和发展。三是促进科技园区、大学以及研究机构之间的技术交流和联系，加大对技术转移行为的支持力度，建立大学、产业和政府之间有效的合作机制，消除大学教师和科研机构的研究人员面临的制度结构上的约束，使其能够与私人企业之间在法律地位上形成正式的合作契约关系。

五、辽宁资源型城市转型的就业问题和公共就业政策

（一）辽宁资源型城市的就业现状与转型障碍

随着资源的不断枯竭和辽宁资源型城市的体制机制问题不断积累，自 20 世纪 90 年代后期，辽宁资源型城市产生较严重的就业问题。这里既有老工业基地转型面临的结构调整的需要，又有资源枯竭导致的生产能力萎缩的原因，阜新等资源型城市成为就业问题最为严重的地区之一。近年来，资源型城市经济增长率明显下滑，在各省的排名大幅度降低，经济增长严重滞后。这些困难局面的出现，既和地区经济进入调整阵痛期密切相关，也和辽宁资源型城市的市场和体制环境不佳、创新水平不高、激励机制不完善有关。主要表现为市场化程度低，经济发展活力不足；产业结构调整缓慢，企业设备和技术老化；资源型城市主导产业衰退，接续产业亟待发展。辽宁资源型城市的就业问题需要得到重视，主要表现为劳动力总量供过于求，就业岗位严重不足；结构性就业矛盾较为突出，有人无岗、有岗无人的现象严重；企业下岗职工仍然存在；农村剩余劳动力向城镇转移规模加大，进一步增加了城镇就业压力，已经成为对辽宁老工业基地振兴产生全局性影响的重大经济和社会问题。

辽宁资源型城市的失业问题主要具有以下特征：一是资源型城市，特别是资源枯竭型城市的失业率高于全国平均水平，结构性失业表现较为明显；二是低技能劳动者和青年群体失业严重；三是失业保障水平相对较低，缺少公共就业政策支撑。

辽宁资源型城市的就业问题较为突出，一是因为经济增长放缓，经

济增长是就业的重要推动力量，经济增长放缓，对就业的正向促进作用也将减弱。二是因为资源型城市的下岗职工再就业能力较弱，在劳动力市场处于弱势，而且劳动力市场对低技能劳动者的需求不断下降。低技能的再就业人员受教育程度较低，就业空间受到挤压。三是劳动力市场发展相对滞后。辽宁资源型城市的劳动力市场二元结构特征明显，劳动力市场分割现象严重。造成劳动力市场的供求信息难以有效传递，非正规就业群体增加。四是辽宁资源型城市的功能单一，城市的公共服务设施不完善，市政基础设施发展滞后，公共服务设施不健全。

（二）辽宁资源型城市的公共就业政策与支撑措施

1. 辽宁资源型城市公共就业政策的总体目标

公共就业政策的目标主要包括适度周期性衰退下的反周期政策、调节结构失衡的政策、提高劳动力市场功能的政策、增加劳动生产率的政策、弱势群体和存在风险的劳动者的支持政策、弱势企业和存在风险的小微企业的支持政策或上述多个目标的结合等。具体来看，公共就业政策在适度周期性衰退下的反周期政策主要内容包括：公益性岗位开发、工资补贴、职业培训或提供给劳动者或企业的用于职业培训的补贴和补助金，以及对个体经营者的援助政策和项目。适度周期性衰退下的反周期政策的主要目标群体是劳动力市场中的弱势群体，主要是在劳动力市场遭到外部冲击下缺少就业弹性和灵活性的劳动者。适度周期性衰退下的反周期政策的主要目标群体还包括在经济衰退中受到重要打击的地区和行业的劳动者。调节结构失衡的政策主要内容包括：职业介绍服务，特别是为劳动者提供供求信息、寻找工作岗位的咨询和辅助服务、对劳动者流动的援助服务，职业培训项目和工资补贴。调节结构失衡的政策的主要目标群体是在邻近的地区、相关的产业和职业工作的劳动者。提高劳动力市场功能的政策主要内容包括：职业介绍服务、职业培训服务（例如学徒性质的培训以及劳动者从学校向工作岗位过渡期的培训服务）。提高劳动力市场功能的政策的目标群体是劳动力市场中的全体劳动者。增加劳动者技能和生产效率的政策主要内容包括：职业培训服务和再就业培训服务（例如在职培训和学徒性质的培训）。该政策的主要目标群体是在劳动力市场中处于弱势地位的劳动者或存在风险的劳动者，特别是下岗再就业群体。公共就业政策的弱势群体和存在风险的劳动者的支持政策主要内容包括：职业介绍服务（主要包括职业咨询和求职辅助服务）、职业培训服务和工资补贴项目。该政策的主要目标群体是劳动力市场中的弱势群体和存在风险的劳动者。

从辽宁资源型城市转型的障碍来看，在公共就业目标上，主要选择调整结构失衡的政策和增加劳动者技能和生产效率的政策。辽宁资源型城市公共就业政策的目标：一是建立支持体系，保护受冲击的劳动者免于陷入贫困。如失业保险体系和最低生活保障体系等"三条保障线"。二是建立就业服务体系，对下岗失业者实现再就业提供帮助，包括再就业中心、职业培训、介绍工作和提供用工信息等，一方面促进劳动者积极参与劳动力市场，另一方面也能减轻社会保障体系所面临的压力。三是解决青年群体的就业问题和促进非正规就业群体向正规就业群体的转化。

2. 再就业群体公共就业政策

辽宁资源型城市在产业结构调整、面临外部冲击等情况下出现大范围的劳动者失去工作的现象，其原因是企业的倒闭、产业的调整等，其特征表现为区位上的集中，经常发生在经济处于衰退期的地区。这些劳动者的特征是长期从事工作，而不是经常处于失业状态，而且这些劳动者的技能和经验通常在特定的产业获得，并且仅适用于特定的产业，而这些产业对劳动者的需求正在出现下降的趋势，因此需要采用再培训计划从原则上解决这些劳动者的再就业问题。再培训政策和项目是与就业政策和劳动力市场项目相结合的，这些就业政策主要是为推动大范围的产业结构调整。从成本收益来看，尽管再培训政策和项目会提高参与劳动者获得工作岗位的可能性，但增长速度不高。与对失业群体的职业培训政策和项目相比，再就业培训政策和项目的效果并不很理想，因此在实施大规模裁员的再培训政策和项目时，应在小范围开展并且目标主要针对最能从政策和项目中受益的子群体。例如在澳大利亚，受贸易自由化推动，纺织、服装和鞋帽等部门出现大范围的失业，再培训政策和项目，特别是时间较长的项目对劳动者寻找工作岗位并没有产生明显的积极影响，其原因主要在于这些被解雇的劳动者并不具有正规的职业资格，而且并不具有读写能力。再培训政策和项目中受益最大的劳动者是那些具有较高技术水平，并且能够尽快学习技能以适应新的工作岗位需要的人。

由于辽宁资源型城市转型需要进行大范围的结构调整，从而产生大量下岗职工，再培训政策和项目会对参与劳动者的就业率和收入水平产生影响，这些政策和项目会提高大规模裁员获得工作岗位的可能性，但对其收入水平并不产生显著的影响。再培训政策和项目主要需要考虑被解雇劳动者的整体失业水平、政策和项目的持续时间、劳动者参加项目需要部分承担的费用以及项目由公共机构以外其他私营机构开展的可行性。从实践来看，再就业培训计划并不是解决正常失业问题的政策措施，而是主要应对较严重的再就业问题。从内容来看，大规模再就业人员的再培训政策和项目包括很多政策措施，例如与职业介绍服务类似的教育和再培训项目以及通过再培训服务提高经济生产力的政策和项目。

从再就业培训政策和项目的效果来看，其对失业劳动者的再就业的总的影响是积极的，但影响程度既与再培训政策和项目的内容有关，也与大规模裁员自身的特征和所处的行业有关。效果较好的再培训政策和项目主要包括一体化的职业介绍和培训服务以及企业提供强有力的资助和承担义务的服务。在一般的再培训政策和项目中，需要确定带来积极效果的最关键的影响因素，以区分应对大规模危机采取的再培训政策和项目以及一般意义上的结构调整带来的再培训政策和项目的效果。具体来看，再培训政策和项目主要包括四个要素：一是劳动力市场信息数据库，主要是重建和恢复、升级和扩展多层次的劳动力市场信息数据库。二是教育和再培训服务，主要是对子项目提供资助，来推动需求导向的教育和再培训服务的开展，同企业签订在职培训合同和依托于企业的再培训服务合同。三是职业介绍和咨询服务，主要为劳动者提供职业咨询和职业介绍的技术支持，或以签订子项目合同的方式由第三方提供这些服务。四是管理援助方案，主要是通过提供技术支持和资源来促进管理机构的维持和发展。对大规模裁员的再培训政策和项目，是主要在应对较强烈的外部冲击或内部调整的背景下所采取的就业政策。

3. 青年群体公共就业政策

青年群体，特别是女性青年群体在劳动力市场中处于弱势，受经济增速减缓的影响较大。青年劳动者的失业率远高于成年劳动者的失业率，尽管教育的质量不断得到改善，但青年劳动者失业率较高的情况是普遍存在的，并由此引发一系列社会问题。尽管在辽宁资源型城市转型中，高度重视青年群体的就业问题并采取缓解问题的政策，但青年群体在经济增长调整期仍面临大量的就业问题或不利条件，因此青年群体的就业问题始终是公共就业政策需要解决的关键问题。对于青年群体的失业问题，预防性干预政策与培训服务相比更有效。预防性干预政策主要是强调提高教育的成果。但如对青年失业群体的培训服务也提供了通过培训服务进行政策干预的成功经验，主要在于针对青年失业群体的培训服务应该是综合性的，既包括基础适用劳动者的教育培训，也包括职业咨询服务和相关的社会服务（如为流动劳动者提供住宿服务等）。在青年失业群体的培训服务中，工作经验和实习机会的获得也是非常重要的环节。同时应该认识到上述对青年失业群体的培训也存在需要考虑的问题，主要是这些培训服务的成本较高，因而不容易扩大到较大范围。另一个需要注意的经验是在这些项目中私人机构的参与。私人培训机构在培训方面的效率通常要高于公共机构。

辽宁资源型城市青年公共就业政策主要由三个方面构成：一是职业指导服务，主要是为没有就业的大学毕业生提供最长一年的职业指导，职业指导主要包括青年群体职业辅导、人际关系和职业技术培训、在职培训、求职辅导以及小额补助金等。职业介绍服务在实践中的效果主要受政策设计和政策实施条件的影响，主要取决于政策和项目实施后对青年群体寻找工作岗位和接受工作岗位的激励的影响。有些项目提供给参与者小额补助金或一系列服务，服务的范围从职业技能培训、咨询、求职辅导到工资补贴等。职业介绍服务在实施过程中需要注意与私营部门的实习模式和培训模式有效结合，同时需要实现不同地区和各级机构之间的协调。需要从成本收益角度考虑政策和项目的可持续性，特别是避免补助金过高所造成的严重负担，在效益上通过政策和项目对就业率的影响来考察不同政策和项目的效果。这里特别需要注意的是对于青年求职者来说，职业介绍服务只是一种过渡政策，其目标是帮助在劳动力市场中处于劣势的青年群体。二是职业实习项目，公共就业机构通过补贴等形式弥补企业聘用大学毕业生所额外支付的成本，主要目标群体是毕业半年后仍在求职的大学毕业生，这些政策和项目主要是提供给应届大学毕业生或大学毕业后的首次求职者有补贴的实习机会，时间通常不超过一年。这些项目对女性大学毕业生尤其有利，政策和项目给予参与者一定薪酬或弥补培训费用和社会保障的缴费支出。职业实习项目的受益者主要集中在沿海地区和工业城市。在政策和项目结束后，参与职业实习项目的劳动者就业效果会显著降低。三是职业培训项目，职业培训项目支付给青年群体较低的薪酬以及社会保障缴费支出，为企业聘用非技能工人和蓝领工人提供补贴。这些项目主要为青年群体提供能力训练来帮助青年群体获得职业资格，使其具有适合特定工作的能力，来拓展劳动者的职业前景。尽管职业培训项目会增加参与青年群体的就业率，并且提高的比例在积极就业政策和劳动力市场开发项目中最高，但参与的青年群体退出项目的比例也相对较高。主要原因在于劳动者缺少合理的技能，限制了参与青年群体和企业之间的匹配效率。对青年群体的额外训练对于弥补青年群体和可提供空缺岗位所需要技能之间的缺口是非常重要的。

辽宁资源型城市青年公共就业政策需要通过以下措施来推进：一是由政府、社会组织和私人部门协同推进，政府的主要责任是政策设计、监督管理和技术控制、对政策和项目提供全部经费或部分经费。政策项目通常由政府机构和社会组织实施，这些机构通过得到技术支持和服务来提高其运营能力、技术能力和管理能力。私人部门为青年群体获得经验等项目提供政策操作空间，确保青年群体接受的技能培训符合真实的市场需求。二是有明确的目标，青年群体培训政策和项目的设计要素，包括地理上的区位选择、劳动者接受全部培训所需要的时间、培训项目取得的资格水平、工作经验的情况以及补贴总额等。应确保政策和项目能够满足目标人群的需求。三是分散实施，通过市场机制来调节。青年群体的培训政策和项目可以通过竞争性的投标方法来实现最大的灵活性和培训服务的分散化。投标在选择时既要考虑技术标准，也要考虑财务标准。四是采用集成方法，青年群体的培训服务应该超越某一特定的职业技术，并且将全部课程融合起来以提高青年劳动者的交流沟通能力、人际关系能力和培养自信心。

4. 资源型城市公共就业政策的支撑措施

辽宁资源型城市公共就业政策的成功实施需要满足以下条件：一是政策和项目由综合服务体系构成；二是政策和项目是以劳动力市场需求为导向的，并且是在真实劳动场所进行或以真实劳动场所为模拟对象；三是政策和项目的目标群体是经过精心设定的，政策和项目直接作用于目标群体；四是政策和项目的效果会受总体经济环境的影响，在经济扩张期，各类政策和项目的效果通常更好。为此，在制定公共就业政策时，需要考虑四个关键因素：一是这些政策和项目的长期效果，对各类政策和服务的评估主要集中在项目实施的 1 ~ 2 年内。二是政策和项目的一般均衡效果，主要是考虑无效损失、潜在就业者的替代效应、在职者的替代效应以及对未参加政策和项目劳动者和劳动力市场功能的影响。三是从成本效益角度对项目进行评价，从资源分配的经济标准看，应该实现经济社会收益超过成本。四是对政策和项目取得较好效果的原因分析，主要是外部环境和政策设计对政策和项目的影响，以及其是否与特定的目标群体有关。积极就业政策和劳动力市场项目是解决失业群体和贫困劳动者造成的经济社会问题的重要手段，因此积极就业政策和劳动力市场项目应该从政策和项目所能取得的目标出发，从成本收益角度合理分配资源，增加具有积极影响的政策和项目，调整不能产生积极影响的政策和项目。

因此，辽宁资源型城市公共就业政策的完善需要采取以下支撑措施：一是重点选择集中在搜寻工作岗位的援助政策和项目方面，援助政策和项目主要是对处于失业状态的福利接受者寻找工作进行更密切的检测和更严格地促进这些劳动者寻找工作岗位。二是注重各项服务之间的融合，例如采用一站式服务和流水线式的服务模式，确保接受服务的劳动者通过一个源头就可以获得信息、咨询服务和接受各项服务的渠道。三是在公共就业服务的提供上更加重视多元主体的参与，注重私营机构在职业培训、职业介绍和公益性工作岗位的供给上可以发挥的作用。政府在与私营机构合作过程中主要的职能在于确定政策和项目的优先次序、确保私营机构提供给劳动者的各项服务的质量以及提供相关经费，特别关注私营机构对待接受服务劳动者是否公平的问题。四是加强与企业和社区的合作和联系以确保政策和项目适应于市场状况。五是通过工资补贴和税收优惠等政策使通过工作获得收入成为对福利接受者的激励，促进低技能劳动者选择低技能工作岗位而不是接受福利援助。六是对接受政策和项目的失业劳动者进行研究，区分最可能需要职业介绍服务和再就业培训项目的劳动者，并使其作为失业劳动者获得失业补贴前的强制义务。七是增加对积极就业政策和劳动力市场政策和项目的评估，并根据评估结果合理分配资源。

六、辽宁资源型城市转型的突破路径

（一）实施接续产业优先发展战略

一是优化接续产业发展的营商环境。辽宁资源型城市发展和壮大接续产业需要构建稳定、公平、透明的营商环境，提高政府部门的政务管理和服务水平。政府需要推动审查制度改革和商业管理制度改革，实现政务事项标准化，简化企业审批、报建等手续，提高政务的网络化服务水平。政府还可以通过政策支持企业的技术改造和融资，降低企业生产和管理成本。二是优先推进接续产业发展所需要的基础设施建设。基础设施建设是产业发展的重要推动力量，辽宁资源型城市应根据接续产业的特点和发展阶段的需要，优先进行接续产业发展所需要的基础设施投资。同时考虑科技时代的发展需要，推动人工智能、工业互联网、物联网等新型基础设施建设。三是对接续产业实施政策支持。辽宁资源型城市政府应制定和完善有利于支持接续产业的投资、产业、税收、利用外资、科技支持和人才引进等方面的政策。特别是在培育和发展接续产业的初期，政府需要对接续产业和项目给予有力支持，制定重大政策和发展规划时要优先考虑支持接续产业发展。从资金、技术和人才政策方面对接续产业倾斜，实现接续产业的快速发展。四是培育接续产业需要的人才。接续产业发展需要有充足的人才储备，但辽宁资源型城市通常缺乏发展接续产业所需要的人才，同时由于传统主导产业的发展萎缩而存在人才过剩的问题。为此辽宁资源型城市不仅需要加大对现有人才的培养力度，促进其向接续产业转移，还需要创新人才的培养和引进机制，特别是完善技术创新人才的保障体系，促进人才有序流动和优化配置，实现培育接续产业与培育人才相结合，为资源型城市接续产业发展提供人才支持。

（二）实施多元化发展战略

根据资源型城市的不同类型，确定发展目标和重点。一是成熟型城市可以借鉴美国休斯敦的经验，采用资源型产业链延伸模式。即延伸传统产业、新建主导产业、带动相关产业和完善基础产业的模式。本溪等成熟型城市可充分利用资源保障能力强的优势，提高资源型产业的技术水平和管理水平，通过技术进步和产业升级，延伸和扩展产业链条，增加产品的加工深度，培育形成资源深加工的优势企业和产业集群，提高资源的附加价值。二是衰退型城市可以借鉴日本九州的经验，采用产业整体退出模式。即全面退出资源产业，将该区域转换成高新技术产业区等其他类型产业区。阜新和抚顺等衰退型城市可根据实际情况加快要素从传统产业的剥离，积极发展接续替代产业，或植入具有发展前景的产业，通过产业政策培育新兴产业，形成新的产业体系，实现产业转换。在此过程中，需要解决再就业问题和各种历史遗留问题，对失业人员进行免费培训。三是再生型城市可以借鉴德国鲁尔的经验，采用新主导产业扶植模式。即在改造传统产业的同时，采取强有力的支持措施发展新兴产业，使经济结构趋向多元化。鞍山、盘锦和葫芦岛等再生型城市可以充分利用资源型产业发展所积累的资金、人才和技术优势，通过重点政策和扶持措施，发展具有较大潜力且对整体经济具有显著带动作用的新主导产业。在发展新主导产业的同时，可以通过技术创新改造和提升传统产业，培育发展新兴产业，加快发展现代服务业，实现城市的可持续发展。

（三）实施就业优先战略

考虑资源型城市转型和宏观经济再平衡过程中对就业的影响，需要坚持就业优先战略，以实现更充分就业。一是重视公共就业政策的减贫作用。将公共支出政策、就业政策和扶贫通过公益性岗位项目结合起来，确保政策目标人群是贫困家庭或难以找到工作的劳动者。通过推动小型建筑工程、公共工程的维修和扩展、学校的改造和扩建、医疗基础设施、基本公共卫生设施、小规模的道路和桥梁、小规模的水坝和管道的建设、社区中心建设、游客中心建设和廉租房建设等，在提高贫困劳动者收入的同时，增加其工作经验。二是推进职业教育、技术培训与产业结构转型的有效结合。结合资源型城市转型目标，开设相应技术培训课程，通过在职培训最大限度实现人才培养与劳动力市场的对接。由于目前企业普遍缺乏办学条件，需要引导职业院校与企业开展广泛的合作，搭建学校与企业合作平台，发挥校企双方的优势，提升职业教育质量。同时，针对不同区域的实际情况增强劳动者的职业技能，帮助劳动者提高生产效率。三是加强就业政策的融合创新。针对结构性失衡造成的结构性失业问题，融合职业介绍服务，特别是为劳动者提供工作岗位供求信息的咨询和辅助服务、对流动劳动者的援助服务、职业培训项目和工资补贴。针对劳动力市场的功能缺陷，融合职业介绍服务和职业培训服务，特别是青年劳动者从学校向工作岗位过渡期的培训服务。针对再就业群体和劳动力市场中的弱势群体，融合职业介绍服务（主要是职业咨询和求职辅助服务）、职业培训服务和工资补贴项目。四是促进非正规就业群体向正规就业群体的转化。需要在维持和改善非正规就业群体基本生计的同时，提升非正规就业群体的创业潜力、技能水平和激发劳动者的创新精神，以促进非正规就业群体向正规就业群体的转化。在促进正规就业群体、非正规就业群体和失业群体三个方面的治理能力建设的同时，注重知识的开发和传播，提高非正规就业群体的知识和技能。新进入劳动力市场的劳动者、失业群体和正规就业群体转变为非正规就业群体主要是由于劳动力市场中缺少有酬劳的、被劳动法保护的工作岗位。为此促进非正规就业群体的转化需要关联政策群的改革和制度协调来提供更多的正规就业工作岗位和使劳动者获取收入的机会，同时需要保障劳动者的合法权益和提供社会保障体系的支撑。

（四）实施生态化转型战略

辽宁资源型城市具有临海和毗邻中心城市等优势，拥有丰富的旅游资源。通过解决生态环境问题，可实现生态宜居的目标。一是促进重点地区的生态保护和管理。通过土地的集约利用，避免由于资源的过度开发利用造成对环境的破坏。对重点地区进行严格的生态保护和管理，从根本上降低环境改善成本，上述成本不仅包括恢复已破坏生态环境所需要的修复工程而引发的各项支出，也包括城市环境综合治理成本。二是完善资源型城市的生态环境治理补偿机制。资源的开采和环境治理具有显著的外部性，而在传统的生态环境治理补偿机制中，上述外部性没有内化为企业成本。通过理顺环境利益，内化外部成本，有效降低环境污染。通过制度创新和有效政策，鼓励企业进行生态投资和采用节能环保技术。相关部门需要提高管理效率和实施有效监督。三是推动循环经济和绿色发展。循环经济的核心是实现资源利用效率最大化和废弃物排放的最小化，而资源型城市存在传统产业技术锁定和末端处理技术低效的问题。需要从源头推动使工业产品和服务在生产和消费中的生态损失最小化，如利用粉煤灰和煤矸石填充塌陷区复垦或利用粉煤灰和煤矸石生产建筑材料；利用石油管线水井等改造农业灌溉设施；使用黑色金属生产过程中的废渣生产工艺产品等。四是加强生态技术创新。辽宁资源型城市的生态技术创新，既包括对工业生产过程进行生态技术改造，达到废弃物的减量化；也包括对废弃物末端治理的生态技术进行改造，实现废弃物的资源化;还包括从工业生产源头进行生态技术创新,实现能源的清洁使用和提高能效利用率。

(五) 实施信息化发展战略

一是推动"互联网+"发展模式,信息产业的发展促进由规模经济向聚合经济的转化,辽宁资源型城市通过实现互联网与各个传统产业的深度融合,形成新业态,推动经济发展。为此辽宁资源型城市需要充分利用信息通信技术和互联网平台,发挥互联网在资源配置中的优化和聚合作用,发展以互联网为基础的新形态,注重电子信息制造业等信息化产业的发展,重构传统产业和商业模式,提升生产力。二是积极发展工业互联网和物联网等信息化基础设施。加强5G、人工智能、工业互联网和物联网等新型基础设施建设,支持数据驱动的新科技产业化和信息产业化发展。构建支撑信息科技产业化的大数据基础设施,通过智能终端的连接,实现智能制造和大数据分析,在设备、生产线、企业、供应商和客户间建立更紧密的联系,实现跨设备、跨系统和跨地区的互联互通,促进工业经济各要素的高效共享。三是加快大数据和区块链等信息技术在产业和政府管理中的应用。大数据和区块链技术有利于实现生产流程优化和商业模式重构,降低企业生产和经营成本,延长产业链条。为此辽宁资源型城市应探索云计算、工业互联网和物联网在产业和商业的应用以及大数据和区块链技术在政务和民生管理的运用。推动大数据综合试验区建设,并形成产业集聚、资本集聚和人才集聚。积极推动大数据产业建设,推动智能互联网和智能金融、智能医疗和智能能源产业的发展。利用信息技术提高政府社会管理和公共服务的职能,利用大数据和区块链智能合约技术的搜证和监管成本低的特点,强化政府对市场的监管,提高行政管理效率。

(六) 实施智能化变革战略

推动智能经济发展,加快互联网、人工智能与产业的深度融合,推动智慧城市建设。一是积极发展智能产业。充分发挥辽宁在人工智能产业的领先优势，将新一代人工智能科技成果作为重点，提升人工智能产业水平，形成人工智能产业链，推进核心技术突破，营造良好产业发展环境。聚焦智能金融、智能商业等重点应用领域，推动产业整体发展。加快扩大区块链和大数据技术的应用，通过打造可信任的数据资产流通环境，构建智慧物联网、智慧能源网和供应链金融等，积极推进医疗大数据的发展，构建更安全、可靠的经济体系。二是提高融合创新能力。促进物联网、大数据、云计算、工业互联网、虚拟现实和人工智能与传统产业的深度融合，促进传统产业的生产效率和管理服务水平的提高。加快发展基于人工智能与产业融合的新业态和新模式，培育智慧产业集群，破解制约产业智能化发展的主要难点和障碍，带动传统产业的转型升级。三是推动智慧城市建设。发展以智慧技术、智慧产业、智慧服务、智慧管理和智慧生活为主要内容的新模式，促进智慧感应终端、智慧传输网络、智慧处理平台和智慧应用设施为核心的智慧城市信息基础设施建设，完善智慧公共设施、智慧交互终端和行业智慧应用平台，提高城市信息化水平和服务功能。

（七）实施主导要素重组和动能转换战略

结合辽宁资源型城市主要处于衰退期和再生期的特点，加快要素的分离、重组与优化。一是促进辽宁资源型城市的新旧动能转换。辽宁资源型城市需要逐渐摆脱对能源作为主导要素的依赖，实现城市产业结构的优化升级和经济增长动能的转换。辽宁资源型城市可利用要素的相互替代关系促进劳动密集型、资本密集型和技术密集型等产业在结构方面的变化，实现要素的优化配置。要素的转化应有利于重新构建要素的比较优势，形成经济增长新动能。二是消除资源作为主导要素产生的挤出效应。辽宁资源型城市由于对资源的依赖会导致劳动者被锁定在低技术产业或劳动密集型产业，而忽视对科技和教育投入，导致人力资本和技术进步的投资被挤出。同时资源型产业的特点使企业集中在初级产品部门，企业的创新活动较少。为此辽宁资源型城市应促进科技投入和人力资本积累，建立企业创新的激励机制。三是推动辽宁资源型城市的制度创新。传统制度产生的路径依赖是资源型城市陷入资源诅咒，难以实现主导要素分离和重组的重要原因。而经济增长动能转换就是动力结构内部不断变化，形成新平衡的过程，制度创新是推动资源型城市由资源驱动转向创新驱动的关键。辽宁资源型城市需要消除产权制度不清晰、市场规制不健全等因素的影响，完善产权制度、投融资制度、价格制度、财税制度、金融制度、社会保障制度和人才制度。四是以政策引导主导要素转换。辽宁资源型城市应完善科技创新政策，强化知识产权保护，加快科技创新和推广，使科学技术能迅速应用于生产领域。辽宁资源型城市还应完善人才培养和激励政策，提升劳动者的素质，实施高端人才培养和引进政策。通过政策加快主导要素的转换，实现要素结构优化、技术进步和产业升级，形成经济增长的新动能。

（八）构建区域创新体系，实施创新发展战略

通过构建区域创新体系能够更有效地组织和动员研发创新机构和个人的力量，形成更有竞争力的动态知识创新体系，有利于培育激励知识生产和技术创新的发展环境。区域创新体系的框架适用于不同的创新活动，并与区域、网络和创新体系的管理权力结构密切联系，其核心是提升区域技术创新能力和建立新的产学研合作关系。一是通过集聚战略促进创新主体的合作。使区域层面上的企业以及组织间的复杂合作关系与合作模式得到提升。创新主体通过开展网络化的工作，建立联盟或合作关系，形成区域垂直一体化的供应链模式，并通过创新政策和知识创新子系统建立联系。通过促进产业、大学和公共研究机构之间创新网络的建立和发展来推动产业集聚的形成，同时支持新的商业模式和新产业的孕育和发展。其最终的目标是促进形成新的商业企业，并与区域的优势因素相互结合。二是构建多层次的创新治理结构。在学校、产业和政府之间建立"三螺旋"结构，在区域产业集聚区，建立产业孵化器，大学建立了地区协同研究中心，以支持区域产业和大学在科技上合作。强化大学与企业之间在区域层面上的联系，并由大学的科研成果孕育高科技的风险投资企业，大学凭借研究成果在企业中占有合理的股份，加速

推动高科技创业公司的产生和发展。三是完善创新主体的合作机制。科技园区、大学以及研究机构之间的技术交流和联系，加大对技术转移行为的支持力度，建立大学、产业和政府之间有效的合作机制，消除大学教师和科研机构的研究人员面临的制度结构上的约束，使其能够与私人企业之间在法律地位上形成正式的合作契约关系。

第二节　以城市群建设为动力带动东北全面振兴、全方位振兴

当前，我国经济已经发展到了新常态阶段，作为人口和产业集聚的重要载体——城市群，逐渐成为我国区域经济发展的核心增长点，区域空间组织的合理和有序是促进经济效率提高的一个重要动力源泉。东北地区作为国家重要的老工业基地，自改革开放以来经济增长一直略显乏力，制约了东北整体、全面振兴。以城市群角度来看，东北城市的群建设进程较其他一些国家级城市群相对缓慢，且存在着城市群内部功能混乱、主体城市之间差距明显、产业结构矛盾突出等问题。

本书通过分析以辽中南和哈长两个城市群组为核心的城市群建设问题，从历史的、现实的角度全方位分析当前东北城市群的发展状况，结合经济空间联系度、区域分工合作度及市场一体化程度等多角度探究东北地区城市群经济发展的重要性及改革思路，并基于全面振兴东北经济的目的，有针对性地对东北地区城市群经济发展提出对策建议。

一、研究背景与意义

(一) 研究背景

1. 城市群发展成为东北全面振兴的大势所趋

自 2003 年国家提出振兴东北老工业基地以来，东北地区作为"共

和国长子"，无论在产业结构升级，还是在就业和区域经济一体化等方面的发展上都初见成效，经历过辉煌的发展历程，但收效短暂，其经济发展形势仍未形成长久增长动力。在党和国家的支持下，东北振兴之路已走过十多年历程，一直以来东北地区大多数城市是依赖资源加快其工业化进程来实现经济发展的。然而，随着资源环境问题暴露出的瓶颈以及可持续发展理念的普及，原本资源型城市的发展面临转型需求，因此聚焦于由城市发展方式的转变所带来的城市经济增长问题变得越来越重要。

纵观东北地区现状，国企仍是比重较大的部分，民营企业发展势头仍然比较薄弱，资源市场化不到位，经济结构主体还是以粮食、石油、工业、林业等传统行业为主。尽管这些行业较具有代表性，但是却没有发展成规模效应。而且，按照时间顺序对东北地区各阶段存在的问题进行了梳理后发现，东北地区经济增长方式的转变应从粗放型向集约型转变，以适应新的经济正常背景的要求，进而不断深化对东北地区经济增长方式的改革。改革国有企业，坚持以市场为导向，调整产业结构，提高资源配置效率，实现经济高效高质量增长为最终目标。在这种需求下，城市群作为一种区域城市化水平较高的空间组织类型，是区域人口与城镇、主导产业与经济总量、要素与商品市场之间的核心载体和重要"引擎"。从区域发展的角度看，区域间的竞争主要体现在城市群之间的竞争上。因此，培育具有综合竞争力的城市群已然成为区域发展的一条重要途径。

2. 城市群建设是区域城市化核心载体及区域发展的"引擎"

改革开放以来，我国城市群发展迅速，比较有代表性的分别是珠三角、长三角和京津冀三大城市群，所占经济规模的比重在逐渐扩大，带动了我国经济的高速增长。从区域角度看，珠三角城市群逐渐纳入了香港及澳门之后，区域经济一体化进程逐步加快，各地优势得到了较大程度的发挥，城市群的辐射力充分得到体现；另一边的长三角城市群的范围也在不断扩大，增加了浙江、江苏及安徽部分地区；北部的京津冀城市群的特色与优势也较为突出，北京市是我国政治中心，加之天津港口拥有制造业的优势，还有自贸区的建成，石家庄又在区位尤其是交通网络上占据重要节点，便于要素的聚集与扩散，推动了京津冀中核心城市与周围城市之间的产业互补及空间联系，区域经济实现了快速、协同及高效发展。

近年来，我国城市群无论在规模还是数量上都不断扩大，加之逐步完善的功能，尤其在开发过程中其对于人口、要素的聚集能力逐渐突出，日渐成为最为活跃的经济发展区域。根据北京市统计局 2014 年关于京津冀城市群的研究报告显示，京津冀全年生产总值 66474.5 亿元，占全国生产总值的 10.4%。GDP 的高比重来自京津冀第三产业加强对接合作、第三产业比重不断提高和产业内部结构不断优化的共同作用。可见，在区域发展中城市群的作用日益显著，区域经济发展在我国各大城市群带动下将迸发出更高的增长极，进而会将发展成果辐射全国。

（二）研究意义

1. 理论意义

丰富了空间区域发展理论。前期学者研究更多是针对一个城市群经济发展情况的相关问题，研究主体为城市群内部城市发展，侧重从城市群内部的经济增长判断其经济发展情况，并未考虑到邻近区域的经济增长对该区域经济发展可能会产生的影响。本书通过城市群内部城市经济现状及问题分析，并结合其他城市群先进经验总结，扩展研究视角，以城市群自身及周边范围作为研究对象，探讨城市群的经济数量增长、经济效率上的空间关联作用及产生的溢出效应，综合作用于经济增长的影响机理，强化了经济体系与空间组织协调与结合关系，发展了区域经济体系同地域空间组织相结合的理论思想。

2. 现实意义

一是有助于提高东北地区城市群空间经济增长效率及综合竞争力。在新时期、新背景下，东北地区原有的城市群结构已暴露出不合理的问题，甚至一些尖锐的矛盾逐步凸显，急需对此进行有效的调整和改进。本书通过对东北地区城市群空间结构进行优化和重组，结合城市特点进行空间再度分配，将优化后的东北地区城市群作为空间生产的载体，激发东北地区城市群发展潜力并最终提升综合竞争力。二是为东北城市群发展提供更为合理的对策和建议。东北地区城市群是新型城镇化发展的重要载体，会对东北地区经济及社会发展产生极大的影响。本书将哈长、辽中南城市群作为研究区域，其核心城市作为城市群发展中的重要增长极，分析城市经济增长有效路径及增长动力机制，可以促进周边腹地城市协同发展并为其提供较为科学的示范及带动作用。作为老工业基地，东北地区在产业结构及经济增长方式方面具有较为鲜明的特点，工业型城市发展历史悠久，带动的区域经济增长有过辉煌历史，但是随着新形势下所面临的资源要素存量日益减少趋势，必须要在经济增长方式上寻求转变，因此厘清城市群内部的核心城市与边缘城市、核心城市与核心城市、边缘城市与边缘城市之间经济增长空间关联关系就显得极为重要，本书力求为东北地区经济增长方式、城市群间的关联关系发展提供更为合理的对策和建议。

(三) 城市群经济理论国内外研究现状

1. 国外研究现状

国外学者对于城市群的研究，分别从社会、文化及生态协调发展等方面展开 (Smith，1991)，包括信息化发展对城市及城市群发展的影响效果 (Fathy，1991)，产业经济方面对城市群体现出的产业集聚优势的定量分析研究 (Avgerou，1991)，还有对城市群通达性进行测算及评价分析 (Friedmann and Wolff，2010)。研究方法方面，结合着地理信息系统 (GIS) 空间分析方法，定量对城市群空间集聚及扩散的状态进行研究 (Pena，2012)。对城市群经济发展状况的探讨方面，学者们大多从经济集聚的角度展开 (Azari et al.，2016；Tao et al.，2019)。其中，韩风等 (Han et al.，2018) 和佛立克等 (Frick et al.，2018) 着重研究城市群经济集聚效应，阐释了其发生和发展的机制与机理。其他一些学者以中国城市群为研究视角，其中布龙 (Brun，2002) 将中国按沿海和内陆地区划分为两个部分，并将沿海和内陆质量检验划分为东、中、西三个区域虚拟变量，研究沿海和内陆质量检验之间的相互作用，发现沿海经济发展对内陆地区具有空间溢出效应。张晴等（Zhang，Q. et al.，2002）遵循布龙的思想，构建了区域 GDP 变化模型的框架，引入两大区域 GDP 变化作为解释变量，度量了东、中、西部经济区之间的空间溢出效应。格罗纽德（Groenewold，2007）不同于前两位学者。他利用风险价值（VaR）模型建立脉冲响应函数，模拟东、中、西部三大经济区域之间的相互作用，发现东部沿海地区对其他地区有溢出效应，但没有发现西部地区对外部地区有溢出效应，唯一没有溢出效应的地区是西南地区。

2. 国内研究现状

近几年来，国内学者对城市群经济发展状况展开了不同程度的研究。周一星（1986）、顾朝林（1992）和方创琳（2009）等国内学者研究发现，城市群是在特定地理范围内的一组城市，在性质、类型和规模上有着相当大的差异。在一定的自然环境背景下，以一两个特大型或特大型城市为区域经济核心，以现代交通工具为辅助，借助综合交通网络和信息网络所带来的便利，在城市群之间进行集聚和扩散，以期形成一个相对完整的城市"集会"框架。姚世茂（2010）认为，城市群已发展成为我国重要的核心经济区，无论是经济增长还是财富积累，都已成为经济社会发展和产业高度集中的地区，甚至科技文化方面都具有创新代表性，尤其是在城市群区已经发展起来的国际性的大都市，其中心城市的作用越发明显。王春萌等（2018）、周慧（2019）、尹虹潘（2019）研究发现，中心城市经济辐射带动作用越发显现出来，随之而来的城市群经济空间格局也发生显著变化，城市群建设已成为我国当前区域经济发展的重大举措，也是我国在推进城镇化、现代化重要手段。秦尊文和黄展（2017）、刘建国（2017）认为，将城市群建设成为可持续发展示范区和对外开放合作试验区。如何协调发展，加强区域间经济互联互通和产业合作，促进城市群经济持续快速发展也是一个重要目标（劳昕等，2017；方俊智和文淑惠 2017；王春萌等，2018）。

二、东北地区城市群发展现状与问题分析

(一) 东北城市群区域选定

东北城市群建设在"十三五"规划被首次提出,东北三省的核心城市发出联合宣言,提出强化这些中心城市的核心带动作用,协同促进城市群的协同的发展,引领东北实现全面振兴,打造世界级城市群,实现我国经济增长的第四极,以此为标志的东北城市群发展打开了全新格局。东北地区城市群主要有哈长城市群和辽中南城市群,它们分别处在全国"两横三纵"城市化战略布局的北部以及京广线纵向"动脉"上的北线终端,作为全国主体功能区重要的组成部分,其地位在我国新型城镇化建设中、在区域化协调发展等战略中均占有极为重要的地位。以此来看,协调促进以哈长、辽中南为代表的东北区域城市群协调发展,搭建起一体化且立体化发展的城市群样态,积极推进东北地区新一轮产业集群发展和人才集聚,成为东北激发区域经济增长新动力、带动经济增长点多样化、最终实现东北全面振兴的关键举措。

(二) 东北城市群内城市经济发展状况概览

东北城市群经济发展状况的分析,分别以哈长、辽中南对东北城市群中地级以上城市进行讨论。

1. 哈长城市发展状况

从图 4 - 4 可以看出,哈长城市群内主要核心城市的 GDP 远远高于其他地级市的 GDP,总体上呈现出上升趋势。从主要城市的发展趋势上来看,哈尔滨和长春两城市的 GDP 基本保持一致,其中,2000 ~ 2005 年哈尔滨 GDP 总量低于长春,但在 2006 ~ 2011 年哈尔滨经济总量就反超了长春,转而在 2012 ~ 2016 年长春 GDP 又高于了哈尔滨。以新经济地理学来分析,这种变化产生的原因主要在于:一方面运输条件、地理位置等因素影响了区域经济增长状况;另一方面是由于便利的交通网络

和健全的基础设施建设也促进了要素（人才、企业及其他资源）的流动，正向促进了经济的增长。尤其在 2012 年底，哈大高铁试运营开始，长春正位于该条路线的中间位置，由此带来要素便捷、快速的流动，这极大地促进了长春经济水平的提高。

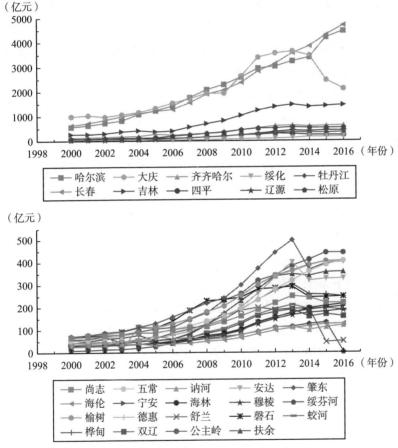

图 4 - 4　哈长城市群城市 GDP 增长趋势

资料来源：2005 ~ 2016 年《辽宁统计年鉴》，以及辽宁省统计局、各城市统计局、各城市政府网。

城市发展中比较值得关注的是大庆市，一直以资源型城市著称的大庆市 2006 年前 GDP 总量一直领先于哈尔滨和长春两市，甚至在 2008 年后增长更为显著，然而在 2013 年后却出现了非常明显的下降趋势，GDP 总量由 2014 年的 3500 亿元直接降到 2500 亿元以下，究其产生的原因主要在于以往过度依赖石油资源，但是随着经济形势、生态环境的发展，大庆市不得不转变经济发展方式，不能再依赖石油资源发展经济。

图 4-4 显示的县级市大部分的 GDP 自 2000~2013 年呈现出了较稳定的上升趋势，到 2013 年后出现了先下降又上升的状况。舒兰市自 2009 年起经济增长开始起速，增长领先于其他地级市，而海伦和讷河两市 GDP 增长垫底，并持续低迷，GDP 增长较为明显的地级市有公主岭、安达、扶余、德惠和五常。哈长城市群内的县级市，是我国主要的粮食产区和老工业基地，资源型和加工型产业为主是其产业的主要特点，但由于经济结构较为单一，增长力不足自 2013 年后就逐步显现，经济模式无法跟上其他地区的步伐，因此县级市的经济发展势头低迷。而且，区域经济的发展也受到资源环境的限制。近些年，随着房地产行业发展势头逐渐看好，越来越多的耕地土地被开发，而且黑土层的肥力也在逐年减弱，因此，哈长地区土地资源越来越少，形成了对主导产业可持续发展的重大挑战。

2. 辽中南城市发展状况

地级以上城市的 GDP 增长情况来看，省会城市沈阳于 2000~2015 年均处于领先地位，在 2015 年 GDP 值达到最高点的 6000 亿元左右，在哈长和辽中南两个城市群区域内均为最高。大连市 GDP 于 2013 年后大幅下降，2014~2015 年 GDP 总量变化幅度较小，2015 年后 GDP 又出现了增长趋势。鞍山市从 GDP 总量上来位居辽中南城市群的第三位。抚顺 GDP 在 2010~2013 年增速较为显著。2000~2004 年，抚顺市、本溪市、丹东市、营口市、辽阳市、铁岭市和盘锦市的 GDP 总量差距较小，自 2005 年后逐渐出现程度不同的上升或下降势头，2009~2013 年上升趋势较为均衡，在 2014 年出现下降后转又上升，但总量均低于 1000 亿元。如图 4-5 所示，沈阳市和大连市是辽中南城市群经济发展的主要贡献者。

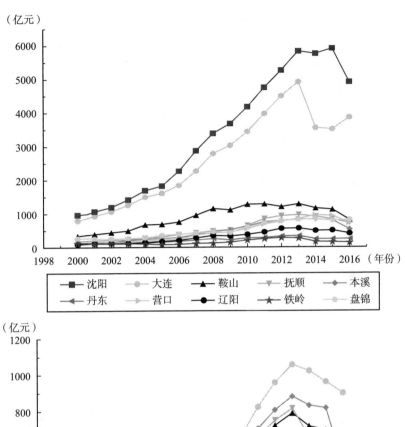

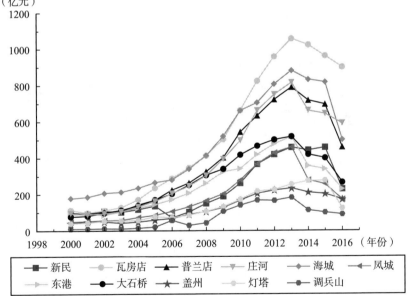

图 4 - 5 辽中南城市群城市 GDP 增长趋势

图 4 – 5 也显示了辽中南城市群中县级市 GDP 增长趋势，2005 年后的瓦房店市、普兰店区、海城市和庄河市的 GDP 总量增速较快。特别是瓦房店市，地理位置上看，它是沈阳和大连连接之处的主要经济发展区，GDP 增量在 2010 年较为明显，GDP 增长持续到 2013 年，达到了1055.94 千万元，竟超过了地级市盘锦市同年的 GDP。原因之一是 2010年大连长兴岛工业区实现升级，成了国家级经济技术开发区，并对瓦房店市进行代管；原因之二是在 2011 年初，一处大型金刚石矿在瓦房店市地区被发现，开采年限可达 30 余年，这两个原因综合促使瓦房店市GDP 实现了快速增长。普兰店区在 2010 年后经济增速较快，原因是大连市人民政府于 2010 年设立了普湾新区，是以普兰店区为中心，从而带动了其发展。庄河市的发展主要依赖于农业和旅游业，尤其旅游业在2012 年高铁通车后得到了极大的推动，便捷的交通吸引了更多游客，也为水果种植业提供了更低廉的基础设施运输成本，"一箭双雕"地实现了区域经济发展。在其他县级市中，调兵山市 GDP 的变化波动大，虽然总体上呈上升趋势，但形状似正弦曲线，原因在于其发展主要靠煤炭工业，受自然资源制约而于 2013 年后 GDP 总量开始下滑，开始面临转型挑战。其他城市的 GDP 增长均稳中有升或下降，但是通过图 4 – 4和图 4 – 5 的对比会注意到，辽中南和哈长城市群经济走势在 2013 年是个拐点，均出现下滑的趋势，也成为我们研究的重点时间点。

（三）东北地区城市群经济增长的空间关联结构存在的问题分析

1. 经济增长空间的关联强度区域性差异较大

不同区域的产生正是由于生产要素和经济活动主体在一定区域内发生集聚的结果，传统要素例如资本、土地和劳动力等在信息化快速发展的助力下在不同区域间扩展并发挥更大作用，要素的利用效率也逐渐提高。城市之间的空间距离由于基础设施的完善而变得相对缩短，时间成本也在降低，高速公路、高速铁路、航空航运都加速了城市间物流和客流的周转，城市间的紧密度和关联度都在加强。尽管要素禀赋不变，但由于空间距离相对缩短，城市间经济增长的空间关联加强，由此带来的协同增长促进了区域经济增长。随着空间距离带来的优势，各地区域分工和贸易不断发展起来，资本和劳动力不同区域的流动和转移，体现出不同的比较优势，城市之间经济发展的空间关联度有的变强，也有的反而由于相对劣势而减弱。空间关联强度区域差异的存在，使区域经济出现不均衡增长模式，不利于区域经济实现一体化。

2. 经济增长空间关联网络要素以单向流动为主、协同能力缺乏

东北地区辽中南城市群和哈长城市群的生产要素之间单向流动现象较为明显。经济数量增长方面，有一些城市向外发出要素较多，包括大庆市、沈阳市和大连市；一些城市却是接收要素较多的城市，主要有哈尔滨市和长春市，产生这种状况的原因在于具有资源和地理区位优势的城市能够更好地输出要素，城市级别较高但是区位较差的城市能够具备吸引大量资本的能力。就好比京津冀城市群，因为拥有港口以及便利交通条件，铁路线上还拥有通向南部地区的节点城市，无论是信息还是先进技术都随同要素的流动而明显聚集，要素输入和输出都能实现双向流动。而东北地区地理位置偏北，尤其是黑龙江北部地区，离经济中心区域较远，要素的输入较难，如果不能有资源输出，甚至要素单向流动都可能难以实现。

区域协调发展的目标是市场经济的自主调节，这意味着区域经济主体之间的合作将更加开放。黑龙江、吉林大部分企业需要完成实现物质与非物质的密切互动，共同发展只有有了知识，才能整合市场资源，创造新的发展机遇。但是，区域协调发展并不意味着相应的增长指标可以很快随着快递量增加而增加，两个地区的企业还没有完成资源的互补，它们都达成了共识，即使合作的意图已经确立，随后的发展持续性和巩固性也很弱。因此，协同发展的动力及实力不足，多地区合作意向不明确，使市场接受该项目度没有达到预期的进化速度。同时，在集群区域内各经济实体之间的博弈和互动过程中，它没有真正形成企业主体的发展优势，市场结构也有由于网络产业带的划分，哈长、辽中南城市群很难形成一个跨区域的组织，因为域的组织网络不能形成预期的互补生产

资源。

3. 东北地区城市群的核心城市带动力不足

东北地区作为我国老工业基地，工业产值是其发展的支柱增长点，但以工业带动格局没能全方位实现。主要原因在于，东北城市群的核心城市如哈尔滨市、长春市和沈阳市也仍在工业转型改造、振兴过程中，并且这三个城市均为省会城市，承担政治中心任务，经济发展的辐射效应和带动力仍欠缺，不能独自承担重任，带动整个城市群组的经济快速增长。

交通接入方式相对简单、不方便，也严重削弱了核心城市的辐射效应。近年来，东北地区旅游业发展势头强劲，以黑龙江省为例，我国唯一能观测到极光现象的城市就是最北端的漠河市，吸引了更多的游客前来参观。不过，目前从黑龙江省省会哈尔滨开往漠河的列车仍为 K 字号列车，黑龙江省"东方第一哨所"所在地抚远也未开通高铁。由于通达性差，这些具有不同含义的旅游文化城市的旅游发展相对缓慢，而哈尔滨作为哈长群北部最重要的一个核心城市，其辐射带动作用也未能最大限度发挥。

4. 各城市间缺乏产业互补性，同质性严重

哈长—辽中南两大城市群中城市间产业互补性缺乏，同质性较为严重。由于历史原因，在计划经济体制时期，区域间的政府协调机制不足。同质性现象正是在各政府发展规划中各自为战而产生，使得产业发展重复建设、重复发展情况严重；与此同时，城市群组却与周边地区经济发展存在较大反差，发展趋势逐渐向一体化进程转变，优良资源与资本向核心城市区域聚集，因此差距就在不断拉大；在这种协调机制缺乏的背景下，地方政府各自为政而没有为共同利益达成有效沟通，各地区政府均以地方自身经济利益作为主要动力来发展经济，没有将全局整体利益考虑进来，甚至有些地方采取地方性保护政策封闭自己，这更加剧了区域经济的封闭性，阻碍一体化的区域统一市场形成，造成城市群组内资源等生产要素自由流动受阻、资源优化配置难以实现。

5. 区域产业集中度有限，市场化发展程度偏低

东北地区作为重要的老工业基地，钢铁、石油冶炼、军工、航空制

造等传统产业发展模式已发展成型，具有较大的竞争实力。新中国成立初期，东北老工业基地的国有企业受到政府计划经济政策指引的影响，吉林市、沈阳市、大连市等地区得到的政策幅度较大。在这种历史背景下，哈长、辽中南城市群产业类型发展的同质程度较高，均以高耗能产业和资源型行业为主。受到计划经济时期政策导向影响过深，东北地区长期以来形成的产业格局难以实现根本转变。封闭性已成为制约东北老工业基地快速适应供给侧改革的桎梏。市场竞争环境恶劣，造成区域要素流通受阻，区域内产业合作和分工严重不足，生产要素整体协调性和适应性不足，资源综合利用率严重下降，间接导致生产资源的过度消耗和浪费。市场供求关系的自我调节机制运行缓慢，也造成了产能过剩的弊端。如果不能控制好区域产业集中度有限、市场化发展程度不高的发展弊端，哈长和辽中南城市群协调发展就不能形成资源匹配的良性循环。

三、以城市群建设促进东北全面振兴的思路与重点

（一）建立起现代产业集群发展格局

以适应技术创新趋势、符合市场竞争需求的现代化产业集群为总体发展思路。东北老工业基地城市群应以国家现代能源原料基地和装备制造基地建设为重点，构建现代产业集群发展格局，逐渐走新型工业化道路。

辽中南城市群主要可分为两个产业集聚区。第一，以沈阳为核心的辽宁中心城市群，包括鞍山市、抚顺市、本溪市和辽阳市等11个城市。目前，该地区的工业主要包括钢铁、机械和石化等。以后的发展中，要着重发展装备制造业、节能环保、机电一体化、特种钢等产业，同时要对商业企业和金融服务业加大发展力度。第二，辽南沿海城市带以大连为核心，包括丹东市、营口市、盘锦市、锦州市等11个城市。当前来看，主要发展包括石化工业、机械工业在内的工业企业。以后的发展

中，要着重发展石化企业、造船企业、电机企业、电子信息企业、海洋等产业，金融、贸易和旅游业也要加大发展力度。

再看哈长城市群，也可以从两方面着手：一方面以哈尔滨市发展为核心，涵盖包括大庆市、齐齐哈尔市等 12 个城市。目前，主要发展起来石化工业、机械工业、食品加工等工业，以后的发展重点要集中在综合石化工业、电站设备工业和石化设备工业以及机电一体化工业、精细化工工业、农产品加工和物流等产业。另一方面以长春市为核心展开发展路径，包括吉林市、松原市、四平市、辽源市等 13 个城市。目前，主要发展的工业是汽车工业和石化工业。以后的发展要重点集中在汽车及零部件、光机电一体化、医药生物、农产品深加工、精细化工等产业。

（二）促进城市职能结构有序调整，建立生态空间系统

在经济全球化背景下，国际产业区域分工体系逐步完善，大城市不仅要在"三资"产业结构比重中寻求提高，还要加快外向型城市产业和空间进程。在东北城市群国际功能的培育中，沈阳市、大连市、长春市、哈尔滨市等特大城市要发展成为区域性国际城市，成为东北地区的主要中心城市。

对城市功能的认识是东北城市群功能调整的另一个重点，要推进特大城市承担高新技术产业创新扩散源功能，大中型城市成为传统产业现代化的主要载体。东北地区城市群通过各开发区的完善，高新技术产业发展与传统产业的有机结合促进功能升级。高新技术产业的发展要改变自我循环、市场短缺的局面，以广大传统产业为发展市场，发挥对传统产业现代化的支撑和带动作用。

全球城市功能变化的一个重要趋势就是生态化。在东北城市群的未来发展趋势上看，必须促进城市产业生态和空间结构的优化。促进城市功能生态化发展的主要途径是自身具有特色的生态产业体系不断建立，以发展城市可持续生态为立足点，逐渐将生态产业建立完善。在景观生态学为理论的基础之上，构建起区域生态系统，并结合区域廊道为骨架，组合各类组块（均质区）为一体，建立起圈形层次生态空间系统，

完整构建生态框架体系。

（三）推进区域城市整合

区域城市一体化是城市群发展到一定阶段的产物，城市一体化是代表着区域城市群发展的一种高级形式。伴随东北城市数量的持续增加，逐渐建立城市发展的市场机制，避免城市之间存在重复建设，缓解产业结构趋同及无序竞争等问题，是不断实现城市一体化的重要步骤。保证区域城市有序发展。区域城市的整合有两种类型：近域整合和广域整合。

强调城市间一体化发展的是近域城市一体化，例如沈抚鞍本辽、长吉和哈大齐等，对城市基础设施，如机场和水源地等的共同建设和生态环境的调节是重点。通过促进产业协同发展，加大重点项目的布局和协调整合，可以改变与周边城市的重复建设问题及改善产业发展无序竞争的现状。通过对近郊城市的综合开发，构筑发展合力，提高城市发展的综合竞争力。而且，近城市一体化需要通过对传统行政城市管理体制的彻底改变，以一体化发展为目的，制订近城市一体化规划，建立完善相应的区域组织。

城市系统区域内的整合为广域城市，区域城市之间产业布局合理化和空间组织体系建立等问题是解决问题的重点所在。从广域城市一体化的主要节点来看，主要是城市之间的产业划分，还有不同等级和规模城市之间的空间布局。通过近域整合和广域整合的城市一体化，就不仅可以使城市功能融合的问题得到解决，也可以使区域经济的组织体系更加完善。

（四）加速城乡一体化建设进程

城乡一体化对于区域经济发展来说是一种必然趋势。东北地区与我国其他较发达地区相比，城市地区经济发展较快而农村经济发展却相对滞后，这种情况就造成了城乡经济之间发展差距拉大，因此城乡二元结构问题更加突出。要充分发挥城市经济对农村经济的牵头带动作用，以城乡一体化发展推动区域城市群建设完善，这样协同发展的意义才显得更加突出，要尽快摆脱当前东北地区城乡产业脱钩和空间孤立发展的问题。

要通过两方面来解决这个问题，首先是要推动大城市产业链延伸向农村。中心城市产业结构调整和新区空间拓展相结合，提高大城市对要素、产业及其功能的扩散及整合能力。与此同时，推动加工环节、零部件生产环节、物流仓储环节由大城市向外围小城镇扩散转移，带动乡镇协同发展；其次，东北地区具备国家农业及食品生产基地这样基本的产业优势，应将此优势转化为全国农产品深加工产业基地的市场竞争优势，市级中心镇是农村产业结构升级的主要支撑。要充分利用重点城市的人口、要素、产业集聚和辐射效应，促进城镇分工，形成特色农产品集散镇、农产品加工镇、机械加工镇、旅游镇等，解决城乡一体化动力不足问题。

（五）以城市群为核心轴带，促进东北地区协同发展

从全球经济发展来看，城市群的出现是区域经济发展质变的重要标志之一。从国内外发达城市群的形成过程可以看出，城市群是在区域城市规模不断扩大、主要城市不断增多的条件下，以特大城市为核心，以周边城市为主体形成的。作为老工业基地的东北地区，改革开放以来由于历史、改革等诸多因素的共同作用，经济增长动力缺乏。与国内其他国家城市群相比，东北城市群建设进程相对缓慢，存在城市群内部功能混乱、主城区差距明显、产业结构矛盾等突出问题。伴随着经济发展方式的转变，经济发展方式已经发生相应改变，开始从总量扩张方式向质量提升方式转变。

这样，可以通过区域一体化建设实现优势互补，构建协调发展的产业体系。在这种情况下，必须以国家相关战略规划为契机，以东北城市群建设为重要载体，以东北地区四个核心城市实现的集聚及扩散效应和产业发展基础作为依托，对于不同主要城市的发展侧重点和功能定位要更加明确，整体协调城市群内部和城市群之间的关系，以东北四个纵向核心城市和横向主要城市为载体，巩固东北全面振兴发展的空间载体，以城市群为核心的东北经济社会将进入可持续发展轨道，实现东北地区城市的协调发展。

（六）以城市群建设带动经济转型，助推区域经济高质量发展

东北地区在计划经济体制下曾在一段时期内出现了经济发展的繁荣景象，主要来自国家工业化战略带来的政策红利。改革开放后，社会主义市场经济体制已经建立，传统的粗放式发展模式已不能适应全面高质量发展的要求。因此，从追求"经济增长"转向追求"经济发展"是必然的。但由于体制机制的长期束缚，东北地区市场经济体制改革相对缓慢，在过度依赖单一工业化动能的发展中，产业同构现象严重，实现区域的全面、高质量发展十分困难。

从区域发展动力的角度看，城市群建设是区域发展动力从单一工业化向多元城市化立体转换的重要契机。从人力资本的角度看，城市群建设所产生的集聚效应将加速人才向主城集聚，并在人力资本积累到一定程度时产生知识溢出效应，从而使城市群成为区域创新发展的重要空间载体。从城市群发展的特点来看，建立城市群主要城市之间的协调发展机制，将加快知识和信息的传递；合理定位主城功能，将有效解决区域产业同构和产业间恶性竞争问题，有效实现区域内城市间、产业间和城乡间的协调发展；建立完善的市场体系机制，使区域市场在资源配置中的作用得到充分发挥，促进区域统一市场的形成，实现区域经济的开放发展。从城市群的辐射效应来看，城市群发展带来的巨大就业市场，将有效促进农村剩余劳动力转移和乡村振兴战略的实施，城乡一体化发展目标逐步实现，将共享经济发展的成果。

总的来说，通过城市群建设来贯彻实施全新的发展理念，以此带动东北地区全面实现经济转型，实现高质量、高速发展，是促进东北地区全面及全方位振兴的重要途径。

四、京津冀及英国伦敦城市群建设经验启示

国内外城市群的协调发展和立体化建设已有不少经验可供参考。本

书选取国内外两个具有不同发展特点的主要城市群作为典型案例，分析总结其成功经验，力求为东北城市群建设提供有益的经验借鉴。

（一）京津冀城市群协同发展过程

由于地理位置特殊，京津冀地区成为我国城市群最早发展的地区之一。京津冀区域一体化城市群建设规划早在 20 世纪 80 年代就已形成，当时的目标是依托北京市在政治上、经济上及文化上具有的优势，发挥不同的区位优势和资源优势，实现京津冀协调发展。1982 年，《北京城市建设总体规划方案》首次提出"首都经济圈"的区域发展理念。1986 年，以北京为核心的六个周边城市就环北京经济合作区建设达成协议。1996 年，天津加入了以京津冀一体化为核心城市的进程，使京津冀城市群呈现出"双核"状态，在原有周边城市的基础上并入沧州。此时，以京津为核心的京津冀城市群建设思路已初步成熟。2004 年初，以"廊坊共识"为标志，京津冀地区城市一体化建设开始进入试点突破阶段。

到了 2005 年，京津冀地区的城市群建设取得实质性成效：为充分发挥天津的地理优势，在"十一五"规划纲要中就天津滨海新区的建设提出了要求。为了加强首都的核心功能，首钢迁至河北省曹妃甸。此外，更重要的是，以北京、天津为核心的周边城市交通网络已经建成并通车，形成了以北京、天津为核心的三维交通网络。2011 年的"十二五"规划将"建设首都经济圈"写入其中。2015 年 4 月 30 日，中共中央政治局审议通过《京津冀协同发展规划纲要》。该纲要的核心目标是将北京市的非资本职能逐渐放宽，协同调整经济结构和空间结构，发展集约化的发展新模式，人口和经济密集区协同优化，同时协调发展生态环境。可以看出，京津冀地区的协调发展过程是一个渐进的、持续的优化过程。

从京津冀区域城市群的发展过程来看，京津冀城市群是打破了地方行政壁垒构建的，这样才能实现区域资源优化配置，确保合理功能定位，并促进了城市群建立的过程。在京津冀城市群建设过程中，以京津为核心的主要城市充分发挥了领导和协调作用,解决了区域行政壁垒造成的政策交流不力的问题。充分发挥市场在合理配置区域资源中的决定性作用,加强城市三维建设的交通基础设施和信息交流平台。这些重要措施在一定程度上解决了京津冀城市群建设过程中的现实矛盾,如区域分工不明确、产业同质性高、城市功能定位模糊、生态环境破坏等。

但是,在这一过程中还存在一些值得关注的问题:一方面,由于北京和天津的绝对优势,周边城市在城市群建设过程中过度依赖两个核心城市,导致周边城市的优势资源不断聚集到两个核心城市的局面,导致河北省与北京和天津之间的差距日益扩大。另一方面,地方行政壁垒始终难以突破,导致不同城市之间存在一些矛盾的政策,导致大量重复建设,甚至公共服务、公共资源失衡和区域差距扩大。针对这些困难,京津冀城市群构建了"三合一"的协调发展模式,政府宏观调控和战略发展规划的作用得到了充分发挥,通过市场机制加强了对资源的有效调配。生产要素的自由流动,依靠公共和非政府组织等灵活、网络化的组织来实现区域公共事务主体治理的协调和自立。同时,在核心城市的指导下,科学地定位市区功能,合理管理和开发特色区资源,避免重复建设和浪费资源。在京津冀地区协调发展的过程中,采用了三种机制来最大化政府、企业、社会组织等主体的利益。

(二)英国伦敦城市群协调发展过程

英国被认为是世界上最早实现工业化的国家之一,同时也是城市化程度最高的国家之一。在1930年前后,由于主要城市的工业布局不合理和严重的同构,大量的区域失业和缺乏经济发展动力。面对这种困境,英国政府制订了"特殊区域发展计划",对问题地区和落后地区实施政策支持。自1945年以来,政府开始通过投资和信贷增加相关地区的城市基础设施建设。到1947年,政策红利开始出现,大批企业转移到受赠地区,呈现出集聚发展的趋势。1965年,英国议会制订并通过了大伦敦地区的治理计划,提出了以大都市区为核心、自治城市和选区为辅助的分级治理体系。伦敦市政府的主要职能是制定区域发展战略规划，整合跨区域资源并协调各方意见，这些由各级下属职能部门执行。英国议会于1985年通过了地方政府法，这标志着政府权力下放的开始，这极大地释放了地方自治单位的热情。

在20世纪的90年代，为了在伦敦都会区进行政策协调，英国启动了"单一回收预算政策计划"。该计划主要包括三个方面：一是建立一个城市资金管理组织，该组织可以在一个计划中在区域内的不同城市之间统一使用；二是建立区域一体化办公室，统一管理基金资金；三是规定分配单一预算的条件，该项目必须在地方政府和半官方组织或私营部门的合作下进行。在"单一恢复预算政策计划"下引入一系列治理政策，极大地提高了伦敦城市群的区域管理能力，从根本上改善了许多问题。从伦敦城市群的发展历程可以看出，在"单一恢复预算政策计划"的推动下，所有职能部门都可以建立并有效运作，大大提高了城市整体规划能力和协调治理水平凝聚。区域发展基金的建立有效地促进了地方政府与民间组织和企业之间关系的协调。随着权力下放，每个城市不再依赖中央政府的财政支持。相反，它们通过与社会非政府组织和企业的积极沟通，获得了各种资金和技术的支持，有效地提高了资金使用效率，避免了在许多政策的影响下城市的重复建设，逐渐形成了伦敦城市群的管理模式和发展趋势。

（三）经验启示

京津冀城市群与伦敦城市群协调发展的经验对于建设东北两大城市群具有现实意义。多年来，在传统的单一计划发展模式的影响下，东北地区的行政体制和机制变得僵化，各级政府的职能和权力不明确、互相推诿的问题严重。同时，政府权力下放不到位，导致对城市群核心城市的过度依赖，地方政府热情严重不足，行政效率低下，直接导致缺乏投资吸引力，甚至导致投资企业退出。因此，东北地区可以借鉴国内外发达城市群的经验，通过政府、社会组织和企业的多元参与模式和三维层次的治理结构模式，增强总体规划和协调能力。同时，通过简化行政管理和下放权力，合理定位不同城市的职能，充分发挥市场的热情和核心城市的示范作用，形成协调开放的三级政府，逐步形成多方参与和主动交互的多维治理模型。

五、对策建议

本章从东北城市群区域间协调、发展基础设施建设、城市群内城市间和企业间协同发展及产业结构转型、提升科技发展方面四个角度共12方面提出建议。

（一）东北城市群区域间协调

在东北城市群区域间协调角度，主要有以下四方面措施建议。

1. 构建东北城市群统筹协调机制，实现区域治理现代化

建立三维立体城市群的综合协调发展机制，实现区域治理的现代化，是实现东北城市群协调发展、推进东北全面振兴的重要保证。在这方面，我们可以借鉴伦敦城市群建设过程中由政府、社会组织和企业组成的开放式治理模式和决策模式的经验教训。在促进东北城市群整合的过程中，应构建城市群市长联席会议制度，由所有城市的市长组成其成员，作为一个城市群合作发展的决策机构，定期对于城市群内部的重大问题进行协商解决，积极对交通、生态、工业、投资等方面的问题展开合作。同时，在决策机构的基础上，成立多个部门委员会来解决特殊问题。部门委员会成员的选拔应面向社会，由政府代表、大学专家学者和地方企业高级代表等组成，充分利用地方大学的智囊团资源和社会组织资源，实现一党领导和多党合作的协同治理模式和决策模式。应允许第三方监督参与政策评估过程，制定过程应公开、科学和透明。建立和完善以咨询、决策、实施和监督为核心的相关制度和机制，最大限度地发挥各方的共同努力，达到提高城市群协调治理水平、增强能力的目标。

2. 推进城市群市场一体化建设，完善区域市场经济体制

推进城市群市场一体化建设，完善区域市场经济体系，成为促进东北城市群协调发展、振兴东北经济的关键措施。在市场引导下，城市群市场一体化目的是实现区域资源配置逐步优化，生产资料、劳动力、商品产品等生产要素在区域内自由流动，彻底改变传统计划经济体制造成的市场信号扭曲问题。在这个过程中，首先要处理好政府和市场之间的关系，更好地发挥市场在区域资源配置中的主导作用，与此同时政府的宏观调控和决策引导作用要充分发挥，搭建市场主导与政府引导的良性互动框架。其次要处理好不同地区、不同城市的市场耦合优化问题。由于东北地区特殊的地理和文化环境，城市群主要城市的民生习俗和文化背景非常相似，具有区域市场一体化的前提和历史环境。因此，要着力完善城市群主要城市的信息沟通机制，实现政府间信息的有效传递，避免决策的短视和盲目性；建立健全城市群市场准入负面清单制度，逐步降低区域商品的市场准入门槛；推进科技、金融、教育、医疗等领域，通过加强市场一体化信息平台建设，实现信息共享和市场合作。总之，要加强东北城市群的市场整合建设，充分发挥市场在不同城市群内资源配置中的积极作用，夯实各主要城市共赢经济合作与共建的前提基础，进而加快东北地区市场化改革进程，使各种要素在区域市场中得到充分有效的利用。

3. 建设城市群统一大市场，缩小东北地区城市群经济差异

要实现东北老工业基地振兴方式的有效转变，必须全面认识东北地区经济增长的空间关系及其网络结构特征。区域空间交往应被视为协调发展的重要目标，以提高城市与区域间交往的力量和亲密度，最大限度地利用空间效应，如通过增加城市间的关系数量，创造更多的空间溢出"管道"等。具体来看，一是要关注城市的功能问题。在城市群范围内，不同经济规模的城市在网络发展方式上有很大差异。在发展过程中，核心城市根据区位、资源禀赋和产业结构，通过集聚效应和溢出效应，逐步辐射和带动周边城市。二是通过增强空间关联度，实现网络化，消除要素市场和商品市场的分割，利用网络中不同规模结构的城

市，加快技术、人力资本等资本要素的流动和转移，实现突破在城市群范围内最大化市场规模效应。要缩小城市群内城市之间的差距，兼顾城市之间的长期竞争与合作，要以创新发展为重点，突出发展城市或区域产业集群，实现要素驱动型向创新驱动型转变的区域经济增长方式。

4. 积极参与"一带一路"建设，形成东北开放发展新格局

随着"一带一路"倡议的提出，中国各节点城市的建设已成为区域经济转型、区域功能定位乃至区域优质发展的重要力量。因此，东北城市群的主要城市应积极参与"一带一路"建设，在功能定位的基础上优化城市群的空间布局，实现发展东北地区全面对外开放及发展的全新格局。一方面要加强哈尔滨市、长春市、沈阳市和大连市的核心城市主导作用，增强其辐射和集聚能力，通过合理定位城市群的主要功能，实现以市场为导向的区域间生产要素的灵活转移。运用城市群立体化、一体化、整体化、协调发展机制，在政策沟通、领导协调、分工协作的基础上，实现核心城市与主要城市的互联互通。另一方面要依托"哈大线"交通通道，北部"中蒙俄经济走廊"与南部沿海经济带形成一体化的整体发展格局，优化提升东北城市群总体空间布局。还有就是要以东北亚总体经济发展模式为依托，以"一带一路""南北走廊"重要枢纽节点城市建设为基础，挖掘周边国家生产要素与产业互补性，拓展东北亚国家的出口渠道，增强远东贸易通道的实力，发展海上贸易，建设以"四个核心、一个轴"为特征的东北亚。

（二）基础设施建设

在基础设施建设方面，主要有以下两方面措施建议。

1. 构筑现代化基础设施网络，构建一体化网络区域

东北城市群要重点建设现代立体交通，包括铁路干线电气化、机场结构优化、城际快速铁路通道及沿海港口合理布局，形成城市群高速公路网并与国家公路网有机衔接，建设高等级公路与提高区域公路等级并举，城市中轻轨及城郊交通体系建设等高速公路网络。

在信息、医疗及教育等网络构建方面，东北城市群要建立起信息高

速公路网络，同时发展电子政务与商务平台、远程教育、搭建网络医疗等网络设施。

2. 重点发展高速铁路，推动城市群经济一体化发展

与较为成熟的城市群相比，哈尔滨长城城市群和辽宁中南城市群并入两省部分城市，高铁的开通并没有完全实现所有城市的直接连接，从而可以在一定程度上限制人力资本或信息的不受限制的交流。在交通基础设施建设方面，可参照地形相似的大型城市群或关中城市群的交通发展，实现公路网与铁路网的衔接。公路连接非核心城市或县级城市，铁路主要连接核心城市。以"哈大高铁"来说，以往哈尔滨到大连的时间需要 12 小时，现在可以缩短到 4 小时，这无形中极大地促进了区域间旅游业的发展。

哈长与辽中南城市群在地形和位置上存在较大差异。随着生活水平的提高，人们对文化生活的向往越来越强烈，因此旅游业发展空间较大。到目前为止，辽宁中南部城市群的高铁网络比较完整，连接了更多的城市，覆盖了辽宁省的整个地区。虽然哈尔滨长城城市群的主要城市由高铁有效连接，但黑龙江省的高速铁路网络在北、东方向并不完善，导致核心城市的辐射力由于时间和距离的存在而明显衰减。如果黑龙江省北部和东部地区的高铁网络建设良好，可以实现旅游景区之间的互联互通，不仅增强了时空关联度，而且在产业关联方面也有很大的效益。因此，必须加快跨省高铁建设的完善，促进城市群经济一体化，扩大城市群经济辐射范围。

（三）城市群内城市间、企业间协同发展

在城市群内城市间、企业间协同发展方面，主要有以下四个方面。

1. 协调政府城市群区域管制、促进企业的联合与合作

城市群协调发展的关键问题是把握好利益分配。这就需要在政府层面建立起协调机制，包括区域经济合作与发展改革委员会、建立职能部门联席会议制度、市长联席会议制度等，从而力求突破行政区划束缚，以经济、行政、法律等宏观调控手段为目标走区域协同发展之路，构筑

城市群一体化发展新格局。此外，要重视民营企业协调机构建设，展开技术合作和咨询反馈，制定标准化生产流程，信息分享和沟通，极力避免恶性竞争。

区域经济合作展开要充分认可企业的主体地位，支持企业充分在机械、石化、汽车、冶金等多元、优势产业开展合作。以优势产业为龙头开展，结合以资源为纽带，全力突破区域、企业、部门之间界限。促进联合投资、联合生产、专业合作机制，建立城市群大型区域企业集团。并加强研发单位、生产企业和销售市场的跨区域合作。

2. 强化城市发展的"数量"与"关系"协同作用

在经济发展过程中，"属性数据"体现的经济增长和"关系数据"体现的经济增长之间的差异较大。就以2016年度的经济增长来看，从关系数据上，出口集中度排名靠前的几座城市分别是哈尔滨市、沈阳市、大连市、长春市、大庆市、鞍山市和舒兰市，从属性数据来看，舒兰市的经济增长远远低于鞍山市。因此，在实现区域经济可持续增长的过程中，既要考虑"量"的作用，又要考虑经济增长的空间联动效应，逐步形成"量关系"共同带动区域经济的新思路，从而促进经济增长实现从局部到总量、从点到面。

3. 提高城市间关联效应，增强不同板块的协同作用

针对各城市在相关网络经济增长空间中的不同地位，充分发挥板块间的关联效应，实施相关政策要因地制宜，降低成本，提高经济效益。一方面，对于经济发达、资源和资本要素需求量大的净效益行业和双向溢出行业，要以产业结构优化作为资源配置的核心，鼓励创新产业和现代服务业的积极发展，提高生产效率和资源配置效率，加快减产增效步伐。同时，要充分利用好板块之间的技术和管理上优势，提高投资产出效率，加快提升科研成果的转化速度，加强完善行业内基础设施建设，加大力度整合行业内经济增长结构，加快推动经济发展方式由粗放型向集约型转变进度。既要对资源控制能力强的地区和双向溢出的经济部门加大关注，也要考虑对区域经济增长起中介作用的地区及其中介部门，以保证这两个部门经济发展的顺利转型。另一方面，对于这两个经济增

长相对缓慢的行业，我们应该进一步增强和发挥这些地区的传导功能，同时也为净受益地区获得空间溢出效应提供一个接收平台。

4. 培育四个板块内部梯度增长极，扩大小城市板块效应

加强东北地区城市群经济增长的空间相关强度，加强空间结构内城市梯度的构建。调整产业结构，实现前向和后向联系，并借助生产支持加强城市之间的联系。吉林省根据国家国土空间发展战略，结合自然资源禀赋条件和经济发展阶段定位，提出了工业发展的空间布局。从对外开放、创新产业发展和高端技术需求的角度出发，分析了"一主六对"的区域优势和产业基础，实现区域内协调发展，加强省际合作，在"一带一路"倡议中明确吉林省的发展道路。目前，东北地区相对较新的产业主要集中在黑吉辽三地的智能机器人研发、航空母舰生产、高速铁路机车、盾构机等大型重型机械制造及工程配件。各省以及吉林省的药材资源，为生物制药业提供了高质量的原料。随着产学研一体化的促进，东北地区间的生产企业、科研机构和高校之间的合作应扩大范围，实现从材料到创新到加工生产的一体化过程，实现跨地区合作，有利于促进城市群的综合发展和进步。

（四）产业结构转型提升科技发展

从产业结构转型提升科技发展方面，主要有以下两点建议。

1. 改造传统产业驱动力支持先进制造业发展

构建协调发展规划，必须重视优势企业在发展过程中的本质动力。努力走地方龙头企业快速发展之路，打造品牌优势，为其他中小企业提供发展模式。这种范式的作用是补充产业合作的案例、提供资源共享的真实诠释，支持有竞争力的传统企业融入新兴发展路径上，促进产业集群中产业端的同步快速发展。食品、建材、通用机械零部件、造纸、轻工、纺织等传统企业，要尽量与原有产业中心分离，靠近合作区域。在老厂区改造中，可以适当注入政策资源，如通过创新的带动作用，为同类企业提供合作平台，降低租赁土地的税收成本，将其转化为产业技术升级的相关配套资源，寻找产业集聚后资源优势互补的传统企业，并促

进产业链两端更高附加值的产业延伸。加强城市群传统企业产业资源的优势互补，改变传统企业自主发展的弊端。

在产业集群中，制造业是不可或缺的一个重要支撑。现代化装备、石油化工、汽车产业等之间具有较强的关联性和带动性，可以支持传统产业向新兴产业的转型，逐步增强产业格局中资源的互补优势。这样的发展特点在哈尔滨长城集团非常突出，如哈尔滨电气集团、齐中数控、齐尔机床、中车长客、哈飞、大庆沃尔沃、长春一汽等产业产能优势相当明显。同时，生产能力和维修能力需要更加集中。将配套件的生产资源集中起来，可以大大提高生产效率。同时，借助四平、牡丹江、吉林、辽源等地区的中小汽车零部件生产资源，不断扩大生产力资源整合。因此，要进一步加快哈长城市群协调发展，必须加快发展先进制造业，支持产业资源持续集聚，贴近优势产能，形成产业集群效应的互补优势。

2. 提升主体城市科技创新能力，驱动区域产业结构优化升级

要提升主要城市的技术创新能力，促进东北城市群产业结构优化升级，进而转变区域经济发展方式。要实现这一目标，首先要重视实施创新驱动发展战略。目前，中国东北科技创新成果存在着科研院所"充足供给"与区域企业"弱需求"的矛盾，直接导致科技创新成果转化率低、技术创新成果严重流失。此外，科技创新研发资金不足、创新成果转化渠道不畅也是东北地区亟待解决的问题。在这方面，我们可以在中央和地方有关政策和科研经费的支持下，一是构建科技创新综合服务平台，带动民间资本，完善区域科技成果转化综合政策体系，二是做好人才引进和储备工作。

目前，全国各大城市都在进行"抢人"战争，而东北地区尚未出台有竞争力的人才引进政策。非但没有"抢人"，东北地区人才流失却十分严重。对此，要加大资金投入，提高相关领域平均工资水平，出台有吸引力的人才引进政策，完善人才管理政策和机制，充分利用东北地区高校资源，做到"育人"和"用人"。最后，主城区生态环境联防联治，实现产业结构的优化升级。生态污染已成为制约东北振兴的关键性

和全局性问题。对此，我们要以新时期生态文明建设为契机，发布并逐步完善区域环境保护的相关制度和政策，实现城市群主要城市生态环境的联防联治，推进城市群生态环境建设以"生态技术"带动"三高一低"产业升级优化，带动全区产业结构调整重组，促进绿色生产方式和生活方式的形成和成功发展。

第五章

人口、土地与城市产业协调发展

第一节　东北振兴中的人口发展战略

近年来，东北地区生育水平低、人口流失严重、人口老龄化等问题持续加剧，引起广泛关注。东北地区人口年龄结构变化导致"用工荒""人口老化"等问题。这些人口因素与经济需求的不匹配，形成恶性循环，既影响产业结构和就业结构协调发展，也制约东北地区经济发展与振兴。面对东北地区更加复杂的人口形势，在经济新常态下和新一轮东北振兴战略背景下，深入分析人口发展带来的诸多问题不仅是促进东北地区经济社会健康发展的关键所在，也是实现东北全面振兴和可持续发展的根本要求。

本书以中央制定的东北振兴方略为基础，对东北振兴中的人口发展战略进行系统研究。基本思路包括：第一，东北地区人口现状及发展趋势分析，通过实证研究分析东北地区人口发展的规律与主要特征以及与经济发展和产业结构的契合度。第二，东北地区人口发展对经济增长贡献度模型建构及实证分析，对东北地区与全国主要地区人口发展对经济增长的贡献度进行横向与纵向实证比较。第三，东北地区人口发展对经济增长贡献度的因子分析，主要对人口结构与规模、人口迁移与流动、人力资本等因素对经济增长的贡献度进行因子分析以及敏感性分析。第四，东北地区人口发展驱动东北振兴的内在逻辑与路径选择分析，主要包括提高人口生育弹性和人口优化、构筑东北特色人才高地、发展环东北教育与科技孵化器等发展路径。第五，在理论与实证基础上，提出新时期东北地区人口发展驱动东北振兴的相关政策建议。全方位、多视角解读东北地区人口与经济社会协调发展的重要内容，为经济社会发展解决人口困局问题，为经济社会发展创造良好的人口和就业环境，保持人口与经济的健康协调发展，为东北地区未来制定科学的人口政策体系提供有力的理论支持。

一、东北人口发展现状及趋势

（一）人口发展现状

20 世纪 70 年代计划生育政策的实施使东北三省的人口增长速度逐步放缓，完成了人口再生产类型的转变，由"高、低、高"传统人口再生产类型转变成"低、低、低"现代人口再生产类型。辽宁省总人口从 1949 年的 1830.5 万人增加到 2019 年的 4359 万人，净增人口为 2528.5 万人；吉林省总人口从 1949 年的 1008.5 万人增加到 2019 年的 2704 万人，净增人口为 1695.5 万人；黑龙江省总人口从 1949 年的 1011.9 万人增加到 2019 年的 3773 万人，净增人口为 2761.1 万人，三个省份的年均增长率分别为 1.25%、1.42%、1.44%（见表 5 - 1）。

表 5 - 1　　　　　全国与东北三省期末总人口及增长变化情况　　　　单位：万人

年份	全国		辽宁		吉林		黑龙江	
	期末总人口	增长人数	期末总人口	增长人数	期末总人口	增长人数	期末总人口	增长人数
1950～1959	67207	13040	2501.8	671.3	1313	304.5	1682	670.1
1960～1969	80335	13128	3045	543.2	1808.2	495.2	2440.8	758.8

年份	全国		辽宁		吉林		黑龙江	
	期末总人口	增长人数	期末总人口	增长人数	期末总人口	增长人数	期末总人口	增长人数
1970~1979	97542	17207	3342.6	297.6	2184.6	376.4	3168.7	727.9
1980~1989	112704	15162	3929.3	586.7	2395.4	210.8	3510	341.3
1990~1999	125786	13082	4171	241.7	2616.1	220.7	3792	282
2000~2009	132129	6343	4298	127	2730	113.9	3824	32
2010~2018	139538	7409	4359	61	2704	−26	3773	−51

资料来源：《辽宁统计年鉴2019》《吉林统计年鉴2019》《黑龙江统计年鉴2019》《中国统计年鉴2019》。

与全国相比，在实施计划生育前后，东北三省人口出生率、死亡率、自然增长率呈现出不同的发展特征，其变化情况大致可以分为以下四个阶段：

第一阶段（20世纪50、60年代）人口保持高速增长。以辽宁省为例，在1950~1959年期间人口增长迅速，年均增长率为3.17%，高于同期全国的平均水平2.18%。辽宁省在1950~1970年期间净增的人口达1214.5万人，占1949~2007年全省净增人口总数的50.81%。在此期间，辽宁、吉林、黑龙江三省的人口出生率和自然增长率普遍高于全国平均水平，而死亡率则低于全国平均水平。由此可见，20世纪五六十年代人口的高速增长是东北三省目前庞大人口基数形成的重要时期。

第二阶段（20世纪70~80年代），随着计划生育政策在全国各省、自治区、直辖市的实施，人口控制效果明显，人口的增长速度明显放缓。由于东北三省较早实施计划生育政策，人口出生率、自然增长率普遍低于全国的平均水平。以辽宁省为例，出生率由1965年的36.20‰下降到1980年的15.84‰，低于全国同期水平4.37个千分点，是全国当时率先实现这一转变的少数省份之一。

第三阶段（20世纪80~90年代）人口出现波动，出生率有所上升。其中辽宁省的出生率从 1980 年的 15.84‰ 上升到 1990 年的 16.3‰，吉林省从 1980 年的 17.85‰ 上升到 1990 年的 19.49‰，而黑龙江仍然保持下降趋势，下降了 5.46 个千分点。这种小范围的回升主要是基于以下两个方面的原因：一是由于新婚姻法的颁布，使结婚生育人群过于集中；另一方面是由于到了历史出生高峰的回升期间，辽宁、吉林两省人口增长速度出现了小幅的回升。

第四阶段（20 世纪 90 年代至今），东北三省人口发展进入一个相对稳定的时期，增长数量逐年放缓，保持在一个较低的水平，逐步出现了人口自然增长率为负值的情况，彻底完成了人口再生产类型的转变（见表 5-2），对东北三省实现人口与经济、社会、资源和环境的协调发展具有重要意义。

表 5-2　　　　东北三省与全国的出生率、死亡率和自然增长率　　　单位：‰

年份	辽宁			吉林			黑龙江			全国		
	出生率	死亡率	自然增长率	出生率	死亡率	自然增长率	出生率	死亡率	自然增长率	出生率	死亡率	自然增长率
1957	41.60	9.38	32.22	34.60	9.23	25.41	36.43	10.38	26.05	34.00	10.80	23.23
1965	36.20	7.10	29.10	40.50	9.70	30.80	40.40	8.00	32.40	37.90	9.50	28.38
1975	16.40	6.16	10.20	20.40	6.74	13.74	21.97	5.43	16.54	23.00	7.32	15.69
1980	15.80	5.60	10.24	17.80	6.20	11.65	23.57	7.24	16.33	18.20	6.34	11.87
1985	11.80	5.27	6.58	11.90	5.34	6.59	10.74	4.29	6.45	17.80	6.57	11.23
1990	16.30	6.59	9.71	19.50	6.56	12.93	18.11	6.35	11.76	21.06	6.67	14.39
1995	12.20	6.15	6.02	12.90	6.09	6.81	13.23	5.33	7.90	17.10	6.57	10.55
2000	10.70	6.70	4.00	8.80	5.38	3.38	9.43	5.50	3.93	14.03	6.45	7.58
2005	7.01	6.04	0.97	7.89	5.32	2.57	7.87	5.20	2.67	12.40	6.51	5.89
2010	6.68	6.26	0.42	7.91	5.88	2.03	7.35	5.03	2.32	11.90	7.11	4.79
2015	6.17	6.59	-0.42	5.87	5.53	0.34	6.00	6.60	-0.60	12.07	7.11	4.96
2019	6.39	7.39	-1.00	6.62	6.26	0.36	5.98	6.67	-0.69	10.94	7.13	3.81

资料来源：《辽宁统计年鉴 2019》《吉林统计年鉴 2019》《黑龙江统计年鉴 2019》《中国统计年鉴 2019》。

（二）人口发展趋势

根据人口预测结果（见表5－3），21 世纪上半叶东北三省总人口会经历先上升而后下降的发展过程。东北三省总人口从 2000 年的 10484 万人增加到 2030 年的 10789 万人，共增加 305 万人，平均每年增加 10 万人，年均增长率为 0.1%，其中，辽宁省从 2000 年的 4182 万人增长到 2030 年的 4346 万人，共增加 164 万人，平均每年增加 5.5 万人，年均增长率为 0.13%；吉林省从 2000 年的 2678 万人增长到 2030 年的 2717 万人，共增加 39 万人，平均每年增加约 1.3 万人，年均增长率为 0.05%；黑龙江省从 2000 年的 3624 万人增长到 2030 年的 3726 万人，共增加 102 万人，平均每年增加约 3.4 万人，年均增长率为 0.09%。

总体来说，2020 年以后东北三省总人口规模将一直处于下降趋势。人口惯性的影响已逐渐消失，生育政策的影响非常明显，人口持续下降，而且下降速度越来越快。

表5－3　　　　　　　　　东北三省总人口发展趋势　　　　　　　单位：万人

年份	东北总人口	辽宁总人口	吉林总人口	黑龙江总人口
2000	10484	4182	2678	3624
2005	10788	4297	2765	3726
2010	11051	4392	2840	3819
2015	11015	4382	2772	3861
2020	11040	4408	2779	3853
2025	10969	4401	2761	3807
2030	10789	4346	2717	3726

注：东北三省人口预测使用 people 软件利用生命表技术进行年龄移算，基年人口为调整到年中的第五次人口普查数据。

（三）人口发展的规律与主要特征

1. 人口老龄化水平形势严峻

东北三省人口老龄化水平非常严峻。2000～2015 年东北三省的少儿人口比重开始下降，中老年人口在总人口中所占比例和人口年龄中位数都在上升，人口彻底完成了由成年型向老年型的转变。东北三省 65 岁及以上的老年人口系数增长非常迅速，由 2000 年的 6.61% 上升到 2015 年的 10.72%，其中辽宁省由 7.87% 上升到 11.97%，吉林省由 5.94% 上升到 10.13%，黑龙江省由 5.56% 上升到 9.72%，三个省份都增加了约 4 个百分点。

2015～2030 年，计划生育政策导致的生育率下降对人口年龄结构造成的影响充分显示出来，这一阶段将成为老年人口增长最多、老龄化速度最快的时期。老年人口规模一直在飞速扩大，总人口的缓增与老年人口的激增使老年人口的增长速度远远大于总人口的增长速度，致使人口老龄化水平大幅度攀升，老年人口系数由 10.72% 上升到 21.53%，上涨了将近 11 个百分点，其中辽宁省由 11.97% 上升到 23.58%，增长了 11.61 个百分点；吉林省由 10.14% 上升到 20.72%，增长了 10.58 个百分点；黑龙江省由 9.72% 上升到 19.77%，增长了 10.05 个百分点；仅用了 15 年的时间，东北三省人口类型就从轻度老龄化急速转变成重度老龄化。

人口年龄结构的变动趋势需要从全体人口老龄化与劳动力结构老龄化两个方面进行分析与判断。以辽宁为例，第六次全国人口普查时 0～14 岁人口数为 499.7 万人，较第五次全国人口普查时减少了 239.6 万人，少年儿童占总人口比重下降到 11.42%；15～64 岁人口数为 3424.3 万人，占总人口的比例提高了 3.83 个百分点，达到 78.27%，相对于第五次全国人口普查绝对数增加了 310.6 万人；65 岁及以上人口达到 450.9 万人，相对于"五普"增加了 121.2 万人。辽宁省老年人口比重上升到 10.31%，较第五次全国人口普查时提高了 2.43 个百分点。

2. 常住人口城乡空间分布相对稳定

东北三省城镇人口规模和城镇化水平较高。2018 年，辽宁省城镇化率达到 68.1%，比 2010 年提高 6 个百分点，高于全国平均水平（59.6%）8.5 个百分点；紧随上海、北京、天津、广东、江苏、浙江之后，位列全国第 7。吉林省城镇化率为 57.5%；黑龙江城镇化率为 60.1%（见图 5-1）。

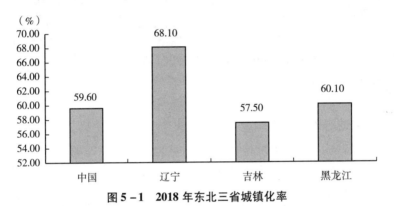

图 5-1　2018 年东北三省城镇化率

资料来源：《辽宁统计年鉴 2019》《吉林统计年鉴 2019》《黑龙江统计年鉴 2019》《中国统计年鉴 2019》。

3. 新出生人口数量小范围波动

2010 年以来，东北三省出生人口数量变化不大。以辽宁省为例，年均出生人口 27.3 万左右，出生人口最多的 2016 年和最少的 2011 年相差仅 3.9 万。2013 年底"单独二孩"生育政策出台后，实施效果短期内有所显现，2014 年出生人口小幅增加 1.8 万人，达到 28.5 万人。2015 年出生人口又降到了 27.1 万人，基本回落到 2012 年的出生水平。2015 年底全面放开二孩政策出台，2016 年出生人口小幅增加 1.8 万人，达到 28.9 万人，成为 9 年间出生人口最多的年份，之后两年出生人口又开始缓慢下降（见图 5-2）。

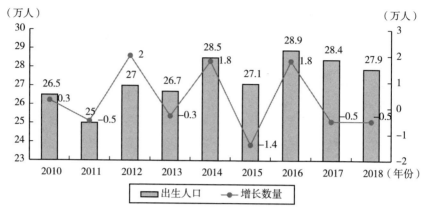

图5-2 2010～2018年辽宁出生人口及变化情况

资料来源：《辽宁统计年鉴2019》。

4. 劳动力资源仍然丰富

东北三省人口年龄结构呈现"中间大、两头小"的态势，15～64岁劳动年龄人口占总人口的比重最高，其次是65岁以上人口，0～14岁人口占比最小。2018年全国15～64岁劳动力人口比重为71.2%；辽宁省15～64岁劳动力人口比重74.9%；吉林省15～64岁劳动力人口比重为75.34%；黑龙江省15～64岁劳动力人口比重为77.23%。虽然劳动力人口逐年缓慢下降，但占比一直保持在75%以上，仍然占总人口的绝大部分，不仅高于全国平均水平，而且一直处于领先地位（见表5-4）。

表5-4 2010～2018年东北三省和全国15～64岁劳动力人口比重 单位：%

年份	全国	辽宁	吉林	黑龙江
2010	74.5	78.3	—	—
2011	74.4	77.9	78.58	80.27
2012	74.1	79.7	80.02	79.04
2013	73.9	79.4	78.58	79.08
2014	73.4	77.6	77.61	79.02
2015	73.0	76.5	77.10	78.59

续表

年份	全国	辽宁	吉林	黑龙江
2016	72.5	76.1	76.50	78.01
2017	71.8	75.8	75.37	77.92
2018	71.2	74.9	75.34	77.23

资料来源:《辽宁统计年鉴2019》《吉林统计年鉴2019》《黑龙江统计年鉴2019》《中国统计年鉴2019》。

(四) 人口发展对区域经济发展的影响

人口总量峰值回落影响储备,制约区域经济长期发展。经济效益与人口发展尤其是人口总量的变动直接相关。东北三省人口总量正逐步平稳下降。与此同时,人口自然增长率为负、人口老龄化趋势等因素综合制约,意味着东北三省人口增量的减少,不能维持更替水平的生育率影响了人口长期均衡发展的必要前提。目前人口自然增长率处于负向变动状况,将会导致劳动年龄人口减少问题雪上加霜,也使在经济下行条件下的经济发展更为严峻,从根本上制约了区域经济的发展。

从经济社会的可持续发展来说,足够的人口储备和劳动力数量是一个长期的人口与经济发展问题。人口总量与经济社会发展的互动,一方面存在着人口规模扩大影响制约经济发展,另一方面也存在着人口总量回落劳动短缺带来制约经济发展问题。在到达人口高峰回落之后,人口老龄化问题、劳动年龄人口减少等人口因素带来人口总量峰值回落带来的新一轮人口总量与经济水平之间的不适应问题,影响经济社会的进一步发展。

二、人口发展对经济增长贡献度

在东北地区人口转变过程中,生育政策具有强制性功能,生育率的持续下降挤压劳动年龄人口规模。劳动力作为生产要素之一,其变化必然会对地区经济增长产生相应的影响。劳动力供给的数量通常取决于人口规模、人口年龄结构以及劳动参与率等因素,劳动力供给质量也与从业人员的人力资本水平有关，这些决定劳动力供给变化的因素其本身的变动将会对经济增长产生何种影响？东北地区人口转变进程快于全国，经济增长速度也率先下降，二者之间是否有联系？为了回答上述问题，本书将劳动力要素分解为总人口规模、劳动年龄人口比重和劳动参与率的乘积，并与人力资本一起纳入柯布—道格拉斯生产函数，并利用全国、辽宁省、吉林省和黑龙江省 2000～2018 年数据形成四组时间序列数据进行实证检验，以考察人口因素对东北地区经济增长的贡献度并与全国水平进行比较。

（一）理论模型

柯布—道格拉斯生产函数基本模型为：

$$Y = AK^{\alpha}L^{\beta} \tag{5.1}$$

其中，Y 为总产出，K 为资本投入量，L 为劳动投入量，α、β 分别表示资本和劳动的产出弹性系数；A 为技术进步，代表除资本与劳动之外其他可能影响产出水平的因素，但通常不能直接观测。舒尔茨（Schultz，1961）等人提出利用人力资本可以对技术进步 A 进行解释，卢卡斯（Lucas，1988）借鉴这种观点，将人力资本从技术进步 A 中分离出来构建了一个现代经济增长模型：

$$Y = A'K^{\alpha}L^{\beta}H^{\gamma} \tag{5.2}$$

其中，H 表示人力资本，A' 为技术因子。

此外，为考察人口规模、人口年龄结构对经济的影响，本书将劳动力投入量 L 进行要素分解后纳入模型。劳动力投入量 L 由总人口规模、劳动年龄人口比重和劳动参与率共同决定，即：

$$L = N \times l \times P \tag{5.3}$$

其中，N 为总人口，l 为劳动年龄人口占总人口比重，P 为劳动参与率。为了克服影响因素线性等比的缺陷，本书将劳动力投入量与其 3 个组成要素之间的关系改进为随机函数形式：

$$L = cN^{x_1} \times l^{x_2} \times P^{x_3} \tag{5.4}$$

将式（5.4）代入式（5.2）可以得到：

$$Y = A'K^{\alpha}(cN^{x_1} \times l^{x_2} \times P^{x_3})^{\beta}H^{\gamma} \tag{5.5}$$

对式（5.5）等式两边取对数可得：

$$\ln Y = \ln A' + \alpha \ln K + \beta cx_1 \ln N + \beta cx_2 \ln l + \beta cx_3 \ln P + \gamma \ln H \tag{5.6}$$

令 $\beta cx_1 = \beta_1$，$\beta cx_2 = \beta_2$，$\beta cx_3 = \beta_3$

则式（5.6）可以写为：

$$\ln Y = \ln A' + \alpha \ln K + \beta_1 \ln N + \beta_2 \ln l + \beta_3 \ln P + \gamma \ln H \tag{5.7}$$

其中，α、β_1、β_2、β_3 和 γ 分别为资本、总人口、劳动年龄人口比重、劳动参与率和人力资本的产出弹性系数，表示投入要素变化1%将引起产出变化的百分点。由于从基本模型的技术进步中分离出的人力资本要素能够在很大程度上反映前者对经济的贡献，因此在实证过程中，剩余的技术变量因子 A' 可视为常数。

（二）实证模型与变量说明

根据式（5.7）的理论模型，可以得到以下计量模型：

$$\ln Y_t = \alpha_0 + \alpha \ln K_t + \beta_1 \ln N_t + \beta_2 \ln l_t + \beta_3 \ln P_t + \gamma \ln H_t + \varepsilon_t \tag{5.8}$$

式（5.8）中，被解释变量 Y_t 为国内生产总值，解释变量包括资本 K_t、总人口数 N_t、劳动年龄人口比重 l_t、劳动参与率 P_t 以及劳动力的人力资本水平 H_t，α_0 为常数项，ε_t 为随机扰动项。α、β_1、β_2、β_3 和 γ 的含义与式（5.7）相同。在后续实证部分，本书将根据式（5.8）分别对全国、辽宁省、吉林省和黑龙江省的经济增长及各要素投入的产出弹性和贡献率进行分析。

本书的被解释变量 Y 为国内生产总值，通过查找《中国统计年鉴》可以获得全国和东北三省 2000～2018 年的国内生产总值，以 1978 年为基期，计算各年份的实际国内生产总值和 GDP 平减指数。解释变量 K 代表当年资本存量，利用永续盘存法计算得出：$K_t = K_{t-1}(1-\delta) + I_t/p_t$，其中 K_t 为 t 期的资本存量，δ 为折旧率，I_t 表示按当年价的 t 期全社会固定资产投资，p_t 为 GDP 平减指数。计算 2000～2018 年各年资本存量需要以下数据：2000 年的资本存量，历年全社会固定资产投资额，固定资产价格平减指数，资产折旧率。关于 2000 年资本存量的计算，本书借鉴王金营（2004）的研究，以 1978 年价格计算的 2000 年全社会资本存量为 58996.4 亿元。2000～2005 年辽宁省、吉林省和黑龙江省的固定资产投资占全国固定资产投资比重相对稳定，分别为 4.0%、1.8% 和 2.3%，由于地区固定资产投资与资本存量存在相关关系，因此以该比例和全社会资本存量推算东北三省 2000 年的初始资本存量。每年新增固定资产投资根据《中国统计年鉴》全社会固定资产投资数和 GDP 平减指数计算。折旧率借鉴林毅夫、刘明兴（2003）的研究，以 10% 计算。最终，可计算出全国及东北三省 2000～2018 年的资本存量数值。

解释变量总人口数 N 和劳动年龄人口比重 l 数据来源于《中国统计年鉴》，劳动参与率 P 根据劳动年龄人口数和就业人数计算。人力资本 H 根据受教育年限法计算得出：$H = \sum h_i q_i$，h_i 和 q_i 分别表示第 i 类就业人员的受教育水平和该类就业人员占总就业人数的比重。按受教育程度将就业者划分为七类并赋予不同权重（文盲 = 1，小学 = 6，初中 = 9，高中 = 12，大专 = 15，本科 = 16，研究生及以上 = 19）。《中国劳动统计年鉴》自 2002 年起才开始统计就业者受教育程度分布的情况，因此 2002～2017 年全国和东北三省就业者的平均受教育年限是根据《中国劳动统计年鉴》计算而得，2000 年、2001 年和 2018 年全国和东北三省就业人员平均受教育年限根据发展规律推算得出。最终得到全国与东北三省各项经济指标数据，详见表 5 - 5～表 5 - 8。

表 5 - 5　　　　　2000～2018 年全国经济与人口指标数据

年份	1978 年价格国内生产总值（亿元）	1978 年价格资本存量（亿元）	1978 年价格固定资产投资（亿元）	总人口（万人）	劳动年龄人口比重（%）	劳动参与率（%）	就业人数（万人）	就业人员平均受教育年限（年）	人力资本存量（万人·年）
2000	27550.4	58996.4	9154.5	126743	70.15	81.08	72085	8.05	580284.3
2001	29848.1	63261.4	10164.6	127627	70.40	81.02	72797	8.22	598391.3
2002	32573.4	68696.0	11760.8	128453	70.30	81.15	73280	8.26	605292.8
2003	35842.3	76409.0	14582.6	129227	70.40	81.05	73736	8.41	620119.8
2004	39466.4	86000.0	17231.9	129988	70.92	80.56	74264	8.55	634957.2

续表

年份	1978年价格国内生产总值（亿元）	1978年价格资本存量（亿元）	1978年价格固定资产投资（亿元）	总人口（万人）	劳动年龄人口比重（%）	劳动参与率（%）	就业人数（万人）	就业人员平均受教育年限（年）	人力资本存量（万人·年）
2005	43964.0	98383.1	20983.1	130756	72.04	79.25	74647	8.30	619570.1
2006	49555.9	113432.3	24887.5	131448	72.32	78.87	74978	8.35	626066.3
2007	56608.4	130805.6	28716.6	132129	72.53	78.60	75321	8.47	637662.1
2008	62073.6	151122.0	33396.9	132802	72.80	78.16	75564	8.58	648219.2
2009	67908.4	179846.0	43836.2	133450	73.05	77.79	75828	8.70	659357.1
2010	75131.2	207941.9	46080.5	134091	74.53	76.15	76105	9.08	691256.7
2011	82306.9	240184.0	53036.3	134735	74.43	76.20	76420	9.60	733583.0
2012	88776.0	278071.6	61906.0	135404	74.15	76.40	76704	9.68	742179.5
2013	95672.6	322862.9	72598.4	136072	73.92	76.53	76977	9.76	751131.2
2014	102775.9	372241.7	81665.1	136782	73.45	76.89	77253	9.87	762487.1
2015	110013.2	425111.3	90093.8	137462	73.01	77.17	77451	10.00	774510.0
2016	117547.7	478494.5	95894.3	138271	72.51	77.40	77603	10.06	780686.2
2017	125712.8	527606.4	96961.4	139008	71.82	77.77	77640	10.13	786493.2
2018	134200.4	569453.3	94607.6	139538	71.20	78.09	77586	10.20	791415.0

资料来源：①国内生产总值、国内生产总值指数（1978年＝100）、全社会固定资产投资均来源于《中国统计年鉴》，并据此计算出GDP平减指数，求得各年1978年价格的国内生产总值、1978年价格的固定资产投资和1978年价格的资本存量；②总人口数、就业人数来源于《中国统计年鉴》，劳动年龄人口比重、劳动参与率根据相关数据计算得出；③2002～2017年就业人员平均受教育年限根据《中国劳动统计年鉴》计算得出，2000年、2001年和2018年就业人员平均受教育年限根据变动趋势推算得出。

表5-6　　　　2000～2018年辽宁省经济与人口指标数据

年份	1978年价格国内生产总值（亿元）	1978年价格资本存量（亿元）	1978年价格固定资产投资（亿元）	总人口（万人）	劳动年龄人口比重（%）	劳动参与率（%）	就业人数（万人）	就业人员平均受教育年限（年）	人力资本存量（万人·年）
2000	1298.5	2359.9	352.5	4184	74.44	65.88	2052	8.75	17958.5
2001	1374.8	2512.1	388.2	4194	75.32	65.51	2069	8.94	18492.3

年份	1978 年价格国内生产总值（亿元）	1978 年价格资本存量（亿元）	1978 年价格固定资产投资（亿元）	总人口（万人）	劳动年龄人口比重（%）	劳动参与率（%）	就业人数（万人）	就业人员平均受教育年限（年）	人力资本存量（万人·年）
2002	1475.7	2694.9	434.1	4203	76.20	63.24	2025	8.98	18187.2
2003	1575.3	2970.3	544.9	4210	75.60	63.43	2019	9.46	19098.8
2004	1631.3	3401.8	728.5	4217	76.60	64.93	2097	9.29	19483.9
2005	1902.1	4054.5	992.8	4221	76.08	66.03	2120	9.23	19570.4
2006	2105.2	4936.3	1287.3	4271	76.85	64.84	2128	9.24	19663.6
2007	2334.6	5997.5	1554.8	4298	76.69	66.16	2181	9.24	20148.9
2008	2641.3	7333.8	1936.1	4315	76.56	66.54	2198	9.40	20659.6
2009	2969.1	8999.7	2399.2	4341	77.43	67.75	2277	9.50	21631.6
2010	3379.3	11037.0	2937.3	4375	78.27	67.68	2318	9.73	22558.8
2011	3784.5	12951.5	3018.2	4383	78.26	68.94	2365	9.76	23087.3
2012	4105.1	15264.1	3607.7	4389	78.04	70.76	2424	9.79	23721.0
2013	4426.8	17821.9	4084.2	4390	77.86	73.69	2519	10.01	25224.0
2014	4565.8	19984.2	3944.5	4391	77.37	75.42	2562	10.13	25955.1
2015	4595.9	20858.2	2872.4	4382	76.79	71.62	2410	10.44	25159.4
2016	3517.7	19830.5	1058.2	4378	76.10	69.07	2301	10.49	24139.6
2017	3539.7	18857.1	1009.6	4369	75.38	69.37	2285	10.53	24057.9
2018	3709.3	17947.4	976.0	4359	74.91	69.47	2268	10.57	23976.5

资料来源：就业人数来源于相关年份《辽宁统计年鉴》；其他同表5-5。

表5-7　　2000~2018年吉林省经济与人口指标数据

年份	1978 年价格国内生产总值（亿元）	1978 年价格资本存量（亿元）	1978 年价格固定资产投资（亿元）	总人口（万人）	劳动年龄人口比重（%）	劳动参与率（%）	就业人数（万人）	就业人员平均受教育年限（年）	人力资本存量（万人·年）
2000	542.7	1061.9	167.8	2682	75.03	57.85	1164	8.86	10311.9
2001	579.2	1147.4	191.7	2691	76.03	57.06	1167	9.05	10560.4

年份	1978年价格国内生产总值（亿元）	1978年价格资本存量（亿元）	1978年价格固定资产投资（亿元）	总人口（万人）	劳动年龄人口比重（%）	劳动参与率（%）	就业人数（万人）	就业人员平均受教育年限（年）	人力资本存量（万人·年）
2002	635.0	1258.2	225.5	2699	77.04	57.07	1187	9.09	10786.2
2003	698.6	1386.7	254.3	2704	77.71	57.23	1203	9.11	10954.8
2004	763.3	1533.9	285.8	2709	78.65	57.35	1222	9.15	11181.3
2005	855.7	1792.0	411.5	2716	77.84	58.60	1239	8.96	11100.5
2006	967.3	2199.8	587.0	2723	78.62	58.41	1251	8.84	11054.4
2007	1105.1	2743.4	763.6	2730	78.08	59.40	1266	9.00	11392.9
2008	1241.8	3442.7	973.7	2734	78.64	59.60	1281	9.15	11721.5
2009	1420.6	4349.9	1251.4	2740	78.94	59.98	1297	9.19	11916.3
2010	1586.9	5355.9	1441.0	2747	79.64	59.95	1312	9.41	12345.9
2011	1799.5	6087.4	1267.1	2749	78.57	61.93	1338	9.62	12865.9
2012	1972.6	7050.1	1571.5	2750	80.02	61.62	1356	9.57	12973.2
2013	2122.3	7968.4	1623.3	2751	78.59	65.47	1415	9.72	13753.3
2014	2201.5	8980.2	1808.6	2752	77.61	67.75	1447	9.81	14196.7
2015	2254.5	10118.9	2036.8	2753	77.10	69.75	1481	9.93	14702.4
2016	2336.5	11308.6	2201.5	2733	76.50	71.83	1502	10.04	15077.4
2017	2259.8	12186.4	2008.7	2717	75.36	72.70	1489	10.20	15183.0
2018	2208.8	12824.8	1857.0	2704	75.34	72.43	1475	10.36	15289.4

资料来源：就业人数来源于相关年份《吉林统计年鉴》；其他同表5－5。

表5－8　　　　　2000～2018年黑龙江省经济与人口指标数据

年份	1978年价格国内生产总值（亿元）	1978年价格资本存量（亿元）	1978年价格固定资产投资（亿元）	总人口（万人）	劳动年龄人口比重（%）	劳动参与率（%）	就业人数（万人）	就业人员平均受教育年限（年）	人力资本存量（万人·年）
2000	876.4	1356.9	231.6	3807	75.55	55.66	1601	8.60	13760.1
2001	926.0	1484.4	263.2	3811	75.62	55.26	1593	8.78	13978.7

年份	1978 年价格国内生产总值（亿元）	1978 年价格资本存量（亿元）	1978 年价格固定资产投资（亿元）	总人口（万人）	劳动年龄人口比重（%）	劳动参与率（%）	就业人数（万人）	就业人员平均受教育年限（年）	人力资本存量（万人·年）
2002	983.4	1618.8	282.8	3813	76.64	54.86	1603	8.82	14141.1
2003	1064.8	1763.0	306.0	3815	77.51	54.58	1614	8.94	14429.2
2004	1161.5	1936.5	349.8	3817	78.66	55.99	1681	9.02	15163.5
2005	1303.3	2153.5	410.6	3820	77.66	58.95	1749	9.01	15757.6
2006	1405.4	2444.1	505.9	3823	77.93	59.88	1784	8.89	15859.8
2007	1485.6	2792.2	592.5	3824	77.89	61.36	1828	9.08	16602.6
2008	1606.6	3219.4	706.5	3825	78.18	61.94	1852	9.05	16768.3
2009	1676.0	3879.0	981.5	3826	78.39	62.58	1877	9.11	17101.4
2010	1898.4	4738.4	1247.3	3833	79.73	63.22	1932	9.41	18184.6
2011	2142.3	5537.4	1272.8	3834	79.66	64.76	1978	9.23	18247.9
2012	2262.1	6585.4	1601.7	3834	79.32	66.68	2028	9.29	18838.4
2013	2351.4	7789.9	1863.1	3835	78.90	68.09	2060	9.32	19197.6
2014	2398.7	8578.6	1567.7	3833	78.22	69.37	2080	9.51	19778.9
2015	2418.1	9353.2	1632.4	3812	78.00	67.72	2014	10.25	20640.4
2016	2432.8	10101.6	1683.7	3799	77.45	68.93	2028	10.19	20667.4
2017	2404.6	10798.9	1707.5	3789	77.22	68.73	2011	10.11	20332.2
2018	2397.4	11473.5	1754.6	3773	76.52	68.80	1986	10.04	19944.8

资料来源：就业人数来源于相关年份《黑龙江统计年鉴》；其他同表5－5。

（三）模型检验及实证结果

现实中许多经济变量构成的时间序列往往是非平稳的，采用传统的计量方法进行估计容易出现"伪回归"问题。因此在对上述模型进行估计之前，首先应进行时间序列数据的平稳性检验。结果表明，对于全国、辽宁省、吉林省和黑龙江省四组时间序列数据，所有变量的原始值均未通过 ADF 检验，但二阶差分后 ADF 值均小于 5% 水平上的临界值，表明所有变量均为二阶平稳的时间序列，具有同阶单整性，可以进行协整检验。本书采用 Johansen 协整检验法对四组时间序列数据进行多变量协整检验（见表 5 - 9）。

表 5 - 9　　　　　　　　　Johansen 协整检验结果

检验统计量	原假设	全国数据	辽宁省数据	吉林省数据	黑龙江数据	5%临界值
λ - max 统计量	无协整关系	102.00	76.92	106.00	88.77	40.30
	最多 1 个	74.81	54.76	51.62	52.49	34.40
	最多 2 个	35.70	38.85	33.17	34.55	28.14
	最多 3 个	24.36	27.99	29.08	24.80	22.00
	最多 4 个	20.51	16.51	18.88	20.03	15.67
	最多 5 个	7.02*	4.59*	4.58*	3.52*	9.24
迹统计量	无协整关系	215.48	158.18	179.91	180.65	102.14
	最多 1 个	113.48	81.26	73.91	91.87	76.07
	最多 2 个	83.67	56.50	62.29	79.39	53.12
	最多 3 个	37.96	37.65	39.12	48.39	34.91
	最多 4 个	20.53	20.65	20.04	20.04	19.96
	最多 5 个	7.02*	4.59*	4.58*	3.52*	9.24

注：*表示在5%的水平上显著拒绝原假设。

表 5 -9 协整检验的结果表明，对于四组时间序列，λ - max 统计量和迹统计量均显著拒绝了不存在协整关系的假设，并且所有变量间存在五个协整关系，说明模型所包含的变量之间均存在长期稳定的均衡关系，直接进行回归不会出现"伪回归"的问题。下面利用表 5 - 1 ~ 表 5 -8的数据分别对四组时间序列进行回归分析（见表 5 -10），回归系数反映的是变量间长期稳定的比例关系。

表 5 – 10   回归估计结果

	全国	辽宁省	吉林省	黑龙江省
资本存量对数	0. 248 ** (2. 54)	0. 363 * (1. 79)	0. 490 *** (14. 08)	0. 181 *** (3. 01)
总人口对数	10. 810 *** (6. 65)	3. 643 ** (2. 34)	7. 580 *** (4. 46)	2. 059 *** (3. 70)
劳动年龄 人口比重对数	1. 126 ** (2. 46)	4. 056 ** (2. 20)	2. 707 ** (2. 82)	4. 397 *** (5. 26)
劳动参与率对数	0. 137 *** (3. 55)	0. 100 ** (2. 33)	0. 109 * (1. 90)	0. 179 *** (4. 09)
人力资本存量对数	0. 309 ** (2. 45)	0. 350 ** (2. 04)	0. 330 *** (2. 88)	0. 316 *** (3. 94)
常数项	– 114. 187 *** (– 5. 97)	– 48. 028 (– 1. 10)	– 70. 026 *** (– 6. 01)	– 6. 750 (– 0. 32)
拟合优度	0. 999	0. 991	0. 999	0. 997

注：*、**、*** 分别表示在 10%、5% 和 1% 的显著水平上显著，括号内为 t 值。

根据表 5 – 10 的回归结果，在四组模型中各投入要素弹性系数的估计结果较为显著，并且模型拟合程度很高，说明变量对全国和东北三省的经济增长均具有很强的解释能力。具体来看，所有要素对经济增长的弹性均显著为正，表明各投入要素的增长对全国和东北各省的经济增长产生了显著的促进作用。

为了更为直观地考察人口因素对东北三省经济增长的贡献率并与全国水平进行比较，本文利用长期均衡关系中的弹性系数、经济总量增长率和各投入要素增长率，分别计算各要素对经济增长的贡献率（见表 5 – 11）。

表 5 – 11   各要素对经济增长的贡献率

年份	范围	物质资本 （亿元）	总人口 （万人）	劳动年龄人口 比重（%）	劳动 参与率（%）	人力资本存量 （万人·年）
2000 ~ 2009	全国	51. 39	45. 64	4. 18	– 0. 50	3. 78
	辽宁省	71. 88	9. 62	11. 47	0. 19	5. 04

年份	范围	物质资本（亿元）	总人口（万人）	劳动年龄人口比重（%）	劳动参与率（%）	人力资本存量（万人·年）
2000~2009	吉林省	79.27	8.57	7.38	0.21	2.68
	黑龙江省	61.44	1.27	20.40	2.74	9.45
2010~2018	全国	48.81	47.93	-5.59	0.39	4.98
	辽宁省	257.28	-15.08	-197.00	2.99	24.90
	吉林省	94.34	-16.38	-20.20	3.14	10.86
	黑龙江省	108.63	-13.61	-74.71	6.68	12.92

注：要素的贡献率 = （该要素增长率 × 弹性系数/GDP 增长率）× 100%。

在 2010 年前后，各要素对经济总量的贡献率存在区别。其中物质资本、人力资本对东北地区的经济增长始终起到积极作用，而总人口、劳动年龄人口比重以及劳动参与率在不同时期对经济发展产生了不同方面的影响。从贡献程度来看，2010 年之前，物质资本、总人口规模、劳动年龄人口比重是影响全国和东北地区经济发展的最为关键的因素，2010 年之后人力资本对经济增长的贡献率显著提升，成为经济增长的重要驱动力。此外，对于全国和东北地区而言，上述各要素对经济增长的贡献也不尽相同。下面，我们将重点分析人口因素对东北地区经济增长的影响及其变化规律，并与全国其他地区的状况进行比较。

第一，物质资本。物质资本投入对经济增长具有促进作用，并且在所有要素中物质资本的贡献率最大。对全国而言，物质资本和总人口是经济增长的两个重要影响因素，并且二者对经济总量的贡献率总体保持不变。对东北地区而言，2010 年前后物质资本对东北经济贡献率呈现出不同特点。2000~2009 年期间，东北三省的物质资本贡献率高于全国水平，但与全国平均水平差距不大。2010 年之后由于东北地区人口因素的变化，物质资本的贡献率出现了剧烈上升，东北三省物质资本的贡献率高达 257.28%、94.34% 和 108.63%。

第二，总人口规模。2000~2009 年期间，东北三省人口规模对经济增长贡献乏力的趋势已经开始显现。总人口对全国经济增长的贡献为45.64%，但在东北地区，总人口的贡献率不足10%，大幅低于总人口在全国经济中的贡献水平。伴随着持续的低生育率，2010～2018年期间，东北三省人口总量先后出现负增长（辽宁省总人口数于2014年出现负增长，吉林和黑龙江省分别为2015年和2013年），总人口规模缩减成为阻碍东北地区经济增长的重要因素，这一时期总人口数量的贡献率也分别降至 -15.08%、-16.38% 和 -13.61%。

第三，劳动年龄人口比重。2000～2009年期间劳动年龄人口比重对全国和东北三省的经济增长均发挥了正向的促进作用，但2010年之后，全国和东北三省的劳动年龄人口比重逐年下跌，该要素的贡献率也由正转为负。并且，劳动年龄人口比重对东北三省经济增长的损害程度远高于全国水平。其中，对于辽宁省和黑龙江省而言，劳动力比重下降作为地区经济发展的掣肘因素尤为凸显。2010～2018年，辽宁省和黑龙江省劳动年龄人口比重对经济增长的贡献率分别为 -197% 和 -74.71%，由于人口因素的恶化，这一时期两个省份经济增长绝大部分来自物质资本。

第四，劳动参与率。2000～2009年期间，全国水平的劳动参与率呈下降趋势，因此该因素对我国总体经济增长起到了抑制作用。2010年以来劳动参与率出现小幅回升，其对经济增长的影响也由抑制转为促进。相比之下，2000～2018年期间，东北地区劳动参与率总体呈上升趋势，对于地区经济发展也始终有着促进作用，但整体而言，其贡献程度较为微弱。

第五，人力资本。人力资本对全国经济发展的贡献率相对比较稳定，2000～2009年和2010～2018年期间人力资本的贡献率分别为3.78%和4.98%。但在东北地区，人力资本对经济增长的贡献率始终高于全国水平，并且呈现出上升的发展趋势。2000～2009年，辽宁省、吉林省和黑龙江省的人力资本贡献率分别为5.04%、2.68%和9.45%，略高于全国水平；在2010～2018年期间，三个省份人力资本贡献率均大幅提高，分别为24.90%、10.86%和12.92%。此外，通过对东北三省的情况进行比较可以发现，吉林省人力资本对经济增长的贡献率始终低于辽宁省和黑龙江省。

总体来看，2010年之后东北地区经济增长的驱动力主要是物质资本和人力资本。在人口因素中，总人口规模缩减以及劳动年龄人口比重下降对经济造成了巨大的负面影响，虽然劳动参与率对地区经济发展起到了一定的促进作用，但其贡献率相对较低，难以抵消人口总量和人口结构劣势对东北地区经济发展的损害。伴随着持续的低生育率，东北地区的总人口数量和劳动人口比重将进一步下降，其对地区经济增长的消极影响还会加剧。消除人口劣势因素的不利影响，根本举措在于鼓励家庭生育、促进人口增长。此外，还应加大人力资本投资，注重培育人才红利。长期以来，人力资本在经济增长中发挥的作用十分有限，经济增长主要依靠物质资本投入和丰富的劳动力数量供给。但在2010年之后，人力资本对东北地区经济增长的贡献越来越大，未来随着劳动力人口比重的下降，在东北经济振兴过程中应更加重视人力资本的积极作用。

三、人口发展对经济增长贡献度的因子分析

为考察人口因素对东北经济发展的影响，本书对索洛模型进行扩展，我们将人力资本、人口年龄结构、人口流动迁移等因素加入索洛模型，并利用东北三省的人口与经济数据进行实证检验。

（一）理论模型

总产出函数为：

$$Y = K^{\alpha}E^{\beta}R^{\gamma}(AL)^{1-\alpha-\beta-\gamma} \tag{5.9}$$

其中，Y 为总产出，K、E、R 分别表示物质资本、教育资本和研发资本，A 表示外生技术水平，L 为劳动力数量。α、β、γ 分别为物质资本、教育资本、研发资本对产出的弹性。假定初始的技术水平为$A(0)$，技术进步的速度为 g；初始的人口总量为 $N(0)$，人口增长率为

n。为了在模型中引入人口因素，将劳动力数量 L 表示为地区总人口 N 的一定比例：

$$L = p(1 - d)(1 + m)N \qquad (5.10)$$

其中，p 为劳动年龄人口的劳动参与率，d 表示非生产性人口占总人口的比重，即少儿人口和老年人口占总人口比重，m 为人口净迁移率，则劳动增长率为 $n + \dfrac{\dot{p}}{p} - \dfrac{\dot{d}}{1-d} + \dfrac{\dot{m}}{1+m}$。

根据曼昆等（Mankiw et al.，1992）的研究，三类资本的积累方程如下：

$$\dot{K} = s_K Y - \delta_K K \qquad (5.11)$$

$$\dot{E} = s_E Y - \delta_E K \qquad (5.12)$$

$$\dot{R} = s_R Y - \delta_R K \qquad (5.13)$$

其中，s_K、s_E、s_R 分别表示总产出中用于物质资本投资、教育资本投资和研发资本投资的比例；δ_K、δ_E、δ_R 表示三种资本相应的折旧率，假设三种资本折旧率相等，即 $\delta_K = \delta_E = \delta_R = \delta$。

用 $k = \dfrac{K}{AL}$，$e = \dfrac{E}{AL}$，$r = \dfrac{R}{AL}$ 分别表示人均有效的物质资本、教育资本和研发资本，从而计算得出人均有效的产出 $y = \dfrac{Y}{AL} = k^\alpha e^\beta r^\gamma$。

进而可计算得出三类资本的动态积累方程：

$$\dot{k} = s_K y - \Delta k \qquad (5.14)$$

$$\dot{e} = s_E y - \Delta e \qquad (5.15)$$

$$\dot{r} = s_R y - \Delta r \qquad (5.16)$$

其中，$\Delta = n + \dfrac{\dot{p}}{p} - \dfrac{\dot{d}}{1-d} + \dfrac{\dot{m}}{1+m} + g + \delta$。当经济处于平衡增长路径上时，$\dot{k} = 0$、$\dot{e} = 0$、$\dot{r} = 0$ 应同时满足，若用 k^*、e^*、r^* 表示稳态下的人均有效物资资本、教育资本和研发资本，根据式（5.14）、式（5.15）、式（5.16），可以得到 k^*、e^*、r^* 的表达式：

$$k^* = (s_K^{1-\beta-\gamma} s_E^\beta s_R^\gamma \Delta^{-1})^{1/(1-\alpha-\beta-\gamma)} \qquad (5.17)$$

$$e^* = (s_K^\alpha s_E^{1-\alpha-\gamma} s_R^\gamma \Delta^{-1})^{1/(1-\alpha-\beta-\gamma)} \qquad (5.18)$$

$$r^* = (s_K^\alpha s_E^\beta s_R^{1-\alpha-\beta} \Delta^{-1})^{1/(1-\alpha-\beta-\gamma)} \qquad (5.19)$$

进而可得到均衡的人均有效产出为：

$$y^* = (s_K^\alpha s_E^\beta s_R^\gamma \Delta^{-\alpha-\beta-\lambda})^{1/(1-\alpha-\beta-\gamma)} \qquad (5.20)$$

根据定义，人均产出水平为 $y_{人均} = \dfrac{Y}{N}$，因此将式（5.20）左右两端

同时乘以 $A(t)p(1-d)(1+m)$ 可得到均衡人均产出的表达式：

$$y_{人均}^* = A(t)p(1-d)(1+m)(s_K^\alpha s_E^\beta s_R^\gamma \Delta^{-\alpha-\beta-\lambda})^{1/(1-\alpha-\beta-\gamma)} \quad (5.21)$$

对式（5.21）两边取对数，并假设 $\ln A(0) = a$，则可以得到均衡人均产出的对数形式：

$$\ln y_{人均}^* = a + gt + \ln p + \ln(1-d) + \ln(1+m) + \frac{\alpha}{1-\alpha-\beta-\gamma}\ln s_K +$$

$$\frac{\beta}{1-\alpha-\beta-\gamma}\ln s_E + \frac{\gamma}{1-\alpha-\beta-\gamma}\ln s_R - \frac{\alpha+\beta+\gamma}{1-\alpha-\beta-\gamma}\ln\Delta$$

$$(5.22)$$

根据曼昆和威尔（Mankiw and Weil, 1992）使用泰勒展开公式近似方法的推导，在经济不断靠近并收敛于均衡状态的过程中，人均产出的增长速度可以表示为：

$$\frac{d\ln y_{人均}}{dt} = \lambda(\ln y_{人均}^* - \ln y_{人均}) \qquad (5.23)$$

其中，$\lambda = (1-\alpha-\beta-\gamma)\Delta$，表示经济的收敛速度。通过求解式（5.23）可以得到人均产出的增长速度：

$$\frac{d\ln y_{人均}}{dt} \approx (1-\alpha-\beta-\gamma)\Delta(a + gt + \ln p + \ln(1-d) + \ln(1+m) +$$

$$\frac{\alpha}{1-\alpha-\beta-\gamma}\ln s_K + \frac{\beta}{1-\alpha-\beta-\gamma}\ln s_E + \frac{\gamma}{1-\alpha-\beta-\gamma}\ln s_R -$$

$$\frac{\alpha+\beta+\gamma}{1-\alpha-\beta-\gamma}\ln\Delta - \ln y_{人均}) \qquad (5.24)$$

式（5.24）表示人均产出增长率与各变量之间的关系，技术进步率 g、物资资本投资率 s_K、教育资本和研发资本的投资率 s_E 和 s_R 对人均产出增长率具有正向作用，人口因素包括劳动参与率 p、劳动年龄人口比重 $1-d$ 以及人口净迁移率 m 也会促进人均产出的增长，人口自然

增长率 n 和资本折旧率 δ 则会阻碍人均产出的增长。结合东北地区的人口现象，人口生育率下降和人口老龄化促使劳动年龄人口比重下降，与此同时，人口流失也使得净迁移率减小，最终将对地区人均产出增长产生抑制作用。

（二）实证模型与变量说明

根据式（5.24）的理论模型可以得到如下实证模型：

$$g_{it} = \alpha_0 + \alpha_1 \ln I_{K_{it}} + \alpha_2 \ln I_{E_{it}} + \alpha_3 \ln I_{R_{it}} + \alpha_4 \ln p_{it} + \alpha_5 \ln(1 - d_{it})$$
$$+ \alpha_6 m_{it-1} + \alpha_7 \ln(n_{it} + \delta_{it}) + \alpha_8 \ln y_{it} + u_{it} + w_{it} + \varepsilon_{it} \quad (5.25)$$

在实证模型（5.25）中，g_{it} 为人均产出增长率，用地区人均生产总值增长率表示；$I_{K_{it}}$ 为物质资本投资率，以地区固定资产投资率表示，$I_{E_{it}}$ 和 $I_{R_{it}}$ 分别表示教育资本投资率和科研资本投资率，分别以每十万人口高等学校平均在校生人数和科学研究、技术服务从业人员占就业人口比重代替；p_{it} 为劳动参与率，以就业人数与劳动力年龄人口之比表示；d_{it} 为非生产性人口占比，即少儿人口和老年人口占总人口的比重，（$1 - d_{it}$）表示劳动年龄人口比重，以 15～64 岁人口数占总人口数的比值衡量；m_{it} 表示人口净迁移率，根据常住人口与人口自然增长率计算得出，由于人口流动对经济的影响不会在当期显现，因而在实证过程中以人口净迁移率滞后一期 m_{it-1} 纳入模型；（$n_{it} + \delta_{it}$）为人口自然增长率和年度资本折旧率之和，参考以往研究文献，资本折旧率设定为 10%；y_{it} 为人均生产总值。α_k（$k = 1$，2，3，…，8）为各解释变量的估计系数，α_0 为常数项，u_{it} 表示地区固定效应，w_{it} 为时间固定效应，ε_{it} 为随机扰动项。

（三）实证结果

我们以东北三省为研究对象，利用历年中国统计年鉴、各省统计年鉴形成辽宁、吉林和黑龙江三省 2010～2018 年的面板数据，以考察人口因素对东北经济发展的影响。考虑到经济增长具有惯性，模型在解释变量中加入人均产出增长率的一期滞后值，并控制时间固定效应。此外，由于地区经济发展还会受到某些不可观测因素的影响，如制度结构、政策因素以及文化习惯等。为排除由于不可观测因素造成的估计偏差，在估计中进一步加入地区固定效应。

我们以人均产出增长率为被解释变量，依次采用不同解释变量进入模型并使用双向固定效应模型进行模型估计，估计结果呈现于表5-12。其中，模型（1）为基准模型，解释变量包括人均产出增长率一期滞后值、固定资产投资、人口自然增长率与折旧率之和以及劳动参与率等变量。

表5-12 东北经济增长及影响因素的面板固定效应估计结果

解释变量	模型（1）基准模型	模型（2）引入劳动年龄人口规模及比重	模型（3）引入少儿抚养比和老年抚养比	模型（4）引入人口净迁移率	模型（5）引入人才结构与规模变量	模型（6）引入教育经费和研发经费
人均产出增长率滞后值	0.535***(3.68)	0.411**(2.16)	0.199*(1.81)	0.309*(1.73)	0.391**(2.16)	0.104**(2.33)
固定资产投资对数	0.009(0.69)	0.018(0.37)	0.011(0.22)	0.038(0.77)	0.014(0.30)	0.214**(2.22)
人均产出对数	0.037(0.50)	0.020(0.16)	0.073(0.55)	0.078(0.60)	0.280(1.29)	0.349(0.76)
人口自然增长率和折旧率之和对数	0.010(0.45)	0.010(0.42)	0.047(1.32)	0.011(0.48)	0.028(0.84)	0.004(0.09)
劳动参与率对数	-0.085(-0.68)	-0.171(-1.12)	-0.090(-0.55)	-0.215(-1.44)	-0.339(-1.06)	-0.715(-1.38)
劳动年龄人口对数		0.008(0.16)	0.007(0.13)	0.029(0.55)	0.020(0.40)	0.230**(2.34)
劳动年龄人口占比对数		1.071**(2.06)	0.946***(3.28)	0.230***(3.22)	2.027*(1.96)	0.485**(2.34)
少儿抚养比对数			0.206(0.41)			
老年抚养比对数			-0.219**(-2.24)			

续表

解释变量	模型（1）基准模型	模型（2）引入劳动年龄人口规模及比重	模型（3）引入少儿抚养比和老年抚养比	模型（4）引入人口净迁移率	模型（5）引入人才结构与规模变量	模型（6）引入教育经费和研发经费
人口净迁移率滞后值				0.131** (2.17)		
科学研究和技术人员占城镇就业人口比重对数					0.668** (2.24)	0.447* (1.92)
每十万人口高等学校平均在校生人数对数					0.357** (2.02)	0.247* (1.79)
教育经费占GDP比重对数						0.398* (1.79)
规模以上工业企业R&D经费占GDP比重对数						0.126*** (3.61)
常数项	0.178 (0.20)	-0.469 (-0.34)	-0.858 (-0.29)	0.435 (0.31)	-2.721 (-1.49)	3.122 (0.97)
地区固定效应	YES	YES	YES	YES	YES	YES
时间固定效应	YES	YES	YES	YES	YES	YES
R^2	0.714	0.392	0.424	0.525	0.528	0.694

注：＊、＊＊、＊＊＊分别表示在10%、5%和1%的显著水平上显著，括号内为 t 值。
资料来源：2011～2019 年《中国统计年鉴》《辽宁统计年鉴》《吉林统计年鉴》《黑龙江统计年鉴》。

为了考察人口结构与规模对东北经济增长的影响，模型（2）在此基础上加入劳动年龄人口数量与劳动年龄人口占比两个自变量。实证结果与理论模型推导得出的结论一致，劳动年龄人口规模的扩大有利于地区经济发展水平的提升。与劳动年龄人口数量相比，人口的年龄结构对地区经济增长的影响更为显著。估计结果表明，劳动年龄人口占比对东北地区人均产出的增长存在显著的促进作用，其对数每增长一个百分点，将带动地区人均生产总值增长 1.071 个百分点。模型（3）进一步加入少儿抚养比和老年抚养比，以考察非生产性人口负担对经济增长的影响。估计结果显示，老年抚养比在 5% 的显著性水平上对地区经济增长产生了消极影响，但少儿抚养比的提高并未对人均产出增长率产生显著影响。东北地区人口老龄化出现较早，并且老龄化程度较其他省份也更为严重，由于老年人口通常只消费而不再从事生产性活动，老年抚养比上升意味着劳动人口的抚养负担加重以及社会总体储蓄率的下降，最终将会对经济的潜在增长水平产生不利影响。但是东北地区的少儿抚养负担相对较轻，2018 年辽宁省、吉林省和黑龙江省的少儿抚养比分别为 13.6%、16.3% 和 13.7%，低于全国平均水平（23.7%），也正是因此，少儿抚养比的提升不会对东北地区的经济发展水平产生显著的负向影响。

为考察人口迁移流动对经济增长率的影响，模型（4）在模型（2）的基础上增加了人口净迁移率一期滞后值的解释变量。结果表明，人口净迁移率一期滞后值对地区经济增长具有显著的促进作用，人口净迁移率每提高 1%，将加速人均产出增长 0.131 个百分点。近年来东北地区人口流失不断加速，根据第五次人口普查数据，2000 年东北三省累计净流出人口数为 40.4 万，到 2010 年大幅增长至 219.1 万。其中，吉林省和黑龙江省均表现为严重的人口净流出，2010 年两省人口净流出分别为 91.6 万人和 204.8 万人。持续的人口流失将会对地区经济发展造成不利影响，因为人口流失通常带来人口结构的劣化与人力资本的损失。首先，迁移和流动通常发生于劳动年龄人口，因此人口流失意味着生产性人口比重的下降，不仅加剧社会少儿人口和老年人口的抚养负担，还会损害地区生产力、降低居民储蓄和资本积累水平。其次，东北地区的迁出人口往往具有较高的人力资本水平，因而人口流出和人才流出对东北经济造成的损失要远远大于一般性外出务工人员流出所带来的影响。虽然与四川、安徽、河南等劳动力输出大省相比，东北三省不是人口流失最严重地区，但在东北流出的人口中，具有较高文化素质和劳动技能的科技人才和专业技术人才占据较大比例。有研究显示，东北地区迁出人口的平均受教育年限较东北地区迁入人口的平均受教育年限大约高出 1.9 年（姜玉等，2016）。东北地区人力资本的流失将严重损害地区经济增长。

为考察人才结构与规模对东北地区人均产出增长水平的影响，本书以科学研究和技术人员占城镇就业人口比重和每十万人口高等学校在校生人数两项指标作为人才结构与规模的代理变量纳入模型（5）。根据实证结果，城镇就业人员中科学研究和技术人员的占比对经济增长具有显著的促进作用，这一比重每提高 1%，人均产出增长率将提高 0.668个百分点。并且，人才规模也会对地区经济增长产生积极影响，每十万人口高等学校平均在校生人数对数提高 1%，地区经济增长率将提高0.375 个百分点。模型（6）进一步引入教育经费占 GDP 比重、规模以上工业企业 R&D 经费占 GDP 比重两个变量来衡量各地教育投入力度和研发投入力度，以考察二者对地区经济增长的影响。实证结果表明，提高教育经费投入和规模以上工业企业 R&D 经费投入均能促进人均产出增长率的提高。其中，教育经费占 GDP 的比重对数每提高 1%，人均产出增长率将提高 0.398 个百分点，R&D 经费投入占 GDP 的比重对数每提高 1%，人均产出增长率将提高 0.126 个百分点。

表 5 - 12 的实证结果充分反映了其他解释变量对东北地区经济增长的影响。第一，人均产出一期滞后值在模型（1）~模型（6）中的估计系数均显著为正，表明经济增长具有明显的惯性，同时也表明在模型中加入被解释变量的一期滞后值存在合理性。第二，固定资产投资对数对经济增长存在积极影响。由于重工业在东北地区经济中仍然占据较大份额，地区经济增长在较大程度上依赖于投资驱动，因此，物质资本投资率的提高将加快东北地区的经济发展。第三，人口自然增长率和折旧率之和在大多数模型中对经济增长均产生了促进作用。由于本书假设折旧率为10%，因此得出正的估计系数主要是由于人口增长对地区经济发展产生了积极影响。第四，劳动参与率的估计系数并不显著，可能的原因在于劳动参与率虽然与就业率的相关性较高，但是考虑到东北地区的

实际情况，劳动参与率并不能完全反映出隐性失业和非充分就业现象，所以粗略统计的劳动参与率并不能反映劳动力的真实利用情况。第五，人均产出对数对地区经济增长存在显著的促进作用，说明经济发展水平较高的地区，其增长速度也更快。

四、人口发展驱动东北振兴的内在逻辑与路径选择

（一）提高人口生育弹性与人口优化的关系

1. 提高人口生育弹性与缓解人口老龄化的关系

提高人口生育弹性可以适当缓解中远期的人口老龄化程度，但是人口老龄化趋势不可逆转。适度放宽生育政策，提高人口生育弹性可以增加总人口规模，从而减缓老龄化进程、降低老龄化水平，生育政策越宽松，生育率水平越高，对老龄化缓解程度越大。

未来东北三省人口老龄化问题严峻。老年人口规模是60年以前出生人口数量的惯性规律演进的结果，几乎是不可更改的常数。提高人口生育弹性，可以增加政策落地20年后的劳动力资源的规模，有效减轻老年抚养负担。"单独二孩"和"全面二孩"政策缓解人口老龄化的功效有限，也不可能改变人口老龄化的趋势和方向，更不可能逆转老龄化的趋势，只是对于缓解老龄化水平具有一定的远期效果。这种效果，是以出生人口数量和总人口规模的增加来对老龄化进行水平修正和补偿的，利弊共存。

2. 提高人口生育弹性与人口总量的关系

充分认识"单独二孩"和"全面二孩"政策的实施对总人口增长的叠加作用。人口规模对于拉动消费的作用是强大而长远的，贯穿于从生命孕育、婴幼儿、少年儿童、青壮年、老年整个生命周期的各个阶段，有利于从供给和需求两个方面推动经济增长。与此同时，也加大了经济社会发展成果分配的压力和资源环境配置的竞争性，也正在加大对经济发展和资源环境的压力。

提高生育弹性是关乎人口发展的重大事件，关系到人口发展的诸多方面。除可以适度缓解老龄化和增加总人口外，还可以促进出生人口性别比的下降；有利于增加较大规模的劳动力资源的供给时间，减缓劳动力人口减少的速度；有利于改善家庭人口的代际关系，增加家庭人力资源，改善提升家庭发展能力的人口基础；有利于孩子教育和健康人格的形成。

3. 提高人口生育弹性与人口红利的关系

人口红利是指人口增长变化由快而慢的过程中，在人口年龄结构中劳动年龄人口比例增大，少年儿童和老年负担又不很重的阶段，这个时期的劳动年龄人口的低抚养负担为经济快速发展提供了人口机会窗口。以科学合理的教育、就业、收入分配、投资等经济社会发展政策，可以将潜在的人口机会转换为人口红利。

人口红利不会很快消失。从目前看，虽然人口红利在减弱，但是依然正处在享受人口红利时期。虽然劳动年龄人口比重逐步下降，但是，劳动年龄人口存量巨大的特征将持续很长时期。呼声很高的延迟退休将在"十四五"期间变为现实政策，其本质就是把 60～64 岁的低龄老年人口转变为大龄劳动年龄人口，劳动力资源规模巨大的特征将长期保存，劳动力数量巨大和就业结构性短缺的矛盾将长期存在，就业压力将长期存在。尽管正处在快速老龄化时期，人口机会窗口依然还会存续一段时期，只要配合恰当的经济社会发展政策，就可以将人口机会转变为人口红利，延续人口红利期。

劳动力资源老化是必然趋势，但是尚不显著。伴随劳动力数量减少趋势，劳动力也在不断老化。如果不考虑延迟退休，一方面，劳动年龄人口中的 15～39 岁年轻劳动年龄人口比重日益减少，40～59 岁年老劳动年龄人口比重不断增加。

总之，东北三省控制住了人口过快增长的态势。老龄化是一个人口发展过程。人口发展是一个较长周期的发展过程，具有自己的发展轨迹和规律性。从目前全面二孩的生育政策进行预测，人口年龄结构均衡时期的 21 世纪末叶或者更远未来的人口规模和结构构成，才能形成完善生育政策预期达成的最终结果，这个最终结果必然要伴随走过剧烈阵痛的人口老龄化的全部过程。当然，如果生育率水平的实际效果不能达到预期的政策目标，这个痛苦的过程会更长，痛苦的程度会更加剧。

未来，在死亡率稳定在低水平的基本面上，生育率水平是改变人口走向的唯一因素。继续调整和完善生育政策，需要用发展的眼光看未来，做出正确的抉择。而人口与经济社会以及资源环境的可持续发展应该成为继续完善的生育政策的必然方向，这是促进人口长期均衡发展的客观要求。

（二）人口流动与优化人口空间布局

合理城镇化规模受两个方面条件制约：一是城镇化水平与经济发展水平相契合，经济发展与城镇化之间具有密切联系。城镇化能够在投资、消费等方面提供经济发展推力，促进经济增长。城镇化水平偏低会导致投资、消费不足，难以有效发挥资本集聚效应和经济增长推动作用。二是城镇承载能力制约，城镇化超过适度水平，将会导致公共资源紧张、环境破坏等问题，不利于经济社会持续发展。根据东北三省城镇化水平现状，确定新型城镇化合理布局任务：控制沈阳、大连、长春、哈尔滨等城市人口增速；适度放宽中等城市落户限制，提高中等城市人口城镇化率；放开小城市落户限制，快速提高小城市城镇化水平。依据东北地区城镇化合理布局任务，结合各地区城镇化发展实际情况，确定特大城市、大城市和中等城市三种类型常住人口城镇化率调整目标。

人口流入流出问题也会导致创新和发展的动力和源泉的转移，影响东北地区经济转型与发展。年轻人口流入，增强地区发展的生机和活力，提高了接受新事物、新技术和新产业的能力。如果劳动力人口流出过多，人口因素导致人口老龄化以及劳动力短缺与经济发展需求的不匹配，就将形成一个恶性循环，影响产业结构和就业结构，也将成为制约东北三省经济发展与全面振兴的障碍。因此，推动经济持续发展和产业结构合理升级，需要增强人力资本投资，利用优惠政策吸引高素质人才，不断提高劳动生产率，逐渐形成"持续经济增长—人才流入拉力提升—推动经济发展"的良性循环,实现新一轮东北全面振兴的目标。

(三) 构筑东北特色的人才战略高地

经济增长重心的转移,归根到底是人才资源如何充分利用的关键。在东北全面振兴、经济体制改革、科技创新和高新技术产业化的需求与发展中,人才资源是东北振兴、经济发展、社会进步最具革命性的推动力量。在市场经济条件下,企业发展的核心是市场能力竞争,市场竞争核心是产品,产品竞争又取决于科技竞争,科技竞争最终取决于人才的竞争。

习近平总书记做出了"人才资源是第一资源"的科学判断,提出了人才强国战略和党管人才原则,并要求采取人才培养、人才激励等多方面措施,构筑人才战略高地。[①] 根据东北实际,推动人才流动进入正流入状态,制定并实施东北地区加强和改进人才工作的一系列重大方针政策,逐步确立了东北地区人才工作的基本思路和宏观布局,建设完善具有东北特色的人才战略高地。

(四) 发展环东北教育与科技孵化器

在经济发展新常态和东北振兴的背景下,东北地区区域经济发展的逐步深入,装备制造业的不断升级,现代服务业的快速发展,要求建立一支适合产业结构调整战略规划的人才队伍。东北地区经济发展正由原来的主要依靠劳动力和初级要素投入的阶段逐步转向为主要依靠技术创新推动全省经济发展的阶段。区域专业科技人才体系的培养和完善问题日益凸显,不能单纯依靠低廉的劳动力成本和资源产品价格优势维持自己的经济竞争力,而是必须发展环东北教育与科技孵化器,培养大量技术娴熟、手艺高超的一线科技人才,生产出高技术含量、高质量的产品,真正形成自己的产业优势,从而实现经济的快速、健康和可持续发展。

---

① 中共中央文献研究室:《习近平关于科技创新论述摘》,中央文献出版社 2016 年版。

（五）突破户籍限制吸引农村产业工人向城镇迁移

东北地区城乡分割的二元经济结构中，表现为城市中发达的现代工业与乡村中落后的传统农业并存。突破户籍限制吸引农村产业工人向城镇迁移，使农民通过向城镇转移并最终实现市民化是解决"三农"问题、促进经济快速增长的最有效途径。在二元经济向一元经济结构转变的过程中，突破户籍限制吸引农村产业工人向城镇迁移。托达罗模型主张依靠促进农业农村的发展来吸收剩余劳动力，通过农村工业化的道路来实现农业现代化。农村剩余劳动力如果能够打破城乡二元结构，离土离乡，逐渐转移到城镇中的第二、第三产业，一方面可以促进总体经济增长和产业结构升级，充分发挥城镇对农村的辐射和扩散效应，有效地减少目前劳动力供求在数量和结构上的偏差；另一方面则可以增加中远期城镇劳动力供给量，减小劳动力供给的缺口。

五、新时期人口发展驱动东北振兴的对策建议

从东北三省人口总量、发展趋势、人口贡献度及影响因素来看，人口要素对经济增长的弹性显著为正，表明人口要素的增长对全国和东北各省的经济增长产生了显著的促进作用。从贡献程度来看，2010年之前，物质资本、总人口规模、劳动年龄人口比重是影响全国和东北地区经济发展的最为关键的因素，2010年之后人力资本对经济增长的贡献率显著提升，成为经济增长的重要驱动力。因此，协调处理好人口总量、人口素质与经济社会发展之间的问题，是解决东北地区经济下行压力下实现经济目标和跨越式发展的重中之重。

（一）制定积极的东北人口发展战略

面对东北地区更加复杂的人口形势，更加突出的人口结构性矛盾，社会发展、经济增长、环境保护问题更加显著。作为人口与资源、环境和经济的相互协调的大系统，根据东北三省主体功能区规划，实现人口

与经济社会资源环境可持续发展是提升区域竞争力推进东北振兴的根本保证。以沈阳、大连、长春、哈尔滨等城市为核心要采取空间适度扩张和人口聚集并举的城市化战略，走东北地区集约化发展道路。对于资源和土地等综合条件较好、发展潜力较大的其他周边城市和中心镇，要通过东北人口发展战略等政策扶持，增强其产业和人口集聚能力。

利用东北地区的区位优势和东北全面振兴战略优势，加快人口集聚，促进沿海及经济带间的区域优势互补和协调发展。通过积极的人口政策，放宽户籍、增加劳动力转移的就业培训等，建立人口生育弹性与人口优化机制、形成有利于人口集聚的管道与激励机制、构筑东北人才高地的内外生机制，全面建设环东北教育与科技孵化器机制，实现人口与资源环境的优化配置，以推动地区经济发展与产业结构的升级。

树立人口经济社会协调发展理念，制定积极的东北人口发展战略。在经济社会发展中树立人口与经济社会协调发展战略。一是适度鼓励普遍性的二胎化，增加未来人口总量。二是促进人口流动区域内集聚。三是大力提高人口素质，开发利用人力资源。四是促进人口经济社会发展与生态环境发展相协调。将人口因素与资源环境、经济社会发展放在一个大背景下，实现人口与经济社会发展的有机融合，使人口规模、人口结构、人口素质在经济社会协调发展的框架下，打造区域协调的人口发展战略。

加大区域教育投资技术创新力度，支撑区域经济发展。东北地区经济社会发展已由依靠人口红利和物质资本投资拉动推进阶段逐步转向依靠技术创新等软投入推动经济发展阶段。新的经济增长模式的主动力在于整体提升人口素质，加大区域教育投资和技术创新水平。增加教育投资，重视人才，提升人力资本水平和科技水平，注重挖掘有特殊技能人才，制定吸引人才的财政支持政策，实施灵活多样的办学形式，使正规教育、业余教育、成人教育、企业培训等人才培养方式共同促进，建立适合实际又符合人才培养和技术创新规律的政策机制，提升人口素质，为提升区域竞争力奠定良好的智力支撑体系。

推进区域产业结构优化升级调整，发挥人力资本作用。区域产业结构与就业结构之间互动关系，二者是对应优化过程。高质量的劳动力结构促进产业结构的优化升级。反之，产业结构优化升级使得知识含量与技术含量不断提高，呈现出技术密集型的特点。从产业结构调整情况来看，主导产业仍然集中在劳动密集型产业，产业结构调整进程落后于全国平均水平。发展技术密集型产业是实施竞争优势产业的发展方向，技术进步对经济发展与就业都具有促进作用。要大力发展技术密集型产业并逐步淘汰替换那些污染环境严重、资源消耗过多的劳动密集型产业。可在电子通信、生物医药、新材料、技术性服务业、知识性服务业等领域积极发展技术密集型产业，逐步实现产业结构的跨越式提升，形成产业发展与就业发展相结合的互动局面。

（二）构建提高人口生育弹性与人口优化机制

构建提高人口生育弹性与人口优化机制，完善生育激励政策，刺激生育愿望。结合东北地区广大家庭尤其是女性的需求，全方位营造良好的生育支持环境，解除育龄妇女及其家庭的后顾之忧。优先解决 2～3 岁幼儿的入托需求。加大托育服务供给力度。通过鼓励企业兴办及政府购买服务等多种形式扶持城乡集体、企业、机关事业单位幼儿园和普惠性民办幼儿园招收 2 岁幼儿，并将其作为评定星级幼儿园的必要条件。鼓励和支持用人单位、社区及其他社会力量，创办婴幼儿托育服务机构。

加强和完善妇幼健康服务机构基础设施和服务能力建设，扩大服务容量。加强普及优生优育和生殖健康知识，尤其是针对高龄孕产妇人群再生育咨询、指导和服务需要进一步强化。开展基本生育全程免费服务试点工作，实行孕前优生检查、孕中产检、住院分娩基本服务和新生儿体检等全部免费。完善育龄妇女就业保障。保障女性平等就业权，确保产后顺利回归职场；构建育龄女性再就业体系，为因生育而离职的女性进行职业培训，提供就业信息，提升市场适应性，增强再就业能力。

（三）建立有利于人口集聚的管道与激励机制

制定高素质人才的吸引优惠政策，建立有利于人口集聚的管道与激励机制。在目前经济下行趋势以及东北地区人口流失的形势下，东北地区人才集聚能力出现减弱趋势，为避免高素质人才流失，制定吸引人才优惠政策，千方百计地吸引人才是推动人口、资源、环境协调发展的关键路径。目前是东北全面振兴的重要阶段，高素质人才是振兴老工业基地的第一资源，应积极采取措施广泛吸引各类人才。首先，大力引进各类高素质人才。可以在住房、保险、子女入学、配偶安置、亲属随迁、投资创业、干部选拔任用等方面给予政策优惠，吸引经济发展建设急需的各类高素质人才来定居、工作或创业。其次，各企业可通过建立健全职工职业生涯规划机制，为员工提供充分的调动或晋升机会，在录用高素质人才时才能使其看到充分的职业发展空间。最后，构建和谐的工作环境。吸引人才除了提供较高激励优惠条件外，宽松、和谐的工作环境也是吸引人才的重要因素。总之，建立完善的人口集聚的管道与激励机制，增加软投入实力，增强东北地区人口集聚效应。

（四）构筑东北人才高地的内外生机制

要弥补东北地区人才需求缺口，解决高技能高精尖人才不断外流的现状，就需要千方百计大力营造具有吸引力的人才发展环境、完善"引人、留人、用人"体制机制，突破人才引进、评价、流动、激励等方面体制机制障碍，构筑东北人才高地的内外生机制，激发东北地区人才活力。

第一，完善引人留人体制机制。开发更多元化的引才方式，建立全新的政府主导多方引才机制，不断完善富有竞争价值的高层次人才引进的保障体系。

第二，完善人才流动机制。畅通政企、事企流动通道，着力打造"柔性引才"管理机制；构建"留才、引才、用才"合理和有效的人才管理新机制。

第三，强化人才激励机制。引进人才并把人才留住是集聚高层次人才的最主要问题，坚持"以人为本"，充分发挥人才作用，全面提高人才素质。充分尊重人才劳动，尊重人的创造精神，保护科学研究领域中的自由创造、自主研究，为其营造良好的环境。要体现在尊重成才、用才的规律，尊重创新、科学研究规律将科技发展目标从重成果转向成果与人才发展并重，将科技工作的重点从"重物轻人"转向"人才资源是第一资源"。

（五）全面建设环东北教育与科技孵化器机制

第一，建立完善环东北教育与科技孵化器机制，重点提高自主创新能力。以高等院校和科研机构为基地，围绕产业转型升级涉及的核心领域，建立环东北教育与科技孵化器，增加科研资金投入，改善科研条件，培养具有自主创新能力的人才队伍，提高发明专利、实用新型专利和外观设计专利数量，提高以产业转型升级为驱动的自主创新能力。推动技术研发和知识创新与实践应用相结合，增强经济发展活力。建设人才管理试验区和创业基地。

第二，不断完善人力资本培养梯次体系，支撑技术创新发展。产业结构转型升级的关键在于技术创新，而技术创新的基础是高层次人才队伍建设。发展农村教育事业，全面落实九年义务教育制度，根据城镇化过程中农村就学儿童数量合理设置学校、班级数量，提高农村教师待遇水平。以农业发展需求为导向，建立农村技能培训机构，针对种植业、养殖业和网络信息等方面知识进行系统培训，提高农村劳动力利用先进生产设备能力和掌握利用信息能力。增强东北地区中等职业教育和高等学校教育师资投入。鼓励社会资本投资民办高校，以政策扶持和产业就业引导为"两翼"，增加技能人才培养，推动人才培养与产业需求相匹配，为经济转型发展提供人才支持。以争创国家自主创新示范区为契机，充分发挥区域现有优势，依托国家大学科技城、国家实验室、国际新兴产业园科技创新驱动优势，加快建设国家级人才创业基地。着力搭建海内外人才创业平台。鼓励各级政府、企业、高校、科研院所作为多元化投资主体投资建设各类创业平台，实现专业技术、项目、人才和服务资源的集聚。

第二节　人口变动趋势及增长策略：
以辽宁省为例

　　人口问题是全局性、长期性、战略性问题，人口是经济发展的内在动力，是经济发展得以实现的基础条件，人口与经济协调发展是全面振兴和可持续发展的关键所在。随着经济社会不断发展，人口发展的内在动力和外部条件发生了显著变化。辽宁省正处于全面建设小康社会决胜时期，社会经济结构不断调整优化，经济由高速增长向高质发展转变，对人口发展提出了新的挑战。正确把握辽宁省人口发展趋势性变化特征，围绕经济振兴与高质量发展目标，科学统筹谋划，充分做好政策储备，积极有效应对人口转变的风险和挑战，实现人口总量稳定增长，为经济发展提供良好的人口基础。

一、辽宁省人口变动基本现状

　　人口变动是一个慢变量和长过程。20 世纪 90 年代以来，伴随着经济发展和社会变迁，人口惯性与周期效应充分显现，辽宁省人口发展出现了新特征和新问题，人口总量增速放缓甚至在近期出现了衰减迹象，少子老龄化趋势不断加深，人口结构失衡风险增大，经济与社会发展面临严峻的挑战。

（一）人口数量变动情况

1. 常住人口由增转降，地区变动差异显著

　　1990～2014 年辽宁省常住人口规模从 3946 万人增加到 4391 万人，人口增长率呈现出波动下降趋势。2015 年，常住人口规模首次呈现负增长，减少了 8.6 万人，增长率为 -0.2%。2016 年、2017 年和 2018 年常住人口分别减少 4.4 万人、9 万人和 15.3 万人，增长率分别为

－0.1％、－0.21％和－0.35％，三年累计减少28.7万人，见图5－3。

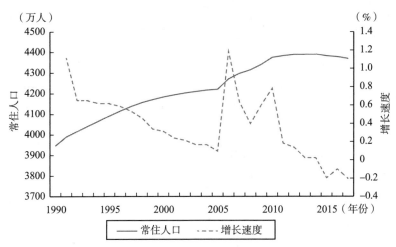

图5－3　1990~2017年辽宁省常住人口规模及增长速度

资料来源：1991~2018年《辽宁统计年鉴》。

辽宁省各地常住人口变动趋势差异明显。人口持续增长的只有沈阳、大连两个市，其他市均出现不同程度的减少，盘锦和营口变动幅度较小。沈阳和大连常住人口虽然有所增加，但增速不断放缓。2000~2017年，沈阳市常住人口从704.76万人增长至829.4万人，总体不断增加，但增速呈下降趋势，由2010年的1.41％下降至2017年的0.33％。2010年人口负增长的地级市有抚顺、丹东、锦州、阜新、铁岭、朝阳和葫芦岛7个市，2017年除小幅增长的沈阳和大连以外，其他各市人口均出现了不同程度的负增长（见表5－13）。

表5－13　　　　　　　2010年、2015年和2017年辽宁省各市
人口总量变化情况

单位：万人

地区	2010年	2015年	2017年	总变化量	年变化量
沈阳	810.62	829.10	829.40	18.78	2.68
大连	671.34	698.70	698.80	27.46	3.92

地区	2010 年	2015 年	2017 年	总变化量	年变化量
鞍山	364.54	360.90	359.80	-4.74	-0.68
抚顺	213.81	207.10	206.50	-7.31	-1.04
本溪	170.95	171.90	168.70	-2.25	-0.32
丹东	244.47	241.10	239.50	-4.97	-0.71
锦州	312.65	306.80	305.00	-7.65	-1.09
营口	242.55	244.30	243.80	1.25	0.18
阜新	181.93	177.80	176.60	-5.33	-0.76
辽阳	185.88	184.60	183.70	-2.18	-0.31
盘锦	139.97	143.70	143.70	3.73	0.53
铁岭	273.58	265.30	263.80	-9.78	-1.40
朝阳	304.47	295.20	294.90	-9.57	-1.37
葫芦岛	262.42	255.60	254.70	-7.72	-1.10

资料来源：2011~2018 年《辽宁统计年鉴》。

2. 户籍人口波动下降，下降速度更快

2000~2010 年辽宁省户籍人口从 4135.3 万人增加到 4257.1 万人，年均增长 11.6 万人。2011 年以后户籍人口呈现波动下降趋势，虽然 2014 年略有回升，但总体比常住人口下降趋势更快，下降时间更早。2010~2015 年共减少了 22 万人，2016 年和 2017 年两年共减少了 33.2 万人（见图 5-4）。

从各市情况来看，持续增长的只有沈阳和大连两个市。2000~2015 年，沈阳市户籍人口从 685.1 万人增长至 730.4 万人，增速不断放缓，由 2010 年的 0.59% 减少到 2015 年的 0.3%；大连共增加了 43.4 万人，2015 年人口增长率仅为 0.24%。2015~2017 年沈阳和大连户籍人口总量分别增加了 6.6 万人和 1.3 万人，大连市人口增长水平相对较低。

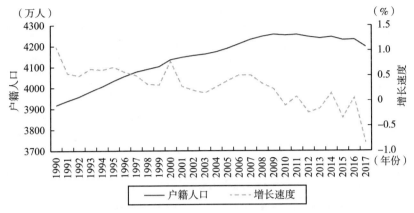

图 5-4　1990~2017 年辽宁省户籍人口规模及增长速度

资料来源：《辽宁统计年鉴 2018》。

辽宁省多数地区户籍人口先后出现了减少趋势，且下降速度不断加快。2010 年除抚顺、本溪、丹东和阜新这几个城市出现负增长以外，其他城市户籍人口均有所增加，其中大连、鞍山、辽阳、营口、盘锦及葫芦岛增速加快。2015~2017 年人口负增长的地级市扩大到 12 个，如表 5-14 所示。

表 5-14　2000 年、2015 年和 2017 年辽宁省各市户籍人口规模及增长速度

城市	户籍人口（万人）					增长速度（%）			
	2000 年	2005 年	2010 年	2015 年	2017 年	2005 年	2010 年	2015 年	2017 年
沈阳	685.1	698.6	719.6	730.4	737.0	0.39	0.59	0.30	0.45
大连	551.5	565.3	586.4	593.6	594.9	0.50	0.74	0.24	0.11
鞍山	344.2	347.6	351.8	346.0	344.0	0.20	0.24	-0.33	-0.29
抚顺	227.0	224.4	220.9	215.8	210.7	-0.23	-0.31	-0.47	-1.19
本溪	157.1	156.4	154.6	151.2	147.6	-0.09	-0.23	-0.44	-1.20
丹东	241.0	242.4	241.4	238.1	235.2	0.12	-0.08	-0.27	-0.61
锦州	306.4	308.3	308.4	302.6	296.4	0.12	0.00	-0.37	-1.03
营口	226.2	230.5	235.5	232.6	231.8	0.38	0.43	-0.25	-0.17

城市	户籍人口（万人）					增长速度（%）			
	2000 年	2005 年	2010 年	2015 年	2017 年	2005 年	2010 年	2015 年	2017 年
阜新	192.1	192.7	192.4	189.5	186.2	0.06	-0.03	-0.30	-0.87
辽阳	181.3	182.0	183.4	179.0	176.5	0.08	0.15	-0.48	-0.70
盘锦	122.1	125.9	131.3	129.5	129.6	0.61	0.84	-0.28	0.04
铁岭	298.5	302.6	305.1	300.4	293.7	0.27	0.16	-0.31	-1.12
朝阳	334.2	338.7	339.2	340.9	336.5	0.27	0.03	0.10	-0.65
葫芦岛	268.6	273.7	281.8	280.1	279.0	0.38	0.59	-0.12	-0.20

资料来源：2001 年、2006 年、2011 年、2016 年、2018 年《辽宁统计年鉴》。

（二）人口结构变动情况

1. 人口老龄化程度加深，劳动适龄人口比重下降

辽宁省老年人口数量持续增加，老龄化程度不断加深。2000 年和 2010 年辽宁省 60 岁及以上老年人口规模分别是 486.6 万人和 672.2 万人，占总人口比重为 11.6% 和 15.8%，分别比全国高出 1.1 个和 2.5 个百分点；2015 年 60 岁及以上老年人口规模达到 902.4 万人，占总人口比重为 20.59%，与全国平均水平相比差距逐渐增大。2018 年辽宁省 60 岁及以上老年人口比重高出全国 6 个百分点。可见，辽宁省人口年龄结构逐渐老化，老龄化速度持续上升，如表 5-15 所示。

表 5-15　　　辽宁和全国 15~59 岁劳动年龄人口与 60 岁及以上老年人口规模及比重

年份	全国				辽宁			
	16~59 岁		60 岁及以上		16~59 岁		60 岁及以上	
	规模（万人）	比重（%）	规模（万人）	比重（%）	规模（万人）	比重（%）	规模（万人）	比重（%）
2000	82810	66.64	12997	10.50	2956.6	70.69	486.6	11.60
2010	93961	70.14	17759	13.30	3199.8	73.15	672.2	15.80

续表

年份	全国				辽宁			
	16～59岁		60岁及以上		16～59岁		60岁及以上	
	规模（万人）	比重（%）	规模（万人）	比重（%）	规模（万人）	比重（%）	规模（万人）	比重（%）
2012	93727	69.20	19390	14.30	3154.8	71.90	760.4	17.30
2013	91954	67.60	20243	14.90	3124.6	71.20	799.3	18.20
2014	91583	67.00	21242	15.50	3077.7	70.08	851.1	19.38
2015	91096	66.30	22200	16.10	2989.4	68.21	902.4	20.59
2016	90747	65.60	23086	16.70	2941.0	67.18	947.6	21.64
2017	90199	64.90	24090	17.30	2886.2	66.06	998.4	22.85
2018	89729	64.30	24949	17.90	2837.0	65.08	1044.6	23.96

注：各年龄段人口数量为常住口径。

资料来源：2012～2018年《国民经济和社会发展统计公报》、2012～2018年《辽宁省国民经济和社会发展统计公报》、辽宁省2000年人口普查资料，辽宁省2010年人口普查资料、全国2000年人口普查资料、全国2010年人口普查资料。

伴随着老年人口规模及比重不断上升，辽宁省劳动年龄人口规模及比重不断下降。2000年和2010年15～59岁劳动年龄人口规模分别是2956.6万人和3199.8万人，占总人口比重分别为70.69%和73.15%，高出全国平均水平3～4个百分点。此后，辽宁省劳动年龄人口比重与全国平均水平的差距不断缩小。2015～2018年辽宁省16～59岁劳动年龄人口规模从2989.4万人下降为2837万人，比重从68.2%下降为65.1%，其中2018年16～59岁劳动年龄人口比重仅高于全国平均水平0.78个百分点。

2. 人口老龄化城乡倒挂现象显现，地域差异突出

辽宁省城乡人口老龄化出现"倒挂"现象。2000年城镇与乡村60岁及以上老年人口比重分别为11.97%和11.22%，城镇比乡村高0.75个百分点；65岁及以上老年人口比重分别为7.95%和7.80%，城镇比乡村高出0.15个百分点。2005年，城镇与乡村60岁及以上老年人口比

重分别为 14.47% 和 12.29%，城镇比乡村高 2.18 个百分点；同年，65
岁及以上老年人口比重分别为 10.29% 和 8.13%，城镇比乡村高出 2.16
个百分点。2010 年，辽宁省出现了乡村老年人口比重高于城镇的现象，
城镇与乡村 60 岁及以上老年人口比重分别为 14.96% 和 16.27%，乡村
老年人口比重比城镇高出 1.31 个百分点。城乡 65 岁及以上老年人口比
重分别为 10.3% 和 10.32%，乡村比城镇高出 0.02 个百分点。2015 年
辽宁省城镇与乡村 60 岁及以上老年人口比重分别为 20.15% 和
21.73%，乡村老年人口比重比城镇高 1.58 个百分点。65 岁及以上老年
人口比重分别为 12.81% 和 13.21%，乡村比城镇高 0.4 个百分点。可
见，随着城镇化水平的提升，城乡人口老龄化"倒挂"程度将进一步
加深，如表 5 - 16 所示。

表 5 - 16 　　　　　　辽宁省城镇和乡村 60 岁及以上以及
65 岁及以上老年人口比重
单位：%

年份	60 岁及以上老年人口所占比重		65 岁及以上老年人口所占比重	
	城镇	乡村	城镇	乡村
2000	11.97	11.22	7.95	7.80
2005	14.47	12.29	10.29	8.13
2010	14.96	16.27	10.30	10.33
2015	20.15	21.73	12.81	13.21
2017	—	—	13.14	15.42

资料来源：辽宁省 2000 年人口普查资料、2005 年辽宁省 1% 人口抽样调查资料、辽宁省
2010 年人口普查资料、2015 年全国 1% 人口抽样调查资料、2011 ~ 2018 年《中国人口和就业
统计年鉴》。

辽宁省各市人口老龄化水平不断加深，同时各市之间存在显著差
异。2010 年辽宁省各市 60 岁及以上老年人口比重平均维持在 16.5% 左
右，其中，大连市的老年人口比重最高为 18.03%，盘锦市的老年人口
比重最低为 14.55%。2017 年辽宁省各市 60 岁及以上老年人口比重平
均维持在 23.3% 左右，锦州市超越大连市成为省内老年人口比重最高

的城市，其老年人口比重为 25.51%，抚顺市和大连市分别为 25.30%
和 25%，成为省内老年人口比重排名前三的城市；同时，葫芦岛市、
朝阳市和营口市成为老年人口比重增长速度最慢，老龄化程度相对较轻
的三个市。老年人口比重分别为 20.97%、19.94% 和 21%。可见，未
来辽宁省各地老龄化差异将进一步显现，如表 5-17 所示。

表 5-17　　2005~2017 年辽宁省 14 市 60 岁及以上老年人口比重　　单位：%

城市	2005 年	2010 年	2015 年	2017 年
沈阳	14.63	17.05	22.12	24.29
大连	15.58	18.03	22.93	25.00
鞍山	14.10	16.66	21.73	23.87
抚顺	13.77	16.75	22.89	25.30
本溪	14.39	17.14	22.49	24.53
丹东	14.03	17.15	22.89	24.91
锦州	14.69	17.74	23.69	25.51
营口	14.62	16.26	20.64	22.56
阜新	13.44	16.16	20.42	22.34
辽阳	14.51	17.23	22.57	24.31
盘锦	11.12	14.55	19.46	21.06
铁岭	12.26	15.63	20.87	22.23
朝阳	13.11	15.06	18.72	19.94
葫芦岛	13.81	15.40	20.06	20.97

资料来源：2006~2018 年《辽宁统计年鉴》。

(三) 人口质量变动情况

1. 平均预期寿命不断延长，人口健康素质优势突出

伴随着经济社会持续发展，辽宁省人口平均预期寿命不断延长，人
口健康素质不断提升。2000 年辽宁省人口平均预期寿命为 73.34 岁，
其中男性平均预期寿命为 71.51 岁，女性平均预期寿命为 75.36 岁；

2010 年辽宁省人口平均预期寿命为 76.38 岁，比 2000 年提高了 3.04
岁，其中男性平均预期寿命为 74.12 岁，比 2000 年提高了 2.61 岁，女
性平均预期寿命为 78.86 岁，比 2000 年提高了 3.5 岁。2015 年辽宁省
人口平均预期寿命为 78.9 岁，比 2010 年提高了 2.52 岁，比 2000 年提
高了 5.13 岁，如表 5-18 所示。

表 5-18　　　　　　　全国各省份平均预期寿命及排名　　　　　单位：岁

地区	2000 年	2010 年	2015 年	
	平均预期寿命	平均预期寿命	平均预期寿命	排名
辽宁	73.34	76.38	78.90	4
北京	76.10	80.18	81.95	2
天津	74.91	78.89	81.33	3
河北	72.54	74.97	76.61	14
山西	71.65	74.92	—	—
内蒙古	69.87	74.44	75.80	20
吉林	73.10	76.18	77.80	7
黑龙江	72.37	75.98	76.99	12
上海	78.14	80.26	82.75	1
江苏	73.91	76.63	77.51	8
浙江	74.70	77.73	78.22	5
安徽	71.85	75.08	76.00	17
福建	72.55	75.76	77.04	10
江西	68.95	74.33	75.90	19
山东	73.92	76.46	78.00	6
河南	71.54	74.57	—	—
湖北	71.08	74.87	76.50	15
湖南	74.70	70.66	75.90	18
广东	73.27	76.49	77.24	9
广西	71.29	75.11	—	—

续表

地区	2000 年	2010 年	2015 年	
	平均预期寿命	平均预期寿命	平均预期寿命	排名
海南	72.92	76.30	77.01	11
重庆	71.73	75.70	76.70	13
四川	71.20	74.75	76.42	16
贵州	65.96	71.10	—	—
云南	65.49	69.54	73.60	22
西藏	64.37	68.17	68.20	24
陕西	70.07	74.68	75.70	21
甘肃	67.47	72.23	73.25	23
青海	66.03	69.96	—	—
宁夏	70.17	73.38	—	—
新疆	67.41	72.35	—	—
全国	71.40	74.83	76.34	—

资料来源：中国 2000 年、2010 年人口普查资料、中国 2015 年全国人口 1% 抽样调查资料、各省份 2015 年卫生公报。

2015 年，辽宁省人口平均预期寿命在 24 个省份中名列前茅，居第四位，相比较于 2010 年排名第八有了显著提升。2010 年辽宁人口平均预期寿命超过全国平均水平 1.55 岁，到 2015 年超过全国平均水平 2.56 岁，由此可见，2010～2015 年辽宁省人口平均预期寿命不断延长，健康素质不断提高。

2. 人口受教育程度较高，城乡差异较为显著

辽宁省人口受教育程度较高。6 岁以上人口受教育程度多为初中以上，低学历人口比重不断下降，受过高等教育的人口比重不断提高。2015 年辽宁省文盲率为 2.32%，比全国文盲率（5.69%）低 3.37 个百分点；中专及以下文化程度的人口比重均有所下降，反之大学本科及以上的高学历人口比重则有所提高，如表 5-19 所示。

表 5 - 19 辽宁省 6 岁及以上人口受教育程度构成

受教育程度	2000 年		2010 年		2015 年	
	规模（人）	比重（%）	规模（人）	比重（%）	规模（人）	比重（%）
未上过学	2117529	5.34	975536	2.33	977484	2.32
小学	12654144	31.93	9364681	22.36	8505742	20.20
初中	16757863	42.28	19829444	47.36	18910645	44.90
高中	3997787	10.09	6469305	15.45	4820452	11.45
中专	3212314	8.11	2817201	6.73	1771613	4.21
大学本科	845654	2.13	2233535	5.33	6850774	16.27
研究生	47251	0.12	183345	0.44	279806	0.66
共计	39632542	100	41873047	100	42116516	100

资料来源：辽宁省 2000 年人口普查资料，辽宁省 2010 年人口普查资料、辽宁省 2015 年人口 1% 抽样调查资料。

2015 年初中和高中受教育人口比重分别为 44.9% 和 11.45%，相比 2010 年分别降低了 2.46% 和 4%；中专教育人口比重也有所下降，从 2010 年的 6.73% 下降到 2015 年的 4.21%；大学本科及研究生受教育人口规模和比重均大幅度提高，且变化较大的是大学本科受教育程度人口，相比 2010 年，2015 年本科受教育人口是 2010 年的 3.07 倍，研究生受教育人口也迅速增长到原来的 1.5 倍；2015 年大学本科和研究生受教育人口比重分别为 16.27% 和 0.66%，相比 2010 年分别提高 10.94 个百分点和 0.22 个百分点。

辽宁省城乡人口受教育程度差异较大。2010 年城镇人口多为初高中学历以上，而乡村人口多为小学和初中学历。城镇 6 岁及以上人口文盲率为 1.51%，而乡村为 3.69%，乡村文盲率是城镇的 2.44 倍；城镇接受过初等教育人口比重为 14.14%，乡村为 36.1%，乡村比城镇高约 22 个百分点；城镇接受过中学教育人口比重为 65.5%，乡村为 58.32%；城镇接受过高等教育（包括大学专科、大学本科和研究生）的人口比重为 18.86%，而乡村仅为 1.89%，如图 5 - 5 所示。

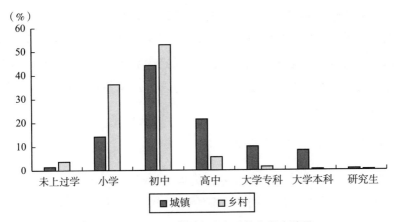

图 5 - 5　2010 年辽宁省城乡受教育程度差异

资料来源：辽宁省 2010 年人口普查调查资料。

2015 年辽宁省城乡受教育程度差异仍然较大。相比较于 2010 年城镇 6 岁及以上人口文盲率为 1.48%，而乡村为 4.03%，乡村文盲率是城镇的 2.72 倍，文盲率差异与 2010 年相比进一步加深，2015 年城镇接受过高中及以上教育的人口比重为 44%，接近一半，而乡村却只有 9.46%，城镇比乡村高 34.56 个百分点，可见城乡受教育水平差异并未得到有效缓解，见图 5 -6。

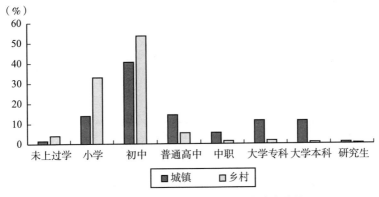

图 5 - 6　2015 年辽宁省城乡受教育程度差异

资料来源：辽宁省 2015 年人口 1% 抽样调查资料。

综上所述，从整体上看，辽宁省城镇中高等受教育人口比重均高于农村，城镇人口受教育水平显著高于农村，城乡受教育差异较大。未来辽宁省应加大农村教育投入，普及高中教育，发展多种形式职业教育，提升农村人口人力资本水平，为未来经济持续增长提供人力资本支持。

（四）人口分布变动情况

1. 人口城镇化水平位居前列，优势不断弱化

城镇化是乡村人口向城镇集聚的过程。辽宁省第二、第三产业的发展吸引了大量农村剩余劳动力进入城镇，极大提高了人口城镇化水平。2005 年，辽宁省城镇人口比重为 58.7%，高于全国平均水平 15.7 个百分点；2005 ~ 2017 年间，辽宁省城镇化水平进一步提高。2017 年辽宁省城镇人口比重达到 67.49%，位居全国第七位，比 2005 年提高了13.2 个百分点。2005 ~ 2010 年增长了 3.4 个百分点，2010 ~ 2015 年增长了 5.25 个百分点，2015 ~ 2017 年城镇化增长速度有所放缓，两年仅增长了 0.14 个百分点，如图 5 - 7 所示。

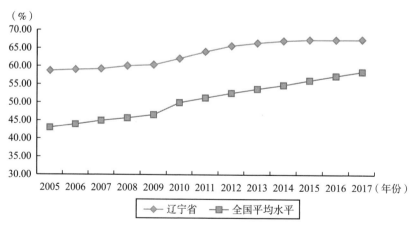

图 5 - 7　2005 ~ 2017 年辽宁省与全国城镇化水平

资料来源：《辽宁统计年鉴 2018》《中国统计年鉴 2018》。

　　辽宁省城镇化水平虽然高于全国平均水平，但与北京、上海、天津等经济发达省市相比，差距越来越大，与全国平均水平差距则越来越小，排名不断后移，先后被浙江、江苏、广东等地赶超。2010 年辽宁省城镇化水平为 62.1%，比全国高出 12.6 个百分点；2015 年辽宁省城镇化水平为 67.35%，比全国高出 11.25 个百分点；2017 年辽宁省城镇化水平为 67.49%，比全国高出 8.97 个百分点，比城镇化水平最高的上海低了 20 个百分点，如表 5-20 所示。

表 5-20　　　　　　　全国 31 个省份城镇化水平及排名情况　　　　　单位：%

地区	2010 年		2015 年		2017 年	
	城镇化水平	全国排名	城镇化水平	全国排名	城镇化水平	全国排名
辽宁	62.10	5	67.35	5	67.49	7
北京	85.96	2	86.50	2	86.50	2
天津	79.55	3	82.64	3	82.93	3
河北	44.50	20	51.33	20	55.01	19
山西	48.05	16	55.03	17	57.34	16
内蒙古	55.50	10	60.30	10	62.02	10
吉林	53.35	11	55.31	14	56.65	18
黑龙江	55.66	9	58.80	11	59.40	12
上海	89.30	1	87.60	1	87.70	1
江苏	60.58	7	66.52	6	68.76	5
浙江	61.62	6	65.80	7	68.00	6
安徽	43.01	23	50.50	22	53.49	22
福建	57.10	8	62.60	8	64.80	8
江西	44.06	21	51.62	19	54.60	21
山东	49.70	14	57.01	12	60.58	11

续表

地区	2010 年		2015 年		2017 年	
	城镇化水平	全国排名	城镇化水平	全国排名	城镇化水平	全国排名
河南	38.50	27	46.85	27	50.16	25
湖北	49.70	14	56.85	13	59.30	13
湖南	43.30	22	50.89	21	54.62	20
广东	66.18	4	68.71	4	69.85	4
广西	40.00	26	47.06	26	49.21	27
海南	49.80	13	55.12	16	58.04	14
重庆	53.02	12	60.94	9	64.08	9
四川	40.18	25	47.69	24	50.79	24
贵州	33.81	30	42.01	30	46.02	30
云南	34.70	29	43.33	28	46.69	28
西藏	22.67	31	27.74	31	30.89	31
陕西	45.76	18	53.92	18	56.79	17
甘肃	36.12	28	43.19	29	46.39	29
青海	44.72	19	50.30	23	53.07	23
宁夏	47.90	17	55.23	15	57.98	15
新疆	43.01	23	47.23	25	49.38	26
全国	49.95	—	56.10	—	58.52	—

资料来源：2011 年、2016 年、2018 年《中国统计年鉴》。

2. 空间分布异质性突出

从省内空间分布来看，辽宁各地级市之间人口城镇化水平存在明显差异。沈阳、大连、本溪的城镇化水平遥遥领先，2017 年分别为 80.57%、78.39% 和 78.07%，比全省平均水平高出 10～13 个百分点。而铁岭、葫芦岛和朝阳三市城镇化水平低于 50%，其中朝阳市城镇化水平仅为 44.73%。可见，辽宁省内部城镇化水平空间差异明显，如图 5 - 8 所示。

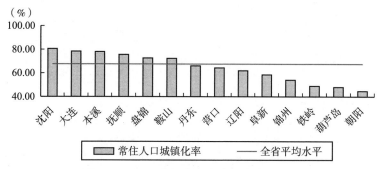

图 5 - 8　2017 年辽宁省分地区城镇化水平

资料来源：《辽宁统计年鉴 2018》。

3. 人口空间分布呈现"四区两集聚点"格局

辽宁省人口地域分布格局极不平衡，空间分化特征明显。人口分布在空间上形成以沈阳为中心的辽宁中部地区和以大连为中心的辽宁南部地区两大空间集聚区，这两大区域的城镇化水平也高于其他地区，这与辽宁省着力打造的"沈阳经济区"和"辽宁沿海经济带"两大空间发展战略相吻合。因此，无论是人口的总量分布，还是城镇化发展水平都反映出辽宁省人口地域空间分布呈现中心极化的特点，人口总量的空间分布与城镇化水平的空间分布相契合。

从 2017 年辽宁省各地区人口分布来看，中部的沈阳、铁岭、鞍山、辽阳等地级市人口占全省总人口的 37.46%，平均人口城镇化率达到 71.56%，高出全省平均水平 4.07 个百分点，其中沈阳人口占比高达 18.98%，城镇化率为 80.57%。南部地区大连、营口、盘锦等人口占辽宁省总人口的 24.86%，平均城镇化率达到 74.46%，高出全省平均水平 6.97 个百分点，其中大连人口占比高达 15.99%，城镇化率 78.39%。两大人口空间集聚区总人口占辽宁总人口的 62.33%，城镇化率高出全省平均水平 5.23 个百分点，如表 5 - 21 所示。

表5-21 2017年辽宁省各市人口规模及城镇化率

区域划分	地区	占辽宁省总人口比重（%）		各市人口（万人）	城镇人口（万人）	城镇化率（%）
中部地区	沈阳	18.98	37.46	829.40	668.20	80.57
	鞍山	8.24		359.80	259.99	72.26
	辽阳	4.20		183.70	113.80	61.93
	铁岭	6.04		263.80	129.26	49.00
南部地区	大连	15.99	24.86	698.80	547.79	78.39
	盘锦	3.29		143.70	104.20	72.53
	营口	5.58		243.80	156.90	64.34
东部地区	丹东	5.48	14.07	239.50	158.05	65.99
	抚顺	4.73		206.50	155.90	75.51
	本溪	3.86		168.70	131.70	78.07
西部地区	锦州	6.98	23.60	305.00	164.70	54.09
	阜新	4.04		176.60	103.36	58.53
	朝阳	6.75		294.90	131.90	44.73
	葫芦岛	5.83		254.70	122.50	48.08

资料来源：《辽宁统计年鉴2018》。

东部地区和西部地区人口总量占辽宁省的37.67%，平均人口城镇化率为58.82%，低于全省平均水平8.67个百分点。因此，从人口数量的分布比重来看，辽宁省人口分布格局呈现为中部、南部、东部和西部四大区域，沈阳和大连两大集聚点（见图5-9）。

图5-9 2017年辽宁省分地区人口总量

资料来源：《辽宁统计年鉴2018》。

二、辽宁省人口发展关键问题

辽宁省人口危机渐行渐近，人口问题日益严峻：人口惯性和生育意愿刚性双重叠加，人口自然增长水平极低，出生人口大幅减少，总量增长势能不断弱化；人口老龄化加速到来，社会养老负担日趋沉重，代际赡养结构失衡；体制矛盾与下行压力叠加，人口数量质量双重流失，进一步加剧人口结构失衡；人口增长两极分化，集聚与收缩并存，城镇化发展空间异质特征突出。

（一）生育意愿刚性与人口惯性制约人口增长

1. 生育意愿刚性特征显著，人口惯性效应显现

生育意愿是人口关于生育行为的态度和看法，反映了人口的生育需求，并且在一定程度上决定和影响着生育决策，生育意愿一旦下降便很难提升。人口学界对低生育水平进行了标准划分，总和生育率低于更替水平（2.1）为"低生育"水平；低于1.5为"很低生育"水平；等于或低于1.3的情况则为"极低生育"水平。据2015年全国1%人口抽样调查数据可知，辽宁省2015年的总和生育率为0.9，全国为1.05。"全面两孩"政策实施后，2016年和2017年辽宁省人口出生率分别为6.60‰和6.49‰，同期全国人口出生率分别为12.95‰和12.43‰。可见，辽宁省已经处于极低生育率水平，并有陷入"低生育率陷阱"① 的风险。一旦掉入低生育率陷阱便会加剧少子老龄化，削弱经济发展动力，进一步制约地区经济发展。

辽宁省长期持续较低生育水平主要是源于生育政策实施及生育意愿刚性特征显著。从人口经济学角度看，低生育率不仅源自结构性、压力性的外在客观制度性因素，还源自生育意识和生育行为的内在主观能动

---

① "低生育率陷阱"是指地区总和生育率一旦降到1.5以下，就会产生"低生育率自我强化机制"，生育率就如同掉进了"陷阱"，很难再回升到1.5以上。

性因素。自 1980 年起，控制人口增长政策的有效实施加速了人口转变进程，高死亡率和高出生率向低死亡率和低出生率的转变以高度压缩的形式完成，辽宁省这一转变过程更为迅猛。从时间上看，全国总和生育率降低到世代更替水平以下用了 30 年，而辽宁省仅用了 15 年。

辽宁省生育意愿较低且刚性特征显著。首先，辽宁省人口生育水平低与良好的经济基础相关。"发展是最好的避孕药"，人口的生育意愿、行为与经济收入水平和可利用资源数量呈"U"形关系，即经济收入和资源拥有最少和最多的两类人群生育意愿越高、生育行为越积极，而中产阶级考虑到子女教育、就业、婚嫁等抚养支出，则选择减少生育行为，中等收入群体越多，社会整体生育率越低。辽宁经济基础较好，工业化和城市化水平较高，中等收入群体比例相对较高，在高竞争环境下为追求教育、保证就业、职业发展，多选择晚婚晚育，总体生育意愿较低。迁移至城市的居民，在市民化过程中也逐渐加入这一群体中，而这部分群体中的育龄人群，随着家庭对子女教育期望的升高以及教育成本的攀升，不仅推迟了家庭意愿生育时间，而且减少了意愿生育数量。

此外，严格控制的生育政策产生了巨大的人口惯性，导致辽宁省育龄期女性人口数持续下降，进一步降低了人口出生水平。出生人口数量除了取决于女性总体生育水平外，还取决于当期育龄女性人数。受前期控制生育政策影响，辽宁省育龄期女性数量持续减少。2000 年以后出生的女性人口数下降快速而明显，与 20 世纪 80 年代相比下降了近 50%。而这些女性进入生育高峰期的时间大约在 2025 年左右。从近十几年的数据来看，辽宁省育龄妇女数量和生育高峰期育龄妇女数量均呈递次减少的状态，同期人口出生率也逐年降低。

2010 年第六次全国人口普查数据显示，15～49 岁育龄妇女数量为 1210 万人。与 2005 年 1% 抽样数据相比，育龄期女性人数有所增加，是因为 20 世纪 80 年代中期辽宁省生育政策有所调整，造成这一阶段人口出生有一个小高峰。2015 年以后，育龄期女性人数呈现不断下降趋势。预计 15～49 岁育龄期女性人数由 2018 年的 1000 万人，将缩减至 2030 年的 752 万人，共减少 248 万人，年均减少近 21 万人。2025 年之前育龄期女性年均减少2.5%，2025年之后由于"全面两孩"生育政策的实施减少速度有所下降，基本维持在1.5%左右。总体来看，15~49岁育龄期女性人数15年减少近330万人，与2015年相比减少了30%，如图5-10所示。

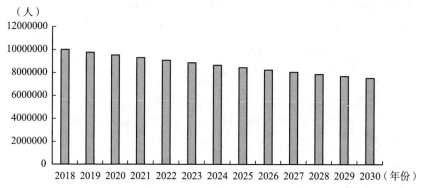

图5-10　2018~2030年辽宁省15~49岁育龄期女性人数

资料来源：根据人口预测结果计算得到。

随着"全面两孩"生育政策的实施和人们生活水平的提高，从短期来看，由于20~34岁年龄段的家庭正处于人口生育的高峰期，直接面临二胎生育选择，因此生育政策的调整对于生育期处于20~34岁年龄段育龄人口影响最为明显，辽宁省未来20~34岁生育峰值女性人数如图5-11所示。

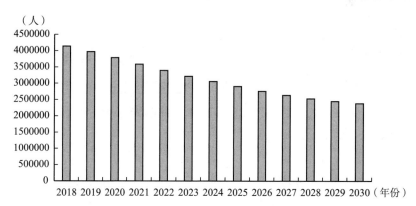

图5-11　2018~2030年辽宁省20~34岁育龄期女性人数

资料来源：根据人口预测结果计算得到。

所有育龄期女性人口中，处于生育高峰期的 20 ~ 34 岁人口恰恰是减少速度最快的。20 ~ 34 岁女性人数由 2018 年的 414 万人，减少到 2030 年的 238 万人，共减少了 176 万人，年均减少近 15 万人。2020 ~ 2027 年减少速度最快，其中 2022 年高达 – 5.27%，直到 2028 年之后，由于"全面二孩"生育政策的实施减少速度有所下降，基本维持在 3% 左右。生育高峰期女性人数的锐减对于出生人口数量的减少影响非常大，辽宁省人口持续发展将面临严峻挑战。

2. 自然增长水平极低，人口增长势能减弱

在生育意愿下降、育龄期女性人口数量持续减少的情况下，辽宁人口发展模式已由"高出生率、低死亡率、高人口增长率"转变为"低出生率、低死亡率、极低人口自然增长率"模式，增长动能明显不足。户籍人口出生率持续徘徊在 10‰以下，2010 年以后自然增长率多数为负，如图 5 – 12 所示。

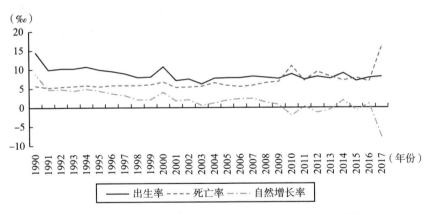

图 5 – 12　辽宁省户籍人口出生率、死亡率和自然增长率

资料来源:《辽宁省统计年鉴 2018》。

1990 年以来，辽宁省人口出生率与自然增长率呈现同步下降趋势。1990 ~ 1999 年间，出生率维持在 12.3‰左右，之后快速下降，2000 ~ 2017 年平均水平在 1.78‰左右；1990 ~ 2016 年辽宁省人口死

亡率相对变化不大，2017 年大幅上升。1990～2009 年，年平均死亡率在 6‰，2010～2017 年人口死亡率有所上升，平均水平在 9.4‰左右，这与辽宁省不断上升的老年人口规模密切相关。1990～1996 年，人口自然增长率维持在 6.6‰左右，之后快速下降，1997～2000 年人口自然增长率基本处于 3.9‰左右，2001～2017 年平均水平下降到 0.82‰左右。其中，2011 年、2012 年、2013 年、2015 年和 2017 年人口自然增长率为负。

2017 年辽宁省人口自然增长率为 −7.8‰，不仅低于英国（2.2‰）、韩国（1.4‰）、美国（3.3‰）、新加坡（3.9‰）等发达国家的人口自然增长率，也严重低于我国平均人口自然增长率（5.32‰）和北京、上海、广东、江苏、浙江等东部沿海发达省份的人口自然增长率（见表 5-22）。可见，辽宁省人口已经进入极低人口自然增长发展模式，少子老龄化、劳动力数量减少等人口问题将接踵而来。

表 5-22 中国东部沿海发达省份和世界发达国家人口自然增长率　　单位：‰

发达国家	自然增长率	发达省份	自然增长率
英国	2.2	北京	3.76
日本	−3.2	上海	2.8
韩国	1.4	江苏	2.68
新加坡	3.9	浙江	6.36
美国	3.3	广东	9.16

资料来源：《中国统计年鉴 2018》、世界银行数据库。

（二）少子老龄化趋势加剧，社会养老负担沉重

1. 少子老龄化程度加深，人口结构趋于失衡

伴随着人口转变的加速完成，辽宁省人口自然增长率持续下降，少子老龄化程度不断加深。1990～2017 年辽宁省 15～64 岁劳动人口比重

增长缓慢，基本维持在 75% 左右；而 0～14 岁人口比重迅速降低，从
1990 年的 23.22% 下降到 2017 年的 10.27%，下降了约 13 个百分点；
与此同时，辽宁省 65 岁及以上老年人口比重持续上升，2017 年辽宁省
65 岁及以上老年人口比重达到了 14.35%，相比于 1990 年的 5.68%，
上升了 8.67 个百分点。2008 年是 0～14 岁与 65 岁及以上人口比重的分
界点，2008 年以前 0～14 岁少儿人口比重均高于 65 岁及以上老年人口
比重；从 2009 年开始，老年人口比重持续高于少儿人口比重，且差距
逐渐加大（见图 5－13）。

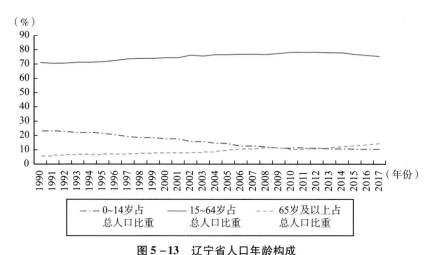

图 5－13　辽宁省人口年龄构成

资料来源：《辽宁统计年鉴 2018》。

　　辽宁老年型人口金字塔已经形成，与全国和部分地区相比，老龄
化程度较高。2017 年辽宁省 65 岁及以上老年人口比重比全国平均水
平高出 3 个百分点。同部分直辖市和部分省份比较，辽宁省人口老龄
化处于高位水平，2010 年辽宁省 65 岁及以上老年人口比重高于北京、
上海、河北、山西、广东等省份，仅低于江苏省；2017 年辽宁已经
成为全国老龄化水平最高、老龄化速度最快的三个地区之一（见图
5－14）。

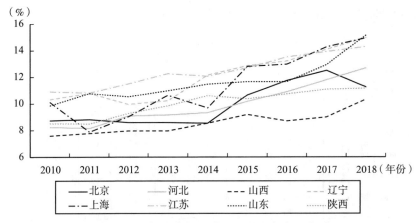

图 5 - 14　部分地区 65 岁及以上老年人口比重

资料来源：2010 ~ 2018 年《中国统计年鉴》。

2. 代际赡养结构失衡，养老保险制度风险加大

随着人均预期寿命不断提高，人口老龄化程度持续加深。劳动年龄人口比重下降，社会抚养负担加重，客观上对经济活力和创新动力产生影响，对社会养老与医疗服务的供给能力及保障水平也提出了新的挑战。

人口老龄化导致辽宁省城镇基本养老保险代际赡养结构失衡，具体表现为城镇基本养老保险参保职工增速下降，2017 年城镇基本养老保险参保职工约为 1195.5 万人，与 2015 年相比增加了 55.8 万人。参保职工人数下降对养老保险缴费具有不利影响，特别是在经济新常态下养老保险财政补贴能力弱化条件下，养老保险征缴收入降低将进一步增加收支平衡压力，如图 5 - 15 所示。

代际赡养人口结构失衡的另一个表现为城镇基本养老保险制度赡养率过高，2017 年辽宁省城镇基本养老保险制度赡养比达到约 63.1%，不到两个在职劳动力就需要赡养一位退休老人，养老缴费压力较大。2001 年以后，辽宁制度赡养比与全国平均水平之间的差距越来越大。2001 年辽宁省城镇基本养老保险制度赡养率约为 40%，比全国平均水平高 10 个百分点，2010 年、2015 年和 2017 年辽宁城镇基本养老保险制度赡养率分别为 46.15%、56.19% 和 63.10%，分别高出全国平均水

平 13.65 个、11 个和 25.43 个百分点，如图 5–16 所示。

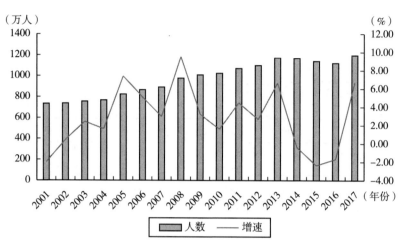

图 5–15　辽宁省城镇基本养老保险参保职工人数及增速

资料来源：《辽宁统计年鉴 2018》。

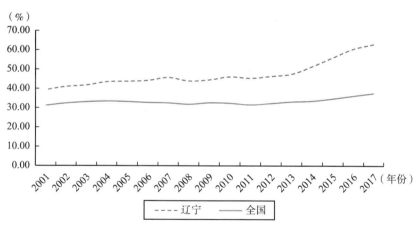

图 5–16　辽宁省和全国城镇基本养老保险制度赡养比的比较分析

资料来源：《辽宁统计年鉴 2018》《中国统计年鉴 2018》。

受制度赡养比偏高和养老保险转轨成本等因素影响，辽宁省城镇基本养老保险处于收不抵支状态，收支缺口总体呈逐渐增加趋势。

2017 年辽宁省城镇基本养老保险基金征缴收入为 1863.2 亿元，而基金支出为 2207.0 亿元，基金收支缺口约为 343.8 亿元，如图 5 - 17 所示。

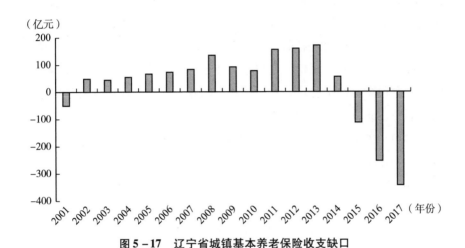

图 5 - 17 辽宁省城镇基本养老保险收支缺口

资料来源：《辽宁统计年鉴 2018》。

随着人口老龄化程度逐渐加深和劳动人口迁移，城镇基本养老保险收支平衡压力将会进一步增加，为了实现养老保险缴费与给付均衡，促进养老保险可持续发展，需要进行养老保险结构性改革和参数优化，提高养老保险覆盖率和遵缴率，增强基金收入能力。然而，辽宁省城镇基本养老保险缴费制度改革面临着现实制约因素，在人口老龄化背景下，养老保险制度赡养比将进一步上升，导致养老保险基金收支平衡压力增加，在基金收支平衡约束下，为了解决收不抵支问题，需要设定高缴费率，而在经济新常态条件下，企业和个人养老保险缴费能力有限，难以负担高费率只能选择放弃参保或逃避缴费，进一步导致基金收入下降，从而形成不利于养老保险可持续发展的恶性循环。针对上述问题，需要设定合理降费机制以破解高费率、低基金收入并存难题，以推动养老保险缴费与给付均衡。

（三）体制矛盾与下行压力叠加，人口数量质量双重流失

1. 历史体制矛盾和经济下行双重压力叠加

辽宁省人口外流主要是源于历史体制矛盾和经济下行的双重压力叠加。作为老工业基地，辽宁省受历史、体制等多重因素影响，正处于经济转型与结构调整的阵痛期。经济增长放缓，平均工资水平较低，城市辐射带动能力偏弱，可持续发展潜力不足，经济与就业下行趋势明显。导致推力和拉力作用反转，人口迁移方向发生改变，且迁出人口多流向东部沿海、北京、天津等经济发达地区。

2000～2010 年辽宁省迁入人口规模为 178.65 万人，迁出人口规模为 101.4 万人，人口净迁入规模为 77.25 万人，从人口净迁移规模看，辽宁省属于净迁入省份；2015 年辽宁省迁入人口规模为 8.84 万人，迁出人口规模为 13.65 万人，人口净迁出规模为 4.81 万人；2017 年和 2018 年辽宁省人口净迁出规模分别为 6.8 万人和 4.4 万人。从人口净迁移方向看，近几年辽宁省已从人口净迁入省份变为净迁出省份。

经济增长速度放缓对劳动力就业收入产生了一定影响，进而影响劳动力迁移决策行为。平均工资水平是投资、经济总量等宏观指标的微观反映，是劳动者迁移决策关注的最重要经济变量。2010 年全国平均工资水平为 37147 元，是辽宁省的 1.06 倍，两者相差 2090 元。2017 年，全国平均工资水平为 76121 元，是辽宁省的 1.27 倍，两者相差 13576 元。2010～2017 年辽宁省在岗职工平均工资增长了 78%，而全国则增长了 104.92%。可见，辽宁省与全国工资收入水平主要是在 2010 年以后拉大了差距，见表 5-23。

表 5-23　　　　　典型地区间在岗职工平均工资水平比较　　　　　单位：元

年份	江苏	山东	陕西	山西	辽宁	全国
1978	513	566	654	632	650	615
1982	703	769	797	785	774	798

续表

年份	江苏	山东	陕西	山西	辽宁	全国
1985	1135	1110	1122	1122	1101	1148
1990	2129	2150	2042	2111	2180	2140
1995	5943	5145	4396	4721	4877	5500
2000	10299	8772	7804	6918	8811	9371
2005	20957	16614	14796	15645	17331	18364
2010	39772	33321	33384	33057	35057	37147
2013	57177	46998	47446	46407	46310	52388
2014	60867	51825	50535	48969	49110	57361
2015	66196	57270	54994	51803	53458	63241
2016	72684	63562	61626	54975	57148	68993
2017	79741	69305	67433	61547	62545	76121

资料来源：《中国统计年鉴 2018》《辽宁统计年鉴 2018》《新中国六十年统计资料汇编》。

辽宁省劳动就业收入与国内其他地区的差距也在逐渐加大。2017年，辽宁城镇职工平均工资水平为 62545 元，居全国第 28 位，低于流出人口平均月收入 590 元。从绝对值来看，不仅与北京、广东这些发达地区相去甚远，甚至还低于中西部的甘肃、吉林、江西等地区。一个地区的工资水平是决定劳动力人口去留的主要原因之一，辽宁省较低工资水平必然会导致劳动力人口甚至是高级人才流失。

体制机制矛盾进一步加速人才外流。由于历史性原因，虽然改革开放已 40 多年，但与其他地区特别是沿海地区相比，东北地区市场意识仍然相对淡薄，市场机制对包括劳动力在内的资源配置功能并没有完全发挥出来。国有经济仍占有相当比重，民营经济相对较弱。民营经济发展的弱化，使辽宁经济吸纳劳动力的能力大大下降。

此外，相比较东南沿海地区，辽宁省针对外来人口的政策支持力度相对较弱，时效性还需加强。人才新政和户籍政策、社会组织对迁移人口社会融入支持等配套措施不足。政府优化创业创新发展环境还不够，社会整体创新包括科技创新也较少，高科技人才引进力度不大，缺少吸引高科技人才的奖励性和支持性政策及其相互配套的管理思路方法，人才价值得不到充分体现，使得省内很多高层次人才外流。

2. 人口流失制约经济增长形成循环累积强化机制

良好的经济发展基础会吸引大量外省劳动人口甚至是高素质人才流入，进一步加快经济增长速度并提升经济发展质量。然而近年来辽宁省经济发展下行趋势明显，GDP 增速排名靠后。经济增长速度下降在一定程度上很难吸引外省或省内人口流入，反而造成高素质年轻人才外流。

辽宁省人口流失问题不仅在于数量，还表现在质量上。2010 年第六次全国人口普查数据显示，2010 年现住地在辽宁省而户口登记地在外地的人数约为 16 万人，其中具有本科学历人数占比约为 8.99%，具有研究生以上学历人数占比约为 0.75%。而在流入人口统计中，具有本科学历人数占比为 5.50%，具有研究生及以上学历人数占比约为 0.47%。2017 年全国流动人口动态监测数据显示，辽宁省流入人口的平均受教育年限为 9.72 年，流出人口的平均受教育年限为 11.83 年。从年龄构成上看，2017 年全国流动人口平均年龄为 36.66 岁，辽宁省流入人口的平均年龄为 40.12 岁，31~40 岁人口比例最高为 29.73%，而流出人口的平均年龄为 39.31 岁，31~40 岁人口比例为 36.48%，比流入人口高 6.65 个百分点，41~59 岁高龄劳动力比重相应增加（如表 5-24）。

表 5-24　　　　2017 年辽宁省流入人口和流出人口年龄结构　　　　单位：%

年龄	流入人口	流出人口	受教育程度	流入人口	流出人口
10~20 岁	1.02	1.11	未上过小学	2.36	0.65
21~30 岁	22.19	21.02	小学	17.15	8.52
31~40 岁	29.73	36.48	初中	48.86	34.07
41~50 岁	25.54	21.67	高中/中专	19.23	20.83
51~60 岁	13.00	11.76	大学专科	7.15	17.41
61~70 岁	6.59	5.93	大学本科	4.93	16.30

续表

年龄	流入人口	流出人口	受教育程度	流入人口	流出人口
71~80 岁	1.73	1.76	研究生	0.32	2.22
81~90 岁	0.21	0.28	—	—	—

资料来源：2017 年流动人口动态监测调查数据。

随着经济发展进入新常态，人才流失问题逐渐显现，特别是在流入人力资本难以补偿流出损失情况下，辽宁省就业人口人力资本水平提升受到制约。人力资本增长受限会对产业技术创新产生不利影响，直接制约劳动生产率提升，阻碍产业结构转型升级。因此，推动辽宁省经济持续发展和产业结构合理升级，需要增加人力资本投资，利用优惠政策吸引高素质人才，不断提高劳动生产率。逐渐形成"持续经济增长—人才流入拉力提升—推动经济高质量发展"的良性循环。

（四）人口增长两极分化，城镇化发展不均衡

1. 人口增长极化与空心化现象并存

辽宁省各市之间经济发展水平差异较大，对人口的吸引能力也存在明显差距。从 2010 年和 2017 年两个时间节点的人口总量来看，辽宁省域内仅有沈阳、大连、营口、盘锦 4 个市的人口总量净增加，而其他10 个市的人口总量都出现了不同程度的减少。在人口总量净增加的 4个城市中，只有沈阳和大连两个城市年均人口增长量大于 25000 人，营口和盘锦两地年均增幅较小（见表 5-25）。

表 5-25　　　　　2010 年、2015 年和 2017 年辽宁省各市
人口总量变化情况　　　　　　　　单位：万人

城市	2010 年	2015 年	2017 年	总变化量	年变化量
盘锦	139.97	143.70	143.70	3.73	0.53
本溪	170.95	171.90	168.70	-2.25	-0.32
阜新	181.93	177.80	176.60	-5.33	-0.76
辽阳	185.88	184.60	183.70	-2.18	-0.31

续表

城市	2010 年	2015 年	2017 年	总变化量	年变化量
抚顺	213.81	207.10	206.50	-7.31	-1.04
营口	242.55	244.30	243.80	1.25	0.18
丹东	244.47	241.10	239.50	-4.97	-0.71
葫芦岛	262.42	255.60	254.70	-7.72	-1.10
铁岭	273.58	265.30	263.80	-9.78	-1.40
朝阳	304.47	307.18	294.90	-9.57	-1.37
锦州	312.65	306.80	305.00	-7.65	-1.09
鞍山	364.54	360.90	359.80	-4.74	-0.68
大连	671.34	698.70	698.80	27.46	3.92
沈阳	810.62	829.10	829.40	18.78	2.68

资料来源：2011～2018 年《辽宁统计年鉴》。

从人口总量的变化来看，在整个辽宁省地域空间内，只有沈阳市和大连市具有较强的人口吸纳能力，是人口总量尺度下仅有的两个人口空间聚集点，其他市都不具有人口空间集聚的特征，同时，其他市出现人口小幅减少的空心化现象。所以，从辽宁省近 7 年的人口变化来看，人口总量空间分布呈现出沈阳和大连人口集聚化而其他地区人口空心化的现象，由于人口空间集聚点过少，未来这种趋势如果不进行调整，将会导致辽宁人口空间结构进一步失衡（见图 5 - 18）。

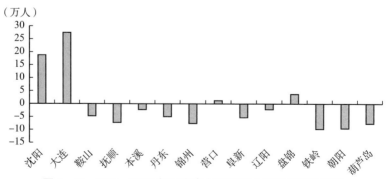

图 5 - 18　2010～2017 年辽宁省各市常住人口总量变化情况

资料来源：2010～2018 年《辽宁统计年鉴》。

2. 城镇化在空间上呈现不均衡发展

从 2010 ~ 2017 年辽宁各市城镇人口变化来看，城镇人口规模均呈现不同程度的增长趋势。但是从各地区城镇人口的变化量来看，沈阳城镇人口增长量最大，年均增长量超过 7.5 万人，大连城镇人口增长量处于第二位，年均增量超过 7 万人，营口、葫芦岛、鞍山、锦州、铁岭的城镇人口增长量也处于较高水平，年均增长量超过 2 万人，盘锦、辽阳、阜新和丹东年均增长量超过 1 万人，其他市的变化幅度较小，年均增加量约为 3500 ~ 6500 人，如表 5 – 26、图 5 – 19 所示。

表 5 – 26　　　　　2010 年、2015 年和 2017 年辽宁省各市
城镇人口变化情况　　　　　　　　单位：万人

城市	2010 年	2015 年	2017 年	总变化量	年变化量
盘锦	91.85	93.85	104.20	12.35	1.76
阜新	95.46	96.16	103.36	7.90	1.13
葫芦岛	102.56	121.87	122.50	19.94	2.85
辽阳	103.90	114.08	113.80	9.90	1.41
铁岭	114.58	115.97	129.26	14.68	2.10
营口	115.47	156.77	156.90	41.43	5.92
本溪	127.12	128.15	131.70	4.58	0.65
朝阳	128.55	131.25	131.90	3.35	0.48
锦州	149.64	151.64	164.70	15.06	2.15
丹东	150.51	158.79	158.05	7.54	1.08
抚顺	153.18	156.48	155.90	2.72	0.39
鞍山	244.85	247.18	259.99	15.14	2.16
大连	497.91	510.09	547.79	49.88	7.13
沈阳	612.54	667.84	668.20	55.66	7.95

资料来源：2010 ~ 2018 年《辽宁统计年鉴》。

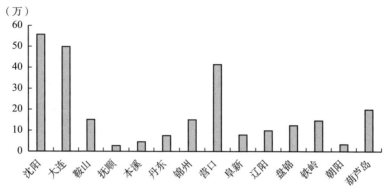

图 5 - 19   2010～2017 年辽宁省各城市城镇人口变化情况

资料来源：2011～2018 年《辽宁统计年鉴》。

辽宁省各地区城市人口密度存在较大差异。2017 年，辽宁省城市人口密度较高的地区主要有沈阳、大连、盘锦、锦州、抚顺和鞍山，城市人口密度皆已超过 2000 人/平方公里，而朝阳、本溪，城市人口密度还不及 1000 人/平方公里，相较于辽宁省城市人口密度最高的盘锦市，人口密度最低的本溪市人口密度不及盘锦市的 1/6，由此可见，辽宁省除了在城镇人口增量上发展不均衡，在城市人口分布上也存在分化较大的问题，如表 5 - 27、图 5 - 20 所示。

表 5 - 27   2017 年辽宁省各地城市人口密度情况

城市	建成区面积（平方公里）	城市人口密度（人/平方公里）
盘锦	94.63	4285
阜新	109.18	1704
本溪	136.02	652
锦州	137.15	2201
辽阳	138.51	1088
丹东	141.97	1025

续表

城市	建成区面积（平方公里）	城市人口密度（人/平方公里）
葫芦岛	144.83	1545
朝阳	148.67	758
铁岭	150.01	1765
抚顺	159.79	2181
鞍山	233.92	2079
营口	252.88	1600
大连	488.6	2416
沈阳	633.8	3184

资料来源：《辽宁统计年鉴2018》。

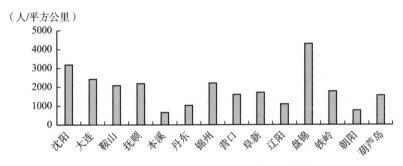

图 5 - 20   2017 年辽宁省各地城市人口密度情况

资料来源：《辽宁统计年鉴2018》。

　　不同地区城镇人口增量以及城市人口密度的较大差异在一定程度上也反映了辽宁省各城市吸引和转化城镇人口的能力和潜力差别较大。虽然辽宁各地区总体城镇化水平都在稳步提升，但是由于城镇化能力差别以及未来城镇化发展潜力大小的差异，将会导致城镇化的空间不平衡问题进一步加剧。以沈阳为中心的辽宁中部地区，以大连、营口、葫芦岛为代表的辽宁沿海经济带仍将是辽宁省城镇化扩张的主要版图，与此相比，辽宁西部和东部地区的城镇化发展则是较为缓慢。城镇化的发展依赖于经济的发展，同时也会制约经济发展，而城镇化发展过程中存在的空间不均衡将会导致辽宁经济发展不平衡问题更加突出。

三、辽宁省人口发展趋势判定

辽宁省人口预测采用人口统计中的队列要素法，主要是利用生命表技术进行年龄移算，预测软件是中国人民大学的 PADIS – INT，该软件是在联合国人口司的技术专家指导下，由中国人口发展研究中心和神州数码有限公司共同开发。

（一）人口预测方法及参数设定

1. 人口预测方法

常用的人口预测方法很多，例如回归分析法、灰色模型预测法和自然增长率法，但是这几种模型预测精度不高，尤其是回归分析法，预测期间越长误差越大，而队列要素法是最科学的人口预测方法。

人口宏观管理与决策信息系统（PADIS）是"十一五"期间国家人口计生委承担的经国家发改委批准的国家电子政务重点建设项目。PADIS 设计整体架构合理，技术先进，成熟实用，实现了数据仓库、模型和应用系统相结合的先进技术解决方案；建立了具有中国特色、比较完整的人口分析预测模型体系，形成了有特色的技术创新，满足了全国及各省市多层级人口预测需求，显著提高了全国人口系统社会管理和公共服务水平。PADIS 人口预测系统功能强大，技术先进，引入迭代算法、非线性预测模型、多区域动态平衡预测人口趋势；准确率高，与联合国人口预测结果为参照，主要结果误差率小于 1%，具体操作界面如图 5 – 21 所示。

人口预测模型为队列要素法（Cohort – Component Method）。从起始年度的分年龄分性别人口出发，根据基年的年龄别生育率、年龄别死亡率、年龄别迁移率及其未来发展趋势预测未来的人口总量、分性别分年

图 5 – 21　PADIS 人口预测系统界面

龄人口及人口结构指标。动态人口预测假定年龄别生育率 $f_x(t)$ 和年龄别死亡率 $q_x(t)$ 是随时间 t 变化的参数，预测原理如下：

$$
\begin{cases}
N_1(t+1) = N_0(t)[1 - q_0(t)] \\
N_2(t+1) = N_1(t)[1 - q_1(t)] \\
\cdots\cdots \\
N_x(t+1) = N_{x-1}(t)[1 - q_{x-1}(t)]\ (x = 1, 2, \cdots, \omega - 1) \\
B(t) = \sum W_x(t)f_x(t) \\
N_o(t+1) = B(t)[1 - q_B(t)]
\end{cases}
$$

2. 生育水平设定

根据第六次全国人口普查数据测算得到辽宁省总体、城镇与乡村的总和生育率分别为 0.74、0.62 和 0.96，均小于 1，处于"极低生育率"水平。但由于存在出生婴儿漏报问题，漏报规模会直接影响真实生育率，需要对出生漏报人数进行回填，并重新估计总和生育率。据国家卫健委推算，2010 年第六次全国人口普查数据漏报率为 12%，回填之后获得 2010 年辽宁省总和生育率为 1.15。假定 2020 ~ 2030 年辽宁省总和生育率持续增长，到 2030 年全省总和生育率达到 1.5，跨越低生育率陷阱，城镇和农村总和生育率分别超过 1.4 和 1.6（见表 5 – 28）。

表 5 - 28   2015～2020 年辽宁省总和生育率

年份	城镇	乡村	总体
2015	1.14	1.50	1.30
2020	1.26	1.54	1.35
2025	1.39	1.59	1.45
2030	1.42	1.63	1.50

3. 死亡水平设定

2015 年辽宁省平均预期寿命达到 78.9 岁，其中城镇、乡村男性平均预期寿命分别为 76.81 岁、82.40 岁，城镇、乡村女性平均预期寿命分别为 74.53 岁、79.63 岁。假设 2016～2030 年期间辽宁省出生预期寿命是线性变化的，根据发达国家平均预期寿命发展变化趋势，并根据线性插值获得城乡分性别的出生预期寿命。具体而言，当平均出生预期寿命位于 70～80 岁时，预期寿命的年增长幅度设定为 0.2 岁；80～85 岁时每年增长幅度设定为 0.15 岁，80 岁及以上每年增长幅度设定为 0.1 岁。据此得到 2020 年辽宁省人口平均预期寿命将达到 79.64 岁，2030 年将达到 81.40 岁（见表 5 - 29）。此外，未来分性别、分年龄死亡概率为联合国"发展中国家模型生命表"的一般模式。

表 5 - 29   辽宁省未来主要年份分性别出生预期寿命   单位：岁

年份	城镇		乡村		总体
	男	女	男	女	
2015	76.81	82.40	74.53	79.63	78.90
2020	77.76	83.15	75.53	80.63	80.10
2025	78.51	83.90	76.53	81.63	80.52
2030	79.26	84.50	77.53	82.58	81.40

4. 出生性别比设定

辽宁省 2010 年第六次人口普查数据显示，全省、城镇与乡村出生性别比分别为 112.91、110.99 和 115.37，2015 年末全省人口出生性别比为 106.1，回归至合理区间，因此假定 2016~2030 年出生性别比始终维持在 106 左右的合理范围。

5. 城镇化及迁移水平设定

2018 年辽宁省城镇化水平为 68.1%。同时根据发达国家的城镇化发展规律，设定辽宁省城镇化饱和水平为 85%。并进一步运用 2001~2017 年辽宁省城镇化水平数据，构建城镇化发展水平与时间 t 的 Logistic 回归拟合方程为 $U = \dfrac{0.85}{1 + e^{-0.06t - 0.2812}}$，（$R^2 = 0.98$），其中以 2001 年为基年（$t = 1$）。2001~2017 年回归拟合得到的城镇化水平与实际城镇化水平绝对误差平均值为 0.007，相对误差平均值为 0.000126，表明 Logistic 回归拟合方程具有很好的拟合精度，可以用于未来城镇化水平预测。基于此，根据 Logistic 回归拟合方程得到 2019~2030 年辽宁省城镇化水平，其中 2025 年辽宁省城镇化水平将达到 72.4%，2030 年实现中等发达国家 75% 的发展水平（见表 5-30）。

表 5-30　　　　　　　辽宁省 2017~2030 年城镇化水平

年份	城镇化水平	年份	城镇化水平
2017	0.6749	2024	0.7156
2018	0.6810	2025	0.7214
2019	0.6843	2026	0.7272
2020	0.6909	2027	0.7329
2021	0.6974	2028	0.7386
2022	0.7037	2029	0.7443
2023	0.7098	2030	0.7499

现阶段分年龄迁移主要以年轻劳动力为主，导致农村存在大量留守儿童和留守老人，各种社会问题凸现。随着未来城镇公共服务均等化与城乡一体化进程，少儿群体和老年群体跟随年轻劳动力迁移到城镇的比

例将逐步提高。

假定辽宁省2025年之后分年龄迁移模式将由现在的"2个劳动力、0.5个少儿和0.5个老人"模式变为"2个劳动力、1个少儿和1个老人"模式。即2025年之前，0～14岁少儿、15～64岁劳动力人口、65岁及以上老年人口迁移比率为0.5∶2∶0.5；2025年之后，0～14岁少儿、15～64岁劳动力人口、65岁及以上老年人口迁移比率为1∶2∶1，如图5－22、图5－23所示。

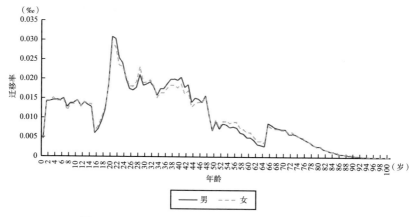

图5－22　2016～2025年分性别分年龄人口迁移率

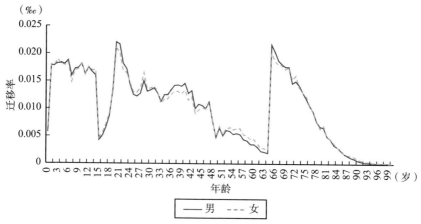

图5－23　2025～2030年分性别分年龄人口迁移率

随着营商环境的不断改善和体制改革的有利推进，东北振兴政策的拉动效应和资源的聚集效应进一步显现，辽宁省经济增长的速度和产业升级的幅度将明显提高。同时，辽宁省人才发展战略的调整与实施，也会削减人口流失的蔓延势头。因此，综合考虑辽宁省未来趋好经济形势和人口结构优化需求，假定 2019~2030 年辽宁省年均流出人口由当前的 5 万人减少至没有人口流失。

（二）人口发展趋势预测结果

1. 常住人口数量趋向减少，增长势能有所弱化

辽宁省未来人口规模呈现出持续下降趋势，常住人口数量从 2018 年的 4359.3 万人减少到 2030 年的 4270.8 万人。"十四五"时期人口减少速度较慢，2021~2025 年累计减少 23.7 万人，年均减少 4.74 万人，年均增长率为 -1.09%；"十五五"时期人口减少速度加快，2026~2030 年累计减少 64.7 万人，年均减少 12.9 万人，年均增长率为 -2.98%（见图 5-24）。这种持续减少的变动趋势和人口惯性周期效应与生育水平偏低密切相关。

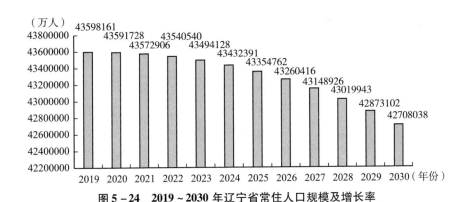

图 5-24 2019~2030 年辽宁省常住人口规模及增长率

资料来源：根据人口预测结果计算得出。

从人口自然增长情况来看，辽宁省出生人口数量小于死亡人口数

量，人口自然增长率持续下降。2018年后辽宁省人口出生率和死亡率呈相反方向变动，自然增长率总体不断下降，如图5-25所示。辽宁省出生人口规模与出生率均呈现缓慢下降趋势，2020年、2025年和2030年辽宁省人口出生率分别为7.13‰、6.59‰和6.08‰。人口死亡率则处于平稳中上升态势，2020年、2025年和2030年辽宁省人口出生率分别为7.25‰、8.36‰和9.91‰。出生率和死亡率的方向变动趋势使自然增长率不断下降，从2020年的-0.13‰下降到2030年的-3.83‰，共减少3.7个千分点。

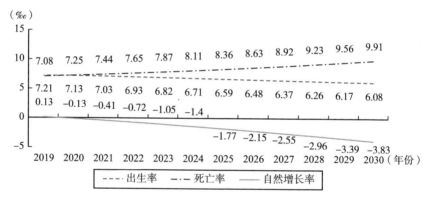

图5-25 2010~2030年辽宁省人口的出生率、死亡率和自然增长率

资料来源：根据人口预测结果计算得到。

2. 人口老龄化水平持续增长，2030年前为加速期

辽宁省老龄化程度日益严峻，未来辽宁省老年人口规模及比重将不断提高，人口老龄化程度进一步加深，且远超过我国平均水平（见图5-26）。

2018~2030年为老年人口规模加速期，65岁以上老年人口规模从2018年的661万人快速提高到2030年的1228万人，年均增长47万人。65岁及以上老年人口比重也呈现不断上升趋势，从2018年的15.17%快速提高到2030年的28.75%。60岁及以上老年人口规模亦呈现不断上升趋势。老年人口规模从2018年的1045万人快速提高到2030年的

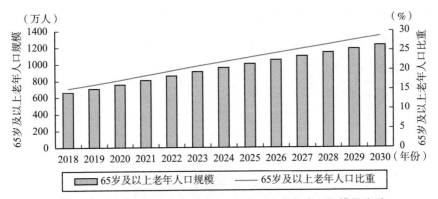

图 5 – 26 2018～2030 年辽宁省 65 岁及以上老年人口规模及比重

资料来源：根据人口预测结果计算得到。

1621 万人，增加了 576 万人，年均增长速度在 3.7% 左右。60 岁及以上老年人口比重从 2018 年的 23.96% 快速提高到 2030 年的 37.96%（见图 5 – 27）。

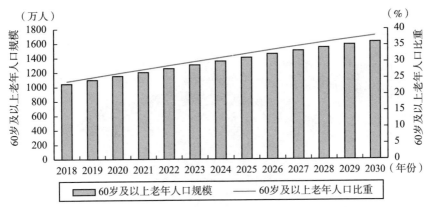

图 5 – 27 2018～2030 年辽宁省 60 岁及以上老年人口规模及比重

资料来源：根据人口预测结果计算得到。

年龄金字塔上宽下窄趋势愈发明显。随着未来老年人口规模与比重进一步上升，同时平均预期寿命的提高，80 岁以上高龄老年群体规模与比重也逐步上升，2018 年达到 125.4 万人，占总人口比重为

2.9%，2020年达到134.3万人，占总人口比重为3.1%，2030年达到228.8万人，占总人口比重为5.4%。人口年龄金字塔呈现上宽下窄的老龄化和高龄化趋势愈发明显（见图5-28、图5-29和图5-30）。

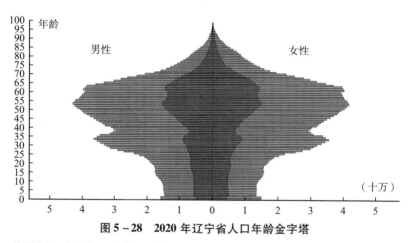

图5-28　2020年辽宁省人口年龄金字塔

资料来源：根据人口预测结果计算得到。

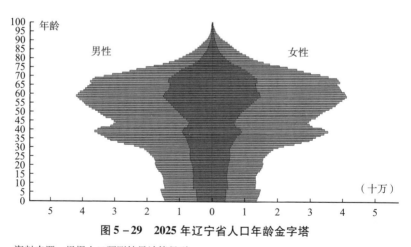

图5-29　2025年辽宁省人口年龄金字塔

资料来源：根据人口预测结果计算得到。

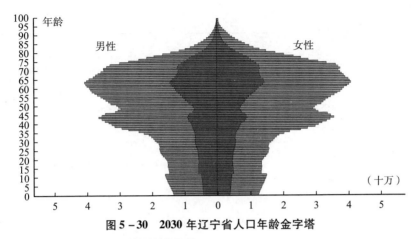

图 5 - 30　2030 年辽宁省人口年龄金字塔

资料来源：根据人口预测结果计算得到。

3. 劳动人口比重不断下降，抚养负担日益沉重

辽宁省劳动年龄人口规模与比重不断下降，与全国平均水平相比，劳动力资源优势不断弱化。2020 年辽宁省劳动年龄人口规模为 3163 万人，比 2015 年减少 202 万人，年均下降 0.54%，劳动年龄人口比重也从 2015 年的 76.79% 下降为 72.56%；2025 年和 2030 年辽宁省劳动年龄人口规模继续减少到 2899 万人和 2656 万人，劳动年龄人口比重分别下降为 66.87% 和 61.1%。2021~2025 年 15~64 岁劳动年龄人口年均减少 40 万人，劳动年龄人口比重年均下降 1.14 个百分点；2026~2030 年 15~64 岁劳动年龄人口年均减少 48.6 万人，劳动年龄人口比重年均下降 1.15 个百分点。与联合国预测全国数据比较，2020 年辽宁省高出全国平均水平 2.21 个百分点，2025 年和 2030 年辽宁省劳动年龄人口比重低于全国平均水平 2.33 个和 6.46 个百分点（见表 5 - 31）。

表 5 - 31　　2015~2030 年辽宁省 15~64 岁劳动年龄人口规模与比重

年份	15~64 岁人口			15~59 岁人口		
	数量（万人）	比重（%）	全国比重（%）	数量（万人）	比重（%）	全国比重（%）
2015	3365	76.79	72.64	3025	69.02	66.95

续表

年份	15～64岁人口			15～59岁人口		
	数量 （万人）	比重 （%）	全国比重 （%）	数量 （万人）	比重 （%）	全国比重 （%）
2020	3163	72.56	70.35	2769	63.51	64.97
2025	2899	66.87	69.20	2500	57.67	62.53
2030	2656	61.10	67.56	2228	52.17	59.53

资料来源：根据人口预测结果计算得到。

未来辽宁省15～59岁劳动年龄人口规模与比重也将呈现不断下降趋势。2020年辽宁15～59岁劳动年龄人口规模为2769万人，比2015年减少256万人，年均下降1.8%，劳动年龄人口比重也从2015年的69%下降为63.5%；2020年之后，辽宁省劳动年龄人口规模继续下降，2025年和2030年分别减少到2500万人和2228万人，劳动年龄人口比重下降为57.7%和52.2%。而联合国预测2020年、2025年和2030年全国劳动年龄人口比重分别达到65%、62.5%和59.5%，比辽宁省分别高出1.5个、4.9个和7.5个百分点（见图5-31）。

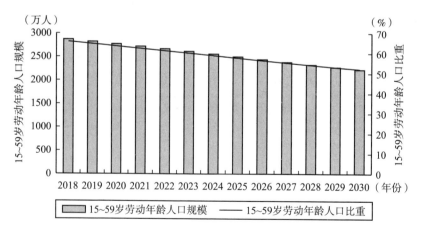

图5-31　2018～2030年辽宁省15～59岁劳动年龄人口规模与比重

资料来源：根据人口预测结果计算得到。

劳动年龄人口规模与比重的下降就意味着人口抚养比水平将不断提高，即2018~2030年辽宁省人口抚养比处于持续上升态势。以15~64岁劳动年龄人口为统计口径。人口总抚养比将由2018年的34.06%，上升到2020年的37.83%，年均提高1.89个百分点，之后继续快速上升到2030年的62.92%。人口总抚养比水平的提高在很大程度上是由老年人口抚养比的快速上升贡献的，少儿人口抚养比变化较为平稳。2018~2020年少儿人口抚养比由13.72%平稳上升到13.95%，2030年继续平稳上升到16.09%，12年间仅提高了2.37个百分点。而老年抚养比从2018年的20.3%快速上升到2020年的23.9%，年均提高1.77个百分点，之后又快速上升到2030年的46.8%，比2018年提高了26.5个百分点（见图5-32）。

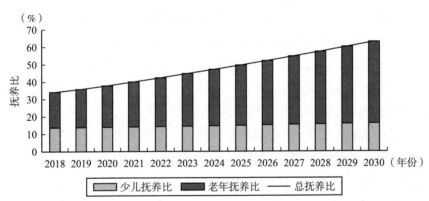

图5-32　2018~2030年辽宁省人口抚养比（15~64岁劳动年龄人口统计口径）

资料来源：根据人口预测结果计算得到。

四、国内外人口增长经验借鉴

辽宁省人口发展面临的关键问题是少子老龄化和人口数量质量双重流失，如何应对人口规模下降和结构失衡的巨大风险是"十四五"时期面临的重大决策问题。充分借鉴发达国家和国内典型地区的成功经验，从支持家庭生育和人口人才吸引两个方面汲取领先经验，为人口增长策略制定提供决策依据。

(一) 支持家庭生育政策经验

1. 挪威性别平等育儿假期与生育津贴制度

挪威是拥有最高生育率的欧洲国家之一，2010 年和 2014 年总和生育率分别为 1.95 和 1.76。育儿假期以及父母津贴使夫妇双方更加平等地分享照顾孩子以及家庭的压力，缓解家庭矛盾，提高生育意愿。同时，男性回归家庭时间的增多让女性有更多的时间从事工作，提高了就业率。高生育率与高就业率的结合极大地缓解了人口老龄化带来的压力。

育儿假是父母在生育子女后享有带薪休假在家照顾孩子的休假，现实生活中育儿假主要用于母亲。由于育儿假以及产前假期，女性在劳动力市场上长期受到雇主歧视处于弱势。挪威政府为了保护女性劳动力的合法权益，调节家庭结构和家庭职能，从性别平等角度出发，不断延长父亲育儿假期，让男性在家庭中承担更多照顾孩子以及做家务的责任。

挪威的育儿假期政策产生于 19 世纪 70 年代，1993 年，挪威政府发起 "爱的力量" 活动，主张男性休育儿假，只要父亲在休育儿假之前在劳动力市场上工作，均享有休假的权利，挪威因此成为世界上第一个制定男性育儿假期政策的国家。2006 年挪威政府再次延长父亲的育儿假期，使父母育儿假配额达到一致。在后来的改革中，挪威政府提出了将现行的育儿假分为三部分：一部分分配给父亲，一部分分配给母亲，一部分由父亲和母亲共享并自由分配。根据当时的规定，家长可以选择领取 100% 的工资，共休 44 周假期；也可以选择领取 80% 的工资，共休 54 周假期。父亲配额假长 6 周，另外 6 周由母亲享有（加 3 周的生产前假期）。

同时，在享受育儿假期的过程中，父母双方均可领取生育津贴，称为父母津贴。在挪威，父母津贴由父母收入决定，若父母有工作，通常是在休假的第一天算起；若父母为自由工作者或者个体经营业主，父母津贴通常依据过去三年的平均抚恤金来计算。政府不支付周六周日津贴，一周按五天计算。父母从孩子的出生中获得的津贴为：如果享受49周的假期，收到100%的津贴；如果享受59周的假期，收到80%的津贴。生育多胞胎或者同时收养了几个孩子：如果选择拿100%的津贴，每多一个孩子多休5周；如果选择拿80%的津贴，每多一个孩子假期延长7周。

首先，挪威的育儿假期在家庭分工上实现了男女平等。在原来的家庭分工中，女性更多地承担了照顾孩子以及家庭的任务，而挪威政府实行的父母享受同等育儿假期及津贴的政策推动了家庭分工改革，让父亲更多地回归家庭，使家庭分工更加平等。经挪威统计局调查显示，在过去的20年中，3~6岁孩子父母在工作和家务劳动之间的花费时间发生了明显变化：母亲每天工作时间增加了大约1小时45分钟，而父亲每天工作时间减少了39分钟。

其次，男性更多参与育儿显著提高了女性在劳动力市场中的竞争力。女性因为要经历怀孕、休产假、照顾孩子等育养子女过程，经常遭到用人单位的歧视与不公正待遇。增加父亲育儿假期，让父亲在照顾家庭及孩子中承担更多责任，促使母亲从家庭中解放出来，更好地平衡家庭和工作关系，在生完孩子之后尽早地回到工作岗位，将更多时间投入到工作当中，有效降低了生育对女性人力资本积累及就业稳定的破坏性，提升其在劳动力市场中的竞争力与适应能力。

最后，父亲更多地参与育儿过程可以使孩子的身心发展更加健康。父亲对幼儿的管教约束，与幼儿之间的互动交流及情感表达对幼儿发育早期的问题行为有显著的抑制作用。在社会行为方面，与父亲之间建立了良好父子关系的孩子，比与父亲没有良好关系或缺乏父爱的孩子，具有更强的心理调节能力和较少的反社会行为，并拥有良好的社会关系。

2. 法国幼儿照护体系与家庭系数税收制度

法国建立了完备的幼儿照护托管体系，主要提供三岁以下幼儿照看服务。政府主要负责出台法规政策对机构以及从业人员进行规范和引导，地方政府负责政策实施以及对机构和从业人员进行监督。运营模式主要包括机构接待、个人接待、母亲助手之家、保姆上门照顾以及娱乐中心。

机构接待即把幼儿送至托儿机构由专业人员进行照看。法国托儿机构种类丰富，有集体托儿所、企业办托儿所、家庭式托儿所以及儿童花园等。不同于其他国家，法国托儿所可以接受 3 个月大的孩子，且提供全天的照看服务。

家长也可以选择将孩子送到母亲助手家中接受个人照顾。母亲助手资格获取需要通过一系列的资格审查，若审查通过，则可以获得五年期限的有效许可证，等到证书到期，则需要重新接受审查。在上岗之前，每个母亲助手都要接受 120 小时照护培训，在其工作过程中可能随时接受卫生部门母婴保护局的审查。每个母亲助手情况，在政府部门官网上均有备案，有需要的家庭可以通过写信申请或在政府网站上查询其详细情况。严密的管理监督解决了家长的后顾之忧。在获得政府部门颁发的特别许可证之后，四个及以下的母亲助手可以联合成立"母亲助手之家"，每人最多可照顾四个孩子。

娱乐中心主要接待学龄儿童，在上学前、放学后以及节假日接待儿童。要获得省级部门的许可才有资格创办娱乐中心。2003～2007 年，法国托儿所可提供的入托名额每年上升 2.9%，2016 年，平均每 100 个 3 岁以下的儿童有 56.1 个托管名额。

法国将家庭系数纳入税收体系，在一定程度上减轻了家庭抚养子女负担。1945 年，法国将家庭系数引入税制，以家庭为单位进行纳税，一个家庭所缴纳的税额等于家庭总收入除以家庭系数总和，家庭系数与家庭人数有关。成人按一人计算，儿童按半人计算，从第三个孩子开始按一人计算，将全家人数相加得到家庭系数。这种纳税方法减轻了养孩子家庭的纳税压力，对养育孩子费用进行了税收减免补偿，缓解了家庭养育子女的经济压力。

法国多样化、标准化的幼儿照护体系，使社会承担了家庭的部分育儿压力，同时将家庭系数引入税制，减轻了育儿家庭的经济压力，有效降低了生育的时间成本和经济成本，极大地提高了女性生育水平。法国总和生育率近些年一直保持在 1.9～2.0，生育水平在欧洲国家位居前列。

3. 浙江额外奖励假期与"最多跑一次"生育报销改革

在鼓励生育政策方面，浙江省不但为新生儿母亲增加额外奖励假期，而且实行的"最多跑一次"生育报销制度改革实现了生育保险报销"零次跑"，既提高了生育保险的申报效率，又节省和减轻了年轻父母的时间精力和经济负担。

为了鼓励女性生育行为，2016 年浙江省推行《浙江省人口与计划生育条例》，提出女方在国家规定的 98 天法定产假期满后，可额外享受 30 天的奖励假，不影响晋升和工资调整，并计入工龄，男方可享受 15 天的护理假。

除了为孕期女性提供额外产假，浙江省还积极进行"最多跑一次"生育报销改革试点，嘉兴市走在全省前列，启动生育保险实时联网结算，实现了生育报销"零次跑"。2019 年 7 月 1 日浙江省嘉兴市尝试进行了医疗保障系统"最多跑一次"改革。

改革前，职工申报生育保险待遇时，个人需要先垫付分娩医疗费，并将嘉兴市生育保险待遇申报表、住院发票、费用清单、出院小结、出生证及法定生育证明等资料提交至参保单位，参保单位将这些材料盖好单位公章后向医保经办机构申报生育保险待遇，经审核后，于 42 个工作日内支付到单位账上，再由单位按情况支付给职工个人。改革前职工个人不但需要准备多项材料，而且需要预先垫付医疗费用，申报过程烦琐且经济负担较重；参保单位在加盖公章后要携带材料至经办机构现场办理，浪费了大量的时间和精力；同时，审核过程需要 42 个工作日，医疗费用并不直接支付给职工个人，而是经由参保单位支付，中间审批时间长，程序烦琐。

试行生育保险实时联网结算后，女性职工所在的用人单位若已为该职工连续缴费满 12 个月，该名女职工在分娩出院结算生育医疗费时，只需凭社会保障卡及符合法定生育证明即可完成实时结算，个人只需支付相应差额，生育津贴由医保经办机构采集实时结算数据，审核后将生育津贴拨付至指定银行账户。改革后职工个人只需补齐相应差额，不再需要垫付全部医疗费用，在生育医疗费用实时结算的同时也完成了生育津贴的申报，不再需要准备多项材料，生育津贴直接划入个人账户，而不再经由参保单位，同时减少了参保人员和参保单位的时间和精力，真正实现了申报生育津贴从"多次跑"到"零次跑"。此项措施实施后，嘉兴市仅秀洲区惠及参加市本级生育保险的孕产妇预计每月可达200人。

4. 江苏生育津贴调整机制与0~3岁幼儿教养方案推广

在全面开放二孩政策的背景下，江苏省出台了各种鼓励生育政策，初见成效。江苏省于2016年修改了《江苏省人口与计划生育条例》，该条例规定，按照职工产假或计划生育手术休假天数为女职工发放生育津贴，计发基数为职工所在用人单位上年度职工月平均工资除以30；计发天数除国家规定的98天产假外，若符合条例规定，还将延长30天，难产则增加产假15天，生育多胞胎则每多生育1个婴儿，增加产假15天，男职工享受护理假15天；同时女职工生育或妊娠满7个月引产的，可以享受一次性营养补助，补助标准为统筹地区上年度城镇非私营单位在岗职工年平均工资的2%。

同时，江苏省积极响应国家号召，努力做好0~3岁婴幼儿的"养育"工作。2011年推出了《江苏省0~3岁婴幼儿教养方案（试行）》，方案旨在构建0~6岁儿童一体化教育完整体系，推进省内学前教育事业的发展，倡导并支持在全省范围内开展3岁前婴幼儿科学化、系统化的早期教育。其中，南京市卫生健康委员会将0~3岁儿童发展服务体系建设纳入年度民生指标体系和为民办实事项目，建立了市婴幼儿发展指导中心、区婴幼儿发展指导服务中心、街道（镇）婴幼儿发展指导服务站和社区（村）亲子活动室四级服务体系，这些服务中心可以提供家庭服务资源、托育及家庭指导等服务，以解决0~3岁婴幼儿的照护问题。截至目前，南京市已建成1个市级、13个区级婴幼儿早期发展指导服务中心、79个街道（镇）指导服务站和477个社区（村）亲子活动室。一系列鼓励生育的政策出台后，江苏省的出生率由2014年、2015年的9.45‰和9.05‰，上升至2017年的9.71‰，人口出生率摆脱了近十年在9.5‰以下徘徊的窘境。

（二）人口人才吸引政策经验

1. 杭州数字经济引领人口优化政策经验

近年来，杭州坚定不移实施数字经济"一号工程"，围绕数字经济发展，大力优化营商环境，相继出台《全面推进"三化融合"，打造全国数字经济第一城行动计划（2018～2022年)》和《关于深化"最多跑一次"改革，建设国际一流营商环境的实施意见》，实现了营商环境的全面优化，促进了数字经济快速发展，率先建构起现代化的经济体系，成为展示新时代中国特色社会主义的重要窗口。得益于营商环境的优化和科技产业的提前布局，数字经济正在成为推进杭州经济高质量发展的"新引擎"。2017年杭州市信息经济实现增加值3216亿元，占全市地区生产总值的比重达25.6%，对杭州经济增长贡献率超过50%。

与数字经济相适应，杭州市正在全面进行人口结构优化，大力吸引和培养国内外优秀人才，不断加大对外来人才的吸引力，提高科技骨干人才的增长率，为城市可持续创新提供人力资源的造血能力。2017年，杭州在创新型人才的竞争力上凸显强势，研究生以上高端人才、外籍、海归人才的流入率位居全国城市首位。搭建产学研用对接平台，组织院士专家企业行，点对点服务企业，累计邀请国内外科研院所和高校院士、专家千余位，服务本地企业2000余家，促成合作项目60多项。在吸引外部人才的同时，杭州也注重自身内部的科技创新建设，依托浙江大学、西湖大学、浙江工业大学、杭州电子科技大学、中国电子科技集团公司第52研究所等诸多名牌高校和科研机构，不断增加对科研和创新的投入力度，大力开展科技创新活动，鼓励支持自主创新，对专利申请和通过的人员进行较高的奖励与补贴。为吸引海外人才，适应海外人才发展要求，加强与海内外科技社团的合作，推动离岸基地海外联络站建设，吸引海外智力和优秀项目为杭服务。杭州建立了国家海外人才离岸创新创业基地，成为杭州聚集海外英才，助推创新发展的新平台。

在人口数量结构优化的同时，杭州正在积极优化人口空间布局结构，让整个城市空间与人口布局相协调，发挥出更大的空间发展潜力，挖掘城市每一寸空间的人口和经济承载能力，使整个城市的空间发展更为合理。在人口空间的发展上打破传统的"一主三副六组团"的结构，走向新时期"一主六片区"空间结构，由原有传统垂直等级式城市空间发展格局向扁平化平行式格局发展，对空间范围进行了重组与拓展，扩大市区周边辐射范围，使人口迁移在空间上表现为：新城大量迁入，近郊转为迁入，远郊持续迁出。推动市区人口净迁入规模持续稳定升高，从而使得杭州拥有了来自四面八方的经济动力和人口要素，实现城市人口空间的优化布局，促进城市空间的快速整合。

杭州市的数字经济发展与人口吸引优化措施对辽宁核心城市沈阳和大连的发展具有较好的启示作用。第一，人口的发展需要数量结构和空间结构的双重优化。杭州市在增强人口吸引能力，增加人口机械增长量的同时注重人口在空间布局上的优化，从而提高整个城市人口分布的合理性，促进整个城市空间的发展。近年来辽宁城镇化水平持续提高，但其更多的是依靠城镇空间规模的扩大来实现，城市空间的发展十分不平衡。随着行政区划调整的结束，空间范围相对稳定，原有的城镇化发展方式不可持续，因此要进一步提高城镇化水平，应该以空间优化和内涵发展为主，在人口向市区集聚的同时，加大空间发展薄弱区域的人口引导，加大市区对郊区县市的辐射带动，提高郊区县市城镇地区对人口、劳动资源和人才的吸引力。使人口增长的同时，达到市区、郊区和县市人口的空间布局均衡合理。第二，加大科技投入，促进高素质人才的培养和吸引。杭州市以数字经济为突破口，加大科技创新投入，大力支持发明专利、科研项目申请、人才基地建设，而科技创新的发展反过来促进数字经济的发展，形成良性循环。辽宁省也应注重科技创新的支持，创建有利于人才、技术、资本等创新要素聚集的区域环境，加大对中小企业技术创新和研发的支持力度。对科技的大力投入不但能够直接形成生产力，同时也将源源不断地培养高素质人才。随着规模的扩大形成科创中心之后，能够吸引更多的外部创新型企业和科技人才集聚，形成科技创新—人才培养—企业集聚—人口吸引的良性循环。第三，多元化和多方式加大对人口的吸引。杭州市在吸引人才的过程中，其人才的含义非常宽泛，类型多样、层次多样，形成多元化的人才发展路径和贡献价值，对杭州的各行业发展形成了良好的促动作用。因此，辽宁省在吸引人才的过程中应该保持更加开放包容的引才聚人理念，对"人才"赋予更宽泛的界定，从"引才"扩大到引能、聚贤、汇人气，推动多层次人才的融合发展，营造多层次、多类型人才包容发展型城市。

2. 成都全面精细化人口吸引政策经验

成都市近 10 年的经济发展活力主要体现在金融业发展和中小企业发展两个方面。在 2018 年"中国金融中心指数"排名中成都位居全国第六位，中西部第一位。2018 年成都启动新经济"双百工程"和企业梯度培育计划，新增新经济企业 4.1 万户，新经济活力居全国第 3 位，流量经济指数在新一线城市中排名第一。良好的经济发展趋势已经同人口的吸引形成相互促进的良性发展局面。成都市人口的迁入率已经从 2014 年的 18.40% 上升为 2018 年的 33.45%，而迁出率几乎维持在 8% 左右不变，表明近年来成都市的人口吸引能力在不断增强。这主要得益于成都市在户籍制度改革方面所采取的有针对性的措施，实行"条件入户"和"积分入户"双轨并行的户籍迁入政策体系，辅之以强有力的人才补助政策。"条件入户"政策中成都市设定了非常低的户籍准入条件，只要是大学本科学历，或者是符合国家迁移政策的任何一项政策者，都可以落户。"积分入户"主要是针对在成都的常住人口，经过社保、工作、居住等方面的积分累加，则可以申请入籍。并且针对学历较低的人口，下拨 1.6 亿元专项资金，支持职业技术院校、高技能人才培训基地等面向社会开放培训资源，向有就业创业愿望的市民提供免费培训机会，全额报销考试费用。两种政策一类是吸引较为高学历的人口，另一个则是普通人口，形成相互补充的作用。在更为高端的人才吸引方面，实施高端人才激励政策，对国际顶尖人才（团队）来成都创业最高给予 1 亿元综合资助，对"两院"院士、国家"千人计划""万人计划"来成都创新创业或做出重大贡献的本土创新型企业家等给予最高 300 万元资助。对全市重点产业、战略性新兴产业引进的技能人才、高科技人才，3 年内最高给予每人 3000 元/月的安家补贴。此外高科技人才购房可不受户籍、社保、限购政策限制。高科技人才可申请租住产业新城配套住房以及鼓励用人单位自建人才公寓。针对毕业大学生就业和创业上给予更多的支持，对具有全日制大学本科及以上学历的人才，凭借毕业证即可申请办理落户手续，对毕业5年内在成都创业的大学生，最高给予50万元、最长3年贷款和全额贴息支持。在华高校的外国留学生创业，可申请最长5年的私人事务类居留许可。为境外高校毕业生提供在蓉实习签证。通过发放"蓉城人才绿卡"，实行"人才绿卡"积分制，根据积分对持卡人分层分类提供住房、落户、配偶就业、子女上学、医疗、出入境等服务保障，建立人才服务专员制度，为重点人才提供一对一人才服务。

成都市有针对性的人口和人才政策实施效果非常显著。尤其是2018年"蓉漂计划"引进人才205人、团队17个，累计吸引超过25万名本科及以上学历青年人才落户，近70%在蓉成功就业创业，人才净流入率居全国第三。蓉城人才绿卡发放768张，新引进国家"千人计划"34人、省"千人计划"58人。全年新签约引进京东方高世代AMOLED生产基地、比亚迪新能源汽车、比克新能源动力产业园等重大产业化项目420个，同比增长12%，投资金额超过8500亿元。

成都的人口吸引政策主要体现在全面而细致，针对不同层次的人才或人口则有不同的对应政策。同时人口的外部吸引政策与内部常住人口的稳定政策同时实施。对辽宁省的启示作用主要体现在应进一步细化人口落户政策，让政策的实施更加灵活。不仅要加大对外部人口的吸引能力，同时要制定更加优化的就业和创业政策来稳定现有的常住人口规模。在高层次人才方面，要形成高端人才、高科技人才、大学毕业生多体系的人才吸引政策，在高科技人才、高技能人才和特殊行业人才上形成完整的人才支持和服务体系，通过资金和政策两种互补方式形成对高层次人才的最大吸引。

3. 西安强力人才争夺策略经验

自2017年起，全国各大城市相继采取措施进行人才争夺战，西安通过户籍、人才、创新创业"三大新政"，在这场全国性的人才争夺战中取得不错的成绩。2018 年 1 月 1 日~12 月 11 日，西安市外迁入共751356 人，其中博士以上 1219 人，硕士研究生 25745 人，本科 229208人，人才引进 30655 人，西安全市户籍人口总数接近 1000 万人。总结西安人才争夺战中的"三大新政"主要为：不断升级的"户籍新政"、人才强效保障政策、创新创业鼓励政策。第一，户籍新政方面，西安在不到两年的时间里 6 次升级调整户籍政策，放宽部分户籍准入条件，不断简化落户办理流程，率先在全国同等城市中推出"流程最简、门槛最低、条件最少"的"三放四降"落户政策，并开通网络"掌上户籍"绿色通道，能更加便捷、高效地办理落户手续，让更多人才落户西安，从而实现常住人口的快速增长。户籍新政的深度和力度之大，在全国同等城市中绝无仅有。第二，人才保障方面，对新落户人员提供全面而良好的社会保障。对应届高校毕业生在西安就业落户，签订劳动合同，并缴纳社会保险的人员，给予 1000 元的一次性奖励补助；凡西安地区应届高校毕业生在西安就业落户，按照每人 200 元标准，给予学校一次性奖励；高校毕业生离校 2 年内在西安灵活就业的，全额给予期限不超过2 年的社会保险补贴。为了保障百万"新西安人"的子女也能真正享受到公平的义务教育，西安市按照省教育厅相关规定制定颁布了《西安市高层次人才子女就学实施办法》和《西安市 2018 年新落户人口适龄子女就学实施办法》，明确提出全市新落户人口适龄子女与本市常住户籍人口享受同等待遇，最大幅度地解决了"新西安人"子女的上学难题，缓解了外来人口在城市中教育机会不平等现象。第三，创新创业方面，鼓励依托高校和科研院所资源，培育和孵化高端人才创业项目，有针对性地引进海外高层次人才，发展创新创业。为进一步营造良好的创新创业生态环境，西安市出台《西安市市级众创空间管理与资助办法》，支持众创空间发展，对认定市级众创空间首次给予 30 万元的资助，并对入驻市级及以上孵化器和众创空间的企业与团队给予相应的补贴和奖励。

西安通过强力的人才吸引政策，配合持续优化的营商环境，已经吸引了大量资本的到来。华为、吉利汽车、阿里巴巴、腾讯、京东、苏宁、亚马逊等企业先后有项目投向西安,为西安的经济增加活力,也为西安带来更多的就业机会。目前,西安在区域发展中形成了高新技术产业开发区、经济技术开发区、曲江新区、浐灞生态区、阎良国家航空高新技术产业基地、西安国家民用航天产业基地、国际港务区、沣渭新区八大发展平台。2017 年西安市国民生产总值达到 7471.89 亿元,比 2016 年增长 19.38%,位居 26 个省会城市第一位。

西安力度空前的人才新政效果明显,虽然其存在不可持续性的问题,但其中很多措施值得辽宁省借鉴。第一,进一步放宽人口落户政策,充分发挥积分落户和创新创业人才高地政策的效果。以沈阳市为例,2018 年受人才新政因素影响净迁入 9.2 万人,比 2017 年增加 4.8 万人,机械增长率为 12.5‰,人口净流入数量呈回升态势,但是与西安每年的迁入人口数相比效果不够显著。因此,辽宁省应该结合积分落户政策,进一步放宽落户准入条件,并提高政策兑现的力度,通过挖掘政策潜力,留下驻沈高校毕业生,进一步吸引外部人口,逐步扩大机械迁移人口规模。同时,制定相应的流入人口管理办法,确保公共服务均等化,保证外来流动人口在住房、医疗、子女入学等方面得到公平的待遇,消除不公平现象。第二,加大人才引进和科技创新力度。从总体上看,辽宁省人才储备落后于发达省份,并且高层次人才流出有增加趋势。在这种严峻的形势下,辽宁省必须学习西安人才新政的果断和力度,不断完善人才引进机制,切实落实人才引进政策措施,大力引进高校毕业生、海外人才、留学生,以及各类优秀专业技术人才,不断充实和壮大全市的人才队伍,落实创新和创业政策,鼓励人才创新创业,进企兴业,着力发展高新技术产业和新兴产业,逐步实现高素质人才的集聚。第三,调整产业结构,优化营商环境。西安原有的产业结构同辽宁相似,都是以机械制造、资源加工为主导的产业类型。但是,近年来,西安开始下大力气优化调整产业结构,大力发展高科技产业。利用自身文化古城的优势,发展旅游业、服务业等相关产业,产业类型得到很好的优化升级,同时改善了城市形象,城市魅力增强,吸引力增强。原先西安受传统文化的影响,营商环境比较恶劣,服务意识淡薄,而随着政府大力整治营商环境，西安的投资吸引力持续提升，吸引大量国内外大型企业落户。

五、辽宁省人口增长策略选择

人口问题关系重大，辽宁经济振兴必须从振兴人口入手。总量增长是辽宁省未来人口发展的核心目标，扭转人口总量下降趋势，制定人口增长策略，实现人口变动与经济发展的"双响应"和"共优化"。

（一）构建生育福利体系，实现人口"自主"增长

1. 强化激励机制减轻生养子女负担

在符合国家生育制度的前提下，对生育两孩家庭采取各种奖励和优惠政策。实施家庭税收、抚养教育、社会保障等优惠政策，探索更多生育两孩奖励措施。对生育两孩家庭给予薪酬、住房等税收减免；对孕产期女性给予生活补贴和养老金缴费减免；对两孩家庭子女给予教育费用减免；建立祖辈照料婴幼儿政府津贴制度。

2. 配置社会资源形成婴幼儿照护合力

依据生育服务需求和人口变动情况，合理配置妇幼保健、儿童照料、学前教育、课后托管服务等资源。引导和鼓励社会力量举办非营利性妇女儿童医院、普惠性托儿所和幼儿园等服务机构，推广社区或邻里开展幼儿照顾志愿服务和时间银行发展模式。落实中小学课后托管服务政策，切实解决"三点半放学难题"，避免父母下班时间与子女放学时间错位，减少家庭照护子女负担。大力发展家庭服务业，加快培养育儿专业人才，推动政府、机构、社区和家庭形成婴幼儿照护合力。建立家庭子女照护培训机构，以市场化方式解决社会照料资源不足问题，规范婴幼儿照护劳动力市场，设定幼儿照护资格认证，为"全面两孩"政策实施提供社会照料服务保障，解决年轻夫妻照料孩子与工作时间紧张相矛盾问题，提高生育决策积极性。

3. 完善劳动就业政策促进女性职业发展

生育行为会造成女性就业中断、职业转换等风险，应提高医疗保险和生育保险统筹层次，增加生育保险报销水平，扩大女性因生育而导致的就业风险和经济风险互济范围。辽宁应率先在全市推行用人单位女性生育和哺乳期的就业保障制度，保障女性生育和儿童照护期内享受不变的薪酬待遇、单位福利及职务晋升机会。建立女性失业率等指标监测抽查机制，及时解决女性就业中存在的突出问题，保障女性就业稳定性和连续性。完善女性就业培训机制，针对生育女性定期举办职业规划培训，减少女性因生育而造成的人力资本损耗，提高女性人力资本水平和自主就业能力，支持女性生育后重返工作岗位。

（二）推行精准人才政策，实现人口"优质"增长

1. 创新人口管理制度，存量管理和增量提升并举

摒弃原有僵化的人口和人才管理制度，将人口和人才原有的工作重点由对现有人口的管理转变为积极对外开展"招人引智"工作，以人口质量齐升为目标，将以管理为主转变为以服务为主，将原有存量管理为主的人口政策升级为人口存量和人口增量并重的新制度。在沈阳和大连两个核心城市提升目前积分落户政策的适应性，降低部分门槛性条件，增加技能性、基础性条件的分值，鼓励外来人口积分落户。建立动态积分落户调整制度，根据发展需要，及时增减各条款的积分数值，从而扩大或缩小不同人群的落户难易度和数量，实现人口增量的精准管理。继续依托创新创业人才高地方面的政策，提高支持力度，利用各种金融政策，增加创新创业启动资金、办公用房方面的租赁优惠。提升服务水平，放宽准入标准，从而全面激发内部和外部的创新创业热情，吸引具有创新创业精神的优秀人才。结合营商环境的优化，利用周全而细致的服务环境，生活圈和感情圈的维护，使优秀人才在辽宁工作具有稳定感，从而长期留住创新人才，留住创业企业，防止优惠政策和资金用完，快速跳槽的情况发生。

2. 建立人力资源分类管理体系，实行人才精准服务

将人力资源的管理进一步细化，细分各类人力资源类型和级别。在人口、人才引入的过程中，根据人力资源的不同类型和级别，制定更为细化的人才服务内容，精准对接各类人力资源，有效实施各类人才政策。通过普惠性的税收、创业、工商政策对基础人力资源进行服务，以优化营商环境为主，形成良好的就业创业环境。对具有一定技能和本科学历的人力资源实施住房购买和租赁优惠、留任职补助、创新创业贷款优惠和用人单位奖励政策，形成良好的职业规划愿景。对硕士和博士学历的高素质人力资源，实施力度更大的资金支持，特别是刚刚毕业不久，收入较低的时期，要通过购房、租赁、医疗和子女教育等政策使这部分人群在职业发展初期具有稳定的生活条件，保障其获得稳定的薪酬收入和丰厚的福利待遇。对于拔尖和顶尖人才，要让其感受到无微不至的生活关怀、职业尊重和价值体现，对其生活、职业和人生相关的各方面因素，都要给予一定的政策关注和优渥待遇，使其产生满足感、荣誉感和归属感。

3. 直面全国性"人口争夺战"，储备优质人力资源

在目前生育水平偏低，人口增长速度减缓，人口红利消失的人口转变过程中，全国性"人口争夺战"兴起，一方面反映出人力资源短缺问题，另一方面也体现出各地重视人力资源的储备，为将来的产业发展提供支撑。虽然目前的"人口争夺战"陷入了一种无序的政策竞赛中，但辽宁应该看到自身同相似等级地区之间的政策差距，未来辽宁人口的"争夺"将是与这些相似等级省份之间的竞争，不采取行动将被淘汰出局，必须直面人口竞争的压力，对标相似等级地区的措施和标准，制定出更加完善和人性化的人口政策。以长远的战略目光，重视人口管理和服务工作，进行全面的优势条件整合，大力投入资金和政策支持，优化人口和人才发展环境，吸纳各类技能人才、创新创业人才，逐步积累发展成果，最后形成对于外部人口的强大吸引力，形成充足的人力资源储备，赢得"人口争夺战"的胜利。

（三）释放空间增长潜力，实现人口"有序"增长

1. 因势利导实现人口空间增减有序与合理流动

辽宁应遵循人口空间变化规律，因势利导实现整个人口总量向发展效率高的地区集聚，在空间上实现更为优化的布局。继续以沈阳和大连两大城市为核心，推进中心城市人口规模的提升，大力吸引外来人口进入，实现人口集中增长。继续引导城市中心城区之外乡村人口逐步向发展效率较高的市区、县城和城镇转移，推进城镇化的提升，缩小落后地区人口规模，实施人口收缩策略，降低一系列人口收缩地区居民点建设资源投入，实施土地整理和复垦，实现农业用地的增长和节约。

2. 利用人口空间分布规律，热点引领和冷点治理共抓

充分利用不同城市空间对人口吸引能力存在差异的规律，发挥沈阳、大连两个核心城市和沿海经济带的人口集聚能力，形成人口空间增长的热点区域，通过对热点区域内外条件的优化，最大限度保持其人口吸引的持续性，并通过热点区域的引领作用，提升辽宁省整体对外人口的吸引力，刺激人口净迁入的增长。对于人口吸引力不强，人口外流的西部冷点区域，要通过居住条件改善，生活设施配套提升，景观环境优化的方式，遏制人口流出的势头，重新焕发活力。针对中部城市群这样的传统人口聚集地区，结合社区治理，提升硬件设施条件，重新达到现代居住社区标准，留住原有居民，同时在一定程度上吸引外来人口。

3. 美化城市人居环境，释放城市空间人口增长潜力

城市空间对于人口绝对吸引力的提升除要有典型亮点地区引领，最重要的是整体城市人居环境的美化，以及城市人口生活幸福感、满意度、便利度的提升。辽宁省城市化基础较好，应通过城市规划设计，在新型居住区建设之初就充分考虑人口居住体验，将各类基础设施、公共服务设施、休闲娱乐设施等统筹配套，高标准建设。通过城市管理，以服务型管理为手段，对城市内传统的老旧居住区进行更新和改造，房屋保温和外立面美化、卫生基础设施增加、体育和休闲设施增加，最大限度增强老旧居住区的生活便利性，防止中心城区空心化。通过城市精明

增长，统筹协调影响市民日常生活和居住体验的各类设施运营，包括交通、卫生、小型商场超市、教育、绿地公园，实现细小环节的精细管理，精心服务和精明运营，最终打造出最大程度地满足居民对美好生活向往需求的城市人居环境。

（四）完善综合配套措施，实现人口"科学"增长

1. 定期开展跟踪调查，监测评估人口变动情况

开展人口生育和迁移流动跟踪调查，科学监测评估人口变动情况，促进经济社会政策与人口政策的有效衔接，分析人口因素对重大决策、重大改革和重大工程建设的影响。

2. 开展人口专题研究，建立人口预测预报机制

充分挖掘高校和智库等民间研究力量，开展人口专题研究和动态预测，准确评估人口发展趋势和变动规律，定期发布中长期人口预测报告，对重点区域、重点人群开展预测预警工作，加强人口安全风险的预研预案储备。

3. 规范人口信息管理，促进人口数据开发共享

通过部门协同，整合教育、公安、民政、卫健、统计等部门的人口数据和信息资源，实行人口数据规范化管理，采用国际通用或国内领先城市统计口径。加强人口信息互联互通、动态更新与综合集成，推动数据开发应用共享，为政府部门、企事业单位、科研院所、社会公众提供信息服务。

第三节　人口、土地与城乡产业协调发展：
基于辽宁省的视角

长期以来投资积累、资源消耗与能源投入一直是推动重工业发展、带动东北经济增长的动力来源，随着经济增速放缓、社会需求下降，单纯的资源消耗模式已经无法满足经济发展的需要。有效推进经济结构优化升级、提升经济发展质量是现阶段东北老工业基地振兴的主要目标之

一。作为东北地区的门户省份，辽宁省的经济发展水平位列东北三省第一位，远高于另外两个省份。但其发展过程中的人地矛盾、产业升级困境等问题也同样突出。如何通过调整人口、土地与产业之间的协调关系，在为经济发展提供必要空间载体与劳动力资源的同时，有效引导新兴产业发展，成为辽宁省经济发展与振兴过程中关注的重点问题之一。

本书从辽宁省 14 个地市人口、土地与城乡产业发展现状入手，系统分析人口、土地与城乡产业结构的协调程度，结合农业部门劳动力承载情况、城市部门劳动力需求情况、城乡劳动收益差异引起的农村人口外流潜力及城市部门产业集聚能力等因素对各城市进行类别划分，针对不同类型城市经济发展特征，提出差异化的劳动力供给调节方向、土地供给模式以及产业发展重点，促进区域人口、土地与城乡产业结构协调发展。

一、辽宁省农业部门劳动力承载情况分析

本部分研究从时间与空间两个维度，通过辽宁省耕地劳动力承载量适度性检验，分析辽宁省农业部门劳动人口与土地的协调程度，判断辽宁省各城市农村人口外流是否会给农业部门的生产带来不利影响。本书将从农业机械与农业劳动力的替代关系入手，计算辽宁省耕地劳动力承载量的上限和下限。其中，耕地劳动力承载量的上限、下限水平分别为完全人工耕作情形和完全机械化耕作情形下的耕地劳动力承载量。

(一) 农业机械与农业劳动力的替代关系

在耕地面积一定的情况下，农业机械对农业劳动力的替代体现为机械投入的增加会带来对农业劳动力需求量的减少（李红，2008）。计算农业机械对农业劳动力的替代系数，需要对比完全机械化耕作和完全人工耕作两种情形下单位面积耕地的劳动力承载量，通过比较两种情形下的这一指标，可以得出农业机械对农业劳动力的替代系数。

1. 完全机械化耕作情形下单位面积耕地的劳动力承载量

在单位面积耕地所能承载的劳动量一定时，农业机械的投入量决定

了农业生产对农业劳动力的需求量。当农业生产达到完全机械化情形时，对农业劳动力的需求量最少，此时耕地承载的劳动力数量也最少。农业规模化经营是耕地完全机械化耕作的基础，而农场是农业规模化经营的主要形式。中国农垦系统下属的国有农场的农业机械化程度远高于全国平均的农业机械化程度，部分国有农场的农业机械化程度已达到98%以上，代表了现有技术条件下中国农业机械化程度可以达到的最高水平。因此，本书选取中国农垦系统下属的国有农场的农业机械投入量与农业劳动力投入量为参考标准，计算完全机械化耕作情形下单位面积耕地的劳动力承载量。

计算得出：在完全机械化耕作情形下，每公顷耕地可承载农业劳动力 0.48 人、农业机械 0.13 台。

2. 完全人工耕作情形下单位面积耕地的劳动力承载量

在农业生产处于完全人工耕作情形时，农业生产对农业劳动力的需求量最大，此时耕地承载的劳动力数量也最多。新中国成立初期，中国还处于使用传统农业生产工具的时期，农业机械的发展处于起步阶段，尚未在农业生产中发挥作用。因此，在这一时期，中国农业生产对劳动力的需求巨大。很多学者都认为，这一时期中国的农业劳动力不存在剩余，其中，胡鞍钢（1997）提出的"1957 年中国不存在农村剩余劳动力"的假定得到了相关学者的广泛认可。本书也以此假定为出发点，测算完全人工耕作情形下单位面积耕地的劳动力承载量。

计算得出：在完全人工耕作情形下，每公顷耕地所能承载的劳动力数量为 1.75 人。

3. 农业机械对农业劳动力的替代系数

在完全机械化耕作与完全人工耕作两种耕作模式下，单位面积耕地所能承载的劳动力数量是一定的（见表 5 - 32）。两种情形下单位面积耕地承载的劳动力数量的差异，缘于农业机械对农业劳动力的替代，即 0.13 台农业机械替代了 1.27 个农业劳动力。此时，农业机械对农业劳动力的替代系数为 1：9.77，即 1 台农业机械所能完成的工作量相当于 9.77 个农业劳动力所能完成的工作量。

表 5 – 32   不同耕作模式下人地比、人机比与单位面积耕地劳动力承载量

耕作模式	人地比	人机比	单位面积耕地承载的劳动力数量（人/公顷）	单位面积耕地承载的农业机械数量（台/公顷）
完全机械化耕作	1 : 2.09	1 : 0.27	0.48	0.13
完全人工耕作	1 : 0.57	—	1.75	0

（二）辽宁省耕地劳动力承载量理论阈值测算

合理利用农业劳动力并充分发挥其劳动能力是本书测算辽宁省耕地劳动力承载量理论阈值的假设前提。这一阈值的测算以保证农业劳动力的平均工作效率为基础，未考虑农业劳动力在农业部门就业所得收入的差异。

1. 完全人工耕作情形下耕地劳动力承载量测算

在完全人工耕作情形下，不存在农业机械对农业劳动力的替代，此时耕地劳动力承载量是在充分发挥农业劳动力劳动能力的基础上，耕地能够承载的农业劳动力数量。如表 5 – 32 所示，完全人工耕作情形下 1 公顷耕地所承载的农业劳动力数量为 1.75 人，结合耕地面积，可以计算得出相应年份的耕地劳动力承载量。此时耕地劳动力承载量还可以理解为在完全人工耕作情形下，耕地可承载的劳动力数量，即耕地劳动力承载量的上限水平。

2. 完全机械化耕作情形下耕地劳动力承载量测算

当农业机械化程度处于较高水平且农业劳动力的平均工作效率不变时，农业机械的替代作用将使农村产生大量剩余劳动力，此时，耕地所能承载的劳动力数量由农业机械投入数量决定。当农业机械投入数量达到阶段最高水平时，耕地所能承载的劳动力数量最少。此时，耕地所能承载的劳动力数量就是本书中要讨论的耕地劳动力承载量下限。由表 5 – 32 可知，在完全机械化耕作情形下，每公顷耕地承载的劳动力数量为 0.48 人，承载的农业机械为 0.13 台。结合耕地面积数据，可计算出完全机械化耕作情形下耕地可承载的劳动力数量和农业机械量，这一劳

动力数量是确保耕地得到正常耕作所需要的最少劳动力数量，是耕地劳动力承载量的下限水平。

3. 辽宁省耕地劳动力承载量理论阈值

如表5-33所示，辽宁省耕地劳动力承载量上限水平从2009年的882.33万人下降到2017年的870.03万人，劳动力承载量下限水平由2009年的242.01万人下降到2017年的238.64万人。9年间耕地劳动力承载量上限水平、下限水平的变化幅度均为1.39%，年均变化幅度仅0.15%。耕地劳动力承载量的上限水平、下限水平是极限条件下辽宁省耕地所能承载的劳动力数量，主要由耕地面积决定。受2009～2017年耕地面积变化较小的影响，这9年辽宁省耕地劳动力承载量理论阈值的变化幅度较小。[1]

表5-33　　　　2008～2017年辽宁省各城市耕地劳动力承载量

年份	完全机械化耕作情形下耕地劳动力承载量（下限）（万人）	完全人工耕作情形下耕地劳动力承载量（上限）（万人）	完全机械化耕作情形下耕地承载农业机械数量（上限）（万台）
2009	242.01	882.33	65.54
2010	241.50	880.46	65.41
2011	240.63	877.31	65.17
2012	239.95	874.81	64.99
2013	239.51	873.20	64.87
2014	239.12	871.80	64.76
2015	238.92	871.05	64.71
2016	238.78	870.54	64.67
2017	238.64	870.03	64.63

资料来源：2010～2018年《辽宁统计年鉴》、2010～2018年《中国统计年鉴》。

---

[1] 在2008年至2009年期间，耕地数据统计口径发生变化，2008年耕地数据与2009年及之后的数据有较大差别。为避免数据突变影响分析结果，故选取2009～2017年的数据进行分析。

4. 辽宁省各城市耕地劳动力承载量理论阈值。如表 5 – 34 所示，在 2017 年辽宁省耕地劳动力承载量最高的 3 个城市分别为沈阳市、铁岭市和朝阳市，耕地劳动力承载量区间分别为 75.67 万 ~132.43 万人、66.34 万 ~132.43 万人、66.34 万 ~132.43 万人。耕地劳动力承载量水平最低的 3 个城市为本溪市、营口市和盘锦市，耕地劳动力承载量区间分别为 8.42 万 ~14.74 万人、11.93 万 ~20.88 万人和 15.68 万 ~27.45 万人。

表 5 – 34　　　　　　2017 年辽宁省各城市耕地劳动力承载量

城市	完全机械化耕作情形下耕地劳动力承载量（下限）（万人）	完全人工耕作情形下耕地劳动力承载量（上限）（万人）	完全机械化耕作情形下耕地承载农业机械数量（上限）（万台）
沈阳市	75.67	132.43	9.84
大连市	41.54	72.70	5.40
鞍山市	30.08	52.64	3.91
抚顺市	18.50	32.37	2.40
本溪市	8.42	14.74	1.10
丹东市	24.55	42.96	3.19
锦州市	50.60	88.56	6.58
营口市	11.93	20.88	1.55
阜新市	51.76	90.58	6.73
辽阳市	18.58	32.52	2.42
盘锦市	15.68	27.45	2.04
铁岭市	66.34	116.10	8.62
朝阳市	54.93	96.12	7.14
葫芦岛市	13.99	50.99	3.79

资料来源：《辽宁统计年鉴 2018》。

（三）辽宁省耕地劳动力承载量适度性检验

1. 耕地劳动力承载量适度性检验的内涵

耕地劳动力承载量的适度性，在一定程度上反映了劳动力资源在农业部门与非农业部门配置的优化程度。耕地劳动力承载量处于何种状态，反映了农业劳动力在农业部门就业所得平均收入的多少以及农业劳动力资源能否得到合理利用。耕地所承载的总劳动量处于何种状态，则反映了耕地能否得到充分利用以及劳动力的劳动能力能否得到有效发挥。从两个方面对辽宁省耕地劳动力承载量的适度性进行检验：一是从时间维度综合考虑耕地劳动力承载量，测算辽宁省耕地劳动量承载系数，判断耕地实际承载的劳动量与耕地可承载的劳动量的一致程度，以此检验辽宁省耕地上的劳动量投入能否满足耕地得到充分耕作的需要，能否使单位劳动力的劳动能力得到充分发挥；二是从空间维度具体检验辽宁省各城市耕地所承载的劳动人口数量是否在适度阈值之内。

耕地劳动量承载系数反映了某一国家或地区耕地实际承载的劳动量与该国或地区耕地可承载的劳动量之间的一致程度。用公式可以表述为：

$$LCCL = \frac{Q'}{Q} \tag{5.26}$$

式（5.26）中，LCCL 表示耕地劳动量承载系数，Q' 表示耕地实际承载的劳动量，Q 表示耕地可承载的劳动量。LCCL < 1，表明耕地实际承载的劳动量小于耕地可承载的劳动量，耕地承载的劳动量不足；LCCL > 1，表明耕地实际承载的劳动量大于耕地可承载的劳动量，耕地承载的劳动量过剩；LCCL = 1，是耕地劳动量承载量的标准适度水平。

2. 辽宁省耕地劳动力承载量适度性分析

在考虑农业机械投入情况下，耕地承载劳动力总量由耕地承载的劳动人口和农业机械替代的劳动力两部分组成。依据式（5.26）计算得出 2009~2017 年辽宁省劳动量承载系数，结果见表 5-35。

表 5-35　　　　2009~2017 年辽宁省耕地劳动量承载系数

年份	耕地实际承载的劳动量（万人次）	耕地可承载劳动量（万人次）	耕地劳动量承载系数	年份	耕地实际承载的劳动量（万人次）	耕地可承载劳动量（万人次）	耕地劳动量承载系数
2009	661.40	882.33	1.30	2011	663.60	877.31	1.41
2010	663.60	880.46	1.34	2012	660.00	874.81	1.49

续表

年份	耕地实际承载的劳动量（万人次）	耕地可承载劳动量（万人次）	耕地劳动量承载系数	年份	耕地实际承载的劳动量（万人次）	耕地可承载劳动量（万人次）	耕地劳动量承载系数
2013	652.00	873.20	1.53	2016	675.30	870.54	1.63
2014	655.50	871.80	1.58	2017	684.50	870.03	1.65
2015	659.70	871.05	1.62				

资料来源：2010～2018年《辽宁统计年鉴》、2010～2018年《中国统计年鉴》。

由表5-35可以看出，2009～2017年，辽宁省耕地劳动量承载系数较高，耕地承载劳动量承载系数一直处于稳步上升状态。辽宁省耕地实际承载的劳动量大于耕地可承载的劳动量，超出所需规模。

耕地劳动量承载系数高于标准适度水平是受劳动力投入和农业机械投入两方面因素的影响：一方面，2009～2017年，辽宁省耕地实际承载的劳动力数量一直接近耕地劳动力承载量上限水平，如图5-33所示；另一方面，2009～2011年，农业机械实际投入量低于完全机械化耕作情形下耕地农业机械承载量，2012年开始突破这一上限水平并处于持续增长态势（见图5-33）。2009～2017年，农业机械投入水平一直高于维持耕地劳动力承载量稳定规模所需的农业机械数量 $Q_{machine}$。

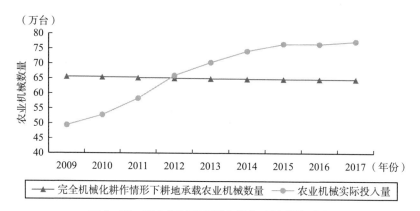

图5-33　农业机械实际投入量与理论阈值对比

由图 5-33 可以看出，辽宁省农业机械投入量在 2012 年已经超出了完全机械化耕作情形下耕地农业机械承载量上限水平，理论上说，辽宁省农业生产已经进入完全机械化耕作状态。但是，实际上，辽宁省农业生产距离完全机械化尚有一定距离。造成辽宁省农业机械投入水平虚高的主要原因是，投入使用的农业机械技术含量不高，工作效率较低。

3. 辽宁省各城市耕地实际承载劳动人口数量适度性分析①

如表 5-36、图 5-34 所示，在不考虑农业机械投入的情况下，沈阳市和阜新市耕地实际承载的劳动人口数量处于耕地劳动力承载理论阈值范围内、中等及稍偏下水平，耕地实际承载的劳动人口数量处于较为适度水平。而辽宁省其他城市耕地实际承载劳动人口数量则处于较高水平。其中，丹东市、营口市、辽阳市和葫芦岛市耕地劳动人口承载数量已超出耕地劳动力承载量上限水平，即已经超出在完全人工耕作情形下耕地所能承载的劳动力数量，农业劳动力处于严重过剩状态。

表 5-36　　　2017 年辽宁省各城市耕地实际承载劳动人口数量与
耕地劳动力承载量阈值对比　　　　　单位：万人

城市	完全机械化耕作情形下耕地劳动力承载量（下限）	完全人工耕作情形下耕地劳动力承载量（上限）	耕地实际承载劳动人口数量
沈阳市	75.67	132.43	74.5
大连市	41.54	72.70	63.2
鞍山市	30.08	52.64	47.7
抚顺市	18.50	32.37	29.6
本溪市	8.42	14.74	14.4
丹东市	24.55	42.96	46.1
锦州市	50.60	88.56	70.0

---

① 由于无法获取辽宁省各城市农业机械拥有量，因此，通过检验耕地实际承载的劳动人口数量分析各城市耕地劳动力承载情况。

续表

城市	完全机械化耕作情形下耕地劳动力承载量（下限）	完全人工耕作情形下耕地劳动力承载量（上限）	耕地实际承载劳动人口数量
营口市	11.93	20.88	38.3
阜新市	51.76	90.58	39.3
辽阳市	18.58	32.52	32.6
盘锦市	15.68	27.45	22.5
铁岭市	66.34	116.10	61.6
朝阳市	54.93	96.12	83.9
葫芦岛市	13.99	50.99	60.6

资料来源：2010~2018年《辽宁统计年鉴》、2010~2018年《中国统计年鉴》。

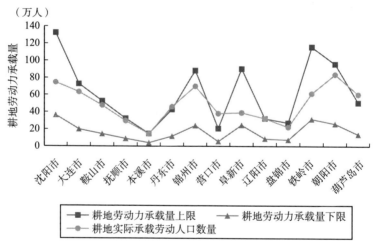

图 5-34 2017 年辽宁省各城市耕地实际承载劳动人口数量与
耕地劳动力承载量阈值对比

4. 研究小结

从时间维度来看，2009~2017 年，辽宁省耕地劳动量承载系数一
直高于标准适度水平，且一直处于稳步上升状态。耕地实际承载的劳动

量大于耕地可承载的劳动量，单从数量角度来看农业劳动力和农业机械投入均处于过剩水平。从空间维度来说，在不考虑耕地农业机械承载情况时，沈阳市和阜新市耕地实际承载的劳动人口数量处于较为适度水平；丹东市、营口市、辽阳市和葫芦岛市耕地劳动人口承载数量处于严重过剩状态；大连市、鞍山市、抚顺市、本溪市、锦州市、盘锦市、铁岭市和辽阳市耕地劳动人口承载数量虽未超出耕地劳动人口承载量理论阈值上限，但耕地劳动人口承载量仍处于较高承载状态。

　　总体而言，辽宁省耕地承载的劳动量高于耕地所能承载的劳动量，劳动力的劳动效率得不到有效发挥，劳动人口的劳动收入也会受到影响。因此，在条件允许的前提下，应出台相关政策，有效引导农业剩余劳动力向非农部门转移。

二、辽宁省农村劳动人口流动潜力与城市部门需求分析

　　从农村人口流动特征看，农村人口主要流向城镇地区[1]，城乡收入差异是产生这一流动趋势的主要影响因素[2]。从经济学角度，任何"理性经济人"都以追求经济利益最大化为准则做出决策行为[3]。在迁移决策过程中，农民的经济利益由迁移收益和迁移成本决定。因此，农民对迁移收益与迁移成本的预期，决定了农户的迁移意愿和最终决策。因此，这一部分的研究，是在确定辽宁省耕地劳动力承载量过高，存在农村剩余劳动力转移需求的基础上，通过分析农村人口外流潜力和城市部门外来人口容纳能力，进一步研判辽宁省农村人口流动的可能性及可行性。

---

　　① 莫玮俏、史晋川：《农村人口流动对离婚率的影响》，载于《中国人口科学》2015年第5期，第104~112页。

　　② 杨渝红、欧名豪：《土地经营规模、农村剩余劳动力转移与农民收入关系研究》，载于《资源科学》2009年第2期，第310~316页。

　　③ 关江华、黄朝禧：《农村宅基地流转利益主体博弈研究》，载于《华中农业大学学报》（社会科学版）2013年第3期，第30~35页。

（一）理论基础与分析框架

1. 托达罗模型及模型简化

美国发展经济学家托达罗（Todaro）认为，城乡之间预期收入差异会影响农村人口的迁移决策。差异越大，农村人口越倾向于选择城市部门就业，以获取更高的收益。假定农民知道在城市部门立即获得有工资的就业选择是有限的，以及在一定时期内存在失业风险或未充分就业的可能性。因此，农村人口迁移后的期望收入由城市部门的平均收入和就业概率共同决定[①]。

如果定义 V(0) 为迁移时期内城市与农村期望收入净流量的贴现值；$Y_u(t)$ 和 $Y_r(t)$ 代表在城市部门和农村部门中劳动者相应的平均实际收入；n 代表迁移计划期内期数；r 代表反映迁移时间偏好程度的贴现率，迁移与否的决定取决于以下模型中 V(0) 是正还是负。

$$V(0) = t = \int_{t=0}^{n} [p(t)Y_U(t) - Y_r(t)]e^{-rt}d_t - C(0) \quad (5.27)$$

式（5.27）中，C(0)代表迁移成本，p(t)代表一个迁移农村人口在 t 时间内获得一份平均收入的城市工作的可能性。鉴于迁移农村人口跨时期样本数据获取困难，在只考虑当期农村人口迁移对策的情况下，即 t = 0 时，可以将模型简化为[②]：

$$V = (pY_u - Y_r) - C \quad (5.28)$$

式（5.28）托达罗模型的修正。城市部门就业机会的拓展，会吸引更多的农村人口迁移到城市，进而导致城市部门失业人口的大量增加。解决城市部门的失业问题，可通过增加农业部门就业机会、提高农

---

① 迈克尔 P. 托达罗、斯蒂芬 C. 史密斯著，聂巧平、程晶荣、汪小雯译：《发展经济学》（第 11 版），机械工业出版社 2014 年版。

② 陈会广、刘忠原：《土地承包权益对农村劳动力转移的影响——托达罗模型的修正与实证检验》，载于《中国农村经济》2013 年第 11 期，第 12～23 页。

业部门就业收入，鼓励农村人口选择留在农村来实现①。

通过发展农村经济，可以增加农业部门的就业岗位。农村人口也可以在农业部门获得除传统耕作外的就业机会。此时，在农业部门存在获得额外就业机会的可能性，可将托达罗简化模型修正为：

$$V = (p_u Y_u - p_r Y_r) - C \qquad (5.29)$$

式（5.29）中，p_r 表示农村人口在农业部门获得额外就业机会的概率，p_u 表示农村人口在城市部门就业的概率。

2. 分析框架

根据托达罗模型，城乡收入差距是影响人们迁移决策的主要因素。当迁移收益大于不迁移收益时，选择迁移是有利的；反之，则放弃迁移，甚至产生人口回流。可以用托达罗模型来解释这种选择过程：①当 $p_u Y_u > p_r Y_r + C$，$V > 0$ 时，在城市部门就业获得的收益大于在农业部门就业获得的收益与迁移成本之和，选择退出农村宅基地并迁移到城市可以给农民带来收益。②当 $p_u Y_u \leq p_r Y_r + C$，$V \leq 0$ 时，在城市部门就业获得的收益小于在农业部门就业获得的收益与迁移成本之和，迁移到城市不能给农民带来收益，此时，农民会放弃迁移，已迁移到城市的农村人口也可能选择回流到农业部门。在这一选择过程中，在农业部门就业的预期收益 $p_u Y_u$、在城市部门就业的预期收益 $p_r Y_r$ 以及迁移成本 C，均是影响农村人口迁移决策的重要因素。

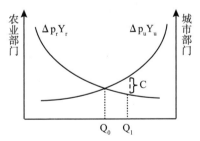

图 5 - 35　期望收益与迁移成本影响下的农村人口规模

① 王必达、卿陶：《试论我国农村剩余劳动力转移基于——托达罗模型的修正与反思》，载于《西北民族大学学报》（哲学社会科学版）2014 年第 4 期，第 155～162 页。

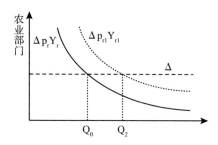

图 5 - 36　农业部门期望收益与农村人口

图 5 - 35、图 5 - 36 中，$\Delta p_r Y_r$ 分别表示农业部门就业的期望边际收益和表示城市部门就业的期望边际收益，$\Delta p_{rl} Y_{rl}$ 表示政策调控影响下的农业部门就业的期望边际收益，C 表示迁移成本，Q_0 表示稳定状态下农业部门就业的农村人口规模，Q_1 表示考虑迁移成本时农业部门就业的农村人口规模，Q_2 表示政策调控影响下农业部门就业的农村人口规模。

如图 5 - 35 所示，当不考虑迁移成本时，稳定状态下的农业部门就业农村人口规模为 Q_0。而考虑迁移成本后，在城市部门可获得的实际净收益减少，选择在农业部门就业的农村人口规模增大。此时，若想对 Q_1 的规模进行控制，可以从控制迁移成本入手。

如图 5 - 36 所示，假设城市部门就业的期望收益不变时，稳定状态下的农业部门就业农村人口规模为 Q_0。提高农业部门就业的期望收益，可以使选择农业部门就业的农村人口规模增加到 Q_2。此时，若想对 Q_2 的规模进行控制，可以从调控农业部门收益入手。

人口流动往往受迁出地"推力"和迁入地"拉力"的双重影响。对于每一种迁移行为或是单独迁移者，推力和拉力都同时存在[1]，需要对农村人口流动潜力和城市部门人口需求进行测算，才能更加准确地判断农村人口流动趋势。依据农业部门人口外流潜力的大小及城市部门外来人口需求量的大小，可以分为 4 种情形：①农业部门人口外流潜力

---

[1]　田少芳：《东北边境地区经济社会状况和人口流动研究》，吉林大学 2015 年博士学位论文。

小，城市部门外来人口需求量小。②农业部门人口外流潜力小，城市部门外来人口需求量大。③农业部门人口外流潜力大，城市部门外来人口需求量小。④农业部门人口外流潜力大，城市部门外来人口需求力大。依据图 5 - 35、图 5 - 36，当我们期望有更多的农村人口迁移到城市的时候，可以通过减少 C，使均衡点左移。当我们期望有更多的农村人口留在农业部门的时候，可以通过增加农业部门就业的预期收益 $p_u Y_u$ 来实现。

（二）期望收入差异影响下的农村人口流动潜力

1. 模型的构建

如果把农村人口流动看作市场条件下的商品自由流通过程，则这个过程中涉及的供给者、需求者和商品分别是城市部门、农业部门和农村人口。农村人口向城镇流动，是农户依据其拥有的耕地数量与收入状况，以获得最佳经济收益为目的的理性选择[①]。只有当人均土地经营规模达到一定水平，使从事农业生产的收入等于甚至大于进城务工的收入时，农村人口才会结束这种比较利益驱动下的自发流动行为。农村人口在农业部门与城市部门获得相等的边际收益，是农村人口在两部门间实现稳定配置状态的前提条件。即：

$$\Delta p_r Y_r = \Delta p_u Y_u \tag{5.30}$$

式（5.30）中：$\Delta p_r Y_r$ 表示农村人口在农业部门就业获取的边际收益；$\Delta p_u Y_u$ 表示农村人口在城市部门就业获取的边际收益。

假设单位面积的耕地带给农村人口的收益是一样的，且不考虑农村人口在农业部门通过其他途径获取的收益，则 $p_r = 1$。此时，把城镇职工平均工资与人口就业率之积看成农村人口在城市部门就业获取的边际收益 $\Delta p_u Y_u$，就要确保农村人口拥有一定面积的耕地，维持其在农业部门持续获取相应的收益。具体计算公式如下：

---

① 胡正梁、王均文：《国外现代农业发展借鉴》，载于《山东经济战略研究》2007 年第 3 期，第 13 ~ 18 页。

$$Q_m = Q_t - Q_r$$

$$Q_r = \frac{RGDP}{\Delta p_u Y_u} \quad\quad (5.31)$$

式（5.31）中：Q_t 表示农村人口总规模；Q_m 表示呈外流趋势的农村人口规模；Q_r 表示耕地可承载的农村人口规模；RGDP 表示农业生产总值。

2. 结果分析

依据上述公式计算得出辽宁省各城市农村人口流动潜力。农村人口向城镇流动并不局限于本省范围内，外省城镇地区较高的工资水平也会导致某些地区农村人口外流行为的产生。因此，在计算时选取全国城镇职工平均工资水平代表城镇职工平均工资。即当农村人口人均收入小于全国城镇职工平均工资水平时，农村人口就会产生外流趋势。当本省城镇职工平均水平低于全国平均水平时，农村人口外流时倾向于选择到工资水平更高的外省城镇地区就业；反之，则选择在本省城镇地区就业。利用 ARCGIS 中的自然断裂法，依据农村人口流动潜力绝对值，可将辽宁省 14 个城市分为农村人口流动潜力高值地区和低值地区两类。辽宁省各城市农村人口流动潜力计算结果见图 5-37、表 5-37。

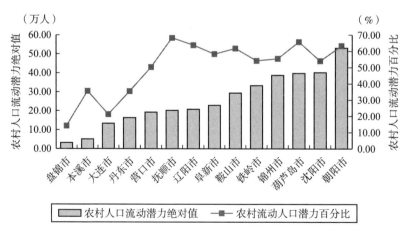

图 5-37 2017 年辽宁省各市农村人口流动潜力绝对值与百分比对比

表 5-37 2017 年辽宁省各市农村人口流动潜力

城市	农村人口流动潜力绝对值（万人）	农村流动人口潜力百分比（%）	农村人口流动潜力分类
沈阳市	40.22	53.99	高
大连市	13.35	21.12	低
鞍山市	29.43	61.70	高
抚顺市	20.19	68.22	低
本溪市	5.12	35.55	低
丹东市	16.31	35.39	低
锦州市	38.78	55.39	高
营口市	19.24	50.23	低
阜新市	22.87	58.21	低
辽阳市	20.75	63.66	低
盘锦市	3.17	14.09	低
铁岭市	33.35	54.14	高
朝阳市	53.09	63.28	高
葫芦岛市	39.81	65.70	高

资料来源：《辽宁统计年鉴 2018》。

从图 5-37、表 5-37 可以初步判断出，辽宁省农村流动人口潜力绝对值与百分比均差异巨大。整体而言，城市农村人口流动潜力绝对值与百分比处于相对一致的状态，即农村人口外流潜力绝对值高的城市，农村人口流动潜力百分比也较高；农村人口外流潜力绝对值较低的城市，农村人口流动潜力百分比也较低。

农村人口流动潜力绝对值与百分比最小的城市均为盘锦市，数值分别为 3.17 万人和 14.09%，农村人口流动潜力绝对值最大的为朝阳市，农村人口流动潜力绝对值为 53.09 万人；农村人口流动潜力相差 16.74 倍之多。农村人口流动潜力比例最大的为抚顺市，潜在流动人口占总劳动人口的 68.22%。全省农村人口流动潜力绝对值超过 30 万人的城市有 5 个，分别为朝阳市、沈阳市、葫芦岛市、锦州市和鞍山市；农村人口流动潜力百分比低于 50% 的城市只有 4 个，分别为盘锦市、大连市、丹东市和本溪市。

（三）产业结构合理程度影响下的城市部门劳动力需求分析

1. 模型构建

产业偏离度是指产业增加值占 GDP 比重与产业就业人口占总就业人口比重的差值，反映三次产业合理化水平[①]。产业结构偏离度越大，表示产业结构越不合理，造成这种偏离的原因是产业结构与就业结构间的不平衡状态。产业结构偏离度越趋近于零，表示产业结构越合理。当产业结构偏离度为零时，产业结构与就业结构处于平衡状态。具体计算公式如下[②]：

$$S = \frac{Y_2}{Y} \left| \frac{Y_2/L_2}{Y/L} - 1 \right| + \frac{Y_3}{Y} \left| \frac{Y_3/L_3}{Y/L} - 1 \right| \qquad (5.32)$$

其中，S 表示城市部门产业结构偏离度，Y_2、Y_3 分别表示城市部门第二、第三产业的增加值，L_2、L_3 分别表示城市部门第二、第三产业的就业人数，Y 表示城市部门第二、第三产业总增加值，L 表示城市部门第二、第三产业总的就业人数。

借鉴已有研究可知，当 $\frac{Y_i/L_i}{Y/L} > 1$ 时，表明 i 产业国有产值比重大于 i 产业就业比重，i 产业的劳动生产率较高，存在劳动力转入需求；当 $\frac{Y_i/L_i}{Y/L} < 1$，表明 i 产业国有产值比重小于 i 产业就业比重，i 产业的劳动生产率较低，存在劳动力转出需求。

2. 结果分析

如表 5 - 38、图 5 - 38 所示，辽宁省城市部门产业偏离度前三位的

---

① 陈曦、穆怀中：《中国产业结构合理化及其与经济增长关系研究》，载于《经济研究参考》2014 年第 46 期，第 20～29 页。

② 孙巍、刘智超：《劳动力回流的要素配置与产业结构优化》，载于《上海财经大学学报》2018 年第 3 期，第 29～43 页。

城市分别为鞍山市、沈阳市和盘锦市，产业偏离度分别为24%、23%和21%。其中，鞍山市和沈阳市的第二产业偏离度较高，存在劳动力转入需求，第三产业偏度略低于第二产业偏离度，且存在劳动力转出需求。盘锦市则是第三产业偏度高于第二产业偏离度，且第二、第三产业均存在劳动力转出需求。

城市部门产业偏离度最低的三个城市分别为抚顺市、辽阳市和锦州市，产业偏离度分别为2%、3%和5%。其中，抚顺市第二产业不存在偏离度，同时也不存在劳动人口转移需求；第三产业偏离度为1%，存在劳动力转出需求。辽阳市第二产业偏离度仅为1%，存在劳动人口转入需求；第三产业偏离度为2%，存在劳动力转出需求。锦州市则是第二产业偏离度略高于第三产业偏离度，第二产业存在劳动力转出需求，第三产业存在劳动力转入需求。14个城市中只有盘锦市第二、第三产业均存在劳动力转出需求。

表5-38 2017年辽宁省各市城市部门产业结构偏离度及劳动力转移需求

城市	第二产业偏离度	第三产业偏离度	城市部门产业偏离度	第二产业劳动力转移需求		第三产业劳动力转移需求	
				计算结果		计算结果	
沈阳市	0.14	0.09	0.23	1.28	转入	0.81	转出
大连市	0.08	0.07	0.15	1.16	转入	0.87	转出
鞍山市	0.15	0.10	0.24	1.28	转入	0.79	转出
抚顺市	0.00	0.01	0.02	1.00	无	0.97	转出
本溪市	0.11	0.08	0.19	1.20	转入	0.82	转出
丹东市	0.06	0.05	0.11	1.14	转入	0.91	转出
锦州市	0.04	0.01	0.05	0.89	转出	1.02	转入
营口市	0.05	0.07	0.12	0.87	转出	1.11	转入
阜新市	0.05	0.06	0.10	1.12	转入	0.90	转出
辽阳市	0.01	0.02	0.03	1.01	转入	0.96	转出
盘锦市	0.10	0.12	0.21	0.76	转出	0.42	转出

续表

城市	第二产业偏离度	第三产业偏离度	城市部门产业偏离度	第二产业劳动力转移需求		第三产业劳动力转移需求	
				计算结果		计算结果	
铁岭市	0.01	0.07	0.08	1.02	转入	0.86	转出
朝阳市	0.03	0.04	0.07	0.89	转出	1.05	转入
葫芦岛市	0.06	0.06	0.12	0.86	转出	1.11	转入

资料来源:《辽宁统计年鉴2018》。

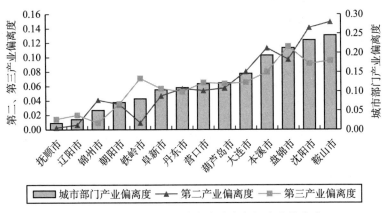

图 5 - 38 2017 年辽宁省各市城市部门产业偏离度

(四)辽宁省农村人口流动趋势与城市部门需求对比分析

基于辽宁省农村人口流动潜力和城市部门劳动力需求,可得出表 5 - 39。

表 5 - 39 辽宁省农村人口流动趋势与城市部门需求对比

城市	农村人口流动潜力分类	第二产业对劳动力转移的需求	第三产业对劳动力转移的需求
沈阳市	高	转入	转出
大连市	低	转入	转出

续表

城市	农村人口流动 潜力分类	第二产业对劳动力 转移的需求	第三产业对劳动力 转移的需求
鞍山市	高	转入	转出
抚顺市	低	无	转出
本溪市	低	转入	转出
丹东市	低	转入	转出
锦州市	高	转出	转入
营口市	低	转出	转入
阜新市	低	转入	转出
辽阳市	低	转入	转出
盘锦市	低	转出	转出
铁岭市	高	转入	转出
朝阳市	高	转出	转入
葫芦岛市	高	转出	转入

将表 5-39 中指标进行统一化处理：用 1 和 -1 替代农村人口流动潜力分类中的高值和低值；用 1 和 -1 替代劳动力转移需求中的转入需求和转出需求。依据利用 SPSS 软件对统一化处理后的指标进行系统聚类分析，并利用 ARCGIS 进行可视化表达。聚类结果如表 5-40 所示。

表 5-40　　辽宁省农村人口流动潜力与城市部门劳动力转移需求分类

分类	城市	农村人口 流动潜力	第二产业 劳动力需求	第三产业 劳动力需求
I 类	沈阳市、鞍山市、铁岭市	高	转入	转出
II 类	大连市、本溪市、丹东市、阜新市、辽阳市	低	转入	转出
III 类	抚顺市、盘锦市	低	无/转出	转出
IV 类	锦州市、朝阳市、葫芦岛市	高	转出	转入
V 类	营口市	低	转出	转入

Ⅰ类城市特征：农村人口外流潜力高，所在城市第二产业存在劳动力转入需求、第三产业存在劳动力转出需求。这类城市城乡收入存在较大差异，且原有农村人口基数大，沈阳市、铁岭市和鞍山市的乡村从业人口数量分列辽宁省 14 个地市的第二、第五和第七位，排名均位于前 50%。这 3 个城市第二产业的劳动生产效率高于全省平均水平，劳动力在第二产业处于劳动效率较高的状态，有劳动力转入需求。这 3 个城市的第三产业即服务业，劳动力劳动效率低于全省平均水平，劳动力劳动效率较低，需要转移出部分劳动力，以便发挥劳动力应用的劳动效率，保证劳动者在第三产业就业的收入。

Ⅱ类城市特征：农村人口外流潜力小，所在城市第二产业存在劳动力转入需求、第三产业存在劳动力转出需求。这 5 个城市中，本溪市、丹东市、阜新市和辽阳市的乡村从业人口数量均位于全省 14 个地市的后 50%，乡村人口绝对数量少是造成这类城市农村人口外流潜力小的主要原因。但是对于大连而言，影响农村人口外流潜力的主要原因则是其较高的农业部门产值。2017 年大连市的乡村从业人口为 63.2 万人，是沈阳市乡村从业人口数量的 85%；其农业部门生产总值则达到 408.21 亿元，是沈阳市农业部门生产总值的 1.64 倍。大连市农业部门劳动力生产效率高，可以获得较高的劳动收入，从而降低了城乡之间的劳动收入差异，影响了农业部门劳动人口的迁移意愿。这 5 个城市第二产业劳动力劳动强度高于全省平均水平，存在劳动力转入需求；第三产业劳动力劳动效率较低，存在劳动力转出需求。

Ⅲ类城市特征：农村人口外流潜力小，所在城市第二、第三产业不存在劳动力转入需求。Ⅲ类城市农村人口流动趋势与城市部门劳动力需求处于比较协调的状态，没有同时处于较强的转出或转入需求。抚顺市和盘锦市的乡村从业人口分别位于辽宁省 14 个城市的倒数第三位和倒数第二位，绝对数量少是造成这两个城市农村人口外流潜力小的主要原因。同时，这两个城市的城市部门劳动生产率较低，总体而言其城市部门的劳动生产率低于全省平均水平，城市部门存在劳动力转出需求。

Ⅳ类城市特征：农村人口外流潜力大，所在城市第二产业存在劳动力转出需求、第三产业存在劳动力转入需求。这一类型中的 3 个城市，锦州市、朝阳市和葫芦岛市均有较多的乡村从业人口，其中朝阳市的乡村从业人口达 83.9 万人，位列辽宁省第一。绝对数量大是这 3 个城市农村人口外流潜力大的主要原因。这 3 个城市第二产业劳动力劳动效率高，存在劳动力转出需求；第三产业劳动力劳动效率较高，存在劳动力转入需求。

Ⅴ类城市特征：农村人口外流潜力小，所在城市第二产业存在劳动力转出需求、第三产业存在劳动力转入需求。营口市是辽宁省唯一属于这种类型的城市。乡村从业人口绝对数量少是造成营口市农村人口外流潜力小的主要原因。第二产业劳动力劳动效率高，存在劳动力转出需求；第三产业劳动力劳动效率较高，存在劳动力转入需求。

三、辽宁省各市城市部门空间集聚能力与空间趋同性检验

人口的迁移决策是一种成本—收益混合关系决策。当迁移收益大于不迁移收益时，选择迁移是有利的；而对迁移收益不满意的居民则放弃迁移，除非他获得超额利润。从就业收入角度看，原居住地就业可获得的收益和拟迁入地就业可获得的收益以及迁移成本决定了人们的流动趋势和迁移意愿。此时，城镇第二、第三产业较为发达地区的农村人口更容易成为迁移人群；而城镇第二、第三产业欠发达地区的农村人口则倾向于放弃迁移，或选择在继续持有农村宅基地和耕地的情形下，将其他城市作为迁移目的地。然而，在综合考虑迁移成本 C 后，迁移的净收益 $p_u Y_u - p_r Y_r$ 与迁移成本 C 之间的比较结果，才是决定人们迁移决策的关键因素。此时，虽然在拟迁入地可以获得较高的就业收益，但是过高的迁移成本也会影响人们的迁移决策。因此，制定调控政策之前，还需要进一步分析各城市部门的产业集聚能力，以此判断适合的区域人口、土地与产业调控政策。

（一）辽宁省各市城市部门集聚能力分析

改革开放以来，我国人口区际流动和产业地理集聚具有明显的同向性[1]，原因在于发展的地区产业更有可能为迁移居民带来超额利润。从产业集聚的角度，农业部门的"推力"以及工业、服务业的"拉力"共同影响着农村人口流动潜力和趋势。本书借鉴城市流强度模型，从省级层面测算各省份城镇第二、第三产业的外向功能量，判断出各省份城镇地区对外来人口吸引、接纳的潜力，并以此作为政策调整的参考依据。

1. 模型的构建

城市流是指城市间人流、物流、信息流、资金流和技术流等空间流在城市群区域内所发生的频繁的、双向的和多向的流动现象，反映了城市集聚与辐射的状态以及城市规模结构不断变化完善的过程[2]。城市流强度是指在城市间的联系中，城市外向功能（集聚与辐射）所产生的聚射能量及城市之间与城乡之间相互影响的数量关系[3]。城市流强度值高的城市对外服务能力较强，具备良好的吸引集聚效应[4]。

城市流强度的计算公式为：

$$F = N \cdot E \tag{5.33}$$

式（5.33）中，F 为城市流强度，即城市之间发生经济集聚和扩散时所产生的要素流动强度，反映了城市的经济影响力；E 为城市外向功能量，反映城市外向功能的大小；N 为城市功能效益，即单位外向功能量所产生的实际影响。

在实际操作中，考虑到指标的代表性和可得性，往往采用城镇从业

① 敖荣军、刘松勤：《人口流动与产业集聚互动的机制与过程》，载于《湖北社会科学》2016 年第 6 期，第 80～85 页。
② 王彬燕、王士君、田俊峰：《基于城市流强度的哈长与辽中南城市群比较研究》，载于《经济地理》2015 年第 11 期，第 94～116 页。
③ 徐慧超、韩增林、赵林、彭飞：《中原经济区城市经济联系时空变化分析》，载于《经济地理》2013 年第 6 期，第 53～58 页。
④ 柯文前、陆玉麒、俞肇元、王晗、陈伟、马颖忆：《基于流强度的中国城市对外服务能力时空演变特征》，载于《地理科学》2014 年第 11 期，第 1305～1312 页。

人员数量作为城市功能的度量指标，则城市是否具备外向功能量 E，主要取决于该城市某一部门从业人员的区位熵。设城市 j 部门从业人员区位熵 L_{qij} 为：

$$L_{qij} = \frac{G_{ij}/G_i}{G_j/G} (i = 1, 2, 3, \cdots, n; j = 1, 2, 3, \cdots, m) \quad (5.34)$$

式（5.34）中，G_{ij}，G_i，G_j，G 分别表示 i 市 j 部门的城市从业人员数量、i 市城市从业人员数量、全省 j 部门城市从业人员数量以及全省城市从业人员数量。$L_{qij} < 1$，则 i 市 j 部门不存在外向功能，亦即 $E_{ij} = 0$；若 $L_{qij} > 1$，则 i 市 j 部门存在外向功能，因为 i 市的城市从业人员总量中分配给 j 部门的比例超过了全省的分配比例，即 j 部门在 i 市中相对于全省是专业化部门，可以为城市以外区域提供服务。因此，i 市 j 部门的外向功能 E_{ij} 为超出全省平均水平的部分，即：

$$E_{ij} = G_{ij} - G_i(G_j/G) = G_{ij} - G_{ij}/L_{qij} \quad (5.35)$$

i 市 n 个部门的总外向功能量 E_i 为：

$$E_i = \sum_{i=0}^{n} E_{ij} \quad (5.36)$$

i 市的功能效率 N_i 用人均从业人员的 GDP 表示，即：

$$N_i = GDP_i/G_i \quad (5.37)$$

i 市的城市流强度 F_i 为：

$$F_i = N_i \cdot E_i = (GDP_i/G_i) \cdot E_i = GDP_i \cdot (E_i/G_i) = GDP_i \cdot K_i$$
$$(5.38)$$

式（5.38）中 K_i 为反映 i 市总功能量的外向程度，称之为城市流倾向程度。

2. 结果分析

依据上述公式，计算得出辽宁省 14 个城市第二、第三产业的区位熵及城市流主要特征值。其中，第二、第三产业区位熵利用各产业内具体行业的总就业人数计算得出。计算城市功能效益 N_i 时所用到的 GDP 总量，为各市第二、第三产业的 GDP 总量。

上述公式中涉及的数据，来源于《辽宁统计年鉴 2018》。各城市第

二、第三产业区位熵与城市流主要特征值计算结果见表5－41。

表5－41　辽宁各城市第二、第三产业区位熵与城市流主要特征值

城市	第二产业区位熵	第二产业外向功能量	第三产业区位熵	第三产业外向功能量	E_i	N_i	K_i	F_i
沈阳市	2.07	27.37	1.11	5.17	32.54	53.03	0.31	1725.33
大连市	2.04	23.15	1.12	4.77	27.92	72.74	0.31	2030.79
鞍山市	2.20	11.75	1.03	0.59	12.34	38.24	0.31	472.02
抚顺市	2.29	7.20	0.95	-0.49	6.72	40.10	0.30	269.45
本溪市	2.30	6.43	0.98	-0.20	6.23	36.31	0.31	226.37
丹东市	1.69	3.17	1.30	2.51	5.68	35.80	0.31	203.22
锦州市	1.52	3.02	1.33	3.49	6.50	39.90	0.29	259.57
营口市	1.68	4.09	1.32	3.53	7.62	47.85	0.31	364.60
阜新市	1.58	1.93	1.34	2.06	3.99	23.90	0.30	95.33
辽阳市	2.19	4.71	1.01	0.10	4.81	43.50	0.30	209.28
盘锦市	1.63	6.22	0.45	-9.71	-3.50	41.49	-0.15	-145.04
铁岭市	1.70	3.65	1.15	1.43	5.08	23.40	0.26	118.92
朝阳市	1.27	1.41	1.54	5.07	6.48	28.47	0.31	184.58
葫芦岛市	1.68	3.10	1.31	2.50	5.59	33.05	0.31	184.77

资料来源：《辽宁统计年鉴2018》。

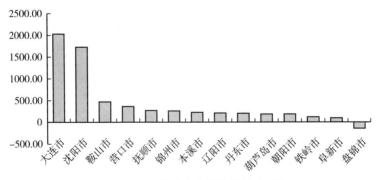

图5－39　辽宁省各市城市流强度对比

从城市外向功能量的角度看，排在前 3 位的城市分别为沈阳市、大连市和鞍山市，城市外向功能量为分别为 32.54、27.92 和 12.34，这 3 个城市的外向功能量主要来源于第二产业，3 个城市第二产业的区位熵均大于 2。这 3 个城市的第三产业也具备一定的外向功能量，但区位熵虽大于且趋近于 1，外向功能量不强。排名后 3 位的城市分别为盘锦市、阜新市和辽阳市，城市外向功能量分别为 -3.5、3.99 和 4.81。盘锦市的城市外向功能量主要受第三产业外向功能量影响，第三产业的外向功能量为 -9.71，区位熵只有 0.45，严重低于全省平均水平。第三产业外向功能量为负数的城市还有抚顺市和本溪市，这两个城市的总体功能量排在全省倒数第四位和第五位。

从城市流强度的角度看，沈阳市和大连市的城市流强度分别为 1725.33 和 2030.79，远高于第三位鞍山市的 472.02。从城市流强度看，沈阳市和大连市的集聚效应非常强，对外来人口的吸引力和容纳能力也相对较强，更容易成为人口流入地。全省城市流强度最低的城市为盘锦市，其城市流强度为 -145.04，是全省唯一城市流强度为负数的城市，其城市部门第二、第三产业对劳动力不具备吸引力（见图 5 - 39）。

（二）城市部门集聚能力空间趋同性检验

1. 模型构建

通过 Moran's I（空间自相关）分析方法测度辽宁省 14 个城市流强度的空间趋同性，分析各城市总体空间关联和空间差异程度。计算公式如下[1]：

$$I = \frac{\sum_{i=1}^{n} \sum_{j \neq i}^{n} W_{ij}(X_i - \bar{X})(X_j - \bar{X})}{S^2 \sum_{i=1}^{n} \sum_{j \neq i}^{n} W_{ij}} \tag{5.39}$$

---

[1] 周敏、胡碧霞：《东北地区城市土地经济密度格局演变》，载于《城市问题》2018 年第 10 期，第 62~68 页。

式（5.39）中：n 是辽宁省城市数；X_i、X_j 是第 i 个城市和第 j 个城市的城市流强度；$\bar{X}$ 是辽宁省各城市流强度的平均值；$S^2 = \dfrac{1}{n}$ $\sum\limits_{i}^{n} (X_i - \bar{X})^2$；$W_{ij}$ 为空间权重矩阵。本书依据辽宁省各城市的空间邻接性来构造空间权重矩阵，若空间相邻，则 $W_{ij} = 1$；否则 $W_{ij} = 0$。

2. 结果分析

辽宁省城市流强度的 Moran's I 小于 0（-0.1487），且通过显著性检验。由此可以判断，辽宁省内各城市间的城市流强度不存在空间趋同性。通过观察图 5-40 可以发现，辽宁省有两个城市位于坐标中的第二象限，即高值—低值区。这意味着辽宁省存在两个城市流强度值高的城市，且这两个城市被城市流强度低的城市包围。这两个城市流强度值高的城市即沈阳市和大连市，存在两个明显的经济发展中心是导致辽宁省城市流强度不存在空间趋同性的重要原因。

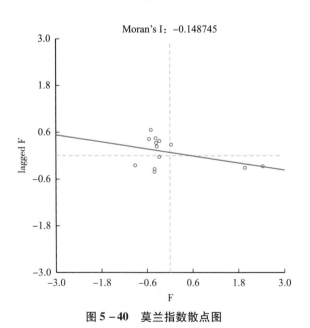

图 5-40　莫兰指数散点图

（三）各类型区城市部门集聚能力分析

第Ⅰ类型区城市部门空间集聚能力特征：第Ⅰ类型区的3个城市中，沈阳市的城市部门具有很强的集聚能力，鞍山市城市流强度位列辽宁省第3位，铁岭市城市流强度比较低，位列辽宁省第12位。这3个城市的第二产业的集聚能力均高于第三产业，与第二产业有劳动力转入需求、第三产业有劳动力转出需求相符。在这一类型区中，城市部门第二产业就业能够带来较高的就业收入，使这类城市的城镇地区对农村人口有足够的吸引力。

第Ⅱ类型区城市部门空间集聚能力特征：第Ⅱ类型区中包含大连市、本溪市、丹东市、阜新市和辽阳市5个城市。这一类型区中的大连市城市流强度较高，其余城市的城市流强度较低。这一类型区中的各城市，由于城乡收入差距小、农村人口基数小等原因，农村人口外流潜力小。这类城市中第二产业的集聚能力均高于第三产业。在这一类型区中，城市部门第二产业能够带来较高的就业收入，对农村人口有一定的吸引力和接纳能力，但存在迁移动力不足等障碍因素。加之大连市较高的房价，更影响到农村人口的迁移意愿。因此，迁移的机会成本和安置成本是影响这类地区城市集聚能力的主要因素。

第Ⅲ类型区城市部门空间集聚能力特征：这一类型区包含抚顺市和盘锦市两个城市。其中，盘锦市的城市流强度为负数，代表这一城市的第二、第三产业对外界完全没有影响力，第二、第三产业的劳动力生产效率也较低，均存在劳动力转出需求。抚顺市城市流强度为正数，第二产业发展程度略高于第三产业，但由于城市部门生产效率较低，第二产业不存在劳动力转入/转出需求，第三产业存在劳动力转出需求。城镇地区第二、第三产业发展程度较低是这类城市经济发展的特点。农村人口在城镇地区很难获得满意的迁移收益，而城市部门也不存在劳动力转入需求。总体而言，这一类型区中农村人口迁移意愿不强，城市部门空间集聚能力较低，拟迁入地的吸引力是影响迁移决策的重要因素。

第Ⅳ类型区城市部门空间集聚能力特征：这一类型区包含锦州市、

朝阳市和葫芦岛市3个城市。这3个城市的城市流强度不高，城市部门的集聚能力和人口容纳能力较低。但是这3个城市均存在较强的农业人口转移潜力，人们对迁移持有积极的态度。虽然这两个城市的第三产业存在一定的劳动力转入需求，但从该类型第二、第三产业的发达程度看，人们若迁入本区域城镇地区很难获得满意的迁移收益。在强烈迁移意愿驱使下，农村人口会重新搜索可以满足其就业收入需求的地区。此时，在政府不采取行政手段干预的情况下，农村人口会遵照市场规律向就业收益较高的其他城市流动。

第V类型区城市部门空间集聚能力特征：全省14个城市中，只有营口市属于这一类型。营口市属于近些年辽宁省发展较快的城市之一，由于旅游业的发展，营口市第三产业就业收入高于全省平均水平，对劳动人口具备一定的吸引力。但是营口市农村人口的外流意愿并不强烈，这与营口市旅游业受季节性因素影响较大，不能带来持续稳定收益有一定关系。且营口市城市部门第二产业发展程度较低，存在劳动力转出需求，因此，其城市部门的空间集聚能力较低。考虑到营口市的地理位置与城市部门集聚能力，在后续分析中将其并入第II类型区，更为合适。

整合之后的辽宁省城市类型区划分如表5-42所示。

表5-42　　　辽宁省农村人口流动潜力与城市部门劳动力转移需求分类

分类	城市	农村人口流动潜力	城市部门集聚能力	第二、第三产业劳动力需求
I类	沈阳市、鞍山市、铁岭市	高	存在集聚能力较高的城市	有转入需求
II类	大连市、本溪市、丹东市、阜新市、辽阳市、营口市	低	存在集聚能力较高的城市	有转入需求
III类	抚顺市、盘锦市	低	不存在集聚能力高的城市	无转入需求
IV类	锦州市、朝阳市、葫芦岛市	高	不存在集聚能力高的城市	有转入需求

注：第二、第三产业劳动力需求中，有一个及以上产业有劳动力转入需求，即归类为城市部门有劳动力转入需求。

四、研究结论与政策建议

（一）研究结论

（1）从时间维度来看，2009～2017 年，辽宁省耕地劳动量承载系数一直高于标准适度水平，且一直处于稳步上升状态。耕地实际承载的劳动量大于耕地可承载的劳动量，单从数量角度来看农业劳动力和农业机械投入均处于过剩水平。从空间维度来说，在不考虑耕地农业机械承载情况时，沈阳市和阜新市耕地实际承载的劳动人口数量处于较为适度水平；丹东市、营口市、辽阳市和葫芦岛市耕地劳动人口承载数量处于严重过剩状态；大连市、鞍山市、抚顺市、本溪市、锦州市、盘锦市、铁岭市和辽阳市耕地劳动人口承载数量虽未超出耕地劳动人口承载量理论阈值上限，但耕地劳动人口承载量仍处于较高承载状态。总体而言，辽宁省耕地承载的劳动量高于耕地所能承载的劳动量，劳动力的劳动效率得不到有效发挥，劳动人口的劳动收入也会受到影响。因此，在条件允许的前提下，应出台相关政策，有效引导农业剩余劳动力向非农部门转移。

（2）辽宁省各城市均存在农村人口外流潜力，但农村流动人口潜力绝对值与百分比均差异巨大。整体而言，城市农村人口流动潜力绝对值与百分比处于相对一致的状态，即农村人口外流潜力绝对值高的城市，农村人口流动潜力百分比也较高；农村人口外流潜力绝对值较低的城市，农村人口流动潜力百分比也较低。农村人口流动潜力绝对值与百分比最小的城市均为盘锦市，数值分别为 3.17 万人和 14.09%，农村人口流动潜力绝对值最大的为朝阳市，农村人口流动潜力绝对值为 53.09万人；农村人口流动潜力百分比相差 16.74 倍之多。农村人口流动潜力比例最大的为抚顺市，潜在流动人口占总劳动人口的 68.22%。全省农村人口流动潜力绝对值超过 30 万人的城市有 5 个，分别为朝阳市、沈阳市、葫芦岛市、锦州市和鞍山市；农村人口流动潜力百分比低于

50%的城市只有4个，分别为盘锦市、大连市、丹东市和本溪市。

（3）从城市流强度的角度看，沈阳市和大连市的城市流强度分别为1725.33和2030.79，远高于第三位鞍山市的472.02。沈阳市和大连市的集聚效应非常强，对外来人口的吸引力和容纳能力也相对较强，更容易成为人口流入地。全省城市流强度最低的城市为盘锦市，其城市流强度为 -145.04，是全省唯一城市流强度为负数的城市，其城市部门第二、第三产业对劳动力不具备吸引力。辽宁省城市流强度的 Moran's I 小于0（ -0.1447），且通过显著性检验。由此可以判断，辽宁省内各城市间的城市流强度不存在空间趋同性。通过观察莫兰散点图可以发现，辽宁省有两个城市位于坐标中的第二象限，即高值—低值区。这意味着辽宁省存在两个城市流强度值高的城市，且这两个城市被城市流强度低的城市包围。这两个城市流强度值高的城市即沈阳市和大连市，存在两个明显的经济发展中心是导致辽宁省城市流强度不存在空间趋同性的重要原因。

（二）政策建议

以人口流动趋势及城镇地区对外来人口的集聚、容纳能力为基础，选择区域人口、土地与城乡产业发展方式，即尊重了区域农村人口迁移意愿，又适应了区域经济发展特征，在最大程度地满足不同类型地区发展需求的同时，巩固区域优势产业地位，促进区域短板产业的发展。可采取以下政策措施，促进区域人口、土地与城乡产业协调发展：

第 I 类城市人口、土地与城乡产业发展引导路径：通过完善社会保障体系与福利制度，消除农村人口流入城市的后顾之忧。I 类城市中的沈阳市对这一类型区农村人口的吸引容纳能力较强，农村人口对本区域城镇地区的满意程度较高，流动趋势与城镇集聚、容纳能力处于较为协调的状态。但是农村人口在流入城镇地区后很难获得与城镇人口一样的社会保障与福利待遇，因此会选择继续持有农村宅基地作为其最后的保障。只有通过构建完善的社会保障体系与福利制度，才能使农村人口在迁入城市后能够获得足够的生存保障，消除农村人口迁入城市的后顾之忧。

第Ⅱ类城市人口、土地与城乡产业发展引导路径：通过完善农村土地制度，促进城乡人口双向流动，在巩固区域优势产业地位的同时，提高区域低效率部门发展速度。这一类型区中的农业部门与第三产业均有良好的发展基础，但整体而言，这一类型区中的第三产业尚有一定的发展空间。因此，通过完善农村土地制度，促进城乡人口的双向流动，在实现人力资本城乡融合配置的同时，巩固区域农业部门的发展优势、发挥第三产业应有的生产效率，是这一类型区发展的重点方向。

第Ⅲ类城市人口、土地与城乡产业发展引导路径：推进农业规模化、产业化经营，发挥区域产业优势，提升农民收入水平。较低的城镇产业发展水平导致这类地区无法为流入的农村人口提供满意的迁移收益，引导农村人口大规模迁入城镇地区具有一定难度。可以发挥这部分城市第一产业的优势，通过农业规模化、产业化经营，提高农村人口在农业部门就业的收入水平。中心村安置的方式可以避免宅基地无序分布导致的农地地块细碎化利用，有利于农业规模化经营的实现。在促进地区优势产业发展的同时，提高农民收入。

第Ⅳ类城市人口、土地与城乡产业发展引导路径：通过发展乡村经济，利用就地城镇化的方式，提升农村人口对现居住地的满意程度。这类农村人口对现居住地的满意程度低、迁移意愿较强，但本地区的产业发展水平较低，不具备容纳农村人口的能力。为了化解农村人口外流需求和城镇容纳能力之间的矛盾，可以通过发展乡村经济，利用就地城镇化的方式提高农村地区的就业收入与居住条件，提升农村人口对现有居住地的满意程度，促使其改变迁移决策。此种方式既能减轻本地区城镇人口容纳压力，又能避免人口大规模流向外省，对这类城市而言是较为理想的发展方式。

第六章

开放促进经济发展

第一节 辽宁深度参与东北亚区域
合作的基本思路

一、世界经济变局与东北亚区域合作

近年来，世界经济形势发生巨大变化、世界经济格局不断重构，世界经济的不稳定性及不确定性显著上升。不断变化的世界经济及格局，为国际区域合作带来发展新契机。东北亚作为最具代表性的国际地缘政治区域，在不断变化的世界经济格局中正经历着前所未有的深刻变革。

（一）世界经济形势分析

近年来，世界经济主要表现为：全球经济总量变化、国际贸易增速放缓、国际直接投资活动低迷等。因此这里我们从全球经济总量及格局、全球贸易形式及格局、全球投资活动及格局三个方面分析当前世界经济发展新形势。

1. 全球经济总量及格局变化

进入 21 世纪以来，全球经济格局变化的最大特点即为发达国家（主要指美国、日本、德国、英国、法国）国内生产总值（GDP）占全球 GDP 总值比例逐渐下降，而以中国为代表的发展中国家经济发展迅速，GDP 全球占比逐渐上升。根据统计数据显示，1995 年是西方五国经济发展的巅峰时刻，当年美国、日本、英国、法国、德国五国 GDP 总额为 17.94 万亿美元，占全球 GDP 总和的 60.4%。而 2016 年五国 GDP 达到了 32.06 万亿美元，全球 GDP 总额为 74 万亿美元，占全球 GDP 比重由 1995 年的 60.4% 下降至 43.33%。

发达国家对世界经济增长贡献率的下降，一方面来自自身经济发展的乏力，另一方面来自以中国为代表的发展中国家和新兴经济体经济的快速发展。20 世纪 70~90 年代中期，发达国家经济总体保持比较稳定的发展态势，而这一时期中国经济总体规模较小、发展速度较慢。但 90 年代中后期以后，美国经济仍保持快速增长态势；日本由于日美贸易摩擦全面溃败以及"泡沫经济"的破灭，经济发展基本陷入停滞；其他三国经济则出现不同程度发展放缓，陷入实际上的经济衰退。在发达国家经济发展缓慢的同时，中国经济异军突起。1995 年中国 GDP 为 14790 亿美元，美国、日本、德国、英国、法国五国之和为 220134 亿美元，中国占五国比重仅为 6.72%；而 2017 年美日德英法五国 GDP 总和为 33.08 万亿美元，而中国一国就达到了 10.16 万亿美元，中国占五国的比重达到了 33.74%。这表明中国的崛起不仅是发展中国家力量上升的主要原因，也是当今全球经济力量对比发生转变的主要原因。

不仅如此，中国的崛起也带动了全球经济增长，尤其是 2008 年全球金融危机爆发后，发达经济体经济增长普遍乏力，对全球经济增长贡献率不断下降。根据统计数据显示，全球金融危机后，发达经济体对全球经济增长贡献率仅为 20%，而中国等发展中国家和新兴经济体则贡献近 80%。2016 年中国对全球经济增长贡献率达到 33.2%，超过了所有发达国家的总和，成为拉动全球经济增长的第一引擎。

2. 全球贸易形势及格局变化

全球贸易格局变化主要表现为两点。一是构成主体地位发生变化。发达国家仍是全球贸易主体，但其在全球贸易中的地位却在不断下降。出口贸易方面，20世纪80年代五国出口占世界出口总额平均比例为41.5%，90年代稳定保持在41%，但进入2000年以后，其平均占比仅为31.6%。进出口贸易总额方面亦是如此。80年代五国进出口占世界进出口总额平均值为42.2%，90年代41.4%，2000年以后则下降为34.1%。与发达国家对外贸易不断下滑形成鲜明对比的是发展中国家和新兴经济体尤其中国对外贸易规模及质量的不断提升。中国现已成为世界第二大经济体、第一大出口国和第二大进口国。1980年中国出口贸易仅占世界出口贸易总额的0.92%，2000年增长到3.83%，而到2017年占比已高达12.68%，远超美国的8.66%，是五国出口总额的近一半。进出口贸易上中国占比亦不断提高，2017年中国进出口贸易占全球进出口贸易的11.44%，与美国的11.02%旗鼓相当。

二是国际贸易产品结构发生变化，从制成品贸易转向中间品贸易；从货物贸易为主转向货物贸易、服务贸易并列发展。80~90年代，国际贸易总量中大约70%左右是制成品贸易，零部件、原材料等中间品贸易少之又少；伴随经济全球化的快速发展，到2010年大约60%左右的国际贸易量是中间品贸易；据测算，2018年这一比例已达70%以上，越来越多的商品实现了全球化生产，我们称之为价值链，而谁占据价值链中高端谁就能获得更多的产品价值。现阶段，发达国家控制了大部分的GVC中高端，中国总体上处于GVC中低端，存在"低端锁定"甚至"低端所不定"的风险。而大量的中间品贸易也促进了服务贸易包括生产性物流、生产性服务业，产业链金融，各种各样的科研开发、研究设计等的飞速发展。WTO报告显示，2018年，全球服务贸易额为5.80万亿美元，其中与商品有关的服务业扩张幅度最大，增幅为10.6%。

可见，中国经济快速发展的同时，中国对外贸易在全球贸易格局中的地位明显提升，全球贸易格局正逐渐呈现出发达国家与发展中国家均衡发展的新态势，中国力量日益成为全球贸易的中流砥柱；同时，中间品贸易的快速发展要求中国积极加强区域合作，进而构建以我国为核心的全球价值链，积极攀升全球价值链中高端。

3. 全球投资活动及格局变化

与全球经济格局、贸易格局的巨大变化相比，全球投资活动变化相对较小，发达国家依然主导着全球资本流动，尤其对外直接投资，同时其所占份额在波动中略有下降。

（1）资本流出。发达国家依然主导着全球对外直接投资，但其所占份额有所下降。1990～2003 年，发达国家是全球对外直接投资的绝对主体，占全球对外直接投资总量平均值高达 89.6%。而进入 2003 年以后，伴随发展中国家和新兴经济体尤其中国对外直接投资的快速发展，发达国家对外直接投资开始有所下滑。2004～2013 年十年间，发达国家对外投资占全球比例降至 76.4%，比之前十年平均占比减少 13 个百分点。而 2014 年是非常特殊的一年，发达经济体对外直接投资剧烈减少，仅占全球的 58%。这一下滑主要是来自欧盟。21 世纪初以来，欧盟对外直接投资占全球比例大幅下降，由 2000 年的 67.9% 下降至 2016 年的 32.4%，下降了 35.5 个百分点，主要原因是欧洲跨国企业投资的减少。相反，美国、日本对外直接投资份额却有所上升。2014 年以后，发达经济对外直接投资重新反弹，占全球对外直接投资比例重回 70% 以上，2017 年为 70.6%。发达国家仍是全球对外直接投资的绝对主力。

即便如此，不可否认的是发展中国家的对外直接投资在逐步扩大，且中国因素是这种变化的重要原因。2000 年，"走出去"战略正式提出并上升为中国国家战略，"走出去"开始进入发展快车道。中国对外直接投资规模从 2000 年的 46.12 亿美元快速增长到 2013 年的 729.71 亿美元，增长了近 16 倍。2014 年，"走出去"政策进一步放宽，开启了中国企业全球化的新纪元。2015 年，中国企业对外投资首超外商投资。2016 年，中国企业海外发展势头持续强劲，更多的中国企业在全球市场中寻找商机，对外直接投资流量高达 1701.1 亿美元。而当年实际使用外资金额为 1260 亿美元。对外投资连续两年超过吸引外商投资额，中国开始步入资本净输出阶段，成为全球第二大对外投资国，当然，与对外直接投资超级大国美国相比，依然存在较大差距，中国对外直接投资仅相当于美国的61.23%。

（2）资本流入。发达经济体不仅保持着资本输出主体的地位，亦是最大的受资国，可以说国际直接投资主要发生在发达经济体之间。2002年，全球外商直接投资流入发达经济体比例达到了70%，占据绝对的主导地位，而流入发展中国家的比例仅为27.4%。伴随着发展中经济体的经济发展及更具吸引力的招商引资政策的制定，2002年以后全球外商直接投资逐渐从发达经济体转向发展中经济体，并于2012年超过发达经济体，占全球外商直接投资流入总量的52%，且将这一趋势一直延续到2014年。2014年，全球外商直接投资流入发展中经济体比例达到顶峰的55.9%，高出发达经济体15.3个百分点。但随着发达国家对外商直接投资的重视、美国"制造业回流"等诸多投资政策刺激，2015年以后全球外商直接投资主题又重新流入发达经济体，重新主导全球外商直接投资，发展中经济体招商引资受到了严峻挑战。

与中国改革开放之初外商直接投资和2000年以后对外直接投资快速发展不同的是，2000年以后中国外商直接投资发展相对缓慢，且持续出现较大幅度的波动。2002~2004年，流入中国外商直接投资占全球外商直接投资总额比例均为8%以上，但此后出现持续下降，2016年，这一比例仅为7.2%。与美国相比这一比例也相对较低，仅相当于美国的34.27%。在发达国家不断加大招商引资工作和美国"制造业回流"对比下，中国的"引进来"发展并不顺利。

（二）新时代下的东北亚区域合作

全球经济格局、贸易格局及投资格局的快速变化及重构在给全球经济发展带来不确定性的同时，亦是发展中国家和新兴经济体提高其全球经济、贸易、投资地位，构建更加公平、公正、合理的国际经贸新秩序的新契机。中国作为发展中国家的领军者，应该肩负起大国责任，抓紧时代新机遇，通过加强区域合作不断提高中国在世界经贸格局中的地位和话语权。

1. 新时代下东北亚区域合作的潜力与机遇

（1）新时代下东北亚区域合作潜力巨大。冷战及冷战结束后很长一段时间内，由于政治因素，东北亚各国之间矛盾突出而复杂，区域内合作非常有限。伴随地缘政治逐渐走向稳定以及区域内各国发展重心逐渐转向经济建设和提升本国综合国力，区域内各国间的政治矛盾与冲突逐渐被巨大的共同经济利益所淡化，区域合作逐渐扩大，双边贸易、投资出现大幅增长。商务部数据显示，2018 年中国与东北亚地区五国贸易额合计约 7585.7 亿美元，占中国对外贸易总额的近 1/4。其中，中日和中韩贸易额均超过 3000 亿美元，中俄贸易额突破 1000 亿美元，中蒙贸易额接近 80 亿美元。投资合作成果亦非常显著。截至 2019 年 5 月，日本累计在华直接投资实际使用额 1137 亿美元，韩国对华实际投资额 801.8 亿美元，分别是中国第一大和第四大外资来源国。2019 年 1~5 月，中国对俄罗斯全行业直接投资 2.1 亿美元，同比增长 20.1%；对韩国投资 8868 万美元，同比增长 73.1%；对蒙古国投资 6820 万美元，同比增长 67.1%。

事实上，东北亚各国地理位置相近、经济互补性强：日本是发达的工业化国家；韩国是新兴工业化国家；而中国伴随经济结构调整，产业发展迅速，成为世界第二大经济体和第一大出口国；朝鲜、蒙古国和俄罗斯远东地区经济发展虽然相对落后，但自然资源丰富。这种地区经济发展水平的梯次结构和比较优势是区域内经济合作得以展开的重要经济基础。可见，东北亚区域合作发展的潜力极其巨大。

（2）新时代赋予东北亚区域合作新机遇。

①区域合作动力明显增强。过去几年，受历史问题、地缘政治等因素影响，东北亚各方关系发展遭遇障碍，政治交往、经贸合作等均受阻。近来，伴随朝鲜半岛局势积极互动因素不断增多，东北亚地区和平发展所需的安全环境得到大幅改善，东北亚各国关系向好迹象明显，区域合作动力明显增强，各方关系出现改善和向好发展的势头。一方面，中日关系趋暖。自 2018 年以来，面对国际变局、经贸互利，以及日本

自身战略调整，日本接连释放改善对华关系信号。2018年日本政府开始就"一带一路"倡议具体合作方式与中方展开讨论，12月又派出了历史上规模最大的经济代表团访华，中方给予积极回应。另一方面，中韩关系改善，双边往来与交流日益提升。中韩关系自"萨德事件"后也出现转机，2017年12月，韩国总统文在寅访华，开启了中韩关系破冰之旅，带动两国经贸往来再度复苏。此外，日俄、韩俄、朝韩等各方面均得到一定程度改善：日本力图实现日朝关系正常化，缔结日俄和平条约；韩国总统19年来首次赴俄罗斯进行国事访问，韩俄加强多领域合作，并就推动落实俄韩朝三方经济开发项目展开研究；朝韩领导人三次会晤，两国军事紧张关系得到缓和，经贸合作蓄势待发。虽然日韩关系遭遇发展瓶颈，但总体来看，区域内各国关系的总体趋稳向好成为东北亚合作最重要的推动力。

②中日韩合作提振发展信心。中日韩作为东北亚三个最大的经济体，其相互合作对东北亚以及整个东亚合作发展都至关重要。中日韩在技术创新、产业分工、信息发展等多个领域各有优势，三国合作可以产生巨大的溢出效应。正因如此，中日韩自贸区的建设将成为东北亚区域合作的中心环节。事实上，自2012年11月中日韩自贸区谈判启动以来，已进行15轮，且已在货物贸易、服务贸易、投资等重要议题取得了积极进展。虽然近几年来谈判进程缓慢，但伴随朝鲜半岛形势好转以及中日关系的回暖，中日韩自贸区谈判将在中国的大力和积极支持下有望取得积极进展，大大提振了东北区区域合作的信心。

③中国倡议提供睿智思路。作为东北亚重要一员，中国始终致力于推动区域内各国间的交流与对话，加强区域内各国间的各项合作，并为区域合作出谋划策。尤其值得指出的是，中国"一带一路"倡议的提出为推进东北亚区域合作提供新动力。东北亚地区的经济合作包括双边、多边以及次区域合作等多个层面，在许多领域都与"一带一路"倡议存在契合点。自倡议提出以来，俄罗斯、蒙古国、韩国、日本等区域国家纷纷提出希望与中国探讨、加强"一带一路"合作。就长远看，各方在"一带一路"合作的推动下，积极开展发展战略对接，加快推

进一批大项目实施，重点提升跨境基础设施互联互通、贸易和投资自由化便利化水平，有助于为构建东北亚经济圈奠定基础。

2. 新时代下东北亚区域合作的风险与挑战

在东北亚区域合作充满巨大潜力与发展新机遇的同时，由于东北亚地缘政治的复杂性和各民族政治冲突、外部力量干预等因素，新时期东北亚合作又存在巨大的风险与挑战。

（1）半岛问题仍面临诸多不确定性。在中国带头和国际社会多方斡旋与不懈努力下，朝鲜半岛局势逐渐趋暖，朝韩双方不断释放善意，韩朝关系得到一定缓解。与此同时，伴随特朗普、金正恩在新加坡、河内、板门店的三次会晤，朝美关系也得到了一定程度缓解。但无论当下朝韩关系或者朝美关系怎样趋暖，其相互之间的敌对状况并非一朝一夕就能解除，朝韩对峙的状态并没有真正改变，半岛未来局势仍充满不确定性。

（2）受到域外国家干扰。东北亚地区作为全球地缘政治的典型区域，其经济发展不能也不可能是本区域自身发展问题。自二战以后，亚太便是美国全球战略从未忽略的地方，无论是奥巴马时期的"亚太再平衡"战略还是特朗普政府的"印太战略"，都充分说明美国对于亚太地区，当然包括东北亚地区的格外重视。因此，东北亚区域各方在推进区域合作方面，除了自身的合作意愿外，不得不面对美国的强权政治与干预，美国的东北亚战略将影响东北亚区域经济合作的进一步发展。

（3）中日韩自贸区谈判迟迟未果。尽管中日韩自贸区谈判已进行15轮，并在货物贸易、服务贸易、投资等重要议题取得了积极进展，但不可否认的是，中日韩自贸区谈判困难重重，自贸区谈判的达成并非易事。首先，中日韩三国间政治互信度相对较低。尽管目前中日韩三国不存在尖锐的政治和安全矛盾，但由于历史遗留问题使得三国间的政治互信基础不够牢固，加之现阶段日韩矛盾冲突较为激烈。其次，三国产业竞争激烈。虽然日本、韩国属于发达国家，而中国属于发展中国家，但伴随近些年中国经济和产业的快速发展，产业竞争力快速提升，如何平衡不同国家经济利益较为困难。最后，三国相互之间存在敏感领域，取得实质性进展仍有难度，尤其在农业领域和制造业领域。

3. 东北亚区域合作的新路径

在国际环境快速变化的新时期，东北亚区域国家应打破传统的双边合作等传统模式，通过积极推进"一带一路"建设、加速中日韩自贸区建设以及黄渤海大湾区建设等新路径实现东北亚区域合作的新发展。

（1）积极推进"一带一路"建设。东北亚地区是古代丝绸之路的重要组成部分。但由于朝鲜半岛局势长期的不稳定以及美朝关系的复杂、中日关系的紧张等因素的影响，东北亚地区并未纳入"一带一路"。而事实上，东北亚地区的经济合作包括双边、多边以及次区域合作等多个层面，在许多领域都与"一带一路"倡议存在契合点，且自倡议提出以来，俄罗斯、蒙古国、韩国、日本等区域国家纷纷提出希望与中国探讨、加强"一带一路"合作。因此，我们应积极从政治、经济等方面逐步推进双边合作、三边合作到多边合作，最终将东北亚地区全面纳入"一带一路"合作中来。可以预见，"一带一路"倡议将在多个领域为推进东北亚经济发展及区域内国家的经济合作开辟新的路径。

（2）加快推进中日韩自贸区建设。但进入2017年以来，伴随国际经济形势的快速变化，中日韩三方推进自贸区建设意愿明显增强。2017年5月，第七次中日韩领导人会议发表联合宣言，重申将进一步加速中日韩自贸区谈判，力争达成全面、高水平、互惠且具有自身价值的自贸协定。此后，自贸区谈判进程加快。2018年，中日韩自贸区第十四轮谈判首席谈判代表会议上，谈判取得了实质性进展；2019年4月，中日韩自贸区第十五轮谈判首席谈判代表会议在日本东京举行，三方就货物贸易、服务贸易、投资、规则等重要议题深入交换意见，取得积极进展，并一致同意，在三方共同参与的区域全面经济伙伴关系协定（RCEP）已取得共识的基础上，进一步提高贸易和投资自由化水平，纳入高标准规则，打造"RCEP+"的自贸协定。中日韩三方应趁此机会，加速推进中日韩自贸区建设。2019年3月15日，国务院总理李克强在北京人民大会堂十三届全国人大二次会议上表示，推动中日韩自贸区建设对三方都有好处。

（3）黄渤海大湾区建设。构想中的环渤海大湾区是环渤海地区的核心区域和对外开放战略前沿，包括京津冀协同发展区、辽中南地区和山东半岛地区三大区域多个城市，是战略性资源、战略性产业和战略性通道的集聚区，是面向亚太地区全方位开放合作门户，在东北亚和"一带一路"建设中具有重要战略地位。世界经济的中心正从欧美转向亚太地区，而东北亚地区是亚太经济的中心。环渤海大湾区最大的意义，是抢占东北亚地区发展制高点。由此可见，积极推进黄渤海大湾区建设对于东北亚区域合作具有重要的推动作用。

二、开放中的辽宁与东北亚区域合作

本章主要描述了开放中的辽宁与东北亚区域合作的现状、合作成绩与问题和机遇与挑战。

（一）辽宁参与东北亚区域合作现状

东北亚经济区从地理位置上包括中国、日本、韩国、朝鲜、蒙古国以及俄罗斯远东地区，而我国的东北地区与其距离更近。与东北亚经济区经济合作最密切的就是辽宁，辽宁省是东北三省进出口总额最高的省份。因此，本章从辽宁省与东北亚区域的贸易、利用外资和对外投资三方面分析合作现状。

1. 贸易现状

如表 6-1 所示，辽宁省与东北亚区域的贸易伙伴国只有三个，日本、韩国和俄罗斯。而日本是与辽宁省贸易往来最多的国家，以出口为主，进出口贸易均是三国中最大，但是近年来均在下降。贸易总额从 2012 年的 155.90 亿美元下降到了 2016 年的 127.32 亿美元，下降幅度为 18.32%。进出口总额下降的原因主要是出口份额的大幅下降，从 101.26 亿美元下降到 78.25 亿美元，下降幅度为 22.73%。

表6-1　　　　　　　　辽宁与东北亚各国贸易额　　　　　　　单位：亿美元

	贸易伙伴国	2012 年	2013 年	2014 年	2015 年	2016 年
进出口总额	日本	155.90	156.33	148.77	126.53	127.32
	韩国	90.16	94.48	95.66	87.22	80.19
	俄罗斯	24.55	24.19	24.31	30.18	32.54
进口总额	日本	54.64	55.14	52.92	42.02	49.08
	韩国	34.42	40.44	41.80	41.86	39.80
	俄罗斯	13.56	12.83	12.52	20.86	24.58
出口总额	日本	101.26	101.19	95.85	84.51	78.25
	韩国	55.74	54.05	53.86	45.36	40.39
	俄罗斯	10.98	11.36	11.79	9.32	7.96

资料来源：《辽宁统计年鉴2017》。

　　韩国是与辽宁省贸易往来第二多的国家，以出口为主，在2016年进出口总额是80.19亿美元。从2012年到2013年，辽宁与韩国的进出口总额持续增长，但到2015年开始不断减少，低于2012年，下降幅度为11.06%。辽宁对韩国的进口大体是不断增长，在2016年有些滑落，为39.80亿美元，仍高于2012年的34.42亿美元。而辽宁对韩国的出口却一直下降，从2012年的55.74亿美元降到了2016年的40.39亿美元，下降幅度为27.53%。

　　俄罗斯是与辽宁省贸易往来第三多的国家，在2016年进出口总额是32.54亿美元。在2012年到2014年之间，辽宁与俄罗斯的进出口总额小幅波动，到2015年之后大幅上涨，上涨幅度为32.57%。上涨主要是因为进口，辽宁省对俄罗斯的进口在2012~2014年小幅波动，在2015~2016年大幅增加，增加幅度达到81.25%。但是出口却呈现相反的变动，在2012~2014年，辽宁对俄罗斯的出口在增加，到2015年之后不断下降到7.96亿美元，甚至低于2012年的10.98亿美元，下降幅度为27.54%。这也就是说明辽宁与俄罗斯的贸易模式主要是进口，且进口在不断加强，出口在不断减弱。

辽宁省与东北亚地区贸易模式以一般贸易和加工贸易为主，主要出口钢材、滑石、成品油、电动机、发电机、服装和水产品等最终产品，和进口铁矿砂、原油和大豆等原材料产品以及计算机零部件、汽车零配件和通信器材零部件等中间产品（刁秀华和张婷婷，2011）。贸易规模的下滑，也意味着这些最终品出口和中间品进口缩减，对经济的带动作用减缓。

2. 利用外商投资现状

如表 6-2 所示，辽宁利用东北亚各国的外资主要来源于日本和韩国，而且每年变动很大。日本和韩国两国对辽宁省的投资从 2005 年一直增长到 2013 年，之后出现断崖式下降，下降到低于 2005 年。日本从 2005 年的 4.10 亿美元增长到 2013 年的 43.01 亿美元，之后大幅下降到了 2016 年的 2.46 亿美元。韩国从 2005 年的 5.14 亿美元，增长到了 2013 年的 20.12 亿美元，之后大幅下降到了 2016 年的 0.65 亿美元。就两国的外商投资比较而言，在 2011 年之前，日本对辽宁的投资一直小于韩国，在 2011 年之后超过了韩国，成为主要的东北亚投资国。东北亚的外商投资主要集中于劳动密集型的加工贸易，尤其是制造业，农业和服务业较少，均缺乏资金密集型或技术密集型的投资合作。其中，蒙古国的外商投资合作从以前的以小额的生活用品和农产品合作为主，向煤炭、石油、金属、矿山开采等重工业方向转变。

表 6-2　　　　　　　　辽宁利用东北亚各国外资额　　　　　　单位：亿美元

年份	日本	韩国
2005	4.10	5.14
2008	9.85	16.22
2009	11.56	15.61
2010	12.62	13.55
2011	14.42	13.98
2012	21.45	14.67

续表

年份	日本	韩国
2013	43.01	20.12
2014	30.17	9.16
2015	2.40	0.80
2016	2.46	0.65

资料来源：《辽宁统计年鉴2017》。

3. 对外投资现状

如表6-3所示，辽宁对东北亚各国投资仍主要是日本和韩国两个国家，大体呈现大幅下降趋势。辽宁对日本的投资项目从2008年的233个下降到了2015年的62个，合同外资额从2008年的19.85亿美元下降到了2016年的-1.23亿美元，甚至出现亏损。辽宁对韩国的投资项目从2008年的343个下降到了2016年的112个，合同外资额从2008年的27.29亿美元下降到了2016年的1.6亿美元。上述辽宁投资下降是一个不好的经济现象，说明了省内企业的实力在降低，投资的步伐在减小，国际化的程度在减缓。日本和韩国均是辽宁贸易、投资往来合作最重要的国家，且是具有先进的技术和管理经验的发达国家，是东北亚最早发展起来的国家，是最早将制造业转移的国家，有很多成熟的产业优势。辽宁省可以凭借地缘优势，加大走出去的步伐，通过并购或者合资的形式，不断提高投资企业的技术水平和国际竞争力。

表6-3　　　　　　　　辽宁对东北亚各国投资额

年份	合作	日本	韩国
2008	项目（个）	233	343
	合同外资额（亿美元）	19.85	27.29
2009	项目（个）	231	352
	合同外资额（亿美元）	20.44	41.89

续表

年份	合作	日本	韩国
2010	项目（个）	221	256
	合同外资额（亿美元）	11.24	17.28
2011	项目（个）	196	126
	合同外资额（亿美元）	8.58	8.23
2012	项目（个）	176	99
	合同外资额（亿美元）	23.29	7.77
2013	项目（个）	91	86
	合同外资额（亿美元）	26.18	14.23
2014	项目（个）	70	96
	合同外资额（亿美元）	21.59	3.09
2015	项目（个）	62	118
	合同外资额（亿美元）	4.07	0.66
2016	项目（个）	62	112
	合同外资额（亿美元）	-1.23	1.60

资料来源：《辽宁统计年鉴2017》。

（二）辽宁参与东北亚区域合作的成绩与问题

辽宁在参与东北亚区域合作中，取得了良好的成绩，开放力度不断扩大，培育了一批具有国际竞争力的企业，加强了农业产品贸易合作，改善了营商环境。但是也面临一些问题，内生经济规模相对外生经济较小，在中高端产业缺乏先进技术，人才净流出日益严重，缺乏现代服务领军型企业。

1. 合作的成绩

辽宁参与东北亚区域合作，取得了一些可观的成绩，主要有以下几方面：

第一，辽宁改革开放力度不断扩大。通过推动落实《加快推进东北地区国有企业改革专项工作方案》，由此形成了倒逼深化改革和转型增长的新动力,开展国有企业综合改革试点和混合所有制改革试点,推进重点国有企业改革脱困,推动若干重大企业联合重组,激活了国有企业的活力;同时通过引导和带动区域改革发展,逐渐培养出一大批民营经济主体,成为对外开放的生力军。辽宁还利用高新技术改造传统产业,实现制造业转型升级,培育产业力量以形成对未来经济增长的有力支撑,使辽宁成为我国参与新一轮国际产业分工的"新支点"。和军和牛娟娟(2019)采用熵值法对改革开放以来东北三省综合发展水平进行客观评价,也发现改革开放以来,辽宁省综合发展水平有所提高,得分增加 10 倍左右,主要是源于人均地方财政收入和产业竞争力得到了很大的提升,尤其是轨道交通装备、汽车制造专用设备等装备制造业和以规模农业和新型管理为特征的现代农业。

第二,辽宁培养了一批具备国际竞争力的优质企业。近年来,辽宁在轨道交通、装备制造、基础建设、能源开发等领域形成了一批具备较强"走出去"能力的优质企业,这些企业在基础设施、经贸合作、产业投资以及能源资源合作方面积累了较为丰富的经验,海外工程承包能力和项目竞争能力逐渐增强。尤其是装备制造业,依赖东北老工业基地形成的工业优势,辽宁省紧抓国家装备制造业调整振兴机遇,以市场为导向,以创新为动力,形成了一批具备较强竞争力的企业,实现了轨道交通装备、汽车制造专用设备等领域的重大突破,在全国具有较强的影响力。在装备制造业存在的龙头企业有很多,在数控机床行业的沈阳机床,在通用石化装备行业的沈鼓,在重矿机械行业构建以北方重工、三一重工,在输变电装备行业构建的沈变、新东北电气,在工程机械行业的北方重工为核心,在汽车零部件行业构建的华晨宝马、北盛汽车或广汽日野。

第三,农业产品贸易合作加强。辽宁省作为中国重要粮仓,具有传统优势。辽宁省的土地面积是 409 万公顷,东部多山,山区特产较多,盛产人参、鹿茸、中药材,且蚕业发达,产量占全国的 3/4;西部为半干旱丘陵区,农牧结合,同时发展果业和水产业;南部以水稻、水产、水果为主,带动乡镇企业的迅速发展;中部、北部属辽河平原地带,是辽宁省的主要粮食区，种植作物是玉米和大豆。基于要素禀赋优势，辽宁省与东北亚区域就农产品形成了广泛的合作，并不断加强，尤其是朝鲜和俄罗斯。据 UNCTAD 数据库统计，中国从日本、韩国农业原料进口占中国从其总进口的比重较低；中国从朝鲜农业原料进口占中国从其总进口的比率波动较大，中国从蒙古国农业原料进口占中国从其总进口的比重较高，中国从俄罗斯农业原料进口占中国从其总进口的比重则表现为较大的提升。朝鲜目前的农业发展相对落后，加之自然灾害较多，粮食产量低下，甚至难以解决人民温饱问题；俄罗斯拥有得天独厚的自然条件和黑土地资源，农用地的成本低廉且土地富庶，成为俄罗斯农产品进行全球竞争的巨大优势；俄罗斯将农业作为其国家重点发展方向之一，并采取多项鼓励措施发展农业生产，这为中国与俄、朝两国开展农业合作提供了有利条件（沈铭辉和张中元，2019）。

第四，辽宁营商环境在不断改善。与东部沿海省份相比，东北地区营商环境存在一定差距，有待提升。近年来辽宁开展优化投资营商环境专项行动，加大对投资营商环境的督查评估，推动转变政府职能，特别是着力完善体制机制，优化政策、市场、法治环境。如辽宁省出台了优化营商环境地方性法规《辽宁省优化营商环境条例》，条例要求平等对待各类市场主体，另外还成立省级营商环境建设监督局，保护本地企业和外来企业的合法权益。2016 年，辽宁参与工信部组织的信息技术服务标准（ITSS）试点，联合省质监局，在全行业成立了电子信息、软件和信息技术服务两个标准化技术委员会，两个标准委员会今年先后制修订了 14 个行业地方标准，召开了智慧城市标准化工作筹备会，确定了智慧城市建设标准的体系框架。2016 年对 66 家企业施行企业所得税优惠政策，减免总额为 1.85 亿元，且组织企业参加第二十届中国国际软件博览会、第十四届中国国际软件和信息服务交易会、2016 中国海外学子创业周，开拓企业市场。

2. 存在的问题

贸易、利用外商和对外投资存在很大的问题，追其根源，主要是辽宁省对外合作发展和机制出现了很大的问题。通过文献梳理和数据分析，本书找到了以下几个关键问题：

第一，内生经济规模较小。由于邻居东北亚，辽宁省的经济偏向于外向型经济，贸易规模日益增长，也吸引了大量的外资。但贸易和外资带动的经济发展只是短期拉动，经济长期发展还是依靠内部市场经济，各类产业经济的协调发展。在与东北亚合作过程中，应该注重培养辽宁的企业相关技术、管理经验等核心比较优势，能够用来大力推动产业长期发展的关键要素，而不是关注短期的资本和利润。且在全球价值链分工模式下，进口中间品和出口最终品越来越多地替代国内价值链，即对"内部循环"的国内专业化分工产生替代效应（黎峰，2017）。同样，"两头在外，大进大出"的加工模式已经不能满足辽宁省与东北亚区域合作的可持续发展，需要扩大内生经济规模，升级产业结构。且如上辽宁与东北亚区域合作的现状分析表明，贸易与投资共同呈现大幅衰减，经济的发展更多地依赖于消费以及内生增长动力。消费容易受到市场环境的影响，而加强内生增长才是关键。

第二，中高端产业缺乏先进技术。虽然辽宁的工业基础比较雄厚，制造业相对发达，但是仍面临转型升级的问题，原本依靠资本和劳动力的粗放型和数量型的经济增长难以为继，需要先进技术来转变增长方式。辽宁在一些产业取得了一定的发展业绩，如软件和信息技术服务业具备一定产业规模，但总体看仍处于变大变强的关键时期，面临很多的技术掣肘。至今中高端产业面临核心技术受制于人、无法满足重大应用需求和安全保障要求、大企业和知名品牌缺乏、人力资源成本上升、高端软件人才不足等问题，自主创新能力不强，产业发展环境仍需优化，信息技术的潜能尚未充分挖掘，新兴领域发展尚需提速，应用水平有待进一步提升，需要在今后发展过程中通过创新驱动发展逐步解决。目前，辽宁省正在不断加大创新投入，技术创新逐渐成为推动辽宁经济持续繁荣发展的新动力。2017 年，全省技术合同成交额由 2010 年的130.7 亿元增加到 2017 年的 409 亿元，年均增幅 17.7%，研究和试验发展经费支出由 287.5 亿元增加到 3745 亿元，占 GDP 比重维持在1.6% 左右（宋帅官，2018）。

第三，人才净流出日益严重。近年来，辽宁省中高端人才流失严重，流向地区包括国际、国内两个市场。在国际市场上，主要发包国家日本最新推出技术签证政策，大幅降低吸引中国人才赴日工作的门槛，造成人才流向日本；在国内市场上，受东北经济现状不景气的影响，人才薪酬与南方城市差距越来越大，造成人才流向国内一线城市和南方薪酬水平高的地区，造成人员和业务流失。据统计，人口外流严重，且迁出人口中非农人口占比较大，占迁出人口的 43%，受教育程度较高，大专及以上学历占 25%。缺乏有效的人才数据库的建立，高技术人才外流，人才的连续性难以弥补。就劳动人口来看，据辽宁 2018 年统计公报，2018 年辽宁 16～59 岁的人口减少了 49.2 万人，常住人口减少了 9.6 万人。辽宁省与东北亚的区域合作的发展离不开人力资本的投入，离不开人才的支撑。可以加强东北亚的人才合作机会，提高对人才的培训和输出，在国外尤其是日本和韩国接受先进的技能培训和交流，这也可以作为一个发展机会吸引人才参与东北亚区域合作。

第四，缺乏现代服务领军型企业。辽宁省除服务产业知名度不高、发展水平落后等自身原因外，错失参与全国现代服务产业布局的最佳时机，影响辽宁省产业规模化发展和服务行业的中小企业做大做强。当前信息技术革命浪潮发展迅猛，大数据、物联网、移动互联网和云计算已成为服务产业最新的推动力量，辽宁省的服务企业对这场信息革命浪潮还不适应，除了东软集团外，还缺少像文思海辉、软通动力、大连华信、南京富士通等优秀的服务外包软件龙头企业及服务外包产业集群，产业发展后劲不足。国有企业作为辽宁省经济的支柱企业，并没有发挥引领和示范作用，反而面临产能过剩的问题。而民营企业综合实力不强，具体表现为生产型企业较多，生产服务型企业较少；一般型企业较多，科技型企业较少；从事低端产品生产的多，从事高端产品生产的少；小微企业比较多，行业龙头领军企业比较少（宋帅官，2018）。跨境电商行业发展起步晚，目前处于成长和发展期，与处于引领期和创新期发展的杭州等地相比，还存在一定差距与短板。

（三）新时代辽宁参与东北亚区域合作的机遇和挑战

机遇是指客观存在的主观判断，一般是指有利条件和环境。国内有利的条件和环境主要是辽宁自贸区、东北老工业振兴。国际有利的条件和环境主要是"一带一路"节点城市和朝鲜发展重心转移。而挑战是鼓动对方与自己竞赛，一般经济含义是指现实经济发展与未来计划的竞赛。新时代辽宁参与东北亚区域合作的挑战主要有未来振兴与现在经济不景气带来的挑战，全面深化改革与制度桎梏带来的挑战，人力资本需求与人才流失带来的挑战，世界经济环境不确定和恶化带来的挑战。

1. 合作的机遇

第一，中国辽宁自由贸易试验区的设立。2016 年 8 月，党中央、国务院决定，在辽宁省、浙江省、河南省、湖北省、重庆市、四川省、陕西省新设立 7 个自贸试验区。2017 年 4 月 1 日，中国（辽宁）自由贸易试验区在沈阳市揭牌。自贸区的设立旨在依托现有经国务院批准的新区、园区，继续紧扣制度创新这一核心，进一步对接高标准国际经贸规则，在更广领域、更大范围形成各具特色、各有侧重的试点格局，推动全面深化改革扩大开放。截至 2018 年末，自贸区已经实有企业 4.7 万家，以内资企业为主 4.6 万家，注册资本为 6438 亿元，外资企业 1300 余家，累计实际使用外资 36 亿美元。企业的入驻可以体现出自贸区带来制度和税收等优惠给经济带来的机遇，这也为东北亚企业提供一个发展的平台，尤其是日韩企业，可以加大与辽宁省的投资贸易合作。

第二，东北老工业基地振兴。振兴东北老工业基地战略从 2003 年被提出，国家现有的政策、资金和项目支持已经基本到位，东北三省经济发展和社会进步取得了积极可喜的成绩。2019 年 6 月 6 日，国务院振兴东北地区等老工业基地领导小组组长李克强主持召开领导小组会议，研究部署进一步推动东北振兴工作，要着力依靠改革开放更大激发市场活力，着力推动经济结构转型升级培育新的竞争优势，着力集聚各类人才，不断开创东北振兴、推动高质量发展新局面。东北老工业基地振兴一直在进行，力争成为经济发展的先锋。这种有利的政策和正确的战略，会带动辽宁的经济发展、市场活力、人才存量和产业结构优化，为与东北亚合作注入镇静剂和强心针。

第三，"一带一路"节点城市的设立。在"一带一路"新时代背景下，辽宁省作为节点之一，率先制定《辽宁"一带一路"综合试验区建设总体方案》，成为国内首个在省级层面全域建设"一带一路"的路径拓展和实践创新。在深度融入中蒙俄经济走廊的情况下，立足辽宁的区位优势和东北亚国际局势，还可以参与"中日韩＋X"模式，对接朝鲜，率先推动辽宁与俄罗斯、日本、韩国、朝鲜、蒙古国共建"东北亚经济走廊"，携手打造东北亚命运共同体。辽宁是国内面向东北亚唯一的陆海双重门户，有着沿海沿边优势，应该发挥辽宁作为中国、俄罗斯、日本、韩国、朝鲜、蒙古国最便捷的中转枢纽功能，及与东北亚各国人缘相亲、经贸兼容互补等综合优势。可以充分发挥日本在辽商会、领事馆、友城、民间友好组织等作用，积极引进丰田公司等日本知名制造企业、科技企业及金融机构，共建中日高科技产业园，参与大连东北亚国际航运中心及国际物流中心、沈阳先进装备制造业基地及东北亚创新中心、大连金普新区、辽宁自贸试验区建设。对朝鲜则可以丹东为门户，倡导研究连接朝鲜半岛腹地、直达南部港口的丹东—平壤—首尔—釜山铁路、公路及信息互联互通。同时，辽宁还可以向北联合吉林、黑龙江、内蒙古，向南协同山东半岛及环渤海地区，共同构筑东北亚经济走廊的中国核心通道。

第四，朝鲜将发展重心转移降低区域合作风险。朝鲜半岛的核问题一直威胁着东北亚地区的安全稳定，但近几年来朝鲜在不断将发展中心从军事转移到经济建设。2018 年 4 月 20 日举行的朝鲜劳动党七届三中全会上，朝鲜最高领导人金正恩宣布朝鲜将集中力量发展经济，提高人民生活水平。在 2018 年 4 月 27 日，朝鲜领导人金正恩和韩国总统文在寅在板门店举行会晤并签署《板门店宣言》，宣布双方将为实现朝鲜半岛无核化和停核机制转换而努力；5 月 26 日，两国领导人再次举行会晤，就履行《板门店宣言》等事宜交换意见。在 2018 年 6 月 12 日，朝鲜领导人金正恩与美国总统特朗普在新加坡发表的联合声明表明朝鲜的核试验在不断趋于稳定。朝鲜一直处于世界市场隔绝的边缘,加大经济建设,参与全球化,可以提高自身的经济发展水平,也可以激活东北亚市场。

2. 面临的挑战

第一,未来振兴与现在经济不景气带来的挑战。"十三五"时期是全面建成小康社会的决胜阶段,是推进辽宁老工业基地新一轮振兴发展的关键时期。如《辽宁省国民经济和社会发展第十三个五年规划纲要》设定的经济发展目标,经济保持中高速增长,创新能力明显增强,经济结构优化升级,人民生活水平和质量普遍提高等。但自 2013 年之后,面对经济新常态,由于低端产能过剩、国企改革受阻、体制机制固化等深层次矛盾突出,辽宁省发展遇到了新的困境,GDP 增速出现了断崖式跌落(和军和牛娟娟,2019)。这一阶段经济的不景气,使得对综合发展水平的贡献开始减弱。辽宁经济正处于新旧动能转换的关键期,筑底企稳的基础不牢固,传统产业改造升级、提质增效的步伐缓慢,去产能任务繁重,高新技术产业和新兴产业的接续、支撑能力不足。短期来看,辽宁经济发展仍面临许多不稳定、不确定因素,长期来看,辽宁供给侧结构性改革和新旧动能结构衔接的任务仍然较重(宋帅官,2018)。辽宁应该持之以恒落实新发展理念和"四个着力""三个推进",深入实施老工业基地振兴战略,全面实施"五大区域发展战略",加快中国(辽宁)自由贸易试验区建设,未来将与全国一同保持经济持续平稳健康发展。振兴辽宁经济,保障当前良性发展,才是与东北亚合作的最大前提。

第二,全面深化改革与制度桎梏带来的挑战。习近平同志在党的十九大报告中指出:"坚持全面深化改革。必须坚持和完善中国特色社会主义制度,不断推进国家治理体系和治理能力现代化,坚决破除一切不合时宜的思想观念和体制机制弊端,突破利益固化的藩篱,吸收人类文明有益成果,构建系统完备、科学规范、运行有效的制度体系,充分发挥我国社会主义制度优越性。"① 辽宁未来的主要核心任务就是全面深

---

① 习近平:《决胜全面建成小康社会夺取新时代中国特色社会主义伟大胜利——在中国共产党第十九次全国代表大会上的报告》,人民出版社 2017 年版。

化改革，破除国企和国资设定市场的隐性壁垒，进一步深化商事制度、财税、金融、价格等领域改革。东北三省作为最早进入、最晚退出计划经济体制的地区，经济体制的转变迟于东南沿海地区。虽然在不断推进改革，但是仍面临很多制度性难题，如体制机制弊端突出、市场发育不完善、创新创业环境欠佳、国企改革未迈出实质性步伐、发展理念落后、历史欠账较多、民营经济实力不强。制度桎梏，会遏制外资的流入和流出，限制自由贸易。辽宁与东北亚合作也同样会受到这样的阻碍，所以要全面深化改革，破除本身经济体制机制障碍，简政放权，保障原有的合作基础上，营造良好的营商环境，不断深化合作领域和范围。

第三，人力资本需求与人才流失带来的挑战。习近平同志在党的十九大报告中指出："人才是实现民族振兴、赢得国际竞争主动的战略资源。要坚持党管人才原则，聚天下英才而用之，加快建设人才强国。"[①] 而辽宁省与东北亚合作的可持续发展需要人才，需要高级的人力资本，助力于合作领域的高级化和合理化。一方面，辽宁省的人口问题使人才源头出现危机，已经成为辽宁省经济社会发展面临的长期性、全局性和战略性问题。只有积极有效应对全省人口趋势性变化及对经济社会发展产生的深刻影响，促进人口长期均衡发展和人口与经济社会发展相协调，才能为经济社会发展宏观决策提供支撑。另一方面，辽宁并不缺乏优秀人才，但缺乏留住人才的平台。只有改革人才体制机制，搭建优质的人才引进平台，才能留住人才，且会吸引优质人力资本。辽宁省科技教育资源丰富，受过高等教育的人口占比高，产业技术人员多，通过加强教育培训和鼓励创新创业，将为辽宁经济社会发展提供有效的劳动力供给。劳动年龄人口素质提升将为辽宁提供有效劳动力供给。所以，辽宁深入推进人才、教育领域供给侧结构性改革，实施重大人才引进培养工程，逐步构建起有利于人才发展、吸引"大雁北归"的政策体系和制度环境，将为培养人才、留住人才、引进人才提供强有力

①　习近平：《决胜全面建成小康社会夺取新时代中国特色社会主义伟大胜利——在中国共产党第十九次全国代表大会上的报告》，人民出版社 2017 年版。

的制度保障。

第四，世界经济环境不确定和恶化带来的挑战。如今，逆全球化和单边主义盛行，不可能一心一意专注经济发展和合作，一定会受到外部事件的冲击，甚至有些冲击是致命的。2017年3月5日，李克强总理在政府工作报告中提到，当前世界经济低迷，逆全球化思潮抬头，不确定性大大增强。当前，世界经济复苏乏力，英国脱欧和美国单边主义等不确定事件频发，尤其是中美贸易摩擦，使世界经济环境不断恶化。中美贸易摩擦对商品贸易影响巨大，根据全球贸易统计系统的数据，受美国贸易保护主义政策的影响，美国大豆对华出口由2016年时占美国大豆出口总量的62.3%，下降到2018年的17.9%。关于猪肉的进口，2019年1~4月，中国猪肉进口77.4万吨，同比下降0.9%，其中自美国进口猪肉7万吨，同比下降53.6%。在全球化的时代，各国均参与全球价值链分工，中美贸易的摩擦会影响到各产业生产链的顺利进展。而与辽宁省经贸合作密切的东北亚也难以幸免，势必会有波及。且美国在亚太国家所形成的政治联盟，可能会孤立和破坏以中国为核心的价值链体系，特别是美国欲通过在东亚不断扩张的政治和经济战略部署，给中国在东亚生产体系中造成压力（马涛和盛斌，2018）。在全球价值链分工中，如何在全球价值链不稳定的情况下，稳步推进辽宁省与东北亚的合作，需要各方的研究和探索。

三、"一带一路"建设与辽宁深度参与东北亚区域合作

东北亚地区的经济合作包括双边、多边以及次区域合作等多个层面，在许多领域都与"一带一路"建设存在契合点。自"一带一路"提出以来，俄罗斯、蒙古国、韩国、日本等国家与中国积极开展战略对接，加快推进一批大项目实施，重点提升跨境基础设施互联互通、贸易和投资自由化便利化水平，这都为构建东北亚经济圈奠定了坚实的基础。因此，"一带一路"建设为推进东北亚区域合作提供全新动力。

（一）"一带一路"建设对辽宁省深度参与东北亚区域合作的意义

辽宁省作为中国参与东北亚区域合作的核心省份，深度融入"一带一路"，以打造"一带一路"综合试验区为契机，精耕细作"一带一路"升级版，是新时代辽宁深度参与东北亚区域合作的重要路径之一。这对于充分利用国内外两个市场、两种资源，推动对内对外开放相互促进，引进来和走出去更好结合，以开放促改革、促发展、促创新具有重要意义。

辽宁省参与"一带一路"建设，找到国际经济合作的最佳契合点，再进行产业体系的构建和外贸投资市场的驱动，将有助于培育东北地区经济增长的优势因素，加强辽宁省与东北亚地区的商贸对接。

辽宁省参与"一带一路"建设，将促进"一带一路"与自贸区这两大国家战略相结合，从而获得更多的自然资源、市场资源、政策资源，打开东北亚区域合作的空间，发现和探索新的合作路径，进而形成开放与改革互动融合发展新局面。

辽宁省参与"一带一路"建设，有助于加强与蒙俄等国家和地区在高端装备制造业、农业和现代服务业等领域的进一步合作，拓展辽宁省经贸发展的广度和深度，促进经济结构转型升级。

辽宁省参与"一带一路"建设，有助于提升辽宁省对外开放功能，健全对外贸易机制，营造与沿线国家和谐友好的经济合作与贸易关系，有助于辽宁省培植新兴的市场要素，挖掘经济发展潜力，推动互利共赢的经济合作，通过互联互通提升基础设施建设水平，为辽宁省深度参与东北亚区域合作带来更多的优势和机遇。

（二）深度参与中蒙俄经济走廊

"中蒙俄经济走廊"作为中国"一带一路"、蒙古国"草原之路"和俄罗斯"跨欧亚大通道"三大倡议对接和落实的载体，为三方充分利用各自比较优势和经济结构的互补性，打造跨区域经济合作，推进落实三国共同利益诉求和发展意愿提供了重要平台。

辽宁省在中蒙俄经济走廊建设过程中具有良好的区位优势与产业基础。辽宁省在"中蒙俄经济走廊"的背景下，充分发挥地缘优势，通过实现优势互补，共同发展，加快生产要素在整个经济走廊内自由流动，提高资源配置效率，可以促使三国间的贸易及经济稳定持久的发展，开创具有可持续性的中蒙俄经济合作互利共赢的新局面，将为整个东北亚区域经济合作注入新的活力。

1. 辽宁省深度参与中蒙俄区域合作的路径设计

辽宁省应按照基础设施建设、跨境电商、金融支持、产能合作、人文交流"五位一体"合作原则，深化三方在交通运输、能源资源、基础设施、跨境电商、金融投资等领域合作，构建软件与硬件设施相结合的多向度立体交叉互补网络，推动中蒙俄经贸区域合作的快速发展。以基础设施的互联互通为优先方向，以跨境交通运输合作为核心，加强铁路、公路、管道、航运、水运、电网、光缆的跨境运输能力，实现陆海空联运，为区域合作与沟通提供硬件基础；以各国政府主导为主，最大限度地发挥边境省份的主要推动角色和企业的功能性主力军作用；以信息互通和产能合作为新亮点领域，形成中蒙俄三国"大通关、大物流、大经贸"格局；以人文交流为重点推进领域，为三国区域合作提供较好的心理与文化基础；以早日启动共建中蒙俄自贸区协定为目标，统筹协调各方利益，达到资源的高效配置，推动地区融合。

2. 辽宁省深度参与中蒙俄区域合作的建议

（1）加强战略层面沟通，强化政府推动力。充分利用中蒙俄三国渐已形成的"元首会晤"机制，进一步加强高层互访和沟通，大力推进睦邻友好关系氛围，从战略层面发挥引领作用，鼓励两国人民的交流沟通活动；同时，三国应建立定期、多领域的对话磋商机制，及时交流和协商解决合作中的问题。

（2）加快通道建设，深化交通物流体系合作。统筹交通物流网络建设，以构筑贯通国际运输大通道为重点，把加强交通基础设施建设与培育产业经济带结合起来，对落后的设施进行改造，建立包括铁路、公路、管道、航运、水运、电网、光缆的立体式交叉的交通物流体系，促进区域经济合作水平的提升。

（3）调整贸易结构与规模，拓宽合作层次和领域。辽宁省应进一步拓宽合作领域，调整贸易结构与规模。一是拓宽贸易合作领域、推动国际金融绿色科技等新兴产业的合作，升级产业结构，增加高新技术产品在三国贸易中的进出口比重。二是扩大投资合作领域，实现以企业为主导力量的经贸合作与投资格局。

（4）加快推进产能合作，深化重点产业合作，建立产业联动机制。辽宁省应进一步加强重点产业合作，建立境内外产业联动机制，共建上下游产业衔接的境外投资合作基地，共同协商培育产业集群化发展战略，加大本国或者区域性特色产业的出口比重，拓宽贸易合作种类，扩大货物贸易规模，加快推进辽宁省与俄蒙的区域合作。

在矿产能源领域，应不断扩展能源开发产业链，加大对俄罗斯和蒙古国资源的引进和开发力度。鼓励辽宁企业在天然气、石油以及有色金属等领域的开发与合作，以成套设备出口、直接投资等方式在两国建设钢材等工业原材料生产基地以及资源深加工基地。

在装备制造业领域，辽宁省应充分发挥在装备制造业领域的优势，通过向俄蒙出口工程制造机械以及在当地建立的相关生产基地，以达到出口优势产能，提升与俄蒙两国产能合作的水平。

俄罗斯和蒙古国对于电子信息产品的消费需求巨大。辽宁省可充分发挥信息通信和智能终端等产业的竞争优势，在支持电子信息产品扩大对俄蒙的出口的同时，加强同两国的技术合作，扩大信息交流与合作。

（5）加强金融领域的合作，提高边境结算效率。辽宁省应加强金融机构的沟通，加大金融监管合作力度，尽快建立相应的贸易结算体系和进出口退税政策，构建区域性金融风险预警系统，缩短与俄蒙两国的贸易结算时间；完善风险应对和危机处置制度安排，降低外汇成本；逐步在跨境区域内建立应对跨境风险和危机处置的交流合作机制和高效监管协调机制；搭建平台以使两国更多的银行合作开展借记卡业务；促进银行票据业务的发展，利用银行本票、银行汇票、支票等作为贸易结算方式，拓宽支付方式。

（6）创新合作方式，充分发挥各主体作用。通过工业园区、产业聚集区建设，增加直接投资，完善基础设施配套产业，并支持工业园区发展保税加工、保税物流等服务，带动当地就业；积极鼓励发展服务业贸易间的合作与交流，深入研究中蒙俄三国卫生、社会保障和社会福利方面的建设；同时，可以考虑建立专门研究三国基本情况和经济发展趋势的机构，研究区域经济合作相关政策为三国投资者和贸易商提供比较准确、可靠的信息。

（7）加强文化交流，推进人文领域合作。人文领域的交流与合作是中蒙俄战略协作伙伴关系建立的重要基础，辽宁省应与俄蒙两国建立交流合作机制，使友好交流活动常态化；努力推动在教育、旅游等领域的合作，通过增加交换生的数量，拓展教育和人才培养，通过境外旅游等方式了解彼此的风俗习惯；定期举办文化周等交流合作，坚持和谐包容和互信互敬原则，增进民间友谊；同时，主流媒体也应加强交流，扩大正面积极的宣传。

（三）构建"冰上丝绸之路"重要节点

1. 辽宁省构建"冰上丝绸之路"的基本定位

"冰上丝绸之路"作为蓝色经济通道已被纳入"一带一路"的总体布局，成为连接欧洲、亚洲及北美洲之间的最短航道，被誉为"国际海运新命脉"。"冰上丝绸之路"与"一带一路"的对接，可将世界上最大的两个经济区——东亚经济区和西欧经济区，以及中间资源丰富的俄罗斯连接起来，从而真正实现"一带一路"贯通并环绕亚欧大陆，连接东亚经济圈至西欧经济圈，联通大洋洲、北美洲、非洲等地区，辐射并影响到全世界。"冰上丝绸之路"对辽宁的振兴、港口建设、产业发展具有积极的带动作用，营口港、葫芦岛港、锦州港等环渤海湾港口群的货运量将会大大增加，进一步促进辽宁省能源产业、造船业、金融业、道路交通等产业的发展。

（1）贸易经济支点。"冰上丝绸之路"是以中俄共建为基础，形成连接北美、东亚和西欧的北方通道。辽宁处在东北亚腹地，相比其他沿边靠海省份，距离北极地区较近，因此，辽宁省在成为东北亚贸易的核心位置上拥有相对的区域优势，随着各种软硬件设施的完善，辽宁省将成为"冰上丝绸之路"的贸易经济支点。

（2）交通联运枢纽。辽宁拥有大连、旅顺、营口、丹东等港口群，沈阳、大连等城市机场，这些发达的交通运输网络和便利的口岸群为辽宁省参与"冰上丝绸之路"提供便利的物流交通支撑。中西部内陆地区的货物可通过全面完善的公路和铁路系统运至东北地区，再通过"冰上丝绸之路"途经扎鲁比诺海湾移动到欧洲地区。"冰上丝绸之路"与中国内陆地区之间的经济交往在东北地区进行衔接，开启了亚欧经贸往来的新格局，辽宁省将成为中国内陆地区与"北极航线"衔接的重要枢纽，实现空间上和"一带一路"的呼应和对接，不断深化与欧洲地区的经贸合作。

（3）新型合作平台。"冰上丝绸之路"旨在把北极航道及其沿线的能源与基础设施项目纳入"一带一路"之中，本质上是建设国际经济合作的新纽带和新平台。由于中国和俄罗斯在北极航道开发上有着共同的利益，俄罗斯在中俄合作利用北极航道问题上态度积极。辽宁省工业基础雄厚，在装备制造业方面具有优势，与俄罗斯形成互补的合作机制，拓展与俄罗斯海洋合作与开发的空间，辽宁省将成为"冰上丝绸之路"区域经济合作的新平台。

2. 辽宁省构建"冰上丝绸之路"重要节点的对策建议

（1）深度参与国际分工，立体化开发经济体系。由于"冰上丝绸之路"的气候问题和国际问题是辽宁省乃至整个东北地区自身难以克服的。因此，辽宁省要建立全方位、立体化开放经济体系，深度参与全球分工体系，与全球经济形成良性循环关系，这不仅能够使东北地区的商品及要素高效输出，同时也可使本地区所需商品及要素能够多渠道输入，消除对部分国家及地区的过度经济依赖。辽宁省空间上处于东北亚经济圈的中心，区位优势明显，可以与俄罗斯进行双向经济合作。"冰上丝绸之路"航线能够有效整合俄"远东开发"战略与我国"振兴东北老工业基地"战略，贯通东北亚地区的日、韩等国，形成运输与产业之间的深度对接，实现经济溢出效应。辽宁省依托"冰上丝绸之路"与俄罗斯合作，进而建立"冰上经济走廊"，能够促进辽宁省与沿海多个北极国家的合作，产生更多的溢出效应。因此，政府层面应该尽快与各国及地区开展落地政策的磋商谈判，创新贸易方式，降低通关成本。

（2）完善空间布局，拓宽"蓝色经济通道"。"冰上丝绸之路"的建设给辽宁的经济发展注入了强大的动能，辽宁省一定要把握好时机，起到"海陆枢纽"、亚欧海上通道门户的重要作用。近年来，发展蓝色经济已逐步成为国际共识。因此，辽宁省必须要逐步完善空间布局，加强区域合作，促进区域间经济协调发展。与东北地区其他省份形成合力，促进东北三省港口群与俄罗斯远东地区港口的经济协调发展。近年来，辽宁省凭借区位优势和丰富的海洋资源，已形成独特的海洋经济链条，但海洋资源的开发利用仍以初级开发为主，科技相对落后，产业链短，海洋开发局限于传统产业。在开通"冰上丝绸之路"、建设"蓝色经济通道"期间，辽宁省要探索海洋运输、海水养殖和陆海旅游业等方面的海洋经济发展新途径，深化与俄罗斯面向海洋的合作，扩大海洋合作的深度与广度，促进海洋产业升级。

（3）优化升级产业链，建设现代产业体系。实现北极航线与"冰上丝绸之路"建设成功的重中之重是基础设施的建设。辽宁省在工业上的发展优势为中俄"冰上丝绸之路"建设提供了强有力的支撑。因此，辽宁省应借助"冰上丝绸之路"的建设机遇，提前谋划布局，在稳固优势产业的同时，根据需要在一定程度上增加第二、第三产业比重，从而形成合理的产业结构。"冰上丝绸之路"建设与东北老工业基地的振兴有效结合，可以吸引北极航线上众多国家的企业到辽宁省进行多方面合作，促进产业链的优化升级。

（4）积极培养引进海洋业人才，增进区域发展共识。共建"冰上丝绸之路"实际上就是要全面开发北冰洋和北极圈地区，主要是面向海洋的多领域经济合作。发展海洋经济，离不开海洋专业技术人才，强化海洋经济的人才培养和引进，对辽宁省来说是一个非常迫切的问题。因此，要整合辽宁省的教育资源，充分利用本地教学资源，挖掘海洋经济发展潜力，优化人才发展软环境，积极探索各种人才引进方式，吸引国内外优秀海洋专业人才到东北地区，助力海洋经济高质量发展。推动与东北亚各国尤其是与俄罗斯的全面深入合作，为融入"冰上丝绸之路"建设奠定基础，增进区域发展共识。

（四）推进辽宁自由贸易区建设

1. 推进辽宁自由贸易区建设的总体思路

根据国家自贸区建设的总体部署以及东北地区对外开放总体需求，实现以制度创新为核心、以三大产业集群为重点、以四区叠加政策汇聚优势为依托、以三大片区协同发展为总体战略思路。辽宁自贸区应利用保税区政策优势，以机制体制创新为重点，以提升贸易投资开放水平为加速器，以加快金融领域创新、深化外汇体制改革为实现路径，以加强东北亚航运中心建设为依托，以加强辽宁自贸区基础设施建设为保障，应以辽宁自贸区的基础与优势为着眼点，结合"一带一路"倡议、加强自主创新示范区与自贸区联动发展，推进陆海空"三港"融合发展，构建高端制造业、战略性新兴产业、现代服务业和传统优势产业协调发展新格局，促进辽宁省扩大开放领域，构建开放型经济。

2. 推进辽宁自由贸易区建设的对策建议

（1）转变政府职能，加快制度创新，实现对内和对外开放相结合。立足新常态，通过继续有效推进市场化改革，进一步转变政府职能，加快由建设型政府向服务型政府的转型；辽宁自贸区应发挥产业、技术和区位优势，加强培育东北地区开放高地，有效对接"一带一路"、中蒙俄经济走廊、东北亚区域合作、京津冀协同发展、环渤海地区合作发展等重大国际国内区域发展战略及规划，促进要素有序自由流动、资源高效配置、市场深度融合，充分利用两种资源、两个市场，统筹推进对内对外开放，努力构建全方位开放新格局。借力中韩自由贸易协定，在高端制造业、国际物流、旅游、金融等多个领域扩大中韩交流与合作。

（2）进一步提高贸易投资便利化程度。辽宁自贸区应继续加大对外开放力度，提升参与全球经济合作的水平，进一步加快贸易和投资自由化；制定投资优惠政策，提高引资质量和效益；推进国际投资合作新方式，尽可能放宽投资市场的准入条件，提高市场准入的自由化程度；扩大服务业领域开放范围及程度，进一步扩大金融服务业、航运服务业、商贸服务业、专业服务业、文化服务业、社会服务业等服务领域的开放；规划完善辽宁自贸区海、陆、空立体交通运输网络，加强基础设施建设，实现辽宁自贸区海陆空邮联动发展，提升贸易便利化水平；强化边境管理质量，提升货物通关便利化水平；提高行政审批效率，优化企业营商环境。

（3）显著提升辽宁自贸区开放创新能力。主动融入全球创新体系，充分利用全球科技成果和创新资源，建设一批开放型、高水平的产业技术创新平台；建设一批以中德（沈阳）高端装备制造产业园为代表的智能制造产业园；建立一批跨国公司研发机构和境外研发中心；实施一批重大国际科技合作及境外创新类投资项目；引进一批海外高层次专家和创新团队。加快创新驱动，实现产业联动、统筹协调包括沿海与内陆、城市与乡村、工业与农业、传统服务业与新型生产性服务业的互动与融合。

（4）提高辽宁自贸区引资质量水平。大幅提高先进装备制造业、战略性新兴产业、现代服务业、现代农业、重大基础设施和公共服务设施等行业和领域引资比重，促进引资向研发、采购、结算、销售等产业链中高端延伸；实行多元化引资方式，拓展引资渠道；引进一批世界500强、中国100强、行业领军及配套企业，推动内外资向开发区和重点产业园区集聚，全面提高引资效能。

（5）培育辽宁自贸区对外贸易竞争新优势。抓住全球产业重新布局机遇，不断提升全球价值链参与度和影响力，通过形成产业集群和先进制造业中心，推动产业和经济发展方式的转型升级，实现国有企业国际竞争力显著增强，加快培育参与和引领国际经济合作竞争新优势。

培育辽宁自贸区对外贸易竞争新优势，加强外贸主体培育和平台建设，优化国际市场布局和贸易结构；使辽宁自贸区以点带面对周边城市运输、金融、服务等行业释放改革红利，推动产业结构调整及升级。

（6）打造东北亚国际航运中心和国际物流商贸中心。增强辽宁自贸区国际航运服务功能，建立完善以离岸航运管理为核心的具有国际竞争力的航运发展制度和运作模式，加大力度发展现代航运服务业，推进大连东北亚国际航运中心建设，鼓励和引导港航企业深挖外部市场潜力，稳步提升港航运营实力统筹港口与城市之间、港口与公路铁路之间、港口与港口之间的协调发展，发挥组合效率和整体优势。加快发展现代物流业，建立多港区联动制度和航空物流枢纽中心，实现海陆空邮联动发展。积极推动辽宁自贸区跨境电商、离岸贸易、保税维修、融资租赁等贸易新业态发展，强化物流枢纽功能，打造集空铁海航多式联运于一体，辐射东北亚的国际化区域物流商贸中心。

（7）打造国际化金融中心。深化辽宁自贸区金融领域开放创新和服务实体经济水平，深化外汇管理体制改革，实现特色金融创新；以产业金融为特色，打造涵盖跨境金融、贸易金融、供应链金融、科技金融、融资租赁等领域的国际化区域金融中心。

（8）打造高端装备制造业基地。发展辽宁自贸区特色产业，重点发展高端制造业、国际商贸业、金融服务业、现代物流业、高端服务业等重点产业；打造以高端装备制造业为核心、服务型制造为主线、数字化和智能化相结合的具有国际竞争力的先进装备制造业基地，提升辽宁自贸区在全球价值链上的地位。

四、中日韩自贸区建设与辽宁参与东北亚区域合作

新时代辽宁参与东北亚区域合作，是以东北亚各国间的经贸合作稳定发展为前提的，而东北亚区域合作问题的最大障碍则在于东北亚各国极为复杂的矛盾关系。众所周知，东北亚地区形势是相当复杂和敏感的，除了一些历史遗留问题和冷战思维的残余影响外，当前美国因素和朝鲜半岛因素的负面影响和干扰，对中日韩合作有着相当明显的挑战意味。虽然中日韩乃至东北亚地区合作之路充满坎坷，但各国在过去二十

年中就合作议程依然取得了显著成效。依靠与东盟国家的合作发展契机，中日韩联合与东盟和中日韩分别与东盟建立"10＋3"、3个"10＋1"合作机制，发展极为迅速。当前，"韩国—东盟自由贸易区"和"中国—东盟自由贸易区"已分别于2009年和2010年建成，"日本—东盟自由贸易区"也即将实现。近年来，尤其在中日韩三国政府的大力推动下，各级合作机制逐渐向政治、安全、文化等领域拓展，已经形成了多层次、宽领域、全方位的良好局面。

考虑到辽宁省对外经济发展及东北亚区域各国的实际发展情况，以中日韩为核心，以中日韩自贸区推进建设为重要推手，是新时代辽宁深度参与东北亚区域合作的重要路径之一。辽宁省在参与东北亚区域合作的过程中，与日韩两国的经贸往来发展最为密切。而关于东北亚区域经济合作，中日韩三国之间的合作进展可以说起着决定性的推动作用。众所周知，中国经济对外依存度较高，在目前欧美地区经济状况不断恶化的环境下，拉动内需和外部市场的多样化发展成为战略重点，因此中日韩自贸区的构建对中国极其重要。鉴于此，辽宁省通过继续加强和巩固与日韩两国的经贸关系，将对中日韩三国未来自贸区的建立起到重要的经济支撑作用，而这反过来又将极大地改善辽宁省对外开放的国际环境。而且，全力推动中日韩自贸区及东北亚区域经济一体化，对美国也可起到最为有效的制衡作用。当下美国正在全球掀起贸易保护和单边霸权主义风暴，也严重影响了亚洲地区的经济政治平衡。中国与日韩等关键国家一旦建立起互信的伙伴关系，达成合作机制建设，将有效抵制美国在亚洲地区的影响力，为亚洲各国之间的经贸合作构建起健康的市场环境。

（一）推进辽宁对日本和韩国经济合作的创新突破与先行先试

2016年8月，辽宁自贸区成功获批，发展至今，在促进经贸合作方面实施了一系列卓有成效的举措，包括以负面清单管理为核心，深化投资管理体制改革；以贸易便利化为重点，创新贸易监管制度体系；以统筹规划资源要素空间为主线，推出差别化功能性举措；以深化"放管服"改革为抓手，形成较为完善的事中事后监管体系；以鼓励创新创业为着眼点，不断完善公共服务支撑体系；以优化营商环境为保障，全面提升投资贸易便利化水平，取得了一系列成果。参照辽宁自贸区的一些做法，辽宁省在推进对日本和韩国经贸合作中也应充分借鉴相关成果，继续创新突破与先行先试。

1. 投资合作领域

结合东北亚地区各国的互补优势可以发现，辽宁省的产业升级需求决定了投资合作是其参与东北亚区域合作的有效路径。由于东北老工业基地在东北亚地区处于经济核心地位，其投资合作包含两方面内容：一方面是"引进来"，即主要承接日、韩两国的产业转移；另一方面是"走出去"，重点投资俄罗斯、蒙古国等国家。改革开放以来，辽宁省的对外开放工作也取得了一些成绩，很多边贸城市已经初具规模，但与其他城市相比，辽宁省整体对外开放程度仍不显著，从发展角度来讲，未来还有很大的发展空间。此外，辽宁省的整体对外投资水平极低，在东北亚各国中的比重均不显著，以对俄罗斯、蒙古国两国的资源产业（石油、天然气、矿产等）投资为主，技术含量不高且不稳定，没有凸显东北老工业基地特点的投资优势。日、韩两国一直处在辽宁省利用外商投资规模的前列，多集中在劳动密集型的一般加工产业，资本密集型项目较少。

随着辽宁省国有大中型企业改造的日益深化，国有资本正在为其他大量外资及非国有资本的进入留出空间。外资对国有企业的投资与并购将是其参与改造的主要路径。东北亚地区中拥有相对较强经济实力的日、韩两国是辽宁省的主要外资来源国，进一步加强与日、韩的合作必将为东北老工业基地产权制度改革提供资金支持。借助资金的引入来吸引发达技术，也有利于东北老工业基地的产业技术改造与升级。当前日、韩两国正处于产业结构的调整、转移阶段，其原有的国内生产基地正越来越多地向海外转移，鉴于此，辽宁省应抓住日、韩产业调整的机遇，承接其梯度转移，加速传统产业改造升级。辽宁省拥有丰富的自然资源、雄厚的产业基础、完善的基础设施等一系列资源优势，是其投资环境优越性的集中表现。但是，考虑到国有企业低效率、高成本的管理和生产水平，再加上省内各市之间的经济封锁，这些都决定了投资环境还有相当大的提升空间。

一方面，近年美国、日本等国家在辽宁省的直接投资规模呈下降趋势，韩国投资虽然稳中有升，但韩国的一些大型企业对在辽宁省占多数的国有大中型企业兴趣不大，目前进入的企业以中小型韩企为主，并且多数采用独资方式。究其原因，首先，辽宁省多数的国有企业近年一直处于连续亏损状态，这严重打击了国外投资者的投资信心；其次，国有企业附加的各种"包袱"所带来的成本使投资者望而却步。为解决上述问题，辽宁省应首先加快"软环境"建设，尽快改善地区内部的法制、体制、市场、人文等方面的发展现状，为国内外企业尤其东北亚地区的跨国企业创造良好的投资环境。必须认识到，通过深化制度改革改善投资环境，是吸引国外一切资金、技术和先进管理经验的先决条件，换句话说，如果能彻底改善辽宁省的整体投资环境，则无须政府费尽心机，通过国外产业优势推广等方式来吸引外资的进入，高效舒适的"软环境"建设必将促使东北亚区域投资自动向我国辽宁省集聚，从而加快东北老工业基地的振兴发展。

另一方面，东北老工业基地是中国参与东北亚区域经济合作的直接门户，因此在东北老工业基地振兴战略的选择上，应充分利用我国参与东北亚区域合作的绝佳机遇，通过充分的经济互动实现双赢。东北老工业基地的振兴步伐首先要与东北亚区域经济合作战略步调一致，但从某种程度上讲，辽宁省经济的对内开放、产业结构的调整以及各省市经济发展的先后选择等内容则更为重要。我国经济发展在四十多年改革开放的推动下取得了令人瞩目的成绩，但其中的对外开放政策在推动国家"走出去"与"引进来"战略顺利实施的同时，却在一定程度上忽视了国家内部各地区之间的相互协调问题。随着国家整体经济的飞速发展，内部各省市之间的地区封锁问题却日趋严重，辽宁省亦是如此。如今，辽宁省内部的区域经济封锁程度依然较深，各行政区域为了维护自身利益，相互之间均实施了大量的体现地域封锁本质的行政措施，也严重损害了辽宁省的整体利益。如今恰逢东北亚区域经济一体化日渐推进的历史机遇，辽宁省各市应该从全省整体区域经济利益角度出发，顺应国家战略核心决策，结合市场规律制定相应政府策略，实现内部各区域之间的紧密合作，推进整体层面的商品、要素市场一体化、信息技术一体化、交通运输一体化、产业一体化。换句话讲，为了推动东北亚区域经济一体化的早日实现，顺利拓展外资引入工程，改善投资环境，先实现内部经济一体化是重要的前提条件。

此外，充分利用辽宁省的独特优势来吸引外资的进入、发展贸易，也是对外开放的一个重要组成部分。作为我国参与东北亚区域经济合作的主要窗口，辽宁省通过积极开展与周边国家的开发与合作，已经取得一定成绩。如今面临中日韩自贸区建设的绝佳契机，辽宁省要充分利用东北亚合作的历史机遇，从中发挥应有作用。具体而言，一方面，辽宁省应积极引导东北亚其他国家的优秀企业到辽宁投资重点行业的发展，可通过并购、参股等多种形式参与国有企业改造和老工业基地的结构调整；另一方面，结合辽宁省的实际情况，将对外开放的步伐逐步向第三产业拓展，即逐步放宽旅游、保险、金融等服务领域的对外限制，并在此基础上探索吸引东北亚国家外商投资的新途径。

2. 贸易合作领域

由于西方国家在经济体制上的相似性，使得其区域经济一体化可以按照由少数成员到多数成员渐进扩张的简单模式进行。而鉴于东北亚地区当前各国之间的矛盾程度依然较深，该区域尤其中、日、韩三国应首先与东盟分别展开经贸合作，然后形成"10＋3"FTA 的自由贸易区，再进一步形成中日韩自由贸易区，并在此基础上向俄罗斯、蒙古国、朝鲜扩张，最终达成东北亚区域经济一体化目标的实现。辽宁省作为我国参与东北亚区域经贸合作的直接门户，其在与东北亚各个国家展开经贸合作的战略制定上也应首先符合我国参与区域经济一体化的总路线，这也是实现东北老工业基地振兴与东北亚区域经济合作互动的基础所在。

具体而言，辽宁省应基于三国合作协议，积极促进中日韩自由贸易区的构建。复杂政治经济情况是区域经济合作短时间内难以取得实质性进展的主要原因，因此东北亚区域经济合作的路径选择必须区别于欧美发达国家的发展模式，应走突出重点，由点及面的特殊途径。2018 年 12 月 7 日，中日韩自贸区谈判在北京重启。12 月 26 日，商务部发文赞赏中日韩取得会议共识，明确透露三国自贸区谈判已经进入贸易投资的最后议题。作为占亚洲 GDP 70%、全世界 GDP 18.6% 的世界第三大区域经济联盟的建成指日可待。面对以中日韩经贸合作为代表的东北亚区域经济发展良好态势，作为我国参与其中的前沿阵地，辽宁省应全面贯彻三国的经贸合作协议，在国家协议的基本框架要求下积极全面地参与中日韩经济合作事务，可模仿东北亚区域经济的长期规划，选取重点区域进行协同配合，利用各市的独特优势，取长补短，加深与东北亚各国之间的经济技术合作，最终促进中日韩自由贸易区的顺利建成，在振兴东北老工业基地的同时推动东北亚区域经济一体化进程。

（二）推动辽宁与日本和韩国的技术合作，促进辽宁老工业基地产业结构升级

从广义角度讲，辽宁老工业基地振兴指的是一个系统过程，包括东北经济和社会的全方位发展，如贸易发展、文化交流、投资环境改造等。但作为辽宁老工业基地的传统优势，工业发展在辽宁省经历了由改革开放之前的兴盛到如今被边缘化地位的转变，因此工业发展的复兴始终是辽宁人民的一块心病，也是如今在东北亚区域经济一体化的新环境下，辽宁老工业基地振兴战略选择的重中之重。总结辽宁老工业基地的调整改造问题，核心思想即全面推进辽宁省工业结构的优化升级。所谓工业结构优化升级又主要包含三方面内容：首先是产业结构的优化升级，即结合自身发展特色，培养符合经济现代化发展潮流的支柱产业和优势产业，提升整体竞争力；其次是企业资产结构的优化升级，即大力培养具有独立自主性、国际竞争力强的规模企业，增强国内市场竞争主体的生机和活力；最后是工业企业布局结构的优化升级，即优先推进辽宁省重点行业内的技术改造与创新，并以此为基础资助培育一批能够适

应全球竞争的龙头企业。

　　整体产业与企业技术含量的提升是工业结构优化升级的核心与根本，保持技术的持续改造与创新主要依托两条途径：一方面是在国家和地方政府的支持下，由企业自主进行研究开发；另一方面则是借助国际间的经贸交流，尤其在中日韩自贸区建设机遇下，学习日韩等国外企业的先进技术。在当今全球经济一体化迅速发展的时代，要想紧跟经济发展步伐，必须充分结合两条途径才能真正达到推进辽宁老工业基地工业结构优化升级的长远目标。但要通过这两条途径实现辽宁省企业自身科技创新能力的提升，还需具备高效的技术培养环境和载体，纵观世界各国的发展经验，借助高新技术产业园区加速高新技术产业化进程的作用已经被证实。中国再一次经济飞跃的实现必须依靠高新技术产业园区功能的充分发挥，借助园区科技产业化来推动科技成果快速商品化，进而推动新型高科技产业链条的形成。近年来，辽宁省高新技术产业发展势头迅猛，已建有大连、沈阳等国家级高新技术产业园区，还有重要现代化产业基地、软件产业化基地、特种材料化基地等。如今面临东北亚区域经济合作历史契机，老工业基地应抓住历史机遇，大胆借鉴日本、韩国等国内外高新技术产业园区建设的成功模式，各园区依据自身优势，汲取并学习国外先进技术，提升自主技术创新能力，走充分发挥自身产业特色的发展道路。在东北亚区域经济一体化强劲发展势头下，东北亚国家中尤其日本、韩国等国就有相当多的技术优势值得东北老工业基地学习。如日本拥有世界一流的实用生产技术，作为传统的技术大国，其"技术立国"思想深入人心。凭借长期以来的技术积累、高效的科研制度、充裕的科研投入和经验丰富的科研队伍，日本企业和科研机构在基础技术研究、应用技术研究和新产品研发等方面具有很强竞争力，其优势几乎体现在各个学科和各类高技术产业前沿，这是发展新兴产业非常有利的条件。韩国则以高水平的信息技术产业发展闻名，投入巨资兴建的超高速通信网以及大力发展的网络技术推动韩国在该领域走在世界前列，但韩国真正令世界各国瞩目的信息技术优势在于，其将钢铁、造船、汽车等传统工业企业与信息技术完美结合，不仅使半导体、手机、电脑等信息技术产品成为新的主力出口产品，而且使汽车、造船、钢铁等传统工业产品仍然在"出口主导型"的韩国占有重要位置。传统工业在与信息技术接轨的过程中焕发出持久的青春活力。

当然，辽宁省常年积累的传统工业发展基础也是老工业基地振兴的必要条件，如辽宁老工业基地在钢铁、电子、机械、化工、汽车、造船等行业均有多年积攒的宝贵经验。在产业结构上，辽宁省与日本、韩国等国相比，无论是垂直与水平分工、传统与新型产业分工、产业间与产业内分工等方面，均具有明显的比较优势。因此综合各种发展条件来看，辽宁老工业基地与东北亚各国之间应充分合作，共同投资建设工业品生产加工基地、发展工业制成品出口等；并且根据双方互补优势，经贸合作可涉及较广范围的产业部门，如各种重型机械设备及零部件、化工产品出口产业、制药出口产业、石材建材出口产业、橡胶制品出口产业等均具有广阔的合作市场前景。

（三）推进辽宁与日本和韩国的战略性新兴产业合作，提升辽宁经济发展活力

1. 中日韩装备制造业合作促进辽宁老工业基地振兴

辽宁老工业基地的装备制造业为改革开放前后的中国提供了大量的技术装备支持，为我国国防军工、重要装备产品制造、重点工程建设等众多国际经济起步重点行业注入了新鲜血液，并先后涌现出了一批国家重点装备制造业企业，如沈阳重型机械集团、沈阳飞机工业有限公司等企业至今仍在肩负着国家制造业崛起的重任。虽然辽宁装备制造业拥有较多的行业骨干企业，但是，多年的行业发展也暴露出了诸多弊病，如地区之间以及各企业之间的产品趋同化现象严重，企业组织不合理，劳动生产率和经济效益较低，技术科研独立性较差等。振兴装备制造业要坚持自主创新与技术引进相结合，利用日、韩两国经济结构调整，制造业、重化工业转移的时机，引进资金、技术和设备，通过技术创新和改组、改造，降低生产成本，增加产品技术含量和附加值，提高国际竞争力。

此外，近年来，中国与日、韩两国在节能以及新能源领域的合作规模也在逐步增加。当前我国与发达国家在该领域的技术水平差距较大，日本是当今世界上节能技术最为先进的国家，其单位能耗所产 GDP 是美国的 2.76 倍，相比而言，中国的能源利用率只有 60% ~ 80%，效率极低。韩国在新能源、清洁能源、节能技术、环保技术等领域的技术水平也处于世界前列。因此借助中日韩自贸区建设及东北亚区域经济合作的有利契机，辽宁老工业基地可引进先进国家的节能技术，大幅提高能源利用效率，在减少我国对能源需求过度依赖的同时，还有助于应对发达国家在新能源领域发起的贸易保护主义措施。

2. 新能源开发合作提升辽宁经济发展新活力

随着东北地区及辽宁省传统能源资源的日渐枯竭以及越来越严重的环境污染问题，在东北亚区域经济合作大环境下开展能源贸易合作只能暂时性避开传统能源开发弊端，节能技术以及新能源的开发与推广才是能源合作领域的长期发展方向。在该领域，辽宁省同东北亚各国在新能源开发、研发节能新技术、环境污染治理等方面均具有十分广阔的合作空间。当前国际上众多专家纷纷表示，氢能技术和太阳能技术将成为下一轮新能源产业技术体系生命周期的核心。中国东北地区具有良好的新能源技术研发及产业基础，虽与日韩等在该领域领先的国家相比差距明显，但经过近几年的研究开发也已处于世界先进水平。辽宁老工业基地要充分利用东北亚区域经济合作契机，与日本、韩国加强推进在战略性新兴产业方面的合作，大力发展新能源及节能技术，培育新兴替代产业，实现结构转型，提升辽宁经济发展活力。

具体来讲，首先，要根据辽宁省自身传统产业优势，选择较易转型的新能源产业作为出发点，如电动汽车、氢能汽车、太阳能电池等领域；其次，将自主技术的研发创新视为产业发展根本，加快构建地区内部的技术研发创新体系，如前面提到的高新技术产业园区，推动优势力量向技术创新领域的集中投射，提升地区经济整体竞争力；再次，将省内科技资源进行整合，消除内部地域封锁，提高科研资源共享程度，打破行业与地区科研各自为政的局面，形成地区研发中心；最后，在东北亚区域能源合作方面，日韩两国是东北亚甚至整个亚洲区域内新能源技术最为先进的国家，尤其日本一直拥有世界最先进的节能技术。因此，辽宁老工业基地应首先开展与日韩两国之间的新能源与节能技术合作，学习先进技术并进行自主创新，提高能源利用效率，同时还可降低我国对国外能源资源的依赖程度。如果辽宁省能首先与日韩两国开展新能源与节能技术合作，必将有力推动东北亚区域乃至世界可再生能源的良性发展。

第二节　推进辽宁自由贸易试验区和自由贸易港建设的新思路

在全省上下的共同努力下，辽宁自贸试验区建设两年来坚持以制度创新为核心，以可复制可推广为基本要求，以突出辽宁特色为工作重点，扎实推进自贸试验区建设的各项工作，取得了重大进展。但离党中央对自贸试验区建设的期待、离推动辽宁全面振兴全方位振兴要求还有不小的差距。辽宁应当根据习近平总书记在自贸试验区建设5周年之际重要批示精神，举全省之力，进一步解放思想，创新自贸试验区建设思路，创造性、高质量地建设自贸试验区，引领辽宁乃至东北地区的全方位对外开放，推动辽宁乃至东北地区的全面振兴全方位振兴。

一、推进辽宁自贸试验区和自由贸易港建设意义重大

（一）自贸试验区和自由贸易港建设蕴藏着重大的战略发展机遇

从国际经验来看，一个国家或地区自贸试验区和自由贸易港的建设，将会有力而快速地实现资源的全球化优化配置和整合，实现其经济

社会的高速发展甚至是翻天覆地的变化。历史上的荷兰阿姆斯特丹自由贸易港、英国伦敦自由贸易港的建立成就了昔日的世界经济强国荷兰和英国,当代的新加坡自由贸易港、中国香港自由贸易港的建立也成就了其辉煌的发展成就。党中央提出依托自贸试验区来建设自由贸易港,是我国实施更全面、更深度地对标世界开放程度最高水平对外开放战略的重大战略创新举措,在我国改革开放进程中具有里程碑意义。就其所引起的社会变革的广度和深度而言,自贸试验区和自由贸易港已成为全面深化改革的领跑者。作为党中央在新时代推进改革开放的一项战略举措,自贸试验区和自由贸易港建设不仅承担着全面深化改革与实施新一轮高水平对外开放的责任,而且承担着推动高质量发展,打造动力更强、结构更优、质量更高的增长极的责任,必将在未来发展中发挥更大作用。例如,上海自贸试验区以 1/10 的面积创造了浦东新区 3/4 的生产总值、70% 的外贸进出口总额,以 1/50 的面积创造了上海市 1/4 的生产总值、40% 的外贸进出口总额,成为带动区域经济发展的重要增长极。因此,自贸试验区和自由贸易港建设蕴藏着重大的战略发展机遇,对此必须给予高度的重视。

(二) 自贸试验区和自由贸易港建设将为辽宁省的新一轮全面振兴提供强有力的体制机制支持

虽然辽宁自贸试验区的建设契合了辽宁省全方位、集成性的体制机制创新性改革的内在要求。然而,从现有的自贸试验区建设、运行的效果来看,由于国家赋予自贸试验区体制机制改革的权力、空间有限,再加上受传统体制机制矛盾的严重制约,辽宁省体制机制改革尚缺乏全方位的、系统的、深入的创新性改革,其效果也就势必有限。而一旦能够依托自贸试验区和自由贸易港建设来推动辽宁省的体制机制改革,则会在推进全方位、系统、深入的体制机制创新性改革等方面被赋予更大的权力与空间,提供空前的动力,迈出更大的步伐。因此,辽宁省应进一步解放思想,快速推进自贸试验区和自由贸易港建设的相关工作,以此来获取推动辽宁省的新一轮全面振兴所需要解决的体制机制创新的重大契机和依托，促进辽宁省的新一轮全面振兴。

（三）自贸试验区和自由贸易港建设将会有力地弥补辽宁省对外开放度偏低的"短板"，为辽宁省的新一轮全面振兴提供强有力的推动力

由于开放型经济水平偏低，在推动经济社会发展的"三驾马车"中，辽宁省主要依靠投资和消费这两驾马车，特别是主要依赖投资这驾马车来拉动经济社会的发展，这导致了辽宁省经济社会发展的驱动力严重不足，成为制约辽宁省新一轮全面振兴的主要症结之一。从 2018 年辽宁省进出口总额增长 11.8%，高于全国进出口增速 2.1 个百分点，呈现出少有的良好发展态势。而这些成绩的获得自贸试验区功不可没。然而，自贸试验区对弥补辽宁省对外开放度偏低"短板"的作用依然有限，尚需要有新的、更大的体制机制创新的推动。因为自贸试验区是以贸易投资便利化为发展方向，而自由贸易港是以贸易投资自由化为基本特征，二者在开放度、自由度上存在多个层级的差距，二者对对外开放度提升的影响力也存在着巨大差异。如果能够依托自贸试验区和自由贸易港建设来弥补辽宁省对外开放度偏低的短板的话，那么，辽宁省对外开放度偏低短板必将得到快速的弥补，必将空前地推动辽宁省对外开放的步伐，也必将空前地提高对外开放对辽宁省经济增长的贡献率，因此，快速推进自贸试验区和自由贸易港建设的相关工作，这是辽宁省新一轮振兴的战略抉择之一。

（四）自贸试验区和自由贸易港建设将会为打造提升东北老工业基地发展整体竞争力和对外开放水平的新引擎提供重要抓手

将辽宁自贸试验区打造成为提升东北老工业基地发展整体竞争力和对外开放水平的新引擎是国家赋予辽宁自贸试验区的重大使命之一。从目前辽宁自贸试验区已推出的制度创新举措来看，主要集中于对前两批自贸试验区改革经验的复制和推广上，而对于如何推出能够很好地打造

提升东北老工业基地发展整体竞争力和对外开放水平新引擎的创新举措方面并不突出，尤其是缺少针对有东北独有特点的先进制造业升级、国有企业改革和面向东北亚开放的创新举措。出现这种情况的原因除了辽宁自贸试验区建设时间尚短、效果显现存在着"时滞"以外，重要的原因在于国家赋予自贸试验区创新改革的权力、空间存在着较大的局限性，缺少为打造提升东北老工业基地发展整体竞争力和对外开放水平的新引擎可依托的重要抓手。因此，如果辽宁自贸试验区能够获得建设自由贸易港授权的话，将会为打造提升东北老工业基地发展整体竞争力和对外开放水平的新引擎提供重要抓手和动力，能够有效地履行国家赋予辽宁自贸试验区建设的重大使命。

二、全国自贸试验区和自由贸易港建设的现状与动态

（一）全国自贸试验区建设的主要成就

自贸试验区建立近六年来，以新发展理念为引领，聚焦投资管理、贸易监管、金融制度、事中事后监管和法治化建设等关键改革领域，形成了一批基础性和核心制度创新，在塑造国际化、便利化、法治化的营商环境方面取得了重大进展。

1. 确立了负面清单管理为核心的投资管理制度

自贸试验区率先制定和实施外商投资负面清单，形成了与国际通行规则一致的市场准入方式。对负面清单以外领域，实施内外资一致的市场准入，取消外商投资项目和外商投资企业设立及变更审批，市场开放度和投资便利度大幅提升。负面清单的特别管理措施数量由 2013 年上海第一版的 190 条、2014 年第二版的 139 条，压缩到 2015 年统一适用于 4 个自贸试验区的 122 条，2017 年第四版 95 条，2018 年第五版 45条，开放领域覆盖按世界贸易组织划分的 12 个服务部门中的 11 个，覆盖率达 91.7%，超过 90% 的外商投资企业可以通过备案方式设立，外商准入政策透明度和可预期性大幅提升。与外商投资负面清单管理模式

相衔接，相应的商事登记制度改革不断深化，全面实施"证照分离"改革，采用取消审批、改为备案、告知承诺和优化准入管理的改革方式完善市场准入管理，使企业办证更加便捷高效。

2. 确立了符合高标准贸易便利化规则的贸易监管制度

对标贸易便利化的国际最佳实践案例和通行规则，自贸试验区率先探索和建立国际贸易"单一窗口"，整合口岸管理资源，打破信息孤岛壁垒，单一窗口覆盖范围从最开始的海关、检验检疫两个部门，形成了具有国际竞争力的口岸监管服务模式。其中，上海国际贸易"单一窗口"对接着中央和地方的 22 个部门，已经服务 27 万家企业，处理着全国近 1/3 的进出口贸易量。企业申报数据项在船舶申报环节缩减 65%，在货物申报环节缩减 24%，累计为企业节省成本超过 20 亿元。国际贸易"单一窗口"建设这一基础设施条件的不断完善，确保了以风险分类管理为基础，以信息化系统监管为支撑，以贸易安全为基本底线的贸易监管制度高效运行。自贸试验区在贸易便利化领域的制度创新举措，符合联合国贸易便利化建议书和世界贸易组织《贸易便利化协定》的要求，较好地适应了我国贸易货物品类复杂、方式多样的实际情况，大幅度提高了企业办事和政府监管的效率。

3. 探索了适应更开放环境和有效防范风险的金融创新制度

上海自贸试验区率先设立自由贸易账户体系，建立了资金跨境流动管理的基础性制度，"一线审慎监管、二线有限渗透"，具有本外币一体化金融服务功能，并能对跨境资金流动进行逐企业、逐笔、全口径的实时监测，经受住了国际金融市场波动的考验，显示出较成熟的抗风险能力，确保了自贸试验区金融创新的安全底线。以自由贸易账户为基础，建立了金融服务业市场开放、资本项目可兑换、利率全面市场化、人民币国际化等核心领域金融改革的创新路径。还建立了银行业市场准入报告类事项监管清单制度，推出了面向国际的金融资产交易平台，实施了航运保险产品注册制改革，开展了金融综合监管试点。上海自贸试验区金融开放已形成了与上海国际金融中心建设的联动机制，金融资源市场化配置能力显著提升，有效地服务了实体经济发展，完善了宏观审慎和风险可控的金融监管体系。

4. 确立了以规范市场主体行为为重点的事中事后监管制度

自贸试验区建设近六年来，注重一级地方政府职能的转变，推进简政放权、放管结合、优化服务的系统改革，在行政机构改革、管理体制创新、运行机制优化、服务方式转变等方面的改革创新，全面提升了开放环境下的政府治理能力。特别是从"放、管、服"出发，以简政放权为重点健全行政管理体制，以事中事后监管为核心深化体制机制创新，以信息互联共享为导向优化政府服务体系，形成了透明高效的准入后全过程监管机制。建立了诚信管理、分类监管、风险监管、联合惩戒、社会监督"五位一体"事中事后监管体系，以及社会信用信息共享的事中事后监管基础性制度，实现由规范市场主体资格向规范市场主体行为转变。浙江自贸试验区的"聚焦油品全产业链"改革创新、武汉片区的"马上办、网上办、一次办"、重庆自贸试验区的"一带一路国际物流大通道"、成都区域的"科技金融生态链"等制度创新成果都具有引领性和开创性，突显了自贸试验区"不忘初心"始终保持制度创新高地的本色。

5. 加强法治化建设为自贸试验区经济建设提供了法治保障

通过成立自贸区法院、自贸区检察院等，为自贸试验区经济建设提供了法治保障。知识产权法院、上海金融法院等专业法院的设立为自贸试验区的制度创新保驾护航。自贸试验区还积极探索通过地方立法，建立与试点要求相适应的试验区管理制度。强化自贸试验区制度性与程序性的法规规章建设，完善公众参与法规规章起草的机制。境外法律查明机构的设立也为自贸试验区涉外经贸合作建立法制化基础。广东自贸试验区前海蛇口片区在法治化建设领域的探索走在全国自贸试验区（或片区）前列，如前海商事法庭对接香港专业调解机构，积极开展商事案件诉前调解，并试行港籍陪审机制，在体现司法公正的同时兼顾国际化的法律准则，建立了国内唯一的"一中心两基地"，即中国港澳台和外国法律查明研究中心、最高人民法院港澳台和外国法律查明基地、最高人民法院港澳台和外国法律查明研究基地。

6. 各自贸试验区结合当地特色开展了具有独特创新意义的试点任务

12 个自贸试验区根据各自总体方案的定位，结合当地发展特点，形成了一批具有很强创新意义和地方特色的试点经验。例如，在生物医药领域，上海自贸试验区围绕服务科技创新，率先探索推广"低风险生物医药特殊物品行政许可审批改革"；在促进内地与港澳深度合作领域，广东自贸试验区聚焦制度创新，先行试点"扩大内地与港澳合伙型联营律师事务所设立范围"；围绕 21 世纪海上丝绸之路核心区的定位，福建自贸试验区着眼国际航运船舶领域的改革试点，探索并推广"船舶证书三合一办理"。这些改革试点经验来自地方，具有明显的地方特色，但创新成果服务于全国，较好地体现了"对比试验、互补试验"的初衷，达到了通过差异化探索，形成更多元化、更高水平的制度创新成效，更好地释放了自贸试验区的改革红利和开放红利。

7. 自贸试验区成为营商环境的高地

自贸试验区设立以来，各种制度创新的综合作用确实推进了更优化的营商环境建设，自贸试验区已率先打造成为"营商环境高地"。①外商投资管理体制改革提高了市场透明度和可预期性，大大降低了企业开办成本。外商在负面清单以外领域设立企业，适用快捷的备案程序，一般 3 个工作日内可以办完设立手续，备案的企业数占到外资企业总数的 97% 以上。②贸易监管制度创新大幅度提高了自贸试验区的贸易便利化水平，通关效率平均提高约 40%，一般货物进出口平均通关时间减少 42.6%。同时，促进了跨境电商、保税维修等新兴业态发展，推动了贸易发展方式转变，相关企业普遍具有较强的"获得感"。③自贸试验区金融开放与创新，促进了资本自由化程度。比如，向全国复制推广外商投资企业外汇资本金意愿结汇、跨境双向人民币资金池业务等创新举措，企业融资因此更加便利、渠道更宽、成本更低，很好地支持了实体经济发展。④深化"放管服"改革加快政府职能转变，营造了更为公平竞争的市场环境。各地向自贸试验区下放省级管理权限近六年来累计超过 1000 项，基本实现企业办事不出区，并不断清理和规范审批事项，为企业经营松绑清障。同时，积极完善事中事后监管体系，以信用管理为基础，强化政务公开，推行"互联网＋政务"服务，优化服务模式和流程，实现对市场"放得更活、管得更好、服得更优"，政府治理能力显著提升。自贸试验区制度创新成果的可复制可推广，实现了改革红利共享、开放成效普惠。在世界银行最新发布的《2019 年营商环境报告》中，中国营商环境排名从 2014 年度的第 96 位上升至 2019 年度的第 46 位，进入了世界排名前 50 的经济体之列。

8. 形成了可复制可推广的经验

中国自贸试验区承担的使命之一就是要形成可复制可推广的经验。自 2013 年上海自贸试验区设立以来，各自贸试验区通过探索试验，形成了 123 项可复制的改革试点经验分四批次向全国推广移植。其中，在上海自贸试验区设立一年后，总结形成了 24 项可复制的改革试点经验；2016 年 11 月 10 日，国务院发布了第二批 19 项可复制推广的改革事项；2017 年 7 月 26 日，商务部、交通运输部、工商总局、质检总局、外汇局等五部委联合发布了第三批 5 项可复制的改革试点经验；2018 年 5 月 23 日国务院发布第四批 30 项可复制的改革试点经验。此外，国务院自贸试验区工作部级联席会议办公室还先后发布了 2 批共 12 个"最佳实践案例"。其中，自贸试验区的外商投资负面清单实践为在全国范围内推广内外资市场准入和行政管理的负面清单创造了条件，成为自贸试验区影响最深远的可复制、可推广经验。自贸试验区的设立倒逼了原有海关特殊区域贸易业务、离岸功能和政府职能创新，打破了制度瓶颈，为全国海关特殊监管区域的制度创新提供了借鉴。

（二）自贸试验区制度创新的不足与问题

1. 自贸试验区制度创新的亮点主要体现在体制机制创新方面，这与国际典型的自贸区或自由港的创新特征存在较大距离

探索政府与市场关系的改革是我国自贸试验区开展试验的重要内容，虽然在转变政府职能和探索体制机制建设上取得了一批重要成果。但是，在市场经济运行规范、运行秩序以及维护和监督机制建设等方面仍然与成熟的市场运行秩序存在差距。在投资、贸易、金融、政府职能

转变和法治环境等五个制度创新领域中，投资管理体制和贸易监管制度的制度创新指数较高，说明中央各有关部门及各自贸片区高度重视投资贸易便利化、自由化的制度创新，在各自权限内大力推动改革创新措施。由于投资便利化改革是中央和地方两级政府事权叠加的领域，地方自主改革的空间较大，各大片区也推出了多项制度创新措施。贸易便利化改革的主导部门如海关（包括原出入境检验检疫）、海事均为中央垂直管理部门，事权关系较为清晰。金融创新具有敏感性、系统性和风险性特征，其改革措施容易受到国家宏观调控的影响，进程相对缓慢。法治环境指数总体分数较低，表明自贸试验区法治化建设的创新力度明显不足，法治体系尚待健全。政府职能转变的指数最低，表明在推动"放管服"改革的优化流程、下放权限之盾，在一些涉及政府行政管理体制和事权配置等深层次改革领域尚有很大的突破空间。如前海蛇口片区建立的"管委会政府职能+前海管理局法定机构+招商局集团企业机构+咨委会社会机构"的市场化政府管理运行新模式，为行政管理体制改革进行了大胆的创新试验，在推动市场化改革和加快政府职能转变方面走在了全国前列。上海自贸试验区在大部门制改革、推进"社会共治"的大监管格局、进一步完善自贸区市场监管综合执法体制、企业年报公示制度、异常名录制度、信用分类监管以及"互联网+政务服务"模式等方面也进行了"先行先试"探索。与国际典型自贸园区或自由港相比，自贸试验区的贸易投资自由度不足。自贸试验区建设近六年来，整体上与"具有国际水准的投资贸易便利、货币兑换自由、监管高效便捷、法制环境规范的自贸试验区"这一建设目标还存在差距。自贸试验区的改革创新与法律调整的节奏产生脱节，影响了自贸试验区改革开放的法制化基础。自贸试验区对国际贸易投资新规则的对接也有所不足，影响了自贸试验区作为制度创新高地的定位。

2. 自贸试验区所推动的政府职能转变仍然没有摆脱原有的政府体制和行政架构的制度约束，与现代市场经济所要求的"运转高效的机构设置和治理体系"仍有不少差距

首先，自贸试验区管理机构设置基本沿用现有的一级政府行政框

架，与国际典型自贸区单一化或企业化的管理运作体制存在差距，导致自贸试验区的行政管理创新受原有体制的制约明显。其次，对自贸试验区没有设立明确的权力清单、责任清单，中央和地方的权责不清晰。自贸试验区自主权明显不足，进行改革创新都需要报批，自贸试验区的管理体制没有自我更新和升级的能力，管理体制与"先行先试"的定位存在较大差距。最后，政府职能转变后，对企业的事中事后监管有待进一步加强，各片区企业信用信息公示平台还有待进一步完善。

3. 自贸试验区的服务业开放不足

首先，自贸试验区负面清单的内容偏多，不利于彰显"高度开放"。自贸试验区既然聚焦服务业开放试验，而且自贸试验区运行近六年来的实际业务也不涉及矿区和农业等领域。因此，负面清单中根本不需要矿区和农业的内容，这样可以突出服务业的开放措施，提高透明度。其次，许多现代服务部门仍未开放，如金融类、文化类、电信与互联网类、社会服务类等敏感服务业的开放不足。最后，自贸试验区外资安全审查制度还不完善，信用体系还没有完全建立起来。当前，全球经济服务化推动服务贸易快速增长，服务贸易自由化和便利化在很大程度上决定着全球自由贸易进程，服务贸易规则重构将成为全球贸易规则重构的核心与重点所在。服务业开放不足导致自贸试验区在涉及服务贸易与投资领域内的监管、非关税壁垒以及市场开放度的压力测试开展不足。

4. 自贸试验区贸易便利化的改革创新从数量来看成果不少，但有质量和突破性的制度创新成果不多

通过信息技术使用和优化流程设计，包括"智检口岸"平台建设、海关快速验放等创新成果，促进了自贸试验区港航物流降本增效。根据上海自贸试验区管委会发布的信息，上海自贸试验区成立近六年来，通关效率大为提升，进出境时间较全关区平均水平分别缩短78.5%和31.7%，95%的海运货物可实现两天内入关，95%的空运货物可实现12小时内入关。但是，与中国香港、新加坡等自由港相比，自贸试验区的通关效率水平还存在差距。国际贸易"单一窗口"建设还难以适应开

放型经济新体制要求，没有全面覆盖口岸执法和贸易管理部门，各类许可和资质证明未全面纳入，未全面贯通口岸物流环节，信息互换共享水平偏低。海关特殊监管区域未形成国际通行做法的"境内关外、一线放开、二线管住"监管体系，自贸试验区的贸易监管制度跟不上贸易主体业务创新的需求，尤其是保税港的国际中转便利性与国际典型港口有很大差距。

5. 自贸试验区金融改革与开放创新进展偏慢

自贸试验区金融改革开放偏慢。首先，自2015年末以来，国际国内经济金融环境发生了复杂变化，国际收支和结汇形势出现了波动，由于金融改革创新对环境和条件的依赖度高，出于风险防范考虑，有限额内可兑换、本外币境内外拆借等多项涉及资本账户开放的自贸试验区创新政策或细则均未出台实施。其次，货币自由兑换和资本项目开放是一个系统问题，利率市场化、汇率市场化这样的宏观金融改革不可能在有限空间中完成，自贸试验区仅仅可以探索一些开放经验。最后，因担心过度激进和冒险行为，自贸试验区金融改革创新又缺乏容错机制，导致自贸试验区金融创新政策实施效果欠佳。例如，在FT账户①方面，由于FT账户的适用范围窄，导致使用账户的企业比例极低，FT账户的功能仍有待拓展。金融业的改革开放，涵盖金融主体准入（商业存在）、金融市场开放（市场交易和规则）以及金融中间商和专业人员流动（自然人流动）等各方面，在很大程度上是检验服务贸易开放程度的重要衡量尺度。金融业的开放偏慢，影响自贸试验区整体改革开放的效应发挥，也妨碍了中国与新一代国际贸易投资规则的对接。

---

① FT账户也称之为自由贸易账户，指的是银行等金融机构根据客户需要在自贸试验区分账核算单元开立的、规则统一的本外币账户，独立于现有的传统账户体系，属于央行账户体系的专用账户。该账户主要有五类：居民个人自由贸易账户（FTI）、境外个人自由贸易账户（FTF）、自贸区内机构自由贸易账户（FTE）、境外机构自由贸易账户（FTN）、自贸区内同业机构自由贸易账户（FTU）。所有的自贸账户都是FT开头，因此，自由贸易账户也被称为FT账户。

（三）全国自贸试验区和自由贸易港建设的动态

1. 全国自贸试验区建设仍方兴未艾

2013 年上半年，商务部、上海市人民政府会同国务院有关部门拟定《中国（上海）自由贸易试验区总体方案（草案）》，上报国务院审批。2013 年 7 月 3 日，国务院常务会议讨论并原则通过该方案草案，9 月发布《国务院关于印发中国（上海）自由贸易试验区总体方案的通知》。中国的第一个自由贸易试验区上海自由贸易试验区正式成立。2015 年 4 月 20 日，国务院发布了《国务院关于印发进一步深化中国（上海）自由贸易试验区改革开放方案的通知》《国务院关于印发中国（广东）自由贸易试验区总体方案的通知》《国务院关于印发中国（天津）自由贸易试验区总体方案的通知》《国务院关于印发中国（福建）自由贸易试验区总体方案的通知》。2017 年 3 月 31 日，国务院发布了《国务院关于印发中国（辽宁）自由贸易试验区总体方案的通知》《国务院关于印发中国（浙江）自由贸易试验区总体方案的通知》《国务院关于印发中国（河南）自由贸易试验区总体方案的通知》《国务院关于印发中国（湖北）自由贸易试验区总体方案的通知》《国务院关于印发中国（重庆）自由贸易试验区总体方案的通知》《国务院关于印发中国（四川）自由贸易试验区总体方案的通知》《国务院关于印发中国（陕西）自由贸易试验区总体方案的通知》。2018 年 10 月 16 日，国务院发布了《国务院关于同意设立中国（海南）自由贸易试验区的批复》。2019 年 7 月 27 日，国务院发布了《国务院关于印发中国（上海）自由贸易试验区临港新片区总体方案的通知》。9 月 21 日，国务院发布了《国务院关于印发北京、湖南、安徽自由贸易试验区总体方案及浙江自由贸易试验区扩展区域方案的通知》。至此，中国已经分多批次批准了 18 个自贸试验区，形成了"1 + 3 + 7 + 1 + 6"的基本格局，形成了东西南北中协调、陆海统筹的开放态势，推动形成了我国新一轮全面开放格局。可以说，全国自由贸易试验区建设仍方兴未艾。

2. 自由贸易港建设已成为国家构建对外开放新格局的航标

2017 年 3 月 31 日，在国务院发布的《全面深化中国（上海）自贸试验区改革开放方案》中提出，将在洋山保税港和上海浦东机场综合保税区等海关特殊监管区域内，设立自由贸易港。此后上海就开始按照中央部署，积极筹划、设计自由贸易港建设方案，等待中央批准。另外，国务院在《浙江舟山群岛新区发展规划》批复中也明确提出，可以在条件成熟时逐步研究建设舟山自由贸易港。2018 年 4 月 13 日，习近平总书记在海南建省 30 周年纪念大会上宣布，在海南全省建设自贸试验区，并逐步稳定地探索自由贸易港的建设。① 因此，建设自由贸易港是国家对外开放的新战略，而且国家已启动了自由贸易港建设的实际进程。

3. 建设自由贸易港的竞争已在全国展开，且正呈白热化状态

如前所述，国家早在 2017 年就启动了中国自由贸易港建设进程，而习近平总书记在党的十九大报告中指出要"赋予自贸试验区更大改革自主权，探索建设自由贸易港"②，这是吹响了我国自由贸易港建设的冲锋号。

天津：2017 年天津自贸试验区就委托南开大学中国自贸试验区研究中心开展了建设天津自贸试验区升级版的战略研究，其中提出了探索建设自由贸易港、发展离岸金融、发展离岸贸易和转口贸易等一系列试验任务。

陕西：党的十九大开幕之前的 2017 年 9 月 28 日，陕西省政府已表示西安国际港务区将建万亿集群，打造中国内陆自由贸易港。

福建：党的十九大开幕的第二天（2017 年 10 月 19 日），厦门市委书记裴金佳表示：厦门将从四方面探索打造自贸试验区升级版，争取建设自由贸易港。实际上，福州平潭港也在谋划建设自由贸易港。

---

① 《习近平在庆祝海南建省办经济特区 30 周年大会上发表重要讲话》，新华网，http://www.xinhuanet.com/politics/2018 – 04/13/c_1122680106. htm。

② 习近平：《决胜全面建成小康社会夺取新时代中国特色社会主义伟大胜利——在中国共产党第十九次全国代表大会上的报告》，人民出版社 2017 年版。

浙江：浙江表示，将加快推动以油品产业链为核心的大宗商品投资便利化和贸易自由化，率先探索建设舟山自由贸易港。浙江建设自由贸易港的目标指向不局限于建设舟山自由贸易港，建设宁波自由贸易港也是其中的重要考量。

广东：广州市委书记任学锋表示，广州要在新的起点上，以改革创新精神探索建设南沙自由贸易港，推进南沙开发建设取得新的突破，打造粤港澳大湾区深度合作示范区。深圳前海港也在谋划建设自由贸易港。

另外，重庆、广西以及山东的青岛市等也在谋划自由贸易港的建设议题。

三、辽宁自贸试验区建设的主要成就与不足

（一）辽宁自贸试验区建设的主要成就

自 2017 年 4 月 1 日挂牌以来，辽宁自贸试验区坚持以制度创新为核心，以可复制可推广为基本要求，以突出辽宁特色为工作重点，扎实推进自贸试验区建设各项工作，取得了重大进展。

1. 基本建成了以简政放权、放管结合、优化服务为重心的政府职能转变的制度创新体系

一是深化"放管服"改革，向三个片区下放首批 133 项省级管理权。省内首创开展专利、商标、版权、原产地地理标志"四合一"综合管理改革。实施"16 + X"集成化监管执法。二是大力推动现代商事制度的改革创新，实行了先照后证、多证合一、审批注册单一窗口、市场准入负面清单等现代商事制度。境外投资者在自贸试验区内创办企业时间平均缩减 30 天。实现"60 证合一"，企业办理相关证照的时间由改革前的 50 天缩减至 2 天。营口片区一般类工业建设项目 15 天就可领取施工许可证，30 天即可全面开工。其中，沈阳片区发布了 200 条政策清单，为投资企业提供无偿的全程代办服务；大连片区在推进贸易便

利化基础上，借助自贸试验区平台，在国有企业改革创新等方面进行了大胆的改革探索；营口片区实现了"46证合一"，审批时限缩减到7天。三是推进事中事后监管制度的改革创新。辽宁自贸试验区实行了以信用风险分类为依托的市场监管制度、企业年度报告公示制度、经营异常名录和严重违法企业名单制度，实行了"双随机一公开"的抽查制度以及以市场主体首负责任制为核心的综合监管制度、社会共治体系及综合执法制度等。

2. 基本建成了与法治化、国际化营商环境相适应的法制保障制度

实行了以国际贸易"单一窗口"为核心的贸易便利化管理制度：全面上线国际贸易"单窗口"。货物申报、运输工具等7项主要业务实现100%覆盖。国家试点项目取得实质性进展。实施异地加工贸易备案改革，企业备案时间由11个工作日缩减至5个工作日。开展归类智能导航试点，累计归类事例近10万条，全面提升了海关归类执法的统一性。完善出口退税综合服务平台，高诚信企业2日内即可收到退税款（企业备案时间，从11个工作日减少6个工作日到现在的5个工作日）。以准入前国民待遇和负面清单为核心的外商投资管理制度；积极推进地方性司法保障及权益保护制度；发展创新人才服务体系和国际人才流动通行制度，如人才"绿卡"制度、"双创"特区等。

3. 形成了一批可复制、可推广经验与案例

截至2018年末，国家总体方案中赋予辽宁自贸试验区的123项试验任务已有113项落地，落地率达到91.8%。首批经第三方评估的29个改革创新案例已形成上报，其中13个案例属于全国首创；四项创新被列入国家改革试点经验：大连片区"税混矿"监管创新；沈阳片区优化涉税事项办理程序；大连片区进境粮食检疫全流程监管；营口片区的集装箱风险分级管理制度创新；营口片区以制度创新持续优化营商环境，被列入国务院第五次大督查典型经验做法。三个片区自主创造45项改革创新经验分两批向全省进行了推广。代表性的案例有：一是沈阳片区通过率先推出"特殊监管区域＋飞机维修"监管模

式，实现了保税物流与修理物品的政策组合，打造"区港联动、协同监管"便捷监管措施，切实降低企业运营成本，缩短通关时间，每年为企业维修业务增加效益约 2000 万元。二是率先推出"委内加工"制度。针对沈阳黎明国际动力工业有限公司在沈阳片区内存在大量闲置产能却又无法承接区外订单的困境，沈阳片区通过沈阳海关积极向海关总署争取政策支持，成功帮助其适用"委内加工"制度，使企业利润增长点激增，累计取得飞机发动机零部件加工订单总值约 10 亿元，赚取加工费达 9500 余万元。三是率先推出"保税混矿业务"。大连片区大力支持企业利用海关特殊监管政策在全国率先开展保税混矿业务，有力促进了大连东北亚国际航运中心建设：大连港矿石码头累计保税混矿入库量已突破 1033 万吨，占大连港矿石码头全年进口量的 50%，征收税款 2.7 亿元。四是率先推出"新型加工贸易监管模式"。沈阳片区率先推出加工贸易从以合同为单元向以企业为单元的监管转变，创立了新型加工贸易监管模式，简化了加工贸易企业的办事程序，提高了海关监管效能。五是率先推出"海关归类智能导航"服务体系，为自贸试验区量身打造"智能导航自贸试验区企业专用申报通道"，极大地缩短了企业通关时间，使口岸竞争力和吸引力更加显著。

4. 具有辽宁特色任务的推进力度大

依托自贸试验区深化国资国企改革，推动老工业基地结构调整是辽宁自贸试验区建设重要的特色任务。辽宁自贸试验区充分利用改革创新优势，积极推动国有企业在重要领域和关键环节的改革创新，形成了一批深化国资国企改革的成功案例。如沈阳机床集团以"内创业"方式完成国企员工向创业者身份的转换，已在沈阳片区孵化小微企业 6 家，实现生产效率提升 70%，年产值提升 76%，员工收入提升 177%，设备总投入减少 56%。沈阳东药集团在混合所有制改革中，通过管理层和骨干员工持股方式，创造共享式激励机制，推动国有企业在决策机制、运营模式、管理体系方面的深刻变革，充分激发了企业内生动力，实现了集团公司的较快发展。盛京金控投资集团与银行合作，为国有企业提供应急转贷资金，解决了企业符合银行信贷条件，贷款即将到期而足额还贷暂时困难的问题。已与24家驻沈银行开展业务合作，累计为企业操作转贷业务425笔，投放资金467.32亿元，降低国有企业财务成本近5亿元。大连片区集装箱码头股权整合创新模式、"冰山模式"国有企业混改经验等国资国企改革案例，成为国家创新实践案例。国际海事组织通过了营口片区制定的《国际固体散装货物规则》绿泥石运输标准，实现了参与制定国际标准"零突破"。

5. 辽宁自贸试验区的吸引力、凝聚力、辐射力正在快速提升

截至2018年末，辽宁自贸试验区实有企业4.7万家，其中内资企业4.6万家，注册资本6438亿元；外商投资企业1300余家，累计实际使用外资36亿美元。其中沈阳片区累计注册企业1.69万户，是成立前的27.6倍。纳税企业6342户，外商投资企业262户，分别是成立前的10.4倍、17.5倍。2018年全口径税收、实际利用外资、进出口额分别是成立前的2.6倍、21.7倍和1.5倍，区域经济实现跨越发展。两年来新建亿元以上项目34个，计划总投资669.2亿元，实际完成投资27.7亿元。龙头企业加速进驻，引进航天科工、大唐集团等12家世界500强企业。先进制造持续壮大，东软医疗2018年工业产值24.3亿元，实现91%的高速增长，沈飞A220系列新工厂、新松机器人未来城等先进制造园区加快建设，新设科技企业达2966家。跨境电商加快发展，建成综保区和中储两处跨境电商基地，初步形成线上线下联动的跨境电商格局。金融产业集聚明显，规划建设"金融岛"，新增金融企业达406家，中工建交等8家银行设立自贸试验区支行，人保财险等总部相继落户。融资租赁企业207家，集中开展成套生产线、大型机械设备和医疗设备等业务。

6. 积极推动自贸试验区与重点产业园区的协同发展

在大力推进自贸试验区建设的同时，辽宁自贸试验区积极推进沈抚新区、中德（沈阳）高端装备制造产业园、大连长兴岛经济技术开发区、营口经济技术开发区、盘锦辽东湾新区、锦州滨海新区、葫芦岛兴城滨海产业园区、鞍山达道湾经济技术开发区、本溪经济技术开发区、

丹东新区等重点产业园区与自贸试验区联动与合作机制，有力地推动了自贸试验区与重点产业园区的协同发展。

（二）辽宁自贸试验区建设存在的主要不足

1. 对外开放程度还有待进一步提高

在外资准入措施方面，禁止投资、股权限制和数量型经营限制等限制程度较高的措施占比仍然偏高；在外资准入领域方面，对制造业和一些服务业部门（如金融、交通运输、快递、教育、医疗、娱乐等）的限制仍然较多；开放力度不大使自贸试验区对外资企业还远没有形成足够的吸引力，消费者从自贸试验区建设中的获得感也明显不足。

2. 制度创新的实质程度和发挥效果情况需进一步提升

自贸试验区的制度创新的注意力仍过多地关注日常、程序性（如简化程序、多证合一、缩减办事时间、降低费用等）或技术性（如网上办理、提交电子文件、通过信息系统实现监管等）的工作。而在政府采购、竞争中立、知识产权、金融业开放、资本流动等领域几乎尚无实质性的创新议程与行动。这种制度创新注意力的偏差使自贸试验区在政策性或体制性方面的创新动力不足，创新的数量偏低。

3. 与国际先进自由贸易区（港）相比缺乏国际竞争力

在自贸试验区进一步扩大开放创新试验上仍顾虑重重、畏葸不前。目前自贸试验区在税收、经济自由度、离岸业务等方面与国际上先进自由贸易区（港）相比并无优势，甚至差距巨大。例如，在税率设定上，除少数商品以外，迪拜、中国香港、新加坡等自由贸易区（港）对进出口商品几乎是实施零关税政策，企业所得税只有6%~10%（辽宁自贸试验区的企业所得税仍在17%的高位运行而无法突破），这种差异的存在使辽宁自贸试验区缺乏国际影响力和国际竞争力，抑制了辽宁自贸试验区的凝聚力和辐射力的发挥，不利于辽宁自贸试验区先行先试使命的顺利履行。

四、国内外自由贸易区和自由贸易港建设的经验与借鉴

（一）自贸试验区与自由贸易港之间的差异

1. 自贸试验区的内涵

自贸试验区是海关特殊监管区的升级版。改革开放以来，中国内地的海关特殊监管区实行的仍是"境内关内"政策，而自贸试验区依托区内的海关特殊监管区域则实行"境内关外"政策，即放开一线（国境线），管住二线（与非自贸试验区的连接线），在区内免除海关通常监管。

2. 自由贸易港的内涵、类型、特征

（1）自由贸易港的内涵。所谓自由贸易港，通常是指在一国或地区境内、海关管理关卡之外的交通物流枢纽设立的，允许境外货物、资金、交通运输工具等自由进出，允许境外货物在港内自由装卸、分选加工、重新包装、储存与过境中转以及专门进口原材料进行外贸加工再出口等，可享受免征全部或大部关税等优惠待遇的特殊区域。自由贸易港是世界开放程度最高的制度安排。

（2）自由贸易港的类型。自由贸易港的类型可以从多个角度进行划分。从地理位置可以将自由贸易港分为沿海型自由贸易港、沿江型自由贸易港、空港型自由贸易港、陆港型自由贸易港等。代表性的沿海型自由贸易港有中国香港自由贸易港、新加坡自由贸易港、鹿特丹自由贸易港、迪拜自由贸易港等；陆港型自由贸易港则以巴西玛瑙斯自由贸易港、爱尔兰香农自由贸易港和美国麦卡伦自由贸易港为代表。按自由贸易港的功能来划分（见表6-4），全球范围内的典型自由贸易港大致可以划分为综合型（Ⅰ型）、港口服务经济型（Ⅱ型）和国际中转型（Ⅲ型）三种类型自由贸易港，这三种类型中的典型代表分别为中国香港、鹿特丹和迪拜自由港。

表 6－4　　　　全球三种主要类型的自由贸易港比较（按其功能划分）

领域/类型	综合型（Ⅰ型）	港口服务经济型（Ⅱ型）	国际中转型（Ⅲ型）
国家/地区	新加坡、中国香港等	荷兰鹿特丹	阿联酋迪拜
典型代表	中国香港自由港	鹿特丹自由港	迪拜杰贝·阿里自由港
地理范围	大（约 1104 平方公里）	中（约 100 平方公里）	小（约 48 平方公里）
与所在城市的产业联系	相对最紧密	比较紧密	相对不紧密
腹地市场	亚太市场为主	欧盟区域为主	中东和非洲为主
货物进出	免税	过境免税	免税
外汇进出	无限制	无限制	无限制
税收激励	中（企业所得税 16.5%，个税 2%～17%）	低（仅有针对物流配送中心的特殊税收政策）	高（企业所得税和个税免除）
港口依托	全球第二大海港、第一大货运空港	欧洲第一大海港、全球第十一大海港	全球第九大海港、第五大货运空港
主要产业	综合（贸易、金融、保险、专业服务等）	物流贸易及与港口经济有关的商业服务业	贸易、物流类为主
主要优势	高度贸易自由化、简易税制、法制化营商环境	高度智能化港口基础设施，海关关于物流园区的高效监管	免税政策、物流效率

　　资料来源：笔者根据相关资料整理。

　　（3）自由贸易港的特征。从国际经验来看，自由贸易港是以实行贸易自由化、投资自由化政策为主要特征，具体表现在：一是对进出口商品的种类、价格和数量基本不设管制；管制类商品极少，清单一目了然；报关仅仅是备案性质，不需要海关批准；还有大量商品可以豁免报关。二是电子政务发达，监管功能高度整合，像新加坡的贸易网（TradeNet）、中国香港的"海易通"，电子数据系统非常发达，涵盖国际贸易的所有环节。三是没有外汇管制，资金进出自由，贸易结算自由，离岸金融业务广泛开展。四是除少数货物以外，绝大多数货物无关税，无增值税；个人和企业所得税税制简单，税负较低。五是实行开放的外资政策，除少数行业外，绝大多数行业外资可以自由进出。六是政府基本不干涉企业经营活动，只对少数行业进行监管，大部分行业实现自我管理。七是自然人流动便利。八是争端解决以国际仲裁为主。

3. 自贸试验区与自由贸易港之间的差异

自贸试验区是海关特殊监管区的升级版，自由贸易港则是自贸试验区的升级版，是海关特殊监管区的再升级版或顶级版。如前所述，自由贸易港则是具有更高自由度、开放度的全方位单边开放形式。自由贸易港普遍采用封闭隔离的集约型管理，主要有统一查验管理、统一报关管理、统一卡口管理和统一机构管理。与我国现有的保税港相比，自由贸易港是真正的"境内关外"。与我国正在建设的自贸试验区相比，自由贸易港自由度和开放度更高。我国正在建设的自贸试验区，已对外商投资实行准入前国民待遇加负面清单管理制度，投资的自由度和开放度有所提高，但距离自由贸易港还有很大差距，同时贸易便利化、金融制度等方面仍处监管转型的探索过程之中，特别是在没有物理隔离的条件下，自贸试验区还不具备贸易自由化的基础，仅可在海关特殊监管区域内进行非常有限的贸易自由化尝试，即自贸试验区是以贸易、投资便利化为发展方向，而自由贸易港是以贸易、投资自由化为基本特征，二者在开放度、自由度上存在多个层级的差距，二者对对外开放度提升的影响力也存在着巨大差异。

（二）国内外自由贸易区和自由贸易港建设的经验

1. 新加坡自由贸易港建设的经验

1969 年，新加坡在裕廊工业区附近的裕廊港口内设立了全国第一个自由贸易区，到目前为止，新加坡共有八个自由贸易区，由于新加坡开放程度高，自贸区内外差异很小，所以，实际上整个新加坡近似于一个自由贸易港，它就是一个集总部中心、物流中心、国际金融中心、研发中心、生物科学和石油化工中心、国际教育中心为一体的自由贸易港（见表 6 - 5）。新加坡自由贸易港的发展特点包括：①设立专门的法律。新加坡设立自由贸易港的过程是先立法后设区。1969 年，新加坡通过了《自由贸易港法案》（Free Trade Zone Act）作为实施自由贸易港的法律依据，授权相关部门视地区发展的需要建立自由贸易港。②发挥转口贸易优势。新加坡自由贸易港主要目的是方便应税货物的仓储贸易，使新加坡成为物流中心。自由贸易港内可以进行仓储、进出口货物重包装、转口贸易。《自由贸易港法案》规定可以从事加工及制造，但必须经过相关部门的许可，因而自由贸易港更多发挥的是转口贸易的功能，而并非出口加工功能。③由新加坡交通部主管。新加坡主管全国交通的机构是交通部，为政府内阁组成的一员，下设民航局、海事港务局、陆路交通管理局及资讯与通信发展管理局等机关，并且设置了若干专业委员会、职能局和专业局。其中，海事港务局负责船舶的登记注册、航行安全和防止船舶污染环境工作，国家海事委员会则负责船员的录用、福利和培训工作。④民营公司经营。1996 年 1 月，新加坡进行体制改革，施行政企分离的管理体制，将原港务局执行行政管理的部门和人员与交通部的海事港务局和国家海事委员会合并，而原港务局在剥离监管职能之后成立新加坡港务公司，其于 1998 年完成股份制转化和私有化，负责自由贸易港的经营。⑤新加坡海关是隶属于新加坡财政部的执行部门。新加坡海关实行 24 小时通关，通关手续简单。通过 TradeNet 系统申请相关的进出口或转运的许可证，只需要 15 分钟即可完成。海关以文件的空管方式，有效地提高了货物流通效率。⑥实行"境内关外"的政策。货物储存在自由贸易港内部需要任何海关文件，只有当货物进入新加坡课税地区才需报关。为进出口货物提供 72 小时自由仓储，为转口集装箱提供 14 天的自由仓储。除了自由贸易港，新加坡还有大量的保税仓库分布在港口附近，这些保税仓库实际上是自由贸易港概念的扩大。⑦人员入境政策十分宽松。对于一般旅游人士，只需在启程时查阅其持有的护照是否取得新加坡入境旅游签证即可。新加坡对外国工作人士有两种签证，工作许可证和就业许可证。新加坡自由贸易港有落地签制度，进入自由贸易港也较自由，只要具有新加坡警察局下发的通行证即可，通行证分永久性通行证和临时通行证两种，永久性通行证两年更新一次，主要为自贸区内工作人员、公务公司、民航局等员工使用；临时通行证的使用期限只有一天，使用人员只能在当天进出自由贸易港。

表 6 - 5 新加坡自由贸易港建设的主要经验

项目	主要经验
设置的目的	方便应税货物的仓储贸易，使新加坡成为物流中心
区域规划	专门划定区域，但整个新加坡近似于一个自由贸易区
设置的区位	新加坡港、裕廊港、三巴旺码头、巴西班让码头、岌巴集码头、丹戎巴葛码头、直落亚逸码头、樟宜机场
主管机构	新加坡交通部
经营机构	（1）海港：港区及码头交由新加坡港务集团公司负责经营（民营）；（2）裕廊自由贸易区由裕廊镇公司负责经营；（3）空港：民航局负责经营
主要功能	（1）主要为转口业务；（2）法令上允许进行加工及制造，但实务上仅允许进行简单加工（如重包装等活动，并且未改变货物形态）
通关时间	24 小时通关
通关方式	（1）通关手续简单，利用文件作为货物控管方式；（2）在区内活动不申报海关
税收豁免	（1）暂免关税；（2）暂免消费税，如果在自贸区内消费则征收消费税；（3）暂免货物税
资讯平台	贸易网络系统（Trade Net System）
招商	新加坡经济发展局负责招商
相关法律依据	（1）《自由贸易港法案》；（2）《新加坡关税法》；（3）《新加坡货物和服务税法》（消费税法）

资料来源：笔者根据相关资料整理。

2. 中国香港自由港建设的主要经验

中国香港是亚太地区的交通枢纽之一，被公认为世界上经济最自由的地区，在美国传统基金的排名中，中国香港自由经济排名第一，新加坡第二。中国香港并未划设特定的区域作为自由贸易港，更未制定特别法律和政策发展自由贸易港，而是致力于使整个香港成为自由港，其发展特点有：①采取风险管理方式作为通关检验的标准，海关采取风险管理的方式作为通关检验的标准，对通关货物以抽样的方式，而非全部进行检查，提高了通关的效率。②事后申报。除豁免报关货物外，其他货物在进出口后 14 日内向海关递交报关表。③全天候作业。海关采取 24 小时全天候作业，货主可以自行调整工作时间来进行通关清关作业。④不设港口管理局。所有港口设施都由民营公司管理和经营，竞争异常激烈，因而提高了港口整体运作的效率。⑤"居民待遇"的投资政策。不管投资资金来源于香港本地还是海外，也不管所有制的形式如何，在香港地区设立并经营企业均享受同等的"居民待遇"。新开办企业注册手续简便，注册费用少，而且不征收增值税、股息税、利息税、销售税，只征收公司所得税，所得税率分别为 17.5%（法团）和 16%（法团以外的其他机构）。中国香港特区政府只直接经营一些公共事业，其他绝大多数投资领域的进入及经营均由投资者自己决定。香港的港口设施由私人拥有和经营。经过香港特区政府授权，港口码头经营者有高度的自主经营空间。⑥人员出入境政策宽松。香港入境事务处负责所有人员进出香港的管理。中国香港的出入境政策比较宽松，具体措施包括出入境免签制度、落地签制度。目前，全球约有 170 个国家和地区的人可以免签证到香港旅游 7～180 天。进入港口或地区货运站几乎无限制，因为港口或机场货运站由民营公司管理和经营，所以进入港口或机场货运站的人员由民营公司自行核准。中国香港建设自由港的主要经验如表 6－6 所示。

表 6－6　　　　　　　　中国香港建设自由港的主要经验

项目	主要经验
设置的目的	使中国香港成为国际物流中心
区域规划	不专门设立区域，中国香港本身就是一个自由港
设置的区位	海港、空港
主管机构	（1）海港：香港港口及航运局；（2）空港：民航局
经营机构	（1）海港：货柜码头由现代货箱码头有限公司、香港国际货柜码头有限公司、环球货柜码头有限公司、中远国际货柜码头有限公司、迪拜港务五家公司负责经营；（2）空港：超级一号货运站由香港空运货运站有限公司经营，亚洲空运货运站由亚洲空运公司经营
主要功能	进出口、转口贸易

项目	主要经验
通关时间	24 小时通关
通关方式	（1）海关以风险管理作为通关检查的标准，对通过货物进行抽样调查；（2）除豁免报关物品外，必须在货物进出口 14 日内向海关递交报关表；（3）货物进出口人必须是香港登记公司或香港居民；（4）豁免报关货物递交进出口报关表，进出口商仍须嘱咐货运公司在货物仓单上清楚注明豁免物品所属的类别
税收豁免	无关税、增值税，除四类物品外其他货物无货物税
资讯平台	香港贸易通系统
招商	香港招商局和香港贸易发展局负责招商
相关法律依据	（1）《中华人民共和国香港特别行政区基本法》；（2）《香港法例》第 60、66、81、115 章等；（3）《贸易促进和保护投资协议》等

资料来源：笔者根据相关资料整理。

3. 荷兰鹿特丹自由贸易港建设的主要经验

荷兰的鹿特丹港是欧洲最大的海港，是欧洲重要的物流中心。荷兰同中国香港一样，没有专门划设地区作为自由贸易港，但建立了大量的保税仓库。全国的保税仓库和保税仓库之间的保税通道及鹿特丹港口形成了一个网状的自由贸易港。此外，由于欧盟国家之间取消关税，所以荷兰保税仓库可以跨国建立。荷兰自由贸易港的发展特点包括：①营业税延迟缴纳。与欧盟其他国家不同，荷兰执行特殊的营业税条例，允许进口货物的营业税延迟缴纳。②设立专责机构。政府设立专责机构——荷兰国际配销委员会，该机构与其他政府部门相互合作，为国外企业提供全方位的服务，以吸引更多的厂商到荷兰成立国际配销中心。③多元化的保税仓库。荷兰有六种形态的保税仓库（A–F 型），它们的主要差别在于全部经营活动是由海关实质监控还是由经营者内部控制，海关只实行监督。厂商可以依据所需自行选择适合自己的保税仓库类型。并且，经营保税仓库的企业没有所有制和国别限制。④人员进出有限制。欧盟各国的商业人士可以自由进出荷兰，其他国家的商业人士需向当地国的荷兰大使馆申请临时居留证才能进入荷兰，并且在一定时间内自由从事贸易活动。荷兰没有落地签政策。荷兰自由贸易港建设的主要经验如表 6 – 7 所示。

表 6 – 7　　　　　　　　荷兰自由贸易港建设的主要经验

项目	主要经验
设置的目的	注重满足仓储服务公司的需要
区域规划	不专门设立区域，全国保税仓库、保税通道和码头及机场货运站串联成一个整体的自由贸易港
设置的区位	鹿特丹港口、史基浦机场国际货运中心、全国各地的保税仓库
主管机构	海关主导保税系统，各港区负责管理
经营机构	（1）鹿特丹港口：鹿特丹市港口管理局管理委员会；（2）史基浦机场国际货运站（民营机构）；（3）保税仓库：国有或民营
主要功能	进出口、转口贸易、海关许可之下的任何加工
通关时间	24 小时通关（周日除外）
通关方式	（1）先进储后报关；（2）以查验公司账册管理及存货资料取代海关检查；（3）灵活的通关方式（企业可以选择通关程序）
税收豁免	暂免关税、反倾销税、营业税、货物税
招商	由荷兰外商投资局和荷兰国际配销委员会共同负责，各地市政府与港务局也积极主动招商
相关法律依据	（1）《欧盟关税法》；（2）《荷兰关税法》；（3）《荷兰营业税法》；等等

资料来源：笔者根据相关资料整理。

4. 迪拜自由贸易港建设的主要经验

迪拜共有八个比较活跃的自由贸易港：杰贝阿里自由区、迪拜机场自由区、迪拜网络城、迪拜媒体城、迪拜珠宝城、迪拜汽车城、迪拜知识村、迪拜五金城。迪拜在沙漠上建立了繁荣的新城和绿洲，是发展中国家成功建立自由贸易港的典型，自由贸易港对迪拜的经济发展作用举世闻名。不仅如此，迪拜还积极将成功经验输出，在国外建设和运营自由贸易港。迪拜自由贸易港建设的主要经验包括：①迪拜自由贸易港是综合型区域。在区内企业或个人可以从事仓库、进出口、转口、简单加工、制造、加工等活动，还可以从事金融、咨询等服务业，而且呈现产业集群的趋势，各个自由区有独特的产业。②最高50年免除所得税。自由贸易港内企业或个人从事经营活动15年或50年（不同区的期限不同），免除公司所得税和个人所得税。③成立专门的自由区管理局。自由区管理局独立于地方政府，与相关职能部门并列。④进口关税优惠。自由贸易港内国有企业或持有51%股份的合资企业生产的产品视同国内产品，进入国内课税区无须缴纳关税。⑤货物进入自贸区无国别差异（以色列除外）。货物从自贸区进入迪拜本土市场需要视同进口，此时有国别差异（主要是海湾阿拉伯国家合作委员会同盟国家与其他国家的差异）。自贸区内部不允许货物零售（见表6-8）。

表6-8 迪拜自由贸易港建设的主要经验

项目	主要经验
设置的目的	致力于成为中东的国际商业枢纽
区域规划	专门划定区域建立自由贸易港
设置的区位	杰贝阿里自由区、迪拜机场自由区、迪拜网络城、迪拜媒体城、迪拜珠宝城、迪拜汽车城、迪拜知识村、迪拜五金城
主管机构	迪拜海关、迪拜港口管理局、迪拜商务部、阿联酋经济和商务部
经营机构	杰贝阿里自由区管理局、国家航空部、Emaar有限公司等
主要功能	（1）仓储、进出口、制造、加工、物流、配送；（2）金融服务、信息服务、研发、电子商务、通信媒体服务、市场整合、公共关系
通关时间	24小时通关
通关方式	企业自己运输或托运、海关对文件或实物检查，一般8~24小时完成清关
税收蠲免	（1）免关税，在自由区内消费也免关税；（2）在一定年限内（50年）免公司所得税或个人所得税
其他优惠政策	（1）外资科100%独资，不受阿联酋公司法中规定的"外资49%，内资51%"条款的限制；（2）资本和利润可自由汇出，不受任何限制；（3）货币可自由兑换，不受限制
招商	迪拜经济发展局、迪拜商工会、各自由区管理局等

项目	主要经验
相关法律依据	(1) 杰贝阿里自由区:《杰贝阿里自由区管理章程》; (2) 迪拜机场自由区:《迪拜国际机场建立自由区法》; (3) 迪拜网络城、媒体城《迪拜网络城、电子商务和媒体城自由区法》; (4) 迪拜五金城:《迪拜五金城管理规则》

资料来源: 笔者根据相关资料整理。

(三) 国内外自由贸易区和自由贸易港建设的经验借鉴

国内外自由贸易区和自由贸易港建设经验告诉我们: 辽宁自贸试验区的建设, 必须强化政策支持体系的创新与突破, 这包括: ①海关管理体制与政策放开应采取结构化放开、渐进性推进的形式, 率先面向国外市场进行开放。②探索进一步放开负面清单以外领域事中事后监管和低税费的投资环境; 探索在制造业高端发展、面向开放合作等重点领域在"负面清单"外的定向突破; 积极探索自贸试验区负面清单及相关法规的调整, 尽快在航运服务、金融服务、专业服务等相关投资领域开放上实现更大突破。③拓展国际贸易"单一窗口"功能, 取消或最大程度简化入区货物的贸易管制措施, 降低制度性交易成本, 提升通关效率。④要进一步推动金融市场的对外开放, 进一步放宽企业享受政策准入门槛和资本项目可兑换限额; 进一步简化外债登记手续, 适度提高跨境融资额度, 适度放宽资本项目可兑换限额; 建立离岸金融平台, 推进离岸金融业务等。

五、推进辽宁自贸试验区和自由贸易港建设新思路的对策思考

(一) 进一步解放思想, 提高站位, 创造性地推进自贸试验区建设

习近平总书记在自贸试验区建设 5 周年之际对自贸试验区建设作出

了重要批示：建设自贸试验区是党中央在新时代推进改革开放的一项战略举措，在我国改革开放进程中具有里程碑意义；面向未来，要在深入总结评估的基础上，继续解放思想、积极探索，加强统筹谋划和改革创新，不断提高自贸试验区发展水平，形成更多可复制可推广的制度创新成果，把自贸试验区建设成为新时代改革开放的新高地，为实现"两个一百年"奋斗目标、实现中华民族伟大复兴的中国梦贡献更大力量。①习近平总书记的重要批示既体现了党中央对自贸试验区的高度关心和期待，又为未来自贸试验区建设指明了方向。因此，辽宁自贸试验区建设要按照习近平总书记的重要批示精神，做好如下工作：一是要以更高的站位、更长远的眼光、更宽广的视野，要紧密地围绕着快速弥补辽宁开放合作短板推进辽宁的全面振兴全方位振兴这个中心，进一步解放思想。作为全面深化改革的试验田，自贸试验区始终坚持在改革开放"深水区"积极探索创新。而要更好发挥示范引领作用，必须继续解放思想，把解放思想贯穿到自贸试验区建设全过程，要对自贸试验区建设工作进行再审视、再谋划、再提升，要积极地试、大胆地闯、自主地改；要进一步破除传统观念、陈旧模式、利益羁绊，进一步处理好政府与市场关系，解决好深层次矛盾和结构性问题，积累更多可在更大范围乃至全国复制推广的经验和制度创新成果。二是要进一步校正自贸试验区建设上存在的认识偏差，打破各种顾虑，快速地从过多地注重争取政策优惠，偏重日常性、程序性、技术性工作的思维中转移到勇于突破、勇当标杆，对标全球最高国际经贸新规则的标准，查找短板弱项，进行大胆试、大胆闯、自主改这一自贸试验区建设所承担的国家战略、国家试验的重大使命之上，在服务业开放、金融开放和创新、投资贸易便利化、事中事后监管等方面勇于先行先试，创造出更多的、可在更大范围复制推广的体制机制创新、对外开放的成功经验。三是既要进一步向自贸试验区放权，又要加大指导支持力度，支持自贸试验区先行先试和自主创

---

① 习近平：《把自由贸易试验区建设成新时代改革开放新高地》，央视网，http://news.cctv.com/special/zmqjs/index.shtml。

新；做好改革措施的细化分解，全程过问、一抓到底；要加强督促检查，对督查中发现的问题要明确责任、限时整改，及时总结评估，对效果好、风险可控的成果，及时进行复制推广。

（二）明确自贸试验区建设的主攻方向，选准发力点、突破口

要根据 2018 年《国务院关于支持自贸试验区深化改革创新若干措施的通知》精神，特别是要根据实现辽宁全面振兴全方位振兴的要求，选准辽宁自贸试验区建设的发力点、突破口，创造出辽宁自贸试验区建设的鲜明特色。一是要鼓励自贸试验区率先推出与国际接轨的税收服务举措以进一步增强辽宁自贸试验区的国际竞争力和国际吸引力。二是要进一步支持对海关特殊监管区域外的"两头在外"航空维修业态实行保税监管，支持自贸试验区试点汽车平行进口保税仓储业务以进一步支持辽宁装备制造业的发展。三是要支持在自贸试验区依法合规建设能源、工业原材料、大宗农产品等国际贸易平台和现货交易市场以拓展创新辽宁对外合作的新路径。四是要积极研究和探索赋予国际铁路运单物权凭证功能，将铁路运单作为信用证议付票据，提高国际铁路货运联运水平，国际贸易"单一窗口"标准版要增加航空、铁路舱单申报功能，探索通过国际贸易"单一窗口"与"一带一路"重点国家和地区开展互联互通和信息共享，推动国际贸易"单一窗口"标准版新项目率先在自贸试验区开展试点，促进贸易便利化以进一步建设辽宁对外开放的大通道建设。五是支持自贸试验区开展海关税款保证保险试点，进一步简化保险分支机构行政审批，建立完善自贸试验区企业保险需求信息共享平台，允许自贸试验区内银行业金融机构在依法合规、风险可控的前提下按相关规定为境外机构办理人民币衍生产品等业务，在自贸试验区内设立中外合资和外商独资人才中介机构审批权限下放至自贸试验区，以此提升金融创新服务实体经济的水平。六是积极在自贸试验区试点实施进口非特殊用途化妆品备案管理。七是创造性地探索进一步深化辽宁国资国企改革为全国国资国企改革提供可复制的经验。为此，辽宁自贸试验区要围绕着进一步完善国有企业治理模式和经营机制、实施分类监管和改革、探索健全以管资本为主的国有资产监管体系等国资国企改革的难题进行创造性的破解。

（三）以突出制度创新为核心，快速稳妥地进行高标准国际经贸新规则的风险测试和压力测试

一是要对标 WTO《贸易便利化协定》《政府采购协定》《信息技术产品协定》《环境产品协定》《国际服务贸易协定》等新的多边规则进行风险测试和压力测试；二是要对标国际投资协定、知识产权保护、技术标准、竞争政策、环境、国有企业、电子商务等高水平国际贸易与投资新规则进行风险和压力测试，为我国构建全面开放新格局积累成功的经验。

（四）围绕着辽宁省开放型经济转型升级快速推进自贸试验区建设

1. 要依托自贸试验区的建设，建立建全全方位开放型经济发展的支撑新体系

一是要以自贸试验区建设为契机，构建立体的对外开放大通道。辽宁省应在以"辽满欧""辽蒙欧""辽海欧"等为主体的陆、海、空对外开放大通道的基础上，快速建设国际性信息港，构建国际数字网络通道，为大通关、跨境电子商务、信息流通与交换提供服务，从而进一步构建陆、海、空、数"四位一体"的立体的对外开放大通道，并以此加快临路经济、临港经济、临空经济的发展，加大其促进全省对外开放、经济社会发展的推动力。二是依托陆、海、空、数"四位一体"的对外开放大通道，加强基础设施、互联互通和投资贸易合作，推进"辽满欧""辽蒙欧""辽海欧"沿线对外开放经济走廊的建设，进一步延伸辽宁省对外开放触角、扩展辽宁省对外开放的空间，带动辽宁省产业的有序转移，进而深度融入中蒙俄经济走廊和国家"一带一路"倡议。三是要以辽宁自贸试验区的大连、沈阳、营口片区为龙头，以陆、

海、空、数"四位一体"的立体的对外开放大通道为支撑，联动辽宁省沿海各港口以及辽宁省国家级、省市级的各级各类开发区和产业园区、综合保税区、海关特殊监管区域以及中韩自由贸易合作示范区等，带动物流、资金流、技术流、人才流、信息流等的快速而高效的流动，使其成为推动辽宁省全面振兴的强大动力。

2. 以自贸试验区建设为契机，培育对外经贸合作的新型竞争力

要以全要素质量提升为核心，以产品质量、技术和品牌创新发展为路径，积极培育辽宁省对外经贸合作的新型竞争力。在要素层面，要进一步强化要素市场机制作用，推动要素利用由粗放型向集约型发展，加快实现要素优势由量到质的根本性转变，并将高级要素融入产品、企业以及产业中去，找准要素质量提升着力点，提高要素利用效率。在产品层面，要加快培育以技术、品牌、质量、服务为核心竞争力的创新型产品，加强出口产品品牌建设，研究制定《辽宁省出口产品品牌发展指导意见》，引导和支持外贸企业制定品牌建设发展规划、开发出口品牌，在境外注册商标、宣传品牌、申请专利，进行国际质量标准认证和产品准入认证。在企业层面，要注重培育和扶持拥有核心技术、自主知识产权和自有品牌的重点企业，给予这些企业的新产品研发、质量体系认证、国外商标注册、产品品牌和专利申报及信息发布、境外市场广告宣传、参加国外专业博览会及产品推介会等活动以大力支持。

3. 以自贸试验区建设为契机，创新利用外资模式

要以自贸试验区建设为契机，进一步加大引进外资的力度，优化引进外资结构，统筹外商直接投资与技术创新、环境污染、城乡统筹、知识产权保护等各个方面的工作。在利用外资的策略上要重视产业关联环节，助推产业集群升级，要有利于融入跨国公司产业链，有利于学习国外先进企业布控价值链的能力，从而从根本上促进辽宁省经济结构调整和产业结构的调整和优化。

4. 以自贸试验区建设为契机，加快构建双向投资促进合作新机制，提升国际合作的层次

应立足辽宁省制造业领域的新优势，鼓励大型机械设备、成套设备

等机械制成品制造领域的企业"走出去",进而带动辽宁省相关配套产业的大发展。加快形成"走出去"的产业优势,鼓励辽宁省传统优势产业、新兴优势产业加快"走出去"发展步伐。要加强与"一带一路"沿线国家以及日、韩、朝等国的国际产能和装备制造合作,完善国际产能合作金融支持体系,促进由装备产品输出为主向技术输出、资本输出、产品输出、服务输出和标准输出并举转变,加大优势产业"走出去"拓展国际市场的步伐。引导优势企业开展境外工程承包,投资建设境外园区。推动日、韩、俄等国先进制造业、战略性新兴产业、现代服务业等产业在自贸试验区内集聚发展,提高其在辽宁省的积聚和扩散效应。探索与东北亚各国在文化、教育、体育、卫生、娱乐等专业服务领域开展投资合作,加快构建双向投资促进合作新机制,提升国际合作的层次。

5. 以自贸试验区建设为契机,转变对外贸易发展方式

要以自贸试验区建设为契机,依托辽宁省制造业优势,打造以高档数控机床、机器人以及 IC 装备为代表的先进装备制造、航空、汽车、高性能医疗器械、生物制造、新材料、发电设备制造和其他战略性新兴产业的出口基地,提高产品智能化、精益化和服务型制造水平,提高出口产品的附加值,扩大出口规模,大幅度地提高辽宁省经济的外向度。进一步调整进口产品结构,强化进口对提升以先进装备制造业为核心的辽宁省产业国际竞争力的功能,既要实现外贸"大进大出",更要实现"优进优出"。在大力发展一般贸易的基础上,根据辽宁省产业优势和产业结构调整的要求,有选择地发展加工贸易,促进货物贸易升级。

6. 以自贸试验区建设为契机,完善开放型经济服务体系

要建立政府服务信息平台,加强对企业"走出去"的国内外法律、法规和政策的研究,开展市场预测,为"走出去"企业提供可靠、权威的国内外政策、市场需求、投资环境和法律法规等信息。建立对外投资合作"一站式"服务平台。加强境外投资事后管理和服务,完善境外资产和人员安全风险预警和应急保障体系。强化资产评估、法律、会计、投资风险评估、人才培养等服务支撑,构建市场化、社会化、国际

化的涉外中介组织服务体系。

（五）围绕着打造成为国际化营商环境建设高地推进自贸试验区建设

1. 以自贸试验区建设为"抓手"，加快政府职能转变，快速推出"三清单"，打造廉洁高效的政务环境

要充分发挥自贸试验区先行先试的优势，以加快推进政府职能转变，深入推进"清单式"简政放权，快速推出"三清单"，即快速推出"行政权力清单"，真正落实权责一致的原则；快速推出"政府部门责任清单"，明确部门履职范围，理顺职责关系，清晰责任边界；快速推出"政务服务清单"，推进管理型政府向服务型政府转变。通过快速推出"三清单"，完善市行政审批局职能，进一步削减审批事项，下放审批权限，优化审批流程；通过快速推出"三清单"，健全行政审批运行机制，建立完善全省网上审批服务平台，拓展电子政务以资源整合、业务协同、信息共享、社会参与为重点，探索"互联网＋政务"的服务模式，利用大数据、云计算、移动互联等创新技术，努力建成覆盖全省、上下贯通、功能完善、数据共享、运行高效的政务服务体系；通过快速推出"三清单"，构建市、区（县）、街道（乡镇）三级服务体系；通过快速推出"三清单"，加强行政机关窗口服务制度建设，切实提升便民服务效率和质量，如建立政务服务预约办理制、行政审批服务承诺制和超时默认制，严格执行一次性告知、受理回执制度和建立首问负责制；通过快速推出"三清单"，推行"证照分离"，加强事中事后监管，探索信息化监管及联合监管，按照"权力清单""责任清单""监管清单""行政审批中介服务事项清单"有关要求，进一步明确任务分工，防止脱节缺位、断档真空等情况的发生。

2. 以自贸试验区建设为"抓手"，加快加强信用体系建设，打造诚信规范的市场环境

要充分发挥自贸试验区先行先试的优势，率先加快加强信用体系建设：一是要研究制定信用标准体系，尽快统一信用主体标志、信用信息

分类及编码、信用评价指标、信用信息格式、信用报告文本和征信数据库建设规范等，为实现部门、地区和企业的信用信息互联互通创造条件，促进信息交换和共享，提高信用信息的采集和流通效率。二是要按照统一标准，规范信用信息基础数据库建设，依法推动整合工商行政管理、税务、海关、商务、交通、质量技术监督、药品监督、环保、劳动保障、人事、公安、仲裁和金融监管等部门以及金融机构、公共服务机构掌握的企业信用数据资料，逐步分别纳入辽宁企业信用信息系统基础信息共享机制。三是要构建全流程市场监管体系。构筑以商务诚信为核心，在源头溯源、检验检疫、监管、执法、处罚、先行赔付等方面的全流程市场监管体系。建立各部门监管数据和信息归集、交换、共享机制。整合执法主体，建立权责统一、权威高效的综合执法体制。四是要建立自贸试验区内信用行业监管制度，完善守信受益机制。五是要加快推进公平竞争审查制度，对行政机关和法律、法规授权的具有管理公共事务职能的组织制定市场准入、产业发展、招商引资、招标投标、政府采购、经营行为规范、资质标准等涉及市场主体经济活动的规章、规范性文件和其他政策措施，应当进行公平竞争审查，对影响民间资本公开进入和竞争的各种障碍，一律予以清除。

3. 以自贸试验区建设为"抓手"，提高法律法规的透明度，打造公平公正的法治环境

一是制定的相关监管法律法规应当清楚明确、及时公布；二是要建立清单公开制度，提高政府工作透明度；三是要创新公开载体和形式，完善新闻发布制度，运用各种传媒手段提高政府信息发布的及时性、准确性和权威性；四是通过社会公示、公众参与、听证制度、专家咨询等形式，增强法律法规的透明度和公众参与度，完善体现投资者参与、符合国际规则的信息公开机制，打造公平公正的法治环境。

4. 以自贸试验区建设为"抓手"，加快高标准的开放体制机制建设，打造互利共赢的开放环境

要充分发挥自贸试验区先行先试的优势，改革"引进来"和"走出去"管理方式，加强事中事后监管，打通融资渠道，推进与"一带

一路"沿线国家及东北亚地区投资合作，建立与国际投资规则相接轨的管理体制：一是要探索对外商投资实行准入前国民待遇加负面清单管理模式，提升国际投资开放度和自由度，先行选择先进装备制造、金融、科技、物流等领域扩大开放，降低外商投资性公司准入条件，对负面清单之外的领域，按照内外资一致的原则，将外商投资企业设立、变更及合同章程审批改为备案管理，对境外投资一般项目实行备案制；完善事中事后监管制度，提升外商投资全周期监管的科学性、规范性和透明度；加强对外投资服务，对企业提供多元化对外投资服务，进一步探索改进符合先进装备制造业特点的信贷担保方式，拓宽抵押担保物范围，支持"走出去"企业以境外资产和股权、矿权等权益抵押获得贷款，建立配套的矿权评估机构，积极开展先进装备制造业的融资租赁业务，支持企业"走出去"开展绿地投资、并购投资等。二是要通过实施贸易便利化措施、推动货物贸易转型升级、促进服务贸易发展和拓展新型贸易方式，实现辽宁的贸易转型升级：依托电子口岸公共平台建设国际贸易"单一窗口"，实现贸易许可、支付结算、资质登记等平台功能，逐步实现企业通过"单一窗口"一站式办理所有通关手续。同时，将涉及贸易监管的部门逐步纳入"单一窗口"管理平台，进一步优化口岸监管执法流程，探索"一口对外、一次受理和统一反馈"的口岸管理模式，实现由"串联执法"转为"并联执法"。三是开展知识产权综合管理改革试点。快速成立辽宁自贸试验区专利、商标、版权"三合一"统一管理的知识产权综合行政部门，履行专利、商标、版权等知识产权行政管理和保护、重大涉外经济活动的知识产权评议、进口产品知识产权纠纷和滥用行为的调查处理等职责。完善知识产权快速维权机制，新建一批快速维权中心，支持企业开展知识产权海外并购和维权行动。四是建立与国际接轨的争端解决机制，进一步对接国际商事争议解决机制。支持国际知名商事争议解决机构入驻，提高商事纠纷仲裁国际化程度。

5. 以自贸试验区建设为"抓手"，建设东北地区人才高地，推进自主创新，打造完备优质的要素环境

要充分发挥自贸试验区先行先试的优势，加快建设东北地区人才高

地：一是实施更加积极的创新人才引进政策，强化激励，吸引领军科学家、企业家、归国创业人员等高端人才，建设国际化人才特区。二是要加大对海外人才服务力度，推进国际人才进出便利化，实行更加开放的永久居留政策，营造国际化、便利化的人才服务环境，创新人才服务体系。

（六）围绕着体制机制创新高地推进自贸试验区建设

1. 要依托自贸试验区建设全面提升体制机制的国内适应性和国际适应性

应该说，辽宁是较早就开始了经济体制机制改革，但总体效果并不理想。究其原因，其根源在于一是体制机制改革是授命式的改革，如1984年辽宁就被列为全国经济体制机制改革试点城市进行企业破产改革试点。由于是授命式的改革，体制机制改革的主动性不足，再加上受传统体制机制矛盾的严重制约，体制机制改革的步子不大。二是体制机制改革大都局限于局部改革，体制机制改革呈零打碎敲的碎片化状态，缺乏全方位的体制机制创新性改革。而当今世界的经济竞争的实质就是体制机制的竞争。体制机制的优劣决定着一个国家、一个地区的经济效率的高低，决定着一个国家、一个地区的竞争力的大小，也决定着一个国家、一个地区的可持续发展能力的长或短。而体制机制竞争力的来源主要表现在：一是体制机制的国内适应性，即该体制机制能够适应国内生产力发展要求，能够适应国内经济结构调整、市场竞争的要求；二是体制机制的国际适应性，即能够适应瞬息万变国际市场竞争的要求，特别是能够适应全球范围的金融危机、经济危机的冲击，凡是适应程度较高的体制机制，其国际竞争力就强。而自贸试验区建设的首要和核心的使命就是：一是通过全方位的、深度的对外开放，形成对国内体制机制创新性改革的"倒逼机制"；二是通过对国内体制机制创新性改革的先行先试，对国内体制机制创新性改革的国际适应性进行"压力测试"；三是依托自贸试验区的建设，通过对先行先试的成功经验进行复制推广以快速推进国内体制机制创新性改革，从而大力培养和全面提升体制机制的国内适应性和国际适应性。因此，辽宁要依托自贸试验区建设，通过体制机制创新，全面提升体制机制的国内适应性和国际适应性。

2. 要依托自贸试验区的建设，进一步深化混合所有制改革，提升辽宁发展的整体竞争力

要依托自贸试验区开展混合所有制改革试点，探索多种所有制资本优势的互补，相互促进体制机制，完善国有企业治理模式和经营机制。要依托自贸试验区的建设，大力发展和积极引导非公有制经济发展，允许非公有制资本进入基础设施、公用事业以及法律法规没有禁止的其他行业和领域。积极扶持中小企业发展，鼓励同大企业建立密切协作关系。鼓励民间资本参与国有、集体企业改制，盘活国有资产。加大金融对非公有制企业发展的支持力度，建立为民营企业融资提供担保的机制，鼓励民间资本向股份制银行和中小金融机构投资入股，在股票上市、发行债券等方面给予民营企业平等的机会。鼓励个人创业，切实落实国家对下岗失业人员创办个体私营企业在税收、贷款等方面给予的支持政策，以此提升辽宁发展的整体竞争力。

3. 加快对自贸试验区体制机制创新的复制推广工作，进而加速推进辽宁体制机制创新

如前所述，国家实施自贸试验区建设战略的目标指向主要有三个：一是通过自贸试验区的建设，以全方位的、深度的对外开放形成对国内体制机制创新性改革的"倒逼机制"；二是依托自贸试验区的建设，进行体制机制创新性改革的先行先试，以此对体制机制创新性改革的国内外适应性进行"压力测试"；三是对体制机制创新性改革先行先试的成功经验进行复制推广。因此，辽宁要依托自贸试验区的建设，先行先试地快速推进体制机制创新性改革，进而放大体制机制的溢出效应，将体制机制创新性改革先行先试的成功经验在全省进行复制推广，全面提升体制机制的国内外适应性，促进辽宁的全面振兴。

（七）创新自贸试验区与重点园区协同发展机制

1. 政府推动机制的创新

所谓政府推动机制，实际上就是政府为自贸试验区与重点园区的协

同发展营造良好的政策支持环境。从某种意义来说，能否营造出良好的政策支持环境对自贸试验区与重点园区协同发展往往起着决定性的作用。在协同发展的进程中，对策环境的建设与优化，尤其是自贸试验区与重点园区的发展规划及协同发展思路的融合趋同，将会有助于促进自贸试验区与重点园区以资源的同源性、整体性、互补性为基础，以市场需求、环境需求、社会需求为导向，全面提升自贸试验区与重点园区协同发展的融合度，即自贸试验区与重点园区的协同发展需要具备良好的政策支持环境，没有良好的政策支持环境，协同发展就缺乏必要的导向力和有效的约束力，其内部动力的发挥也将受到制约。因此，为了营造良好的自贸试验区与重点园区协同发展的政策支持环境，需要政府有关部门制定相应的政策予以推动。例如，推出推动自贸试验区与重点园区协同发展一系列金融政策、税收政策、就业政策、人才政策等，特别是要在辽宁全面振兴的战略指导下创造性地将上述政策重新定位，以差异性和资源共享性为规划目标，强化自贸试验区与重点园区协同发展的系统规划，以提高自贸试验区与重点园区协同发展的效率。

2. 要推动市场与政府合力机制的创新

在自贸试验区与重点园区协同发展的进程中，市场机制对自贸试验区与重点园区的发展和经济资源的优化配置起着重要的基础性作用，完善的市场机制可以促进自贸试验区与重点园区的协同发展，反过来，二者的协同发展又有利于完善市场机制。在竞争机制、利益机制的作用下，协同发展各方共同的利益追求，有利于形成"风险共担，利益共享"的推进机制。而政府对协同发展进程中的市场机制的发育、市场体系的健全、市场规则的完善以及对市场环境的优化起着重要的建设性作用，即自贸试验区与重点园区协同发展的推动力量主要来自"看不见的手"（市场机制）和"看得见的手"（政府推动机制）的合力推动。

3. 要推动利益共享平衡机制的创新

由于自贸试验区与各重点园区是各自相对独立的，各自承担不同使命、任务的行政实体、经济实体，有着各自的"利益或政绩的诉求"，因此，在推进自贸试验区与重点园区协同发展的过程中，利益共享平衡机制是其重要推动机制。而利益共享平衡机制主要是通过政策协调、经济协商等机制来实现。通过政策进行协调是必不可少的、最有力度的、见效最快的一种途径。对于自贸试验区与重点园区之间的协同发展，应通过相应的优惠政策，对其中存在的利益平衡进行调节，推动自贸试验区与各重点园区建立长期的协同发展关系；通过经济协商使自贸试验区与各重点园区在推进协同发展的过程中获得大致公平的收益。由于自贸试验区与重点园区之间协同发展刚刚起步，经验缺乏，因此，自贸试验区与重点园区各方必须坚持"互惠互利""互利共兴""利益共享平衡"原则，创造性地探索自贸试验区与重点园区在产业转移、人才、教育、医疗、技术等多方面的利益共享与利益分配的长效机制，要加强自贸试验区与重点园区制度机制的"软联通"，促进自贸试验区与重点园区之间政通、人通、商通、财通，实现人流、物流、资金流、信息流等各类要素高效便捷流动，打造协同发展的责任共同体、利益共同体。

4. 推动发展空间共享机制的创新

制定相关政策，根据充分发挥比较优势的原则，一方面，鼓励协同区引导企业或机构将其研发设计、贸易出口、财务管理等外向度较高、智力密集型环节相对独立出来，到自贸试验区设立分公司或子公司，充分分享自贸试验区复制推广、先行先试改革带来的红利；另一方面，对在自贸试验区注册新设立企业和机构，但自贸试验区内空间满足不了该企业和机构发展需求的，可由自贸试验区主导向协同区推荐，充分利用协同区的空间优势，异地投资建厂，实现自贸试验区与协同区发展空间的共享。

5. 产业协同推进机制的创新

鼓励自贸试验区与协同区全面对接产业规划，寻找彼此在产业错位发展、竞相发展的合作契机，以达到既充分发挥自贸试验区与各协同区的产业优势，又能够快速实现相关产业的集聚效应和规模效应，使之成为产业协同发展的标杆区，沈阳产业转型升级的先导区、示范区。

（八）自贸试验区建设要深度融入和服务"一带一路"建设

推进"一带一路"建设是我国推进新时代全面开放的总方略和总抓手。辽宁自贸试验区建设要深度融入和服务"一带一路"建设：要在深度融入和服务国家"一带一路"建设的基础上，要依托自贸试验区深度融入和服务辽宁打造"一带一路"综合试验区，精耕细作辽宁"一带一路"升级版的大开放战略中去。以深度融入和服务"一带一路"建设引领辽宁的全面开放、促进全面振兴，推动改革再深化、开放再扩大、创新再强化、人才再优化，加快推进"一带五基地"建设，深入实施"五大区域发展战略"，加快国际产能合作，打造多层次高能级开放平台，强化绿色丝路、文明丝路建设，全面优化营商环境，增强国际经济合作与竞争新优势，聚焦东北亚国际合作，构建东北亚开放大门户，完善高水平开放型现代经济体系，实现高质量发展，为深度融入和服务"一带一路"建设做出辽宁贡献。

（九）以建设中国特色自由贸易港为方向全面提升辽宁自贸试验区的建设质量

习近平总书记在党的十九大报告中明确指出，要"赋予自贸试验区更大改革自主权，探索建设自由贸易港"。① 自由贸易港的建设将会有力促进辽宁进一步解放思想，推动发展理念的根本性、创造性转变；将会为辽宁的新一轮全面振兴提供强有力的体制机制支持；将会有力地弥补辽宁对外开放合作的"短板"；将会为辽宁打造一流的法制化、国际化营商环境提供强大动力；将会实现国家对辽宁发展倾斜政策叠加效应的倍增。因此，探索建设中国特色的自由贸易港既是辽宁自贸试验区建设新的奋斗方向，更是辽宁新一轮全面振兴全方位振兴新的重大机遇，

---

① 习近平：《决胜全面建成小康社会夺取新时代中国特色社会主义伟大胜利——在中国共产党第十九次全国代表大会上的报告》，人民出版社 2017 年版。

对此必须予以高度重视，要以建设中国特色自由贸易港为方向进一步提升辽宁自贸试验区的建设质量。

1. 分阶段有步骤地推动自由贸易港建设

（1）启动阶段：应以"做市场、聚人气"为核心：一是快速提升自贸试验区建设的能级，为建设自由贸易港奠定强有力的物质基础。二是要在提升自贸试验区建设能级的基础上，重点探索关税免除政策之外的关务、行政、投资、贸易、金融制度的深化改革，形成一线监管全面开放、二线监管效率提升、区内投资贸易自由的国际性自由贸易港通行制度，为自由贸易港建设提供市场基础和制度引导。

（2）发展阶段：应以"做产业、接地气"为核心：在启动建设的基础上，一是要加强自由贸易港基础设施建设，全面推进自由贸易港主体建设。二是要重点探索自由贸易港为核心的新型产业结构构建。三是要重点围绕人才、资金、技术等生产要素自由流动，探索面向东北腹地和东北亚国际区域的自由开放体制。通过在该阶段的"做产业、接地气"，使自由贸易港成为大力发展先进制造业的强大驱动力，使辽宁先进制造业真正成为重要支柱。

（3）拓展阶段：应以"强聚集、增辐射"为核心：在前两个阶段建设的基础上，以"强聚集、增辐射"为核心，进一步拓展规划自由贸易港周边产业布局，构建自由贸易港产业功能拓展区，进一步增强自由贸易港对辽宁乃至整个东北地区经济社会发展的辐射效应。通过在该阶段的"强聚集、增辐射"，使自由贸易港成为进一步提升辽宁经济聚集能力、增强辐射效应的强大引擎。

2. 明确自由贸易港建设的主要任务

辽宁自由贸易港的建设可谓前无古人的事业，辽宁省应积极借鉴国内外自由贸易港的建设经验，在主动对标世界自由贸易港最高水平的基础上，依托辽宁自贸试验区，根据辽宁的实际情况加以借鉴创新。

（1）要充分发挥辽宁片区先行先试的优势，以加快推进政府职能转变，为辽宁自由贸易港建设提供体制机制支持。要依托辽宁自贸试验区，快速推进"清单式"简政放权，即快速推出"行政权力清单"，真正落实权责一致的原则；快速推出"政府部门责任清单"，明确部门履职范围，理顺职责关系，清晰责任边界；快速推出"政务服务清单"，推进管理型政府向服务型政府转变，即要进一步推动政府职能的优化，进一步简政放权，实现高效管理，将政府职能限定在尽可能小的范围内，给市场经济以充分的自由，为辽宁自由贸易港建设提供体制机制支持。

（2）要全面推进贸易便利化、自由化，以此推动辽宁国际贸易转型升级，为辽宁自由贸易港建设提供物质支持。如对进出口商品的种类、价格和数量基本不设管制；管制类商品极少，清单一目了然；报关仅仅是备案性质，不需要海关批准；大多数商品可以豁免报关；依托电子口岸公共平台建设国际贸易"单一窗口"，实现贸易许可、支付结算、资质登记等平台功能，逐步实现企业通过"单一窗口"一站式办理所有通关手续。

（3）要进一步推动投资便利化、自由化，为辽宁自由贸易港建设提供资本支持。要积极实施准入前国民待遇，对外来及本地投资者一视同仁；实行开放的外资政策，除少数行业外，绝大多数行业外资可以自由进出；在推进推动投资便利化的基础上，进一步推进投资自由化，即推进资金进出自由、离岸金融业务广泛开展等便利化、自由化。

（4）要进一步放宽自然人移动的自由，为辽宁自由贸易港建设提供人才支持。要依托辽宁自贸试验区实施更加积极的创新人才引进政策，强化激励，吸引领军科学家、企业家、归国创业人员等高端人才，建设国际化人才特区；加大对海外人才服务力度；推进国际人才进出便利化；实行更加开放的永久居留政策；营造国际化、便利化的人才服务环境；创新人才服务体系；等等。

（5）要积极争取税负改革授权，为辽宁自由贸易港建设提供优良的税负环境。如前所述，世界典型的自由贸易港都竭力地在降低税负、营造优良的税负环境上做文章。因此，辽宁自由贸易港的建设也应高度关注此问题，力争做到：除少数货物以外，绝大多数货物无关税，无增值税；个人和企业所得税税制简单，税负较低。

（6）建立与国际接轨的争端解决机制，为辽宁自由贸易港建设提供优良的法制环境。要进一步对接国际商事争议解决机制。支持国际知名商事争议解决机构入驻，提高商事纠纷仲裁国际化程度。同时，要进一步优化口岸监管执法流程，探索"一口对外、一次受理和统一反馈"的口岸管理模式，实现由"串联执法"转为"并联执法"。

3. 推进自由贸易港建设政策支持体系的创新与突破

（1）海关管理政策的创新与突破：海关管理体制与政策应采取结构化放开、渐进性推进的形式，形成"一线充分放开、二线有效管住、区内自由开放"的境内关外管理政策与管理模式。

（2）投资自由化政策的创新与突破：探索进一步放开负面清单以外领域事中事后监管和低税费的投资环境；探索在东北制造业高端发展、面向东北亚开放合作等重点领域在"负面清单"外的定向突破。

（3）贸易自由化政策的创新与突破：自由贸易港在贸易自由化政策上要对标国际自由贸易港规则，高标准推进区内国内外自由贸易。

（4）金融制度开放创新政策的创新与突破：一方面要利用沪连合作框架，对标国内金融改革开放前沿的上海经验，争取相关开放措施尽快复制落地；另一方面要结合东北地区需求和沈阳的金融资源，积极参与国家金融改革开放试验；尽快实现自由贸易账户在自由贸易港落地；进一步放宽企业享受政策准入门槛和资本项目可兑换限额；建立离岸金融平台，推进离岸金融业务；扩展离岸人民币结算业务。

（5）其他支持与保障性政策的创新与突破：财税金融支持政策的创新与突破；人员流动管理政策的创新与突破等。

4. 完善自由贸易港建设的保障措施

（1）加强组织保障。积极建设辽宁自由贸易港是当前辽宁高起点开局、高标准建设自由贸易试验片区的重大制度创新举措。政策体系要求在投资、贸易、金融、财税等多个领域实现突破，需要与国家发改委、商务部、中国人民银行、证监会、银保监会、财政部、国家税务总局、海关总署、公安部等多个部委协调沟通。因此，建议由辽宁主要领导担任组长，举全省之力积极向上级和中央争取支持。

（2）加强要素保障。要在政策、用地、资金、税收、人才、法制等方面给予最大限度的创新授权保障：政策创新授权保障。整合要素资源，建立完善辽宁自由贸易港建设稳定、持续的政策支撑机制，确保土地、资金等要素资源向辽宁自由贸易港建设倾斜；整合行政资源，全力争取上级政策支持，给予国内外项目同等政策，制定税费、融资等方面的扶持政策；整合金融资源，探索与金融机构设立引导基金，鼓励和支持社会资本投资参与辽宁自由贸易港建设。用地授权保障。严格执行项目准入制度，在节约利用土地、提高效率和效益的基础上，预先做好土地利用规划调整，优先安排新增建设用地指标、规模指标和占补平衡指标，着力加强土地有效供应。资金保障。规范项目资金监管，政府严把投资项目决策关、造价关和决算关，节省节约财政资金。深化与社会资本合作，创新 PPP 模式运作，创新投融资手段，充分发挥产业引导基金作用，设立辽宁自由贸易港建设产业子基金，拓展投融资渠道。税收保障。在辽宁自由贸易港实施相关配套税收政策，在符合税制改革方向和国际惯例，以及不导致利润转移和税基侵蚀前提下，积极研究完善适应境外股权投资和离岸业务发展的税收政策，实施促进投资、促进贸易的税收政策。人才保障。强化辽宁自由贸易港建设的人才支撑，依托辽宁自由贸易港教育、科研产业集聚优势，大力培育、引进高端人才，进一步加强高端人才资源平台建设。加大人才资源开发力度，制定辽宁自由贸易港人才引进优惠政策，健全人才资源开发、培养、使用的体制机制，实现人才"引进来、留得住、用得好"。法制保障。加快形成符合辽宁自由贸易港发展需要的高标准投资和贸易规则体系，针对试点内容，需要停止实施有关行政法规和国务院文件的部分规定的，按规定程序办理。辽宁省通过地方立法，制定辽宁自由贸易港管理条例，各有关部门要支持辽宁自由贸易港在扩大投资领域开放、实施负面清单管理模式、创新投资管理体制等方面开展改革试点，及时解决试点过程中的制度保障问题。

5. 要高度重视自由贸易港建设的相关协调、研究与宣传工作

首先，建设自由贸易港的竞争已在全国展开且正呈白热化状态，辽宁建设自由贸易港面临着巨大的竞争压力。辽宁要顺利进行自由贸易港建设，必须要进行合理、有效的协调工作。辽宁自由贸易港的建设涉及与国家发改委、商务部、中国人民银行、证监会、银保监会、财政部、国家税务总局、海关总署、公安部等多个部委进行协调沟通的系统工程。如何做好这一系统工程，需要深入的科学研究，进行合理的分工，以高效地推进辽宁自由贸易港的建设工作。其次，辽宁自由贸易港的建设工作也是一项需要全方位地深化相关理论与实践经验研究的工作，特别是需要研究制订科学合理、切实可行的自由贸易港申报工作方案，应组织强有力的研究力量对辽宁自由贸易港建设工作所涉及的法律法规、管理体制、税收政策、外汇管理、人员出入、货物监管和检验等相关法律法规、政策进行系统而深入的研究。最后，还要对辽宁自由贸易港建设工作做必要的宣传和动员工作，以此齐心协力地推进辽宁自由贸易港的建设工作。

第三节 促进外商投资打造对外开放新前沿

一、东北地区促进外商投资打造对外开放新前沿的战略意义

外商投资不仅能够带动资本、劳动力投入扩张，而且能够推动技术进步和经济结构升级，倒逼改革和经济制度变迁，从而推动国民经济发展。习近平总书记在东北考察时，强调新时代东北振兴是全面振兴、全方位振兴，要从统筹推进"五位一体"总体布局、协调推进"四个全面"战略布局的角度去把握，重塑环境、重振雄风，形成对国家重大战

略的坚强支撑。① 这既为东北地区扩大开放指明了前进方向，也对东北地区打造对外开放新前沿提出了更高要求。

新时期是东北地区全面深化改革，全方位扩大开放合作，构建开放型经济新体制，加速全面振兴的重要时期。目前，世界多极化、经济全球化、文化多样化、社会信息化深入发展，新的世界格局正在逐步形成。东北地区作为"一带一路"、中蒙俄经济走廊、东北亚区域合作、环渤海地区合作重要节点，面临着国际、国内形势的发展变化，这些都迫切要求东北地区深度调整经济结构，全面推进各项改革，进一步打造对外开放新前沿。因此，东北地区应在我国构建开放型经济新体制总体布局的基础上，以战略眼光、全球视野谋划对外开放，以扎实举措加快补齐开放合作短板，以促进外商投资作为重大历史机遇，以推动新一轮东北老工业基地全面振兴的重大战略为抓手，从东北地区的实际出发，积极探索东北地区打造对外开放新前沿的思路与路径。

（一）有助于打造开放型经济的"新窗口"

在"一带一路"背景下，促进东北地区外商投资，有助于提升东北地区对外开放功能，健全对外贸易机制，营造与沿线国家和谐友好的经济合作与贸易关系；有助于东北地区培植新兴的市场要素，挖掘经济发展潜力，促进开放型经济增长，有助于将东北地区打造成开放型经济"新窗口"。

（二）有助于形成东北地区经济增长的"新引擎"

新形势下东北地区作为"一带一路"倡议中向北开放的重要窗口，对国家总体对外开放格局构建具有重大的支撑意义。因此，以投资促改革，实现高水平开放，是东北老工业基地全面振兴的发展机遇，是东北地区参与东北亚区域经济合作进一步深化的有效抓手，也是形成国家全

---

① 《实现新时代东北全面振兴——解读习近平总书记在深入推进东北振兴座谈会上的重要讲话》，新华网，http://www.xinhuanet.com/politics/2018-09/29/c_1123505669.htm。

方位对外开放新格局的时代新要求。在"一带一路"的框架下，促进东北地区外商投资，找到国际经济合作的最佳契合点，再进行产业体系的构建和外贸投资市场的驱动，将有助于培育东北地区经济增长的优势因素，加强中国与东北亚地区的商贸对接，从而带动东北地区经济的全面振兴。

（三）有助于东北地区深度融入"一带一路"倡议

东北地区作为参与"一带一路"倡议建设的重要地区，促进外商投资，将促进"一带一路"与自贸区这两大国家战略相结合，从而获得更多的自然资源、市场资源、政策资源，打开进一步对外开放合作的空间，发现和探索新的合作路径，有助于东北地区以"一带一路"为契机，快速实现开放型经济的转型升级，进而形成开放与改革互动融合发展的新格局。

（四）有助于东北地区形成"产贸并举"的发展新格局

促进外商投资，有助于完善外商直接投资的政策和规则，以发挥其促进创新的功能，推动经济结构升级和协调发展，带动国民经济绿色、可持续发展。同时外商直接投资不仅能够带动资本、劳动力投入扩张，而且有利于促进企业更多镶入全球价值链中高端环节，引进新的技术、管理方法和商业模式，进而推动东北地区战略性新兴产业、都市型现代服务业发展，促进三次产业联动发展，推进东北地区加速形成战略性新兴产业与传统制造业并驾齐驱、现代服务业和传统服务业相互促进、信息化和工业化深度融合、军民融合发展的产业结构新格局。

（五）有助于提高东北地区引资质量水平

促进外商投资，有助于提高利用外资综合优势和总体效益，推动引资、引技、引智有机结合，完善外商投资环境和监管服务体系，引进先进产业，合理引导外资产业转移。有助于进一步放宽外资的限制，提高投资自由化程度，调整外资结构，形成以品牌、技术、服务、质量为核心的竞争新优势，拓展外商投资的市场空间，推进利用外资结构的优化升级，同时，将推动精简投资项目管理等环节，推进服务行业的发展与开放，扩大生活性和生产性服务业开放的深度和广度，加强服务业国际交流与合作。

（六）为东北地区实现高质量发展提供新动能

促进东北地区外商投资，有利于以更大的格局、更宽的视野，深化改革创新，优化体制机制，推动经济发展质量变革、效率变革、动力变革，有利于以高标准改革开放倒逼转型升级，加快培育新动能、新供给、新增长点，实现高水平开放推动高质量发展的良性循环。

（七）有助于推动东北亚经济合作，提高中国在东北亚地区的国际影响力

东北地区在地理方位上具有与蒙、俄、韩、日等东北亚国家开展经贸合作的地缘优势，是全国参与东北亚区域经济合作的战略所在。随着"一带一路"建设的国际影响力不断扩大，促进外商投资有利于延伸放大东北地区作为东北亚开放大门户的功能，内承国内开放需求，外联东北亚合作要素，打造国内各地区参与东北亚国际合作的前沿支撑点和高品质服务平台，与国内各地区、东北亚国家实现互利共赢。发挥中国在东北亚区域经济合作中的龙头作用，提高中国在东北亚地区合作中的主动权及国际影响力，部署东北亚地缘政治战略的平衡点，更好维护中国在东北亚地区的地缘政治利益和国家安全。

因此，东北地区应以战略眼光、全球视野谋划对外开放，以进一步深化"一带一路"合作为重点，以促进外商投资为核心，以扎实举措加快补齐开放合作短板，实现内外联动、陆海统筹的对外开放新格局，建设开放合作高地，引领东北全面振兴。这对于东北地区充分利用国内外两个市场、两种资源，推动对内对外开放相互促进，"引进来"和"走出去"更好结合，以开放促改革、促发展、促创新具有重要意义。

二、东北地区促进外商投资打造对外开放新前沿的基础与优势

东北三省是中国参与东北亚区域合作的核心区域和对外开放的重要引擎。东北地区拥有促进外商投资，扩大开放领域，打造对外开放新前沿的基础与动力。

(一) 交通区位优势

东北地区位居东北亚的地理几何中心，与俄、日、韩、蒙等国有着开展经济合作的天然区位优势。以地理位置为基础，辽宁省是东北地区唯一既沿海又沿边的省份，恰好处于东北亚、中蒙俄经济走廊的重要节点，坐拥绵长海岸线及四个出海港口，是欧亚大陆通往太平洋的重要枢纽，是东北亚经济圈的中心区域，已形成集公路、铁路、航空为一体的立体化交通网络，辽宁所处的环渤海和辐射东北亚的区位优势，能将老工业基地与东北亚和欧洲经济圈紧密地联系在一起。吉林省地处长吉图先导区核心腹地，是哈大经济带和中蒙俄经济走廊重要节点，已初步形成海陆空立体化交通网络，构建向西、向北、向南"三大通道"，与东北其他地区、京津冀及东北亚周边国家人员货物往来便利，具有融入世界经济发展大格局的区位交通优势。黑龙江省东部、北部与俄罗斯接壤，省内有 25 个中俄边境通商口岸。在"一带一路"倡议背景下，黑龙江省不断完善黑龙江省对俄铁路通道和区域铁路网，推进黑龙江与俄远东地区陆海联运合作，已经成为我国向北开放的重要窗口。

东北地区得天独厚的地理优势与四通八达的立体式交通网络，已形成跨区域的联动机制，促进东北地区乃至全国资金、人才、资源等要素自由流动和有效集聚。

(二) 产业基础

东北三省是现代服务业与传统制造业融合发展的重要地区，已形成

以先进制造业、现代农业、现代服务业为重点的创新型产业体系。传统产业以装备制造业为主导，有着雄厚的工业基础，一直是我国重要的石油化工、汽车、冶金、船舶和飞机制造基地，工业门类齐全，机床、机器人、航天航空、汽车、造船、装备制造等领域在全国拥有优势，有较为系统的产业体系。特别是辽宁省的装备制造业体系完备，产品覆盖装备制造业的多个领域，是中国装备制造业的基础和骨干，在国家重点支持发展的 16 个装备制造业领域中，大型石化装备、大型盾构机、特高压输变电装备、数控机床等 10 个行业在全国占有重要地位。装备制造企业在重大技术装备制造和成套设备方面代表国家先进水平，拥有一大批国内同行业的排头兵企业，在全球产业结构加速调整的大背景下，国际产能合作迎来前所未有的机遇。

同时，东北三省以金融、物流、商务会展为代表的服务业发展势头良好，积极引进外资金融机构，扩大金融、保险、贸易等服务业，为外商投资提供广阔的市场空间，获准开展跨境人民币创新业务试点；沈阳国际物流港跻身首批国家级示范物流园区行列，东北物流中心地位不断显现；东北区域会展中心地位逐步形成。东北地区雄厚的产业基础，有利于打造全球高端制造业和高端服务业聚集区，推动东北地区深度融入全球价值链，实现价值链跃升。

（三）对外合作基础

东北地区作为中国对外开放与交流的重要门户，双向投资迅速增长，利用外资结构不断优化，新签境外投资协议额以及实际利用外商直接投资额呈上升趋势。对外投资合作进一步深化，沈阳中德装备园与德国工业 4.0 联盟全面开展合作；东北三省与韩、日、蒙、俄广泛合作，成为推动地方城市间合作的中方重点省份，是跨国公司投资密集地区之一。

同时，东北地区承载外商投资的功能完善任务。大连市是我国第一批沿海开放城市，有国家级经济技术开发区和东北唯一的保税港区和出口加工区；营口港是东北经济区进出口货物最经济的优选运输链；锦州港是我国通向东北亚地区最便捷的出海口，对于沟通我国南北货物周转起着非常重要的作用。吉林远达大街、北湖大桥等重要交通节点全部打开；东北亚黄金纽带文化产业园正式开园；空港开发区城市建设、地下综合管廊、空港地铁线加快推进，实现外联内通，区域发展环境将不断优化。东北地区的对外合作基础对于加强与各国的投资合作，夯实合作，推进东北地区培育开放型经济新优势，建立统一开放、有序竞争的国际市场体系具有重要的意义。

（四）创新动能优势

东北地区是科技创新的前沿要地，科研优势突出，创新体系日益完善，具有较高的科技水平和广阔的发展空间。科技创新体系逐步完善，拥有各级产业技术创新战略联盟、国家级技术（研发）中心、重点（工程）实验室及国家级创新平台。科技创新平台作用日益显现，沈阳是国家全面创新改革试验区，成功入选国家首批小微企业创业创新基地示范城市，拥有国家高新技术开发区、国家自主创新示范区、国家"双创"示范基地等重要平台。

东北三省的教育体系较为完善，聚集了多所高校、科研院所、国家创新人才培养示范基地，搭建起光电子、新材料、新能源、生物医药、生态农业等专业技术平台和政务、信息、金融、人才等公共服务平台，有助于促进外资企业的本地化进程和中长期投资发展。

东北地区创新动能强劲，充分整合集聚全球创新资源，将引领和支撑东北地区乃至全国科技创新实力迈向更高水平，促进产业转型升级，实现产业发展新旧动能转换，推动"中国制造"向"中国创造"转变。

（五）政策叠加优势

东北三省是多重政策叠加汇聚地区，为东北老工业基地的发展奠定了坚实的体制机制创新基础。国家授权辽宁省沈阳市进行综合改革，开展国家新型工业化综合配套改革以及全面创新改革试验，授权沈阳开展专项改革试验，相继获批开展优化金融生态试验、国家自主创新示范区、国家战略性新兴产业集聚区试点、国家服务业综合改革试点、国家通航产业综合示范区等；鼓励沈阳融入国家发展战略，沈阳经济区已成为辽宁省重大区域发展战略之一；支持沈阳重点地域加速发展，先后批准设立国家航空高技术产业基地、保税区以及自贸试验区等。辽宁享有自由贸易试验区、国家全面创新改革试验区、国家自主创新示范区、国家高新技术产业开发区、国家产城融合示范区"五区"叠加的政策优势。吉林省关于中国（长春）跨境电子商务综合试验区获国务院批复，珲春综合保税区、集安公路口岸通过国家验收；珲春—扎鲁比诺港—宁波舟山港运输航线运行；长客公司国家轨道客车系统集成工程技术研究中心建成，使得吉林省的对外开放合作享有多重政策支持。黑龙江省则主动对接"一带一路"，积极参与"中蒙俄经济走廊"建设，落实"五头五尾"重点产业项目，支持哈尔滨新区改革发展，整合省市资源向新区倾斜，承办中俄地方合作交流年系列活动，举办中俄地方合作理事会中方成员和双方成员会议，积极构建"一江居中、南北互动、两岸繁荣"发展格局。

三、东北地区促进外商投资打造对外开放新前沿取得的成绩与不足

（一）东北地区促进外商投资打造对外开放新前沿取得的成绩

1. 东北地区利用外资水平不断提升

东北地区作为"一带一路"、中蒙俄经济走廊、东北亚区域合作、环渤海地区合作重要节点，面对当前经济发展结构的调整，东北地区正进一步打造对外开放新前沿。从利用外资总额方面来看，东北三省利用外资总额呈现出不断增长趋势。截至 2019 年 9 月，辽宁省实际利用外资 26.9 亿美元，2019 年前三季度实际利用外资额较 2018 年辽宁省全年利用外资总额 23.8 亿美元高出 3.1 亿美元；截至 2019 年 11 月，吉林

省实际利用外资金额共 5.34 亿美元，同比增长 21.2%；2019 年全年黑龙江省利用外资总额 5.4 亿美元，同比增长 15.6%，高出了预期全年目标的 10.6%。根据 2019 年东北三省利用外资总额数据可以看到，东北三省利用外资总额在逐年增加，体现出东北三省依旧在不断积极吸引外商投资，带动东北经济发展；从年增长率来看，吉林省 2019 年利用外资增长率达到了 21.2%，在全国利用外资增速排名中居第 8 位，其增速高于全国 18.3 个百分点，说明 2019 年吉林省利用外资金额在快速提升，东北三省吸引外商投资的优势不断显现。

2. 东北地区营商环境整体改观

东北地区外商投资总额不断增加，主要是由于东北地区各主要城市具有一定的比较优势，吸引外资企业来东北地区进行投资经营。东北地区在自身一定的优势基础上，摒弃了往常招商引资中降地价、给奖补等治标措施，辽宁省、吉林省和黑龙江省从地区投资环境出发，相继出台相关政策及规定，不断优化东北地区营商环境，进一步解决阻碍地区经济发展的深层次问题。东北三省出台了各自省区的优化营商环境条例，保障营商环境向好发展，取得了一定的成绩：在简政放权方面，辽宁省政府不断调整、取消行政职权，分别通过 9 批次共取消 1077 项，开展"办事难"专项整治、网上办理等措施，不断简化企业办事流程，提高办事效率；吉林省政务服务和数字化建设管理局政务大厅推进"一窗受理、集成服务"改革，提高了企业办事效率；吉林省加强投资审批改革，通过登录"吉林省投资项目在线审批监管平台"，就可以申请办理项目备案，实现了线上审批，让数据跑起来；黑龙江省在国外允许下放权限内将外商投资项目管理权限、外汇管理权限下放，实行属地化备案管理，既实现了对项目的监督与管理，同时简化了行政审批手续，提高了工作效率。在项目管理方面，辽宁省政府加强外资项目管理制度，确保外商投资项目不仅要确定发展意向，更要保障项目顺利实现落地；不断创新管理机制，对重大项目实行领导包保机制，由各级领导干部监督、推进，并建立重点项目建设联席会议机制，对项目实施过程中遇到的问题进行解决，落实责任，积极保障了项目进一步工作进展。支持外商投资企业技术创新、商业模式创新，鼓励加强企业人才引进。在评价体系方面，辽宁省采取行政机关和第三方机构合作的工作方式，对包括近百项指标构建评价指标体系，不断优化、评估辽宁省各市的营商环境，保障省内营商环境建设持续发展。

3. 东北地区对外开放程度不断深化

2016 年辽宁省获批中国（辽宁）自由贸易试验区，2019 年黑龙江省获批中国（黑龙江）自由贸易试验区，吉林省也在积极申报自由贸易试验区，并多次到辽宁、黑龙江借鉴成功经验等。辽宁作为东北三省首先申请到自贸区的省份，在自贸区建设方面取得了一定的成绩，不断深化了辽宁乃至东北地区的对外经济合作，推动了对外贸易的快速发展，积极吸引外商进行投资，成了东北振兴发展的加速器。

辽宁自由贸易试验区大连片区承担了东北地区 90% 以上的外贸集装箱运输功能，持续对投资管理体制进行改革，不断推进金融领域的开放创新，通过近年来系列创新制度的颁布与实施，如外商投资准入清单从正面清单到负面清单的转变，由 190 余条的负面清单缩减至目前的 40 余条，准入清单"由正转负"，负面清单数量大量减少，市场准入不断扩大且不新增限制等措施都大力激发了国外投资者的投资热情，也提供了足够大的投资自由度，增强了外商对辽宁省的投资信心。中国（黑龙江）自由贸易试验区获批后，针对园区发展黑龙江省严格执行规划标准，哈尔滨片区、黑河片区和绥芬河片区通过功能划分，实现区域协同发展，打造全方位的支持黑龙江省经济振兴的增长极。黑龙江省将借鉴全国及辽宁自贸试验区发展经验，进一步深化投资领域改革，不断通过深入推进投资自由贸易便利化、不断改革和完善投资促进和投资保护机制，加速提高黑龙江省乃至东北地区的外商投资合作水平。综合保税区是我国开放型经济发展的重要平台，吉林省综合保税区提高了吉林省对外开放水平，提升了吉林省吸引外资能力，对吉林省的经济发展起到了重要作用。截至 2019 年，吉林省综合保税区目前包括长春兴隆综合保税区和珲春综合保税区，长春兴隆综合保税区通过创新监管模式，提升了吉林省对外开放水平，为吉林省进一步申报建设自由贸易试验区提供了强有力的发展基础。

4. 东北地区外商投资大项目和高新技术产业项目逐渐增多

辽宁省外商投资大项目和高新技术项目逐渐增多，2019 年辽宁新设立外商投资企业达到 460 家，较 2018 年同比增长 19.5%，辽宁盘锦辽东湾新区与英国威格斯公司及兴福化工有限公司签订投资合作协议，吸引投资 4300 万英镑，主要应用领域包括航空航天、医疗器械和工业等。以投资项目为代表的外商投资项目主要作用是能够延长辽宁省化工产业链，进一步加速辽宁省产业结构转型升级，为辽宁省经济发展注入强劲的动力。

吉林省外商投资增长主要来源于两个方面：一方面是外商投资企业资本金有所增加；另一方面是允许中资企业从境外融入资金。企业增资与绿地投资不同，企业增资能够在原有投资基础上持续进行投资，说明外商对于吉林发展不仅充满信心，更对吉林省的投资环境十分满意。2019 年，吉林省利用外资和招商引资增长均超过 20%，其中当年新签约项目到位资金 1684.6 亿元，增长 41.4%。

黑龙江省坚持以高质量项目支撑高质量发展的原则，作为中国北大门，积极利用区位优势，加快完成中俄东线天然气管道工程北段，开辟重大项目绿色通道，推动了项目能够如期完工。中国哈尔滨—乌克兰联合创新合作平台建立，主要包括航空航天、船舶海洋、材料科学、能源环保、电子机械、医疗健康和农业食品 7 个板块，通过培养人才等方式促进外商投资。

5. 东北地区招商活动节约高效

吸引外商投资是东北三省加快东北振兴的重要发展途径之一，能够对经济全方位发展具有一定的带动效应。东北三省在吸引外资方面不断加大招商引资力度，吸引大量海外资金投资东北地区经济建设。

辽宁不断开展双向经贸合作推介会，与韩国忠清南道签署"全面合作框架协议"，其政府和企业共组成了 90 余人代表团到辽宁省进行访问及考察辽宁省投资环境，并获得一致好评；在日本东京成功举办辽宁省石化产业推介洽谈会，吸引了 180 余家日本企业的广泛关注，并实现了进一步对接洽谈,且达成相关领域的合作与共识。在举办"走出去"招商引资活动的同时,辽宁省积极实现"请进来"的招商引资活动,2019年11月在上海辽宁省政府举行了东北亚经贸合作说明会,吸引了来自俄罗斯、日本、韩国、蒙古国等东北亚地区国家政府、商贸机构及世界500强企业等200余名代表进行沟通与交流,并在现场实现进一步对接交流,辽宁省招商引资由被动等待外商投资,到"走出去"展示辽宁省的投资环境,吸引外商进行投资的同时,积极开展"请进来"招商活动,进一步吸引了外商了解辽宁、认识辽宁、留在辽宁。

吉林省加快推进"两带"规划的实施,即沿边开发开放经济带和沿中蒙俄开发开放经济带,以此为新时期对外开放的重要抓手,着力吸引外商投资。2019年东北亚贸易便利化国际研讨会在长春召开,关于区域投资便利化、跨境投资等问题进行深入研讨,并针对吉林省的发展提出相应的对策建议,其中大力宣传吉林省优质投资环境,为吉林省未来展开招商活动提供理论依据及实践指导。吉林省举办第十二届中国—东北亚博览会,国内外政府代表参会,共109个国家和地区的3万余名客商参会。吉林省政府及各市分别与相关国家地方政府、商贸组织等签署合作协议或备忘录20余项,推进了吉林省的对外开放水平,促进双边合作和多方合作。博览会期间签约一大批重大项目,从引资额度角度来看,有2个50亿元以上项目,15个10亿~50亿元项目,12个5亿~10亿元项目,49个1亿~5亿元项目,15个亿元以下项目,累计合同引资额约为555.84亿元。

黑龙江省加强了招商引资队伍,由相关领导组成各组招商分队,有针对性、有规划进行招商引资,创建了"目标+考核"机制并逐步落实,打造更加精准、高效的招商工作机制。黑龙江省举办第六届中俄博览会暨第三十届哈洽会,其中商务活动25项、达成意向合作300余项;举办第二届进博会经贸采购和招商活动,共765家企业参加展洽交易,累计意向成交额10.3亿美元。黑龙江构建园区招商平台,支撑外商投资工作,外商投资氛围逐步形成。

（二）东北地区促进外商投资打造对外开放新前沿仍存在的不足

1. 外商投资总量较低

东北三省近几年投资总额与之前相比呈上涨趋势，但从全国总量角度来看，东北三省吸引外商投资总额依旧较少，截至2019年9月，我国实际利用外资6832.1亿元，东北三省实际利用外资总额为263.48亿元（其中吉林省和黑龙江省实际利用外资总额为2019年全年计算），东北三省实际利用外资金额占我国实际利用外资总额的3.86%，可见东北三省外商投资总量过低。东北地区是全国的重工业基地，改革开放后东北老工业基地遗留问题和转型发展等问题没有很好的改善，抑制了东北地区的发展，东北地区在老工业基地定位下发展缓慢，因此东北地区要不断改善投资环境，利用区位及特色优势，积极开展招商引资活动，吸引外商投资兴趣，进一步带动东北老工业基地振兴。

2. 外商投资发展尚不平衡

东北地区近几年积极改善营商环境，东北三省都签订了较大的外商投资项目和引进了世界重点企业，但从整体东北地区外商投资来看，在区域内也存在不平衡现象。2019年辽宁省实际利用外资金额26.9亿美元（统计数据截至2019年9月），吉林省实际利用外资金额共5.34亿美元，黑龙江省利用外资总额5.4亿美元，从实际利用外资金额方面可直观看出，辽宁省实际利用外资总额远远高于吉林省和黑龙江省，是其实际利用外资总额的5倍左右，可见在东北三省中，辽宁省吸引外资水平高于吉林省和黑龙江省，东北三省间的外商投资发展出现不平衡，且差距较大。从各省内部外商投资情况来看，各省内地区分布也存在不平衡发展问题。辽宁外商投资主要集中在沈阳和大连这两个城市，虽然盘锦、丹东和营口等城市实际利用外资额增加，但辽西北地区由于产业基础薄弱、区位优势不明显，该地区外商投资长期处于低迷状态。吉林省外商投资主要集中在长春、吉林和延边三个城市，其他各个城市吸引外资额均较少，出现了发展极不均衡现象。黑龙江省有外资投入的市或地区包括哈尔滨、大连、绥化、牡丹江和黑河，其他城市或地区均没有外资进行投入。

3. 外资来源地比较集中

东北地区吸引的外资企业，主要部分集中在亚洲。辽宁近几年外资来源地主要为日本、美国、韩国、德国、中国台湾、中国香港等国家和地区；吉林近几年外资来源地主要为德国、韩国、中国香港、中国台湾等国家和地区；黑龙江省近几年外资来源地主要为欧盟、韩国、美国、中国香港。通过统计可见，东北地区外资来源地比较集中，由于大部分亚洲地区及国家的企业在技术创新方面都与欧美等地区的企业具有一定的差距，且亚太地区及国家一般存在大资本投入较少，投入的项目一般为科技含量较低的投资项目，东北地区外商投资质量在一定程度来说较低。因此东北地区可以进一步开拓世界投资市场，挖掘新的投资国别和地区，吸引更多其他国家和地区的投资者来东北进行投资经营。

4. 利用外资结构不合理

东北地区属于老工业基地，其外商投资主要集中在第二产业，主要分布行业为交通运输设备制造业、石油和天然气开采、医药制造业、食品制造业等；第三产业近年来有所提升，主要投资行业为房地产、居民服务和其他服务业等领域；第一产业吸引外资占比较低。另外，辽宁近年来吸引一些高新技术产业以及现代服务业投资项目，但其外资利用水平以及利用程度总体来说依旧较低。总体来看，东北地区外商投资大多是劳动密集型企业，主要特点就是技术含量较低，产品附加值也较低，这对于东北地区三产结构升级和未来经济发展转变存在一定隐患。

5. 现存产业链不健全

东北地区具有较好的区位优势和较好的产业发展基础，具有一定的区域竞争力，但在经济发展中依旧存在产业链不健全的问题，导致东北地区招商引资工作开展出现瓶颈。首先，东北地区产业发展出现产业集中度偏低的现象，东北地区的龙头企业大多为国企，在发展过程中其企业竞争力逐渐减弱，导致东北地区龙头企业发展效益日益降低，企业影响力降低，逐渐降低地区经济发展活力。其次，东北地区产业链生产出现脱节，产业结构出现发育不全的现象。由于我国沿海地区的迅速发展，东北地区的一些企业在产业链某环节的生产能力严重不足，将导致企业生产所需要的原材料在本地区采购不到，而到江浙、西部等其他地区进行采购，这给企业发展带来风险，对东北地区吸引外资造成了一定的影响。最后，东北地区各企业间协作机制不够完善，东北地区各企业专业化分工不完整，都在各自为营，组织程度比较低，缺乏良好的生产协作能力。由于东北地区现存产业链不健全等因素的影响，外商来东北地区投资将影响未来企业发展运营，因此对于东北地区吸引外商投资，完善东北地区产业链发展水平是重要工作。

四、吸引外商投资的国内外比较及经验借鉴

（一）吸引外商投资的国际经验

美国一直是吸引外资较多的国家，随着中国经济发展，越来越多的资本进入中国，目前我国吸引外资水平与美国持平或高于美国。同时，随着巴西、印度和墨西哥逐渐改善国内宏观经济发展环境，制定了相对合理且优惠的外资政策，在吸引外资方面也取得了一定的效果。本书根据对美国、巴西、印度和墨西哥吸引外商投资的成功经验进行分析，总结其吸引外商投资的优势与方式，为东北地区进一步完善外商投资政策提供一定的分析基础。

1. 完善良好的区域经济发展环境

完善良好的区域经济发展环境是吸引外商投资的基础。美国是全球最大的资本输出国，也是全球吸引外商投资最多的国家，美国能够吸引外商投资，最重要的原因并不是美国对外资优惠的税收政策，而是美国具有良好且稳定经济发展环境，如经济实力雄厚、基础设施完善、运输网络发达等，能够提供具有吸引力的经济、社会发展环境。在政策方面，美国对外资的限制较低，投资便利化程度较高，外资能够享受国民待遇，减少外国投资者的投资成本。在法制方面，美国在立法和执法方

面对外资的法制管理是健全的，外资企业按照美国的法律按规经营即可，减少在经营中出现的人为干扰，这能够强有力地提高外商投资信心。在人才方面，美国的科技在全球来说是最发达的代表，拥有大量的科技人才，且产业工人的综合素质高，能够吸引高新技术产业的投资与发展。由此可见，东北地区吸引外商投资，首先要完善东北区域内的发展环境，从政策、基础设施、人才发展、金融便利化等各方面进行改革与完善。

2. 多种优势因素合力作用

巴西是拉美地区吸引外商投资最多的国家，其吸引外商投资的显著因素就是多种优势综合作用产生的结果。首先，巴西的宏观经济逐日稳定且显现出良好的发展前景，其综合国力在拉美地区总是在最前列，经济增速比较快，市场潜力巨大。其次，巴西国有企业进入深化改革发展时期，通过吸引外商投资，将许多国有企业的经济效益低下的局面逐步改变，外资在巴西具有较广阔的发展空间。再次，在技术保护方面，吸引外商投资能够为当地带来技术发展，巴西制定了一系列相关外资和技术进步的法律法规，提升了外商对巴西投资的信心，稳定了外商的投资信念。最后，加强区域经济的协同发展。巴西是拉美国家综合国力最强的，很多跨国公司希望通过巴西进一步开拓美洲市场。相比来说，东北地区是中国北方的开放前沿，辐射东北亚地区，具有较好的区位优势，通过协同区域发展，东北地区的经济发展环境将会进一步优化，从而吸引更多的高质量外资到东北地区进行经营活动。

3. 加强以我为主的发展理念

一直以来，印度对外国投资者进入本国市场比较谨慎，在外商投资的基本原则方面，印度始终坚持利用外资中保障原则，限制投资中保障发展，坚持以印度发展为主，为印度发展所用的基本政策。因此，印度在吸引外资中是有选择性的吸收，对于国家发展的重点部门吸引的外资提供一定的优惠政策，对次要发展部门的外资进行限制。对于东北地区来说，不要全盘接受外商投资，要坚定地区的发展定位，根据东北地区的发展定位，有选择、有计划地实现精准投资，这样才能够帮助东北地区更加适宜、平衡地发展经济。其次，吸引外资必定会带来先进技术、管理经验，印度则要求外资企业在投资后，要有限培训印度的技术和管理人员，不仅要引进先进的科学技术，更要对印度劳动力进行培训。可见，东北地区对于外商投资并不是引进来后任其发展就可以，要加强对外资企业的管理，注重培养东北地区的人才，提高东北地区的科学技术水平，这样才能够培养出优秀人才，并留住优秀人才。

（二）吸引外商投资的国内经验

广东省是我国改革开放前沿，是我国对外开放先行地、实验区。广东除了具有较大的区位优势外，其在吸引外资政策等其他软硬件建设方面都具有突出表现，对外国投资者展示了强大的吸引力，因此也得到了大量的外资青睐，纷纷来到广东进行投资经营。东北地区虽然在区位优势和产业基础方面与广东省存在较大差距，但这些是不可避免的问题，在现有问题存在的基础上东北地区能够进一步完善其经济发展环境、投资环境等，东北地区仍具有较大的外商投资潜力，仍能够吸引更多的外国投资者来东北地区投资经营。

1. 持续加强吸引外商投资政策

广东省作为我国改革开放前沿发展地带，近年来的发展毋庸置疑，在当今全球竞争激烈的情况下，广东省也依旧存在劳动力优势不明显、外资吸引力下降等问题，在此情况下，广东省依旧能够克服发展弊端，积极吸引外商投资，其宝贵经验值得东北地区学习。广东省政府印发了《广东省进一步扩大对外开放积极利用外资若干政策措施（修订版）》，该措施简称为"外资十条"，可以体现出广东省针对外资进行了一系列的政策制定，突出了对外资发展的重视。同时，关注"外资十条"的具体内容可以看到，该措施围绕外商投资的核心问题进行了重点解读与规定，如市场准入规则、财税优惠政策、用地等相关问题，可见广东省对于外商投资政策是公开透明的，且针对外资企业在投资过程中面临的痛点和堵点问题进行解决，在提供较大的政策支持力度的同时保障政策能够务实管用。其次，广东省在服务外资方面建立了直通车制度，即跨国公司总裁、副总裁等负责人到广东，省长一定会见，对外国投资者来说不仅增加了投资信心，在具体问题沟通方面也提供了良好的解决方式。东北地区在吸引外商投资政策方面，不仅要突出自身现存的优势，更要将东北地区潜在的优势表现出来，并公开透明地修订在招商政策中，这样不仅能够加强外国投资者的投资信心，更能够体现东北地区外商投资环境的改善。

2. 营造公平竞争的发展环境

广东省获得外国投资者的青睐，不仅取决于基础优势，更多地取决于广东的公平竞争环境。广东省在外资管理审查方面实现公平，对内外资企业都能够一视同仁，促进公平竞争。首先，实现优惠政策共享，促进外资进入高端制造业，促进制造业绿色发展，加强对于知识产权的保护力度。其次，对外资加强政策的精准扶持。允许不同地区存在一定的优惠政策，营造投资环境，对于广东省贡献大的外商投资项目在一定程度上降低投资和运营成本。再次，为外商投资企业提供强大的人力资源支撑。广东省不断加强对于高层次人才的吸引力度，支持海外人才创业发展，同等资源适用非粤籍人才，为相关高层次人才直系亲人按法规提供便利。最后，持续提升广东省政务服务水平，不断深化外资投资管理体制，完善备案监督管理机制，优化审批流程，实现精准服务，加快外商投资项目的落地和投入生产。东北地区近年来在外资发展环境方面也做出了很多努力，要借鉴广东省公开透明的管理机制，进一步优化东北地区营商环境，增强服务意识，保障投资项目的顺利落地。

3. 发挥行业龙头企业带动效应

目前全球各国都在激烈地吸引资本，欧美发达国家持续推动制造业回归，在如此激烈的竞争下，世界越来越多的跨国企业都想要落地广东，由此可见广东发展环境具有超强的国际竞争力。在广东省招商发展规划开始，广东省就建立了与发达国家的经济联系，瞄准欧美等发达国家的高端产业，不断开展协同创新合作。广东省结合自身优势，强势发挥本地区行业龙头企业的领头羊作用，以此带动广东省相关行业发展，从而加速其高端产业集群的建立形成与发展。如美国通用电气，其携手广东省龙头企业百济神州，两企业合作共建生物产业园，这样的强强联合极大地提升了广东生物医药产业发展潜力及产业集群的吸引力和影响力。由于该项目的启动，多家与美国通用电气合作的企业纷纷向广州提出投资合作意向。东北地区要立足自身发展，充分利用地区内的龙头企业，带动产业链发展，扩大东北地区产业集群的吸引力和影响力。

五、东北地区促进外商投资打造对外开放新前沿总体思路及具体目标

（一）总体思路

东北地区应根据国家的总体部署以及东北地区打造对外开放新前沿的总体需求，以自身的基础与优势为着眼点，立足区域优势互补原则，秉承合作共赢理念，立足稳外资稳外贸的原则，秉承创新驱动发展理念，不断拓展外商投资的空间和领域。实现以提升招商引资质量为核心，以扩大外资开放领域为重点，以创新招商模式为抓手，以完善优化投资环境为依托，以保障外商合法权益为保障的总体战略思路，打造多层次高能级开放平台，增强东北地区对外开放合作与竞争新优势，聚焦东北亚国际合作，构建东北亚开放大门户，完善高水平开放型现代经济体系，提升东北地区开放型经济发展水平，促进东北老工业基地全面振兴。

（二）具体目标

促进东北地区外商投资核心关键在于改革，通过全面深化制度性、综合性改革入手，重塑市场与政府、经济与社会、国有经济与民营经济的关系，充分激发市场活力，提升东北地区高水平开放的总体动力。具体目标有以下几点。

1. 实现对内和对外开放相结合

着眼于打造东北地区对外开放新前沿，将对内对外开放有机结合，

积极借鉴长三角、珠三角地区促进外商投资的经验，充分发挥自身基础与优势，对内重点加强与长三角、珠三角地区的合作，结合京津冀协同发展、环渤海地区合作发展等国内区域发展战略及规划，继续加强区域合作，建立良好的对内合作与交流。对外有效对接"一带一路"、中蒙俄经济走廊、东北亚区域合作等重大国际区域发展战略及规划，促进要素有序自由流动，实现充分利用两种资源、两个市场，统筹推进对内对外开放，构建全方位开放新格局。

2. 提高东北地区招商引资质量水平

坚持引进来和走出去相结合，大幅提高东北地区先进装备制造业、战略性新兴产业、现代服务业、现代农业、重大基础设施和公共服务设施等行业和领域引资比重，着眼于提高东北地区国际竞争力，促进引资向研发、采购、结算、销售等产业链中高端延伸；全面参与全球价值链、产业链重构，实行多元化引资方式，注重引资、引技和引智紧密结合，拓展引资渠道；重点引进行业领军及配套企业，推动双向投资协调发展和相互促进，全面提高引资效能。

3. 显著提升东北地区开放创新能力

通过外商投资，实施国际科技合作及境外创新类投资项目，扩大东北地区的国际科技合作范围，充分利用全球科技成果和创新资源，使东北地区进一步深度融入全球创新体系。支持外资研发机构发展，积极吸引跨国公司研发总部或区域性研发中心来东北落户。搭建开放创新合作平台，引进外资建设一批开放型、高水平的产业技术创新平台、智能制造产业园，整合优势创新资源，加速推动战略新兴产业集聚发展。

4. 深入推进东北地区外商投资和境外投资管理体制

坚持外商投资机制体制创新，着眼于培育国际合作竞争新优势，进一步简政放权，积极推进创新改革试验，探索建立和完善外商投资和境外投资监管体系，复制推广自贸区扩大开放和体制机制创新经验，探索对外商投资实行准入前国民待遇加负面清单管理模式，深化东北地区通关一体化改革，建立高效便捷的通关制度。

5. 进一步提升投资自由化便利化水平

加大投资自由化便利化改革力度，放宽投资市场准入条件，提升投资自由化程度，扩大服务业领域开放范围及程度，为外商在税务、劳动雇佣等问题上提供专业性的服务，全面提升投资便利化水平。

6. 优化完善投资软环境，促进公平竞争

进一步营造国际化、法治化营商环境，完善涉外法律法规及服务体系，健全涉外企业信用体系，完善知识产权保护制度，努力营造涉外企业依法平等使用生产要素、公平公开公正参与竞争的市场环境；大力培育开放主体，优化市场竞争和开放创新环境，努力营造有利于国际化的融通环境；健全政策服务促进体系，加强外商投资企业投诉受理与服务体系建设，从制度上保证外商投诉第一时间在属地得到解决，着力解决外商及家属就医、子女就学问题，努力打造国际化生活环境，为东北地区打造对外开放新前沿提供有力支撑。

六、东北地区促进外商投资打造对外开放新前沿的实现路径与政策选择

东北地区应以自身的基础与优势为着眼点，在更大范围、更宽领域吸引外商投资，打造对外开放新高地。应从进一步放宽市场准入；深化外商投资领域机制体制改革；推进重大外资项目合作，提升引资质量水平；扩大外商投资鼓励范围，加大奖励力度；创新招商模式；构建外商投资促进服务体系，建立外商投资促进服务平台；优化投资软环境，保障外商合法权益等方面，为各类市场主体创造更大的发展空间，不断开创高水平对外开放新局面。

（一）进一步放宽市场准入条件，扩大服务业领域开放范围及程度

1. 放宽东北地区外资准入限制，加大实体产业开放力度

第一，进一步优化"准入前国民待遇"+"负面清单"制度，尽可

能放宽外资进入市场的准入条件，与国际通行规则对接，提高市场准入的自由化程度，保障外资企业享有准入后国民待遇，全面提升东北地区开放水平。在把握好开放"度"的前提下，根据东北地区的产业特点和发展战略，逐步开放成熟且具有优势的产业。对于东北地区的优势产业，深化农业、制造业的开放，比如在制造业领域，可在全面放开一般制造业的基础上，根据产业所处的发展水平，进一步放宽高端制造业、智能制造业的准入条件，从而提高投资自由化。

第二，进一步优化东北地区外商投资产业政策，以发展实体经济作为经济高质量发展的重点，在对东北地区各产业的重要性进行充分评估的基础上，与外资共享东北地区产业结构转型升级的重要历史机遇，鼓励和支持外商投资领域与东北产业升级相匹配，使外商平等参与各项产业发展和专项扶持政策。对于负面清单以外的行业，出台相关政策，允许外商投资企业可平等参与，提高外商投资的积极性。大力拓宽外商投资领域不断向高端、智能的方向发展，引导外商投资新一代信息技术、新材料、节能环保、智能制造装备、生物医药、新能源、航空航天、海洋工程装备等战略新兴产业。针对战略新兴产业，可以采取逐步放宽或取消外资股比限制，放宽或取消经营范围的限制，制定对相关外资企业的奖励或财务支持政策，引进知名企业或高端智能技术等项目的落地。

2. 扩大服务业领域开放范围及程度

第一，进一步开放金融业，吸引并建立更多跨国经营的金融交易市场，放宽金融业外资准入和股权比例、经营范围的限制，推进中资与外资银行的接入，扩大金融服务业开放程度，使金融业开放措施项目率先落地。

第二，提升商贸服务领域开放程度，加快电信、教育、医疗、旅游等领域开放进程，放宽注册资本、投资方式等限制。比如，放宽旅游领域的外商投资准入条件，东北三省可以通过试点的方式，鼓励和支持中外合资经营旅行社或外商独资旅行社参与从事中国公民出境旅游业务。进一步优化跨境电子商务的通关流程，构建跨境电子商务公共信息服务平台，允许更多领域实行独资经营，打造东北地区对外开放新窗口。

第三，增强国际航运服务功能，加快国际船舶登记制度创新，推进大连东北亚国际航运中心建设，建立多港区联动制度和航空物流枢纽中心。

第四，大力支持会展产业对外开放。制定相关奖励或补贴政策，对由国际性组织、国家级行业协会、国内外知名展览机构在东北三省举办的国际性展览项目及各种国际展会给予政策扶持与财政补贴。

第五，鼓励和支持外商投资企业在东北地区设立研发中心等功能性机构，加大力度促进内资企业、科研机构与外资机构开展研发合作等项目，实施更开放的总部政策，将东北地区打造成高水平总部经济平台，吸引全球优质企业总部落户，更大限度发挥外商投资在现代服务业中的优势。

（二）深化外商投资领域机制体制改革，优化营商环境，保障外商合法权益

1. 创新外商投资领域机制体制改革，完善开放型管理体制

第一，东北地区以自身的基础与优势为着眼点，用制度创新推动全面改革，完善外商投资促进工作机制，建设促进外商投资的信息库，完善外商投资促进网络和外资工作协调网络。深化外商投资领域"放管服"改革，进一步简政放权，创新外商投资机制体制，按照"便利、高效、透明"的原则，简化外商投资企业设立手续，推广实行工商登记和商务备案一口办理，简化相关行政审批手续，缩短办事时间，提高办事效率，提升投资便利化水平。同时，探索建立外商投资监管体系，加强事中和事后管理。

第二，加大贸易便利化改革力度，以辽宁自贸试验区建设为契机，积极探索自贸区与"一带一路"倡议联动发展，在巩固传统贸易市场的基础上，加大力度拓展新兴市场。优化通关服务，深化东北地区通关一体化改革，实施口岸管理一体化，利用东北地区的区位优势，探索构建"冰上丝绸之路"复制上海自贸区的先进经验。建立高效的通关制度，加快东北三省电子口岸建设，优化海关查验作业方式，减少口岸审

批环节，缩短通关时间，全面推进国际贸易"单一窗口"，促进外商投资企业依法合规开展经营活动。

2. 培育外贸竞争新优势，构建双向投资促进合作新机制

第一，加强外贸主体培育和平台建设，优化国际市场布局和贸易结构。在深耕美日韩传统市场的同时，加大东盟、俄蒙等"一带一路"沿线国家及拉美、非洲等新兴市场开拓力度。

第二，着力提升贸易便利化水平，积极培育和挖掘出口新增长点，引导企业调整产业结构和产品结构，开拓国际市场，支持企业和优势产能参与境外新兴市场建设，协同配套产业以产业链形式抱团走出去，积极探索东北地区优势产业国际产能合作新路径。发挥辽宁省装备制造、汽车及零部件、现代建筑等行业的竞争优势，高水平建设一批境外产业园，逐步形成若干个上下游一体化的境外企业集群与园区，使其成为产品制造及营销的海外支撑点。

第三，加快构建跨境贸易电子商务平台，形成商务综合网络，鼓励商贸物流、电子商务、供应链型外贸企业向沿线国家拓展业务范围，创新外贸发展方式，完善对外经贸合作。积极培育具有一定品牌影响力的跨境电子商务经营主体，支持企业运用跨境电子商务拓展"一带一路"沿线国家市场，推动海关、支付、物流等数据共享、协同监管新模式。

3. 优化投资软环境，保障外商合法权益

第一，进一步优化法治化投资环境，完善营商环境法治保障机制，促进外资企业与内资企业公平竞争，切实保障外资企业在人力资源、土地、资金等方面公平参与市场竞争，依法保障外资企业在项目投标、政府采购等方面的合法权益，营造外资企业依法平等使用生产要素、公平公开公正参与竞争的市场环境。在符合法律法规的前提下，不得设置障碍，干预外资企业的正常经营活动。依法保护外资企业在知识产权等方面的合法权益，健全东北地区对外商投资企业知识产权保护体系，逐步完善外商知识产权快速维权机制，强化涉外法律服务，及时回应和解决外商投资企业的各类诉求和问题，努力营造保护产权、维护契约、统一市场、平等交换、公平竞争、有效监管的法治环境。

第二，强化人才储备和智力支持，提升出入境便利化程度。高端人才缺失是制约东北地区经济发展的一大重要因素，因此东北地区应深入实施人才战略，创新人才机制，加大对国际高端人才的引进力度，多渠道积极引进境外高端科技、管理人才和创新创业团队，推动高层次创新人才集聚。对企业急需的外国人才实施更加便利的工作许可制度，建立与国际接轨的高层次人才管理服务制度，提升外籍人才出入境便利化程度；优化外籍高层次人才发展环境，建立专项资金制度，支持高端人才创新创业，建立安居保障、子女入学和医疗保健服务通道，着力解决外商及家属就医、子女就学问题，努力打造国际化生活环境。

4. 健全政策服务促进体系，促进公平竞争

进一步健全政策服务促进体系，保证外商的诉求第一时间得到解决。为外资企业提供专业化综合配套服务，及时做好鼓励类外资项目进口设备免税工作，使在东北地区的外资企业充分享受国家有关政策；设立国际法律服务机构，为在东北的外商投资企业提供法律服务。建立涉外法律服务人才库，充分尊重各国政治、法律、文化、宗教等，更好地维护涉外企业利益。建立统一的外商投资促进服务平台，收集、汇总、发布与外商投资相关的法律法规、政策措施、项目信息等，为外商投资企业提供线上线下联动的服务，进一步促进公平竞争。

5. 创新金融支持，加大外商投资奖励力度

第一，创新财政鼓励政策。支持外商投资企业高新技术成果转化与产业化，对在东北地区创立企业和服务机构的外商投资企业，可以同等享受科技型中小企业技术创新资金、高新技术成果转化项目认定等科技创新政策。

第二，进一步扩大鼓励外商投资范围，加大外资招商奖励力度。对于外商投资企业，可按注册资本当年实际到账外资金额的 1% 予以奖励。其中对于世界 500 强制造业项目，可按注册资本当年实际到账外资金额的 2% 予以奖励。

第三，创新金融支持模式。完善跨境结算功能，探索开展人民币资产跨境双向转让业务，探索试点全功能型跨境双向人民币资金池，放宽

跨国公司外汇资金集中运营管理业务准入标准，优化跨国企业集团跨境双向人民币资金池业务管理。为外商投资提供跨市场、跨时区的全方位金融产品和服务。

（三）推进重大外资项目合作，提升引资质量水平

1. 推进重大外资项目合作，实现更高层次的对外开放

围绕东北三省支柱产业，引进一批引领性、标志性大项目，发展壮大东北地区高端装备、人工智能、节能环保等战略新兴产业，形成新的经济增长点。在引资中突出重点行业、重点项目和重点国别，以智能制造、生物医药、电力、航空、新能源、农产品加工等行业为重点有序推动与外资企业的国际产能合作，积极搭建平台载体，不断扩大合作成果，推动东北地区与外资的合作向着更高水平、更广领域、更深层次迈进。

2. 优化引资结构

第一，在稳定引资规模和速度的基础上，优化外资产业结构，围绕东北地区产业基地吸引国际一流跨国公司来东北投资，引导外资投向智能制造装备、IC装备、航空、生物医药、新能源新材料等高端制造业及战略性新兴产业，加速推进产业集聚，优化产品结构，促进制造业提质增效。

第二，引导外资投向第一产业和第三产业，引导外资投向现代农业，加快引进国外先进农业技术和农产品深加工项目，提高东北地区农业现代化水平。稳步增加外商对金融、商业、信息咨询、旅游业、现代物流、社会服务业等生产性服务业的投资，提升现代服务业发展水平。

3. 丰富多种引资方式

引导外资通过多种形式参与东北地区国有企业兼并重组；鼓励和支持外商在东北三省设立或入股金融类机构，构建现代金融体系，设立投资性公司、创业投资和风险投资企业，创新实体经济融资方式和保障机制。鼓励外资以PPP等方式参与重大基础设施和公共服务设施建设。

4. 增强引资质量与效益

结合东北各地区的发展规划，把各地的优势点、增长点细化为项目，以引资项目为载体，积极引进国外先进技术、管理经验和高素质人才。在相关国家组织产业对接会，积极争取跨国公司在东北三省设立东北区域性总部研发中心、采购中心等功能性机构。组织各类高层、大型对外招商活动，鼓励外资参与公共科技服务平台建设，积极发展研发服务、知识产权和科技成果转化等高技术服务业。

（四）推进"陆海空"对外战略通道建设，便利外商投资通道

1. 构建国际航空枢纽

第一，发挥东北地区航空资源优势，积极推进沈阳、大连、长春、哈尔滨国际机场增加国际客、货航班，扩建航空货运中心，全面提升机场货运能力，大力引进航空公司，发展临空经济产业，增加国际直飞航线，增开国际、国内货运航线，加快推进东北亚航空枢纽建设。

第二，创建以沈阳、大连、长春、哈尔滨机场为主体的东北亚国际航空枢纽，培育东北地区其他机场的航空网络节点功能，构建紧密连接东北亚、衔接国内、沟通全球的辽宁国际航空港集群。

第三，加快推进各大国际机场扩建工程，提升航站楼及周边基础设施服务配套功能，加快推进高铁、轨道交通在机场设站，强化机场枢纽换乘作用。

2. 推动跨境铁路通道提质增效

推进东北三省跨境铁路通道的建设，加快建设高铁与城际铁路交通，形成东北地区便利快捷高铁网络，提升铁路在多式联运中的作用。加快构建"沈阳国际陆港"公铁海空多式联运体系，形成自蒙古国东部腹地至锦州港、盘锦港最便捷的出海铁路通道，建设"沈阳国际陆港—营口港"物流集散中转枢纽，拉动沿线跨境经济合作。打通北向联络线，推动沈阳、长春、哈尔滨综合客运枢纽建设，进一步优化中欧班列资源，提升中欧班列运行效率效益，形成覆盖东北地区功能布局合理、

高效无缝衔接的综合交通网络。

3. 加快港口整合，推进北极东北航道建设

第一，建设以世界级海陆港口集群为支撑的辽宁"港口经济圈"，以辽宁自贸区港口基础设施建设为依托，推进航道扩宽工程，提高通航能力，积极推进将营口港从终点港转为中转港。同时加快创建"大连自由贸易港"，加强与渤海大湾区、长江经济带港口合作，新增开行中欧集装箱班列，谋划增开相关港口国际航线和国内主要港口的"天天通"航线，提升港口利用效率，完善港口基础设施服务功能。

第二，推进运营北极东北航道，夯实我国北方港口经北冰洋至欧洲新的海上运输通道。支持东北三省的企业参与北极东北航道大陆架沿线港口和油气产区建设，加强与俄罗斯远东地区基础设施、经贸投资、资源开发合作，共建"冰上丝路"陆海双向发展带。

4. 推进多式联运，实现海陆空冰联动发展

培育多式联运经营主体，推动沿海城市开展欧亚陆铁联运和海铁联运，加速多式联运海关监管中心建设，结合"一带一路"倡议的实施，打通对外合作的战略通道，连接"一带一路"沿线国家。加快构建互联互通网络，进一步推进大连东北亚国际航运中心、营口港海铁联运、沈阳跨境铁路通道建设，完善"陆海空冰"立体物流通关体系。研究应用电子运单，提供全程无缝衔接的一体化运输服务，为东北地区促进外商投资提供便利条件。

（五）创新招商模式，构建创新型对外开放合作平台

1. 积极引进国际创新资源，创建区域性国际科技合作中心

第一，夯实与国外的科技合作基础，积极支持东北三省的企业加强技术研发国际合作，创新国际科技合作新模式，积极组建国际联合实验室，完善引进消化吸收再创新机制，实现多产业、多领域、多渠道科技合作交流，在开放合作中提高自主创新能力。

第二，鼓励科研项目面向全球招标，支持境外研发机构参与政府科技创新计划，支持科技企业利用海外孵化平台，开展跨国合作和产业

并购。

第三，探索建立国际科技合作交流中心，鼓励企业、科研机构参与国家重大国际科技合作项目和国际及区域标准制定，推动重大科技项目纳入国家国际科技合作机制，主动承接高层次国际学术交流等活动。

2. 大力支持外资研发机构发展

第一，鼓励跨国公司研发总部或区域性研发中心落户东北，积极吸引国外知名研发机构与东北地区的高校、科研院所、企业联合组建国际科技中心，共同参与合作研发活动。

第二，支持外资研发机构参与国家、省、市科技计划项目，支持外商投资高新技术产业发展，强化内外资企业产业关联和技术交流，支持内外资企业联合申请国家、省、市各类技术中心认定，探索建立国际技术创新战略联盟。

3. 加强总部经济招商，优化总部发展环境

第一，重点加强对国外大企业投资趋势的动态分析，吸引跨国公司总部企业入驻，建立引进重点总部项目招商目录，鼓励外资企业在东北地区设立地区性总部，设立研发中心、销售中心、物流中心和结算中心等功能性总部。

第二，为总部企业提供快速便捷的商务、法规和政策信息等资讯服务，建立总部企业参与政府重要决策咨询论证和重大工程规划建设机制，将总部企业重大产业项目列入政府绿色通道服务范围。

4. 加快研发创新能力建设，促进跨境研发活动便利化

加大对跨境研发活动的科研经费投入，建立财政资金、社会资本、国际资本共同参与的多渠道投入机制。对外资研发中心进口设备等，采用提前报检、提前报关、实货放行的通关模式，优先办理通检、通关手续，提升跨境研发活动便利化水平。

5. 引进外资教育、医疗等资源

鼓励国外教育机构在东北地区设立机器人、人工智能、医疗器械等领域的职业技能培训教育机构。大力发展特许医疗、健康管理、照护康复、医学美容等全产业链国际服务，开展国际医学交流合作，重点打造

形成立足东北，辐射全国的国际化医康养产业体系和现代化高水平健康服务价值链。

（六）搭建开放创新合作平台

围绕战略性新兴产业，依托中德（沈阳）高端装备制造产业园、国家自主创新示范区、东软国际数字医疗产业园、中俄科技成果转化中心等创新合作平台，创新合作机制，强化与德国、法国、英国、日本、韩国、美国、加拿大、以色列等发达国家的创新合作；建设中日韩合作示范区，做大做强合保税区，加快推进中德园、中法园建设，通过区域合作共建产业园区，建设国家级承接产业转移示范区等方式，整合优势创新资源，加速推动战略新兴产业集聚发展。

第七章

地方政府创新与治理体系和治理能力现代化

第一节 东北老工业基地地方政府制度创新

一、基本理论及研究现状

（一）基本理论

1. 马克思主义经济学关于制度创新与经济增长的相关理论

马克思主义经济学关于正式制度与经济增长的相关理论，主要体现在其关于生产力和生产关系的相关论述中。马克思主义经济学将生产力描述为人与自然的关系，包括参与社会生产和再生产过程的一切物质的、技术的要素；而生产关系是指人们在生产、分配、交换、消费等经济活动中所发生的各种经济关系，其基础是生产资料所有制。两者在经济增长中的地位和作用是不相同的。生产力是经济增长的决定性力量，生产力决定生产关系，生产力的发展和变化决定了生产关系的发展和变化。换言之，衡量生产力水平高低的技术水平决定了经济增长的形式与速度，因此马克思主义经济学认为技术变迁是产生经济增长的重要原因。但同时也强调生产关系对生产力的反作用，认为生产关系的先进或落后会对生产力的发展起到相对应的促进或阻碍作用。倘若把生产关系理解为一定经济条件下的制度安排，那么生产关系的调整过程就是制度变迁过程。这就意味着制度变迁对经济增长也存在一定的反作用，其对经济增长的促进或阻碍取决于制度的变迁是否与生产力水平相适应。因此，制度变迁在经济增长过程中扮演了一个适应性的角色，并且具有阶段性的特征。

2. 制度学派关于制度与经济增长的相关理论

制度学派诞生于 19 世纪末 20 世纪初，是西方经济学界公认的最早研究制度因素在社会经济发展中作用的学派。制度学派强调非市场因素（如制度因素、法律因素、历史因素、社会和伦理因素等）是影响社会经济生活的主要因素，认为市场经济本身具有较大的缺陷，使社会无法在人与人之间的"平等"方面进行协调。只有把对制度的分析或经济结构、社会结构的分析放在主要位置上，才能阐明经济中的弊端，也才能弄清楚社会演进的趋向。制度学派不赞同当时处于正统地位的经济学家们根据经济自由主义思想所制定的政策，即国家不干预私人经济生活的政策，而主张国家对经济进行调节，以克服市场所造成的缺陷和弊端。制度学派虽然并没有将制度明确区分为正式制度和非正式制度，但在其各项分析和研究中，正式制度无疑是最为重要的一个方面，尤其是 19 世纪 30、40 年代，主要从对企业权力结构和掌握权力的人的经济地位进行分析，强调法律制度和法律形式等正式制度对于企业所有权和经营方式变化的作用。并指出在现代社会中，由于所有权与经营权的分离，经济中将会出现经理人员拥有越来越大的权力的趋势。这种趋势既可能有利于经济的发展，也可能使经理人员的利益凌驾于社会利益之上，而使社会利益服从于公司的利益，即经理人员的利益。因此，要设法控制公司的活动，使公司的活动置于社会利益之下。

3. 新制度经济学关于制度与经济增长的相关理论

新制度经济学对传统西方主流经济学将制度视为已知的、既定的或将制度因素作为"外生变量"的经济增长理论进行了纠正和批判，是最早将制度因素作为内生变量纳入经济增长分析框架中研究制度与经济增长相关关系的学派。新制度经济学主要包括交易费用理论、产权理论、企业理论和制度变迁理论等。新制度经济学派认为传统经济学提出的技术进步、规模经济、教育和资本积累等因素并不是经济增长的原因，而是经济增长本身，经济增长的根本原因在于制度因素，制度才是经济增长的决定性因素。新制度经济学关于制度变迁决定经济增长的途径是通过对人的行为的影响，确切地说是通过对刺激和激励人们参与各种经济活动的积极性的影响来实现的，而刺激和激励离不开各种各样的制度，即一个有效的制度结构。因此，认为对产权和所有权的清晰界定，并且为其提供有效保护，并通过减小创新带来额外收益的不确定性，会使社会更富有创新精神，并且更能促进经济的增长，相反则会导致社会进步更慢，更难使经济增长。

4. 发展经济学关于制度与经济增长的相关理论

发展经济学对制度变迁或制度创新在发展中国家经济增长或经济发展中的重要作用十分重视，通过分析影响经济增长的主要因素，指出经济制度是其中一个重要因素。发展经济学认为经济增长一方面取决于可利用的自然资源，另一方面则取决于人的行为，在自然资源大致相等的情况下发展却存在巨大差异的事实说明，人的行为对经济增长有深刻的影响，在探讨人的行为的差异这一问题上，把决定经济增长的人的行为分为直接原因（近因）和间接原因（近因的起因），其中直接原因是从事经济活动的努力、知识的增进与运用及资本积累，而决定这些的直接原因则是制度与信念。发展经济学强调分析不同制度对经济增长的促进和限制作用的重要性，还指出通过制度对人们努力的保护程度及对专业化分工的影响，来衡量制度对经济增长的影响，并且产权的界定具有十分重要的意义。发展经济学对制度变迁或制度创新在经济增长中作用的强调虽然是以发展中国家为背景，其理论的普遍意义受到一定的限制，但其对后续的相关理论研究仍然具有十分重要的意义。

5. 东北老工业基地全面振兴理论

东北老工业基地从新中国初期的全国"领头羊"到逐渐衰落的变化过程，受到国内外学术界的广泛关注，尤其是国家实施东北老工业基地全面振兴战略以来，东北经济发展问题更加成为国内外学者研究的热点问题，涌现了大量的理论与实证研究成果，形成了东北老工业基地全面振兴理论。东北老工业基地全面振兴理论的制度创新问题研究认为，东北老工业基地的改造与振兴是东北发展史上的一次重大变革。实现这一宏伟目标，需要对东北老工业基地进行一番脱胎换骨的改造，注入新的生机和活力。东北振兴不能完全照搬国外，也不能盲目借鉴外地的做法，更不能重走老路，振兴东北老工业基地重在创新，关键在于制度创新，从一定意义上说，东北振兴的过程是一个制度创新或建立创新机制的过程。在地方政府制度创新研究方面，认为地方政府类型并不是判断一个政府优劣的基本准则，关键取决于政府规制绩效的高低。结合东北老工业基地实际，东北老工业基地地方政府应按照国家要求，在打造国际化营商环境和"放管服"改革等方面，切实推进地方政府制度创新。

（二）研究现状

1. 国外研究现状

（1）理论研究。科斯（Coase，1937）首次提出了交易成本的概念，把产权问题纳入经济学研究之中，并认为产权的界定是市场交易的前提条件，只有在交易成本为零的情况下，传统新古典经济学提出的市场机制才是充分有效的，最终的产值最大化结果不受法律状况影响，也不存在外部性；而在交易成本不为零的情况下，产权的初始界定会影响经济制度的运行效率，并且由于外部性的存在会导致市场机制失灵。

刘易斯（Lewis，1955）在分析经济增长的主要因素时，指出制度是影响经济增长的重要因素，经济增长一方面取决于可利用的自然资源，另一方面则取决于人的行为。在自然资源大致相等的情况下发展却存在巨大差异的事实说明，人的行为对经济增长有着深刻的影响。决定经济增长的人的行为分为直接原因（近因）和间接原因（近因的起因）

两个方面，前者包括从事经济活动的努力程度、知识水平的提高与知识的运用和资本积累，后者则是指制度与信念。这里提到的制度主要指的是正式制度，其对经济增长是促进还是限制，主要取决于制度对人们的努力是否加以保护，以及为专业化发展提供的机会和对活动自由的限制程度。人们在从事经济活动时做出努力的前提是，成果属于他们自己或属于他们承认有权占有的人，社会改革者们针对不断变化的制度的努力，目的是使制度为努力提供更好的保护。

诺思（North，1971；1973）在制度变迁或制度创新领域做出了创造性的贡献，提出了著名的制度变迁理论。该理论认为制度是经济增长的关键因素，一种能够提供适当个人刺激的有效制度是促进经济增长的决定因素。而传统经济学所分析的规模经济、教育、资本积累等因素，并不是影响经济增长的原因，只是由制度创新带来的经济增长的结果或表现，只有制度因素或制度创新真正对经济增长起决定作用。由于经济组织是否有效率决定了经济能否增长，而经济组织的效率又取决于制度创新，因此制度创新是经济增长的关键。通过将交易费用和产权理论引入经济史研究，可以看出有效的产权结构是经济活力的源泉，因为国家决定产权结构，所以国家最终要对造成经济增长、衰退或停滞的产权结构效率负责。通过建立以产权为基础、以制度变迁为核心的经济增长分析框架，可以看出制度环境是一系列用来建立生产、交换与分配基础的基本的政治、社会和法律基础规则，制度环境是可以改变的。如果预期的净收益超过预期的成本，一项制度安排就会被创新，但同时制度变迁或制度创新存在着一定的"时滞"和"路径依赖"。制度也可以分为正式约束（或制度）与非正式约束（或制度）两种类型，其中正式制度包括宪法、法令、产权等法律法规，非正式制度包括道德约束、禁忌、习惯、传统和行为准则等。

阿尔钦和德姆塞茨（Alchian and Demsetz，1972）提出了企业产权结构理论，主要从企业是一种团队的假说出发，通过分析业主制企业较好地解决了企业内部监督者激励问题和提高企业绩效，因此将剩余索取权、监督权和经营决策权安排给企业主是最优的。詹森和梅克林

（Johnson and Meklin，1976）通过进一步分析合伙制企业的产权结构，认为合伙制企业的高效率应建立在两个前提条件之下：一是合伙人就分享剩余收入达成彼此满意的协议；二是每个合伙人的监督工作都是认真完成的，并且可以毫无代价地加以观察。如果这两个条件不能满足，就会出现偷懒和"搭便车"行为，合伙制企业就会难以维持下去。同时认为，由于股份制具有剩余索取权与经营权相分离，即具有"所有权与控制权分离"的特点，因此可以解决上述问题，并形成了职业经理人阶层。

（2）实证研究。考夫曼等（Kaufmann et al.，2000）利用1996年以来历年的世界部分国家和地区相关数据构建了政府治理效率综合指数。罗迪克等（Rodrik et al.，2004）通过使用这一指数对80个样本国家进行实证发现，政府效率对一国的经济增长有着显著的正向影响。米恩和韦尔（Meon and Well，2005）使用62个样本国家的相关数据，通过对这一指数进行分类检验发现，指数中政府效能和法治对经济增长的影响最大（分别达到0.062%和0.05%）。博尔曼等（Borrmann et al.，2006）选用146个国家样本，使用这一指数进行实证，得出政府效率较低的国家将不太可能从贸易中受益的结论。阿方索等（Afonso et al.，2005，2010）构建了绩效评估系统（PSE）指数用以衡量政府部门效率，并选取欧盟新成员国作为样本进行实证分析，验证了政府部门效率与经济增长之间的相关性。安哲罗普洛斯等（Angelopoulos et al.，2008）选取了64个样本国家1980~2000年的相关数据，通过实证分析同样得出相同结论。阿格达姆等（Aghdam et al.，2013）按发达、不发达和欠发达的标准，将118个国家（1996~2011年）进行分组并研究，研究结果是发达国家在该指数中的6个方面都要好于不发达和欠发达国家，从而指出经济落后国家在发展过程中，政府不仅要提供良好的经济条件，而且还要创造良好的政治制度条件。沃克（Walker，2014）通过对1978年之后的17项影响政府创新的主要因素进行定量分析发现，组织规模和行政能力等内部因素对于政府创新的影响较为明显。马（Ma，2016）将1986~2013年美国政府创新奖入围项目及获奖项目作为解释变量，分析了美国各州地方政府的创新情况，得出政府内部状况比外部状况对政府的创新能力影响更显著的结论。

部分学者使用数据包络分析（DEA）方法对政府效率进行测度。加西亚－桑切斯（Garcia－Sanchez，2006）用这一方法测度了西班牙地方政府效率。雷普和西普（Rayp and Sijpe，2007）测度了52个发展中国家1990~2000年的政府效率。宋（Sung，2007）测度了韩国地方政府1999~2001年的政府效率等。这些研究均证实了政府效率对经济增长的积极作用。

2. 国内研究现状

（1）理论研究。林毅夫（1989）认为制度安排的创新是获取集体行动收益的手段，既可以是正式的，也可以是非正式的。制度安排的效率取决于其他制度安排实现功能的完善程度。其中，能够提供较多服务的制度安排是较为有效的，但评估影响制度效率的生产效率和交易效率非常复杂，主要是由于制度变迁的方向和规模并不是随机的，是可以通过严密的经济学分析得出结论的。只要统治者强制推行制度变迁的预期收益高于预期费用，即影响统治者效用函数的因素，如税收净收入、政治支持等，在统治者强制推行一种新制度安排后的预期边际收益等于或高于边际费用时，统治者就会采取行动推动制度创新。在此基础上，分析了诱致性制度变迁动力学，指出社会将从抓住获利机会的制度安排创新中得到好处，但这种创新是否发生取决于个别创新者的预期收益和费用。在强制制度创新方面，可以将国家的决策过程看作是通过国家统治者的行为来完成的过程，而这个统治者是一个具有有界理性的人，其动力包括：一是需要一套规则来减少统治国家的交易费用；二是需要一套促进生产和贸易的产权以及执行合约的程序来增加国家的财富；三是需要一套意识形态来确认权威的合法性和巩固政权的长期性。汪丁丁（1992）指出创新的含义是引进以前（"以前"是指人们习惯了的事的总和）没有的一件事，它必定会干扰旧的价值体系，由于扰动产生的利润使得大家争相模仿而使利润消失，最终确立新的价值体系，重新向零利润经济复归。

陆建新（1997）认为制度创新和制度变迁在基本含义上具有相同

之处，都包含旧制度变革和新制度产生，同时也存在以下区别：①从时间跨度上来看，制度创新指的是较短时间内制度或制度结构的变革或创新，而制度变迁考查时间段则较长。②从新旧制度关系方面来看，制度创新形成的新制度可以在旧制度基础上产生，也可以在旧制度或制度结构外独立产生。③从主观能动性和客观必然性方面来看，制度创新突出了主体能动地创造制度变革的条件，而制度变迁则更多含有各种客观因素和力量共同作用、自然演进的意思。同时指出，中国的制度创新呈现以中央政府为主导的供给型特征，地方政府作为中央政府的各级行政代理机构，其地位和作用弱于中央政府，但要大大强于非政府主体，特别是改革以后地方政府的权力不断扩大，利益主体作用日益凸显，所以有理由将地方政府作为一个相对独立的制度创新主体。由此，可将中国制度创新主体划分成中央政府、地方政府和非政府主体三类，并提出了地方政府机构代理人悖论：无论是强制性制度变迁还是诱致性制度变迁，中国都离不开地方政府机构作为第一行动集团的代理人，而政府最高决策者或社会团体和个人之间，客观上存在着目标函数的不完全一致性，从而使地方政府凭借其拥有的权力和力量积极推动或消极阻碍制度创新，当地方政府具备阻碍制度创新的力量并采取逆向行动时，就会发生政府机构代理人悖论。邹薇、庄子银（1996）认为分工是一种生产性的制度安排，既具有直接的产出效应，又具有规定生产组织方式、交易组织发展程度、经济增长的制度特征，应该把握住分工制度与长期经济增长之间的关系，以分工制度为核心，把企业内部人力资本积累机制、市场依存度的扩张、市场范围的拓展和交易制度的逐步完善联系起来，为收益递增和长期增长提供一种制度保障。

杨瑞龙（1998）针对地方政府在我国市场经济改革过程中发挥的作用，提出了"中间扩散型制度变迁方式"的三阶段理论假说，并推断：一个中央集权型计划经济的国家向市场经济体制过渡的制度变迁路径，可能由改革之初的供给型主导逐步向中间扩散型方式转变，并随着产权制度的不断完善，需求诱致性制度变迁将逐步起到主要作用，最终实现计划经济向市场经济体制的过渡。作为微观主体和权力中心中介的利益独立化的地方政府，将突破权力中心设置的制度创新壁垒，使权力中心的垄断租金最大化与保护有效率的产权结构之间达成一致，即微观主体的自愿契约与权力中心的制度供给行为之间达成一致，而最终化解诺思悖论。周振华（1999）、陈天祥（2000）、郭小聪（2000）、刘锡田（2003）等学者都支持这一观点，并从地方政府创新的风险小、成本低、高效率等优势方面进一步论述了地方政府这一独立主体的重要作用。

黄少安（2000）提出"政府以行政手段推进市场化进程"的假说，认为政府的行政力量不仅不是市场化的阻碍，还是推进市场化进程的重要资源，市场化方向则能够同时满足政府"社会支持最大化"的政治目标及"财政收入最大化"的经济目标，因此两者存在一致性，从而表明政府以行政手段推动市场化进程，在一定时期是可行有效的，具有其内在合理性。

刘红、唐元虎（2001）以新制度经济学为理论基础，将制度因素作为内生变量引入新古典经济增长模型，试图揭示制度创新与长期经济稳定增长的关系，并得出制度创新与技术进步、经济增长（即制度因子）和劳动供给都有关系，技术进步可以促进制度创新，但不是唯一的决定因素，制度因子和劳动供给也能促进制度创新，而且在一定条件下，经济增长自身（即制度因子）影响更大。所以，得出制度创新既是经济增长的源泉，同时又是经济增长的内在需要的结论。易纲、樊纲、李岩（2003）针对关于中国经济增长仅仅依赖于投入驱动的观点，指出改革带来的制度变迁，使非公经济成为推动中国经济的重要增长力量。李小宁（2005）将制度作为外生因素引入 AK 增长模型，并讨论了两种典型情况：一是通过研究增长模型结构参数背后的制度因素，间接地确定制度对增长率的影响；二是通过将政府行为引入到增长模型中，体现制度因素对增长率的影响。

潘士远（2005）在内生经济增长理论的基础上，建立了一个同时将制度创新和技术进步内生化的经济增长模型，研究了制度变迁、技术变迁与经济增长的关系。该模型研究了专利制度、知识与经济增长的关系。结果表明，一个社会实施专利制度的最优时间取决于知识增长的速度，而专利制度变迁也会引起知识增长速度的变化，即制度创新和技术进步相互交织、相互促进，存在着互动的关系。

安立仁（2007）认为现有经济制度无法避免的内在缺陷属性决定了制度变迁存在的必要性，而制度变迁就是不断寻找具有更高激励水平与更低交易成本的经济制度的过程。中国经济增长水平在改革开放后之所以得到大幅提高，就是因为具有上述特征的市场经济制度取代了原来的计划经济制度所致。魏建（2010）认为选择性地对那些符合中国特定阶段经济增长需要的产权进行强力保护，是中国30年来经济长期增长的原因所在。周其仁（2010）指出正是由于产权的重新界定，中国显著降低了制度运行成本，进而得以形成综合成本竞争优势，并最终成为世界上增长最快的经济体。张瑄（2013）从制度变迁的视角分析了新中国成立后政府绩效变迁的特征，并对未来的政府绩效改革提出了展望，特别强调了未来要紧紧围绕政府职能的转变来提升政府行政绩效。

（2）实证研究。卢中原和胡鞍钢（1993）首次通过构建市场化指数分析经济制度变迁。在指数构建时，选用相关数据指标构建了投资市场化指数、价格市场化指数、生产市场化指数和商业市场化指数，并按0.3、0.2、0.3和0.2的权重构建市场化指数。通过度量我国1979～1992年的市场化指数值并进行计量发现，我国国民收入增长中约有14%来自市场化改革的贡献。随后，江晓薇、宋红旭（1995），顾海兵（1997），陈宗胜（1999），樊纲（2003），高明华（2003），周业安、赵坚毅（2004），张宗益等（2006），康继军等（2007）纷纷对市场化指数这一问题进行了深入研究，并对该指数进行不断修正和完善。

金玉国（2001）运用相关数据指标估算了制度变迁、市场化程度、分配格局、对外开放水平等四个制度变量，通过分析1978～1999年各制度变量对经济增长的边际影响及弹性发现，这一时期的中国经济增长受市场化程度和产权制度变迁影响最大。随后，这一测度方法得到了国内学界的普遍认同，并被之后的学者所广泛运用。

李富强、董直庆、王林辉（2008）依据中国市场化和产权制度改革特征，结合罗默（Roemer，1999）和巴罗（Barrow，2000）的模型和演绎逻辑，将制度引入增长模型诠释要素发展和经济增长关系，得出的结论是制度越完善，经济增长就越表现为人力资本和技术进步发展的结果；而制度越不完善，经济增长就越受限于制度的发展。通过以直接或与资本相结合形式将产权制度引入模型，运用计量经济学的分析方法，分类检验了资本、技术、制度、贸易、金融和地域作用于经济增长的关系，结果显示物质资本、人力资本和产权制度对经济增长的解释更有效，这表明制度不仅直接作用于经济增长，而且还通过影响生产要素投入和配置效率来影响经济增长。

庄子银和邹薇（2003）、郭庆旺等（2003）利用我国改革开放以来的时间序列及截面数据进行实证分析，发现政府公共支出与经济增长负相关。但刘进等（2004）、庄腾飞（2006）、郭健（2006）、廖楚晖（2006）、郭庆旺和贾俊雪（2006）的实证却发现政府支出与经济增长正相关。而王小利（2005）通过 VAR 模型对我国 1978～2003 年的相关数据进行实证后，却发现政府投资的作用并不显著。董直庆等（2009）利用 1978～2006 年期间的相关数据进行分析，发现政府主导型治理能够实现经济增长，但其结构与经济产出呈现倒"U 形"关系，即中国宏观经济存在最优治理结构和制度安排，只有适度的政府控制和市场竞争相结合才可以实现经济的持续增长。李刚和许跃辉（2012）提出了一个"准中性政府"的概念，通过构建内含政府、市场、制度和利益集团等组织的分析框架并进行计量分析，得出了准中性政府通过制度变迁的方式推动中国经济增长的结论。

杨友才（2015）在借鉴索洛模型的基础上吸收了罗默（Romer）模型的经济思想将制度内生化于经济增长模型，运用数理和计量经济学方法分析了制度与经济增长之间相互作用以及制度变迁的路径依赖对长期经济增长率的影响。并得出在控制人力资本、物质资本和技术等主要因素的条件下，市场经济制度下制度对经济增长的促进作用大大增强，而且制度通过路径依赖影响制度变迁，从而更进一步促进经济增长，同时，经济增长反过来又促进制度的变迁，使得制度对经济增长的推动作用又变得更大，这种良性循环，使得中国的经济增长奇迹是可能的也是不可避免的，是制度变迁所带来的制度红利的结果。

（3）东北老工业基地地方政府制度创新研究。

徐传谌、庄慧彬（2004）从引入制度在经济发展中的作用入手，通过对东北地区与发达省市之间正式制度变迁或正式制度创新（所有制结构转变、对外开放以及完善投资环境的制度安排、政府行政管理体制改革、投融资体制创新和企业制度创新等）和经济发展状况进行比较，提出正式制度创新是振兴东北老工业基地的关键，并进一步指出东北老工业基地落伍的主要原因是改革滞后、市场化程度低及正式制度变迁缓慢。徐传谌、王志刚（2005）通过对东北劳动力市场、资本市场、土地市场和技术市场等要素市场落后现状的正式制度分析，提出应加快制度创新完善东北老工业基地的要素市场，从而实现东北老工业基地振兴。徐传谌、杨圣奎（2006）通过分析东北老工业基地竞争力指数和市场化指数，对正式制度和非正式制度创新问题进行了研究。

宋冬林、赵新宇（2005）以吉林省为例，选取非公有制经济发展水平、市场化程度和对外开放程度三个正式制度变量，运用回归分析方法进行定量分析，得出三个制度变量与经济增长均存在正相关关系，三者对经济增长的作用大致相当，市场化程度略高，三个制度变量相互推进、相互作用，共同完成对经济增长的推进作用。

林木西、时家贤（2004）提出体制创新是振兴东北老工业基地的关键，而体制创新的核心是所有制结构调整，其目标就是实现国有经济、民营经济和外资经济混合发展。其中，必须加快国有企业改革的步伐，这是混合发展的中心环节。林木西（2006，2007，2009）指出东北老工业基地振兴重在制度创新，从一定意义上说，东北振兴的过程是一个制度创新或建立新机制的过程，并运用现代经济理论和分析方法对东北老工业基地振兴与制度创新这一重要问题进行了研究，认为东北老工业基地改造与振兴，是新中国成立以来东北发展史上的一次重大变革。实现这一宏伟目标，需要对东北老工业基地进行一番脱胎换骨的改造，注入新的生机和活力，重新发挥东北地区在全国经济发展中的重要作用。东北振兴需要实现制度创新和技术创新，而解决东北振兴的所有问题，都有一个始终躲不过去的关键环节，这就是制度创新。从一定意义上说，制度创新是东北振兴的"牛鼻子"，抓住了这个环节就等于抓住了东北振兴的关键。同时，还对东北老工业基地振兴中的正式制度创新和非正式制度创新进行了分析和论述。在东北老工业基地正式制度创新研究方面，通过对东北老工业基地企业创新、产业创新、区域创新、市场创新、发展模式创新、地方政府制度创新等问题，进行了大量的理论与实证分析，并结合分析结论提出了解决东北老工业基地正式制度创新滞后的政策建议。

关于东北老工业基地正式制度创新问题，其他学者也进行了一定的分析和研究。张今声（2004）指出，通过国有企业制度创新、政府职能转变消除计划经济体制所造成的种种影响，塑造促进东北振兴的内在动力源泉。麻彦春（2004）认为发展私营经济是振兴东北老工业基地的重要抉择。常忠诚（2008）以制度创新为分析视角，重点分析了正式制度创新与东北老工业基地可持续发展的路径选择问题。吴艳玲（2008）分析了演化经济学视角下的东北老工业基地制度变迁问题等。

二、东北老工业基地地方政府制度创新现状分析

（一）地方政府制度创新的现状

改革开放以来，尤其是国家实施东北老工业基地全面振兴重大战略以来，东北老工业基地各级地方政府按照《关于实施东北地区等老工业基地振兴战略的若干意见》《关于近期支持东北振兴若干重大政策举措的意见》《中共中央国务院关于全面振兴东北地区等老工业基地的若干意见》等重要文件要求和部署，不断推进地方政府制度创新，并取得阶段性重要成果。

1. 深化"放管服"改革

东北老工业基地地方政府切实转变政府职能，进一步理顺了政府和

市场之间的关系，在解决政府直接配置资源、管得过多过细以及职能错位、越位、缺位、不到位等问题方面取得一定进展。

一是行政权进一步下放。2016年，辽宁省共取消下放省级职权356项，并在各地级市设立行政审批（服务）局，实现了行政审核批准权限的集中，有效提升了行政审批效率，积极推行商事制度改革，实施企业"五证合一、一照一码"、个体工商户"两证整合"登记制度，激发了创业活力。吉林省也相继出台《2016年推进简政放权放管结合优化服务改革重点目标任务》等政策文件，深化行政审批改革，加大放权力度，进一步明确取消相应行政审批事项，对确需保留的审批事项，建立通用名录，规范全省市县所保留的行政审批权数量、名称及设定依据等，并统一审批标准，简化审批手续。其中，长春市将简政放权列为市长工程，自2014年以来先后6次集中减权放权，累计取消和下放了行政审批事项596项，市级非行政许可审批实现零审批，取消、免征及降低收费标准40项，为企业减轻负担11172万元。黑龙江省共取消下放省级职权192项，累计达到816项，行政审批事项减少到407项，权力清单进一步调整到3030项，精简了69.9%，非行政审批全部取消。

二是管理职能进一步转变。2016年，辽宁省大力推进国有企业体制机制改革，吸纳各类资本569亿元，省属国有企业资产负债率下降2.3个百分点，"三项费用"缩减了5.1%，"两金"占用降低了22%，上缴国有资本收益15亿元。深化投融资体制改革，推出了政府和社会资本合作（PPP）项目106个，吸纳民营资本294亿元。认真开展"三去一降一补"工作推进结构调整，去除煤炭产能1361万吨、钢铁产能602万吨，去除商品房库存10.4%，去除企业杠杆，新设投资基金、管理机构40家和新三板企业92户，实现资本市场直接融资2556亿元，降低结构性税费和实行普遍性降费政策，减少税费850多亿元，并安排6亿元扶贫资金加大力度补短板。大力扶持沈阳机器人、智能机床、鞍山激光产业园、盘锦辽东湾新区等战略性新兴产业和产业园区发展。实现农村土地确权登记3250亩，土地流转面积占比34.5%，高于全国平均水平，加强农产品质量监督，农产品抽样合格率达到 96% 以上，畜产品、水产品合格率达到 99% 以上，处于全国第二位。吉林省去除煤炭产能 1643 万吨、钢铁产能 108 万吨，去除商品房库存完成三年任务的 68%，规模以上工业企业资产负债率下降 2 个百分点，加大对传统产业升级改造和培育新经济、新业态的支持力度，推动现代农业和新型城镇化的快速发展。黑龙江省去除煤炭产能 1010 万吨、钢铁产能 610 万吨，去除商品房库存比 2015 年减少 1123 万平方米，减免税费达 51.8 亿元，建立 PPP 融资储备项目 595 个，设立融资基金 1340 亿元。推动国有企业股权多元化改革，拉动民间固定资产投资增长 7.9 个百分点，推动大型企业项目建设，全省兴建亿元以上项目 1031 个，10 亿元以上项目 110 个。

三是服务水平进一步提高。2016 年，辽宁省在金融服务领域，新增金融服务机构 110 家，综合融资增加 8180 亿元。在现代化流通领域，建立建成大宗商品现货电子商务运营平台 24 个。民生工程方面，离退休人员基本养老金标准提高到每月 2300 元，城乡医疗保险政府补助标准提高至 420 元，城市低保平均标准提高至每月 522 元，农村提高至每年 3903 元，棚户区改造 14.1 万套，货币化安置比例达到 75%，农村危房改造 2.28 万户，改扩建农村公路 4402 公里、村内道路 6051 公里，教育保障机制进一步落实，公立医院改革全面推进，环境改善和污染治理取得一定成效，空气和水环境质量进一步提高，创新创业服务进一步发展，沈阳浑南新区成为全国首批双创示范基地，大连高新区创新创业工作被纳入国家整体众创空间示范体系，建立产业技术创新平台 38 个。吉林省重点突出就业服务，实施高校毕业生等重点群体就业和劳动者技能提升计划，并积极推进脱贫攻坚计划，保障性住房建成 12.9 万套，使 36.2 万人受益，解决了 17.1 万农村居民的饮水安全问题，安全生产和社会稳定工作成效显著，应急保障机制进一步健全、能力全面提高。黑龙江省全年用于民生支出达到 2742.8 亿元，占公共财政支出的 64.9%，完成 40 万农村人口脱贫，进一步提高低保和特困人员救助标准，组建 364 个医联体，营养改善计划使受益学生增加至 40 万人，完成棚户区改造 19.9 万套，货币化安置率接近 50%，积极推动创新创业服务工作，鼓励科技人员、大学生等创新创业，举办创业对接活动 165 次，促成 330 个项目签约，签约金额达到 56.8 亿元。

2. 优化国际营商环境

改变"投资不过山海关"，优化国际营商环境，对于东北地区的经济发展至关重要。近年来，东北各级地方政府高度重视优化营商环境，并出台一系列相关政策措施。例如，2016 年 12 月，东北地区首个优化营商环境的省级地方法规《辽宁省优化营商环境条例》制定并发布；2016 年 12 月，沈阳市制定并发布《关于打造国际化营商环境的意见》；2017 年 1 月，黑龙江省制定并发布《关于推进国内贸易流通现代化建设法制化营商环境的实施意见》等。相关政策措施主要围绕建立依法行政、开放包容、互利合作、诚实守信、重商护商的基本原则，对于法律法规和经济社会发展需要不一致的各项规章制度予以及时修改和废止，减少行政审批程序，强化政府服务意识，充分发挥市场在资源配置中的决定性作用，建立舆论监督和群众监督等相关监督机制，形成责任追究制度，保障企业市场主体地位和合法权益，建立公平、公正、透明的竞争机制等方面。在各级地方政府的不断努力下，东北地区的国际营商环境得到较大改善。2017 年，辽宁省全社会固定资产投资比 2016 年增长了 0.1 个百分点；进出口总额达到 6737.4 亿元，增长了 17.9 个百分点；外商直接投资达到 53.4 亿美元，增加了 23.41 亿美元；新签对外经济合作合同 165 份，合同总额达 17.1 亿美元。吉林省全社会固定资产投资达到 13130.9 亿元，比 2016 年增加了 1.4 个百分点；进出口总额达到 1254.15 亿元，增长了 3 个百分点；外商直接投资达到 589.49 亿元，增加了 11.8 个百分点。黑龙江省固定资产投资 500 万元以上施工项目 24037 个，增长了 10.3 个百分点。其中亿元以上项目 1560 个，增长了 11.3 个百分点；十亿元以上项目 166 个，增长了 12.2 个百分点；进出口总额 189.4 亿美元，增长了 14.5 个百分点。

3. 提高政府效率

精简机构、减员增效，一直是东北地区地方政府推进政府改革的重要环节。2016 年,辽宁省在省政府内设机构改革方面,实现 55 个部门优化职责 750 余项,精简处室 85 个,减少干部职数 192 名,收回人员编制 104 名。在经营性事业单位改制方面,省、市级分别组建了 7 家、41 家国有企业集团,推动 658 家经营性事业单位转企改制,收回事业编制 1.5 万余个。省(中)直 40 个单位 422 项审批事项进入省政务服务中心集中办理,审批时限压缩 50% 以上。吉林省在 2009 年实行政府机构和人员编制改革,省政府工作部门减少至 40 个,减少了 9 个,精简比例为 16%,并在改革后按照严控总量、盘活存量、优化结构、增减平衡和只调不加的原则,在机构控制上采取"撤一建一"等原则,保持机构总数稳定,在人员编制方面,采取只出不进、只减不增原则并要求事业单位保持 4% 空编运行,实现机构编制"零增长"。黑龙江省在 2010 年对全省 13 个地级市和 68 个县的政府机构实施改革,共撤销 691 个行政机构,整合撤销了 110 个行政职能事业机构,并于 2016 年实施了 180 万机关事业编制人员的市场化改革。

4. 加强法治政府建设

2016 年 7 月,辽宁省制定并印发《辽宁省法治政府建设实施方案(2016～2020 年)》,为法治政府建设提出了总体目标、主要任务和保障机制。2016 年,辽宁省法治政府建设也取得了一定的进展,全年提请省人大常委会审议地方性法规草案 8 件,审议通过省政府规章 4 件,通过征求意见、民主协商等方式积极推进科学民主立法,备案审查各市政府、省直部门 189 个规章规范性文件,对 327 件省政府、办公厅拟发布文件进行了事前合法性审查工作,比 2015 年提高了 183%,并提出了 252 条审查意见,废止和修改地方性法规 15 件,废止修改省政府规章 21 件,全面清理自改革开放以来省政府、办公厅印发的 3 万多份文件,并废止 1595 件,有效消除政策壁垒,对 14 个市、90 个县开展督导调研工作,并集中整治乱收费、乱罚款和乱检查等行为,依法办理 300 件行政复议案件,并对问题案件予以纠正,开展了法治培训和相关学术研究工作。2016 年,吉林省提请省人大常委会审议地方性法规草案 10 件,办理人大代表建议 241 件、政协委员提案 378 件,制定政府规章 5 部,成立省政府决策咨询委员会，全省重大决策事项风险评估和合法性审查率达到100%，启动"七五"普法工作，坚决纠正"四风"问题，保持机构编制"零增长"，楼堂馆所"零开工"，"三公"经费再下降，制定问责办法，严格督查追责，推动工作落实，黑龙江省"三公"经费支出共计减少4.8亿元，各级审计机关核减政府投资8.8亿元，严控政府举债规模，并组建省公共资源交易中心，省政府系统累计清理出非办公类用房666处、面积131.5万平方米，并直接用于发展产业。2016年11月，黑龙江省制定并发布《黑龙江省法治政府建设考核办法》，并予以实施。2016年，黑龙江省政府聘请147位法律专家，并不断拓宽社会各界参与立法途径，并将立法草案通过互联网向社会公开征求意见，哈尔滨市政府、齐齐哈尔市政府制定法规草案和规章共14部，规范文件制定程序和备案审查等要求，对备案的文件进行登记、抽查，对存在的问题予以纠正，废止、修改地方法规44部，实施"双随机一公开"监督检查机制，推进公正文明执法，提高行政执法水平，向省人大常委会报备政府规章3部、规范性文件78件，共办理全国人大代表、全国政协委员、省人大代表、省政协委员提案927件，函件115件，依法受理投诉举报789件，办结776件，责令整改40件，在各地级市、省直部门建立行政复议委员会，全年共受理行政复议申请3338件，并进行法制教育培训等相关工作。

（二）存在的主要问题

1. 地方政府制度创新进展缓慢

2003年国家实施东北老工业基地全面振兴战略十余年来，东北老工业基地各项事业得到了快速发展，地方政府制度创新也取得了重要的阶段性成果。但面对众多历史遗留问题，东北老工业基地地方政府在制度创新方面虽然进行了积极探索，但成效并不显著，制度创新进展较为缓慢。表7-1分析了中国地方政府创新奖的情况，由此可见一斑。

表 7-1　　　　　　中国地方政府创新奖区域分布情况　　　　　单位：个

区域	省份	2001 年	2003 年	2005 年	2007 年	2009 年	2011 年	2013 年	2015 年	合计
东部地区	北京	0	2	2	1	2	0	1	1	9
	天津	0	0	1	0	0	1	0	0	2
	河北	1	2	2	0	1	1	0	0	7
	上海	2	0	1	2	1	1	0	1	8
	江苏	2	0	2	1	4	0	2	1	12
	浙江	2	3	4	4	4	5	2	2	26
	福建	0	1	2	0	1	0	1	2	7
	山东	0	1	0	2	2	1	2	1	9
	广东	2	1	1	2	3	4	2	3	18
	海南	1	1	0	0	0	2	0	0	4
	小计	10	11	15	12	18	15	10	11	102
中部地区	山西	0	0	0	0	0	0	0	1	1
	安徽	0	1	0	0	0	0	0	1	3
	江西	0	0	0	1	0	1	1	1	4
	河南	1	1	0	0	0	1	1	0	4
	湖北	2	0	1	1	0	0	0	0	5
	湖南	1	0	1	0	0	0	0	1	3
	小计	4	2	3	2	0	2	2	5	20
西部地区	内蒙古	0	0	0	0	1	0	1	0	2
	广西	1	2	1	1	0	1	0	0	6
	重庆	0	0	2	0	1	1	1	1	6
	四川	2	2	2	3	2	2	2	2	17
	贵州	1	0	0	0	1	0	1	0	3
	云南	1	0	0	0	1	0	0	0	2
	西藏	0	0	0	0	1	0	0	0	1
	陕西	0	0	1	0	1	1	2	0	5
	甘肃	0	0	0	0	0	0	0	0	0

续表

区域	省份	2001 年	2003 年	2005 年	2007 年	2009 年	2011 年	2013 年	2015 年	合计
西部地区	青海	0	0	0	0	0	0	0	0	0
	宁夏	0	0	0	0	1	0	0	1	2
	新疆	1	0	0	1	1	0	0	0	3
	小计	6	4	6	5	10	5	7	4	47
东北地区	辽宁	0	0	1	0	1	1	0	1	4
	吉林	0	1	0	0	0	0	1	0	2
	黑龙江	0	0	0	1	1	0	0	0	2
	小计	0	1	1	1	2	1	1	1	8
合计		20	18	25	20	30	25	20	21	177

资料来源：笔者根据历届"中国地方政府制度创新奖"整理得到。

　　以"中国地方政府制度创新奖"获奖情况作为地区地方政府制度创新发展的衡量标准，通过表 7 - 1 可以看出，从 2001 年开始的八届"中国地方政府制度创新奖"评选中，东北老工业基地三个省份的获奖总数为 8 项，仅占整体获奖数量的 4.5%，远远落后于其他地区。其中辽宁省 4 项、吉林省和黑龙江省均为 2 项，在全国范围内分别排名第 14位、22 位、22 位，除了辽宁省排名处于中等水平外，吉林省和黑龙江省的排名均处于落后水平，且辽宁省地方政府制度创新奖的获奖数量与浙江、广东和四川等省份的差距仍十分明显。

　　2. 地方政府制度创新系统性不强

　　地方政府制度创新包括经济体制、政治体制、社会体制和文化体制等多方面的制度创新，具有较强的系统性特点。各个方面之间是相互促进、相互制约、共同发展的关系，忽视任何一个方面都会使制度创新的效果大打折扣，甚至导致制度创新的失败。在东北老工业基地全面振兴战略实施至今，东北老工业基地地方政府对旧有体制机制的改革和创新进行了积极的探索，采取了双轨过渡、循序渐进的方式对传统体制机制的"薄弱环节"进行了有效的改革和创新，取得了显著的成果。但随着东北老工业基地全面振兴的不断推进，地方政府制度创新系统性不强的问题日益突出，制约了东北地区政治、经济、社会、文化等方面的全面发展。

东北老工业基地地方政府制度创新系统性不强主要体现在两个方面：一是整体性制度创新不协调。以往重点围绕经济制度创新，忽视政治体制、社会体制和文化体制等方面制度创新，导致政治、社会、文化等领域发展相对滞后。二是经济体制改革内部的各项制度创新缺乏科学合理安排。各项改革未能协调推进，单纯追求经济增长的经济体制改革所带来的城乡、区域、经济与社会、人与自然之间的发展越来越不协调，粗放式的发展方式、产能过剩、市场割据等问题依然存在。随着地方政府制度创新缺乏系统性所带来的一系列矛盾和问题不断显现，全面科学系统的制度创新安排势在必行，东北老工业基地地方政府制度创新已经进入了攻坚阶段。

3. 地方政府制度创新规范性不够

地方政府在制度创新过程中缺乏对制度创新行为本身的规范和约束，导致受制度创新主体自身利益的影响制度创新偏离预期目标的现象依然存在。这一问题不仅存在于东北老工业基地地方政府制度创新过程中，也是当前中国地方政府制度创新的共性问题之一。地方政府制度创新不够规范，往往会出现寻租腐败频发、制度制定随意性较大等问题，导致制度创新缺乏公平性和有效性。

东北老工业基地地方政府制度创新规范性不够主要表现在：一是政府越位、错位、缺位问题依然存在。政府越位是指政府参与和管理了职权范围以外的事情。受计划经济体制影响较深的东北老工业基地地方政府，长期充当着经济建设的主体和投资主体，既是管理者又是参与者，这种情况完全不符合市场经济发展的要求。另外，东北老工业基地地方政府直接干预企业生产经营活动、人事安排和内部管理等问题广泛存在，正当的市场调节与行政干预是应对市场失灵的重要手段，但过多的行政干预一样会扭曲市场资源配置效率，导致市场秩序混乱。政府错位是指政府未能有效的管理职权范围内的事情，在各级政府之间和政府内部各部门之间，机构重复、职能交叉的问题长期存在，导致在政府管理范围内的很多事情主管部门错综复杂，办事效率低下，管理混乱。政府缺位是指政府没有管理职权范围内的事情，东北老工业基地地方政府在公共服务供给和社会保障体系建设方面投入不足甚至出现功能缺失，尤其在反映强烈的民生问题、为市场主体提供服务和创造良好发展环境等方面，与发达国家和地区仍然存在较大差距。二是政策制定随意性较大。以政府制定补贴扶持政策为例，一方面是地方政府政策扶持补贴发放随意性比较大，很容易造成资源配置扭曲；另一方面是地方政府从中央政府或上级政府争取政策扶持补贴后直接补给辖区的企业，补贴政策的效果并不好。

（三）主要成因

随着改革开放和东北老工业基地振兴战略的实施，东北老工业基地地方政府制度创新不断推进，地方政府职能切实得到转变，行政体制机制改革进一步深化，但与建设"法治政府、创新政府、廉洁政府、服务型政府"的总要求还有较大差距，究其原因，导致东北老工业基地地方政府制度创新问题的主要原因有以下几个方面：

第一，制度创新意识不强。推进地方政府制度创新，首先要树立制度创新意识。东北老工业基地地方政府由于受计划经济体制影响较深，市场意识淡薄，权力意识较强，在一定程度上还存在着"等、靠、要"的思想，缺乏开拓创新精神和服务意识，对原有旧体制机制存在较强的路径依赖，对地方政府制度创新抱有一定的消极抵触情绪，不利于地方政府职能转变和行政体制机制改革。

第二，地方政府绩效考核机制不完善。东北老工业基地地方政府的绩效考核机制不够完善，未能形成有利于地方政府制度创新的绩效考核机制。首先从地方政府的考核机制来看，虽然近年来一直不断完善地方政府的考核机制，但经济增长依然是考核的主要组成部分。这就导致了地方政府过于追求短期效益，忽视经济发展的长期效益，对于推进阻力较大并需要付出较高改革成本，且不能带来短期效益的制度创新，地方政府一般都不愿轻易触碰。

　　第三，相关法律法规不健全。地方政府由于其具有一定的特殊地位，对于规范和约束其行政行为的相关法律法规很难建立也很难实施。东北老工业基地地方政府参与或干预企业经营、人事任免、干预市场经济正常运行等情况依然广泛存在，权力未能得到有效约束，对东北老工业基地各项制度创新都产生较大的阻碍作用。

三、发达国家和国内发达地区制度创新的经验总结

（一）发达国家老工业地区的做法

1. 德国鲁尔工业区

　　德国鲁尔工业区是世界最重要的工业区之一，位于德国西部、莱茵河下游支流鲁尔河与利珀河之间，区内人口和城市密集，拥有5万以上人口规模城市24个，其中埃森、多特蒙德和杜伊斯堡人口均超过50万人。鲁尔工业区是以煤炭和钢铁为基础，以煤炭、钢铁、电力、机械、化工等重化工业为主要产业结构的重工业区，在德国经济中具有十分重要的地位，对二战后德国经济恢复和经济起飞起到了至关重要的作用，其工业产值曾一度占德国的40%。但与世界其他老工业区一样，由于产业结构单一、煤炭和钢铁等传统工业衰退等原因，德国鲁尔工业区的发展也出现了结构性危机，并在20世纪60年代末开始陷入发展困境，经济中心地位不断下降，工业产值从占德国总体的40%，一路下滑至不足1/6。面对鲁尔工业区的实际情况，德国政府出台了一系列政策措施，帮助其走出发展困境重新焕发生机和活力。

　　第一，成立专门机构。根据鲁尔工业区的实际情况，德国政府成立了由鲁尔煤管区开发协会为主体、鲁尔工商管理局、劳动局和经济促进会等机构部门相配合的机构体系，制定并实施了鲁尔工业区长期发展规划，并联手解决鲁尔工业区转型发展过程中的相关问题。由鲁尔煤管区开发协会负责鲁尔工业区的总体改造复兴任务，直接参与鲁尔工业区的

建设和规划，鲁尔工商管理局的主要职责是对鲁尔煤管区开发协会制定相关政策进行协助，并对发展规划的实施进行监督，劳动局和经济促进会等机构通过推动政府和企业合作解决鲁尔工业区转型升级过程中出现的失业等问题。1969 年，通过各机构部门的协同配合，经过不断的修改和完善，第一个鲁尔工业区总体发展规划正式发布，这也是德国历史上第一个具有法律效力的区域整治和发展规划。其目标为：以煤钢为基础，发展新兴工业，改善经济结构，拓展交通运输，消除环境污染。并提出了"稳定第一地带、控制第二地带、发展第三地带"的整治方案。"稳定第一地带"是指维护早期大型煤矿和煤矿集中地区，即鲁尔河谷地区的稳定。总体规划以保持相对稳定的经济发展为主要目标和基本要求。主要措施包括：改造煤矿生产的组织和技术基础，建立连接中心城市与整个地区的快速、高效交通线路，进一步提升综合服务能力。"控制第二地带"是指对中部地区进行重新规划，并控制重新规划区。中部地区具有城镇集中、人口密集、企业林立、经济比较发达的特点。总体规划提出对该地区工业布局进行科学合理的重新规划，深化工矿企业改造和控制人口数量等政策措施。"发展第三地带"是指发展鲁尔河东西部地区。该地区处于鲁尔区的边缘地带，传统工业发展水平较低，总体规划提出充分运用相关政策优势，鼓励企业和个人投资，大力引进高端人才，进一步促进新兴工业和第三产业发展，将其建设成为新兴工业发展地区。

第二，政府提供财政资金支持。为了促进地区均衡发展，进一步缩小地区差距，政府提供了财政资金支持和推动老工业地区的改造。联邦政府经济部下设的联邦地区发展规划委员会和执行委员会将老工业地区改造列为主要工作内容。针对鲁尔区的实际情况，制定了相应的资助政策。规定鲁尔区内各地区失业率达到 15% 以上、人均收入低于西部地区平均水平 75% 的地区，都可以申请联邦政府资助。资助采取项目资助方式，由被资助地区提出资助项目申请，通过项目招标，经地区发展执行委员会和北威州政府联合审批，通过审批的一般性项目，提供占投资总额 28% 的资金资助，而对于环保和废厂房利用等能够推动当地基础设施建设的特殊项目，则可得到占投资总额80%的资金资助，联邦政府和州政府财政按50%的比例共同承担资助资金。政府还出资5亿马克设立了鲁尔地产基金并成立了土地评估机构，收购和评估由于企业关、停、并、转而闲置的土地，并进行环保处理后对其重新利用。财政资金支持政策还包括财政转移支付和相关税收优惠政策，对于能够促进鲁尔区经济发展和增加就业等企业进行补贴和政策倾斜，例如为购买鲁尔区内废弃矿井和工地的企业提供低息贷款，以及为能够增加鲁尔区就业岗位的新建或迁入企业提供投资总额10%的就业赠款等。

第三，产业结构调整和重新布局。首先，推动传统产业转型升级。1965年，德国联邦政府为大力扶持鲁尔区的煤炭工业，实施了降低燃煤发电厂投资税的政策，但并未取得理想效果。1966年，再次对燃煤发电厂进行投资补贴，在为期一年的时间里，投资补贴共投入达150多亿马克。其中，联邦政府支付100亿马克以上，达到补贴总额的2/3。1969年，由26家煤炭公司发起并成立了鲁尔煤炭公司，重新规划和调整了鲁尔区煤田：一是对亏损煤矿进行关停，对盈利多和机械化程度高的大矿井实行集约化生产经营；二是利用低息贷款对机器化程度进行升级改造，从而提高生产效率；三是对煤炭企业进行补贴，进而平抑国产煤与进口煤之间的差价，增强煤炭工业的竞争力。1983年，政府对鲁尔区钢铁工业改造提供了资金援助，援助总额达到45亿多马克。改造的具体措施包括：一是通过企业间的兼并重组，扩大企业规模，形成集约式生产经营；二是推进钢铁企业技术改造，提升企业生产的技术化和专业化；三是重新进行产业布局，对于不具有成本优势和产品附加值较低的初级钢铁加工业迁移至大河沿岸和港口区，从而大幅度降低企业成本，并进而提高了钢铁工业的国际竞争力。其次，因地制宜建立新兴产业。鲁尔区的不同城市存在着不同的优势，各个城市利用自身独特的优势重建了自己的支柱产业。埃森市自然环境优美，具有众多天然的湖泊和森林，具备发展休闲旅游业和服务业的良好基础。在此之上，埃森市大力发展这两大产业，成了当地的休闲服务中心。杜伊斯堡凭借其地缘优势，利用港口大力发展对外贸易，成了该区域的贸易中心。由于众多高校为多特蒙德市提供了技术支持，多特蒙德市大力发展微电子和软件业，获得了成功。不仅如此，鲁尔区还出台多项优惠政策，并利用充足的劳动力资源、便利的交通条件和较大规模的市场基础等有利条件，鼓励并吸引新兴工业企业进入和扩大投资规模。与此同时，还大力推动第三产业发展。1958～1973年期间，共有469家企业新建或迁入鲁尔区，极大地带动了鲁尔区的经济发展。

第四，大力培养创新能力。老工业基地转型的核心就是逐步淘汰传统落后的产业，建立和引进高新产业作为本地区的新型支柱产业。这就需要不断地创新和研发，并把相关的成果转化为新产品和新产业。鲁尔区高度注重教育投资，建立多所高校，提高地区整体劳动力素质，提高本地区的创新能力，为该地区提高传统产业的产出效率、发展新兴产业奠定了有利基础。20世纪60年代，鲁尔区创建了多特蒙德大学、波鸿鲁尔大学、杜伊斯堡内河航运学院等多所高校，使这里从一个没有高等院校的地区变成欧洲高等院校最为密集的地区，高等院校学生总数达到近15万人，从事科研与教学的教授学者达到约3000人，拥有了雄厚的科研实力。其中理工类和经济类等对区域经济有重要影响的专业，学生比重达到63.5%，比全国平均水平高出12个百分点。同时，为了给新兴产业提供资金和技术支持，鲁尔区还成立了鲁尔区风险资本基金会和新技术服务公司，引进了约30家承担着研发和咨询业务的科研中心和大公司总部。

通过一系列的制度创新，鲁尔老工业区的改造转型取得了一定的良好效果。一是工业企业生产效率得到显著提高。鲁尔工业区通过对原有大部分企业进行兼并、重组和破产，并对传统工业企业进行技术改造，加之高附加值、高技术含量产品生产企业大量涌现，形成了许多更具竞争力的工业企业，虽然就业人员大幅度减少，但企业的生产效率得到了较大幅度提升，工人收入也得到较大幅度提高。二是中小企业得到一定发展。由于政府的重视和投资，鲁尔工业区许多中小企业得以建立并迅速发展，以主要使用新工艺和生产新产品为特点的中小企业，为鲁尔区经济发展增添了活力。三是服务业快速发展。鲁尔区的一些著名工业城市通过大力发展服务业，转变了原有的发展模式，埃森市吸引并建立了许多大公司的总部，成为企业管理中心，多特蒙德市成为保险和技术基地，杜伊斯堡成为物流集散中心和微电子产业中心。服务业的快速发展，不仅推动了鲁尔区的经济发展，还吸收了煤炭、钢铁等产业在转型升级过程中，裁减下来的约40%的劳动力。现在鲁尔区在煤矿、钢铁等传统产业中工作的劳动力仅占劳动人口的8%，而在服务业中的已经达到63%。

目前，鲁尔工业区的三次产业分布与德国整体水平大致持平，产业结构逐步趋于优化，地区转型基本成功。但是，鲁尔工业区的高失业率仍然是个不容忽视的重要问题。鲁尔地区的整体失业率仍然远高于德国整体水平，根据各国老工业基地转型的经验来看，由于需要逐渐淘汰传统低效的产业，而新兴产业无法全部吸纳剩余工人，因此老工业区在转型之中难免会遇到失业率大幅上升的情况，这一问题也是阻碍老工业区转型发展的核心问题之一。

2. 美国"锈带地区"

美国"锈带地区"也称"铁锈地带"，因位于美国东北部地区的制造业地带，以明尼苏达的钢铁产业而得名。20世纪七八十年代，该地区的工业急剧衰落，大批工厂倒闭、大量工人失业，闲置的机器设备锈迹斑斑，因而被形象地称为"锈带"。进入20世纪90年代，通过一系列政策措施的制定和实施，"锈带"地区经济发展水平迅速提高，成了美国经济调整时期取得成绩最为显著的地区，也成为备受美国经济学界关注并推崇的地区发展范例，也被称为"锈带复兴"现象。美国的"锈带复兴"固然有当时能源价格较低以及美元贬值对其发展十分有利的外部原因，但更主要的原因是其制定了符合自身发展实际的经济政策。

第一，政府政策资金的扶持。美国政府通过经济政策和措施控制和干预老工业地区的改造，对"锈带地区"的崛起起着至关重要的作用。一是产业保护政策。政府出面实行限制进口的政策，从而保护了国内制造业的发展。在20世纪70年代末80年代初，面对钢铁工业急剧衰退的状况，政府在1976~1980年期间，实施了特殊钢进口限额政策；

1978年开始实行进口碳钢的价格控制措施；卡特政府对进口钢铁提高了最低限价；里根政府与29个国家达成自愿限制钢铁进出口的协议；等等。二是财政扶持政策。通过降低贷款利率、加速折旧和吸引投资等扶持政策，稳定了钢铁的生产和发展。虽然其中的一些扶持政策不仅是针对"锈带地区"制定的，但也对"锈带地区"的经济复兴产生了极大的促进作用。三是减税和放松政府管制。1982年开始，政府降低了个人所得税，并通过建立"快速成本回收制度"和相应的税收优惠政策，降低了公司所得税，调整或取消了180多项有关工矿安全和环境污染等阻碍经济发展的规章制度等。

第二，产业政策的调整。一是进行优势产业重组。依靠"锈带地区"雄厚的制造业基础，通过企业改造和结构性调整，使老工业区的制造业重现光彩，并以此为基础带动其他区域经济发展，这是锈带地区经济调整的最突出的特点。20世纪中叶到20世纪80年代，美国的汽车行业处于分散发展状态，当时受到日本汽车出口的巨大冲击。在20世纪80年代，美国将汽车工业进行整合和重组，将大量汽车产能进行集中，追求规模效率。通过一系列措施，不仅美国的汽车行业重获新生，还带动美国中西部地区实现经济振兴。二是盘活存量扩大增量。盘活存量方面，制造业通过技术改造升级，特别是将信息技术应用于制造业生产过程中，是"锈带地区"中西部复兴的重要原因。美国的汽车产业利用高新技术改造其生产技术，细化分工，提高产能效率，提高产品的附加值，不断推陈出新。高新技术的利用也是美国汽车行业得到发展，进而带动美国中心部地区崛起的主要原因。扩大增量方面，传统工业失去竞争力是"锈带地区"衰落的主要原因，而"锈带地区"则抓住这一机遇，积极推进经济结构调整，通过推动新兴产业快速发展，拉动经济增长和就业，并取得了显著成效。例如，曾经是美国最主要的重工业州之一的伊利诺伊州，经过不断调整和改造，食品加工业、电脑和电子产品制造业逐渐成为支柱产业。美国"钢都"匹兹堡，如今成为著名的生命科学中心。不包括大学里的研究人员，目前匹兹堡生物技术产业拥有近万名雇员，每年的就业人数增长率达到3%。

第三，金融政策支持。有利的金融政策措施和适当的金融组织的建立，为美国"锈带地区"的产业结构重组和高新技术产业发展起到了非常重要的推动作用。随着旧金山、洛杉矶、纽约、波士顿等传统工业城市和地区转变为美国风险资本集中地，高科技产业的发展得到了充足的资金支持，从而迅速发展壮大。此外，借助于联邦政府、州政府和私人基金会的资金支持，大量新创企业培育公司得以建立，为"锈带地区"的高科技企业创立和发展起到了巨大的推动作用，新创企业培育公司一般是以较低价位的租金为新创企业提供办公室、生产车间或实验室等集中创新创业场所为主要活动的组织机构，为新创企业的发展提供了便利的工作环境和发展环境，由于新创企业培育公司具有促进地区发展的积极作用，因此，其建立方式主要以政府公共部门和经济发展组织发起建立为主，据统计，美国在 1987 年拥有这类公司企业达 200 多家。"锈带地区"的麻省在经济振兴过程中，将扶持新创企业培育公司作为重要发展战略，州政府通过设立风险资本公司"麻省社会发展金融公司"、金融代理机构"卓越中心"和科技投资公司"麻省技术开发公司"等，为以生物工程、计算机软件与服务、海洋科学等科技创新公司提供金融支持。

经过一系列的调整和改造，美国"锈带地区"的整体工业劳动生产率增速明显提高，美国为推动"锈带复兴"的政策基本获得了成功。但是，美国"锈带地区"的劳动生产率仍然低于美国整体水平、人才外流情况严峻、单一的产业结构、缺乏持续的技术创新能力等问题仍然存在，其更深层次的矛盾并没有被彻底解决，这些问题也将制约其未来的发展。

3. 日本九州地区

九州是日本第三大岛，位于日本西南端，九州工业带作为日本四大工业带之一，其对日本二战后快速发展和崛起起到了非常重要的作用，尤其是其中心北部地区九州市作为日本明治时代工业革命的起点，一直是日本最主要的工业城市和港口城市之一。从 20 世纪 50 年代开始，由于受到日本经济政策和国内外各种因素的影响，九州地区的传统工业不断衰退，在全国工业中的比重不断降低。面对九州地区如此严重的衰退局面，日本政府采取多种手段推动其实现振兴。

第一，淘汰落后产能。日本政府主要采取了以下措施：一是循序渐进地调整煤炭政策。九州的能源产业受到了几次严重的冲击，产业整体受到了严重的影响，日本政府采取"渐进式"调整战略对九州地区的煤炭等资源产业进行调整和改造，在资源尚未进入枯竭期之前，就开始控制资源产业的发展，逐步降低其对自然资源的过度依赖。在对资源产业进行调整改造的同时，鼓励和扶持成长型替代产业快速发展，将衰退产业的各种资源逐步向新兴产业引导和转移，积极实施多元化发展战略。以九州地区的煤炭产业为例。日本政府从20世纪50年代开始，直到2002年1月九州地区最后一家煤矿池岛煤矿的关闭，用了近40年的时间通过"渐进式"调整方式，使其煤炭产业顺利实现软着陆。1955年出台了《煤炭工业合理化临时措置法》，大力扶持高效煤矿，集中整治低效煤矿，并实施多元化经营发展战略。从1962年7月至1991年7月日本政府共进行了9次煤炭政策的调整。其中，前三次煤炭政策的调整，主要是为了稳定煤炭产量，保护煤炭产业的发展，而从第四次煤炭产业政策开始，逐渐实施煤炭产业的退出机制。政策的调整反映出日本政府对煤炭产业从保护、扶持到放弃的演变过程，对九州地区煤炭产业的软着陆起到了关键作用。二是积极吸引投资，创造就业机会。在煤炭产业难以复兴的情况下，政府开始实施劳动力转移和鼓励发展新产业的相关政策措施。1961年制定了《产煤地域振兴临时措置法》，以及1962年设立了"产煤地域振兴事业团"（1972年后重组为"产业重组/产煤地域振兴事业团"），积极推进工业园小区的建设。工业园小区由"产煤地域振兴事业团"出资、融资开发，并通过长期贷款和减免税等政策措施对投资者进行转让，从而吸引投资者来产煤区建厂。1993年福冈县共建立工业园小区66个，占全国总数的40%，2002年，总数上升为96个，占地1538公顷，园区内拥有企业达到521家，创造就业岗位5615个。三是完善社会保障机制。日本政府制定了《煤炭矿业结构调整临时措施法》《煤矿职工队伍稳定雇佣临时措施法》和《煤炭矿业年金基金法》等政策措施，对失业的煤矿职工发放退职金和离职金，然后通过对职业转换、职业训练和再就业的援助，为离岗失业人员提供生活保障和再就业条件，维护了社会经济稳定。并且九州地区对离岗人员的培训工作，是从开始研究煤矿封井之初就已着手实施，确保了煤矿工人在离岗失业前就基本掌握了一定的职业技能，为再就业创造了有利条件。从其他国家老工业基地转型的经验来看，转型之中遇到的严重失业问题是老工业基地转型中遇到的最大难题之一，九州地区比较成功地解决了这个问题，为其成功转型奠定了良好的基础。

第二，大力发展新兴产业。九州地区在进行产业结构调整过程中，并没有采取依赖原有产业基础进行产业链简单延伸的方式，而是采取大力发展新兴产业的政策措施，结合区位优势对产业结构进行重新定位，引入并扶持新兴替代产业，从而实现产业结构多元化发展方式。其中最典型的就是集成电路（IC）产业，九州地区发达的航空运输基础设施和由于传统产业衰落，为 IC 产业的发展提供了有利的区位优势和廉价的劳动力资源，大批世界级知名企业如美国的仙童公司和得克萨斯仪器公司，英国克兰菲尔德（Cranfield）大学日本中心，德国国立信息处理研究所（GMD - Japan），日本国内的东芝、索尼、松下、日立、富士通、日本电气、三菱等纷纷在九州地区建立工厂和研发机构，带动了其他高新技术产业的快速发展，也使九州地区成为知名的高科技产业基地。

第三，创建高新技术产业发展模式。"技术城"（Technopolis）是由日本人创造的词汇，它是以高技术研究开发为基础，将产（业）、学（术）、住（生活环境）有机结合成三位一体的、以原有地方城市为母城的新型中小城市。日本第四次全国综合开发计划将建设"技术城"作为计划的中心内容，该计划提出在具有一定经济、文化和自然条件基础的地方中小城市，通过引进高科技尖端产业，为城市的经济发展提供动力，并配置科研机构和高校等研究机构，并提供舒适方便的生活条件。具体措施为：一是推动高校和科研机构向地方分散，以及创办中小型企业大学，为地方培养高技术人才；二是实施贷款和补贴政策，大力支持企业进行科技研发。建设"技术城"的目的是，更好地推动高新技术产业与改造传统产业有机结合并共同发展，吸引和培育高科技人才和大型科技企业，提高地区企业的科技水平，推进科技与经济发展深度融合，实现地区经济振兴和发展，1983 年日本共建立了 26 个"技术城"，其中有 6 个建在九州地区，在"技术城"快速发展的带动下，九州地区的基础设施、新产品和新技术研发以及人才培养都取得长足进步，并为九州地区的经济发展做出了巨大贡献，1994 年九州地区的 6 个"技术城"的工业生产总值达到了 42541 亿日元，占地区工业总产值的 22.5%，并带动了 18 万人口的就业。2002 年，九州地区的企业与大学等科研院所合作研究项目达到 810 件，占全国总数的 12.0%，2003 年 7 月，九州地区技术许可机构数量为 6 个，占全国总数的 16.7%。

第四，建立经济特区。日本采取建立经济特区的方式，将九州地区的部分城市列为"新产业城市"，通过对其进行大量投资和建设，吸引外部企业进入。日本在第一次全国综合开发计划中，将九州地区划为"开发地区"，并制定大分县、日向、延冈、不知火、有明、大牟田 6 个城市为"新产业城市"，国家采取相应措施予以优先发展，其中在工业投资、交通和通信等基础设施建设等方面给予优先配置，在财政、金融和税收等方面予以倾斜和优惠。在"新产业城市"建设上，地方政府也高度重视，并发挥了积极的主动性和创造性，在地方政府领导者的推进下，从 20 世纪 60 年代末到 70 年代初，九州地区大力兴建现代化的机场网络，成为日本少数几个拥有发达的现代机场网络的地区之一，九州地方政府为改善地方交通条件所做的工作，使地区经济发展得到了丰厚的回报，现代化机场网络的建成，为电子工业产业的发展提供了理想的发展条件，大批电子类工厂在机场周边地区迅速建立起来，从而九州地区也成了日本的"硅岛"。

从总体发展情况来看，日本九州老工业地区的改造和振兴已经取得成功。一系列政策措施的制定和实施，已经使九州地区摆脱了发展困境，经济发展水平得到了恢复，九州地区已成功转型为服务业产值占比超过 70%，以现代服务业为主体的经济结构，经济社会走入良性发展轨道。

（二）国内发达地区制度创新的经验总结

1. 长三角地区

（1）制度创新历程。长三角地区是我国第一大经济区，是综合实力最强的经济中心。结合长三角地区的经济发展和制度创新历程来看，可以分为以下两个阶段：

第一阶段为改革开放至20世纪90年代初的经济调整和缓慢增长阶段。新中国成立初期，由于长三角地区具备良好的产业和市场基础，得到了国家计划性政策倾斜。也正是由于受到计划经济体制影响较深，在改革开放后造成长三角地区制度创新体制机制障碍和阻力较大，制度创新成本较高，因此，在这一阶段长三角地区并未形成大规模的制度创新，只是通过边际调整的方式逐渐引入市场化改革。这一阶段，由于国家政策环境变化等因素的影响，江苏和浙江两省涌现出大量的乡镇企业和城乡个体、私营企业，并迅速成长起来，成为长三角地区经济增长的主要推动力，也推动了长三角地区市场化和工业化的进程。据统计，1978~1991年，上海市GDP年均增长率为7.46%，在全国31个省份中排名倒数第一，逐渐失去了长三角地区的龙头地位，浙江和江苏两省的GDP年均增长率分别为12.35%和10.93%，高于全国平均水平，但由于上海经济总量较大，因此长三角地区总体经济增长水平低于全国平均水平，且在全国的经济总量比重也从1978年的15%下降至1990年的13%。

第二阶段为20世纪90年代初至今的经济和制度创新快速发展阶段。这一阶段，上海市利用国家开发浦东新区的契机，借助国家给予的一系列优惠政策，推动了国有企业改革、要素市场改革和政府职能转变，体制机制性障碍逐步得以清除，经济得以快速增长。苏南地区的乡镇企业进行了大规模产权改革，现代企业制度进一步建立，形成了大批产权明晰的私有企业、有限责任公司和股份有限公司，推动企业科学发展和不断壮大，浙江民营企业也结合经济发展形势和自身发展特点，不断进行创新,带动经济加速发展。这一阶段受国家进一步开放南京等6个沿江港口城市等政策影响,长三角地区的外向型经济得以快速发展,浦东新区的全面开放、苏州新加坡工业园区以及昆山、吴江等地台资工业园区的先后崛起等加速推进了长三角地区外向型经济的转型。随着经济发展的持续快速发展,上海也逐渐恢复了其在长三角地区的龙头地位,区域间的协调融合发展也不断推进和深化,上海逐渐放弃低端制造业等领域,向高端制造业和服务业转型,其他省份和地区结合自身实际,调整发展战略,积极承接上海的产业转移,并为上海的发展提供支持和保障,长三角地区的经济结构、市场体系、基础设施、城市布局和分工合作逐渐优化,区域间的协同发展日益程度和完善,国际化程度提高到较高水平,经济发展水平也得以快速提升。

(2)制度创新的特点及经验。结合长三角地区经济发展和制度创新的历程,可以看出,其除了借助国家发展战略及优惠政策等有利因素外,结合自身特点开展行之有效的制度创新也是其得以快速发展的重要原因,其制度创新的特点主要包括以下几个方面:

第一,强政府、强市场、强企业。同东北老工业基地一样,长三角地区也是受计划经济体制影响较深的地区之一,在从计划经济体制向社会主义市场经济体制转型过程中,体制机制的阻碍较大。长三角地方政府作为制度的主要供给者,在消除体制机制障碍,推进国有企业改革、市场化进程和为乡镇企业和城乡个体、私营企业提供制度环境等方面,起到了决定性的主导作用;资本市场、技术市场、劳动力市场等在长三角发展中发挥了重要作用;企业在各项政策的扶持和引导下,不断做大做强,并逐渐形成国际竞争力。在政府、市场和企业的三重推动下,长三角的市场化程度也逐渐达到了较高水平。

第二,渐进性和整体性。长三角地区受计划经济体制影响较深的历史因素,决定了其制度创新的渐进性特点,在面对较大的体制机制障碍和制度创新成本的情况下,采取渐进式的改革方式更加符合自身实际。从长三角地区的发展历程来看,在改革开放初期,各地区主要以各自发展为主,随着经济发展水平的不断提高和制度创新的进一步完善,区域协调合作机制不断完善，区域一体化水平不断提高，逐渐形成了以上海为龙头的协同、整体发展特点。

第三，强制性和诱致性创新共存。长三角地区强制性制度创新主要表现在破除体制机制障碍过程中，在国家政策的指导下，地方政府采取一系列政策措施推进国有企业改革和要素市场改革。诱致性制度创新主要表现在发展体制外经济过程中，随着体制外经济的不断壮大，进而促进了政府职能的转变和市场化水平的提高。

2. 珠三角地区

（1）制度创新历程。珠三角地区最早是由广东省政府在 1994 年正式确立的，拥有独特的区位优势，是我国最早的对外开放地区之一。当前，珠三角地区已经是具有全球影响力的先进制造业基地和现代服务业基地，是我国人口集聚最多、创新能力最强、综合实力最强的城市群之一。改革开放后，尤其是 1984 年邓小平第一次视察深圳之后，广州与其他国内 13 个沿海城市进一步被确立为对外开放的试点和窗口，拥有特殊地理位置的珠三角地区外向型的经济发展模式正式被确立。珠三角的改革也逐渐从局部转向全面，由农业转向工业，由农村转向城市，迅速开展了一系列以社会主义市场经济为目标的经济体制改革，在对为数不多的国有企业进行快速体制机制改革的同时，大力发展商品经济，鼓励并支持乡镇企业、个体私营经济和“三资”企业快速发展，经济发展水平迅速提高，在经济持续快速发展的过程中，珠三角地区的改革开放也进一步深化，引进外资和民营经济发展进一步加速，基础设施建设进一步加快，高新技术产业得到进一步发展。随着香港、澳门的回归和中国加入 WTO 等因素的影响，珠三角地区进行了新一轮的产业结构调整，确立了以高新技术产业和现代服务业为主导的经济发展模式，兴建了大量的各类工业园区，并为创新创业营造了良好的发展环境和空间，并进而成为具有全球影响力的先进制造业和现代服务业基地。

（2）制度创新的特点及经验。珠三角地区制度创新的特点和经验主要有以下几个方面：

第一，强市场、强企业、服务型政府。由于特殊的地理位置，计划经济时期，珠三角地区的国有经济比重较低，在国家实施对外开放发展战略的情况下，珠三角地区的经济体制转型较快，市场化水平较高。改革开放后，在国家的政策倾斜和外资不断进入的情况下，政府为企业提供了十分有利的发展环境，珠三角的企业得以迅速发展，并不断做大做强。充分利用了深圳的证券市场，广州、深圳的技术市场和发达的劳动力市场的作用。政府在推进职能转变的过程中目标也非常明确，较好地实现了向服务型政府的转变。

第二，制度创新具有连续性和诱致性。与其他地区在制度创新中遇到一定的体制机制障碍不同，珠三角地区由于受到计划经济体制影响较弱，受到的体制机制阻力较小，制度创新具有较强的连续性。在珠三角地区的发展过程中，由于政府职能的切实转变，企业和市场在发展过程中，制度的创新主要以自发性为主，诱致性制度创新特点较为明显。

第三，现代企业制度的广泛建立。珠三角地区发展初期大量存在企业产权混乱、权责不明、政企不分的现象。为了解决企业的种种乱象，珠三角地区开始了对现代企业制度的探索。1992 年广东省出台了《股份有限公司规范意见》和《有限责任公司规范意见》，在珠三角地区全面推进现代企业制度的建立。从 1993 年起，珠三角地区的地方政府广泛采用股份合作制、股份制、拍卖、出让股权、租赁与承包经营、赎买等多种形式的产权制度改革，加大力度整改企业产权不明的现象。现代企业制度的广泛建立，为珠三角地区的经济发展打下了坚实的基础。

第四，以外向型、创新性为特点的进出口结构和产业结构布局。当今世界，经济全球化和区域经济一体化高速发展，这对于以"外向型"经济为主要特征的珠三角地区来说，既是机遇，又是挑战。要在理想的经济环境下实现更深度的开放改革，就必须不断实现产业的转型升级，提高产品的附加值，向全球价值链的高端发展。为了实现这个目标，需要地区对其产业布局和发展进行科学合理、有预见性的规划。2010 年 7 月，广东省政府公布《珠江三角洲产业布局一体化规划（2009～2020年）》，为珠三角地区占领高端发展地位，建设自主创新高地，形成强效的核心竞争力做出科学规划。该《规划》对传统优势产业、先进制造业、战略性新兴产业与高技术产业、现代农业和现代服务业的未来发展计划做出比较详尽的部署与安排，做出了具体的产业布局与保障措施，对珠三角地区经济发展产生了重要的影响。2001年，在入世对珠三角地区（尤其是深圳特区）提出挑战的情况下，深圳开始实现向创新型城市的转变，在很大程度上推动了该区由要素驱动向创新驱动、由出口导向向国内市场转变的进程，从而进一步推动了珠三角的发展。

综合发达国家老工业地区和国内发达地区的改造和发展经验，其各自的改革发展路径和采用的政策措施不尽相同，但其共同点都是利用国家的重大战略举措，抓住政策机遇，并结合自身的实际情况进行一系列的制度创新，建立健全符合自身发展特点的制度安排，推动自身的快速转型和发展。当前，东北老工业基地正面临着国家全面振兴东北老工业基地重大战略机遇期，能否抓住这一机遇，结合自身实际，开展全方位、行之有效的制度创新，将成为东北老工业基地摆脱发展困境，顺利实现全面振兴的关键。

四、推动东北老工业基地地方政府制度创新的对策建议

（一）切实转变地方政府职能

1. 公共物品和公共服务方面

完善公共物品和公共服务的供给，是建设服务型政府的重要组成部分，也是市场经济建设的本质要求。东北老工业基地在公共物品和公共服务供给方面，虽然已经取得重要进展，但总体水平仍然偏低、发展不平衡、体系机制还不够健全。在提升东北老工业基地公共物品和公共服务供给方面，首先应按照其"非竞争性"和"非排他性"的特点，对公共物品公共服务和准公共物品公共服务进行清晰界定。对于纯公共物品公共服务，政府应当加大投入和管理力度，以满足各社会主体的需求。对于准公共物品公共服务，应当积极探索市场化途径，通过特许经营、合同外包等方式，加大政府购买力度，转变政府作为供给主体的地

位。另外，还要积极推进公共物品和公共服务均等化发展，统筹城乡、区域间公共物品和公共服务的供给水平，加大落后地区的投入力度，切实发挥地方政府公共物品和公共服务的监管作用，保障公共物品和公共服务得到有效利用和维护。

2. 在地方宏观调控方面

地方调控的有效性，直接关系到区域经济发展水平和区域经济能否实现可持续发展。结合东北老工业基地的现实情况，东北老工业基地地方政府应在保证市场经济体制为主体地位的前提下，切实开展有效的宏观调控，推动东北老工业基地全面振兴。一是在统筹区域协调发展方面。应结合各地区尤其是落后地区实际情况，制定符合本地区发展的政策措施，加大落后地区的政策资金扶持力度，在加快各地区经济发展的同时，不断缩小各地区发展差距。二是在市场调节方面。东北老工业基地地方政府，应当制定相关政策措施，建立健全市场经济体制，充分发挥市场在资源配置方面的作用。在竞争性行业，要打破市场垄断，放宽市场准入和降低进入门槛，进一步放开民营资本和外资的进入限制，保障非公有经济的公平竞争地位和合法权益，建立健全市场监管制度，形成有效的市场监管体系，构建市场诚信规则，充分激发市场活力。三是在结构性调整和国企改革方面。东北老工业基地的结构性调整和国有企业改革具有十分重要的战略意义，单纯依靠市场经济制度的调节难以在短时间内实现和完成，需要地方政府按照中央和国家的重大战略部署，结合自身实际，提出合理的解决方案和制定相关政策措施。在结构性调整上，要坚持多策并举，"加减乘除"一起做，全面推进经济结构优化升级，充分发挥装备制造等产业的优势，加大力度培育新产业新业态，积极鼓励创新创业，重点发展以生产性服务业为重点的现代服务业，加快现代化大农业的进一步发展等。在国企改革方面，要深化国有企业产权制度改革和创新，实现国有企业产权多元化，并着力完善和推进国有企业现代企业制度的建立和发展，形成有效的激励机制、决策机制和现代企业文化的建立，促进国有企业健康发展，提高自身竞争力，更好地适应市场经济体制，促进国有资本的保值增值，并带动东北老工业基地快速发展。

3. 在保障和改善民生方面

东北老工业基地地方政府，应在中央财政进一步加大东北地区企业职工基本养老保险投入力度的情况下，健全社会保障的地方财政投入制度，不断完善社会保障体系，加大城乡居民生活基本医疗保险和养老保险的覆盖率，提高保障水平，推进社会保障的服务体系，发展相关服务产业。加大民生建设资金投入力度，切实解决好人民群众关心的教育、就业、收入、住房、食品安全等问题，坚决守住民生底线。切实做好收入分配的调节工作，协调行业间、城乡间、区域间的收入分配差距问题，提高最低生活保障水平和最低工资标准，提高财政转移支付向低收入群体、低收入地区倾斜力度。

4. 在资源和生态环境保护方面

资源和环境保护是地方政府的重要历史责任，关系到经济能否可持续发展和现有经济成果的保持问题。东北地区以重化工业为基础的经济结构决定了资源和生态保护的重要性，传统的高耗能、高排放的粗放式经济增长方式，极大地浪费物质资源，并对东北地区的生态环境造成了极大的污染和影响。虽然近些年，东北老工业基地加大了资源和生态环境的治理和保护力度，但资源枯竭的再生和生态环境的修复是一个漫长的过程，保护工作任重而道远。东北老工业基地地方政府应当强化资源和生态保护机制，制定相应的制度法规，采取保护与治理共同推进的方式。在资源和生态环境保护方面，要贯彻落实节能减排的要求，提高资源的有效利用率，形成企业目标责任制，推动生产和消费方式变革，完善污染物排放许可证制度，控制排放总量。在资源和生态环境治理方面，要加大政府财政投入并有效利用民间资本，转变资源枯竭型城市的产业结构和发展方式，对污染行业和污染地区加大治理力度，恢复可再生资源的良性循环，形成可持续利用的发展模式。

（二）深化地方政府行政体制机制改革

1. 优化地方政府组织结构

东北老工业基地在深化政府组织机构改革，推动地方政府制度创新等方面，已经取得了显著成效，但机构繁杂、职能重叠、"官僚主义"等问题依然存在，极大地影响了地方政府的决策和办事效率。东北老工业基地地方政府组织结构仍需要进一步优化，首先应当明确机构职能，分清责任权利，杜绝机构的盲目设立，将具有相同或相近职能的机构和机构中的部门，进行合并或裁撤，控制人员编制，缩减政府机构人员规模，树立良好的工作作风，彻底解决推诿扯皮、多头管理、责任不明等问题，推进机构设置的科学化和规范化。

2. 深化行政审批制度改革

在行政审批方面，东北老工业基地还需要进一步深化制度改革，大幅减少行政审批事项，凡能取消的一律取消，凡能下放的一律下放，着力简化办事流程，压缩审批时限，提高审批效率，同步强化事中事后监管。

3. 推动地方政府行政法制化

行政法制化，对于地方政府行政体制改革具有十分重要的意义。只有依法行政，才能充分保障行政权力的执行力和可信度，杜绝行政权力的滥用。东北老工业基地地方政府应积极推进地方政府行政法治化建设，全面推行权力清单制度，明确职责权力，杜绝一切法外权力的存在，强化权力监督机制，对一切非法行政行为，坚决追究相关法律责任；建立健全地方政府决策机制，确保决策制度科学、程序正当、过程公开、责任明确，避免"一言堂"和决策随意性；全面推进地方政府政务公开制度，使政府的行政行为接受社会广泛监督，应充分利用现代信息技术手段，有效利用信息服务平台，将与国计民生息息相关的行政信息，及时向全社会公开，让广大人民群众参与监督，改善服务质量。

第二节　地方治理视角下提升东北地区金融治理效能

东北作为曾经的"共和国长子"，自然资源富饶、重工业基础雄厚，然而如今却存在经济落后、体制机制僵化、人口不断净流出等问题，可见，东北振兴本质上是一次东北地区在经济、文化和思想上的再出发与再创新，其中恢复东北经济的活力更是需要关注的焦点。如果说治理效能的提高是东北振兴的关键，那么金融活则经济活，加强东北金融治理更是重中之重。因此研究提升东北地区金融治理效能的对策，一方面有助于繁荣和推进地方金融治理理论的学术研究，对地方金融治理研究具有重要的理论价值，另一方面对于当前东北振兴过程中地方金融治理效能，尤其是以政府公共服务现代化为抓手，提升东北金融治理能力，进一步推动东北地方治理，最终实现东北振兴具有一定的现实针对性。

本书在对东北地方金融治理结构现状及问题进行剖析的基础上，研究了影响东北地方金融治理现代化建设与效能提升的因素，明晰东北金融治理产生问题的原因；从金融治理体系和治理能力两方面出发，分别探究东北地方金融治理体系的构成元素、现代化体系架构及东北地方治理能力的评价；最后提出切实提升东北地方金融治理效能的路径及政策建议。为此，本书运用定性研究和定量分析相结合的方法进行全方位的深入探讨。包括采取文献分析法，梳理东北地区整体的金融治理环境、结构现状及各治理主体在地方金融治理中发挥的作用。运用调查研究法，通过实地调查获得东北地区不同群体、组织对于地方金融治理的诉求情况，并进一步分析影响东北金融治理的因素。采用实证分析法，选择合适的指标构建金融治理能力的评价标准及指标体系，以衡量东北地区的宏观、中观、微观的金融发展水平等。

另外，按照课题立项评审专家的建议，即需要着重于地方治理中的金融治理效能的研究，本书结题时对书名进行了相应的微调，改为现在的书名，研究内容也据此展开了深入系统的全面探讨。

一、东北地方金融治理结构现状及问题剖析

（一）东北地方金融治理结构的现状概述

治理结构指的是以政府为中心所形成的各种不同治理主体之间的关

系结构，包括上下级政府所形成的纵向结构，同级政府之间、政府与其他治理主体所形成的横向结构。东北金融治理结构中的纵向结构集中体现为中国人民银行沈阳分行及长春中心支行和哈尔滨中心支行的关系、上下级银保监会、证监会的关系；横向结构为同级银保监会、证监会，以及与市场主体、社会主体之间的关系。

东北地区金融治理结构与东北地区金融环境密切相关，可以说东北地区金融治理结构是在不断适应变化的金融环境中逐步形成的。东北地区作为重工业基地，曾经一度引领中国的经济增长，在国家战略全局中有着重要的地位、有着非常广阔的发展空间以及相当大的潜力。改革开放前，东北地区大型国有企业占据绝对优势，金融业也相应配合经济结构和产业结构发展。改革开放后的东北地区不复往日繁华，经济发展落后、经济结构失调，金融业同样面临体系不完善、创新不足等问题。随着 2003 年中共中央、国务院实施东北地区等老工业基地振兴战略，东北地区老工业基地经济社会呈现出良好的发展态势，产业结构稳步向中高端迈进，利用外资增长，金融体系同时不断完善，规模和质量均有显著提升，然而影响东北地区金融长远发展的问题仍然存在，金融"虚浮"脱离实体经济、金融乱象时有发生。

目前，东北地区金融治理结构的特点为：①纵向结构方面，中国人民银行、银保监会、证监会的上下级政府机构之间互动更加流畅，下级政府机构的能动性增加。计划经济体制背景下，地方政府具有高度一致的职责同构结构以及从属式的上下级府际关系，下级政府处于无权地位，完全隶属于上级政府①。伴随着行政体制改革的实践，下级政府获得了一定的自主权，在地方治理中发挥日益重要的作用，另外，层级结构不断优化也有利于市场经济下政府治理效率的提升。地市级机构的设置有利于治理深入地方，让金融治理政策更符合地方发展特点。②横向结构方面，同级政府机构的联系更加紧密，政府为主导，市场主体和

① 谢康：《中国地方政府治理结构的历史变迁》，载于《青岛农业大学学报》（社会科学版）2010 年第 1 期，第 71~74 页。

社会组织参与的治理模式逐步形成。随着地方政府的自主性加强及配置资源能力的提高，同级政府机构之间的合作更加频繁，横向合作增进了经济和社会发展的相互依赖性，使金融政策的制定更具整体性，促进了金融资源的合理配置。政府与市场和社会组织的关系更加密切，政府机构负责对经济的宏观调控，进一步促进整体金融发展、监督和规范市场主体行为、维护金融市场秩序。市场主体和社会组织参与金融治理的程度加深，金融机构在金融活动中不断提升自身业务能力，加强创新，社会组织发挥监督和服务功能，促使政府机构进一步提高金融治理能力。

（二）东北地方金融治理存在的主要问题及原因

1. 金融体制改革滞后

我国金融体制改革是经济体制改革的一项重要内容，在改革开放初期，我国实行以区域带动总体的发展战略，率先发展东部沿海地区，是以该地区的对外贸易、加工贸易以及民营经济都取得了较快发展，相应地，区域性银行、股份制银行、城市信用社以及多元化的投资公司开始崭露头角，多元化的金融体系得以形成，与此同时，东部沿海地区金融发展也具有了得天独厚的优势。相比之下，东北的金融体制改革却远远落后。东北地区曾经为国家经济发展提供了充足的木材、石油、粮食以及煤炭，发挥了不可忽视的作用。在我国改革开放之前，辽宁省有着仅次于上海的工业产值，且重工业稳居全国第一；黑龙江以及吉林两省也毫不逊色，工业产值均名列前茅。但在此之后，由于资金以及能源等多方面的制约，东北地区原有的国资银行被迫将大部分资金运至相对较为发达的省份，此举加速了东部沿海地区的经济发展，却加深了东北金融改革的困境。由于地方政府之间存在着悬殊的经济实力差异，致使东北地区无论在金融机构的规模、数量还是水平上都较东部沿海地区有着极大差距，并有进一步扩大的发展趋势。

2. 金融体系不完善

区域经济是区域金融赖以生存的基础，而不同区域间金融发展之所以存在差异，主要是经济发展的不平衡性作用于不同地区的结果。自改革开放以来，我国东北地区经济发展水平持续放缓，市场化水平远落后于其他地区，而这些不良因素均对东北地区现今的金融规模以及效率造成了消极影响。东北金融体系中国有商业银行占绝对地位，但其他金融机构发展却十分缓慢。城市商业银行严重依赖地方政府，经营能力不强，股份制商业银行发展困难。非银行金融机构更存在严重的生存问题，规模小、存在感弱阻碍了其在金融发展中发挥相应作用。东北地区居民投资活动较为单一、企业在资本市场上的活跃程度较低，致使证券公司的发展缺乏相应的客户基础，期货、期权等衍生品交易同样比较冷淡。东北地区保险业发展也不尽如人意，居民保险意识低、保险公司的经营管理存在问题都使该行业发展受阻。因此，东北地区急需促进多样化金融机构的发展，以形成完善的金融体系，满足各主体日益丰富的金融需求。

3. 存在较大的潜在金融风险

尽管东北地区一直在扎实稳步地推进不良资产的处置工作，但其主要银行不良贷款率与我国平均水平相比仍然较高，并且存在着较大的金融运行风险。东北地区之所以存在着严重的不良资产现象，主要是长期的资产矛盾造成的。在对国有企业进行改制的过程中，由于考虑到成本标准的差异致使不良资产率长期无法下降。另外在对东三省的金融体系进行改革过程中没有充分考虑到处置应急方案，忽略了东北地区固有的区域特征，泛泛地采取"一刀切"的做法。此举不仅没能从根本上解决不良资产的处置问题，还浪费了国家资源，造成遗留问题。东北地区采取不良资产剥离的方式，并未从根源上将信贷资产问题彻底解决，而是导致贷款问题日趋严重，质量不断恶化。国有银行由于存在着大量的不良资产，致使信贷资源被恶意占用，不利于提高金融机构投放信贷资金的能力，不仅使区域金融机构处于高风险中，同时严重削弱了金融对于经济发展的支撑作用。

二、影响东北地方金融治理现代化建设与效能提升的因素分析

（一）东北地方金融治理的诉求

1. 提高金融发展水平

居民需要更优质的金融服务，东北地区居民的理财方式长期以储蓄存款为主，随着经济不断发展，个人可支配收入的不断增加，居民对金融产品的需求日益多样，这就需要金融机构进一步贴近居民的诉求，为金融消费者提供更加丰富、精细化的金融服务。东北地区金融治理效能的提升，能极大地促进整体金融的发展，让其更好为居民服务。首先，金融机构可以创新更多的投资产品，拓宽居民的理财渠道，使居民的钱不止局限于银行存款，既实现了居民自身财富的增值，又提高了资源配置的效率。其次，通过金融治理，可以引导金融机构更加具有普惠性，为农村、贫困地区的居民提供服务，以金融的力量促进农村发展和助力脱贫，提高东北地区整体经济质量。另外，通过金融治理能够加强居民对正确投资理财观念的认识，让居民的投资决策更加理性，尽量降低盲目跟风、过于片面等问题。要加强对居民金融基础知识的普及和宣传，提升东北地区居民整体的金融素质。

企业需要更有力的金融支持。"投资不过山海关"一直是东北地区营商环境不佳的生动写照，如今，随着东北地区大型国有企业不断转型升级，富有创新力的中小企业更加活跃，企业所需金融服务就更加立体，具体表现在以下几个方面。

（1）大型商业银行需要加强业务的创新性，东北地区长期以来以大型国企为主导，让银行存在一定贷款惯性，而如今大型国企面临改革，商业银行也应转变思路，一方面有效支持国企进行转型升级，提高企业生产效率；另一方面大力扶持中小企业，发挥"头雁"作用，转换常规的抵押贷款模式，促进中小企业良好发展。中小型商业银行要着

力改善长期存在业务定位不明确的问题，立足自身优势，避免为盲目扩大规模而涉足自身能力范围之外的领域，为中小企业提供更有针对性的金融服务。

（2）资本市场要进一步改革以满足企业的上市融资需求，资本市场不完善直接造成企业不能通过直接融资的方式获得较多资金，使其严重依赖间接融资渠道，导致融资结构较单一。该情况加剧了中小企业"融资难"问题，2012 年，创新型、成长型中小微企业可以于"新三板"上市融资，但总体而言，"新三板"影响力仍较为有限，存在融资困难、信息披露危机等发展问题，上市后的发行、交易及信息披露需要进一步深化改革。如图 7 - 1 所示，东北三省在截至 2018 年 2 月 23 日的新三板上市公司的统计中，辽宁省在全国 31 个省（自治区、直辖市）以 237 家新三板挂牌的公司排在第 14 位，吉林省和黑龙江省仅有96 家和 88 家，排在第 20 位和第 23 位。由此可见，东北地区中小企业在"新三板"活跃度极其有限，更加需要以金融支持企业创新力。

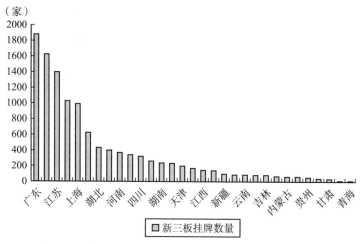

图 7 - 1　东北三省与其他省市新三板上市公司数量对比

资料来源：Wind 数据库。

（3）重视非银行金融机构的发展，为企业提供更多全面的金融服务。信用担保机构要增强经营能力，尤其是风险管理能力，大多信用担保机构对于风险管理不到位，也没有很好的风险分散方法，极大地影响了机构长期经营。此外，机构还应提供丰富的信用担保产品，以有效提高企业获得资金的能力，尤其是针对中小企业，产品不能只集中在期限较短的流动资金，而应重视提供长期稳定的资金流。东北地区也应加快其他的非银行金融机构发展，如租赁公司、信托公司、理财公司等，发挥其对企业的支持作用，满足企业更广泛的金融诉求。

2. 加强金融风险防范

金融机构对于金融治理的需求不仅在于舒适的金融环境，还在于良好的金融秩序，这就需要东北地方政府在金融治理中加强监管、防范金融风险、避免金融乱象。东北地区长期金融基础比较薄弱、金融创新不足，因此导致东北金融风险集中于实力较弱的金融机构，2019年锦州银行"爆雷"敲响了防范中小商业银行风险的警钟，尽管锦州银行事件属于个别案例，但其表现出中小型商业银行经营过程中资本消耗过度、业务发展粗放、交叉金融业务快速扩张、公司治理能力薄弱、风险管控滞后等问题却存在普遍性。不仅是中小型商业银行，其他中小型金融机构的经营风险都应是东北地区金融治理关注的重点。2017年以来，在全国金融"严监管"的大背景下，东北地区更应针对本地金融机构的"弱势群体"进行规范，包括资本补充、业务范围界定等，切实增强机构的风险承受能力，促进中小型金融机构高质量、可持续发展。

东北地区地方政府作为金融活动的参与者和金融治理的主体，其行为会对金融体系产生影响，其中值得关注的是地方债务所引发的金融风险问题。如图 7-2 所示，2018年东北三省一般公共财政支出达到了5337.72亿元、3789.59亿元与4676.46亿元，而同年的地方政府财政收入分别为2616.08亿元、1240.89亿元与1282.6亿元①，由此可知东北三省地方财政收入仅为支出的1/2甚至1/3，收入与支出压力的不匹配，给地方政府财政造成巨大的压力，巨大的收支差额也会带来融资平

---

① 国家统计局，http：//www.stats.gov.cn/。

台的债务问题，政府债台高筑会加重地方政府支出负担，以及进一步拉大收支差距。

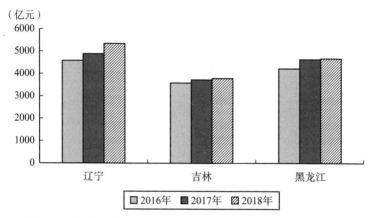

图 7 - 2　东北三省 2016 年、2017 年、2018 年一般公共预算支出

资料来源：国家统计局，http：//www.stats.gov.cn/。

由图 7 - 3 所示，在 2018 年的地方政府一般公共预算中债务付息支出与债务发行支出项，辽宁省以 213.44 亿元超过了总财政支出在全国排名第一的广东省的 152.05 亿元。吉林省和黑龙江省虽然在此项没有超过广东省，但在债务付息与地方政府一般公共支出比例来看，吉林省与黑龙江省远超广东省。政府发债过多加重了地方政府的支出负担，会越发加大东北三省地方政府财政收支的差距。收不抵支的情况下地方债与城建投债的债务风险加剧。在这种收支不匹配的条件下，为了偿还已经发行的地方债券，地方政府通常采取两种方式：其一，借新债还旧债。当地方财政捉襟见肘时，通过继续发债的方法来解决财政困难的意愿会更为突出。但这一方法受到《中华人民共和国预算法》公开债务限额的制约，且会使得债券评级降低，导致地方政府融资更为困难。其二，地方政府通过融资平台既从商业银行的表内贷款，也从影子银行体系贷款。但由于融资平台牵动着各种金融机构，而金融机构又是金融系统中最重要的组成部分之一，这种方式会加剧系统性风险发生的可能性，并加大其破坏性。这一方法会将财政风险与金融风险连接起来，使系统性风险更加难于把控①。

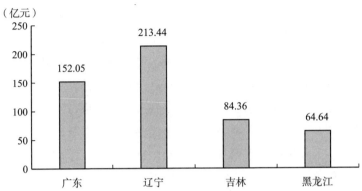

（亿元）

图 7-3　2018 年东北三省与广东省政府债务付息与债务发行支出比较

资料来源：国家统计局，http：//www.stats.gov.cn/。

（二）影响东北地区地方金融治理的因素

1. 经济因素

金融市场实现资源配置的运作机理主要有三条路径：一是价格机制，通过杠杆调节来使价格趋于平衡，调整商品的供求。金融市场经济通过平衡生产、消费、分配等过程来自动调节社会的总供求使之达到平衡。二是竞争机制，通过优胜劣汰的方式促进企业通过降低成本、提高效率、改善管理等方式获得竞争优势。竞争机制的核心作用是促进技术革新，技术革新提高了社会的全要素生产率，使市场保持活力。三是信息传递机制，生产、消费等信息经过市场的传递，反映市场上商品的供求情况以及社会资源的配置，从而引导市场行为以降低交易风险和交易成本。然而东北地区并未有效使用市场机制来分配资源，长期的计划经济体制造成东北地区由地方政府决定本地的项目投资，而不是通过金融市场的资源配置机制来选择，未能很好利用金融市场资源配置的优势，

---

① 王婷婷：《财政责任视野下的地方政府债务治理研究》，中国法制出版社 2017 年版。

致使出现资源浪费、生产效率低下等一系列问题，既影响了居民和企业的生活及发展，又阻碍了金融本身的运行和创新。

当然市场在某些领域上存在失灵，主要表现在以下几个方面：一是公共性失灵。对于产权不能清晰界定的非竞争、非排他的公共产品及服务，市场的自由配置是失灵的。二是分配性失灵。"马太效应"造成资本向固定的一小部分人聚集，所以市场机制的自由分配导致社会收入差距过大以及资源无法有效率地充分利用。三是外部性失灵。私人收益低于社会收益时市场的激励机制失灵，存在外部负效应时，市场主体会通过牺牲社会利益得到个人利益。四是垄断性失灵。在资源具有的稀缺性和规模经济的作用下，市场存在着垄断的现象。垄断存在时供求无法决定价格，价格只能由厂商决定，这会降低市场资源配置的效率。东北金融市场基础较为薄弱、发展较为缓慢，在配置资源时更易陷入上述失灵，这正需要政府发挥监督规范职能。东北地区地方政府应配合中央政府的财政政策、货币政策，要对金融市场加以引导并加强防范金融风险的力度，让资源得到有效配置，并进一步发挥地方政府治理的能动性以制约市场在公共产品与服务提供上的逐利性①。

2. 法律因素

东北三省存在政府权力行使不当的现象。对于本地企业，仅在高层政府对低层政府严格执法的情况下，低层政府才能履行其应尽的职责，而受到其在区域协调和利益等方面的影响，低层政府却很有可能忽视高层政府的指示，并根据自身的需要采取措施。总而言之，各级政府尚未搞清自身权力的界限，因此，地方政府治理过程已演变成由权力、利益冲突及其自身利益驱动的斗争。该情况是东北地区地方法律不健全的集中体现，东北地区地方治理的基本范围尚不明确，政府间关系需要进一步协调，地方治理结构中主体地位的建立、治理结构的变迁和运转都需要在遵循宪法的基础上结合东北地区实际予以立法保证。地方治理法

---

① 付永、曾菊新：《地方政府治理结构与区域经济发展》，载于《经济体制改革》2005年第2期，第73~77页。

规的不健全进一步影响了金融治理，若要实现金融治理现代化，就需要有完善规范的金融法律法规体系，严格遵守依法治理的理念、依法管理金融市场，防范金融乱象。目前，东北地区地方未能形成以《中华人民共和国证券法》《中华人民共和国证券投资基金法》《中华人民共和国银行业监督法》《中华人民共和国公司法》《中华人民共和国商业银行法》为核心，应用于地方金融治理的完善法律法规和条例细则，这一方面影响了金融系统的发展，使其在运行中缺少了法律的有力支撑；另一方面不利于政府对金融机构的监督，因此衍生出机构活动失范而扰乱市场秩序、金融消费者权益受损等一系列问题，严重影响了金融治理能力的提升。

3. 文化因素

文化作为一种意识形态和上层建筑，有着影响一方经济金融的强大力量。决定不同区域金融治理效能的不仅是经济、法律因素，文化在其中也占据着举足轻重的地位。影响金融治理最重要的文化要素是信用，金融以信用为基础，要极力避免罔顾信义、唯利是图的利信文化。金融市场是逐利的，正因如此更要注重培养社会的"信义"文化。虽然利益是目标，但信用是前提，公义是社会发展的根基。在发展科技强国的今天，东北地区的金融文化日渐成为一种短视文化，即不善于从战略的、长远的视角来考虑问题，对地区经济发展缺乏一种全局性的视野。该现象一部分是源于计划经济的建立而形成的以意识形态为主的文化，另一部分是东北地区固有的文化中不利于经济发展的那部分。由于东北老工业基地是原有计划体制统治时间最长、贯彻最为彻底的地区，所以受计划经济意识形态影响最深，市场经济观念比较薄弱，在经营理念深化、市场规则遵守、诚信精神培育以及信息交流等方面均存在不足。东北人在思想意识上更愿意依附国有单位端"铁饭碗"，在职业选择上更重稳定性，不愿意自主谋生冒风险。长期以来的思维惯性导致东北地区缺乏诚信和创新意识，使金融发展缺少了观念基础，阻碍了金融治理下相关政策的推行。

三、东北地方金融治理体系的构成元素及现代化体系架构

（一）东北地方金融治理体系的构成元素及互动机制

1. 构成元素

东北地区地方金融治理体系包括地方政府、市场及社会组织三部分。

（1）地方政府。地方政府是一个国家为了更好地管理各地区事务而单独设立的政府组织，是国家行政机关。在整体的地方治理中，地方政府对本级人民代表大会负责，执行中央的经济决策，负责微观事务的处理和本地区运行状况的报告。具体至东北地方金融治理，所涉政府机关为中国人民银行沈阳分行及下辖支行、地方银保监会和证监会。

（2）市场主体。在我国，市场主体即参与交易的组织和个人，他们遵循市场制度，追逐市场利益，无论是公有制经济主体还是非公有制经济主体，对激发市场活力都显得尤为重要。对于金融治理而言，金融机构是最主要的市场主体，它们通过多样的金融活动进行金融资源的配置，推动金融发展。

（3）社会组织。社会组织一般是人们自发的为实现共同的目标或期望，按照一定的制度、规定等建立起来的共同行动团体。社会组织的种类繁多，从其规模上来看，社会组织的数量是庞大的，并且内部组织形式也有很大的不同。在东北金融治理体系中，行业协会，如银行业协会发挥了越来越重要的作用，有助于维护会员的合法权益、加强会员之间的交流和与政府部门的联系，良好促进了金融发展。

2. 互动机制

（1）政府与政府。地方政府间的互动具体体现在省县和县乡政府机构间的互动，其具体机制为：中国人民银行沈阳分行作为九大分行之一主要负责拟订东北金融业改革、开放和发展规划，协调解决金融运行中的重大问题；维护地方金融安全、进行审慎金融监管，防止发生金融乱象、防范系统性金融风险及进行应急处置；配合中央货币政策，进行

地方经济宏观调控；负责地方重要金融基础设施建设规划并统筹实施监管，推进金融基础设施改革与互联互通。省级银保监会主要对地方银行业和保险业实行统一监督管理，维护银行业和保险业合法、稳健运行；参与起草地方银行业和保险业重要法律法规草案以及审慎监管和金融消费者保护基本制度；对地方银行业和保险业机构及其业务范围实行准入管理，制定银行业和保险业从业人员行为管理规范；对地方银行业和保险业机构的公司治理、风险管理、内部控制、资本充足状况、偿付能力、经营行为和信息披露等实施监管。省级证监会主要负责相应资本市场的监督和管理。下级政府机构根据所在地经济金融特点，对政策进行贯彻执行，上级政府机构通过与下级政府机构的密切沟通掌握政策实施效果，并对政策进行合理微调，上下级政府的互动保证了政策的有序实施。

（2）政府与市场主体。政府通过促进整体金融发展、为市场主体提供必要的金融服务以及对市场主体进行监督，为市场主体营造良好的发展环境。市场主体一方面在自身良好发展的基础上促进金融资源的合理配置，另一方面通过合法合规经营维护市场秩序，让金融体系顺畅运行。政府和市场两个主体在互相配合中共同提高了金融治理效能。

（3）政府与社会组织。政府与社会组织的关系主要表现在社会与政府的利益是一致的，它们之间是合作、协助的关系，并且这种关系是以政府为主导的。社会组织能对政府的金融治理形成有效监督，有助于政府运用有效的治理方法达到更好的治理效果。

（二）东北地方金融治理的本土特征及新趋势

由于长期受经济、法律和文化因素影响，东北地方政府金融治理行为有以下的典型特征：一是政府干预金融活动的行为较多。从整体的地方治理看，政府事无巨细，各个方向都有政府在背后管制，表面看来是政府有作为，实则未能发挥市场的决定性作用。具体至金融治理层面，政府的过度干预束缚了金融本身的发展，导致金融资源的不合理配置，影响了金融治理能力的提升。二是全能型政府特征明显。政府包揽的事务太杂，导致其尾大不掉，设置权力机构过多，导致效率低下，反而未能很好履行服务职能。三是政府监督不当。政府机关未能很好监督金融机构的金融活动，导致金融乱象发生。四是政府作风懈怠，不思进取。地方政府在行事上有很大的自主权，虽说是因地制宜却变相给了其不作为的理由，政府庸政懒政必然导致地方事务的不协调、不规范。该情况导致东北金融改革推行缓慢，缺乏相应的制度创新。

随着中国经济社会转型发展，东北地区金融治理中呈现出一些新的趋势。首先，政府在地方金融治理中将发挥更重要的主导作用。随着东北振兴战略的影响不断扩大，供给侧结构性改革不断推进，金融业无疑会承担更大的责任，为尽快赶上其他沿海地区，地方政府需要加强政府间的协作能力和顶层金融政策设计水平。金融治理必须更具有创新性和持续性，提高整体治理能力和治理体系现代化水平。其次，市场主体会在金融治理中发挥更大作用。市场主体会灵活运用新模式，提高其业务能力和创新水平，金融机构通过自身的金融科技创新或与高技术企业合作，一方面形成了新的服务模式；另一方面带来社会资本的涌入和促进人才需求，将加快金融服务体系的效率，实现市场主体与金融治理的共赢。最后，随着现代科学技术的发展特别是信息技术革命浪潮的驱动，金融行业也会有很大变革，政府、金融市场和民众构成的金融治理网络组织的运行方式都会迎来新的突破。伴随着大数据、区块链技术、云计算等的发展，金融治理也将更具精确性和先进性。信息时代，东北地区的民众同样在提升自我知识水平，对当地的金融行业也起了鞭策作用，推动金融行业和金融监管部门组织变革。

（三）东北地方金融治理体系的现代化架构

发达的金融业是国家重要的核心竞争力，是在新时代推进全面建成小康社会的重要力量，也是东北振兴的关键所在。鉴于金融在社会发展中的地位，金融治理必须放在国家治理中去把握和理解，没有国家治理就没有金融治理，完善金融治理是一个长期工程，必须放在建设国家现代化治理体系中来。东北金融治理现代化涵盖金融机构、金融市场、金融运行、金融监管和金融制度建设等诸多方面内容，是一个相互联系、相互依存的系统。在金融治理中，这些组成部分各有其职能，以此形成连续、完整的体系架构。

第一，健全金融机构运行体系。就金融机构而言，它是金融治理的核心主体，是关键所在。金融机构运行越顺畅，金融治理就会越简单；金融机构企业运行不规范，金融治理难度就越大。东北地区诸多金融机构经营治理理念不到位，忽视基层建设，缺乏长期经营能力和长期运营能力，高杠杆、高库存、高产能，忽视了潜在的风险和长期机制建设。因此针对金融机构，必须建立完备的治理机制，加快探索具有中国特色的现代金融企业制度，提高企业治理能力，实现经济从高速增长向高质量发展转变。注重企业的核心竞争力，让优势更优，加强决策、执行、监督、评价等治理机制建设。还要加快完善金融风险管理体系内容，提高合规运营、稳健发展的自觉性和主动性，如设置风险防范部门，对风险分层管理，成立有效的补救工作小组，将银行经营者与风险承担者的权责统一起来，从根本上保证金融机构实现自负盈亏、自担风险、自我约束和自我发展。最后，避免资产脱实向虚，把握实体经济的重要地位，推进产业更新换代，重视长期服务机制和机构运行的安全环境，发展地区特色的金融实体行业，实现治理的现代化。

第二，构建覆盖多行业的金融市场体系。就金融市场来看，它是提供给投资者的一个良好的环境，是亚当·斯密（Adam Smith）的"看不见的手"。市场具有非常大的能量也伴有一定的风险，要使市场在资源配置中占主导地位，就必须通过法律规范对其进行约束，保证各企业能公平、公正、公开地交易。东北三省目前有国有企业3000多家，资产规模总量超7000亿元，国有企业的支撑作用可见一斑，不过仍然有缺乏信用现象，还有经济结构单一、资产证券化难度大等问题。要有效发挥金融市场的作用，就不能单单把它看作是证券市场，而是集投资、运营和创新为一体的市场。加快行业与行业之间的联动发展，推动产业整合力度，建立高效的风险监管和民众检举的通道。通过实体资产证券化、现金资产证券化等渠道，将传统金融行业与其他行业联系起来，实现覆盖多行业的金融市场体系。

第三，建造新型的金融监督体系。由于中央银行管理体制进行了改革，实行分业管理，导致监管机关自成体系，尤其在东北地区官僚主义气息浓厚，更是加深了这种唇齿相依的关系。例如地方政府的主要税收来源是当地的企业，为了完成既定的工作成果，政府会强制银行给有风险的企业贷款，企业得到的利益则用来向政府交税。这就使银行在监管工作中，效率低下，还增加了自身金融风险。要建造新型金融监督体系，首要目标是完善金融服务业的投资融资机制、安全体制及保险服务体系，提高监督组织人员的知识技术能力。加强金融防风险能力，由地方政府、地方银保监会、地方证监会等金融部门主导，检测当地的金融风险动向，再将相应的解决措施传达到各部门中。

第四，加快金融运行体系建设。金融运行涉及的范围广泛，近些年，东北地区的银行业平稳发展，社会融资规模结构明显变化，存贷款增速稳中有升，银行不良资产增速放缓。应注意的是，要适当提高对国家基层企业的扶持，给它们树立信心，例如民营企业、信息化技术、区块链金融等，有序推进金融基础设施的建设，完善社会信用体系，惩戒信用缺失人员。发挥货币政策的调节作用，综合运用多种工具，引导资金流入基层企业，保证整体金融有序平稳运行。

第五，完善金融制度建设。金融制度建设包括科技金融制度建设、农村金融制度建设、企业金融制度建设等，近几年来，东北地区的制度建设成效甚微，必须建设强有力的金融制度且一以贯之地执行。加大基础性研究投入，健全鼓励支持制度研究、基础创新的机制。建立以企业为主体、市场为导向、政府为保障的服务体系，支持大中型企业以及各类主体融通创新，积极发展新的产能，强化标准引领作用。健全符合金融发展的科技管理体制和政策体系，完善科技评价体系，集思广益，完善金融制度。

四、东北地方金融治理能力的评价及现代化推动途径

(一) 东北地方金融治理能力评价的指标体系

建立完整的金融治理能力评价指标体系对金融治理体系和治理能力现代化有着重要作用。金融治理能力评价指标体系包含：①金融治理总指数，综合评判金融治理能力。②金融治理每个分项指数，从宏观、中观、微观三个层面同时考察金融治理能力，对金融治理能力进行评价。金融治理能力评价指标体系具体框架如表 7-2 所示。

表 7-2　　　　　　金融治理能力评价指标体系

考察层次	一级指标		一级分项指标	具体指标选取	计算权重 (%)
宏观	物价和经济稳定		经济增长	GDP 增长率	6.25
			通货膨胀水平	CPI 增长率	6.25
			货币供应量	M2 增长率	6.25
中观	金融发展水平	金融市场化程度	政府对金融机构的管制	存款准备金率	6.25
			利率市场化程度	基准利率贷款占比	6.25
			资本自由流动水平	对外直接投资占 GDP 比重	6.25
		金融组织体系的发育程度	金融部门市场集中度	大型商业银行占银行业总资产比重	6.25
			金融机构经营多样性	商业银行资金运用中非主要贷款类资金占比	6.25
			金融机构贷款投向集中度	人民币贷款余额中主要金融机构房地产贷款占比	6.25

考察层次	一级指标		一级分项指标	具体指标选取	计算权重（%）
中观	金融发展水平	金融市场体系的完善程度	社会融资总规模中直接融资占比	（企业债券＋非金融企业境内股票融资）/社会融资总规模	6.25
			金融发展的深度	货币化率：M2/GDP	6.25
			金融发展的广度	资本化率：股票、基金累计成交金额/GDP	6.25
微观	个体金融风险防范（基于巴塞尔协议的微观审慎监管）		资本充足率	资本充足率	6.25
			不良贷款率	不良贷款率	6.25
			拨备覆盖率	拨备覆盖率	6.25
			流动性比率	流动性比率	6.25

资料来源：李宏瑾、孙丹、苏乃芳：《我国金融治理能力：评价模型与应用》，载于《宏观质量研究》2016 年第 4 期，第 88～100 页。

宏观上，金融治理关注于稳定通货膨胀率和促进经济增长，可用 CPI 增长率体现通货膨胀率，用 GDP 增长率体现经济增长，虽然名义 GDP 存在诸多问题，但仍不失为衡量经济增长的重要方式。央行的货币政策是进行宏观治理的主要方式，我国主要使用总量性指标（准备金或货币供应量）作为货币政策的操作指标和中介指标，虽然近年来我国非货币（数字货币）增长迅速，但运用 M2 仍是一种较好的方法。

中观上，考虑金融发展水平，主要包括三方面：金融市场化程度也是金融自由化的代名词，是国家金融部门由市场控制的能力。历史经验和他国经验证明金融自由化是一个国家通往繁荣的重要桥梁，以往贫穷国家为了保护国内经济进行不间断的金融压抑，麦金农、肖的理论证明一个国家金融体系越发达则国家经济实力越强，我国去年放开保险业的准入资格正是促进金融自由化的政治举措。可用政府管制、资本自由流动和利率市场化（利率走廊）来衡量金融市场化程度；金融组织体系将金融资源进行最优分配，支撑经济的快速增长。可用金融部门市场集中度、金融机构经营多样性和金融机构贷款投向集中度来衡量金融组织体系的发育程度；金融市场体系（金融市场构成）在我国主要体现为商业银行占主体地位，但并非银行的发展会阻碍资本市场的发展，两者是相辅相成、共同促进的关系。可用社会融资总规模中直接融资占比、金融发展深度和金融发展广度来衡量金融市场体系的完善程度。

微观上，着眼于个体金融风险防范，主要是巴塞尔协议的实施完善情况，依据巴塞尔微观审慎监管指标，可用资本充足率、不良贷款率、拨备覆盖率和流动性比率来衡量个体金融风险防范能力。

（二）东北地方金融治理指数分项评估及治理能力的现代化推动

通过选取相关数据来评估东北地方金融治理能力，其中部分数据替换为辽宁省数据，有些数据由于是国家统一指标，故用国家指标作为省级区域指标。采用国际上较为流行的算术平均打分法对三个层面分别计算算术平均，将结果作为量化金融治理能力的指标。使用算术平均法计算金融治理指数需要对各项指标在金融治理能力中所起的作用进行判断，数据标准化后按照表 7 - 2 中的权重进行加权平均，所得结果即为各分项最终结果，进行加总则为当年金融治理能力指标。由于金融治理能力评价体系包括三个层次的内容，故将各分项分别命名为宏观经济、中观金融、微观个体，如表 7 - 3 所示。

表 7 - 3　　　算术平均法计算东北地区金融治理能力评价指标

年份	宏观经济	中观金融	微观个体	年度金融治理指数
2007	9.868	34.564	10.542	54.974
2008	9.031	35.498	16.211	60.740
2009	5.246	36.437	17.456	59.139
2010	8.734	37.519	21.278	67.531
2011	10.142	38.248	23.459	71.849

年份	宏观经济	中观金融	微观个体	年度金融治理指数
2012	9.352	39.677	24.772	73.801
2013	9.237	40.212	23.336	72.785
2014	9.387	46.334	21.557	77.278
2015	8.995	55.578	19.987	84.560
2016	9.214	65.619	18.788	93.621

根据表7-3绘制2007~2016年金融治理总得分曲线,具体变化趋势如图7-4所示。采用金融治理能力总指数及相应各分项指标结合东北地区实际情况进一步分析其金融治理能力,对东北金融治理能力现代化具有前瞻性意义。由图7-4中可见,金融治理能力大致呈上升式发展,其主要原因是我国对于金融体系进一步实行金融自由化,让市场机制发挥更大作用,同时并没有放松对其监管,不断推出了适应我国国情的一系列监管条例和法规,在政府和社会公众的共同作用下促使我国金融治理能力现代化发展。需要注意的是,有两个特殊时期,即2009年和2013年:2008年美国发生金融危机,并逐渐演变为全球性经济危机,对我国的冲击具有时滞性,同时我国采取了一系列扩张性的财政政策和货币政策,这一阶段大致可描述为政策的"双松"时期。东北地区作为传统的老工业基地,不可避免地遭受了同样的冲击,其影响程度虽与整体经济并非线性相关,但大致趋势类似。根据相关政策,东北地区的经济经过短暂的偏离之后重新走回正轨。事实证明,这一举措对于缓解经济的冲击和刺激国内经济具有突出作用,接下来的2010年金融治理能力指数继续上升;2013年根据国家统计局统计,我国经济从高速增长转变为中速,相关指标如GDP增长率和CPI增长率出现双降,经济进入新常态。个体企业经营困难,破产清算的企业增多,银行业不良贷款率和不良贷款余额增加,东北地区受制于历史因素,国企普遍较多,而经股份制改革后的企业和民企则暴露出了同样的问题,导致东北地区经济治理能力稳中有降。在此之后,得益于2012年之后国家对金

融行业进行的改革，党的十八大提出了全面深化金融体制改革，建立完善的现代金融体系，我国金融自由化改革速度加快显著，金融体系健全程度不断加快，金融监管在不影响金融业稳定的前提下不断改革，对冲了由于经济增长乏力所带来的负外部效应，东北地区在金融自由化与金融体系完善方面也取得一定进展，金融治理指数相应重回上行通道。

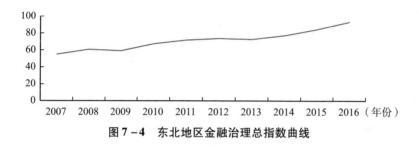

图 7 - 4　东北地区金融治理总指数曲线

宏观经济总体上有三次波动，由图 7 - 5 可知，第一次是在 2008 ~ 2009 年，由于全球性经济危机的冲击，导致我国整体经济情况恶化，东北地区作为我国主要工业地区具有同样的情况，东北地区宏观经济指数下行；第二次是 2010 ~ 2011 年，我国由于采取了一系列政策措施抵消了一部分经济危机余波，整体经济情况向好发展，振兴东北老工业基地的举措成效显著，宏观经济指数经历了一次明显上升；第三次是 2011 年至今，由于我国经济增速放缓，经济进入新常态，取缔了一部分高能耗高污染的企业，同时我国提出了发展绿色经济的方针，东北地区国企多为重工业企业，轻资产企业较少，发展后劲不足，宏观经济指数稳中有降。

中观金融主要体现在金融发展程度上，由图 7 - 6 可知，2007 ~ 2013 年中观金融指数稳中有升，从 2013 年起至今开始了加速上升。这种提速明显的上升趋势说明了我国对于金融体制的改革成效显著，党的十八大的召开标志着我国对于实现金融治理能力和治理体系现代化开辟了一条新的路径，即金融自由化或金融市场化。从以往的经验得出：金融抑制不是一个国家通往繁荣富强的桥梁，而仅通过金融自由化也难以保证国家持久的经济增长，同时必须配以相应的金融监管手段，双管齐下才能让发展可持续。东北地区金融中心主要集中在辽宁省，而辽宁省则主要集中在大连和沈阳，党的十八大以后的各类支持政策促进了地区的金融发展，东北地区的中观金融指数持续上升。

图 7-5　东北地区宏观经济指数曲线

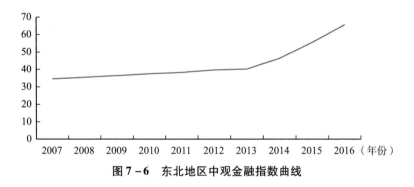

图 7-6　东北地区中观金融指数曲线

微观个体指数从 2007 年至 2012 年上升速度明显（见图 7-7），自 2012 年起连年下降。第一次上升是我国对银行监管有效性不断提升的结果，2003 年银监会成立，接下来的若干年间发布了各类涉及多个方面的监管法规，对银行的资本充足率、风险监管指标、流动性和贷款方面进行了严格监管，推动了商业银行资本充足率不断提高，不良贷款率持续下降。2013 年国际巴塞尔委员会颁布新的《巴塞尔协议Ⅲ》，我国对商业银行管理办法相应做出了符合我国国情的调整，进一步促进了微观个体指数的上升。东北地区金融业由银行主导，各地城商行、国有控股银行、股份制银行受到了同样严格的监管，以至于东北地区基本服从于国家整体指数的上涨。2013 年我国经济增速下降，东北地区企业由于多种因素叠加经历了漫长的寒冬期，不良贷款率连年上升，不良贷款余额上升显著，地区产能过剩、库存积累、成本增加导致企业利润下降甚至出现亏损，专家预测未来世界经济走势基本不会发生巨大变化，东北地区微观主体指数可能会进一步下降，受 2020 年初新冠肺炎疫情的影响，银行体系不良贷款率的增加已成事实，如何防控好银行的风险暴露将会成为接下来工作的重心。

图 7 - 7 东北地区微观金融个体指数曲线

五、提升东北地方金融治理效能的路径设计和对策建议

（一）善治理念下东北金融治理目标

俞可平提出善治包含十个要素，分别是合法性、法治、透明性、责任性、有效性、公民参与、稳定性、廉洁、公正性和善治十要素相互间存在有机统一的关系。[1] 政府对人类实现善治实质上起着决定性作用，综合来看，东北地方金融治理的善治就是政府以执政为民、对民负责；

---

[1] 俞可平：《中国的治理改革（1978～2018）》，载于《武汉大学学报》（哲学社会科学版）2018 年第 3 期，第 48～59 页。

决策专业、透明廉洁；职能明晰、高质高效的形象，深化东北金融改革；促进金融规模增长、完善金融体系、加强金融监管，实现东北金融高质高效、可持续发展。

1. 满足最广大人民的金融诉求

民主是根本，政府治理的一切落脚点都应是公共利益的最大化，金融治理的核心也是满足人民的金融诉求，即增加东北金融的普惠性。政府必须彻底摒除"以官为本、以官为贵"的思想，坚持执政为民、对民负责，极大地提高人民的金融获得感，让人民切切实实从东北地区的金融发展中获得极大益处。首先，要引导形成完善的金融体系，拓宽人民获得金融服务的渠道，尤其是要发展直接融资渠道，提高金融服务的质量。其次，坚持金融服务实体经济的本源，要使难以获得金融服务的主体得到应有的金融服务，尤其要提高对农村和中小微企业的金融服务，使合理的金融需求都能得到满足。最后，要加大对金融消费者的保护，维护金融消费者的合法权益。总而言之，政府要永远代表人民利益，一切金融治理工作的出发点和落脚点都是为了人民，政府应真正深入人民、了解人民的金融诉求，想民之所想、急民之所急。

2. 形成安全、稳定、有序的金融市场

金融市场的安全稳定有序离不开有效的市场机制，而市场机制的建立需要政府实行有力的金融监管，使金融机构合规设立、依法经营、合理退出，防止发生系统性金融风险。这就要求东北地方政府深化金融监管体系改革，规划金融活动的发展方向、维护金融市场秩序，做到在制定策略时以问题为导向，深入调研、细致分析，决策后及时跟进反馈，避免决策过程中"想当然""拍脑门"的情况，综合运用多方信息进行专业决策，达到决策科学化、信息公开化和公共利益最大化，及时反馈调整，使纠错成本降至最低。做好风险预防，对于出现问题的金融机构要及时处理并控制风险扩散，将问题机构对整体金融体系的影响降至最低。政府还应彻底改变过去监管封闭化的局面，合理公开监管信息，以此增加公众的参与度，这样既有利于政府集合众人智慧，又使权力接受社会监督，还使人民与政府的关系更加密切，形成良性互动。政府也必

须做到公正廉明、不以权谋私，要约束公职人员行为，提升政府的公信力，提高监管的质量和效率。

3. 实现金融资源的高效率配置

要实现金融资源高效配置就是要进一步将配置资源的权力从政府移交给市场，让金融市场本身发挥资源配置的主体作用。具体就是使被限制在效率不高的传统制造业中的金融资源得以向新兴的创新产业流动，既促进东北产业的转型升级、促进经济增长，又提高了东北金融的可持续性。这就要求东北地方政府完成政府职能转变，转变政府职能首先要确定新的职能定位，即服务型政府。政府不再扮演控制者的角色，而是管理者、协调者和服务者。提高政府服务的质量和效率，即提高终端使用者享用服务的实际水平、可获得性、及时性、经济性、准确性和响应性①，进一步降低服务成本。其次要对职权有充分清晰的界定，政府应明确与市场的关系，对哪些事物负有管理权，应该承担哪些责任，具体来说就是管什么、管到什么程度，既要避免"一把抓"的越位行为，又要防止"当甩手掌柜"的缺位乃至塞责、甩包袱的行为。最后要转变管理的手段和方法，运用科学有效的管理手段，实现管理方法的创新。

（二）提升东北地方金融治理效能的路径建议

要想全面提升东北地方金融治理效能，实现东北振兴，关键就是要推进东北金融治理体系和治理能力现代化，切入点就是促进政府服务现代化。为此，我们认为，东北地方政府应从理念、战略、体系、模式及方法五方面综合提升金融治理效能，并据此路径，提出以下具体的实施对策和政策建议。

1. 树立善治理念

理念是行动的先导，要切实提升东北金融治理效能，必须先将善治理念贯穿于政府工作的全过程。东北地方政府既要深刻认识善治十要素

① 陈振明、李德国：《基本公共服务的均等化与有效供给——基于福建省的思考》，载于《中国行政管理》2011 年第 1 期，第 47~52 页。

的内涵及其相互作用关系，又要结合东北地区的现状，赋予其特殊含义，使之在具有普适性的同时反映出东北地区的特点。

（1）树立法治理念。东北文化长期以农业文明为基础，东北人受此熏陶在行为准则上，大多讲义气、重人情、办事论"关系"，而金融则是以信用为本，遵守法制、讲求诚信对于金融发展而言至关重要，这就要求东北地方政府树立法治理念。第一，加强地方金融立法。构建完善的金融法律框架，为东北地区金融治理奠定有力的法律基础。在现有的金融法律法规基础上进一步完善，尤其要把握金融未来动向，以立法规范其发展。东北地区要结合金融治理痛点，针对新兴金融产业、金融消费者保护等重点问题加强金融立法，以提高金融治理效能。第二，规范执法行为。重点改善东北地区行政执法程序不规范、体制不完善、审批过多等问题，金融违法行为往往手段多样、影响恶劣，要针对金融违法的特点建立合适的执法机构、划分其职责权限、完善执法机制，进而形成良好的执法体系。第三，规范司法行为。司法的公平公正是行政机关严格执法的有效保证，健全法官制度和运用科学的审判方式十分关键，提高法官的专业素养有利于案件的合理审判，科学的审判方式有效保障司法调节的顺利进行，为此要加强专业人才的培养和审判制度的完善。

（2）树立服务理念。东北地区行政机关"官本位"的思想根深蒂固，权力滥用现象时有发生，政府"越位"较严重，为提升金融治理效能，东北地区地方政府应明确自身权责界限，树立服务理念，该管的要管好，不该管的不要管，为金融发展提供一个更加舒适的空间。第一，树立提供者的理念。秉承政府是公共产品的提供者理念，为市场上的各个金融主体提供优质的公共产品。加强东北金融基础设施建设，为金融机构的快速发展提供基础，鼓励成立更加多样化的机构。帮助金融需求者提高获得金融服务的概率，如为优质企业提供担保；保护创新型企业知识产权等。第二，树立建设者的理念。政府是市场秩序的建设者，东北地区的市场秩序并未完全建立，体现出政府对市场监管的不足。地方政府要从思想上重视监管，明确监管不仅是为了防范金融风险，最根本的还是规范各主体的金融活动、避免金融乱象，使市场稳定有序，提升东北地区金融的整体质量。第三，树立调节者的理念。由于资本的逐利性，金融发展过程中难免会出现"马太效应"，致使出现城乡发展失衡、中小企业融资困境等问题，政府应该充分发挥自身调节作用，充分利用货币政策和财政政策，积极开展扶贫支农、促进小微企业发展等行动，另外也要重视金融发展与其他区域发展方面的协调统一。

（3）树立创新理念。东北地区还保持一定的计划经济体制的思维惯性，"下指标""铁饭碗"的思想仍有一定影响力，这难免造成观念上的保守和体制上的僵化，而金融却依赖竞争与创新，东北治理创新的不足无法为金融提供良好的环境，极大地限制了金融的发展。要提升东北的金融治理效能，就要使思维动起来、活起来，打破原有的框架。第一，树立创新的发展理念。针对东北地区金融发展落后于大部分地区的情况，应积极探索新的发展理念。东北地区长期存在金融规模偏小、增速不快、融资结构不合理等问题，地方政府要充分发挥地区优势、采用新的思路，提高政策导向作用，一方面使现有的金融体系活起来；另一方面开发新的金融产业，逐步形成东北区域的特色金融。第二，树立创新的监管理念。良好的监管是发展的保证，2019年东北地区中小银行出现经营问题，既反映了东北金融发展存在问题，又对监管提出更高要求。寻求防范风险和鼓励创新的平衡一直是金融监管的终极目标，这就需要监管部门拥有极高的监管智慧，摒弃教条的、建立创新灵活的监管理念，这样才能不再"一刀切"，进而摆脱"一放就松、一管就死"的尴尬局面。

2. 制定合理战略

在善治理念的指导下，全面提升东北金融治理效能需要统筹全局的规划，合理的战略就是要站在一定的理论高度，对东北地区的整体金融治理进行顶层设计，为具体的政策实施奠定基础。

（1）形成明确的战略规划。第一，明确总体的东北金融治理目标。在深入调查分析东北地区影响金融治理因素的基础上，以宏观视角制定长期和短期的目标。短期目标要侧重解决现存的金融治理问题，一方面整治金融乱象，扫清区域金融潜在的隐患；另一方面立足东北地区未来的发展方向，寻找区域潜在的金融优势并予以支持。长期目标要有充分的前瞻性、科学性和战略性，要站在足够的理论和实践高度，有针对性地构建东北金融治理的蓝图。第二，确定东北金融治理的内容。紧紧围绕促进东北金融发展和完善东北金融监管两大方面，规划东北金融治理的具体内容。促进东北金融发展重点在于构建完善的金融体系：进一步规范银行业经营；着力发展资本市场；建立多样化的金融机构，为金融需求者提供高效的金融服务，以金融的发展促进东北实体经济的发展，共同助力东北振兴。完善东北金融监管的侧重点在于金融机构尤其是中小机构的合规经营和金融消费者的保护。第三，选择东北金融治理的方式。在明确治理内容的基础上，对治理的手段和方式进行规划，政府作为治理的主体，要转变过度依赖行政手段的现状，综合运用经济、法律等手段解决具体的治理问题。

（2）实施有效的战略推进。在形成明确战略规划的基础上，要确保规划有序推进。第一，严格落实战略规划。为了不使战略规划沦为一纸空文，就要保证规划的落实。首先要深层次理解战略规划的内涵，明确目标、内容、方式之间的相互作用机制，及其背后的内在逻辑，防止在具体实施时背离了初衷。其次针对金融治理的内容制定切实的措施，措施既要能够实现既定目标，又要便于实施，这就要求其结合东北地区实际治理能力，遵循地区的金融发展规律。最后注重措施的实行，避免出现"好心却办了坏事"的现象。第二，定期检验成果。遵照规划的短期目标进行成果检验，这一方面有利于判断措施的有效性；另一方面也有助于督促措施的实行。第三，重视结果分析。无论目标是否达成，都要对结果进行深入分析，以便于整体战略的推进。达成既定目标时，要总结成功的经验，结合具体的推行背景，形成可以借鉴推广的范式；若未达到预期，则要分析是措施本身的制定不合理，还是实施过程中的问题。找出措施制定失误的根本原因，判断是假定过于严格未能适应实际情况，还是对问题本身考虑不够全面，导致措施效果不佳。若是实施的原因，则要厘清是人员消极怠工，还是方式不当，抑或是程度把握不准。

（3）进行合理的战略调整。在战略推进时进行合理的战略调整是提升战略质量的重要保证，构建东北地区地方政府的动态调整机制，优化在金融治理中的实现形式和机制流程。第一，重视各个阶段内的战略调整。要在每个阶段的措施推进中进行合理微调，以达到战略设想和实际操作的契合。切实以问题为导向，不断丰富战略内容，使之更具有现实意义。在战略推进遇到困难时，及时调整方向，选择更为合适的切入点，降低纠错成本，同时注意调整本身的成本，减少因过分频繁的战略调整而造成的人力物力浪费。第二，重视每一阶段过后的战略调整。每一阶段的战略推进需要一定时间，下一阶段的目标重点、具体问题往往会随时间推移而有所变化，这时就需要适当的调整来使规划更好地承上启下，便于战略的继续推进，使之更具整体性、实用性和协调性。

3. 完善治理体系

完善的体系是实施战略的有力保证，通过明晰政府和其他主体之间的关系，充分调动各方积极性，形成有效合力，共同提升东北金融治理效能。

（1）发挥政府的主导作用。东北地区的市场发育滞后、市场机制不健全，在长期计划经济体制的影响下，市场经济成分难以激活，加之东北地区国有经济占主导、民营经济较弱的情况，东北地区地方政府仍是金融治理的主力。提升东北金融治理效能，政府要摆脱自身缺位、错位、越位的现象，即在为市场主体提供优质服务的同时加强监管，避免过度介入企业的经营管理和挤压市场机制发挥的空间。首先，政府应明确自身定位，尤其要清晰界定政府与市场的界限。扮演好服务者和监管者的角色，重视角色的交叉渗透，灵活运用角色的不同功能完成金融治理的目标。政府的职能应该是有限而非全面的，市场能解决的事情要交给市场，予以市场充分自由的空间。其次，政府要切实履行自身职能，加快推动市场机制的形成，为金融发展创造良好环境，提供种类丰富的服务，切实提高各金融主体的获得感。加强对于金融机构金融活动的监管，维护金融市场的稳定，防范和化解金融风险。最后，形成政府与市场的良性互动。金融治理的问题错综复杂，政府在发挥主导作用的同时也要注意与市场的协调配合，关注市场的动态，及其对于措施的反应，使两者在金融治理中的关系和谐稳定。

（2）发挥市场的决定作用。市场主体包括公有制经济主体和非公有制经济主体①，金融机构的良好发展对金融治理有着至关重要的作用。东北地区长期以公有制经济为主，国有大企业占据重要地位，对金融需求相对单一，这难免造成金融机构业务的固化、创新力不足，而要提升东北金融治理效能，就是要在促进大型国有商业银行发展的基础上，建立多样化的金融机构。一方面，个人、企业需要更加完善的金融体系，以满足其需求，而金融体系的完善是金融发展的重要标志。尤其是对经济发展越来越重要的民营企业因其自身特点需要金融机构提供丰富的金融产品、形成多样的融资渠道。另一方面，多样化的金融机构能够通过彼此竞争，提高自身经营能力，有利于建立有序的金融市场，从而提高整体的金融质量。

（3）发挥公民和社会组织的协同作用。公民要提高参与金融治理的意识，金融与公民生活息息相关，金融消费者的权益理应受到充分保护。公民要提高自身的金融修养，提高自己对金融骗局的防范。政府要健全公民参与的制度机制，让更多的人参与到地方政府金融治理的过程中来，对金融体系形成更好的监督和规范。政府还可以引导成立社会组织，形成合理有力的诉求，便于其参与金融治理。

4. 构建有效模式

政府治理模式直接影响了治理效能，有效的治理模式能使政府力量更好地作用于东北地区，也是在东北地区的客观条件下，贯彻善治理念，实施合理战略的最直接体现。为切实改变东北地区地方政府在金融治理中的缺位、错位、越位现象，政府应重新界定自身职能，提高决策的专业性和服务效率。

（1）政府应切实履行责任。政府要进一步深化金融改革，引导建

---

① 郁建兴：《中国地方治理的过去现在和未来》，载于《治理研究》2018 年第 1 期，第 65 ~ 74 页。

立更加完善的金融体系，另外提升支持农村经济、小微企业和落后区域发展等强位弱势群体的服务水平，政府要从微观管理转向宏观调控，创建优良的投资环境，为金融发展开拓良好的空间。政府也要加强监管，对金融行业的准入、经营、退出进行严格规范，尤其要加强对中小银行的监管；进一步深化资本市场改革，切实维护金融市场秩序、防范金融风险。重视由于金融创新而新增的风险，进行提前布局规范。改革政府绩效考核体系，建设廉洁公正的政府。

（2）政府应进行专业决策。推进政府决策的科学化、规范化，增强透明度和公开性，进一步简化程序。建立专业的金融决策团队，对金融治理中的问题进行深入研究、合理解决；要慎重决策，先试点再推广，重视决策实现的条件，减少决策失误的发生，尽最大可能降低纠错成本。运用专业决策，提高金融治理效能，注重间接调控方式，发挥规划指导、政策引导、信息发布和规范市场准入的作用，尤其要发挥在扶贫支农和解决中小企业融资难问题上的政策导向作用，加强政策性银行对二者的支持、加快建立完善的担保体系。

（3）政府应提高服务效率。东北地区地方政府要通过人力和资本两要素的技术进步来全面提升服务的效率，包括互联网在农村、中小微企业、教育和重点区域经济发展等领域的广泛应用和提升内部 IT 治理水平。政府要解决审批事项过多，效率低下问题，杜绝明减暗不减、重要的不减、和部门利益关联度大的不减等现象，避免事前审批过多，事中事后又监管较少的现状，提升审批过程透明性和监督约束。

5. 采用先进方法

先进的方法能使政府在具体工作中达到事半功倍的效果，在社会高速发展的今天，方法的选择对于提升治理效能有越来越重要的作用。东北金融治理重点是治理工具的创新。互联网为东北地方金融治理现代化的实现提供了更便捷的路径。促进治理方式科学化，一定要发挥互联网平台的重要作用。政府可以通过电子政务、网络论坛、政务微博等途径，简化办事程序、充分了解民情民意、促进决策的民主化、科学化；还可以及时向公众传递信息、与公众进行双向互动。东北地区地方政府应充分利用互联网平台，大胆地借鉴与创新，不断探索新方法新技术，为金融治理活动提供技术支持。政府可以充分以大数据、云计算、人工智能、物联网等新一代信息技术为支撑，通过对规模性、快速性、高价性以及多样性的大数据资源进行实时感知、智能分析，用于对市场的监管，并预测未来发展趋势，从而优化决策。其中政府要重视数据资源规划、数据资源管理和数据资源应用，防止数据的碎片化、零散化，加强数据协同。完善大数据治理的网络平台建设，强化数据识别、筛选、分类、归集，推进大数据治理工具效率的提升。

第三节　基于政府治理能力现代化的城市公用事业 PPP 改革发展

2019 年 11 月，党的十九届四中全会提出要坚定社会主义道路自信，积极推动中国特色社会主义制度更加完善，坚持和完善党的领导体系，坚持党的科学理论，坚持以人民为中心的工作导向，立党为公、执政为民，不断满足人民对美好生活新期待。同时要坚持以供给侧结构性改革为主线，推动混合所有制经济发展，厘清政府和市场的关系，构建职责明确、依法行政的政府治理体，提高行政效能，推进国家治理体系和治理能力现代化。在城市公用事业领域推广运用 PPP 模式，创建公用事业 PPP 改革的创新体系理论框架，以增强政府的合作、沟通、协商能力为着眼点，实现政府治理能力现代化，为促进城市公用事业 PPP 改革提供理论依据，为加快政府治理能力现代化提供思路，成为推进治理体系和治理能力现代化的重要助推器。

随着我国经济社会的快速发展，城市化进程加速推进，城市人口也迅速增长，作为城市文明基本标志、承载城市经济发展和民众基本生活载体的城市公用事业已不能满足城市居民的日常生活，并在一定程度上阻碍了城市化进程的进一步加快和城市经济的健康发展。2017 年 4 月，国务院办公厅指出要拓宽城市公用事业投融资渠道，充分调动社会资源，利用政府和社会资本合作（PPP）等方式推动城市公用事业供给侧结构性改革。公私合作（PPP）是以市场化和社会化方式建设城市公用事业和提供公共服务的管理模式改革，是提高城市基础设施建设和公共物品供给质量与效率的一种制度安排，是推进社会性规制强化市场监管的有效途径，可以有效降低和分散公共服务和基础设施建设的整体风险，加快城市公用事业建设步伐，提高公共物品供给效率。在此背景下，积极推动城市公用事业PPP改革，探寻城市公用事业基础设施有效供给路径，加快城市化建设进程，对兜底民生提升城市居民生活质量，增强人民群众获得感、幸福感、安全感意义重大。

基于城市公用事业PPP改革角度，提升政府治理能力现代化的逻辑在于：首先，基于PPP立法角度的公私利益冲突的平衡，明确PPP领域立法，为公用事业PPP模式的利益分配及风险分担等环节设立法律基础，是推动我国公用事业PPP模式发展的重要途径。建立完善监管体系和结构，明确各部门的功能与职责，分工明确防止监管交叉和监管空白。其次，基于PPP契约角度的政府职能的定位，PPP模式应通过契约化方式实现公私部门的权责划分，要求政府需要打破传统体制下政府和国企之间的垂直管理科层关系，通过市场竞争机制及其法律规定履行其责任，确定政府角色、明确政府职能定位，以公开和透明的方式对PPP项目进行竞争性谈判势在必行。最后，基于PPP监管角度的创设是以提升效率为核心的独立监管体系，高效和科学的监管体系是推动公用事业PPP模式发展的必要条件和重要影响因素，不同监管部门之间的监管权力分配又决定了PPP项目的发展质量，需要根据我国城市公用事业的行业特征，进行分类监管创新监管体系，是当前我国PPP模式改革与发展的重要方向。因此，立足于PPP新视角划分政府市场职能界限，持续推进理论创新、实践创新、制度创新，分析城市公用事业PPP改革与政府治理能力现代化的关系，着力提升新时代政府在与民生密切相关的公用事业领域改革发展中的监管能力，完善国家治理体系加快治理能力现代化建设，实现助力高质量高品质发展的有效监管，把我国制度优势更好转化为国家治理效能，具有重要意义。

一、文献梳理与理论基础

(一) 国内外文献梳理

PPP 模式本身是一种较为宽泛的概念，其概念最早来自英国。在 PPP 提出之前，PPP 模式也被广泛称之为特许经营、建设—经营—转让及私人融资倡导等。由于各国对 PPP 的内涵理解不一，因此 PPP 模式在不同的国家和地区有着不同的内涵。例如，联合国（United Nations Institute for Training and Research，2000）提出 PPP 模式具有两种含义：一是公私合作关系，即要如何平衡公私关系以保证公共基础设施建设；二是具体的经营与管理，主要是在确立公私合作关系基础之上如何分配投资、建设、经营及管理等内容。欧盟（The European Commission，2003）也将 PPP 模式定义为公私合作关系，其目的就是为了满足社会对公共物品的需求。美国 PPP 国家委员会（The Nations Council for PPP，2002）认为 PPP 是介于外包和私有化之间的一种合作模式。PPP 可以利用私人资本优势对部分公共物品进行投资、建设和经营，以达到满足社会公共物品需求。我国学者雒亚龙（2003）从国际 PPP 发展现状出发认为 PPP 模式是一种公私合作的城市建设模式，可以称之为国家与私人合作经营的企业，其典型结构模式为政府以采购形式与中标单位签订特许合同，而中标单位会负责项目的筹资、建设及经营。刘晓明（2004）认为 PPP 模式就是为了满足公共物品需求而产生的，因此直接将 PPP 模式以公用事业合作化来代替，其合作基础是政府为公众提供公共物品，私人企业获得合理利润。综上所述，PPP 模式应当是一个宏观宽泛的概念，而不是具体的某种融资模式。即 PPP 模式是一种涉及政府和私人资本长期合作的关系。在此关系背景下，政府和私人资本各自发挥优势，通过利益共享、风险共担的原则，以实现公共物品的生产和供给。

PPP 作为一种实践模式，是在政府购买和公共物品提供的经验不断总结过程中而发展。目前，PPP 模式具有三种基本项目类型及 10 种典型模式。其中，三种基本类型包括经济独立项目、公共部门提供服务项目及合营企业项目。具体而言：第一，在经济独立型项目中，政府作用有限，仅能够按照法律规定开展部分前期工作。在此项目中，公共部门通常会制定收费标准上限，而私人主要负责经营并承担相应风险。第二，在公共部门提供服务项目中，政府主要向私人购买特定服务，而私人部门则通过向政府收费来获得利润。第三，合营企业项目则是政府和私人联合对项目进行开发。但是项目的经营权通常由私人部门拥有，政府此时只是合作伙伴角色，因此也成为官民协同项目。PPP 的典型模式及特征如表 7-4 所示。

表 7-4 　　　　　　　　　　　　**PPP 典型模式**

类型	典型模式	特征及优劣势
外包类	运营与维护	政府和私人签订契约，私人负责运营和维护。优势为节约成本、服务质量高。劣势为减轻政府控制权
	设计—建设	政府和私人签订契约，私人部门按要求设计和建设。项目建成，政府有所有权并负责管理运营。优势：利用私人经验，降低成本和创新。劣势：较高运营成本
形式购买	投资公共设施扩建	私人投资兴建公共设施扩建，一定时期负责运营，直到收回投资获得合理回报。优势：政府不提供资金，采购弹性。劣势：后期建设运营困难，契约管理复杂
	承包运营	政府提供资金，私人部门设计、建设并负责一段时期内运营。政府设计目标，拥有所有权。优势：风险转嫁，强化质量。劣势：政府控制权降低，面临投资风险
委托购买	租赁—购买	政府和私人签订契约，私人部门负责设计、投资和建设并提供服务。向政府租赁一段时间，租赁期满，政府具有所有权。优势：改善建设效率，租赁成本低。劣势：减少政府对服务的基础设施的可控性
特许经营	租赁—研发—运营 购买—研发—运营	私人从政府租赁或者购买，进行扩建和改建，并根据契约负责运营。优势：政府可获得资金，无须再次投资。劣势：政府丧失控制权，存在低估资产风险

续表

类型	典型模式	特征及优劣势
特许经营	建设—转让—经营	政府和私人签订契约,投资建设公共设施。政府具有所有权,可长期出租给私人部门。优势:政府可从私人部门建设获得收益并对项目进行掌控。劣势:如果出现绩效和建设等问题,契约失效,后续解决烦琐
私有化类	暂时民营化	所有权转移到私人部门,私人部门负责改善和扩建,直到回收资金并获得合理回报。优势:政府可制定标准和绩效,可控。劣势:风险私人承担,可替代性差
	建设—所有—经营—转让	私人部门有排他性特许权,负责项目建设、经营和维护。特许经营期满,所有权转让政府。优势:私人部门提升服务效率。劣势:政府丧失控制权
	建设—拥有—经营	政府将公共设施所有权转让给私人部门并签订契约。私人部门承担融资责任。优势:公共部门不介入设施建设和经营,私人部门以高效率提供服务。劣势:缺乏竞争,需要配以相应法规和规则

城镇化建设进程的加快,城市公用事业已不能满足城市居民的日常生活,并在一定程度上阻碍了城市化进程的进一步加快和城市经济的健康发展(王俊豪等,2013)。由于公用事业关系民生,不仅具有较强的自然垄断性,同时也具有较强公益特征(和军等,2016)。因此,对于具有逐利特征的私人部门而言,如何在PPP模式中实现公共利益和私人利益的平衡,是目前PPP模式发展与应用的重点和难点,也决定了PPP项目的成败。从法律角度而言,协调公益和私益问题必须要跳出公法和私法的二元困境,过于强调私法会导致公共利益受损,而过于强调公法则会降低私人资本对公共事业建设的积极性。付金存(2015)认为在现有的制度背景下,中国公共事业PPP模式存在政府职责定位不清、风险分担不清、投资回报监管目标无法兼容及监管权力分配失衡等问题。王俊豪等(2017)从公共事业PPP模式的风险与监管需求角度入手,认为公共事业PPP模式在实施过程中存在一系列风险,包括:法规政策风险、社会风险、政府信用风险、政府干预风险及道德风险等。同时,

现有的公用事业 PPP 监管制度存在诸多缺陷，包括：PPP 相关政策不全、PPP 监管权力分散以及缺乏科学的绩效评价方法等。

（二）PPP 模式的理论基础

1. 新公共服务理论

新公共服务理论产生于 20 世纪 70 年代，其目的是重塑包括新管理主义在内的一系列思想与实践活动。与传统经济理论的经济观念不同，新公共服务理论是以公共利益为基本核心，是建立在行政人员切实为公共服务之上。新公共服务理论内涵表现为：第一，新公共服务理论呼吁维护公共利益，认为公民在根据社会公共利益行动后，社会的广泛利益才能从一个独立及孤立的存在中脱离，并转变成美德造福于社会。第二，新公共服务理论强调尊重公民权利，认为政府与公民之间和企业与顾客之间不同。公民在社会中应当具有归属感，并且强调只要政府能在尊重公民的基础上进行合作与分享就能获得成功。第三，新公共服务理论重新定位政府功能，使政府不再处于掌控地位，而是与公众一样成为社会的参与者，可让更多利益集团直接参与到政策制定与实施过程。

2. 公共选择理论

公共选择理论是由英国经济学家布莱克于 1947 年首次提出。该理论的提出实现了"经济人"对国家某些特定的政治现象的思索，并随着美国经济学家布坎南的进一步研究而不断完善，并最终成为一套系统理论。公共选择理论的基本出发点为经济人假设，并将其应用到政治行为分析。公共选择理论具有四个重要特征，分别为：理性经济人假定、方法论的个人主义、作为交易的政治和搭便车理论。其中，理性经济人假定在经济市场中，每个经济人都是利己的、理性的和效用最大化的，并将其拓展到政治领域；方法论上的个人主义认为集体偏好为个体偏好的集结，个人是基本的分析单位，一切评估必须要以个人为起点。公共选择理论认为集体行动中并不存在独立的集体意志，相反地，集体行动是个人根据自身利益并采取理性选择之后的结果；公共选择理论认为政治过程与经济过程都是利益交换并取决于交易动机和交易模式。公共选择理论认为公共政策制定和服务的提供是各方理性选择的均衡结果，该结果符合社会要求；"搭便车"则是公共选择理论对利益集团在公共政策中的行为选择和产品分配的特殊性研究，它认为个人对利益的最大化追求导致次优化的集体结果。在公共服务领域，理性人不会按照集体利益采取行动，而是倾向于采取"搭便车"行为。

3. 委托代理理论

委托代理理论是制度契约经济学理论的研究内容之一，它是建立在信息非对称背景下，代理人与委托人之间的博弈和重复博弈问题。委托代理关系在社会中广泛存在，包括：国有企业之内、国家与国企之间、国企经历与雇员、债权人和债务人等。在公共管理中，私人部门和公众是在政府授权下进行公共活动。对于私人部门而言，社会公众是委托人，政府为代理人。政府的目的是要通过行使自身权力，包括监管和管理等方对私人部门进行管制，以保证社会公共物品的供给，实现增加供给质量的同时，也保证供给效率和供给质量的稳定上升。

二、我国城市公用事业 PPP 改革的背景、动因及现状分析

（一）我国城市公用事业 PPP 改革的背景

自 1949 年新中国成立以来，直至改革开放以前，我国一直实行计划经济发展模式。在此时期内，我国采用政府大包大揽模式对公共服务进行供给，依靠众多数量的国有企业及事业单位向社会提供相应的公共服务，因此私人资本几乎无法参与到公共事业。然而，随着 1984 年深圳沙角 B 电厂的合同签订，标志着我国私人资本进入公共事业的开端。虽然此项目是以国外资本为主，但是也为我国今后的私人资本进入公共领域探索出新的天地。伴随着改革开放进程不断加深，尤其是党的十四大明确提出对经济进行体制改革，建设社会主义特色市场经济的提出，预示着我国 PPP 模式发展进入了新阶段，私人资本的发展与作用进一步提升。此后，党的十四届三中全会对税收体制进行了改革，地方财政被

中央收回，致使地方政府开始重视私人资本，也为 PPP 模式发展提供了必要条件。此后，我国 PPP 模式得到快速发展，成立了多种项目。虽然，以失败告终居多，但是为今后我国 PPP 模式发展积累了宝贵经验。2001 年，国家计委出台《国家计委关于印发促进和引导民间投资的若干意见的通知》，明确提出"鼓励和引导民间资本以独资、联营、参股、合作及特许经营等方式，参与经营性基础设施和公共事业项目建设"。该文件不仅为我国 PPP 模式进入公共事业提供了基础，同时也将特许经营定义为新型制度，加速了 PPP 公用事业的应用与发展，提升了市政等公用产业的工作效率。2003 年，党的十六届三中全会通过的《中共中央关于完善社会主义市场经济体制若干问题的决定》指出，"允许非公有资本进入法律未禁止的基础设施及公用事业等行业，并对垄断行业提出放宽准入条件，鼓励引入竞争"。该《决定》为我国 PPP 模式的民间资本进入提供了政策支持，使 PPP 模式可以在公用事业进行大规模实践。然而，随着 2008 年世界危机的到来，使我国民间资本受到冲击。在该时期内，我国 PPP 模式发展进入停滞状态，甚至是倒退。为了应对 PPP 模式发展停滞，国家开始重视并推广 PPP 模式，不仅为 PPP 模式发展出台相关政策，财政部为推动 PPP 模式的顺利发展，随后成立 PPP 工作领导小组。

总体而言，我国 PPP 公用事业在政策的引导下，目前正处于快速发展阶段，不仅涉及领域更广，并且在社会中的认可度也显著提升。因此，可以预见未来 PPP 模式在公用事业中的应用将越来越广，并逐渐成为我国基础设施建设和公共服务供给的主要方法与手段。

（二）城市公用事业 PPP 模式发展的动因

首先，通过 PPP 改革加强竞争，提升公用事业运行效率。公用事业 PPP 模式发展对效率的提升体现在两方面：一是 PPP 模式将加速公用事业的经营和管理从政企合一的体制下转变成政企分离的体制，可解决政企合一背景下低效率问题；二是 PPP 模式可加速公用事业民营化，而民营企业的效率要远高于国有企业效率，也可以达到提升效率的目的。具体而言：其一，政企合一管理体制的公用事业服务低效率问题严重。当前，我国大部分大型公用事业投资项目都是由政府出资，企业并没有实质性的生产经营权力，即项目本身与企业收益并无关联。因此，一旦项目发生亏损，企业的损失将由政府补贴，这导致从事项目建设的企业没有经营风险，因此缺乏高效经营的动力。对此，需要改变公用使用建设政企合一现状并转变为政企分离的管理体制，鼓励私人部门进入城市公用事业，形成多有制共存的企业经营主体，减少政府对企业经营的干预，打造具有竞争性的市场，切实提升公用事业体制性效率。其二，实践证明，私人部门在竞争性环境中比国有企业具有更高效率，因此世界发达国家以此为根据纷纷对垄断性产业进行民营化改革。但是在不同的环境中，私人部门和国有企业的效率略有差别。在垄断环境中，私人企业和国有企业效率并无显著差异。而在竞争环境中，私人企业会比国有企业具有更高的效率。因此，在公用事业中需要改革那些处于垄断性产业具有竞争性业务领域，允许私人资本进入公用事业。而在竞争机制难以建立的自然垄断事业中，还需要以国有企业为主，保证国有经济对自然垄断业务的控制。

其次，城市公用事业 PPP 模式发展有助于降低政府财政压力。出于治理角度考虑城市公用事业的价格管制往往较低，而且这种低价格甚至还低于边际成本价格，因此政府要承担较大的财政亏损。随着我国开放的不断深入，城市发展迅猛，与此相伴的城市基础设施需求快速增长。而在现有的价格管制环境和条件下，显然政府不能发挥其优化资源配置作用，高昂的公用事业成本价格致使城市公用事业发展放缓。而为了缓解这一阻碍，积极引入私人资本推动城市公用事业发展势在必行。在 PPP 模式下，私人企业负责项目的建设和经营，一方面可以减少政府的建设性财政支出，并增加公共财政支出，使更多资金流向教育、医疗和公共卫生领域，更好地推动社会福利发展。另一方面公用事业的 PPP 模式发展，有助于提升城市公用事业的价格管制，使更多私人资本积极投入到城市公用事业建设并获得相应收益，减少政府补贴和负担。

最后，城市公用事业 PPP 模式发展有助于提升公用事业产品和服务的供给能力，造福社会。随着我国经济改革开放发展，民营经济发展已经成为我国社会经济发展的重要组成部分，也为我国公用事业 PPP 模式发展提供了必要经济基础。尤其是在许多利好性政策的激励下，公用事业 PPP 模式发展可谓是大势所趋。截止到 2018 年 9 月底，我国共有市政工程类项目 4520 个，总投资 47815.51 亿元。从项目细分领域来看，市政道路项目 813 个、污水处理项目 706 个、垃圾处理项目 219 个、供水项目 143 个及供气项目 11 个。因此，可以预见，随着我国公共事业 PPP 模式的不断推进，私人企业将成为我国公共事业产品和服务的主要提供者，切实推动我国公用事业发展。

（三）我国城市公用事业 PPP 改革现状分析

在经济改革开放利好及政策的引导下，我国 PPP 产业发展迅猛，不仅表现在数量及规模的增长，同样体现在所有权改革、经营权改革及城市公用事业融资改革等方面。

首先，在所有权改革方面。私人企业对城市公用事业中涉及国有资产部分进行购买，国有企业朝向民营方式转变。例如，国有企业通过拍卖、兼并或者收购等方式改组成民营企业。即公用事业国有部分以产权置换或者转让等形式，将部分国有资产出售，以实现产权的转换，并将所得上缴国库，进而加速了我国公用事业的民营化改革进程。同时，政府也在积极推动公用事业 PPP 改革，以政策引导等方式加快公用事业的主辅分离改革，以提升国有企业核心竞争力。在国有企业改制分流的形式方面，主要通过合资、合作以及出售等方式，以逐步实现经营主体多元化发展目标。而对于某些中小型国有企业或者经营不善的企业而言，则鼓励采用民间企业或者外资兼并等方式，以加快我国城市公用事业 PPP 改革进程。同时，政府鼓励私人资本直接进入具有竞争性的公用事业领域，放松了国内外的行业进入限制。当前，我国民营企业发展迅猛，许多民营企业已经具备了相当的经济能力，并且还拥有完备的激励机制和制度，相比于国有企业而言更适应市场化经济发展趋势。因此，政府鼓励公用事业进一步开放，以吸引更多的私人资本进入。但是，考虑到民营企业的经营理念和为保证公共服务供给质量，我国以民营企业独资进入的公共事业领域比较少，大部分还是集中在竞争性和部分生产、经营环节。

其次，在经营权改革方面。我国城市公用事业普遍采用特许投标的形式将国有资产租赁给私人企业，以实现国有化资产民营化运行。该种方式的特征和优势是在不改变国有资产所有制的情况下，改变其经营权。城市公用事业的经营权改变其前提是不损害公众利益，并且经营权所有者要保证所提供的公共服务安全、优质、高效及价格合理。同时，随着我国公用事业PPP模式的不断发展与完善，建设—经营—转让模式（BOT）已经较为成熟。例如，目前我国私人企业已经是市场经济的重要参与主体且私人企业是具有独立的法人、产权明确，具有自主经营和自负盈亏的特征。同时，私人企业具有完善的激励机制，可以按照市场需求客观和理性看待风险，具有经营权改革的条件。当然，我国地域辽阔区域经济发展存在较大差异。因此不同地区的城市应当选择不同的特许经营模式。例如，新建项目可选择BOT模式，而改善或者改造项目可选择移交—经营—移交（TOT）模式；大城市可选择BOT模式，小城市可选择TOT模式；东部沿海城市可选择BOT模式，中西部城市可选择TOT模式等。

最后，在城市公用事业融资改革方面，普遍采用股票或者债券以实现稳定和安全的融资。由于两权分离的私人企业其实质还是要受到政府行为约束，因此公用事业难免会偏离正常的市场运行方面。对此，需要通过股份制形式改变国有企业组织形式，并改变国有企业的管理行为。当前，我国城市公用事业股份制改革采用的分类进行原则，即根据企业经营管理的成熟度，采用多种形式逐步和广泛的推动股份制改造，以加快股份公司的股票上市并筹集资金。当然，与一般竞争性产业不同，因为城市公用事业关系到国民切身利益，因此政府应当对其具有一定控制权，而控制权力的大小取决于产业的竞争程度。诸如水产业等自然垄断产业或者具有网络运营特征的产业，国家要加强控制。而其他竞争类型的行业，政府可以适当放松管制甚至是完全退出。此外，公用事业的融资模式也广泛采用债券融资模式。目前，在统一规则下，我国公用事业可以直接向公众发行长期、中期和短期的专项建设债券，以加强城市公用事业的建设。同时，对于部分关系到民生的大型项目，政府还会为其作为担保，利用政府信誉加速融资。从相关统计数据来看，我国公用事业发展性债券最多的行业为基础设施，其次为煤炭、航空、电子信息、农业及汽车和医药等。同样，受到区域经济发展不平衡影响，城市公用事业的债券发行也存在明显的区域发展问题，表现出公共事业民营化发展从东部到西部的渐进发展趋势。

目前，我国在城市水务行业、城市管道燃气行业及城市垃圾处理行业取得了显著成果。具体体现在以下几个方面：

第一，在城市水务行业方面。从业务类型方面来看，城市污水处理的民营化发展要高于城市水供给的民营化发展，其原因在于：一是城市水供给的质量要求更高，较为敏感。因此政府对水供给的民营化持有谨慎态度。二是长久以来我国污水处理一直落后，因此各地政府积极推广水污染处理产业，从客观上推动了污水处理产业民营化发展。根据相关统计数据显示，在城市供水行业中，国有控制的产业比例在80%左右，非国有控制的产业比例在7%作用，这表明非国有企业对我国城市水务方面的贡献还有局限，存在进一步发展的空间。在污水处理方面，国有企业控制的产业比例在60%左右，其他的为非国有企业控制。从城市水务民营化的分布特征来看，东部地区国有控制比例为53.3%，民营企业控制比例为22.61%。中部地区国有控制比例为52.60%，民营企业控制比例为17.34%。西部地区国有控制比例为66.00%，民营企业控制比例为10.00%。总体而言，我国城市水务民营化发展呈现以下特征：其一，水务民营化改革政策较为完善，并且政策的制定与行业本身紧密相连，包括特许经营、价格、财政补贴以及监管考核等多方面。其二，水务领域民营化改革全面，竞争机制逐渐完善。当前，我国水务领域民营化改革的行业包括：供水、污水处理、污泥处理以及再生水等领域，构建了多元化投资结构，缓解我国过于依靠政府的投资模式，间接带动我国城市水务发展。同时，BOT及TOT等模式的引入解决了传统城市水务行业存在的机构臃肿、效率低下及管理落后等问题，通过重组、改制和运营创新等方式打破垄断局面，建立了市场化运行机制。其三，城市水务的发展带动周边经济发展，培育了一大批具有技术、规模和资金的产业链上下游企业，形成了一批具有影响力的品牌企业。

第二，在城市管道燃气民营化改革方面，企业主要以特许经营为主，其占比为69%，政府制定的企业经营占比15%，主管部门直接负责占比8%。由于城市管道燃气行业的民营化发展，其融资模式也得到创新，拓展了融资渠道。统计数据显示，城市管道燃气企业的融资渠道包括自由资金占比66.9%、财政拨款占比3.8%、商业贷款占比20.6%、政策贷款占比2.4%、企业债券占比1.1%、信托资金占比0.14%、上市融资占比3.3%。总体而言，我国城市管道燃气行业的民营化改革表现出以下特征：其一，约一半的国有管道燃气企业进行了民营化改革，其中以股权转让或者合资合作方式为主。其二，从具体的运营模式来看，约2/3采用特许经营模式，只有少量企业仍适用主管部门运营。

第三，在城市垃圾处理行业民营化改革方面，国有企业控制占比32.6%，民营企业控制占比13.7%，仍有广泛的发展空间。为了确保城市垃圾处理行业民营化后的正常运行，我国政府还对垃圾处理行业进行了管制化政策，包括进入和退出管制政策、垃圾收费和处理价格管制政策、质量环保标准管制政策及不同环节间的协调管制政策。具体而言：在进入和退出管制政策中，按照不同业务领域制定差异化进入退出政策。例如，垃圾收集业务，在进入管制时采用竞争性招标、特许投标，在退出管制时适用特许经营方式的企业允许新的企业取代。垃圾运输业务，在进入管制时采用竞争性招标和特许投标制度，在退出管制时适用特许经营方式的企业允许新的企业取代。垃圾填埋处理业务，在进入管制时采用BOT或者特许经营，在退出管制时要确保垃圾处理能力稳定。同样，在价格管制时也是采用业务领域的不同制定差异化的垃圾处理价格。例如，垃圾收集业务采用开放价格管制，发挥市场机制作用。垃圾填埋处理业务和垃圾堆肥处理业务，按照平均成本定价为主，进行适当补贴，强化成本管制。在质量和环保标准制定方面，主要参照业务的技术经济特征制定相关标准。例如，对于具有竞争性的垃圾收集业务和垃圾运输业务而言，其质量和环保标准制定政策是以培育市场竞争力量为主，充分发挥市场机制作用，提升垃圾收集和运输效率。对于具有自然垄断特征的垃圾填埋业务或者焚烧业务而言，环境质量标准制定是以行政命令直接控制环保标准，同时随着社会的要求不断提升管制质量。在协调管制方面，主要根据不同环节制定具体协调政策。例如，在收运系统内部环节时，通过组建具有跨行业和规模较大的垃圾处理企业，从整体优化系统内部运行。在垃圾处理环节，以减少垃圾产生量和加强回收为主，优先支持垃圾焚烧发电。

三、我国城市公用事业 PPP 改革存在的问题

(一) 城市公用事业 PPP 模式契约精神不足

当前，我国城市公用事业 PPP 模式的合作机制为政府和私人企业签订合同，并以风险共担和利益共享的形式进行经营与管理，更加强调两者之间的合作关系。因此，在一个 PPP 项目中，政府的契约精神对项目的顺利开展与实施具有重要影响作用。然而，近年来许多 PPP 项目的失败是因为政府未能按照签订合同履行职责，这样不仅滞后了 PPP 项目的发展，更会对私人企业的参与积极性造成影响并对其造成经济损失。同时，目前许多城市公用事业 PPP 项目严重缺乏前期论证工作，一些地方积极开展 PPP 模式其实质是为了降低自身的责任，并未将该项目作为政府的长期发展规划，因而不能保证 PPP 项目的质量和效率。此外，由于缺乏前期系统性规划，而许多 PPP 项目需要政府补贴。但是政府的财政吃紧，又导致 PPP 项目无法按时获得相应资金，进而形成了恶性发展循环，即缺乏前期规范—补贴不及时—项目滞后或者失败。

（二）缺乏 PPP 专门法律规范和相应监管评估体系

城市公共事业的民营化改革就需要一定的法律法规作为基础和依据，但是目前我国缺乏相应的制度或者规范来约束政府行为。虽然目前我国已经出台了十几部关于 PPP 模式发展的文件，但大部分属于部门规章或者规范性文件，并没有以法律形式加以规范，其保障性在具体实施过程中十分有限。在相关规范实行过程中，并不是由专门的相关执法机构统一执行，因此部门之间存在职能交叉现象，存在监管职责界限不明确，执法程度不一致，存在相互推诿或者有法不依等问题。尤其是在民营企业进入公用事业领域的相关规范，包括如何进入以及进入程度，目前正处于模糊发展阶段，因此加快完善相关领域的法律规范条文十分必要。除了中央监管部门具有监管职能交叉问题，地方层面也普遍存在相关问题。即使部分地区成立了公用事业的管制部门机构，但是许多职能仍然分布于其他管制机构。例如，城市公用事业管制部门仅能在行政和运营方面具有执行管理权力，而资本运营、成本核算以及价格等核心内容的监管权力则属于国资委或者物价局等机构。

城市公用事业 PPP 模式监管不足会导致某些基础设施项目及公用事业参与主体过多，极易造成恶性竞争问题，普遍存在供给效率低下且服务质量不足。此外，PPP 项目在运营环节还需要一个具有权威性部门对其进行监管和评估，以保证 PPP 项目的完整性。然而，目前我国尚未建立具有权威性的第三方监管机构，无法独立对项目进行评估和预测。因此，大部分项目都是由政府主管评估，这无疑将影响 PPP 项目评估的公平性，并为以后的经营和管理等方面埋下纠纷隐患。

（三）改革政策不平等，社会资本进入难

虽然国家大力推动私人资本进入公用事业领域，但是从实际发展状况来看，真正享受到相关政策待遇的主体往往是国有垄断企业、外资企业或者规模较大的私人企业，而那些中小型企业则难以获得相应优惠待遇。甚至部分地区在招商引资方面还存在歧视性问题，包括政策上的不

平等以及行政审批效率低下等问题。尤其是在融资方面，社会资本的商业贷款一般都难以满足银行抵押品要求，再加上其固定资产不足，社会融资渠道几乎行不通。因此，许多企业不得不采用短期贷款及多次周转等手段获得资金，这无形中又增加了融资风险与成本，极大地约束了社会主体的参与热情。同时，长久以来我国都是由政府主导公用事业发展，对社会资本具有严格的约束要求。即使国家出台了相关优惠政策，但基本上获得优惠的企业都是之前与政府具有合作良好的企业。此外，从我国公用事业 PPP 模式的实际发展角度来看，许多项目的预期收益率都在 6% 左右，部分项目收益率还不能弥补银行贷款利率，进一步加剧了我国公用事业 PPP 模式发展的严峻性。而且部分地区政府在政策方面还具有随意性和无法预测性，尤其是涉及 PPP 项目政策的调整使得之前所签发的合约难以履行，致使社会资本遭受较大损失。

（四）城市公用事业 PPP 项目融资模式缺乏创新，不能与现有金融体系相适应

由于城市公用事业 PPP 项目周期时间长且所需要资金量大，因此金融机构还并未针对 PPP 模式制定相关融资政策，致使 PPP 融资模式缺乏创新性。由于 PPP 项目的特殊性致使金融机构必须要对 PPP 项目进行前期论证以及对在项目建设过程中的资金使用情况进行监管，而这却与金融机构传统的抵押担保进行风险管理的模式大相径庭，因此城市公用事业的 PPP 项目难以获得正规渠道的金融支持。此外，公用事业 PPP 项目时间往往长达十五年或者二十年，而我国金融机构的长期贷款一般都在十年之内，因此并无适用于 PPP 项目的长期贷款产品。因此，在现有的金融环境中，PPP 项目难以获得固定利息贷款产品，其融资方式主要是根据项目本身承担利率变动风险。

（五）PPP 模式与公用事业内在逻辑的监管困境

公用事业关系到社会每一个人，具有较强的自然垄断特征及普遍服务功能，其本身是一个公益性较强的产业。然而，PPP 模式是私人资本

所主导的创新模式，其本身具有逐利性。因此，如何平衡好逐利性和公益性无疑为政府监管提出了重大挑战。同时，政府在 PPP 模式中身份特殊，一方面，政府是参与人可以和私人企业直接进行协议签署以及就权利、义务进行磋商；另一方面，政府又是 PPP 项目本身的监管主体。因此，政府部门既需要保证 PPP 项目在公共事业中的公益性特征，也要保证项目的合规发展。然而，传统政府监管理念在 PPP 模式中具有以下缺陷：第一，传统监管理念将公用事业产品和服务的提供者限定为政府部门，使得政府需要承担过多的财政、技术以及管理等方面的压力，在缺乏竞争的环境中，公共事业的产品和服务提供效率低且质量无法保证。第二，传统监管理念无法摆脱垄断束缚，妨碍城市公用事业发展。在严格监管理念下，其内部垄断为主要特征，以规避市场竞争为特征，因此在监管内部容易滋生腐败，主体之间容易形成利益同盟，致使城市公用事业创新受阻。第三，严格监管理念不利于私人资本进入城市公用事业领域，政府的垄断经营模式将严重挤压私人企业的发展空间，导致民间资本在城市公用事业 PPP 模式中无法释放。

（六）城市公用事业 PPP 模式融资主体相关规定不明确

从实际发展过程和结果来看，我国城市公用事业 PPP 模式在融资过程中，存在融资主体的权责分配不明确问题。第一，对于政府而言，现行的法律过于强调政府的监管责任和地位，但是大多数 PPP 契约合同中却没有明确政府的监管业务。而在 PPP 模式中，将监管义务设为条款，明确监管主体的责任、监管方法和范围，可以有效防止参与主体之间的相互推诿。同时，政府的监管地位与现有法律相矛盾。例如，《中华人民共和国担保法》中规定，国家不得担保，但是当政府以参与人的身份与私人企业签订协议时，政府就具备了民事主体地位，因此需要明确其合法性。第二，对于私人资本而言，在 PPP 项目中的地位处于劣势，往往是社会资本寻求政府合作，在实际的操作中私人资本与政府之间的地位存在不平等问题。同时，一旦政府违约，私人企业没有相应的追责机制，并且过于受到政府干预，私人资本的定位不明显。第三，对于最终的消费者社会大众而言，目前没有法律对大众的权益进行保障。所有的规范都不是以大众的权益为制定基础，因此相关监管政策往往难以落实。同时，公用事业缺乏社会评判机制，作为公用事业直接的使用者无法对相关产品和质量做出明确评价。

（七）城市公用事业 PPP 项目的融资风险分担机制缺陷

由于城市公用事业 PPP 项目涉及资金巨大、风险众多，因此融资的成功与否直接关系到项目的成败。然而，从我国城市公用事业 PPP 模式发展的实际案例来看，多数失败案例均与融资风险分担机制有关。具体问题包括：第一，目前我国尚未有针对公用事业 PPP 模式的融资专有风险的规定，没有就公用事业 PPP 模式融资风险的多样性、政策风险及市场风险的特殊性构建风险分担机制；第二，许多政策过于强调政府的风险转移，并为私人企业风险考虑且风险转移存在不合理问题，私人企业的利益无法保障，严重影响了社会资本参与城市公用事业建设的积极性；第三，许多政策过于宽泛，对民营企业进入城市公用事业假设和运营存在歧视，在落实具体项目以及实施过程中存在实践难题问题。

（八）城市公用事业 PPP 模式的纠纷解决机制缺陷

对于涉及多方主体的 PPP 模式而言，各主体之间很容易产生纠纷。然而，如何通过相应的解决机制化解纠纷是保证 PPP 模式顺利进行的关键点，也是对私人资本的最可靠保障。然而，PPP 模式纠纷的适用性在法律上仍存在争议。例如，《特许经营管理办法》规定在纠纷争议解决方面，适用协商、调节、行政复议或者行政诉讼等形式，而行政诉讼又和《行政诉讼法》相关。《PPP 项目合同指南（试行）》将 PPP 模式中的签订合同行为定为民事法律行为，如果双方产生纠纷，适用民事诉讼程序。此外，许多 PPP 模式的相关法律法规基本都是由政府参与制定，因此在解决方式和方法上面存在争议，其社会公平性无法保障。

（九）政府部门在公用事业 PPP 模式中的财政负担严重

在传统体制下，我国城市公用事业服务都是由公共机构或者政府部门提供，政府既是公用事业产品和服务的提供者，也是公用事业的监督者，其垄断经营特征使得公共部门没有外部压力，因此不会刻意地降低成本或者提升效率。而对于政府掌管城市公用事业的亏损往往是靠财政补贴手段以维持较低价格。市场的供求关系以及内部的管理方法几乎不会对城市公用事业产品的价格产生影响。同时，绝大部分的城市公用事业都是政府无条件提供资金，城市公用事业的产品和服务价格低于市场，再加上经营成本高于社会平均水平。因此，政府需要承担更多的财政负担。

四、提升政府治理能力的基本逻辑

（一）PPP 立法：公私利益冲突的平衡

明确 PPP 领域立法，为公用事业 PPP 模式的利益分配及风险分担等环节设立法律基础，是推动我国公用事业 PPP 模式发展的重要途径。目前，国外已经有许多国家在城市公用事业 PPP 融资法律等方面取得了进展，可为我国的 PPP 相关立法提供启示。例如，英国在 2012 年推出了 PF2 模式改革，其目的是让政府退出公用事业项目建设。随后，通过出台《PFI：迎接投资挑战》（*PFI：Meeting the Investment Challenge*），确立了政府在 PPP 模式中所应当具有的权责和义务。同时，相继出台《PFI/PPP 金融指引》《PFI/PPP 采购合同管理指引》等一系列规范性文件，为城市公用事业 PPP 模式发展提供了法律保障。英国的 PPP 立法重视的是纠纷解决环节，包括协商、专家决定或者仲裁和法院判决。法国是最早将 PPP 模式纳入行政法规之列的国家之一。早在 1993 年就出台了《萨宾法》（*Sapin Law*），明确规定特许经营的采购必须要经过竞争方式，同时对采购期限及程序进行了详细规定。同时，2004 年又出台了《合伙合同法》并遵守欧盟规定将合伙合同纳入公共采购框架之内，其归属于行政合同。韩国 PPP 相关立法主要集中在融资方面，除了 1994 年出台了《促进社会资本参与基础设施投资法》之外，大部分的政策法规制度都是与 PPP 融资相关，包括设立担保基金、成立专门的监管小组以及企划财政部建立争端协调委员会等。对此，我国的 PPP 法律建设可遵从以下原则：

第一，围绕 PPP 模式制定专门政策法规，可以采用英国的"政府＋指南"的方式，也可以采用法国的全部纳入行政法规框架。除了核心法律法规之外，还通过发布相关指引手册，以增加其灵活性。但是在法律制定时，要注意和现有的法律法规相矛盾问题，清理和修改具有法律重复方面的问题，保证法律框架的和谐性与完整性。第二，注重 PPP 模式的风险分担机制，保证投资人利益。具体可以通过物有所值为目标，合理科学分担风险及利益问题，不能一味地将风险转移到私人部门，切实保证私人企业基本利益，以提升社会的投资热情。第三，建立完善监管体系和结构，明确各部门的功能与职责，分工明确防止监管交叉和监管空白。在纠纷解决问题方面，可以直接采用法律规定，也可以采用协商。同时考虑到 PPP 模式的公益性，因此不建议走司法程序，可以成立协调委员会或者采取仲裁等形式提升纠纷解决效率。

（二）PPP 契约：政府职能的定位

当前，我国城市公用事业，例如污水处理、燃气管道、城市供水等产业都是自然垄断产业，而政府为了保证其规模经济和稳定的供给，往往采用垄断经营模式，并对城市公用事业采取生产、运输、销售及管理等一体化管理模式。在此背景下，我国几乎每个城市都设有城市公用事业管理机构，并对其进行出资管理、人员派送及组织和决策等。而正是因为该种情况致使我国公用事业产品供给和服务的成本高、效率低，严重阻碍了我国公用事业 PPP 模式的发展。而 PPP 模式其本质应当是通过契约化方式实现公私部门的权责划分，这就要求政府需要打破传统体制下政府和国企之间的垂直管理科层关系，通过市场竞争机制及其法律规定履行其责任。因此，确定政府角色明确政府职能定位，以公开和透明的方式对 PPP 项目进行竞争性谈判势在必行。目前，从世界 PPP 项目发展角度而言，政府的职能转变包括四种形式，分别为：市场式政府、参与式政府、弹性式政府及解制式政府。其中，市场式政府是为了让政府更像私人部门一样，强调改善管理。包括管理结构和管理问题。例如，在管理结构中强调效率，其工作方式应当采取某种竞价，让私人部门也有机会进行投标参与。让更有能力的部门以更低成本和更高效率完成工作。该类型的政府主张将公民视为消费者或者纳税人，根据市场信号做出反应让公民有更多选择权；参与式政府则致力寻求一个政治性更强且更加民主和集体的政府治理模式，主张社会广泛大众积极参与治理过程。该类型治理政府具有四种参与机制，包括监督、授权、对话以及选择；弹性式政府旨在解决传统政府因规章制度机械和僵化导致创新不足问题。通过提升政府的应变能力以及环境变化制定相应政策，而不是以固定回应方式解决问题；解制式政府是为了解决公共组织功能失调问题，尤其是因公共行政规则导致政府行动缓慢问题。其目的是通过取消一些限制和约束，让政府对目前的工作任务进行更加高效处理或者对社会进行创新，以促进社会整体利益增长。

（三）PPP 监管：创设以提升效率为核心的独立监管体系

由于 PPP 模式中的公私合作在价值目标存在冲突，因此在缺乏监管的环境下，公用事业 PPP 模式的推进与发展往往是牺牲私人部门利益为代价。而在欧美等 PPP 模式发展较为完善的国家和地区的实践表明，高效和科学的监管体系是推动公用事业 PPP 模式发展的必要条件和重要影响因素。同时，不同监管部门之间的监管权力分配又决定了 PPP 项目的发展质量。如果监管部门之间存在权责部分问题或者监管模糊，那么将极大概率发生推诿扯皮现象，进而影响 PPP 项目的推进与发展。对此，根据我国城市公用事业的行业特征，进行分类监管创新监管体系，是当前我国 PPP 模式改革与发展的重要方向。为了创建高效且独立的监管体系，首先需要明确中央和地方各级政府之间的权力职责划分。例如，在中央层面上，应当注重相关立法和行业标准建设以有效促进各地 PPP 产业竞争机制，而具体监管则由各地政府落实。同时，注重行政职能和监管职能分离，消除外界扰乱因素，构建中央政府对应省级政府、省级政府对应市级政府、市级政府对应私人企业的监管逻辑体系框架。其中，中央政府对省级政府的监管根据为法律法规和各省的经济发展水平。省级政府对市级政府的监管重点在双方契约执行环节，尤其是费用的拨付问题。

五、加强政府有效监管优化国家治理体系

（一）城市公用事业 PPP 融资的法律框架体系构建

由于城市公用事业 PPP 项目众多，涉及领域广泛，因此为了保证城市公用事业的快速发展，只有优先建立相关法律体系框架，从根本上规范城市公用事业 PPP 模式发展。在构建相关法律体系之前，需要先在以下几方面进行完善：

第一，将《宪法》作为城市公用事业 PPP 模式发展的基本法律框架，在保证大众利益的情况下，要始终明确城市公用事业产品和服务的提供者始终是政府，杜绝由传统的政府垄断转变为企业垄断，切实保障公众利益。

第二，在立法之前需要确定法律的主要目标、立法原则以及规制内容。其中，立法目标是保证项目参与者的利益，立法原则要保证公平和公正，规制内容主要是当前存在的发展问题。

第三，细分到 PPP 项目各环节，针对不同环节特征出台针对性法律。同时，要注意在专门法律中需要规定一般法的适用范围，避免造成法律条文的冲突等。

在确定了相关法律的建设标准后，需要构建城市公用事业 PPP 项目的相关机制，包括融资风险分担机制、融资监管机制和融资纠纷解决机制。具体而言：首先，对于融资风险分担机制而言，要按照科学步骤设

计分担模式,包括风险识别、风险评估、风险分担以及风险再分担。在风险承担原则方面,可以按照有能力一方承担、风险收益对等原则以及风险承担上限原则。例如,对于政策的变化所引发的风险可由政府承担,而由项目本身所引起的风险,包括私人资本的经验和技术不足等导致,则由私人企业承担。具体到实践阶段时,在项目评估初期,建议由政府对风险进行识别和评估,并初步判定双方的风险承担责任。例如,政府承担政策或者税收等方面的风险,私人资本承担技术等方面的风险。在准入阶段时,可根据风险收益对等原则对双方风险进行划分。在建设和运营阶段,如果项目与之前并无大的本质变化,那么风险分担责任保持。如果项目风险的性质发生改变,则需要通过协商等手段再次对风险进行划分和分担。在融资监管方面,主要需要加强监管部门的独立监管和政监分离,切实保证监管的公平和有效性。由于我国公用事业的监管主体都是各级政府,因此为了保证原有监管秩序不变,建议由省市两级政策共同创建公用事业 PPP 项目监管机构,再根据《城市公用事业法》的相关规定进一步划分各监管主体的监管权限、方法以及方式。在监管横向方面,本市监管部门只对当地的项目进行监管,同时与当地其他监管部门配合,例如物价局进行价格监管、质量技术监督部门进行质量监管等,切实保证项目质量和效率。在纵向上,由省级监管部门统领各市级监管部门,采用统一上报形式保证监管效率以及各地监管的独立性。在融资纠纷解决方面,许多学者建议通过法律干预,但是只能是在违约情况下进行法律干预,包括调解、仲裁以及民事诉讼等。此外,考虑到城市公用事业涉及领域广泛,参与主体众多、合同复杂且投资金额较大。因此,在仲裁环节时,要根据涉及的领域范围选择不同的专家,以保证仲裁结果的可靠性和专业性。

(二)打破行业垄断,拓展私人企业进入公用事业的渠道路径

由于公用事业的建设和经营属于长期项目,因此政府应当根据发展需要建立一个项目相匹配的长期战略规划,待发展完善后再向周边城市

推广。例如，在国有企业退出公用事业方法方面，可逐步采取放弃控股、坚持股权、合资合作或者出售资产等方式逐步退出市场，为私人企业进入提供必要空间。同时，要尽可能地打破行业壁垒，消除公用事业中的无形体制限制，最大程度放开公用事业以及私人资本进入门槛。具体到实践操作方面，建议政府将私人经济投资政策具体化并具有可操作性。例如，拓宽城市公用事业的开放范围，制定私人资本参与公用事业的相关政策。对于符合标准的私人企业，快速办理相关准入手续，实行项目公示制度，保证项目的公开、透明与公平。

（三）继续完善公用事业的定价机制

目前，我国公用事业在定价方面存在两个主要问题：一是相关法律法规不健全，部分行业还没有法律支持；二是已经出台的相关法律规范较为落后，无法适应当前的改革要求。因此，公用事业的定价机制可从两方面入手：一是对公用事业的管理模式和法律法规进行完善与修改；二是继续加强相关领域的法律建设，完善公用事业定价机制。具体而言：第一，在定价原则方面，要充分考虑现政府、企业和消费者的利益，可借鉴西方国家做法，即以合理经营、公平负担、调节需求和兼顾社会福利为基本原则，制定科学可靠的定价机制；第二，根据我国实际发展状况，建议创建最高限价为主体的定价形式。由于我国目前的公用事业发展矛盾不再是供给和投资，而是效率与稳定价格，所有最高限价定价方式更符合目前的行业发展利益和趋势。同时，最高限价也可以起到激励作用，有效地刺激私人企业尽可能地提高供给效率并压缩经营成本。此外，考虑到公用事业市场化发展会受到其他因素的影响。对此，在定价时要具有灵活性，可根据市场需求进行改变。

（四）提升政府契约精神，加大对 PPP 项目的支持力度

在具体的项目实施过程中，政府的契约精神和法治精神对 PPP 项目进行的效率和质量影响深刻，实证研究表明具有契约精神的政府不仅可以加快 PPP 项目的进程，同时也可以推动私人资本加入公用事业建设的

积极性。对此，提升政府契约精神，通过法律约束等手段对违约行为进行惩罚，势在必行。在 PPP 项目合作过程中，如果政府发生了违约行为，应当制定相应的惩罚机制，不仅需要对相关违约人进行惩罚，同时也需要弥补私人资本，保证各参与方的基本利益。对此，需要建立相关激励机制，防止政府人员的违约失信行为。例如，在已经确定的 PPP 项目中，项目参与人的违约违纪行为记录在当年的业绩考核中。同时，政府行为向社会开放，接受公众和媒体监督。

（五）重视 PPP 第三方评估机构发展，改善人才培养机制实现专业化发展

由于 PPP 项目耗时长，因此一个完整的 PPP 项目发展需要经历若干个阶段。而对每个阶段的评估，则关系到整个 PPP 项目整体开展进度和整体工作质量。对此，一个独立且专业的第三方评估机构必不可少，它可以在 PPP 项目每个阶段向投资人做出客观的第三方咨询、评估与监督服务。例如，第三方评估机构可在评估阶段准确对项目风险进行预测，避免投资人遭受不必要的经济损失。同时，第三方评估机构的监管功能，也可以公平和公正对项目负责人进行监督，防止徇私舞弊行为，进而形成 PPP 项目的风险预警和监督机制，有利于我国 PPP 模式发展。此外，PPP 项目作为一种复杂的系统性工程，其发展离不开人的因素。目前，城市公用事业 PPP 模式范围不断增大，涉及领域不断扩大。一类公用事业 PPP 项目不仅关系到相关专业领域，还要涉及金融、法律、税收以及谈判等其他领域。因此，从事 PPP 项目的人员需要具有多领域的知识与技能。然而，目前我国 PPP 复合型人才较为缺乏，需要加快建设人才培养机制，以满足不断快速发展的 PPP 模式需求。对此，相关人才培养机制建议由高等院校主要负责，可以通过开设相关课程以及建设实验室等方式培养理论基础深厚的人才。同时，可由当地政府牵头，联合高校和当地企业共建试验基地，实现产学研一体化教学，在培养理论人才的同时，重视学生实践，培养具有理论和实践相结合的人才。对于正在开展 PPP 项目的企业而言，可以通过内部定期培训方式加强员工能

力。例如，定期聘请相关科研人员举办讲座，加深企业员工对 PPP 模式的理解。此外，对于有能力的企业而言，还可以派遣优秀人才到国外 PPP 模式发达国家深造，学习各国先进的 PPP 模式经验，并结合我国 PPP 模式发展特征，创新 PPP 模式。

（六）完善资本市场创新金融模式，拓展私人融资渠道

首先，加快对 PPP 项目资金管理优化，可通过放宽社保基金或者企业年金等方式，应对公用事业基础设施建设资金缺乏问题，以保证项目在中长期内可获得资金保障。其次，创建针对城市公用事业 PPP 项目的专用资金，对短期内缺乏资金的项目进行补贴。同时，鼓励信托或者基金加入公用事业建设，以缓解政府资金压力。最后，改善当前 PPP 项目融资管理体制，拓宽 PPP 项目融资渠道，提升资本运作效率。具体而言，采用灵活定价方式，优化政府财政补贴方式，可通过入股或者设立专项资金等方式加强对私人资本的投资引导作用，有效实现财政杠杆作用。同时，鼓励商业银行创新金融产品，针对不同类型的公用事业 PPP 项目提供创新型金融产品。政府也可按照项目发展前景及社会影响程度实行差异化财政补贴或者税收优惠减免政策，切实提升资金使用效率。考虑到城市公用事业 PPP 模式投资金额巨大且投资回收期限长，再加上许多私人企业缺乏抵押品，因此创新抵押模式同样重要。建议根据项目预期收益作为工具，除了不可追索及资产负债以外都可以视为抵押物，以保证私人企业的融资渠道。此外，充分利用好债券市场融资手段，拓宽私人融资渠道。当前，我国已经具有许多高质量发展的私人企业，不仅具有良好的经济效益，同时也打造了优秀的企业文化，具有较强的发展潜力。对此，可以鼓励这类私人企业积极发展债券，拓宽市场融资渠道增强投资吸引力。而对于政府而言，在私人企业融资方面可以利用现代互联网技术，打造创新性金融平台，以创新融资模式、引导非财政资金投入，降低融资成本。例如，采用"PPP + P2G"的结合融资模式，借助互联网渠道搭建社会资本和 PPP 项目之间的联系，让更多闲散的社会资本流入 PPP 项目，一方面降低融资成本，另一方面提升资金利用效

率。此模式的优点在于，PPP 项目由政府主持具有良好的社会信用，其透明的经营方式和严格的风险控制可保证投资人资金安全，既可以解决 PPP 融资难问题，也可以帮助大众获得政府基础建设投资所带来的长期稳定收益。

参 考 文 献

［1］敖荣军、刘松勤：《人口流动与产业集聚互动的机制与过程》，载于《湖北社会科学》2016年第6期。

［2］贝少军、李洪文：《加强中俄交流合作，共创安全文明界河——2009年中俄界河首次联合应急演习圆满成功》，载于《中国海事》2009年第9期。

［3］曹洪霞：《国际界河的生态旅游开发研究》，东北师范大学2009年硕士学位论文。

［4］曹秋月：《浅谈金融档案标准化管理》，载于《时代金融》2017年第14期。

［5］常卫红：《人口老龄化的发展趋势及其战略》，载于《科技经济导刊》2018年第9期。

［6］陈春腾：《粤港澳大湾区城市群经济产业及空间的拓展与构建》，载于《经济研究导刊》2018年第34期。

［7］陈明星、隋昱文、郭莎莎：《中国新型城镇化在"十九大"后发展的新态势》，载于《地理研究》2019年第1期。

［8］陈曦、穆怀中：《中国产业结构合理化及其与经济增长关系研究》，载于《经济研究参考》2014年第46期。

［9］陈煜：《浅议创新金融档案开发利用的意义和途径》，载于《档案时空》2012年第8期。

［10］陈振明、李德国：《基本公共服务的均等化与有效供给——基于福建省的思考》，载于《中国行政管理》2011年第1期。

［11］崔岩：《东北亚国际关系的新动向与地区秩序重构》，载于

《日本研究》2009 年第 3 期。

[12] 党俊武：《以习近平新时代中国特色社会主义思想为统领，实施积极应对人口老龄化全民战略》，载于《老龄科学研究》2018 年第 1 期。

[13] 丁静：《乡村振兴战略视域中农业转移人口市民化政策及其优化》，载于《社会主义研究》2018 年第 5 期。

[14] 樊杰：《中国主体功能区划方案》，载于《地理学报》2014 年第 2 期。

[15] 方精云、朴世龙、赵淑清：《CO_2 失汇与北半球中高纬度陆地生态系统的碳汇》，载于《植物生态学报》2001 第 5 期。

[16] 方俊智、文淑惠：《大湄公河次区域城市群空间经济联系分析》，载于《地域研究与开发》2017 年第 6 期。

[17] 付永、曾菊新：《地方政府治理结构与区域经济发展》，载于《经济体制改革》2005 年第 2 期。

[18] 高国力、黄征学、滕飞等：《东北地区城市群发展研究》，载于《宏观经济研究》2017 年第 7 期。

[19] 高茂科：《对档案大数据关键环节的认识》，载于《中国档案》2013 年第 10 期。

[20] 苟于泉、付倩倩：《辽宁财政政策支持优化小微企业融资环境问题研究》，载于《现代商业》2017 年第 34 期。

[21] 关江华、黄朝禧：《农村宅基地流转利益主体博弈研究》，载于《华中农业大学学报》（社会科学版）2013 年第 3 期。

[22] 郝福庆、王谈凌、鲍文涵：《积极应对人口老龄化的战略思考和政策取向》，载于《宏观经济管理》2019 年第 2 期。

[23] 贺丹：《不忘初心　牢记使命　加强人口发展战略研究》，载于《人口与健康》2019 年第 9 期。

[24] 赫曦滢、杜磊：《哈长城市群形成发育现状与整合路径研究》，载于《东北师范大学学报》（哲学社会科学版）2016 年第 5 期。

[25] 胡正梁、王均文：《国外现代农业发展借鉴》，载于《山东经

济战略研究》2007 年第 3 期。

［26］黄凌翔、张臣刚、卢静、杨璐：《土地供应结构对经济增长影响的空间效应研究》，载于《中国土地科学》2018 年第 9 期。

［27］黄诗晴：《辽西北地区土地荒漠化社会成因及对策分析》，载于《伊犁师范学院学报》（自然科学版）2017 年第 3 期。

［28］祭鸿雁：《"新来源观"：实质与意义探析》，载于《档案学通讯》2003 年第 1 期。

［29］佳茜：《东北地区传统聚落演进中的人文、地貌、气候因素研究》，西安建筑科技大学 2016 年硕士学位论文。

［30］贾生元、张玉刚：《中俄界河黑龙江开放开发利用现状及保护对策》，载于《内蒙古环境保护》2001 年第 1 期。

［31］姜旭、卢新海、龚梦琪：《土地出让市场化、产业结构优化与城市绿色全要素生产率》，载于《中国土地科学》2019 年第 5 期。

［32］姜玉、刘鸿雁、庄亚儿：《东北地区流动人口特征研究》，载于《人口学刊》2016 年第 6 期。

［33］蒋瑛、孙婷婷：《多点多极支撑发展战略下四川农业转移人口市民化的作用机理与保障机制》，载于《农村经济》2018 年第 4 期。

［34］颉耀文、汪桂生：《黑河流域历史时期水资源利用空间格局重建》，载于《地理研究》2014 年第 10 期。

［35］金凤伟：《国际大都市人口聚集趋势及发展战略的分析及启示》，载于《辽宁行政学院学报》2019 年第 3 期。

［36］景冬冬：《国际碳减排背景下我国碳权交易市场发展问题研究》，江苏大学 2011 年硕士学位论文。

［37］柯文前、陆玉麒、俞肇元、王晗、陈伟、马颖忆：《基于流强度的中国城市对外服务能力时空演变特征》，载于《地理科学》2014 年第 11 期。

［38］兰雪婷：《我国碳减排交易制度初探》，浙江大学 2012 年硕士学位论文。

［39］蓝庆洪：《探索数字金融档案建设》，载于《中小企业管理与

科技》2012 年第 6 期。

[40] 劳昕、张远、沈体雁等：《长江中游城市群城市职能结构特征研究》，载于《城市发展研究》2017 年第 11 期。

[41] 黎羌：《唐代演艺文化在东北亚诸国的传播》，载于《东南大学学报》（哲学社会科学版）2015 年第 4 期。

[42] 李恒：《人口集中、城市群对经济增长作用的实证分析——以中国十大城市群为例》，载于《河南大学学报》（社会科学版）2019 年第 1 期。

[43] 李宏瑾、孙丹、苏乃芳：《我国金融治理能力：评价模型与应用》，载于《宏观质量研究》2016 年第 4 期。

[44] 李阔、许吟隆：《东北地区农业适应气候变化技术体系框架研究》，载于《科技导报》2018 年第 36 期。

[45] 李梦頔、张泽凡：《我国小微企业融资的现状及解决对策》，载于《纳税》2020 年第 4 期。

[46] 李敏、丁俊武：《互联网金融下小微企业融资模式与路径分析》，载于《现代营销》2020 年第 2 期。

[47] 李娜：《东北温带小兴安岭天然森林湿地碳源/汇研究》，东北林业大学 2016 年硕士学位论文。

[48] 李响：《乡村振兴战略与北方人口较少民族旅游经济协同发展研究——以黑龙江省为例》，载于《边疆经济与文化》2019 年第 8 期。

[49] 李秀敏、陈才：《东北亚经济区与我国东北国际河流的合作开发和协调管理》，载于《地理学报》2018 年第 S1 期。

[50] 李郇、徐现祥、陈浩辉：《20 世纪 90 年代中国城市效率的时空变化》，载于《地理学报》2005 年第 60 卷第 4 期。

[51] 李艳丽：《互联网＋供应链金融视角下小微企业融资模式研究》，载于《中国商论》2020 年第 3 期。

[52] 李志群、董增川：《松辽流域国际界河水资源保护适应性框架》，载于《水资源保护》2008 年第 3 期。

[53] 廖一君：《试论小微企业贷前调查技术运用》，载于《中外企

业家》2020 年第 2 期。

［54］林津玉：《经济新常态下中小微企业融资渠道问题及对策》，载于《经营与管理》2020 年第 1 期。

［55］林燕：《对现阶段金融档案发展中若干问题的探讨》，载于《科技信息》2008 年第 6 期。

［56］林毅夫、刘明兴：《中国的经济增长收敛与收入分配》，载于《世界经济》2003 年第 8 期。

［57］刘丹：《我国个人信用体系建设中的信息问题研究》，华东师范大学 2009 年硕士学位论文。

［58］刘建国：《京津冀城市群区域经济效率的测度及影响研究》，载于《城市发展研究》2017 年第 12 期。

［59］刘开瑛、郑家恒、刘静：《基于〈金融档案分类表〉的自动分类算法研究》，载于《情报学报》1997 年第 5 期。

［60］刘敏：《中国东北红松生长对气候变化的响应及其动态研究》，东北林业大学 2017 年博士学位论文。

［61］刘明慧：《东北全面振兴的环境应对与减税政策走向》，载于《地方财政研究》2019 年第 1 期。

［62］刘帅帅：《东北亚国际秩序转型及中国的构想》，延边大学 2013 年硕士学位论文。

［63］刘雅琼、姜天赐：《互联网金融模式下小微企业的融资问题研究》，载于《现代营销》2020 年第 1 期。

［64］卢秉楠：《辽西北草原土壤沙化治理项目一期工程管理研究》，吉林大学 2009 年硕士学位论文。

［65］鲁德武：《试述档案大数据的定义、特征及核心内容》，载于《档案》2014 年第 4 期。

［66］陆岷峰、徐阳洋：《数字小微金融：产生场景与发展策略》，载于《西南金融》2020 年第 1 期。

［67］路宏伟、杨蓬勃：《档案大数据采集和抽取研究》，载于《山西档案》2018 年第 3 期。

[68] 吕红平：《加强人口发展战略研究　保障现代化强国人口环境》，载于《人口与计划生育》2018 年第 1 期。

[69] 吕景辉、任天忠、闫德仁：《国内森林碳汇研究概述》，载于《内蒙古林业科技》2008 年第 2 期。

[70] 吕铭志、盛连喜、张立：《中国典型湿地生态系统碳汇功能比较》，载于《湿地科学》2013 年第 1 期。

[71] 吕振廷编：《金融档案工作管理手册》，中国金融出版社 1992 年版。

[72] 莫玮俏、史晋川：《农村人口流动对离婚率的影响》，载于《中国人口科学》2015 年第 5 期。

[73] 倪春迪：《东北地区未来气候情景及与之相适应的植被格局研究》，东北林业大学 2011 年博士学位论文。

[74] 农妍君：《大数据时代的个人信息安全问题与对策》，载于《数码世界》2019 年第 9 期。

[75] 欧阳安蛟、蔡锋铭、陈立定：《农村宅基地退出机制建立探讨》，载于《中国土地科学》2009 年第 10 期。

[76] 潘开文、吴宁、潘开忠等：《关于建设长江上游生态屏障的若干问题的讨论》，载于《生态学报》2004 年第 3 期。

[77] 彭涛：《大数据时代商业银行的小微企业信贷业务创新研究》，对外经济贸易大学 2014 年硕士学位论文。

[78] 彭长生：《农民分化对农村宅基地退出补偿模式选择的影响分析》，载于《经济社会体制比较》2013 年第 6 期。

[79] 齐丹坤：《基于生态区位系数的大小兴安岭森林生态服务功能价值评估研究》，东北林业大学 2014 年硕士学位论文。

[80] 齐海英：《东北少数民族民间故事场域中的"工匠精神"及当代价值——基于东北振兴背景的探析》，载于《内蒙古社会科学》（汉文版）2017 年第 3 期。

[81] 秦大河、Thomas Stocker：《IPCC 第五次评估报告第一工作组报告的亮点结论》，载于《气候变化研究进展》2014 年第 1 期。

[82] 秦尊文、黄展：《长江中游城市群城市经济实力及其影响因素测度》，载于《江汉论坛》2017年第12期。

[83] 邱建生、张彦雄、陈景艳等：《中国林业碳汇的发展现状及趋势综述》，载于《贵州林业科技》2010年第1期。

[84] 沈丁立：《中美关系、中日关系以及东北亚国际关系》，载于《当代亚太》2019年第2期。

[85] 沈海涛：《东北亚国际关系格局新变化与中国外交》，载于《国际论坛》2008年第3期。

[86] 沈坤荣：《以城市群经济推进高质量一体化发展》，载于《安徽日报》2019年4月23日。

[87] 史奕、迟光宇、鲁彩艳等：《东北国际界河流域水土资源开发利用与生态环境安全》，载于《中国土地资源战略与区域协调发展研究》2006年。

[88] 宋婷：《新形势下商业银行贷款风险影响因素分析及防范对策》，山东财经大学2016年硕士学位论文。

[89] 苏珍、施雅风：《小冰期以来中国季风温冰川对全球变暖的响应》，载于《冰川冻土》2000年第3期。

[90] 孙滨峰、赵红、逯非等：《东北森林带森林生态系统固碳服务空间特征及其影响因素》，载于《生态学报》2018年第14期。

[91] 田步伟：《东北边境地区经济社会状况和人口流动研究》，吉林大学2015年博士学位论文。

[92] 王彬燕、王士君、田俊峰：《基于城市流强度的哈长与辽中南城市群比较研究》，载于《经济地理》2015年第11期。

[93] 王春萌、杨珍、谷人旭：《长三角城市群服务业空间分工及其经济联系》，载于《企业经济》2018年第12期。

[94] 王福振：《辽西北地区生态环境治理现状及对策》，载于《水利规划与设计》2017年第5期。

[95] 王剑锋、吴京、徐万肖：《小微企业融资难：合约逻辑、政策评析与完善建议》，载于《金融理论与实践》2020年第1期。

［96］王金营：《制度变迁对人力资本和物质资本在经济增长中作用的影响》，载于《中国人口科学》2004 年第 4 期。

［97］王丽娟：《为中小微企业融资"解渴"需多方发力》，载于《经济参考报》2020 年 1 月 16 日。

［98］王培娟、韩丽娟、周广胜等：《气候变暖对东北三省春玉米布局的可能影响及其应对策略》，载于《自然资源学报》2015 年第 8 期。

［99］王青、金春：《中国城市群经济发展水平不平衡的定量测度》，载于《数量经济技术经济研究》2018 年第 11 期。

［100］王让虎、张树文、蒲罗曼等：《基于 ASTER GDEM 和均值变点分析的中国东北地形起伏度研究》，载于《干旱区资源与环境》2016 年第 6 期。

［101］王胜今、韩一丁：《东北地区城镇化的发展现状与路径探究》，载于《东北师范大学学报》（哲学社会科学版）2018 年第 5 期。

［102］王涛、王乙舒、崔妍等：《气候模式对东北三省降水模拟能力评估及预估》，载于《气象与环境学报》2016 年第 5 期。

［103］王婷婷：《财政责任视野下的地方政府债务治理研究》，中国法制出版社 2017 年版。

［104］王宛、李兴：《中俄关系视域下的黑龙江：从争议之边到合作之界》，载于《俄罗斯东欧中亚研究》2018 年第 1 期。

［105］王晓峰、尹礼唱、张园：《关于生态屏障若干问题的探讨》，载于《生态环境学报》2016 年第 12 期。

［106］王彦颖：《中国东北植被时空动态变化及其对气候响应研究》，东北师范大学 2016 年博士学位论文。

［107］王艺：《"大西安"战略规划下农业人口市民化的路径思考》，载于《湖北农业科学》2019 年第 10 期。

［108］王长江、徐国鑫、金晓斌：《基于 DEA 的土地整理项目投入产出效率评价——以山东省若干国家投资土地整理项目为例》，载于《中国农学通报》2011 年第 2 期。

［109］王志坚、翟晓敏《我国东北国际河流与东北亚安全》，载于

《东北亚论坛》2007年第4期。

[110] 魏权龄：《数据包络分析（DEA）》，载于《科学通报》2000年第9期。

[111] 吴刚、肖寒、赵景柱等：《长白山森林生态系统服务功能》，载于《中国科学（C辑）》2001年第5期。

[112] 吴亚菲、孙淼：《长三角城市群经济增长和产业集聚的关联效应研究》，载于《上海经济研究》2017年第5期。

[113] 袭祝香、马树庆、纪玲玲：《东北地区水稻延迟型冷害时空特征及其与气候变暖的关系》，载于《地理研究》2014年第7期。

[114] 肖卫东：《中国种植业地理集聚的空间统计分析》，载于《经济地理》2014年第9期。

[115] 谢建功：《人工智能视域下的新时代中国人口发展战略——基于兰德里人口发展理论的分析》，载于《教育经济评论》2018年第5期。

[116] 谢康：《中国地方政府治理结构的历史变迁》，载于《青岛农业大学学报》（社会科学版）2010年第1期。

[117] 谢喜麟：《中国葡萄酒产区分布及气候变化对其影响分析》，西北农林科技大学2018年硕士学位论文。

[118] 邢伟：《我国东北地区沼泽湿地碳累积研究》，中国科学院大学2017年博士学位论文。

[119] 徐慧超、韩增林、赵林、彭飞：《中原经济区城市经济联系时空变化分析》，载于《经济地理》2013年第6期。

[120] 徐新良、曹明奎、李克让：《中国森林生态系统植被碳储量时空动态变化研究》，载于《地理科学进展》2007年第6期。

[121] 薛欣迪、王秀山：《辽宁省小微企业经营与融资现状调查研究》，载于《现代商业》2014年第27期。

[122] 杨柳、王钰：《泛化误差的各种交叉验证估计方法综述》，载于《计算机应用研究》2015年第5期。

[123] 杨秀春、朱晓华、徐斌、李亚云：《辽西北地区土地荒漠化研究及其进展》，载于《灾害学》2018年第2期。

［124］杨学成、汪东梅：《我国不同规模城市的经济效率和经济成长力的实证研究》，载于《管理世界》2002 年第 3 期。

［125］杨渝红、欧名豪：《土地经营规模、农村剩余劳动力转移与农民收入关系研究》，载于《资源科学》2009 年第 2 期。

［126］姚鹏：《区域的比较新优势及区域的协调联动路径》，载于《区域经济评论》2018 年第 6 期。

［127］姚士谋、李青、武清华等：《我国城市群总体发展趋势与方向初探》，载于《地理研究》2010 年第 8 期。

［128］尹礼唱、王晓峰、张琨、肖飞艳、程昌武、张欣蓉：《国家屏障区生态系统服务权衡与协同》，载于《地理研究》2019 年第 9 期。

［129］印中华、陆晨霞、刘巧儿：《基于碳汇交易视角的东北内蒙古林区森林碳汇潜力研究》，载于《广东农业科学》2014 年第 19 期。

［130］菅立成：《40 年来人口发展战略的探索与完善》，载于《经济日报》2019 年 1 月 28 日。

［131］于洪贤、黄璞祎：《湿地碳汇功能探讨：以泥炭地和芦苇湿地为例》，载于《生态环境》2008 年第 5 期。

［132］郁建兴：《中国地方治理的过去、现在和未来》，载于《治理研究》2018 年第 1 期。

［133］喻颖著：《互联网时代会计档案的信息化管理研究》，东北师范大学出版社 2018 年版。

［134］张程：《新巴塞尔协议条件下商业银行操作风险管理分析》，西南财经大学 2009 年硕士学位论文。

［135］张法伟、刘安花、李英年等：《青藏高原高寒湿地生态系统 CO_2 通量》，载于《生态学报》2008 年第 2 期。

［136］张宏乔：《中原城市群市域经济差异的时空演变特征》，载于《城市学刊》2018 年第 6 期。

［137］张敬蓉：《浅谈新时期金融档案信息资源的开发利用》，载于《赤峰学院学报》（自然科学版）2012 年第 12 期。

［138］张敏、胡建东：《以立体化城市群建设带动东北全面振兴的

对策》，载于《经济纵横》2019 年第 7 期。

[139] 张世全、彭显文、冯长春等：《商丘市构建农村宅基地退出机制探讨》，载于《地域研究与开发》2012 年第 2 期。

[140] 张铁：《关于金融档案信息开发及利用的思考》，载于《经济研究参考》2010 年第 29 期。

[141] 张延定、田甜：《乡村振兴战略视域下浅析农村人口流失原因》，载于《广西质量监督导报》2019 年第 12 期。

[142] 张燕婷：《北方防沙带土地利用格局演变特征及防风固沙功能变化评估研究》，江西财经大学 2014 年硕士学位论文。

[143] 张勇、包婷婷：《农村宅基地退出的驱动力分析》，载于《农村经济》2017 年第 4 期。

[144] 张勇、汪应宏：《基于新型城镇化背景的农村居民点整治及宅基地退出探讨》，载于《农村经济》2015 年第 8 期。

[145] 张勇：《农村宅基地退出补偿与激励机制研究》，中国矿业大学 2016 年博士学位论文。

[146] 张照营：《北方防沙屏障带防风固沙生态系统服务功能变化评估》，长安大学 2017 年硕士学位论文。

[147] 赵大全：《人口分布、经济聚集与区域发展战略》，载于《经济研究参考》2019 年第 17 期。

[148] 赵良仕、孙才志、郑德凤：《中国省际水资源利用效率与空间溢出效应测度》，载于《地理学报》2014 年第 1 期。

[149] 郑新奇、王筱明：《城镇土地利用结构效率的数据包络分析》，载于《中国土地科学》2004 年第 4 期。

[150]《中国档案分类法金融档案分类表》编辑委员会：《金融档案分类表 ZDFHYB009 号》，中国金融出版社 1994 年版。

[151] 种照辉、覃成林、叶信岳：《城市群经济网络与经济增长——基于大数据与网络分析方法的研究》，载于《统计研究》2018 年第 1 期。

[152] 周慧、程路恒、张慧蓉：《江淮城市群经济联系强度及其空间网络特征分析》，载于《金融理论与教学》2020 年第 1 期。

[153] 周洁敏、寇文正：《中国生态屏障格局分析与评价》，载于《南京林业大学学报》（自然科学版）2009 年第 5 期。

[154] 周景彤：《如何多措并举缓解中小企业融资难融资贵》，载于《证券日报》2020 年 1 月 11 日。

[155] 周三俊：《大数据时代的金融档案管理及其应用》，南昌大学 2016 年硕士学位论文。

[156] 周园、邹春静、徐文铎：《全球气候变暖与东北植被分布关系的研究》，载于《安徽农业科学》2009 年第 11 期。

[157] 朱荣、程学燕：《辽宁省小微企业融资现状调查与分析》，载于《东北财经大学学报》2012 年第 6 期。

[158] 庄晨辉、陈东宝：《试论金融档案的管理与利用》，载于《云南档案》2007 年第 9 期。

[159] 邹春胜：《基于互联网金融的小微企业融资模式创新研究》，载于《纳税》2020 年第 5 期。

[160] 《东北四市发布联合宣言　打造"世界级城市群"》，一财网，https：//www. yicai. com/news/5068018. html。

[161] 《十提小微企业融资难融资贵问题，总理这次在成都答应了三点》，中国政府网，http：//www. gov. cn/xinwen/2019 – 12/24/content_5463666. htm。

[162] 《国务院金融稳定发展委员会召开第十四次会议》，中国政府网，http：//www. gov. cn/guowuyuan/2020 – 01/07/content_5467295. htm。

[163] 《李克强为何把支持小微企业发展摆到这么重要的位置?》，中国政府网，http：//www. gov. cn/xinwen/2017 – 09/29/content_5228599. htm。

[164] 《辽宁省发布〈小微企业数据分析报告（2019）〉》，东北新闻网，http：//liaoning. nen. com. cn/system/2019/10/23/020939101. shtml。

[165] 中国人民银行调查统计司：《2019 年金融机构信贷收支统计》，http：//www. pbc. gov. cn/diaochatongjisi/116219/116319/3750274/3750286/index. html。

[166] Agency Information Collection Activity Under OMB Review: VA Fiduciary's Account, Court Appointed Fiduciary's Account, and Certificate of Balance on Deposit and Authorization To Disclose Financial Records [J]. The Federal Register / FIND, 2019, 84 (173).

[167] Avgerou C. The Informational City: Information Technology Economic Restructuring and the Urban Regional Process [J]. European Journal of Information Systems, 1991, 1 (1): 76 – 77.

[168] Azari M., Kim H., Kim J. Y., et al. The effect of agglomeration on the productivity of urban manufacturing sectors in a leading emerging economy [J]. Economic Systems, 2016, 40 (3): 422 – 432.

[169] Binkley C. Carbon sink by the forest sector-options and needs for implementation [J]. Forest Policy and Economics, 2002, 4 (1): 65 – 77.

[170] Brun J. F., Combes J. L., Renard M. F. Are there spillover effects between coastal and noncoastal regions in China? [J]. China Economic Review, 2002, 13 (2): 161 – 169.

[171] Cao S., Cao G., Feng Q., et al. Alpine wetland ecosystem carbon sink and its controls at the Qinghai Lake [J]. Environmental Earth Sciences, 2017, 76 (5).

[172] Chmura, G. L. What do we need to assess the sustainability of the tidal salt marsh carbon sink? [J]. Ocean & Coastal Management, 2013 (83): 25 – 31.

[173] Darwin, R. The Impact of Global Warming on Agriculture: A Ricardian Analysis: Comment [J]. American Economic Review, 1999, 89 (4): 1049 – 1052.

[174] Davis and Rhodes. From Hierarchy to Contract and Bank again: Reforming the Australia public service. Paper For the Political Studies Association – UK 50th Annual Conference [C]. London, 2000: 10 – 13.

[175] De La Cruz, A. A. Tropical wetlands as a carbon source [J]. Aquatic Botany, 1986, 25: 109 – 115.

［176］Dietz T. and Rosa E. A. Rethinking the Environmental Impacts of Population, Affluence and Technology ［J］. Human Ecology Review, 1994, 1 (2): 277 – 300.

［177］Ding, Y. Monsoons over china ［J］. Advances in Atmospheric Sciences, 1994, 11 (2): 252 – 252.

［178］Erwin, K. L. Wetlands and global climate change: The role of-wetland restoration in a changing world ［J］. Wetland Ecology Management, 2009, 17 (1): 71 – 84.

［179］Fang, J. , Guo, Z. , Piao, S. et al. Terrestrial vegetation carbon sinks in China, 1981 – 2000 ［J］. Science in China Series D-Earth Sciences, 2007, 50: 1341 – 1350.

［180］Fathy T. A. Telecity: Information Technology and Its Impact on City Form ［J］. Praeger Publishers, 1991.

［181］Fearnside, P. M. Uncertainty in land-use change and forestry sector mitigation options for global warming: Plantation silviculture versus avoided deforestation ［J］. Biomass and Bioenergy, 2000b, 18 (6): 457 – 468.

［182］Fearnside, P. M. Global Warming and Tropical Land – Use Change: Greenhouse Gas Emissions from Biomass Burning, Decomposition and Soils in Forest Conversion, Shifting Cultivation and Secondary Vegetation ［J］. Climatic Change, 2000a, 46: 115 – 158.

［183］Frick S. A. , Rodríguez – Pose A. Change in urban concentration and economic growth ［J］. World Development, 2018, 105: 156 – 170.

［184］Friedmann J. , Wolff G. World city formation: An agenda for research and action ［J］. International Journal of Urban & Regional Research, 2010, 6 (3): 309 – 344.

［185］H. Kent Baker, SatishKumar, PurnimaRao. Financing preferences and practices of Indian SMEs ［J］. Global Finance Journal, 2020, 43.

［186］Han F, Xie R, Fang J. Urban agglomeration economies and industrial energy efficiency ［J］. Energy, 2018, 162: 45 – 59.

[187] Harris C. D. , Ullman E. L. The Nature of Cities [J]. Annals of the American Academy of Political & Social Science, 1945, 242 (1): 7 – 17.

[188] Held, I. M. , Soden, B. J. Robust Responses of the Hydrological Cycle to Global Warming [J]. Journal of Climate, 2006, 19 (21): 5686 – 5699.

[189] Hu, Z. Z. Long-term climate variations in China and global warming signals [J]. Journal of Geophysical Research, 2003, 108 (D19).

[190] Huo – Po, C. , Jian – Qi, S. , Xiao – Li, C. Future Changes of Drought and Flood Events in China under a Global Warming Scenario [J]. Atmospheric and Oceanic Science Letters, 2013, 6 (1): 8 – 13.

[191] I Made Bagiada, NiLuhNyomanAyuSudaSusilawati, I Made Ariana. Spreadsheet – Based Medical and Financial Record in the First Level Health Facilities [P]. Proceedings of the International Conference On Applied Science and Technology 2019 – Social Sciences Track (iCASTSS2019), 2019.

[192] Information Technology – Information Theory; Researchers from Sokendai Graduate University of Advanced Studies Detail Findings in Information Theory (Efficiently Decodable Non-adaptive Threshold Group Testing) [J]. Computers, Networks & Communications, 2019.

[193] Kang, X. M. , Wang, Y. F. , Chen, H. et al. Modeling carbon fluxes using multitemporal MODIS imagery and CO_2 eddy flux tower data in Zoige alpine wetland [J]. south-west China. Wetlands, 2014, 34 (3): 603 – 618.

[194] Korner, C. , Basler, D. Phenology Under Global Warming [J]. Science, 2010, 327 (5972): 1461 – 1462.

[195] Lang, X. , Sui, Y. Changes in mean and extreme climates over China with a 2℃ global warming [J]. Chinese Science Bulletin, 2013, 58: 1453 – 1461.

[196] Lidan You, Chuan-zhe Liu. Financing Mode of American Small and Medium-sized Enterprises and the Enlightenment to Our Country [J].

Cross – Cultural Communication, 2005, 1 (1): 49 – 53. DOI: 10. 3968/j. ccc. 1923670020050101. 024.

[197] Liu, S. , Zhou, T. , Wei, L. et al. The spatial distribution of forest carbon sinks and sources in China [J]. Chinese Science Bulletin, 2012, 57: 1699 – 1707.

[198] Lucas R. E. On the Mechanics of Economic Development [J]. Journal of Monetary Economics, 1988, 22 (1): 3 – 42.

[199] Mankiw N. G. , Romer D. and Weil D. A Contribution to the Empirics of Economic Growth [J]. The Quarterly Journal of Economics, 1992, 107 (2): 407 – 437.

[200] Nonnemen W. and Vanhoudt P. A Further Augmentation of the Solow Model and the Empirics of Economics for OECD Countries [J]. The Quarterly Journal of Economics, 1996, 111 (3): 943 – 953.

[201] Pan, Y. , Birdsey, R. A. , Fang, J. et al. A Large and Persistent Carbon Sink in the World's Forests [J]. Science, 2011, 333 (6045): 988 – 993.

[202] Pena E. N. Using census data, urban land-cover classification, and asymmetric mapping to measure urban growth of the Lower Rio Grande Valley Texas [J]. Dissertations & Theses – Gradworks, 2012.

[203] Sabine, C. L. , Heimann, M. , Artaxo, P. et al. Current status and past trends of the globalcarbon cycle [M]. Island Press, Washington, Scope, 2004, 62: 17 – 44.

[204] Schultz T. W. Investment in Human Capital: Reply [J]. The American Economic Review, 1961, 51 (5): 1035 – 1039.

[205] Smith N. , Since Megalopolis: The urban writings of Jean Gottman: Jean Gottman and Robert A. Harper (Eds) [J]. Journal of Historical Geography, 1991, 17 (4): 497 – 498.

[206] Sun, W. , Huang, Y. Global warming over the period 1961 – 2008 did not increase high-temperature stress but did reduce low-temperature

stress in irrigated rice across China [J]. Agricultural and Forest Meteorology, 2011, 151 (9): 1193 – 1201.

[207] Tao J. , Ho C. , Luo S. , et al. Agglomeration economies in creative industries [J]. Regional Science and Urban Economics, 2019, 77: 141 – 154.

[208] Tubiello, F. N. , Salvatore, M. , Ferrara, A. F. et al. The Contribution of Agriculture, Forestry and other Land Use activities to Global Warming, 1990 – 2012 [J]. Global Change Biology, 2015, 21 (7): 2655 – 2660.

[209] Vitousek, P. M. Beyond Global Warming: Ecology and Global Change [J]. Ecology, 1994, 75 (7): 1861 – 1876.

[210] Wang et al. Large Chinese land carbon sink estimated from atmospheric carbon dioxide data [J]. Nature, 2020, 586 (7831): 720 – 723.

[211] Xu, Y. , Ramanathan, V. , Victor, D. G. Global warming will happen faster than we think [J]. Nature, 2018, 564 (7734): 30 – 32.

[212] Zhang Q. , Felmingham B. The Role of FDI, Exports and Spillover Effects in the Regional Development of China [J]. Journal of Development Studies, 2002, 38 (4): 157 – 178.

[213] Zhao, L. , Li, Y. N. , Zhao, X. Q. et al. Comparative study of the net exchange of CO_2 in three types of vegetation ecosystems on the Qinghai – Tibetan Plateau [J] . Chinese Science Bulletin, 2005, 50 (16): 1767 – 1774.

[214] Zhao, P. , Yang, S. , Yu, R. Long – Term Changes in Rainfall over Eastern China and Large – Scale Atmospheric Circulation Associated with Recent Global Warming [J] . Journal of Climate, 2010, 23 (6): 1544 – 1562.

后 记

  2019 年 12 月，习近平总书记在《求是》杂志发表题为《推动形成优势互补高质量发展的区域经济布局》的重要文章。文章在第四部分"关于推动东北全方位振兴"中着重指出了五个方面的发展方向：一是关于治理能力和治理体系现代化建设方面，指出要加快转变政府职能，大幅减少政府对资源的直接配置，强化事中事后监管，给市场发育创造条件；要加强对领导干部的正向激励，树立鲜明用人导向，让敢担当、善作为的干部有舞台、受褒奖。二是推进企业改革发展方面，要以改革为突破口，加快国有企业改革，让老企业焕发新活力；要支持和爱护本地和外来企业成长，弘扬优秀企业家精神；要打造对外开放新前沿，多吸引跨国企业到东北投资。三是人力资源发展方面，指出东北振兴的关键是人才，要研究更具吸引力的措施，使沈阳、大连、长春、哈尔滨等重要城市成为投资兴业的热土。四是战略地位方面，指出东北地区是我国重要的工农业基地，维护国家国防安全、粮食安全、生态安全、能源安全、产业安全的战略地位十分重要。五是现代化经济体系方面，指出要有效整合资源，主动调整经济结构，形成新的均衡发展的产业结构。要加强传统制造业技术改造，善于扬长补短，发展新技术、新业态、新模式，培育健康养老、旅游休闲、文化娱乐等新增长点。要促进资源枯竭地区转型发展，加快培育接续替代产业，延长产业链条。要加大创新投入，为产业多元化发展提供新动力。

  为深入学习贯彻习近平总书记重要文章精神，不断增强辽宁大学应用经济学国家"双一流"建设服务东北振兴重大战略需求能力，2019年底，辽宁大学应用经济学一流学科建设办公室面向全校开展了"推动东北地区实现全面振兴专项应急课题"招标工作。经专家组评审，最后共确定了 24 项课题。

此前，时任省委副书记、省长唐一军 2019 年 4 月 29 日在辽宁大学调研期间，对加快推进我校"双一流"大学和应用经济学一流学科建设做出指示，要求重点围绕"新时代辽宁老工业基地全面振兴的目标取向""辽宁资源型城市转型发展路径选择""辽宁在东北老工业基地全面振兴中的地位和作用""新时代辽宁深度参与东北亚区域合作的基本思路"和"推进辽宁自由贸易试验区和自由贸易港建设的新思路"等开展重点攻关，应用经济学一流学科建设办公室随即组织开展了"服务新时代辽宁全面振兴专项应急课题"招标工作。

在上述应急课题研究过程中，各课题组注重理论联系实际，紧密结合东北和辽宁振兴发展实际，在完成研究报告的同时，撰写咨询建议提交相关部门。在辽宁省委省政府决策咨询委员会的《咨询文摘》、辽宁省社科联的《社科与决策》等发表咨询建议 21 篇，有 8 篇获得副省级以上领导批示或提交实际工作部门参考应用。

项目结题后，我们从中选择了 19 项进行重点修改完善，并结合实际形成总论，企业改革创新发展，产业创新与发展，区域经济与城市经济发展，人口、土地与城市产业协调发展，开放促进经济发展，地方政府创新与治理体系和治理能力现代化等 7 个专题，使之成为一个具有内在逻辑的有机整体。专题各章节作者分别是：第一章，林木西、张广辉、唐毅、赵德起与沈秋彤、和军与牛娟娟；第二章，汤吉军、赵丹阳；第三章，和军、郭舒；第四章，张华新、张微微；第五章，柳清瑞、宋丽敏、唐莹；第六章，崔日明、王厚双；第七章，梁颜鹏、王伟与张烨宁、任晓聪。全书由我设计和定稿，辽宁大学东北振兴研究中心副主任和军教授组织编排，研究生张依、彭亚新、隋胜男、张友建、樊玉仙、张华强参与了书稿校对任务。

《东北老工业基地全面振兴、全方位振兴》是辽宁大学应用经济学国家"双一流"建设服务新时代东北、辽宁全面振兴、全方位振兴的又一项最新成果，同时也是中国智库索引来源智库"辽宁大学东北振兴研究中心"和"辽宁省东北地区面向东北亚区域合作协同创新中心"系列成果。在成果出版之际，我们谨向多年来关心支持辽宁大学应用经济学学科建设的社会各界朋友表示衷心感谢，也希望各位专家学者提出宝贵意见。

林木西

2020 年 6 月